예체능계열 ▶

교과세특
탐구주제
바이블

저자 소개

고재현 〉 성남여자고등학교 국어교과교사

- 유튜브 '고재쌤' 운영
- 대입, 고입, 공부법, 학생부종합전형, 면접 관련 컨설팅 다수
- 한국외국어대학교 대입교사자문위원회 자문위원
- 〈성공적인 대입을 위한 면접 바이블〉, 〈학과연계 독서탐구 바이블〉 집필

은동현 〉 대구 함지고등학교 국어교과교사

- 네이버 밴드 '고등학교 담임샘들의 시너지' 운영자 🏠 https://band.us/@sorry95
- 대구가톨릭대학교 사범대학 국어교육과 산학협력 교수
- '주제 탐구활동 기획 및 기재 전략', '학교생활기록부 차별화 전략', '고교학점제와 28대입 전략' 등
  중고등학교 대상 특강 다수 진행
- 고등학교 학교생활기록부 컨설팅 자문위원 활동
- 前) 국어과 연구 교사(대구시교육청)
- 前) '중등교사 특색 있는 수업 발표대회' 국어계열 1등급 수상(대구시교육청)
- 〈교과세특 추천 도서 300(공학계열)〉, 〈출제자의 시선〉 집필

강서희 〉 안양문화고등학교 진로전담교사

- 2022 개정 교육과정 〈성공적인 직업생활〉 교과서 집필
- 〈10대를 위한 홀랜드 유형별 유망 직업 사전〉, 〈교과세특 탐구주제 바이블〉, 〈교과세특 추천 도서 300〉,
  〈학생부 바이블〉 등 다수 집필
- 2022 개정 교육과정 〈직업계고 진로 워크북〉, 2022 개정 교육과정 〈중학교 창체 진로활동 워크북〉 집필
- 〈청소년을 위한 직업 카드〉, 〈미래 유망 신직업 카드〉, 〈MBTI 롤모델 카드〉, 〈드림온 스토리텔링 보드게임〉,
  〈원하는 진로를 잡아라 보드게임〉 등 다수 개발

한승배 〉 양평 청운고등학교 진로전담교사

- 前) 청소년 사이버범죄예방 교과연구회, 정보통신윤리교육 교과연구회 회장
- 前) 전국선플교사협의회 회장
- 네이버 카페 '꿈샘 진로수업 나눔방' 운영자 🏠 https://cafe.naver.com/jinro77
- 2022 개정 교육과정 중학교, 고등학교 〈진로와 직업〉 교과서 집필
- 2015 개정 교육과정 중학교, 고등학교 〈진로와 직업〉, 〈성공적인 직업생활〉, 〈기술·가정〉 교과서 집필
- 〈10대를 위한 직업 백과〉, 〈미리 알려주는 미래 유망 직업〉, 〈직업 바이블〉, 〈10대를 위한 홀랜드 유망 직업 사전〉,
  〈유 노 직업 퀴즈 활동북〉, 〈학습만화 직업을 찾아라〉 집필

- 〈학과 바이블〉, 〈학생부 바이블〉, 〈고교학점제 바이블〉, 〈교과세특 탐구주제 바이블〉, 〈교과세특 추천 도서 300〉, 〈면접 바이블〉, 〈학과연계 독서탐구 바이블〉, 〈특성화고 학생을 위한 진학 바이블〉, 〈미디어 진로탐색 바이블〉 집필
- 〈청소년을 위한 학과 카드〉, 〈청소년을 위한 직업 카드〉 개발
- 〈드림온 스토리텔링 보드게임〉, 〈원하는 진로를 잡아라 보드게임〉 개발

김강석 숭신여자고등학교 진로전담교사

- 한국교원연수원 고교학점제 대표강사
- UN청소년환경총회 자문 및 심사위원
- 前) 경기진로전담교사협의회 부회장
- 前) 교육과정평가원, 환경부, 교육부, 한국과학창의재단 자문위원
- 〈학과 바이블〉, 〈나만의 진로 가이드북〉, 〈학생부 바이블〉, 〈교과세특 탐구주제 바이블〉, 〈면접 바이블〉 집필
- 2009 ~ 2022 교육과정 환경 및 진로 교과서 등 총 10종의 교과서 집필
- 고등학교 진로 부교재 〈하이라이트〉 등 다수의 진로 관련 도서 집필
- 청소년 진로·직업 온라인 교육 콘텐츠 '초현실 세계가 온다, 메타버스의 세계' 개발
- KB은행 진로 영상 제작(교육부, 전국진로진학협의회)

서수환 장곡고등학교 진로전담교사

- 주요 대학 교사자문위원 활동
- 2009 개정 교육과정 교과서 집필
- 〈성공적인 대입을 위한 면접 바이블〉, 〈학과연계 독서탐구 바이블〉 집필

유홍규 서신여자고등학교 진로전담교사

- 충남진학교육지원단, 충남진학지도협의회
- 2022 개정 교육과정 고등학교 〈진로와 직업〉 집필
- 〈성공적인 대입을 위한 면접 바이블〉, 〈학과연계 독서탐구 바이블〉 등 집필

안병선 광덕고등학교 진로전담교사

- 2022 개정 교육과정 고등학교 〈진로와 직업〉 교과서 집필
- 〈성공적인 대입을 위한 면접 바이블〉, 〈학과연계 독서탐구 바이블〉 집필

안준범 ▷ 광주 중앙고등학교 진로전담교사

- 現) 건국대학교 진로진학상담전공 겸임교수
- 2022 개정 교육과정 고등학교 〈진로와 직업〉 교과서 집필

이남설 ▷ 수원외국어고등학교 진로전담교사

- 주요 대학 교사자문위원, 한국교원연수원 고교학점제 대표강사
- 네이버 카페 '진로진학상담 무작정 따라하기', '1만시간의법칙으로 명문대학가기' 운영자
- 2022 개정 교육과정 고등학교 〈진로와 직업〉 교과서 집필
- 〈독서탐구 바이블〉, 〈직업 바이블〉, 〈면접 바이블〉, 〈학생부 바이블〉, 〈교과세특 탐구주제 바이블〉,
  〈교과세특 기재 예시 바이블〉 등 다수 집필
- 진로 포트폴리오 〈하이라이트〉(고등학교) 개발
- 엑셀을 활용한 '교과세특 전문가', '진로 기반 학생부', '진로 진학 수시 상담', '1만 시간의 법칙 공부 시간 관리' 등
  다수 프로그램 개발

김래홍 ▷ 신평고등학교 진로전담교사

- 충청남도진학교육지원단
- 충청남도고교학점제전문지원단
- 주요 대학 교사자문위원

허정욱 ▷ 의정부여자고등학교 영어교과교사

- 〈성공적인 대입을 위한 면접 바이블〉, 〈학과연계 독서탐구 바이블〉 집필

전소영 ▷ 청학고등학교 영어교과교사

- 경기도교육청 학교생활기록부 강사요원
- 구리남양주교육청 학교생활기록부 현장지원단
- 디지털 기반 교육혁신 선도학교 터치교사단 및 현장지원단
- 경기도 미래교실연구회
- 창의인성영어수업디자인연구회
- 네이버 블로그 '꿈꾸는 영어쌤' 운영자 (학교생활기록부 업무 및 영어 수업) ⌂ https://bit.ly/46UO9Jr
- 유튜브 '꿈꾸는 영어쌤' 운영자(학교생활기록부 및 에듀테크) ⌂ https://bit.ly/3Tmz0cT
- 〈학생부 바이블〉 집필

차례

1. 교과 세부능력 및 특기사항(교과세특)이란

1 교과학습 발달상황이란?

학교생활기록부 중 교과 학습 발달상황에서는 학생의 학업능력을 확인할 수 있는 핵심 자료로 학업에 대한 수월성과 충실성을 살펴볼 수 있다. 이곳에서는 수강자 수, 등급, 원점수, 평균, 표준편차 등을 종합적으로 고려한 과목별 학업성취도와 선택교과 이수 현황을 통해 학업역량을 확인할 수 있으며, 전공 및 진로와 관련된 교과 이수 현황과 성취도를 통해 학업 우수성 및 전공(계열) 적합성을 확인할 수 있다. 이와 함께 학년별 성적 추이와 전반적인 교과에서 균형 잡힌 고른 성취 등을 통해 학생의 성장 잠재력과 발전 가능성, 그리고 학업에 임하는 성실성을 엿볼 수 있다.

교과 담당 선생님의 기록인 세부능력 및 특기사항은 학생의 수업태도, 수업활동 및 학습내용(발표, 토론, 실험 등), 과제 수행 과정 및 내용, 교사와의 상호작용 등 정량적인 수치에서 드러나지 않는 학생의 학업 역량 및 인성적 측면을 살펴볼 수 있는 의미 있는 자료이다. 더불어 학업에서 어려움을 극복하고 자신의 방식으로 발전하려는 모습을 통해 자기주도적 학습태도를 확인할 수 있다. 따라서 평소 학교 수업을 충실히 준비하고 적극적으로 참여하려는 것이 중요하다.

✏️ 대학에서는 이렇게 평가해요.

1. 학생부교과전형에서는 학업 성취도가 지원자의 학업 역량을 평가하는 주요 지표가 된다.

2. 학생부종합전형에서는 학업 역량, 진로 역량, 공동체 역량 등을 판단하는 여러 요소 가운데 하나로 활용되고 있다. 등급과 원점수뿐만 아니라 이수 과목, 이수자 수, 평균과 표준편차 등을 종합적으로 평가한다.

3. 종합적인 학업 성취도와 함께 학년의 변화에 따른 성적 변화를 함께 고려해 발전 가능성 등을 평가한다.

4. 다양한 과목 구분에 따라 학기별로 분석된 자료를 참고해 지원자의 학업 성취도를 평가하고 전 과목이나 주요 과목을 통해 전체적인 학업 능력을 평가하며, 지원자가 전공하고자 하는 분야와 관련된 교과목에 대한 개별적인 평가를 진행한다.

5. 세부능력 및 특기사항 기록 내용을 통해서 교과 수업에서 이루어진 학습 활동을 바탕으로 학생이 실제 습득한 학업 역량과 학업 태도를 종합적으로 평가한다.

6. 수업과 과제수행 과정에서 학생이 보여 준 주도적인 학업 노력, 열의와 관심, 성취 수준, 다양한 탐구 방법의 모색 등 의미 있는 지적 성취에 대한 교사의 관찰 결과에 주목한다.

7. 교과 관련 독서, 토론, 글쓰기, 탐구 활동, 실험 등 다양한 학습 경험에 대한 교사의 기록 내용을 참고로 학생의 학업 태도를 파악한다.

8. 교과 세부능력 및 특기사항을 통해 자기 주도적인 배움의 확장성, 토론이나 실험, 과제 수행, 집단 학습 같은 다양한

학습 경험과 창의성, 자기 주도성, 학업에 대한 열정 등을 평가한다.

9. 교과 수업 중 각종 탐구활동에 얼마나 자기 주도적으로 참여하였는지, 본인의 역량을 키우기 위해 어떤 프로그램에 관심을 갖고 참여하였는지를 평가한다.

② 교과 세부능력 및 특기사항

교과 세부능력 및 특기사항은 흔히 '교과 세특'이라고 줄여서 사용한다. 교과 세특은 과목 담당 교사가 한 학기 동안 수업 시간을 통해 관찰한 학생의 성장 과정과 탐구 모습을 기록하는 항목이다. 단순한 성취 결과보다 과목별 성취 기준에 따른 성취 수준의 특성 및 참여도, 태도 등 특기할 만한 사항을 구체적이고 객관적으로 입력한다.

또한 교과 세특에 기재된 내용을 통해 수업 환경을 확인하고, 과목별 수업 시간에 나타난 학생의 자세, 태도, 교과 관련 활동, 탐구 과정, 성취와 결과, 개인의 우수성 등을 전체적으로 확인해 종합적으로 평가한다.

대학은 세특 항목을 통해 학업 역량 및 진로 역량 외에도 공동체 역량, 학습 태도, 성실성, 적극성, 창의성, 문제해결 능력 등 다양한 역량을 평가할 수 있다. 과제수행 과정 및 결과, 수업 시간 내 토론, 모둠활동, 발표의 주도성 등을 통해 드러난 모습을 통해 학생이 가진 대부분의 역량을 파악할 수 있다 해도 과언이 아니다. 따라서 세특 기록에 자신의 역량이 구체적으로 잘 나타나도록 적극적으로 수업에 참여한다면 긍정적인 평가를 받을 수 있다.

③ 교과 세부능력 및 특기사항의 중요성

교과 세부능력 및 특기사항이 중요한 이유는 과목의 수업 시수가 창의적 체험활동 전체 시수보다 많기 때문이다. 여러 과목의 평가가 모여 서술되기 때문에 물리적으로 시간이 더욱 많으며 내용도 창의적 체험활동보다 많아 지원자에 대한 정보가 풍성하다.

또한 학생에 대한 평가가 보다 객관적이다. 창의적 체험활동의 진로활동이나 행동특성 및 종합의견의 경우 담임교사가 기재하기 때문에 한 사람의 서술이지만, 교과 세특은 고교 3년 동안 여러 명의 교과 담당 교사가 한 학생을 평가하는 것이어서 상대적으로 더 높은 신뢰도를 가지게 된다.

2. 탐구활동 방법 및 결과물

① 탐구활동이란

탐구활동에 관하여 명확하게 정의된 내용은 없다. 하지만 고등학교에서 이루어지는 탐구활동은 '평소 의문을 가지고 있던 다양한 문제를 여러 가지 방법을 이용하여 해결해 가는 것으로, 학생 스스로 탐구주제를 정하고 주제에 맞게 탐구를 설계하며, 탐구를 통하여 문제를 해결해 가는 일련의 활동'이라고 할 수 있다.

즉 학생이 궁금하던 문제를 찾아 효과적인 방법을 스스로 모색하고, 그 방법으로 문제를 해결한 뒤 이를 다른 사람에게 알리는 과정을 의미한다.

☑ 탐구활동의 종류

이러한 탐구활동에는 관찰, 실험, 현장조사, 문헌조사 등이 있다.

☑ 탐구활동 결과물 예시

탐구활동 후에는 발표 및 전시 이외에도 다음과 같은 다양한 결과물을 만들 수 있다.

탐구활동 결과물	예시
지필 결과물	연구보고서, 담화, 편지, 포스터, 계획서, 시, 브로슈어, 팸플릿, 질문지, 자서전, 에세이, 서평, 보고서, 사설, 영화 스크립트.
프레젠테이션 결과물	연설, 토론, 연극, 노래, 뮤지컬, 구두 보고, 패널 토론, 드라마 연극, 뉴스 방송, 토론, 춤, 제안서, 데이터 표현(차트 등), 전시, 사진
테크놀로지 결과물	컴퓨터 토론, 컴퓨터 그래픽, 프로그램, 웹사이트, 커뮤니티 맵핑 자료
미디어 결과물	오디오테이프, 슬라이드 쇼, 비디오테이프, 작도, 회화, 조각, 콜라주, 지도, 스크랩북, 역사적 증언, 사진 앨범
연습 결과물	프로그램, 매뉴얼, 작업 모형, 아이디어 노트, 통화 일지 등
계획 결과물	계획서, 예측, 입찰, 로드맵, 순서도, 일정표
구성 결과물	물리적 모형, 소비자 제품, 시스템, 과학적 실험, 음악회

3. 탐구주제 선정 방법

이러한 탐구활동을 위해 가장 먼저 해야 할 일은 바로 탐구주제를 선정하는 것이다.

"좋은 교과 학생부(세특)의 시작은 좋은 탐구주제 선정부터"

좋은 탐구활동 그리고 좋은 교과 세부능력 및 특기사항의 시작은 좋은 주제 선정부터라는 말이 있듯이 탐구활동을 하는 데 있어 가장 중요한 것이 바로 탐구주제 선정이다. 하지만 대부분 학생이 탐구주제 선정에 어려움을 겪고 있다.

그 이유 중 하나가 너무 큰 욕심으로 실현 불가능한 탐구주제를 선정하거나 주제에 대한 기본적인 이해가 없기 때문이다. 또한 모둠활동의 경우 모둠원과의 합의 과정에서 많은 시간과 열정을 소비하게 되면서 탐구 시작부터 너무 많은 에너지를 쓰기 때문에 주제 선정에 어려움을 겪게 된다.

그러므로 탐구주제를 선정할 때는 평소 교과 수업을 들을 때나 자신이 희망하는 전공(계열) 분야에 관련해서 품었던 호기심을 해결하기 위한 탐구주제를 선정해야 한다. 우리 주변의 아주 작고 사소한 소재라 할지라도 평소 무심히 지나쳤던 것들에 조금만 더 관심을 갖고 의문을 품어 본다면 좋은 탐구주제가 될 수 있다.

그 외에도 TV나 도서 그리고 매체를 통해 접했던 것들을 떠올려 보거나, 일상 속에서 불편함을 느꼈던 것들을 찾는 과정 중 내가 더 알고 싶은 것을 탐구주제로 선정할 수 있다.

❶ 탐구주제 선정 시 유의할 사항

1) 이 주제를 선정할 충분한 이유(동기)가 있는가?
2) 주제에 대한 충분한 흥미가 있고 나의 전공, 계열과 연계된 문제인가?
3) 고등학교 수준에 적합한 주제인가?
4) 새롭고 독창적인 문제인가?
5) 탐구 진행 시 충분한 시간과 기술을 가지고 있는가?
6) 고등학생으로서 필요한 자료의 수집이 가능한가?
7) 모둠원들의 능력과 지식으로 해결할 만한 주제인가?

선정 이유	흥미/관련성	난이도	독창성	시간	자료 수집	해결 가능성
주제 선정 시 충분한 이유(동기)가 있는가?	주제에 흥미, 희망 전공과의 관련성이 있는가?	고등학교 수준에 적합한 주제인가?	새롭고 독창적인 문제인가?	탐구활동 진행 시 충분한 시간이 있는가?	고등학생으로서 필요한 자료의 수집이 가능한가?	모둠원들의 능력과 지식으로 해결 가능한가?

> **tip 탐구활동의 독창성**
>
> 이를 위해 탐구주제를 선정할 때 독창성을 고려해야 한다. 독창성은 탐구의 생명이자 가장 중요한 요소이다. 탐구의 독창성은 새로운 사실이나 소재의 발견, 새로운 이론의 발견을 통해 달성할 수 있다. 하지만 이미 다루어진 사실이나 소재를 대상으로 하더라도 그것을 다루는 원리나 방법이 새롭고, 이미 밝혀진 이론을 적용하더라도 결과물이 새로운 것이라면 이 또한 충분히 독창성이 있다고 볼 수 있다.

❷ 학교에서 배운 내용에서 탐구주제 찾아보기[1]

　대학의 평가자들은 학생을 평가할 때 고교의 교육과정에 충실했는지에 관심이 있다. 예를 들어 지원자가 〈생명과학〉 과목을 이수했다면 '효소의 작용'을 제대로 이해했는지 확인하고 싶어 한다. 그래서 학교생활기록부에는 효소의 작용을 잘 이해했는지를 알 수 있게 특기사항을 기록한다. 그런데 우수한 학생을 선발하려고 하는 대입 과정에서는 교과 내용의 이해에만 그치면 좋은 평가를 받지 못한다. 그다음이 있어야 한다.

　효소의 작용을 배울 때 활성화 에너지와 기질 특이성에 대해서도 배운다. 여기서는 적어도 세 개의 과학적 개념을 이해해야 한다. '효소', '활성화 에너지', '기질 특이성'이다. 이를 알게 되었다면, 이 개념들로 생명체의 다양한 기관에서 벌어지는 현상을 분석할 수 있어야 한다. 즉 적용할 수 있어야 한다. 쉽게 말해 학교에서 배운 내용을 써먹을 줄 알아야 한다는 것이다.

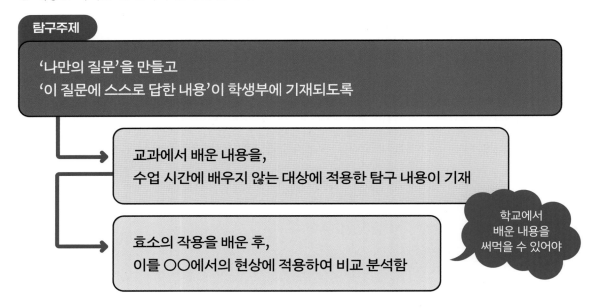

탐구주제

'나만의 질문'을 만들고
'이 질문에 스스로 답한 내용'이 학생부에 기재되도록

교과에서 배운 내용을,
수업 시간에 배우지 않는 대상에 적용한 탐구 내용이 기재

효소의 작용을 배운 후,
이를 ○○에서의 현상에 적용하여 비교 분석함

학교에서
배운 내용을
써먹을 수 있어야

　즉 **교과 내용을 이해한 후, 그 내용에 관심을 가지고 궁금해 하는 호기심이 필요하다.**

　예를 들어 대기권의 층상 구조에는 대류권, 성층권, 중간권, 열권이 있다. 이 중 오존층이 있는 곳은 성층권으로 이는 수업 시간에 배우는 내용이다. 그런데 이 내용에 더 호기심을 가지게 된다면 다음과 같은 질문을 할 수 있으며, 이는 좋은 탐구주제가 된다.

"왜? 오존층은 성층권에만 있을까?"

　또한 **좋은 탐구주제를 위해서는 개념을 이용하여 어떤 현상을 이해할 수 있도록 심화 질문을 만들고 책이나 논문을 통해 그 답을 찾는 과정이 필요**하다.

---

1. 의약 계열 특기사항은 이렇게 관리하세요(문성준, 〈조선에듀〉, 2023. 4. 28)

| 심화 질문을 만들고 책이나 논문을 통해 그 답을 찾아보기 |

• 효소의 작용에 문제가 있다면 어떤 질병을 앓게 될까?
• 그 질병은 어떻게 치료할 수 있을까?

책: 궁금한 내용을 큰 틀에서 여러 다른 개념과 현상을 연결 지어 이해할 수 있음 (탐구의 확장)
논문: 구체적인 데이터와 깊이 있는 설명과 분석을 얻을 수 있음 (새로운 지식 습득 가능)

그 외에도 학생 수준에 맞는 문제해결 과제를 설정하고 해결방안을 구상해 보는 것이 중요하다. 즉 효소의 내용을 배운 후 효소를 이용한 치료제 개발 가능성에 대해 학생 수준에 맞는 자료를 찾고 제시한다면 좋은 탐구주제와 세특이 될 수 있다.

다음은 〈생명과학〉 과목을 이수하고 '효소의 작용'을 주제로 진행한 탐구활동에 대한 교과 세부능력 및 특기사항의 예시이다.

학생부 예시 : 생명과학

> 효소의 작용을 배운 후, 인체에 소화기관에서 작용하는 립아제 효소의 활성 이상으로 발병하는 췌장암 질환의 치료 가능성을 책과 심화 자료를 참고하여 탐구함. 립아제 효소가 비활성 상태에서 ○○한 이유로 작용하지 못함을 알고, 비활성 상태에 대한 약물 실험에서 ○○한 과정으로 호전됨을 바탕으로 치료 가능성을 제시함.

> '○○'에는 매우 구체적인 내용이 기재되어야 탐구 과정도 드러나고 근거를 바탕으로 한 탐구 내용도 담을 수 있음.

마지막으로 대학은 지원자가 기본적으로 고교 교육과정에 충실했는지를 본다. 문학 과목에서 문학 비평 개념을 배웠다면 이를 교과서 외 문학 작품에 적용해서 분석하는 탐구활동을 해야 한다. 국어 교과에서 매체별 특징적인 언어 현상을 배웠다면 특정 매체의 언어 현상을 더 구체적으로 분석할 수 있어야 한다.

하지만 하나의 주제를 가지고 한 과목에서만 심화 탐구를 해서는 안 된다. 국어, 영어, 사회, 과학, 교양 등 다양한 과목과 연결 지어 탐구할 수 있다면 예시와 같이 관련 주제를 연결하여 탐구가 가능하다.

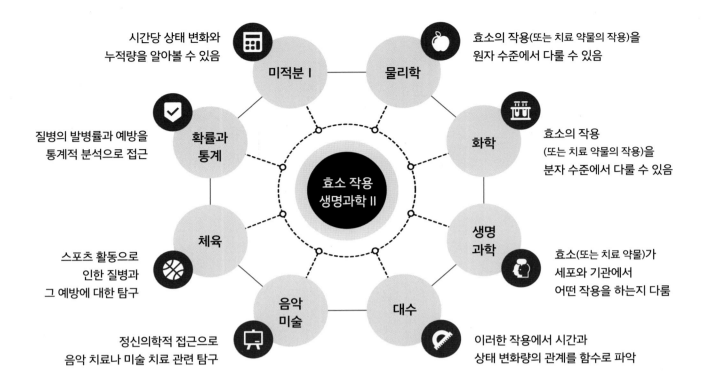

시간당 상태 변화와 누적량을 알아볼 수 있음

미적분 I

물리학

효소의 작용(또는 치료 약물의 작용)을 원자 수준에서 다룰 수 있음

질병의 발병률과 예방을 통계적 분석으로 접근

확률과 통계

화학

효소의 작용 (또는 치료 약물의 작용)을 분자 수준에서 다룰 수 있음

효소 작용 생명과학 II

스포츠 활동으로 인한 질병과 그 예방에 대한 탐구

체육

생명 과학

효소(또는 치료 약물)가 세포와 기관에서 어떤 작용을 하는지 다룸

정신의학적 접근으로 음악 치료나 미술 치료 관련 탐구

음악 미술

대수

이러한 작용에서 시간과 상태 변화량의 관계를 함수로 파악

❸ 선택 교육과정을 통한 탐구주제 선정하기

탐구주제를 선정하는 가장 좋은 방법은 학교 수업시간에 배운 내용에 호기심을 가지고 이를 심화·확장하는 것이다.

지금까지 배운 교과에서 자신이 진행한 교과활동의 목록을 확인하고 학교 교육과정을 살펴보아 올해 또는 다음 연도의 선택교과 중 심화 또는 확장할 수 있는 주제를 검토해 탐구 로드맵을 작성한다면 고등학교 과정 전체의 탐구주제를 명확히 할 수 있을 것이다.

이때 다음과 같이 질문을 통해 탐구주제를 구체화하면 좋은 탐구주제를 선정할 수 있다.

탐구주제 선정의 팁!

- 이전 연도 학생부 교과세특에서 나의 탐구 역량이 드러난 탐구주제 목록을 나열한 후, 그중에서 심화 또는 확장 가능한 주제를 추출하기
- 올해 교과 수업을 통해 호기심을 갖게 된 주제가 있는지 질문형으로 적어 보기
- 내년도 교육과정 편제표를 확인한 후, 자신의 전공 적합성이 드러날 과목을 선택하여, 이번 주제와 연계될 수 있는 탐구주제 로드맵을 구상하기(주제 심화, 확장, 융합)
- 사회적 또는 범세계적으로 최근 이슈가 되고 있는 내용이 무엇인지 키워드로 적어 보기
- DBpia, 국회전자도서관 등을 통해 기존 연구논문의 주제 및 제언에서 주제 참고하기
- 자신이 나열한 주제들 중에서 나의 진로, 적성 분야와 관련된 주제 선정하기

이를 위해 아래와 같이 자신이 배운 교과 중 기억에 남는 내용을 정리하고 2, 3학년 때 선택할 교과를 정리할 필요가 있다.

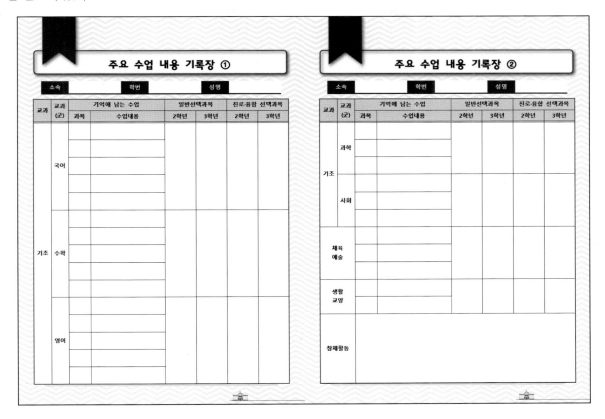

④ 키워드를 활용한 탐구주제 선정하기

고등학교 교과수업 및 자신이 희망하는 학과에 대해 호기심이 크지 않다면 교과 세특을 위한 탐구주제를 단박에 선정하기란 어려운 일이다. 그런 경우 호기심을 가지고 있는 키워드를 먼저 생각하고 이 키워드를 활용해 탐구주제를 선정하는 것도 방법이 될 수 있다.

예를 들어 지속가능경영이 궁금하다면, 국립중앙도서관, 국회전자도서관, 국가전자도서관, 구글 학술 검색, 네이버 학술정보, DBpia 등에서 검색을 통해 선행연구를 확인할 수 있다. 선행연구를 통해 다음 과정을 이해하고 새로운 아이디어를 만들 수 있다.

1) 탐구하려고 하는 주제와 관련하여 어떤 이론들이 있고 얼마만큼 연구가 진행되었는지 파악

2) 선행연구에서 연구 문제 도출, 연구 가설 설정, 그리고 연구 방법 등을 포함한 다양한 측면에서 장애 요인이나 한계점은 없는지 확인

3) 선행연구에서 다루지 않은 변인들이 무엇이며 학생 수준에서 다룰 수 있는 변인이 무엇인지 추론

4) 선행연구 분석을 통해 자신이 탐구할 주제에 대한 새로운 아이디어 생산

국회전자도서관의 경우 '인포그래픽 → 연관어 분석'을 통해 최근 키워드와 연관된 단어들을 검색할 수 있어 이를 통해 탐구주제의 내용을 심화·확장할 수 있다.

⑤ 탐구주제 아이디어 떠올리기[2]

탐구주제는 어떻게 선정해야 할까? 평소에 내가 관심을 가졌던 대상이나 하고 싶은 연구 분야가 있었다면 정리해 보자. 이 단계에서는 가능한 한 많은 아이디어를 떠올리는 것이 좋다. 브레인스토밍, 친구와의 논의, 자료 찾기 등 여러 방법을 통해 아이디어를 끌어내 보자. 아래 제시된 방법을 활용해도 좋다.

---

2. 〈자유 주제 탐구 학생 안내서〉, 김성원 외 5명, 한국과학창의재단(2020)

▶ 내가 관심 있는 주제(topic)를 선택한다. 평소에 더 알고 싶거나 궁금했던 주제가 있을 것이다. 주제를 선정하면 꽤 긴 시간 동안 그 주제에 관해 연구하게 된다. 그러니 신중하게 선택하자.

▶ 인터넷으로 검색해 보자. 이미 수행된 연구 프로젝트나 보고서를 포함하여 내가 수행하게 될 분야 전반에 대한 일반적인 정보를 수집해 보자.

▶ TV나 인터넷에서 내가 들어 본 적이 있는 주제를 떠올려 보자. 무엇이 있었는가?

▶ 내 가족과 관련된 이슈를 생각해 보자. 특정한 주제에 관심이 가는 개인적인 이유가 있을 수도 있다.

▶ 교과서나 잡지 또는 관련 도서 등을 펼쳐 보고 아이디어를 얻자.

▶ 최근 학교에서 배운 내용이 무엇이었나? 더 알아보고 싶은 것이 있었다면 무엇인가?

연구 주제를 결정했다면 이제 해야 할 일은 구체적인 형식의 질문을 만드는 것이다. 이때, '왜'보다는 '어떻게, 무엇이, 언제, 누가, 또는 어떤'을 이용해 질문을 만들어 보도록 하자. "왜 물고기의 수정체는 사람의 수정체와 다르게 생긴 걸까?" 같은 질문은 범위가 너무 넓어서 실험을 통해 알아보기가 어렵다. 이 질문을 좀 더 구체적으로 쪼개어 다음과 같이 과학 실험이 가능한 질문으로 만들 수 있다. "물속 환경에서 잘 적응하기 위한 어류 수정체의 구조는 무엇일까?"

이러한 과정을 통해 연구 주제를 결정했다면 실제 연구를 수행할 수 있는 주제로 구체화해야 한다. 이를 위해 다음 그림을 활용하면서 연구 주제를 선정해 보자.

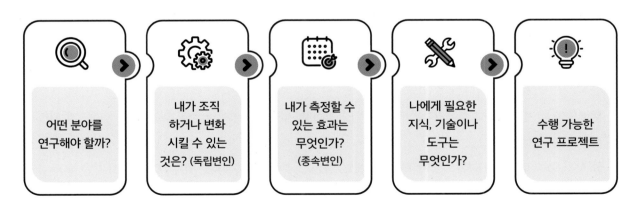

| 어떤 분야를 연구해야 할까? | 내가 조직하거나 변화시킬 수 있는 것은? (독립변인) | 내가 측정할 수 있는 효과는 무엇인가? (종속변인) | 나에게 필요한 지식, 기술이나 도구는 무엇인가? | 수행 가능한 연구 프로젝트 |

4. 교과 세특 탐구활동 수행 방법

탐구주제가 선정되었다면 본격적으로 다음과 같이 탐구활동을 수행해야 한다.

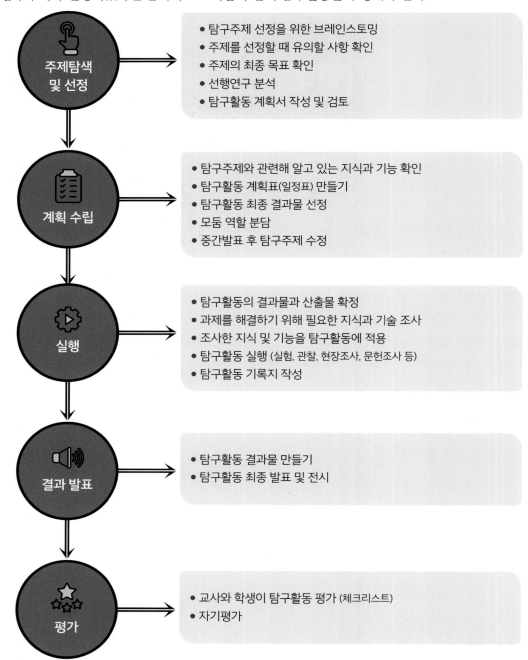

주제탐색 및 선정
- 탐구주제 선정을 위한 브레인스토밍
- 주제를 선정할 때 유의할 사항 확인
- 주제의 최종 목표 확인
- 선행연구 분석
- 탐구활동 계획서 작성 및 검토

계획 수립
- 탐구주제와 관련해 알고 있는 지식과 기능 확인
- 탐구활동 계획표(일정표) 만들기
- 탐구활동 최종 결과물 선정
- 모둠 역할 분담
- 중간발표 후 탐구주제 수정

실행
- 탐구활동의 결과물과 산출물 확정
- 과제를 해결하기 위해 필요한 지식과 기술 조사
- 조사한 지식 및 기능을 탐구활동에 적용
- 탐구활동 실행 (실험, 관찰, 현장조사, 문헌조사 등)
- 탐구활동 기록지 작성

결과 발표
- 탐구활동 결과물 만들기
- 탐구활동 최종 발표 및 전시

평가
- 교사와 학생이 탐구활동 평가 (체크리스트)
- 자기평가

무엇보다 탐구활동의 과정에서 예상했던 결과와 다르게 나올 경우 왜 예상과 다른 결과가 나오게 되었는지 분석하는 과정이 꼭 필요하다.

탐구활동은 탐구 과정을 통해 희망 전공 관련 또는 교과의 호기심을 채워나가는 것이다. 하지만 좋은 결과만 좋은 탐구활동이 되는 것은 아니다. 탐구활동을 수행하는 과정에서 다양한 문제 상황에 대처하는 과정, 탐구활동을 통해 모둠원과 의사소통하고 갈등을 해결하는 과정, 그리고 이 모든 과정을 통해 배우고 느낀 점을 통해 앞으로 탐구 과정에서 성장하는 모습이 탐구활동을 하는 더 큰 이유가 될 것이다.

국어 교과군

구분	교과(군)	공통 과목	선택 과목		
			일반 선택	진로 선택	융합 선택
보통 교과	국어	공통국어1 공통국어2	화법과 언어 독서와 작문 문학	주제 탐구 독서 문학과 영상 직무 의사소통	독서 토론과 글쓰기 매체 의사 소통 언어생활 탐구

공통 과목	수능	공통국어1	절대평가	상대평가
	X		5단계	5등급

단원명 | 듣기·말하기

| 🔍 | 화자, 청자, 상황 맥락, 사회·문화적 맥락, 담화 공동체, 담화 관습, 대화, 토론, 쟁점, 논증

[10공국1-01-01]

대화의 원리를 고려하여 대화하고 자신의 듣기·말하기 과정과 공동체의 담화 관습을 성찰한다.

➡ 팀으로 하는 운동 경기에서 선수들끼리 나누는 대화는 매우 중요할 것이다. 스포츠맨십을 중시하는 경기에서는 물론이거니와, 경쟁에서 이기기 위해 전략적으로 같은 팀 선수들끼리도 협력적 대화가 필요하다. 자신이 좋아하는 운동 경기에서 할 수 있는 협력적 대화는 어떤 것들이 있는지 예시를 들어 설명하고, 이러한 대화가 주는 긍정적인 효과에 대해 자신의 생각을 말해 보자.

관련학과 사회체육학과, 스포츠과학과, 스포츠레저학과, 스포츠산업학과, 스포츠지도학과, 체육학과
《쫌 이상한 체육 시간》, 최진환, 창비교육(2022)

[10공국1-01-02]

논제의 필수 쟁점별로 논증을 구성하고 논증이 타당한지 평가하며 토론한다.

➡ 스포츠 정신은 결국 '경쟁'이라는 상황 속에서도 타인을 배려하고 존중하는 태도를 말한다. 이러한 정신은 토론을 하는 과정에서도 필요한 덕목이라고 볼 수 있다. 이러한 덕목은 '쟁점'을 '합의점'으로 치환할 수 있는지에 대한 논의로도 이어질 수 있다. 현재 본인이 마주하고 있는 사회현상에서 엿볼 수 있는 쟁점을 어떻게 합의점으로 치환할 수 있을지에 대해 의논해 보자.

관련학과 사회체육학과, 스포츠과학과, 스포츠레저학과, 스포츠산업학과, 스포츠지도학과, 체육학과
《품격 있고 협력적인 시민을 위한 토론의 미학》, 정창우 외 2명, 교육과학사(2024)

단원명 | 읽기

| 🔍 | 독자, 배경지식, 경험, 의미 능동적 구성, 상황 맥락, 사회·문화적 맥락, 목적, 점검·조정, 문제 해결, 읽기 전략, 긍정적 정서, 사회적 독서 문화

[10공국1-02-01]

다양한 글이나 자료를 읽으며 논증의 타당성을 평가하고 자신의 관점을 바탕으로 논증을 재구성한다.

➡️ 만화나 웹툰에서는 선, 색, 대사 배치, 배경 제시 등 표현적인 방식이 논증의 한 방법이 될 수 있다. 현재 자신이 보고 있는 웹툰 중 특정 가치를 설득하는 목적을 지닌 작품을 선정하고, 그 설득의 방법적 차원에서 위의 표현 방식들이 타당한지에 대해 논의해 보자. 나아가 의도를 더 명확하게 전달하기 위한 표현 방식을 정해 보고, 이를 토대로 웹툰의 한 부분을 리마스터링해 보자.

관련 학과 만화애니메이션학과, 미술학과, 시각디자인학과, 패션디자인학과
《**웹툰 작가 마스터플랜**》, theD마스터플랜연구소, 더디퍼런스(2023)

[10공국1-02-02] • • •

자신의 진로나 관심 분야와 관련한 다양한 글이나 자료를 찾아 주제 통합적으로 읽고 읽은 결과를 공유한다.

➡️ 컨셔스 힙합은 힙합 음악의 하위 갈래로, 사회에 대한 비판적인 시각 등 개인적인 생각을 메시지화하여 전달하는 형태이다. 컨셔스 랩의 가사를 쓰기 위해서는 현대사회에 대한 자신의 생각을 정립해야 하는데, 이를 위해 사회현상과 관련된 다양한 자료를 찾아 주제 통합적으로 읽어 보고, 이를 토대로 모둠원끼리 공동으로 주어진 비트에 컨셔스 랩 가사를 만들어 보자.

관련 학과 뮤지컬학과, 방송연예과, 실용음악학과, 연극영화학과, 음악학과, 작곡과
《**미국의 백인우월주의와 인종차별**》, 김종길, 중문출판사(2024)

단원명 | 쓰기

🔍 필자, 기호, 매체, 인간의 생각과 감정, 의미 구성, 상황 맥락, 사회·문화적 맥락, 의사소통 목적, 문제 해결, 쓰기 전략, 쓰기 경험, 쓰기 윤리, 의사소통 문화

[10공국1-03-01] • • •

내용 전개의 일반적 원리를 고려하여 사회적 쟁점에 대한 자신의 견해를 정교하게 표현하는 글을 쓴다.

➡️ 문학의 하위 갈래 중 '소설'에 나타난 '묘사'의 기법적 측면에 대해 이해하고, 자신이 읽은 문학 작품 중 묘사가 나타난 부분을 찾아 그 효과를 말해 보자. 나아가 텍스트로 된 묘사의 대상을 실제로 디자인화해 보고, 이 과정에서 텍스트로 된 묘사의 기법을 어떻게 형상화하려고 노력했는지 스스로 평가해 보자.

관련 학과 미술학과, 산업디자인학과, 서양화과, 시각디자인학과, 조소과, 패션디자인학과
《**소설 쓰고 앉아 있네**》, 문지혁, 해냄(2024)

[10공국1-03-02] • • •

다양한 언어 공동체의 특성을 고려하며 필자의 개성이 드러나는 글을 쓴다.

➡️ 음악의 본질, 음악이 우리 인간에게 주는 심미적 영향 등에 대해서는 수많은 논의가 있다. 이를 토대로 특정 장르나 작품들에 대한 견해차도 존재한다. 이런 상황을 명확하게 파악하고, 자신이 좋아하는 노래를 하나 택하여 그 노래가 왜 자신에게 큰 영향을 주었는지에 대해 가락, 곡조, 가사, 작가 등으로 분석하여 자신의 개성 있는 생각을 담아 설명하는 글을 써 보자.

관련 학과 성악과, 실용음악학과, 음악학과, 작곡과
《**음악을 듣는 법**》, 오카다 아케오, 홍주영 역, 끌레마(2023)

단원명 | 문법

[10공국1-04-01]   ● ● ●

언어 공동체가 다변화함에 따라 다양해진 언어 실천 양상을 분석하고 언어 주체로서 책임감을 가지며 국어 생활을 한다.

➡ 좋은 미술 작품을 소개할 때, 미술과 관련된 개념이 잘 정립되지 않은 이들에 대한 배려가 필요할 것이다. 처음 미술을 접한 아이들에게 '명도' '채도' 등의 미술 개념에 대해 실제 작품을 토대로 설명하는 과정을 시나리오로 작성하고, 이를 심포지엄을 통해 소개해 보자. 나아가 이 과정을 통해 얻게 된 피드백을 수용하여 다른 미술 개념 설명을 위한 지표로 삼는 계획서를 만들어 보자.

관련 학과 공예학과, 만화애니메이션학과, 미술학과, 뷰티디자인학과, 사진학과, 산업디자인학과, 서양화과, 시각디자인학과, 조소과, 패션디자인학과

《A-B-C로 배우는 드로잉 기초》, 수지(허수정), 책밥(2024)

[10공국1-04-02]   ● ● ●

음운 변동을 탐구하여 발음과 표기에 올바르게 적용한다.

➡ 우리말의 '라임(rhyme)' 구성은 이제 힙합 음악 장르에서의 사용을 넘어 K-Pop에서 매우 보편적으로 사용되는 작사 방법이다. 자모음을 유사하게 배치하거나 음운 변동을 반영하여 재치 있게 라임을 구성할 수 있다. 그중 '자음축약'에 의해 거센소리가 되는 경우와 원래 거센소리가 있었던 경우에 해당하는 단어를 선정하여 라임을 짜 보자. 나아가 다른 음운 변동에 의한 라임도 만들어 보자.

관련 학과 뮤지컬학과, 방송연예과, 성악과, 실용음악학과, 음악학과, 작곡과

《힙합은 어떻게 힙하게 됐을까?》, 한동윤, 자음과모음(2018)

[10공국1-04-03]   ● ● ●

다양한 분야의 글과 담화에 나타난 문법 요소 및 어휘의 표현 효과를 평가하고 적절한 표현을 생성한다.

➡ 운동과 관련된 영상을 만들어 온라인 플랫폼 서비스를 통해 대중과 소통할 때는, 대중이 쉽게 인식할 만한 어휘를 사용해야 소통이 원활할 것이다. 특히 요즘에 '웨이트 트레이닝'에 대한 관심이 많은데, 대중을 위해 생명 과학 용어(근골격계의 세부 전문어)들을 쉽게 풀어 설명하고 전달하는 영상을 만들어 보자.

관련 학과 사회체육학과, 스포츠과학과, 스포츠레저학과, 스포츠의학과, 체육학과

《이기고 싶으면 스포츠 과학》, 제니퍼 스완슨, 조윤진 역, 다른(2022)

단원명 | 문학

국어 교과군

영어 교과군

수학 교과군

도덕 교과군

사회 교과군

과학 교과군

> | 🔍 | 인간의 삶, 형상화, 타자와의 소통, 갈래, 작가와 독자, 사회와 문화, 문학사, 수용·생산, 해석, 감상, 비평, 창작, 향유, 자아 성찰, 공동체

[10공국1-05-01] ●●●

문학 소통의 특성을 고려하며 문학 소통에 참여한다.

➡️ 음악과 문학은 그 자체로도 아름다운 예술적 갈래이지만, 이를 통해 다른 사람들과 사회적 상호작용을 도모할 수 있다는 측면에서도 중요한 영역이라고 볼 수 있다. 음악과 문학은 모두 작가 맥락, 독자 맥락, 사회·문화적 맥락 등에 따라 다르게 해석될 가능성이 있는데, 이러한 예시를 각각 하나씩 들고, 이러한 해석이 지니는 의의 및 이 의의에 대한 우리의 태도에 관해 토론해 보자.

[관련 학과] 관현악과, 성악과. 실용음악학과, 음악학과, 작곡과

《음악 교사와 음악 애호가를 위한 음악 감상과 비평의 이론과 실제》, 민경훈 외 1명, 어가(2023)

[10공국1-05-02] ●●●

갈래에 따른 형상화 방법의 특성을 고려하며 작품을 수용한다.

➡️ 극문학은 소설 문학과는 다르게 등장인물이 직접 등장하여 대사와 지시문(행동)을 통해 주제의식을 구현한다. 이러한 양상을 음악에 담기 위해서는 여러 가지 방법적 차원에 대한 고민이 필요할 것이다. 고전인 〈마왕〉(괴테 작사, 슈베르트 작곡)에 나타난 극문학적 전개 구조에 대해 분석하고, 이를 소설로 전개했을 때와 극으로 전개했을 때, 나아가 음악을 입혔을 때의 차이점에 대해 이야기해 보자.

[관련 학과] 관현악과, 성악과. 실용음악학과, 음악학과, 작곡과

《슈베르트集 3》, 슈베르트, 태림스코어(2018)

[10공국1-05-03] ●●●

작품 구성 요소의 유기적 관계와 맥락에 유의하여 작품을 수용하고 생산한다.

➡️ 소설 문학의 구성 요소로 볼 수 있는 '배경'은 주제를 형상화할 수 있는 가장 은은하면서도 강력한 요소로 꼽힌다. 따라서 배경을 묘사하는 방법 또한 주제의식을 드러내는 방법론적 측면으로 볼 수 있다. 자신이 좋아하는 소설 작품 하나를 택하여, 그 소설의 주제를 드러낼 수 있게끔 특정 장면 혹은 배경을 사진·만화·그림 등으로 디자인해 보자.

[관련 학과] 공예학과, 만화애니메이션학과, 미술학과, 방송연예과, 뷰티디자인학과, 사진학과, 산업디자인학과, 서양화과, 시각 디자인학과, 조소과, 패션디자인학과

《소설쓰기의 모든 것 2: 묘사와 배경》, 론 로젤, 송민경 역, 다른(2018)

단원명 | 매체

[10공국1-06-01] •••

사회적 의제를 다룬 매체 자료를 비판적으로 분석한다.

➡️ 최근 운동과 건강에 관한 유튜브 방송이 많은 인기를 얻고 있다. 그러나 "절대 ~하지 마세요!" 같은 극단적이고 자극적인 제목으로 구독자들을 현혹하는 경우도 왕왕 보인다. 이러한 방송을 실제로 모둠원끼리 시청하고 반응을 비교해 보자. 나아가 이러한 운동 정보를 극단적으로 제시하는 방송이 지닌 위험성을 진단하고, 이를 어떻게 수용해야 할지에 대해 케이스별로 발표해 보자.

관련 학과 경호학과, 무용학과, 뮤지컬학과, 사회체육학과, 스포츠과학과, 스포츠레저학과, 스포츠의학과, 연극영화학과, 체육학과

《21세기의 매체철학》, 심혜련, 그린비(2024)

[10공국1-06-02] •••

소통 맥락과 매체 특성을 고려하여 다양한 목적의 매체 자료를 제작한다.

➡️ 디자인의 목적은 나름의 미적 가치를 추구하는 것일 수 있지만, 다양한 분야의 전문가들과 협업하면서 타인의 생각·의도·가치·방향성을 시각화하여 정보를 전달하고 설득하기 위한 목적도 있을 것이다. 이러한 목적을 반영하여 모둠원들이 가지고 있는 생각 혹은 메시지를 시각 자료를 담은 인쇄 매체로 제작하여 발표해 보자. 나아가 이러한 매체의 특성과 장점에 대해 토의해 보자.

관련 학과 공예학과, 만화애니메이션학과, 미술학과, 사진학과, 산업디자인학과, 서양화과, 시각디자인학과, 조소과

디자이너의 일상과 실천
권준호, 안그라픽스(2023)

책 소개

디자이너로서의 신념 및 예술적 정체성에 대한 갈망 그리고 타인과의 협업 및 의사소통에서의 융합적 실마리를 모두 형상화하고자 하는 의지와 민감성을 충실하게 엿볼 수 있는 책으로, 디자이너라면 한번쯤은 진지하게, 그러나 일상적으로 거쳐야 할 상념들의 집합이 오롯이 제시되어 있다.

세특 예시

소통 맥락과 매체 특성을 고려하여 매체를 제작하는 과정에서 제일 필요한 역량이 '의사소통 역량'일 수 있음을 학습한 후, 학교 대표 디자이너로서 '학생자치회 선거 포스터'를 제작하고자 학생회 친구들과 소통하는 과정에서 '디자이너의 일상과 실천(권준호)'을 읽고 '내가 표현하는 인물 배치와 색이 내 친구의 생각에 위배되지 않을까?' 하는 생각을 하고, 실제로 자신의 디자인 과정과 결과를 점검한 뒤 이에 대해 함께 숙론(熟論)하자고 학생회 친구들에게 먼저 제안함.

공통 과목	수능	공통국어2	절대평가	상대평가
	X		5단계	5등급

단원명 | 듣기·말하기

| 🔍 청중 분석, 상호작용, 언어적 표현, 준언어적 표현, 비언어적 표현, 매체, 발표, 상황 맥락, 사회·문화적 맥락, 쟁점, 이해관계, 협상, 사회적 소통 윤리

[10공국2-01-01]　•••

청중의 관심과 요구에 맞게 내용을 구성하여 발표하고 청중의 질문에 효과적으로 답변한다.

➡️ 우리 사회는 심신의 어려움을 겪고 있는 성인이나 아동들이 '미술 치료'를 받을 수 있도록 관련 프로그램을 운영 및 지원하고 있다. 미술 치료는 미술 활동을 매개로 내담자의 심리적인 문제를 치료하는 것으로, 내담자와의 상담 과정에서 미술 매체가 주로 활용된다. 미술 매체는 미술을 통해 자신의 생각을 전달하는 데 활용되는 매개체라는 점에서 발표에서 활용되는 매체와 공통점이 있다. 미술 치료와 관련된 상담 사례나 관련 도서를 찾아 읽으며 미술 치료에서 활용되는 매체의 유형 및 기능에 대해 탐구하여 발표해 보자.

관련 학과 공예학과, 만화애니메이션학과, 미술학과, 사진학과, 서양화과, 조소과

《**마인드 커넥트 비대면 놀이치료**》, 한유진 외 6명, 학지사(2022)

[10공국2-01-02]　•••

쟁점과 이해관계를 고려해 문제를 해결할 수 있는 대안을 탐색하며 협상한다.

➡️ 《구름빵》, 《검정 고무신》 등의 사례에서 볼 수 있듯이, 작가와 출판사 또는 유통사 간의 '매절 계약'으로 인한 문제가 사회적으로 논란이 되고 있다. 매절 계약은 유통 사업자가 저작권자에게 저작물 이용에 따른 대가를 미리 일괄 지급하는 계약으로, 신인 작가나 감독의 흥행 불확실성이라는 한계로 인해 관례처럼 행해져 왔다. 그런데 저작자의 입장에서는 일정 금액만 받고 향후 저작물을 통해 얻는 수익에 대한 권리를 모두 넘기는 개념이기 때문에 불공정하게 여기기도 한다. 최근 저작물 저작자의 보상 청구권을 명시한 저작권법 개정안 발의로 인해 관련 이해집단 간의 갈등이 첨예하게 대립하고 있는데, 이와 관련하여 진행되고 있는 협상의 쟁점과 집단의 이해관계에 대해 분석해 보자.

관련 학과 만화애니메이션학과, 뮤지컬학과, 미술학과, 사진학과, 시각디자인학과, 실용음악학과, 연극영화학과, 음악학과, 작곡과

《**소셜 미디어 시대에 꼭! 알아야 할 저작권**》, 김기태, 동아엠앤비(2020)

[10공국2-01-03]　•••

사회적 소통 과정에서 말의 영향력을 고려하여 책임감 있게 듣고 말한다.

➲ '유튜버'는 동영상 공유 사이트에 자신의 채널을 운영하며 영상을 게시하는 사용자들을 지칭하는 단어로, 다양한 연령층의 대중으로부터 관심을 받고 있다. 이런 이유로 유튜버의 사회적 영향력이 다양한 분야에 걸쳐서 나타나는데, 그중에서도 말과 글을 배우는 단계의 아동들에게 유튜버가 미치는 영향력은 무시할 수 없다. 그런데 유튜버들이 사용하는 단어나 문장 그리고 자막에서 원칙을 찾아보기 어려울 뿐만 아니라, 그들이 사용하는 폭력적인 언어를 무분별하게 따라 하는 아동이 늘어나서 사회적으로 문제가 되고 있다. 유튜버들의 언어 사용 실태에 대해 탐구하면서 언어 공동체 구성원으로서의 책임감에 대해 고민해 보자. 또한 방송 언어 가이드라인에 대한 분석을 바탕으로, 1인 미디어에 대한 실현 가능한 규제 정책에 대해 탐구해 보자.

관련 학과 만화애니메이션학과, 뮤지컬학과, 방송연예과, 실용음악학과, 연극영화학과

《**사회적 소통망(SNS)의 언어문화 연구**》, 이정복, 소통(2017)

단원명 | 읽기

> | 🔍 | 내용의 타당성, 신뢰성, 공정성, 표현의 적절성, 주제 통합적 읽기, 글 재구성하기, 사회·문화적 맥락, 읽기 목적 및 전략, 읽기 과정의 점검 및 조정, 비판적 읽기

[10공국2-02-01]   •••

복합 양식으로 구성된 글이나 자료에 내재된 필자의 관점이나 의도, 표현 방법을 평가하며 읽는다.

➲ '스포츠 캐스터'는 스포츠 경기의 중계를 담당하는 아나운서를 부르는 말로, 경기장에서 벌어지는 역동적이고 감동적인 매 순간을 훈련된 언어로 각색해서 표현하는 직업이다. 스포츠 중계의 특성상 어떤 상황이 일어날지 정확히 예측할 수 없으므로, 자세한 대본 없이 생방송으로 진행할 수밖에 없는데, 이런 이유로 스포츠 캐스터는 공정한 입장에서 경기를 중계해야 할 의무가 있음에도 불구하고, 중계 과정에서 종종 특정 팀이나 국가의 입장에서 응원하는 마음이 표출되기도 한다. 중립적으로 해설해야 하는 경기의 중계 영상이나 사후 정리된 대본을 바탕으로 중계 내용의 공정성을 분석하고, 스포츠 중계에서 공정성 준수가 현실적으로 타당한가에 대해 탐구하여 발표해 보자.

관련 학과 방송연예과, 사회체육학과, 스포츠과학과, 스포츠레저학과, 스포츠의학과, 체육학과

《**두 평 반의 진땀 나는 야구세계**》, 한명재, 문학수첩(2022)

[10공국2-02-02]   •••

동일한 화제의 글이나 자료라도 서로 다른 관점과 형식으로 표현됨을 이해하며 읽기 목적을 고려하여 글이나 자료를 주제 통합적으로 읽는다.

➲ 어린아이의 그림과 기성 작가의 현대 미술 작품을 임의로 배열해 놓고 어느 것이 작가의 작품인지 찾도록 하는 퀴즈가 SNS나 인터넷에서 여전히 공유되고 있다. 이런 현상은 현대 미술 작가들이 작품에 이런저런 설명을 붙이며 특정한 의도로 창작했다고 주장하지만, 현대 미술 작품 중에서도 특히 추상화의 경우 아직은 다수의 대중에게 설득력을 갖지 못한다는 것을 방증한다고 볼 수 있다. 추상적인 경향의 현대 미술에 반감을 갖고 현대 미술에 대해 평가한 글과 현대 미술의 입장에서 현대 미술을 대변하는 글을 모두 읽으며 각각의 관점에서 내용의 타당성을 평가하고, 현대 미술에 대한 자신의 관점을 설정한 후 자료를 재구성하여 발표해 보자.

관련 학과 공예학과, 미술학과, 뷰티디자인학과, 산업디자인학과, 서양화과, 시각디자인학과, 조소과, 패션디자인학과

《**현대미술 강의**》, 조주연, 글항아리(2017)

[10공국2-02-03]   ● ● ●

의미 있는 사회적 독서활동에 참여함으로써 타인과 교류하고 다양한 지식이나 정보, 삶에 대한 가치관 등을 이해하는 태도를 지닌다.

➲ 2022년 8월, 콜로라도 주립박람회 미술대회의 디지털 아트 부문에서 제이슨 앨런이 AI 프로그램인 미드저니(Midjourney)를 활용해 출품한 작품이 우승을 차지하면서 논란이 일었다. 인공지능 기술의 발달로, 텍스트를 입력하면 이미지로 전환해 주는 AI 화가 프로그램이 도입되고 있는데, 미드저니 외에도 이마젠, 달리 2 등이 있다. 그런데 그동안 AI 화가 프로그램들은 사용자가 원하는 화풍까지 그림에 반영하기는 어렵다는 한계가 있었으나, 2022년 완성된 노벨 AI의 경우 특정 작가의 화풍까지도 따라 할 수 있도록 성능이 개선되어 작가들의 생계에 실질적으로 위협이 될 거라는 말이 나오기도 한다. AI 화가 프로그램에 대한 논란과 관련한 글을 찾아 읽으며 쟁점을 분석하고, '인공지능 시대 예술의 미래'를 주제로 문화예술 포럼의 발제문을 작성해 보자.

관련 학과 **만화애니메이션학과, 미술학과, 뷰티디자인학과, 사진학과, 산업디자인학과, 서양화과, 시각디자인학과, 패션디자인학과**

《챗GPT & AI를 활용한 인공지능 그림 그리기 실전》, 장문철 외 1명, 앤써북(2023)

단원명 | 쓰기

|🔍| 언어 공동체, 쓰기 윤리, 작문 관습, 쓰기 과정 및 전략의 점검, 사회적 책임, 논증 요소, 논증하는 글쓰기, 신뢰할 수 있는 자료, 복합 양식 자료, 공동 보고서 쓰기

[10공국2-03-01]   ● ● ●

언어 공동체가 공유하는 작문 관습의 특성을 이해하고 쓰기 과정과 전략을 점검하며 책임감 있게 글을 쓴다.

➲ 최근 힙합 장르에서는 '디스전'이 하나의 문화를 형성하고 있다. '디스전'은 사람이나 사건 따위에 대해 무례한 태도를 취하는 것을 뜻하는 단어 디스(dis)에 싸움을 뜻하는 전(戰)이 결합하여 만들어진 신조어이다. 그런데 디스전을 랩 게임의 일부로 인식하고 화려한 랩 스킬과 재치 있는 가사로 풀어내는 식의 접근은 대중에게 흥미를 불러일으키지만, 오로지 상대를 끌어내리는 데만 목적을 두고 불쾌감을 주는 욕설과 비속어를 사용하고 사생활을 폭로하는 식의 접근은 대중에게 불편함을 준다. 작사도 일종의 글쓰기임을 고려한다면, 작사 과정에서 언어 공동체의 쓰기 윤리를 준수할 필요가 있지 않을까? 힙합계의 여러 디스전 사례들을 찾아 쓰기 윤리의 준수 여부를 분석하고, 힙합 디스전의 작사 윤리 서약서를 만들어 공유해 보자.

관련 학과 **K-POP학과, 공연음악예술학과, 만화애니메이션학과, 뮤지컬학과, 방송연예과, 실용음악학과, 연극영화학과, 음악학과, 작곡과**

《요즘 아이들을 위한 요즘 K-POP 작사 수업》, 안영주, 더디퍼런스(2023)

[10공국2-03-02]   ● ● ●

논증 요소에 따른 분석을 바탕으로 효과적으로 내용을 조직하여 논증하는 글을 쓴다.

➲ 성범죄 피해 사실을 폭로하는 현상인 '미투 운동'이 문학, 미술 등 문화계에 일파만파 퍼지면서, 예술가 개인에게 도덕적 결함이 있는 경우 그의 예술까지 폄하되는 것이 과연 정당한지에 대한 논의가 계속되고 있다. 파블로 피카소가 숱한 여성 편력에도 불구하고 입체주의 양식을 창안한 업적과 작품성을 인정받아 현대 미술의 거

장으로 칭송받듯 예술가의 윤리적 문제와는 별개로 작품의 예술성을 인정해야 한다는 입장이 있는 반면, 많은 대중은 예술의 가치를 창작자의 윤리성과 결부해 평가하고 있으며 문제 있는 작가의 작품은 소비하지 않겠다는 여론을 형성하고 있다. 이에 미투 운동으로 추문에 휩싸인 몇몇 작가들의 작품이 교과서에서 삭제되기도 했다. 작품과 창작자의 윤리적 문제가 분리될 수 있는가에 대한 양측의 입장을 분석하며 자신의 생각을 정립하고, 이를 바탕으로 논증하는 글을 써 보자.

관련 학과 공예학과, 만화애니메이션학과, 미술학과, 뷰티디자인학과, 사진학과, 산업디자인학과, 서양화과, 시각디자인학과, 실용음악학과, 연극영화학과, 음악학과, 작곡과, 조소과, 패션디자인학과

《달과 6펜스》, 서머싯 몸, 송무 역, 민음사(2000)

[10공국2-03-03]   • • •

신뢰할 수 있는 정보를 종합하여 복합 양식 자료가 포함된 공동 보고서를 쓴다.

➡ 여성 인권에 대한 사회적 관심을 대변하듯, 여성 인권을 주제로 하는 책이 연이어 출간되고 있다. 분야를 막론하고 일상 곳곳에서 성차별, 여성 혐오와 관련된 이야기가 터져 나오고 있는 상황에서 스포츠 분야라고 예외는 아니다. 생활 스포츠 분야에서 시작해 프로 스포츠, 더 나아가 스포츠 지도자 분야에 이르기까지 성차별 문제는 장애 차별, 인종 차별과 더불어 스포츠계가 극복해 나가야 할 중요한 문제로 인식되고 있다. 공정과 평등의 가치를 중시하는 스포츠 분야에서 이러한 불평등 사례가 발생하는 것은 분명 문제가 있어 보인다. 스포츠 정신으로서의 공정과 평등의 가치와 관련된 자료를 찾아 읽어 보고, 스포츠의 각 분야에 존재하는 성차별 관련 문제를 찾아 분석해 보자. 그리고 성평등을 위해 진행되고 있는 구체적 사례들에 대한 탐구를 통해 스포츠 분야의 성차별 문제를 해결하기 위한 대안을 스스로 마련하고, 이러한 활동의 결과물을 토대로 보고서를 작성해 보자.

관련 학과 경호학과, 골프학과, 사회체육학과, 스포츠과학과, 스포츠레저학과, 스포츠의학과, 유도학과, 체육학과, 태권도학과

《운동하는 여자》, 양민영, 호밀밭(2019)

단원명 ┃ 문법

| 🔍 국어의 변화, 국어의 역사성, 신조어, 언어의 사회 반영, 국어 문화 발전, 한글 맞춤법, 국어 생활 성찰 및 개선, 문제 해결적 사고, 국어 의식

[10공국2-04-01]   • • •

과거 및 현재의 국어 생활에 나타나는 국어의 변화를 이해하고 국어 문화 발전에 참여한다.

➡ 2022년 국내 미술 시장의 규모가 처음으로 1조 원을 돌파했다는 기사가 쏟아져 나왔다. 그만큼 미술을 포함한 예술에 대한 대중의 관심이 점점 커지고 있다는 뜻으로 해석할 수 있을 듯하다. 하지만 대중에게 예술의 문턱은 여전히 높다. 예술에 대한 대중의 편견으로 인한 문턱도 있지만, 이해되지 않는 미사여구들이 잔뜩 붙은 작품들이나 전시회에서 작품에 대한 관객들의 이해를 돕기 위해 걸어 놓은 작품 설명이 너무 어렵게 서술되어 있어서 예술에 대한 문턱을 만들기도 한다. 이처럼 언젠가부터 예술의 언어는 쉽고 친절하게 대중에게 다가가기보다는, 생소하고 어렵더라도 각종 미사여구를 사용하여 작품의 예술적 가치를 드러내는 데 목적이 있는 것처럼 보인다. 이와 관련하여 예술계에 나타나는 국어의 변화에 대해 탐구하고, 국어 문화 발전을 위한 방안을 모색해 보자.

국어 교과군

공통 국어

수학 교과군

도덕 교과군

사회 교과군

과학 교과군

관련 학과 공예학과, 관현악과, 무용학과, 뮤지컬학과, 미술학과, 뷰티디자인학과, 사진학과, 산업디자인학과, 서양화과, 성악과, 시각디자인학과, 음악학과, 작곡과, 조소과, 패션디자인학과

《시급하지만 인기는 없는 문제: 예술·언어·이론》, 이동휘 외 1명, 미디어버스(2022)

[10공국2-04-02] ● ● ●

한글 맞춤법의 원리를 적용하여 국어 생활을 성찰하고 문제를 해결한다.

➡ 방송통신심의위원회는 매년 방송언어 조사 자료집을 통해 프로그램별 방송언어 사용 실태를 되짚고 대책을 강구하지만, 대체로 자막 오류에 대해서는 미온적인 태도를 보이고 있다. 방송사들의 자막 사용을 규제하는 지침이 없을뿐더러, '어의없다(어이없다)', '충격 그 잡채(자체)' 등과 같이 재미를 위해 일부러 맞춤법을 틀리게 쓰는 경우도 있어 문제가 되고 있는데, 이러한 현상은 비단 방송계만의 문제가 아니다. 대중가요 속 가사를 들여다보면 '바램(바람)', '니가(네가)', '비켜줄께(비켜줄게)' 등 맞춤법에 어긋난 표현이 적지 않은데, 이런 오류는 특히 올바른 맞춤법 교양을 갖추지 못한 청소년과 외국인들에게 악영향이 크다. 미디어의 발달로 인해, 오류가 난무하는 영상과 노래를 통해 자연스레 언어를 습득하는 현상이 비일비재하기 때문이다. 방송 자막 또는 노래 가사에 나타난 맞춤법 오류를 관련 한글 맞춤법 조항을 찾아 바르게 고쳐 보고, 이러한 문제 현상의 원인과 해결 방안에 대해 탐구해 보자.

관련 학과 만화애니메이션학과, 뮤지컬학과, 방송연예과, 실용음악학과, 연극영화학과, 음악학과, 작곡과

《방송 언어 오용 사례》, 국립국어원, 휴먼컬처아리랑(2014)

단원명 | 문학

🔍 한국 문학사, 작가 맥락, 독자 맥락, 사회·문화적 맥락, 문학사적 맥락, 문학의 수용과 생산, 주체적 관점에서의 작품 해석, 작품의 가치 평가, 해석의 다양성

[10공국2-05-01] ● ● ●

한국 문학사의 흐름을 고려하여 작품을 수용한다.

➡ 풍자 문학은 인물이나 사회의 결점·모순·불합리 등을 비웃으며 비판하는 문학 양식을 이르는 말로서, 풍자의 웃음은 공격성을 띤다는 점에서 해학과 차이가 있다. 한국 문학에서 풍자는 삼국 시대 설총의 〈화왕계〉, 고려 시대 임춘의 〈공방전〉, 〈국순전〉, 조선 시대 박지원의 〈양반전〉, 〈호질〉, 일제강점기 채만식의 〈치숙〉, 〈태평천하〉에 이르기까지 그 전통을 이어 오고 있다. 이처럼 풍자 문학은 기존의 허위를 폭로하고 진실을 일깨우는 것에서부터 권력의 횡포를 비판하고 고발하는 데까지 이르면서, 시대를 막론하고 우리 민족의 삶 가까이에서 창작 및 향유되고 있다. 최근 10대와 20대 사이에 절대적인 인기를 누리는 웹툰에서도 풍자의 전통이 이어지고 있는데, 사회·정치·경제·교육 등 분야를 가리지 않고 당대의 민감한 사안을 솔직하면서도 재치 있게 다루어 대중의 뜨거운 관심을 받고 있다. 현대의 예술 분야에서 풍자가 활용된 작품의 사례를 찾아 풍자의 대상 및 적용 원리에 대해 탐구하고, 한국 문학에서 풍자가 어떤 가치를 지니는지에 대해 발표해 보자.

관련 학과 만화애니메이션학과, 뮤지컬학과, 미술학과, 방송연예과, 뷰티디자인학과, 산업디자인학과, 서양화과, 시각디자인학과, 실용음악학과, 연극영화학과, 음악학과, 작곡과, 조소과, 패션디자인학과

한국 일상툰의 풍자
김유나, 커뮤니케이션북스(2021)

책 소개

이 책은 '풍자'라는 공통점 아래에서 대중적으로 공감을 얻은 웹툰 작품들을 소개하며, 해당 작품들이 어떻게 현실을 풍자하고 있는지를 인물, 사건, 배경, 언어유희, 거리두기, 패러디, 이코노텍스트, 부조리한 현실 인식 등의 키워드를 중심으로 분석하여 소개한다.

세특 예시

한국 문학사의 전통과 특질에 대한 학습 후, 풍자를 핵심 키워드로 하여 한국 문학사의 흐름을 살펴보고자, 삼국 시대 문학부터 근현대 문학에 이르기까지 풍자 문학의 전통을 잇고 있는 작품들을 찾아 각 작품이 풍자하는 대상을 분석하여 정리함. 또한 문학뿐만 아니라, 문학과 밀접한 관련이 있는 예술에서도 풍자가 사용된 작품이 있을 것이라 생각하고, '한국 일상툰의 풍자(김유나)'를 찾아 읽음. 이를 통해 풍자를 활용한 웹툰에는 어떤 작품들이 있는지, 각 작품들이 풍자하는 대상은 무엇인지 분석함. 그리고 풍자의 방법론적 측면에 대한 고민으로 넘어가, 각 작품들이 현실을 어떻게 풍자하고 있는지를 키워드 중심으로 분석하고, 그중 몇몇 방식을 활용하여 '높아지는 학생 인권, 무너지는 교권'을 주제로 간략하게 웹툰 스토리보드를 구상하여 발표함.

[10공국2-05-02]

주체적인 관점에서 작품을 해석하고 평가하며 문학을 생활화하는 태도를 지닌다.

● 《심청전》을 부모에 대한 효가 아니라, 아버지 심 봉사를 모시고 살아야 하는 심청의 불쌍한 신세에 초점을 맞추어 새롭게 해석한 연극 〈아빠 철들이기〉. 〈이춘풍전〉을 원작에 충실하게 그려낸 마당극 〈이춘풍 난봉기〉와는 달리, 춘풍 처의 한풀이에 초점을 맞추어 각색한 마당극 〈춘풍의 처〉. 이처럼 고전 작품을 주체적으로 이해하고 능동적으로 향유하는 모습이 현대 예술 분야의 여러 작품에 잘 드러나고 있다. 이런 현상이 나타나는 원인은 고전을 원작의 내용 및 형식적 특성 그대로 계승하는 것도 가치가 있지만, 현대사회의 가치관에 맞게 변용하여 계승하는 것도 가치가 있기 때문이다. 이와 같이 원작을 단순히 흉내내거나 모방하는 것이 아니라 원작을 차용하되 작가의 의도에 따라 내용이나 형식을 일부 변형하여 창작하는 것을 문학 용어로 '패러디'라고 한다. 패러디가 사용된 현대 예술 작품의 사례를 찾아 원작의 어떤 부분을 어떤 이유로 변용했는지 분석해 보자. 그리고 사람들에게 잘 알려진 문학 작품을 직접 패러디하고, 그 양상에 대해 정리하여 발표해 보자.

관련 학과 만화애니메이션학과, 무용학과, 뮤지컬학과, 미술학과, 방송연예과, 뷰티디자인학과, 사진학과, 성악과, 시각디자인학과, 실용음악학과, 연극영화학과, 음악학과, 작곡과, 패션디자인학과

《현대문학과 패러디》, 신익호, 제이앤씨(2012)

단원명ㅣ 매체

🔍 매체 비평 자료, 비판적 수용, 주체적 수용과 생활화, 사회·문화적 맥락, 매체의 변화, 매체 기반 소통, 소통 문화, 성찰하기

[10공국2-06-01]

매체 비평 자료를 비판적으로 수용하고 자신의 관점을 담아 매체 비평 자료를 제작한다.

➡ 캐스팅 문제로 관심이 뜨거웠던 영화 〈인어공주〉에 대한 엇갈린 비평이 쏟아지고 있다. 동명의 애니메이션을 실사화한 이 영화의 주인공 '에리얼'은 본래 붉은 머리에 흰 피부, 빨간 입술을 지닌 캐릭터이나, 아프리카계 미국인이 그 역할을 맡아 '블랙워싱(Black Washing)'이라는 비판을 받았다. 블랙워싱은 인종적 다양성을 추구한다는 이유로 무조건 작품에 유색 인종을 등장시키는 추세를 말하는데, 이는 최근 이슈가 되고 있는 '정치적 올바름(Political Correctness)', 즉 작품 속에 편견을 포함하지 않겠다는 사회 정의를 과도하게 추구한 결과물이라는 비판으로 이어졌다. 반면 해당 배우가 인어공주에 가장 적합한 목소리를 지녔으며, 배우의 목소리와 연기, 캐릭터에 대한 해석은 흠잡을 데 없기에 이러한 논란이 오히려 인종 차별과 외모 지상주의를 부추긴다는 의견도 있다. 캐스팅에서의 이런 논란이 영화에 대한 몰입도와 평가에도 영향을 미친다는 점을 고려하여 영화계의 '정치적 올바름'과 관련된 여러 비평 자료를 찾아 탐구하고 관련 영화를 감상한 후, 영화 비평문을 직접 작성해 보자.

관련 학과 공연예술과, 만화애니메이션학과, 뮤지컬학과, 미디어영상학과, 방송연예과, 사진학과, 연극영화학과, 영화과

《영화 비평—이론과 실제》, 강성률, 아모르문디(2019)

[10공국2-06-02]

매체의 변화가 소통 문화에 끼치는 영향을 탐구한다.

➡ 예술 작품을 제작하고 전시하는 것이 작가가 특정 주제에 대해 관람객과 소통하는 하나의 방식이라고 한다면, 예술 작품을 감상하거나 소비하는 행위는 관람객이 그 작품을 바탕으로 작가와 소통하는 방식이라고 할 수 있다. 즉 작가와 관람객은 예술 작품이라는 매체를 통해 서로 소통한다고 볼 수 있다. 그런데 그림이나 조각 등 실물 자산의 형태로 작가와 관람객 사이에서 소통 매체의 역할을 하던 예술 작품이, 최근에는 블록체인 기술의 발전에 따라 실물의 모습을 한 디지털 형태로 변화하고 있다. 이러한 디지털 형태의 예술 작품을 NFT(Non-Fungible Token, 대체 불가능 토큰), 구체적으로는 NFT 아트라고 하는데, 이것을 경제학자들처럼 단지 투자 산업으로만 바라볼 것이 아니라 현대 예술의 한 단면으로 살펴볼 필요가 있다. NFT 아트의 다양한 양상과 특징, 그리고 이를 둘러싼 논쟁에 대해 찾아보면서 NFT 아트에 대해 깊이 이해하고, NFT 아트의 작가와 관람객을 대상으로 한 인터뷰 자료를 분석하며 NFT 매체의 변화가 소통 문화에 어떤 변화를 가져올 것인지 탐구해 보자.

관련 학과 공예학과, 관현악과, 미술학과, 뷰티디자인학과, 사진학과, 산업디자인학과, 서양화과, 성악과, 시각디자인학과, 실용음악학과, 연극영화학과, 음악학과, 작곡과, 조소과, 패션디자인학과

《NFT Art: 그 무엇으로도 대체 불가능한 예술》, 김민지, 아트북프레스(2022)

선택 과목	수능		절대평가	상대평가
일반 선택	O	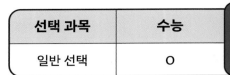화법과 언어	5단계	5등급

| 🔍 | 의사소통 목적과 맥락, 담화 참여자, 음성 언어, 의미 구성, 사고 행위, 언어적 실천, 소통 행위, 의미 기능, 맥락, 담화 수행, 비판적 사고, 능동적 참여, 언어생활 성찰, 문화 형성

[12화언01-01]

언어를 인간의 삶과 관련지어 이해하고, 국어와 국어 생활이 시간의 흐름에 따라 변화하는 양상을 분석한다.

➡️ 플라멩코, 탱고, 발레, 콘템포러리 댄스, 브레이크 댄스, 재즈 댄스, 힙합 댄스, 라틴 댄스 등 댄스의 종류는 무궁무진하며, 그것을 일컫는 언어 또한 각양각색이다. 그러나 언어는 사회나 문화를 반영하기에, 댄스명을 잘 분석하는 과정을 통해 해당 춤에 대한 이해를 도모할 수 있을 것이다. 댄스의 종류 중 하나를 택해 어원을 분석하고, 그 어원을 통해 해당 춤의 특성을 파악하여 실제로 댄스를 하고 이것을 동영상으로 촬영해 친구들과 공유 및 평가해 보자.

관련 학과 모델과, 무용학과, 뮤지컬학과, 방송연예과, 사진학과, 사회체육학과, 스포츠과학과, 스포츠레저학과, 스포츠의학과, 연극영화학과, 음악학과, 작곡과, 체육학과

《서양 스트리트 댄스의 역사》, 박성진, 상상(2023)

[12화언01-02]

표준 발음을 이해하고 정확하게 발음하는 국어 생활을 한다.

➡️ 뮤지컬이나 방송 계열에서는 대사 등을 명확히 발음해야 청중이나 시청자들에게 명확한 의사 전달이 가능하다. 이를 위하여 '법학박사, 급행열차, 굵직굵직' 등의 어려운 발음들을 연습하면 도움이 될 것이다. 이런 단어들의 표준 발음을 찾아보고 음운 변동 현상을 도출한 뒤, 이러한 단어를 발음하기 위해 평소 어떤 습관이나 태도를 지녀야 하는지 정리하여 발표해 보자.

관련 학과 뮤지컬학과, 방송연예과, 성악과, 실용음악학과, 연극영화학과, 음악학과

《방송언어》, 김상준, 커뮤니케이션북스(2013)

[12화언01-03]

품사와 문장 구조에 대한 지식을 활용하여 언어 자료를 분석하고 설명한다.

➡️ 현수막이나 표어 디자인에서는 해당 글자의 서체, 배열, 색상 등 '타이포그래피'의 방법론도 필요로 하지만, 정해진 공간 안에 최대한 분명하고 인상적인 문장을 제시하는 능력도 필요하다. '대학수학능력시험을 보는 친구들에 대한 응원'을 주제로 표어를 만들되, 해당 문구에 사용한 문장 구조(홑문장, 겹문장)에 대한 부연 설명을 곁들여 '기획 의도'를 발표해 보자.

관련 학과 만화애니메이션학과, 미술학과, 산업디자인학과, 시각디자인학과, 패션디자인학과

《의미를 파는 디자인》, 로베르토 베르간티, 범어디자인연구소 역, 유엑스리뷰(2022)

[12화언01-04]

단어의 짜임과 의미, 단어 간의 의미 관계를 중심으로 어휘를 이해하고 담화에 적절히 활용한다.

➡ 흔히 사극 드라마나 영화의 대사를 연기할 때는 그 당시의 톤과 어조 등 준언어적 표현에 주목하지만, 더 나아가 단어의 의미 변화 등을 고려한 감각적인 어휘 사용이 필요할 수도 있다. 중세, 근대 국어에서 현대 국어로 넘어오는 과정에서 단어의 의미 변동이 일어난 경우를 조사하고, 이것을 의미 축소, 확대, 전이 등으로 유형화해 보자. 나아가 대사 중에 이런 단어가 있을 때의 화법 등에 대해 점검하고, 실제로 친구들 앞에서 연기하는 과정을 통해 당시의 언어 환경을 이해해 보자.

관련 학과 ┃ 모델과, 무용학과, 뮤지컬학과, 방송연예과, 뷰티디자인학과, 사진학과, 연극영화학과, 음악학과, 작곡과

《**방송언어**》, 김상준, 커뮤니케이션북스(2013)

[12화언01-05]

담화의 맥락에 적절한 어휘와 문법 요소를 선택하여 화자의 태도를 드러낸다.

➡ '학교 늦었다!', '얼마 안 남았다!' 같은 문장은 형태소의 측면에서는 과거 시제지만 실제 화법적 차원에서는 비실현 미래 시제의 의미를 지니고 있다. 특히 운동을 하는 사람에게 '얼마 안 남았다!', '힘내자!'라고 말하는 것은 특별한 사회 언어적 효과를 낳을 수 있다. 이런 표현이 청자에게 어떤 영향을 끼치는지에 대해 서로 역할극 형태로 시연하고, 그 효과를 논의해 보자.

관련 학과 ┃ 경호학과, 사회체육학과, 스포츠과학과, 스포츠레저학과, 스포츠의학과, 체육학과

《**스포츠를 철학하다**》, 김진훈 외 1명, 이담북스(2021)

[12화언01-06]

담화의 구조를 고려하여 적절한 어휘와 문장으로 응집성 있는 담화를 구성한다.

➡ '다다이즘'이나 '초현실주의', '입체파' 등의 현대 미술 양식은 어쩌면 '통일성'과 '응집성'에 대한 반기를 드는 경향을 보일 수도 있다. '너를 불렀다. 그런데 대답이 없었다.'에서 '그런데'라는 말을 꼭 넣어야 할지에 대해, 현대 미술 사조의 입장에서 '미니 포럼'의 형식을 빌려 반 친구들과 의논해 보자. 그리고 이러한 표현 양식의 미학적 특성과 적절성에 대해서도 생각해 보고 이를 한 편의 글로 정리해 보자.

관련 학과 ┃ 산업디자인학과, 서양화과, 시각디자인학과, 조소과, 패션디자인학과

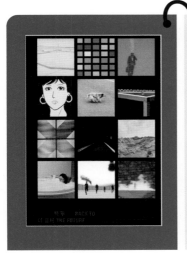

책 소개

'한국 현대미술의 동시대성 탐험기'라는 부제를 가지고 있는 이 책은, '불일치', '이질성', '미래 간섭' 등의 콘셉트를 가지고 한국 현대 미술의 미술사적 맥락을 분석하고 있다. 우리는 이 책을 통해 현대 미술 사조의 큰 물줄기가 한국 현대 미술의 각 작품에 어떻게 연역적으로 적용되어 드러났는지를 이해할 수 있을 것이다.

세특 예시

접속 부사, 지시어, 대용 표현 등이 응집성을 가지게 하는 방법이 될 수 있음을 학습하고, "이러한 담화 표지를 의도적으로 없애는 것도 하나의 대

백 투 더 퓨처

국립현대미술관 외 3명,
국립현대미술관(2023)

화 미학적 실마리가 될 수 있지 않을까?"라는 창의적인 질문을 한 후, '백 투 더 퓨처(국립현대미술관 외 3명)'을 읽고 이런 비정형적 미학을 콘셉트로 삼아 응집성이 없지만 오히려 발화의 미학이 돋보이는 스크립트 10개를 만들어 발표하여 친구들에게 큰 재미와 의미를 부여함.

[12화언01-07] ● ● ●

다양한 유형의 담화와 매체를 대상으로 언어의 공공성을 이해하고 평가한다.

➡ 학급 특색활동과 연계하여 '우리 반 아이들을 위한 세계 미술 명작 설명회'를 하기 위해 어떠한 공공 언어를 사용해야 할지 고려해 발표문을 작성해 보자. 특히 미술에 대해 잘 모르는 친구들에게 어려운 미술 기법이나 사조를 친절한 언어로 설명하기 위해 어떤 표현을 조정하고 점검해야 하는지 살펴보고 이를 반영하여 발표해 보자.

관련 학과 공예학과, 만화애니메이션학과, 뷰티디자인학과, 산업디자인학과, 서양화과, 시각디자인학과, 조소과, 패션디자인학과

《방구석 미술관》, 조원재, 블랙피쉬(2021)

[12화언01-08] ● ● ●

자아 개념이 의사소통 방식에 미치는 영향을 인식하고 협력적인 관계 형성에 적절한 방식으로 대화한다.

➡ 드라마나 영화에서 대화는 현실성을 반영하기 때문에 사회의 어두운 면들을 보여줄 수 있다. 청소년들이 이런 매체를 통해 어른들의 대화를 접한다면, 청소년기에 영향을 주는 '중요한 타인(Significant Others)' 개념으로 볼 때 부정적인 자아 개념이 형성될 우려가 있다. 이런 '대사' 및 그것에 대한 '연기'를 어떤 방식으로 개선해야 할지에 대해 토의해 보자.

관련 학과 모델과, 무용학과, 뮤지컬학과, 방송연예과, 연극영화학과

《감정 연습을 시작합니다》, 하지현, 창비(2022)

[12화언01-09] ● ● ●

정제된 언어적 표현 전략 및 적절한 준언어적·비언어적 표현 전략을 활용하여 발표한다.

➡ 흔히 우리는 멜로디와 음색을 토대로 곡의 정서나 주제의식을 추론하기 마련이다. 특정한 조율 과정에서 곡의 계이름 하나하나가 파생시키는 분위기가 존재하기 때문이다. 인간 화법의 준언어 메시지 중 '고저'와 '장단'이 중요한 이유를 '특정 음들의 불협으로 인한 청자의 감정 변화' 등의 관점에서 분석해 보자. 나아가 다양한 음들을 '화음'적 차원에서 배치해 그것에 대한 청자들의 반응을 듣고, 이를 토대로 자신의 견해를 덧붙여 발표해 보자.

관련 학과 뮤지컬학과, 방송연예과, 성악과, 실용음악학과, 연극영화학과, 음악학과, 작곡과

《음악은 어떻게 우리의 감정을 자극하는가》, 박진우, 인물과사상사(2023)

[12화언01-10] ● ● ●

화자의 공신력을 이해하고 효과적인 설득 전략을 활용하여 연설한다.

➡ 운동 과정에서 가장 피해야 하는 것은 '부상'이다. 부상이 초래하는 문제나 부상 예방법에 대해 논리적으로 설명하는 것도 좋은 방법이지만, 자신의 사례를 직접 말하고 이를 토대로 청중과 소통하는 방식 또한 '부상을 반드시 예방해야 한다'는 자신의 논지를 강화하는 방법일 것이다. 자신이나 지인이 부상당한 사례를 토대로 연설문을 작성하고 실제로 연설한 후, 친구들의 반응을 정리해 보자.

[관련 학과] 경호학과, 사회체육학과, 스포츠과학과, 스포츠레저학과, 스포츠의학과, 체육학과

《스포츠 부상》, Michael Peters, 스포츠 안전 재단 역, 대한미디어(2013)

[12화언01-11] ● ● ●

토의에서 주제와 관련된 다양한 자료를 통해 공동체의 문제를 분석하고 합리적으로 해결한다.

➡ 문화예술진흥법 제9조는 '건축물에 대한 미술 작품의 설치'에 대해 말하고 있다. 이에 따라 특정 건축물에는 미술 작품이 설치되어야 하는데, 이를 위해 건축주와 디자이너 간의 충분한 숙의 과정이 필요하다. 건축물 건축의 다양한 사례를 조사하고, 이를 토대로 가상의 건축물 설계에 따른 미술 작품 설치 회의 시나리오를 작성해 보자. 특히 건축물의 성격에 따라 미술 작품의 콘셉트를 정하는 과정에서 조사한 다양한 자료를 인용하여 자신의 의견을 강화하는 말하기 방식을 사용해 보자.

[관련 학과] 만화애니메이션학과, 미술학과, 뷰티디자인학과, 사진학과, 산업디자인학과, 서양화과, 시각디자인학과, 조소과, 패션디자인학과

《도시는 무엇으로 사는가》, 유현준, 을유문화사(2015)

[12화언01-12] ● ● ●

주장, 이유, 근거를 비판적으로 검토하여 논증의 타당성, 신뢰성, 공정성에 대해 반대 신문하며 토론한다.

➡ "스포츠 현장에서 개인의 역량과 팀 역량 중 어떤 것이 더 중시되어야 하는가?"라는 논의는 체육에 대한 우리의 일반론적 시각을 넘어 체육 활동, 체육 교육의 운영, 체육 경기에 대한 국민들의 시각도 반영한다. 이 논의에 대해 설문조사 방식으로 대립적 견해를 충분히 조사하고, 이를 실제적인 데이터로 제시하는 방식을 통해 '반대 신문'의 내용을 마련해 보자.

[관련 학과] 사회체육학과, 스포츠과학과, 스포츠레저학과, 스포츠산업학과, 스포츠지도학과, 체육학과

《건강 스포츠 프로그램을 위한 지도 방법과 리더십》, 이상효 외 1명, 혜민북스(2018)

[12화언01-13] ● ● ●

상황에 맞는 협상 전략을 사용하여 서로 만족할 수 있는 대안을 찾아 의사결정을 한다.

➡ 한국 아이돌 음악은 'MZ 문화'의 경향성과 맞물려, "진정한 아름다움은 나의 내면에 있다", "사랑의 가치는 상대적이다" 등의 '깨달음을 주는' 콘텐츠로 제작되는 경향이 있다. 이런 '메시지 전달'과 '상업성 확보'가 상반될 수 있다는 전제로 각자 자신의 입장에서 타인을 설득하는 협상 과정을 밟아 보자. 이때 자신의 논리가 상대방의 논리보다 덜 타당하다고 판단될 경우 과감하게 '수용'하는 과정의 상황을 설정해 보자.

[관련 학과] 뮤지컬학과, 방송연예과, 성악과, 실용음악학과, 연극영화학과, 음악학과, 작곡과

《아이돌을 인문하다》, 박지원, 사이드웨이(2018)

[12화언01-14]

기호를 활용한 사회적 행위로서의 국어 생활을 성찰하고 문제점을 개선하는 태도를 지닌다.

➡️ 파블로 피카소의 〈게르니카(Guernica)〉는 추상 미술의 대표적인 작품으로 손꼽히지만, 이러한 추상적 표현에서도 다양한 방법을 통해 작가의 의도를 파악할 수 있다. 시각디자인이 하나의 '기호'로서 감상자와 의사소통하는 양상을 여러 미술 작품을 통해 조사하고, 이러한 의사소통이 미술 작품 해설서를 통한 '텍스트 기호 의사소통'과 심미적인 부분에서 어떤 차이점이 있는지 비교해 보자.

관련 학과 만화애니메이션학과, 미술학과, 뷰티디자인학과, 사진학과, 산업디자인학과, 서양화과, 시각디자인학과, 조소과

《피카소의 말》, 야마구치 미치코, 송수진 역, 인북(2024)

[12화언01-15]

언어 공동체의 담화 관습을 이해하고, 다양성을 존중하는 의사소통 문화 형성에 기여하는 태도를 지닌다.

➡️ '기수(期數)' 문화는 집단의 결속력을 유지하며 효율적인 업무, 경기, 시스템 운영 등을 가능하게 할 수 있는 문화이지만, 이 과정에서 상호 존중과 배려를 하지 않는 언어 사용이나 언어 관습 때문에 많은 이들이 언어 폭력을 당하는 경우도 있다. 기수 문화에서 사용되는 언어 관습이나 표현 등을 조사하고, 이를 장단점으로 나누어 바람직한 기수별 언어 사용 문화를 창출하는 캠페인 활동을 해 보자.

관련 학과 모델과, 무용학과, 뮤지컬학과, 방송연예과, 사회체육학과, 스포츠과학과, 스포츠레저학과, 스포츠의학과, 연극영화학과, 체육학과

《언어로 본 한국인의 문화유전자》, 조현용, 하우(2023)

선택 과목	수능		절대평가	상대평가
일반 선택	O		5단계	5등급

독서와 작문

🔍 문어 의사소통, 사회·문화적 맥락, 독서 전략 및 관습, 사실적 읽기, 비판적 읽기, 주제 통합적 읽기, 추론적 읽기, 작문 전략 및 관습, 정보 전달 글쓰기, 논증하는 글쓰기, 성찰하는 글쓰기

[12독작01-01] •••

독서와 작문의 의사소통 방법과 특성을 이해하고 문어 의사소통 생활을 주도적으로 실천하고 성찰한다.

➡ 예술 작품은 필연적으로 작품을 창작한 예술가 개인과 그 작품이 창작된 사회의 영향을 받기 때문에, 예술 작품을 감상할 때에는 예술가의 삶과 작품의 사회적 맥락을 고려하지 않을 수 없다. 따라서 창작된 지 오랜 기간이 지난 작품의 경우, 예술가와 당시의 사회적 맥락에 대한 정보가 없다면 예술가의 작품 창작 의도나 작품의 의미를 정확하게 파악하는 데 어려움을 겪기도 한다. 이러한 이유로 예술가의 삶을 담은 자서전이나 당대에 쓰인 예술 작품에 대한 비평문과 같은 기록은 다음 세대의 감상자가 작품을 의미 있게 해석할 수 있도록 하는 가치를 지닌다. 기록에 의한 문어 의사소통이 지니는 의미를 바탕으로 자신이 좋아하는 예술가의 자서전이나 작품에 대한 비평문을 찾아 읽으며 예술가 및 작품을 탐구하고, 현시대의 예술가 중 후대에 꼭 알리고 싶은 인물을 선정하여 예술가나 작품에 대한 자신의 관점과 정보를 담은 글을 작성해 보자.

`관련 학과` 공예학과, 관현악과, 미술학과, 뷰티디자인학과, 사진학과, 산업디자인학과, 서양화과, 성악과, 시각디자인학과, 연극영화학과, 음악학과, 작곡과, 조소과, 패션디자인학과

《꼭 읽어야 할 예술이론과 비평 40선》, 도널드 프레지오시 편, 정연심 외 1명 역, 미진사(2013)

[12독작01-02] •••

독서의 목적과 작문의 맥락을 고려하여 가치 있는 글이나 자료를 탐색하고 선별한다.

➡ '파크 골프(Park Golf)'는 공원(Park)에서 골프(Golf)를 즐기는 야외 활동으로, 최근 중장년층에서 노년층에 이르기까지 각광을 받고 있다. 2017년 기준 1만 6,000여 명 정도이던 파크 골프 참여 인구가 5년 새 네 배 이상 급증하여 2022년에는 8만 7,000여 명까지 증가했다. 파크 골프는 경기 규칙이 복잡하지 않고 사용료도 저렴해서 부담이 없을 뿐 아니라, 운동 효과까지 탁월하여 특히 고령층에 인기를 끌고 있다. 2050년에는 국민의 40%가 65세 이상일 것이라 예상될 정도로 초고령화 시대로 접어들고 있는 요즘, 파크 골프와 같이 건강한 육체와 삶의 활력을 중시하는 스포츠 활동들이 늘고 있다. 고령층의 생활체육 참여는 건강 증진은 물론 의료비 지출도 크게 낮출 수 있어 적극 권장할 필요가 있다. 고령층이 즐기기에 적합한 스포츠 활동에 대한 자료를 읽고 장점과 효과에 대한 정보를 수집한 후, 고령층을 대상으로 스포츠 활동을 소개하고 권장하는 글을 작성해 보자.

`관련 학과` 골프학과, 사회체육학과, 스포츠과학과, 스포츠레저학과, 스포츠의학과, 체육학과

《고령화 사회와 체육》, 김용수, 부크크(2017)

○○○

글에 드러난 정보를 바탕으로 글의 내용을 파악하고 글에 드러나지 않은 정보를 추론하며 읽는다.

➲ '컬러 마케팅'이란 제품에 특정 색을 입히고 해당 색이 연상시키는 이미지를 제품의 특성과 결합하여 마케팅에 적용하는 것을 말한다. 한국색채연구소의 연구 결과에 의하면, 인간은 환경, 타인, 제품에 대해 90초 이내에 판단을 내리고, 이때 내리는 판단의 90% 이상이 색을 통해 이루어진다고 한다. 그리고 잡코리아의 설문조사 결과에 의하면, 약 94%의 사람들이 브랜드 이미지 구축에 색이 중요하다고 답했고, 약 86%가 특정 색을 생각하면 떠오르는 브랜드가 있다고 답했다. 이처럼 색은 인간의 심리를 자극하는 역할을 하기 때문에, 많은 기업들이 컬러 마케팅을 진행하고 있다. 색에 대한 자료를 읽으며 각각의 색이 가진 의미와 기능, 색과 인간 심리의 상관관계, 컬러 마케팅 사례 등에 대해 탐구하고, 컬러 마케팅을 진행 중인 기업이 특정 색을 통해 어떤 의미를 전달하고자 하는지 추론하여 발표해 보자.

관련 학과 AI디자인학과, 동양화과, 미술학과, 뷰티디자인학과, 사진학과, 산업디자인학과, 서양화과, 시각디자인학과, 패션디자인학과

컬러線 물들다

밥 햄블리, 최진선 역,
리드리드출판(2022)

책 소개 ·········

이 책은 일상에서 만나는 여러 사례들을 '색'이라는 프리즘으로 들여다보고 관련된 이야기를 들려주는 방식으로 진행된다. 백악관은 왜 하얀색으로 건축했는지, 웨딩드레스는 왜 하얀색인지부터 시작해서, 각 기업이 특정 색을 브랜드의 컬러로 활용하는 이유가 무엇인지까지 색에 대한 다양한 이야기를 들려준다.

세특 예시 ·········

'신호등은 왜 빨강, 노랑, 초록의 색을 사용할까?'에 대한 글을 읽고, 해당 색의 의미와 기능에 대해 배움. 이후 다른 색들은 어떤 의미를 갖고 우리 사회에서 어떻게 사용되는지 궁금해서 '컬러愛 물들다(밥 햄블리)'를 찾아 읽고, 여러 색들이 우리 주변에서 어떤 이야기를 전달하며 활용되고 있는지에 대해 탐구함. 더 나아가 기업이 브랜드 마케팅을 할 때 특정 색을 사용하는 현상에 호기심을 느껴, 컬러 마케팅의 효과 및 사례에 대해 탐구함. 또한 연계 독서로 '위닝 컬러(이랑주)'를 읽으며 색과 인간 심리의 상관관계에 대한 탐구를 진행하고, 이를 바탕으로 여러 기업의 마케팅 사례를 색채 중심으로 평가하여 실패 사례를 선정한 후 원인을 분석하고 대안을 모색하여 보고서를 제출함.

○○○

글의 내용이나 관점, 표현 방법, 필자의 의도나 사회·문화적 이념을 평가하며 읽는다.

➲ 성전환을 한 여자 사이클 선수가 국내 최초로 공식 경기에 출전하여 경기 내내 선두를 지키며 여성부에서 우승을 하자, 성전환을 한 여성 운동선수의 공식 경기 출전 여부를 두고 갑론을박이 벌어지고 있다. 남성의 신체로 성장하면서 더 많은 근육과 힘을 갖게 된 성전환 여성이 기존 여성부 경기에 출전하여 우수한 성적을 받는 것은 공정성을 추구하는 스포츠 정신에 어긋난다고 주장하는 입장이 있는 반면, 성전환 여성 운동선수를 분리하고 배척하는 것은 차별 철폐를 주장하는 스포츠 정신에 어긋난다고 주장하는 입장도 있다. 성전환 여성 운동

선수의 공식 경기 출전에 대해 입장을 표명한 글을 찾아 읽으며 스포츠 정신, 공정성의 기준, 해외의 사례, 변화하는 시대상 등을 바탕으로 글을 평가하고, 문제 해결을 위한 대안을 모색하여 발표해 보자.

관련 학과 사회체육학과, 스포츠과학과, 스포츠레저학과, 스포츠의학과, 체육학과

《모두의 운동장—트랜스젠더의 스포츠 권리를 논하다》, Zephyrus, 스리체어스(2023)

[12독작01-05]

글을 읽으며 다양한 내용 조직 방법과 표현 전략을 찾고 이를 글쓰기에 활용한다.

➲ AI 기술로 만든 음악의 저작권에 대한 논란이 뜨겁다. AI 음악은 월등히 높은 생산성과 엄청난 수요로 시대를 변화시키고 있으나, 현행법상 인공지능은 창작물에 대한 저작권자로 인정받지 못하고 있어서 AI 시대에 걸맞은 저작권 개념을 재정립해야 한다는 목소리가 높아지고 있다. 반면 AI의 창작물이 오히려 기존 창작물의 저작권을 침해한 것으로 볼 수 있다는 관점도 존재한다. AI가 창작물을 생산하기 위해 데이터를 학습하는 과정부터가 저작권 침해라고 보기 때문이다. AI가 창작한 음악에 대해 상반된 관점으로 서술한 글들을 읽으며 주장을 전달하기 위해 필자가 어떤 내용 조직 방법과 표현 전략을 사용했는지 분석하고, 적절한 내용 조직 방법 및 표현 전략을 사용하여 AI 창작물의 저작권에 대한 논설문을 작성해 보자.

관련 학과 만화애니메이션학과, 뮤지컬학과, 방송연예과, 성악과, 실용음악학과, 연극영화학과, 음악학과, 작곡과

《음악에서의 AI와 포스트휴머니즘 미학》, 오희숙 외 5명, 모노폴리(2022)

[12독작01-06]

자신의 글을 분석적·비판적 관점으로 읽고, 내용과 형식을 효과적으로 고쳐 쓴다.

➲ 최근 예술계는 한국예술종합학교(이하 한예종)에 석박사 과정을 개설할 수 있도록 하는 '한국예술종합학교 설치법'을 두고 첨예하게 대립 중이다. 예술 영재 교육과 전문 예술인 양성을 위한 국립 예술학교인 한예종은 고등교육법상 '대학'이 아닌 '각종 학교'여서 학사 학위만 인정이 되기 때문에, 다수의 졸업생이 석박사 학위 취득을 위해 해외 유학을 선택하고 있다. 한예종 측은 우수 예술 인재 확보를 위해 석박사 학위 수여가 가능하도록 관련 법안의 필요성을 주장하였으나, 이러한 법안이 한예종에 대한 특별 대우이며 국립 교육기관이 국가 전체의 예술 교육을 독점하려 한다는 사립 예술대학들의 거센 반발에 부딪히고 있다. 양측이 대립하는 쟁점을 분석한 후 한국예술종합학교 설치법에 대한 자신의 의견을 작성하고, 근거의 타당성과 신뢰성을 기준으로 자신의 글을 점검하고 고쳐 보자.

관련 학과 공예학과, 관현악과, 만화애니메이션학과, 무용학과, 뮤지컬학과, 미술학과, 산업디자인학과, 성악과, 시각디자인학과, 실용음악학과, 연극영화학과, 음악학과, 작곡과, 조소과, 패션디자인학과

《예술대학은 어떻게 혁신하죠?》, 오창일, 북코리아(2023)

[12독작01-07]

인간과 예술을 다룬 인문·예술 분야의 글을 읽고 삶과 예술에 대한 자신의 생각을 담은 글을 쓴다.

➲ 판소리는 우리 민족 특유의 한과 흥을 바탕으로 다양한 계층의 삶을 생생하면서도 사실적으로 그려내어 꾸준히 사랑받고 있다. 특히 서민들의 삶의 애환과 사회적 불만 등이 맛깔스러운 해학과 풍자로 표현되어 있어서, 당시 사람들의 생활 모습과 삶에 대한 가치관 등을 확인할 수 있다. 또한 겉으로 드러나는 표면적 주제와 속에 담긴 이면적 주제가 있는 것도 판소리의 매력이다. 판소리 작품이나 판소리의 사설을 모티프로 한 소설을 찾아 감상하며 작품에 담긴 삶의 모습 및 가치관, 작품의 표면적·이면적 주제 등에 대해 탐구하고, 이를 바탕으로 작품에

국어 교과군

영어 교과군

수학 교과군

도덕 교과군

사회 교과군

과학 교과군

대한 자신의 생각을 담아 판소리를 소개하는 홍보문을 작성해 보자.

관련 학과 만화애니메이션학과, 무용학과, 뮤지컬학과, 방송연예과, 실용음악학과, 연극영화학과, 음악학과, 작곡과

《힙하게 잇다 조선 판소리》, 김희재, 초록비책공방(2021)

[12독작01-08] •••

사회적·역사적 현상이나 쟁점 등을 다룬 사회·문화 분야의 글을 읽고 사회·문화적 사건이나 역사적 인물에 대한 관점을 담은 글을 쓴다.

➔ 역사적으로 우리나라의 문화와 예술은 항상 검열과 함께했다. 과거에는 국가의 안위 또는 집단의 안정을 위해 일정량의 검열은 필수라고 보았다. 특히 군사독재정권하에서는 반공 이데올로기를 명분으로 영화, 노래, 책 등에 대한 검열과 탄압이 무제한으로 이루어졌다. 이후 1980년대에도 검열은 계속되었으며, 민주화 운동을 근간으로 한 민중 미술, 노동 문학 등에 대한 탄압으로 표현의 자유를 통제했다. 1990년대로 들어서면서 문화·예술에 대한 직접적, 물리적인 탄압은 줄어들었지만, 청소년 보호법을 근거로 성적 표현의 수위가 높거나 저속하다고 판단되는 대중예술, 특히 가요에 대한 규제는 계속되었다. 예술계에서 표현의 자유가 통제되었던 사건 또는 작품을 역사적 관점에서 탐구하고, 해당 사건 및 작품을 소개하는 강연 자료를 제작해 보자.

관련 학과 만화애니메이션학과, 뮤지컬학과, 미술학과, 방송연예과, 사진학과, 실용음악학과, 연극영화학과, 음악학과, 작곡과

《잠시 검열이 있겠습니다》, 한만수, 개마고원(2012)

[12독작01-09] •••

과학·기술의 원리나 지식을 다룬 과학·기술 분야의 글을 읽고 과학·기술의 개념이나 현상을 설명하는 글을 쓴다.

➔ 반자동 오프사이드 판독 기술(Semi-Automated Offside Technology, SAOT)은 오프사이드 판정의 정확성을 높이려는 목적으로 도입되었다. 이 기술은 12대의 오프사이드 전용 추적 카메라와 카타르 월드컵 공인구 '알 릴라'에 심은 관성측정장치(IMU), 비디오 보조 심판(VAR) 시스템을 활용하여 경기 중 오프사이드 여부를 정확히 판정한다. 이처럼 4차 산업혁명 시대에 스포츠와 정보통신기술(ICT)의 융합은 필연적인 변화로 다가오고 있다. 스포츠 경기 및 산업에 적용된 정보통신 기술에 대한 글을 읽고 해당 기술이 적용되는 원리에 대해 탐구한 후, '스포츠와 정보통신 기술의 융합'이라는 주제로 카드 뉴스를 작성해 보자.

관련 학과 골프학과, 무용학과, 사회체육학과, 스포츠과학과, 스포츠레저학과, 스포츠의학과, 유도학과, 체육학과, 태권도학과

《스포츠 산업과 ICT》, 이봉규 외 8명, 청송미디어(2020)

[12독작01-10] •••

글이나 자료에서 가치 있는 정보를 수집하고 효과적으로 조직하면서 정보를 전달하는 글을 쓴다.

➔ 레오나르도 다 빈치의 〈모나리자〉를 포함한 르네상스 시대의 명화(名畫)들이 500년이나 되는 세월을 지나오면서도 주름이 생기거나 변색되지 않고 지금껏 원작의 모습을 비교적 잘 유지하면서 보존되고 있는 이유가 달걀 노른자 덕분이었다는 연구 결과가 나왔다. 연구진은 "연구 결과, 아주 적은 양의 노른자로도 유성 물감의 특성 변화를 가져와 유화가 오래 지속되는 효과를 얻을 수 있음을 발견했다"라고 설명했다. 사실 달걀 노른자는 노른자와 가루 안료, 물을 섞어 만든 '템페라'라는 물감으로 고대 이집트 때부터 회화에 널리 쓰였다. 달걀 노른자에 대한 연구 결과 자료를 찾아 읽고 회화에서 달걀 노른자가 활용된 화학적 원리, 이 같은 기법이 활용된 다른 사례, 유사한 방법이 적용된 동양 미술의 사례 등을 탐구하여, '우리가 몰랐던 사실(미술 편)'을 주제로 탐구

보고서를 작성해 보자.

국어 교과군

영어 교과군

수학 교과군

도덕 교과군

사회 교과군

과학 교과군

관련 학과 동양화과, 미술학과, 산업디자인학과, 서양화과, 시각디자인학과, 패션디자인학과, 현대미술학과, 회화과

《**미술관에 간 화학자 1**》, 전창림, 어바웃어북(2013)

[12독작01-11] ● ● ●

글이나 자료에서 타당한 근거를 수집하고 효과적인 설득 전략을 활용하여 논증하는 글을 쓴다.

➡ 자신의 아이디어를 바탕으로 보조 작가가 그린 그림에 가벼운 덧칠만 하여 자신의 작품이라고 판매해 사기 혐의로 기소되었던 작가가 최종적으로 무죄 판결을 받은 사건은 여전히 미술계의 화두로 남아 있다. 조수를 이용한 대작(代作)의 사기 혐의는 무죄로 결론 났지만, 작품의 예술적 가치에 대한 판단은 법이 아닌 예술계의 영역으로 인정해 판단을 보류함으로써 논의의 여지를 남긴 것이다. 미술계에서는 보조 작가의 도움은 공공연한 관행이며 작품을 탄생하게 하는 작가의 최초 아이디어가 가장 중요하다는 의견과 작품을 표현하는 창작 작업의 주체를 작품의 주인으로 인정해야 한다는 의견이 팽팽히 맞서고 있다. 미술계의 대작 관행에 대한 상반된 입장을 지닌 글을 찾아 쟁점을 분석한 후, 창작과 예술의 의미, 예술가로서의 책무에 대한 자신의 관점을 담은 글을 작성해 보자.

관련 학과 공예학과, 동양화과, 미술학과, 산업디자인학과, 서양화과, 시각디자인학과, 조소과, 패션디자인학과, 현대미술학과, 회화과

《**미학 스캔들**》, 진중권, 천년의상상(2019)

[12독작01-12] ● ● ●

정서 표현과 자기 성찰의 글을 읽고 자신의 정서를 진솔하게 표현하거나 자신의 삶을 성찰하는 글을 쓴다.

➡ 1994년 출간 이후 꾸준히 사랑받는 스테디셀러 《무량수전 배흘림기둥에 기대서서》의 저자로 유명한 혜곡(兮谷) 최순우는 우리 문화의 아름다움과 가치를 찾아내고 알리는 데 일생을 바친 미술사학자이다. 탁월한 안목으로 재발견한 한국미(美)를 글과 전시를 통해 알림으로써 우리나라 미술학 발전에 기여했으며, 이러한 업적으로 '한국미의 순례자' 또는 '한국미의 재발견자'라는 수식어로도 잘 알려져 있다. 또한 최순우는 6·25 전쟁 당시 간송 미술관의 소중한 보물들을 목숨을 걸고 지켜낼 만큼 우리 문화유산에 대한 애정과 책임감이 강했으며, 부지런한 현장 연구와 함께 수십 년을 박물관에 몸담으며 우리 문화재를 보존하고 전시하는 일에 힘썼다. 예술과 삶에 대한 혜곡 최순우의 가치관이 담긴 수필을 읽고, 이를 바탕으로 자신의 삶을 성찰하는 글을 써 보자.

관련 학과 예체능계열 전체

《**나는 내 것이 아름답다**》, 최순우, 학고재(2016)

[12독작01-13] ● ● ●

다양한 글을 주제 통합적으로 읽고 학습의 목적과 교과의 특성을 고려하여 학습을 위한 글을 쓴다.

➡ 우리 사회는 다양한 분야에 대한 소양을 바탕으로 각 분야의 지식을 융합하여 새로운 가치를 창출할 수 있는 창의 융합형 인재를 요구하고 있다. 이런 맥락에서 예술 분야 전공자들도 이제는 자신의 전공뿐 아니라, 그것과 연계할 수 있는 분야에 대한 소양을 갖출 필요가 있다. 예를 들어 〈별이 빛나는 밤〉을 그린 화가 고흐에 대한 학습에서 그치는 것이 아니라, 〈별 헤는 밤〉을 창작한 시인 윤동주와 연계해서 밤하늘에 대한 예술가들의 관심을 주제로 탐구하여 미술과 문학을 연계할 수 있다. 이 외에도 예술 작품을 다른 분야의 지식과 연계하여 탐구할 수 있는 방법은 많다. 이처럼 예술과 다른 분야를 연계해서 쓴 글을 읽어 보고, '우리 사회에 필요한 예

술 수업'을 주제로 발표문을 작성해 보자.

관련 학과 예체능계열 전체

《필요했어, 이런 미술 수업》, 엄미정, 다른(2022)

[12독작01-14] ●●●

매체의 유형과 특성을 고려하며 글이나 자료를 읽고 쓴다.

➲ 예술가는 시대적·사회적 배경의 영향을 받아 예술 작품을 통해 세상에 메시지를 전달하기도 한다. 음악에서는 1970년대의 시대적 권위와 관습에 저항하며 자유를 추구하는 문화가 세계적으로 유행하면서 펑크 록, 힙합 등의 장르를 통해 자유와 저항을 노래했고, 국내에서도 민주화 운동, 인권 운동 등의 영향으로 시대에 대한 항거의 메시지를 담은 민중가요가 1980년대에 널리 불렸다. 미술계에서는 대표적으로 미국의 화가인 카라 워커가 인종, 젠더, 폭력, 정체성 등의 사회문제들을 작품에 담아 표현하는 것으로 유명하다. 다양한 예술 장르에서 작가의 메시지가 전달되는 사례와 방식에 대해 탐구한 후, 작품 하나를 선정하여 효과적인 매체를 활용하면서 해당 작품을 소개하는 자료를 제작해 보자.

관련 학과 공예학과, 관현악과, 만화애니메이션학과, 모델과, 무용학과, 뮤지컬학과, 미술학과, 사진학과, 서양화과, 성악과, 실용음악학과, 연극영화학과, 음악학과, 작곡과, 조소과

《우리가 바꿀 수 있어요》, 디 니콜스, 김정한 역, 놀이터(2022)

[12독작01-15] ●●●

독서와 작문의 관습과 소통 문화를 이해하고 공동체의 소통 문화 및 담론 형성에 책임감 있게 참여한다.

➲ 교육부는 중고등학교 시기의 학업의 중요성에 대한 인식을 바탕으로, 학생 운동선수들이 운동과 공부를 병행할 수 있는 여건을 마련하고 학습권을 보장하기 위한 방안 중 하나로 '최저학력제'를 시행하고 있다. 최저학력제는 주요 교과의 성적이 일정 수준을 넘지 못하는 기초학력 미달의 학생 운동선수에게 대회 출전 제한을 두는 제도를 말한다. 그러나 이러한 규정이 체육계에만 적용되고 있다는 점, 학생 운동선수의 실정을 고려하지 않고 시행되어 학업 성적에서 일반 학생과의 형평성 문제가 있다는 점 등을 근거로 일각에서는 폐지를 주장하기도 한다. 최저학력제에 대한 서로 다른 관점의 글을 비교·대조하면서 쟁점에 대해 분석하고, 문제 상황을 개선하기 위한 방안에 대해 탐구하여 '최저학력제의 성과와 과제'를 주제로 보고서를 작성해 보자.

관련 학과 경호학과, 골프학과, 사회체육학과, 스포츠과학과, 스포츠레저학과, 스포츠의학과, 유도학과, 체육학과, 축구학과, 태권도학과

《운동선수를 위한 인문학》, 이철원, 연세대학교 대학출판문화원(2020)

국어 교과군

영어 교과군

수학 교과군

도덕 교과군

사회 교과군

과학 교과군

선택 과목	수능		절대평가	상대평가
		문학		
일반 선택	O		5단계	5등급

|🔍| 문학의 인식적·윤리적·미적 기능, 내용과 형식의 관계, 문학 감상의 맥락, 한국 문학의 역사와 성격, 문학의 공감적·비판적·창의적 수용, 문학의 수용과 창작, 문학의 가치, 문학의 생활화

[12문학01-01]

문학이 인간과 세계에 대한 이해를 돕고, 삶의 의미를 깨닫게 하며, 정서적·미적으로 삶을 고양함을 이해한다.

➡️ 문학 작품은 우리 마음속의 다양한 감정을 비추면서 정서적으로 위안을 주기도 한다. 민족 시인으로 불리는 백석은 고향의 정겨움과 공동체적 삶의 모습을 떠올리게 하여 일제강점기 고달픈 삶을 살아가던 우리 민족의 애환을 달래주는 작품을 창작했다. 특히 〈국수〉는 공동체가 공유하는 음식에 대한 기억을 통해 정겨운 고향의 추억을 드러내어, 당대 우리 민족에게 정서적 위안을 준 작품이다. 이러한 시에 선율을 입히면 음악이 되기에, 음악 또한 문학 작품처럼 인간에게 정서적으로 위안을 주기도 한다. 정서적으로 안정감을 주는 음악의 사례를 찾아, 문학의 정서적 기능과 음악을 연관 지어 작품에 대한 감상평을 작성해 보자.

관련 학과 K-POP학과, 공연음악예술학과, 만화애니메이션학과, 뮤지컬학과, 성악과, 실용음악학과, 연극영화학과, 음악학과, 작곡과

《**정본 백석 시집**》, 백석, 고형진 편, 문학동네(2020)

[12문학01-02]

문학의 여러 갈래들의 특성과 문학의 맥락에 대해 이해한다.

➡️ '장인 정신'이란 한 가지 기술에 통달할 만큼 오랫동안 전념하고 작은 부분까지 심혈을 기울이고자 노력하는 정신을 말한다. 과거의 모든 상품과 예술품들은 인간의 섬세한 손길을 거쳐야 완성될 수 있었기에, 장인 정신은 상품 및 예술품의 가치를 결정하는 중요한 역할을 하기도 했다. 그러나 산업화, 기계화로 인한 대량 생산과 저가 공급의 시장 경제 원칙에 따라 현대에는 장인 정신의 전통이 점차 퇴색하고 있다. 이러한 시대적 흐름이 잘 나타난 윤오영의 수필 〈방망이 깎던 노인〉은 우연히 만난 노인이 방망이 제작에 시간과 정성을 들이는 모습을 회상하며 사라져 가는 전통과 장인 정신의 가치에 대한 안타까움을 표현하고 있다. 작품의 사회·문화적 맥락을 고려하여 〈방망이 깎던 노인〉을 감상하고, 오늘날 우리에게 필요한 장인 정신은 무엇인지 자신의 생각을 담은 서평을 작성해 보자.

관련 학과 예체능계열 전체

《**방망이 깎던 노인**》, 윤오영, 범우사(2000)

[12문학01-03]

주요 작품을 중심으로 한국 문학의 범위와 갈래, 변화 양상을 탐구한다.

➲ 우리나라 시 문학사에서 1930년대의 특징 중 하나는 정지용, 김기림, 김광균 등에 의해 모더니즘 경향의 작품이 창작되기 시작했다는 것이다. 특히 모더니즘 문학 중에서도 이미지즘 계열의 시는 회화적이고 감각적인 이미지들을 활용하여 관념적이거나 정서적인 내용을 표현하는데, 김광균의 〈추일서정〉은 도시인이 느끼는 고독감이나 허무감 등을 회화적으로 묘사하여 표현함으로써 새로운 인식의 장을 열었다고 평가받는다. 시의 내용을 그림으로 그릴 수도 있을 만큼 회화적인 성격을 지닌 이미지즘 계열의 시 작품을 찾아 감상하며 이미지즘 시의 표현상 특징, 계보 및 변화 양상에 대해 분석하자. 또한 주제 및 정서를 드러내는 데 있어 시와 회화의 비교 우위에 관한 논쟁에 대해 탐구하여, 자신의 생각을 담은 비평문을 작성해 보자.

관련 학과 동양화과, 미술학과, 산업디자인학과, 서양화과, 시각디자인학과, 패션디자인학과, 현대 미술학과, 회화과

《**1930년대 '조선적 이미지즘'의 시대**》, 나민애, 푸른사상(2016)

[12문학01-04] •••

한국 문학에 반영된 시대 상황을 이해하고 문학과 역사의 상호 영향 관계를 탐구한다.

➲ 1980년대 군사정권 아래 인권 탄압과 자유 말살이 자행되었던 우리나라의 당시 사회 상황은 문학 작품에도 여실히 드러나 있다. 황지우의 시 〈새들도 세상을 뜨는구나〉는 영화가 시작되기 전 나오는 애국가에 따라 일제히 일어나는 사람들의 모습을 시작으로 군사독재로 인한 강제와 강요, 그리고 이러한 억압적 현실에 좌절할 수밖에 없는 무력감을 표현한다. 당시 애국가는 애국심 고취를 위한 조치라는 명목하에 영화 시작 전 상영되도록 의무화되어, 애국가가 상영되는 동안 모든 관객은 일동 기립하여 경의를 표해야 했다. 〈새들도 세상을 뜨는구나〉의 역사적·사회적 배경을 참고하여 당시 애국가의 역할에 대해 탐구하고, 이처럼 음악이 정치적으로 기능하는 사례를 찾아 그에 대한 자신의 의견을 서술해 보자.

관련 학과 K-POP학과, 공연음악예술학과, 만화애니메이션학과, 뮤지컬학과, 방송연예과, 실용음악학과, 연극영화학과, 음악학과, 작곡과

《**새들도 세상을 뜨는구나**》, 황지우, 문학과지성사(1983)

[12문학01-05] •••

한국 작품과 외국 작품을 비교하며 읽고 한국 문학의 보편성과 특수성을 파악한다.

➲ 남녀 주인공이 첫 만남에서 사랑에 빠져 고난을 겪는 이야기를 다룬 작품으로는 동양에는 작자 미상의 〈춘향전〉이, 서양에는 셰익스피어의 〈로미오와 줄리엣〉이 있다. 두 작품은 지금까지도 다양한 예술 장르로 각색, 변형되며 끊임없이 재창조될 정도로 많은 사랑을 받고 있다. 〈춘향전〉은 신분제로 인해 지배층으로부터 횡포를 당하는 백성의 모습을 보여 주다가 남녀 주인공이 고난을 극복하고 사랑을 이루는 행복한 결말로 끝난다. 하지만 〈로미오와 줄리엣〉은 가문 간의 경쟁과 갈등을 보여 주고, 남녀 주인공이 죽음으로 생을 마감하는 비극적인 결말로 끝난다는 점에서 〈춘향전〉과는 차이가 있다. 〈춘향전〉과 〈로미오와 줄리엣〉을 비교하며 감상하여 공통점과 차이점을 분석하고, 이를 바탕으로 〈춘향전〉이 지닌 한국 문학의 보편성과 특수성에 대해 탐구하여 감상문을 작성해 보자.

관련 학과 공연예술학과, 만화애니메이션학과, 뮤지컬학과, 방송연예과, 연극영화학과, 연기공연예술학과

《**춘향전**》, 송성욱 편역, 민음사(2004)

[12문학01-06] •••

문학 작품에서는 내용과 형식이 긴밀하게 연관됨을 이해하며 작품을 수용한다.

➡️ '옴니버스식 구성'은 인물과 배경, 사건이 각기 독립되어 있으나 주제가 같은 독자적 이야기들을 하나의 구조에 엮어 놓은 구성을 말한다. 예를 들어 우리나라의 민속극 〈봉산탈춤〉은 전체적으로는 사회 지배층을 풍자하고 가부장적 사회의 모순을 고발하는 내용의 일곱 개 과장으로 이루어져 있으나, 각각의 이야기들은 등장인물과 중심 사건이 서로 아무런 연관이 없고 독립적이다. 이러한 옴니버스식 구성은 영화에서도 자주 활용되는데, 가장 대표적인 작품으로는 무려 열 명 이상의 남녀 주인공의 사랑 이야기를 다룬 영화 〈러브 액츄얼리〉가 있다. 연극이나 영화, 음악 등에서 옴니버스식 구성을 취하는 작품들을 찾아 공통적인 특성을 분석하고, 각 작품에서 옴니버스식 구성이 작품의 주제를 드러내는 데 어떻게 기여하는지 탐구해 보자.

관련 학과 만화애니메이션학과, 뮤지컬학과, 방송연예과, 성악과, 실용음악학과, 연극영화학과, 음악학과, 작곡과

《당신들의 나라》, 이유, 문학동네(2023)

[12문학01-07] ● ● ●

작품을 공감적, 비판적, 창의적으로 감상하며, 다양한 방식으로 작품에 대해 비평한다.

➡️ 조선 후기 금석문의 대가이자 서예가인 김정희가 유배지에서 그린 〈세한도〉는 겨울철 소나무를 통해 고난을 겪더라도 한결같이 지조와 인격을 지켜야 한다는 것을 표현하고 있다. 국보 180호로 지정되기도 한 〈세한도〉는 미술적 기교보다는 나타내고자 하는 의미가 잘 표현되어 있어 그 가치를 인정받고 있으며, 이러한 내면적 의미 때문에 〈세한도〉를 바탕으로 또 다른 작품이 창작되기도 했다. 그중 이근배의 시 〈세한도〉는 김정희가 〈세한도〉를 그리던 순간과 귀양지에서 느꼈을 슬픔, 좌절 등의 감정을 시적 상상을 통해 구체화하고 있다. 김정희의 〈세한도〉와 이근배의 시 〈세한도〉를 함께 감상하며 김정희의 삶과 선비로서의 기개에 대해 생각해 보고, 시·소설·그림·영상 등 다양한 매체와 방식을 활용하여 김정희의 〈세한도〉를 소재로 하는 2차 창작물을 만들어 보자.

관련 학과 동양화과, 미술학과, 산업디자인학과, 서양화과, 시각디자인학과, 패션디자인학과, 현대 미술학과, 회화과

《세한도》, 박철상, 문학동네(2010)

[12문학01-08] ● ● ●

작품을 읽고 새로운 시각으로 재구성하거나 주체적인 관점에서 작품을 창작한다.

➡️ 영화 〈서편제〉의 원작으로도 잘 알려진 이청준의 소설 〈서편제〉에는 우리 고유의 전통적 정서인 한(恨)이 곳곳에 서려 있다. 딸을 소리꾼으로 묶어 두고자 했던 아버지에 의해 눈이 멀게 된 여인은 이로 인한 한의 감정이 예술로 승화되며 더 깊은 소리를 내게 되는데, 작품 속에서는 이러한 아버지의 비정함을 "소리를 좀 안다 하는 사람들까지도 외려 당연하고 장한 일처럼 여기고들 있었다"라고 표현할 만큼 소리의 완성을 위한 예술적 아픔으로 묘사하고 있다. 그러나 현대의 가치관이나 시각에서 이는 명백한 아동 학대 행위에 해당한다. 〈서편제〉를 현대적 관점에서 비판적으로 감상한 후, '한의 예술적 승화'를 표현할 수 있는 새로운 사건과 배경으로 〈서편제〉를 재구성해 보자.

관련 학과 예체능계열 전체

《서편제》, 이청준, 문학과지성사(2013)

[12문학01-09] ● ● ●

다양한 매체로 구현된 작품의 창의적 표현 방법과 심미적 가치를 문학적 관점에서 수용하고 소통한다.

➡️ 2003년 발표된 마야의 노래 〈진달래꽃〉은 첫 등장과 동시에 엄청난 인기를 끌었다. 노래 자체의 음악적 요소

가 뛰어난 부분도 분명히 있었겠지만, 대한민국 국민의 대부분이 알고 있는 김소월의 시 〈진달래꽃〉을 원작으로 하여 대중에게 친숙하게 다가간 점도 큰 몫을 했다. 그런데 문학적 관점에서는 원작이 이별의 슬픔을 감내하면서 임에 대한 애절하고 헌신적인 사랑을 드러내는 전통적인 여성의 모습을 통해 서정적인 분위기를 강조하는 반면, 마야의 노래에서는 록(Rock) 발라드를 부르는 여성 가수의 거칠고 강렬한 모습이 강조된다는 점에서 원작 특유의 서정성을 살리지 못했다는 비판을 받기도 했다. 이처럼 문학 작품을 원작으로 하는 노래를 찾아 작품의 표현 방법과 가치를 문학적 관점에서 평가해 보자.

관련 학과 관현악과, 만화애니메이션학과, 뮤지컬학과, 방송연예과, 성악과, 실용음악학과, 연극영화학과, 음악학과, 작곡과
《김소월을 읽다》, 전국국어교사모임, 휴머니스트(2020)

[12문학01-10] ● ● ●

문학을 통하여 자아를 성찰하고, 타자를 이해하며 상호 소통한다.

➡ 조선 후기 실학자인 박제가가 화가 김덕형이 그린 〈백화보(百花譜)〉의 서문으로 쓴 〈꽃에 미친 김군〉은 제목이 말해 주듯 꽃에 벽(癖)이 있다고 할 정도로 푹 빠져 있는 김덕형에 대한 글이다. 하루 종일 꽃만 생각하고 몰두하는 김군의 행동은 평범한 사람들의 시각에서는 이해하기 어려울 수 있으나, 글쓴이는 오히려 '벽'이 있어야 새로운 것을 개척하고 전문 기예를 익히며 훌륭한 업적을 낼 수 있다고 긍정적인 관점으로 평가한다. 〈꽃에 미친 김군〉에 나타난 타인을 이해하는 글쓴이의 관점을 통해 소위 한 분야에 '미쳐 있다'고 평가되는 예술인을 새로운 시각으로 이해해 보고, 이를 바탕으로 인물 평전을 작성해 보자.

관련 학과 예체능계열 전체
《정유각집 [하]》, 박제가, 박수밀 외 2명 역, 돌베개(2010)

[12문학01-11] ● ● ●

문학을 통해 공동체가 처한 여러 문제들을 이해하고 문제 해결에 참여하는 태도를 지닌다.

➡ 현대 시에서는 사진이나 그림을 의도적으로 제시하면서 시상을 전개하여 독자에게 강렬한 이미지를 전달하는 경우가 종종 있다. 이승하의 시 〈이 사진 앞에서〉는 《타임》지에 실린 굶주리는 소말리아 아이의 사진으로 작품을 시작하여, 이웃의 고통을 외면하며 살아가는 현대인의 무관심과 이기주의를 비판한다. 이 작품은 의도적인 시행 배열을 통해 주제의식을 전달한다는 특징도 있지만, 독자에게 가장 강한 인상을 남기는 것은 아무래도 굶주린 아이의 사진이다. 이처럼 문학에서 이미지를 잘 활용하면 큰 효과를 거둘 수 있다. 한편 이 작품은 빈곤과 기아 문제를 다루고 있어, 독자들이 공동체의 문제를 인식하고 문제 해결을 위한 소통 과정에 참여하도록 이끌고 있다. 이러한 역할을 하는 문학 작품들을 찾아 감상하고, 작품의 주제의식에 어울리는 그림이나 사진을 찾아 작품을 재구성해 보자.

관련 학과 만화애니메이션학과, 미술학과, 사진학과, 산업디자인학과, 서양화과, 시각디자인학과, 패션디자인학과
《폭력과 광기의 나날》, 이승하, 세계사(2013)

[12문학01-12] ● ● ●

주체적인 문학 활동을 생활화하여 지속적으로 문학을 즐기는 태도를 지닌다.

➡ 극단적 유미주의 경향이 잘 드러난 김동인의 소설 〈광염 소나타〉는 음악 비평가 K를 통해 미치광이 피아니스트인 '백성수'의 이야기를 들려준다. '백성수'는 자신이 저지른 방화에 전율을 느끼고 '광염 소나타'를 작곡하게 되면서, 예술성을 극대화하기 위해 살인과 같은 극단적인 범죄들을 계속 저지른다. 결국 그는 정신 병원에

국어 교과군

예술 교과군

수학 교과군

도덕 교과군

사회 교과군

과학 교과군

간히게 되는데, 이 이야기를 전하며 K가 예술가의 행동을 윤리적인 시각으로 판단할 수 없다는 자신의 의견을 말하며 소설이 마무리된다. 즉 어떠한 기회가 한 사람의 천재성과 범죄 본능을 동시에 이끌어 내었다면, 이를 범죄로만 재단할 것이 아니라 '예술적 견지'로 볼 필요가 있다고 주장하고 있다. 〈광염 소나타〉를 통해 작가의 유미주의 경향에 대해 탐구하고, 예술을 위한 범죄 행위가 허용될 수 있는지를 중심으로 자신의 의견을 담은 서평을 써 보자.

관련 학과 공예학과, 관현악과, 만화애니메이션학과, 미술학과, 사진학과, 산업디자인학과, 서양화과, 성악과, 시각디자인학과, 실용음악학과, 연극영화학과, 음악학과, 작곡과, 조소과, 패션디자인학과

《광염 소나타》, 김동인, 아미고(2022)

선택 과목	수능	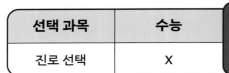	절대평가	상대평가
진로 선택	X	**주제 탐구 독서**	5단계	5등급

| 🔍 | 관심 분야, 책과 자료, 통합적 읽기, 주체적 탐구, 비판적·창의적 독서, 자신의 관점과 견해 형성, 주도적 독서, 삶의 성찰 및 계발 |

[12주탐01-01] • • •

주제 탐구 독서의 의미를 이해하고 관심 있는 분야에서 탐구할 주제를 탐색한다.

➡ '졸업식 합창 행사'와 관련해 음악, 무용, 연극, 뮤지컬 중 자신의 관심사를 토대로 어떤 콘셉트로 합창에 임할지 세부 주제를 탐색해 보자. 이 과정에서 자신의 관심사에 대한 여러 권의 책을 읽는 계획뿐만 아니라, 다른 친구들의 관심사와 관련된 책도 함께 돌려 읽는 방법을 활용하여 자신이 해당 주제에 왜 관심을 가지게 되었고 이것이 왜 합창 행사에 적합한지에 대해 토의하여 합창 콘셉트를 마련해 보자.

관련 학과 무용학과, 뮤지컬학과, 방송연예과, 성악과, 실용음악학과, 연극영화학과, 음악학과, 작곡과

《뮤지컬 인문학》, 송진완 외 1명, 알렙(2023)

[12주탐01-02] • • •

학업과 진로 탐색을 위해 주제 탐구의 독서 목적을 수립하고 주제를 선정한다.

➡ '운동 처방'을 통해 국민들의 건강 증진에 이바지하는 목표와 관련하여 '연령별 운동 기법', '신체적 약자의 운동', '의사소통이 가미된 운동을 통한 정신 건강 증진' 등의 세부 프로그램 구성을 기획하는 데 도움이 되는 책들을 찾아 목록화하고, 이를 순서를 정해 읽어 나가는 구체적인 진로 독서 계획을 세워 보자.

관련 학과 사회체육학과, 스포츠과학과, 스포츠레저학과, 스포츠의학과, 체육학과

《건강과 운동처방》, 김남익, 의학서원(2023)

[12주탐01-03] • • •

관심 분야의 책과 자료가 지닌 특성을 파악하며 주제 탐구 독서를 한다.

➡ 곰브리치의 《서양미술사》는 매우 많은 그림, 사진 등의 이미지 자료가 제시되어 있는 책이다. 이러한 책을 읽을 때에는 '자신의 관심사에 따른 이미지 자료 탐색―그 자료에 대한 내용 확인―구체적인 사상이나 배경 이해하기' 등의 단계로 독서 활동을 할 수 있을 것이다. 이 단계에 따른 자신의 독서 일지를 정리하고, 이를 친구들과 비교하여 친구들의 관심사를 이해해 보자.

관련 학과 미술학과, 뷰티디자인학과, 사진학과, 산업디자인학과, 서양화과, 시각디자인학과, 조소과, 패션디자인학과

《서양미술사》, E. H. 곰브리치, 백승길 외 1명 역, 예경(2017)

[12주탐01-04] ● ● ●

주제와 관련된 책이나 자료를 탐색하면서 신뢰할 수 있고 가치 있는 정보를 선정하여 분석하며 읽는다.

➡ 클래식 음악과 관련된 주제 탐구 독서를 하기 위해, '나에게 있어서 아는 만큼 들리는 클래식 음악은?'이라는 물음을 설정하고 이를 해결하기 위한 다양한 클래식 음악 관련 책을 읽어 보자. 특히 특정 음악 사조에 대해 철학적으로 결론을 내리는 부분에서는 텍스트만 보지 말고 음악을 찾아 들어 보는 등 '매체 통합 독서 활동'을 하면서 느낀 점 등을 공유해 보자.

관련 학과 관현악과, 뮤지컬학과, 방송연예과, 성악과, 실용음악학과, 연극영화학과, 음악학과, 작곡과

《처음 읽는 클래식 음악의 역사》, 나카가와 유스케, 나지윤 역, 탐나는책(2022)

[12주탐01-05] ● ● ●

주제에 관련된 책과 자료를 종합하여 읽으며 자신의 관점과 견해를 형성한다.

➡ '운동 능력'이라는 것은 타고나는 것일까? 아니면 연마되는 것일까? 인간의 운동 능력과 동물의 운동 능력은 어떻게 다를까? 운동 능력에 대한 자신의 관점을 정립하기 위해 스포츠, 운동, 건강과 관련된 다양한 자료를 읽고, 이를 토대로 자신만의 '운동관'을 만들어서 친구들에게 소개해 보자. 나아가 체육 시간, 동아리 시간 등과 연계해서 위의 운동관에서 비롯된 운동 계획을 실천해 보자.

관련 학과 경호학과, 모델과, 무용학과, 사회체육학과, 스포츠과학과, 스포츠레저학과, 스포츠의학과, 체육학과

《동물의 운동능력에 관한 거의 모든 것》, 사이먼 레일보, 김지원 역, 이케이북(2019)

[12주탐01-06] ● ● ●

매체를 포함한 다양한 방법으로 주제 탐구 독서의 과정이나 결과를 사회적으로 공유하고 소통한다.

➡ '우리 반 친구들을 위한 자세 교정 프로젝트'를 토대로 운동 생리학, 인체와 관련된 자료를 찾아보고, '라운드 숄더', '거북목', '골반 뒤틀림', '청소년 허리 디스크' 등을 예방하기 위한 바른 자세, 자세 교정 방법 등을 동영상으로 촬영하여 학급 클래스룸에 올려 보자. 특히 학술 자료의 출처를 인용하는 방식을 통해 신뢰성 있는 자료를 만들어 보자.

관련 학과 경호학과, 모델과, 무용학과, 뮤지컬학과, 사회체육학과, 스포츠과학과, 스포츠레저학과, 스포츠의학과, 체육학과

《스포츠 스타와 만나는 운동생리학》, 김태욱, 라이프사이언스(2023)

[12주탐01-07] ● ● ●

주제 탐구 독서를 생활화하여 주도적으로 삶을 성찰하고 계발한다.

➡ 다양한 미술, 디자인, 동양화, 서양화, 애니메이션의 작품이 담기고 그 작품들에 대한 자세한 기법적 차원의 해설이 담긴 책 등을 찾아보고 자신의 습작들과 비교하면서 개선점을 알아보자. 나아가 작품별로 배울 만한 부분을 찾아 정리한 뒤, 자신의 디자인적 역량을 계발하기 위한 성찰 노트에 적고 이를 공유해 보자.

관련 학과 공예학과, 만화애니메이션학과, 미술학과, 뷰티디자인학과, 사진학과, 산업디자인학과, 서양화과, 시각디자인학과, 패션디자인학과

《세계미술용어사전》, 월간미술 편집부, 월간미술(2017)

선택 과목	수능	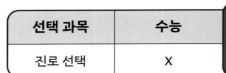	절대평가	상대평가
진로 선택	X		5단계	5등급

🔍	형상화, 언어 예술, 영감, 상상력, 시각적 요소와 청각적 요소의 결합, 현실 세계, 상상의 세계, 변용과 창조

[12문영01-01] •••

문학과 영상의 형상화 방법과 그 특성을 이해한다.

➡️ 조세희의 〈뫼비우스의 띠〉는 상징적인 소재와 우화적인 전개가 돋보이는 문학 작품이다. 이러한 형상화 방법을 그대로 반영하여 웹툰으로 만든다고 하면 어떤 형상화 기법을 사용해야 할지, 특히 이러한 짧고 강렬한 주제의식을 담기에 웹툰에서 장편, 단편 중 어떤 방식이 나을지에 대해 토의하고 실제로 간단한 시놉시스를 만들어 공유해 보자.

관련학과 공예학과, 만화애니메이션학과, 미술학과, 뷰티디자인학과, 사진학과, 산업디자인학과, 서양화과, 시각디자인학과, 패션디자인학과

《난장이가 쏘아올린 작은 공》, 조세희, 이성과힘(2024)

[12문영01-02] •••

양식과 매체에 따른 특성과 효과를 고려하여 문학 작품과 영상물을 해석하고 비평한다.

➡️ 이강백의 희곡 〈결혼〉은 빌려주고 빌리고 갚는 '대차(貸借)'의 과정을 통해 사랑의 본질적인 가치를 역설하고 있는 작품이다. 상징적인 대사, 행동, 소품 등이 많은 극문학의 특성, 무대 상연을 전제로 하는 매체적 특성이 이 작품의 주제를 타당하게 하는 데 어떤 영향을 미치는지 생각하여 의논해 보고, 이를 '드라마'로 바꾸었을 때 카메라 구도, 인물 설정, 캐스팅, 대사, 소품, 음악 등이 어떻게 이루어져야 할지에 대해 논의하여 시나리오 변환을 해 보자.

관련학과 만화애니메이션학과, 모델과, 무용학과, 뮤지컬학과, 방송연예과, 뷰티디자인학과, 사진학과, 서양화과, 시각디자인학과, 실용음악학과, 연극영화학과, 음악학과, 작곡과, 조소과

《이강백 희곡전집 1》, 이강백, 평민사(2019)

[12문영01-03] •••

문학 작품과 영상물 간의 영향 관계와 상호작용의 효과를 파악한다.

➡️ 빅토르 위고의 《노트르담 드 파리》는 중세 시대의 노트르담 대성당을 둘러싼 인간들의 삶의 이모저모를 드러내고 있는 소설 작품이다. 이 작품은 뮤지컬, 만화 등으로 리메이크되어 공연, 방영되었는데, 이 과정에서 원작과 영상물 간의 공통점과 차이점을 비교한 후, 상호작용의 양상과 결과를 구체적으로 정리해 보자. 나아가 각 갈래가 지니는 장단점을 주제 구현적 측면에서 모둠원들과 의논하여 설명해 보자.

국어 교과군

영어 교과군

수학 교과군

도덕 교과군

사회 교과군

과학 교과군

관련 학과) 모델과, 무용학과, 뮤지컬학과, 방송연예과, 뷰티디자인학과, 사진학과, 연극영화학과, 음악학과, 작곡과

《노트르담 드 파리》, 빅토르 위고, 박아르마 외 1명 역, 구름서재(2022)

[12문영01-04] ● ● ●

문학 창작과 영상 창작의 요소와 기법을 바탕으로 문학 작품과 영상물을 수용·생산한다.

➡ 문학의 묘사(描寫)와 사진의 촬영술, 인간의 행위나 의도 등을 분석하고 이해하는 경우에 행해지는 판단정지(判斷停止) 사이에 어떠한 공통점과 차이점이 있는지 실제 사례를 통해 설명해 보자. 나아가 문학이나 예술인 경우로 한정 지어 이러한 묘사 등의 방법이 사용된 작품들을 짧게 만들어 보고, 그 효과에 대해 토의해 보자.

관련 학과) 만화애니메이션학과, 미술학과, 뷰티디자인학과, 사진학과, 산업디자인학과, 서양화과, 시각디자인학과, 조소과, 패션디자인학과

《미술해부학과 드로잉》, 빅터 페라드, 이유민 역, 이종(2017)

[12문영01-05] ● ● ●

소재가 유사한 문학 작품과 영상물을 비교하면서 통합적으로 수용한다.

➡ 뮤지컬 〈맘마미아〉는 '아버지 찾기'라는 모티프를 통해 엄마와 딸의 관계, 사랑, 가족의 힘 등의 주제의식을 전달하는 작품이다. 한국 문학인 〈메밀꽃 필 무렵〉도 이러한 모티프가 일부 반영되는데, 이 모티프가 두 작품에서 각각 어떠한 양상으로 구조화되는지 비교해 보자. 특히 서로 다른 갈래인 만큼, 작품의 구성뿐만 아니라 표현적 특성까지 비교하여 정리하고, 이를 발표해 보자.

관련 학과) 모델과, 뮤지컬학과, 방송연예과, 뷰티디자인학과, 사진학과, 사회체육학과, 성악과, 실용음악학과, 연극영화학과, 음악학과, 작곡과

《메밀꽃 필 무렵》, 이효석, 새움(2018)

[12문영01-06] ● ● ●

문학 작품과 영상물을 효과적으로 전달할 수 있는 경로와 매체를 선택하여 공유한다.

➡ 로버트 프로스트의 〈가지 않은 길〉은 어느 한 길을 감에 따라 다른 길을 가지 않게 되는 운명을 통해 인간의 '선택, 실존, 책임, 후회' 등의 의미를 곱씹게 하는 작품이다. 이러한 철학적·심리적 상황을 효과적으로 드러내기 위해, 이 시를 한 편의 인포그래픽으로 만들어서 학급 게시판에 게재해 보자. 특히 길의 형태, 길 앞에 놓인 인간, 길과 배경의 색상 등 여러 표현 기법에 디자이너의 가치가 담길 수 있다는 사실을 토대로 자신의 의도를 다양한 표현 방식에 담아 제작해 보자.

관련 학과) 만화애니메이션학과, 미술학과, 뷰티디자인학과, 사진학과, 산업디자인학과, 서양화과, 시각디자인학과, 조소과, 패션디자인학과

《로버트 프로스트 명시 읽기》, 로버트 프로스트, 신재실 역, 한국문화사(2022)

[12문영01-07] ● ● ●

문학과 영상에 관련된 진로와 분야에서 요구하는 문화적 소양에 대해 탐구한다.

➡ 영상을 만드는 데 있어서 감독의 의도와 주제의식 등을 작화로 형상화하는 것은 매우 어려우면서도 중요한 일이다. 특히 개인적인 디자인 능력도 필요하지만, 감독이나 작가와의 커뮤니케이션 능력도 필요할 것이다. 세계

적인 거장 미야자키 하야오의 〈센과 치히로의 행방불명〉, 〈하울의 움직이는 성〉, 〈붉은 돼지〉, 〈원령 공주〉 등의 작품을 감상한 후, 이러한 영상을 만들기 위해 '지브리 스튜디오'의 팀 커뮤니케이션이 어떻게 전개되었는지 추가 자료 등을 통해 찾아보고, 이를 토대로 디자이너의 소양에 대해 토의해 보자.

관련 학과 만화애니메이션학과, 미술학과, 방송연예과, 사진학과, 서양화과, 시각디자인학과, 조소과, 패션디자인학과
《지브리의 천재들》, 스즈키 도시오, 이선희 역, 포레스트북스(2021)

[12문영01-08] ● ● ●

문학 작품과 영상물을 비판적으로 수용하며 자신의 삶을 성찰한다.

● 김동인의 〈광염 소나타〉는 인간이 발휘하는 예술의 근원은 무엇인가에 대한 질문에 있어서, 살인이나 방화 등을 하면서 느끼는 광기(狂氣)가 예술적 영감을 줄 수도 있다는 점을 그린 소설이다. 이러한 소설적 메시지에 대해 각자의 생각을 이야기하고, 자신이 생각하는 예술관, 미학적 관점을 정립하는 시간을 가져 보자.

관련 학과 공예학과, 관현악과, 만화애니메이션학과, 미술학과, 방송연예과, 뷰티디자인학과, 사진학과, 산업디자인학과, 서양화과, 성악과, 시각디자인학과, 실용음악학과, 연극영화학과, 음악학과, 작곡과, 조소과, 패션디자인학과
《광염 소나타》, 김동인, 아미고(2022)

[12문영01-09] ● ● ●

문학 작품과 영상물을 통해 창의적 사고를 표현하고 세계와 적극적으로 소통하는 태도를 가진다.

● 이호철의 〈닳아지는 살들〉의 '꽝 당 꽝 당' 소리나 김승옥의 〈역사(力士)〉 등의 '기타, 피아노 소리' 등 소설 작품에는 다양한 '소리'들이 나온다. 그러나 이러한 소리나 가락을 소설 속에 구체적으로 구현할 수는 없다. 이러한 소리가 나타난 소설을 찾아 소설의 주제, 인물, 사건, 배경, 문체 등을 고려하여 실제로 여러 악기를 통해 해당 소리를 구현해 보고, 이를 친구들 앞에서 시연해 보자.

관련 학과 관현악과, 방송연예과, 성악과, 실용음악학과, 연극영화학과, 음악학과, 작곡과
《탈향》, 이호철, 사피엔스21(2012)

[12문영01-10] ● ● ●

문학 작품과 영상물의 수용과 생산 활동에 따르는 윤리적 책임을 인식하면서 주체적이고 능동적으로 참여한다.

● 방송 언어는 공공성을 중시하기 때문에 나름대로 규격화되고 표준화될 필요성이 있지만, 그 가운데서도 개성이나 창의성, 특별한 조직끼리의 사회성을 추구해야 하는 경우도 있다. 이런 점을 토대로 방송 언어가 보도 윤리, 방송 윤리, 편성 윤리 등을 어긴 사례들을 조사해 보고, 이러한 영상물이 나름의 방송 제작 의도를 구현하면서도 윤리성을 지킬 수 있는 방법에 대해 구체적인 사례를 들어 모둠별로 해결책을 모색해 보자.

관련 학과 뮤지컬학과, 방송연예과, 실용음악학과, 연극영화학과, 음악학과, 작곡과
《미디어 윤리의 이론과 실제》, 필립 패터슨 외 1명, 장하용 역, 한울아카데미(2013)

선택 과목	수능	직무 의사소통	절대평가	상대평가
진로 선택	X		5단계	5등급

| 🔍 | 직무 의사소통의 목적, 맥락, 매체, 표현 전략, 의사소통 역량, 공동체·대인 관계 역량, 직무 정보의 관리 및 활용과 조직 및 표현, 갈등 조정하기, 문제에 대한 대안 탐색 및 해결 |

[12직의01-01] • • •

직무 의사소통의 목적과 맥락, 매체, 참여자 특성을 이해하고 적절한 표현을 사용하여 능동적으로 소통한다.

➡ 최근 운동을 취미로 하여 자기 관리에 힘쓰는 현대인들이 더욱 증가하는 추세이다. 이에 헬스나 크로스핏, 필라테스 등 운동 트레이너들의 역할이 더욱 커지고 있는데, 이들은 단순히 운동 기술이나 식이 요법 지식만을 가르쳐 주는 것에서 더 나아가 꾸준히 운동하는 습관을 가질 수 있도록 '멘탈 트레이닝'까지 겸하고 있다. 적절한 운동 목표를 설정함으로써 운동을 계속할 수 있는 환경을 조성해 주고 회원의 상황을 이해하고 격려해 주는 등 일종의 운동 상담사 역할도 함께 수행하는 것이다. 운동에 대한 지식이 부족한 사람을 대상으로 상대의 특성, 상황 등을 고려하여 운동 기술이나 식이 요법 등의 내용을 적절한 비유와 예시를 통해 설명하는 영상을 제작해 보자. 또한 상대가 꾸준히 운동 습관을 유지할 수 있도록 이끌기 위해 활용할 수 있는 심리 상담 기법에 대해 탐구해 보자.

관련 학과 경호학과, 골프학과, 사회체육학과, 스포츠과학과, 스포츠레저학과, 스포츠의학과, 유도학과, 체육학과, 태권도학과

《끌리는 트레이너의 스피치》, 장성호, 나비의활주로(2022)

[12직의01-02] • • •

직무 공동체의 다양한 소통 문화와 직무 환경 변화에 적합하게 자기를 소개하고 면접에 참여한다.

➡ 2020년 초 인터넷상에서는 '아무 노래 챌린지' 영상이 단연 화제였다. 가수 지코가 자신이 작사, 작곡한 〈아무 노래〉라는 곡의 홍보를 위해 노래에 맞추어 춤을 추는 짧은 영상을 게시했는데, 이 영상이 SNS를 통해 공유되며 열흘 만에 1억 조회 수를 돌파한 것이다. 당시 동료 연예인뿐만 아니라 일반인들까지도 동참해 챌린지 영상을 게시하면서 이는 매우 성공적인 마케팅 사례로 평가받았다. 15초에서 10분 이내의 짧고 간결한 형태의 영상을 뜻하는 '숏폼(Short Form)' 콘텐츠가 MZ세대를 중심으로 큰 관심을 얻게 되면서, 많은 기업들이 숏폼 마케팅을 적극적으로 활용하고 있다. 숏폼 콘텐츠의 인기 요인에 대한 탐구를 바탕으로, 숏폼을 활용하여 자신이 좋아하는 예술 작품을 소개하는 영상을 제작해 보자.

관련 학과 공예학과, 만화애니메이션학과, 미술학과, 뷰티디자인학과, 사진학과, 산업디자인학과, 서양화과, 시각디자인학과, 실용음악학과, 연극영화학과, 음악학과, 작곡과, 조소과, 패션디자인학과

《대박나는 숏폼 콘텐츠의 비밀》, 선우의성, 디지털북스(2023)

[12직의01-03] ● ● ●

효과적인 진로 탐색 및 직무 수행을 위해 다양한 방법으로 정보를 수집하고 분석하여 내용을 이해하고 평가한다.

➡ 다이어트는 남녀불문 최대의 관심사이자 매년 빠지지 않는 새해 소망 중 하나이다. 다이어트에는 운동만큼 식단이 중요하기에 다이어트에 좋다는 각종 식단법들에 관한 정보가 넘쳐나고 있는데, 한때 유행했던 원 푸드 다이어트나 극단적 절식 및 단식과 같이 잘못된 다이어트 식단을 따라 했다가 건강을 해치는 사람들이 늘어 문제가 되기도 했다. 이에 따라 신체 건강을 관리하는 헬스 트레이너의 경우 운동 기술과 운동 횟수, 자세를 지도해 주는 것에 더불어 영양학적 지식을 기반으로 올바른 식단을 구성하도록 도와주는 역할도 필요하다. 건강 관리에 필요한 영양학적 지식을 수집한 후, 널리 알려진 잘못된 식단법이 영양학적으로 어떤 문제가 있는지 분석해 보자. 또한 운동 목적에 따른 건강한 영양 섭취 방법에 대해 조사하여, 이를 바탕으로 탐구 보고서를 작성해 보자.

관련 학과 **사회체육학과, 스포츠과학과, 스포츠레저학과, 스포츠의학과, 체육학과**

《피톨로지 피트니스 영양학》, 이호욱 외 1명, 예문당(2021)

[12직의01-04] ● ● ●

적절한 매체를 사용하여 직무에 필요한 정보를 체계적으로 관리하고 활용한다.

➡ 현실 세계와 같은 활동이 이루어지는 3차원 가상세계인 '메타버스'가 박물관과 갤러리, 나아가 공연 및 콘서트와 같은 문화생활 공간에도 활용되고 있으나, 직접 문화생활을 즐기는 만족감을 대체하기 어렵다는 난관에 부딪히고 있다. 그러나 미국의 팝 아티스트인 트래비스 스콧은 자신을 닮은 아바타로 신곡 공연을 선보이면서 메타버스 콘서트의 가능성을 열었다. 무엇보다 시공간의 제약이 없기에 자유롭게, 또 보다 저렴하게 관람이 가능하며, 다양한 연출과 공연 방식을 적용할 수 있다는 점이 메타버스 콘서트의 큰 장점으로 작용한 것이다. 문화생활에서 메타버스 플랫폼을 성공적으로 활용한 사례를 찾아 탐구하고, 이를 바탕으로 메타버스 플랫폼을 통해 갤러리, 공연장 등에서 오프라인 공간과 차별화된 경험을 제공할 수 있는 방법을 연구해 보자.

관련 학과 **공연예술학과, 공예학과, 관현악과, 무용학과, 뮤지컬학과, 미술학과, 방송연예과, 사진학과, 성악과, 시각디자인학과, 실용음악학과, 연극영화학과, 음악학과, 작곡과, 패션디자인학과**

《메타버스와 함께 가는 문화예술교육》, 김태희 외 1명, 다빈치books(2022)

[12직의01-05] ● ● ●

정보를 효과적으로 조직하여 직무의 목적·대상·상황에 적합하게 표현한다.

➡ 최근 간결하고 심플한 인테리어의 흐름 속에서 앙리 마티스의 그림이 소품으로 많은 사랑을 받고 있다. 프랑스의 화가인 앙리 마티스는 대표적인 야수파 화가로, 색을 파워풀하게 사용하여 '색채의 마술사'로 불린다. 그러나 한편으로는 흰 바탕에 검은 선으로 여인의 얼굴을 간단히 표현하기도 하고, 건강이 급격히 나빠진 말년에는 붓을 드는 대신 가위로 종이를 오려 배열하는 컷아웃 방식으로 작품을 만드는 등, 다양한 스타일의 예술을 소화한 것으로도 유명하다. 앙리 마티스의 그림이 인테리어 소품으로 많이 활용되는 이유를 그의 화풍 및 작품 세계와 관련지어 탐구해 보자. 또한 자신이 앙리 마티스의 작품을 설명하는 도슨트라고 가정하고, 관람객들에게 마티스의 작품을 보다 효과적으로 설명할 수 있는 표현 전략을 사용하여 화가와 작품에 대한 정보를 짜임새 있게 표현해 보자.

관련 학과 **동양화과, 미술학과, 사진학과, 서양화과, 시각디자인학과, 패션디자인학과**

《앙리 마티스》, 폴크마 에서스, 김병화 역, 마로니에북스(2022)

[12직의01-06] • • •

직무 수행 과정에서 발생하는 의사소통 문제와 대인 관계 갈등에 대해 대화와 협의로 대처하고 조정한다.

→ 최근 종영한 한 드라마에서 아랍 왕자를 술을 좋아하는 바람둥이로 묘사해 아랍 문화를 왜곡했다는 문제가 제기되었다. 해당 드라마의 인기가 매우 높아 OTT 서비스를 통해 다양한 국가에서 시청이 가능했기에 더욱 큰 논란이 되었으며, 다른 문화권에 대한 존중이 없는 설정이었다는 비판이 이어졌다. 예술 및 문화 상품은 '표현의 자유'라는 명목하에 작가의 다양한 표현을 존중하고 허용해야 한다지만, 이제는 K-콘텐츠의 세계화를 위해서 다른 나라 및 사회의 역사, 문화, 종교 등을 면밀하게 파악하고 반영해야 한다는 의견도 커지고 있다. 예술 및 문화 콘텐츠 중 타 문화권에 대한 왜곡으로 논란이 있었던 사례를 분석하여 갈등의 요소를 파악해 보고, 이를 바탕으로 우리나라의 예술 및 문화 콘텐츠가 타 문화권과의 갈등 없이 세계화를 모색할 수 있는 방안을 탐구해 보자.

관련 학과 만화애니메이션학과, 뮤지컬학과, 방송연예과, 실용음악학과, 연극영화학과

《한류와 문화다양성》, 이성민 외 9명, 한국국제문화교류진흥원(2023)

[12직의01-07] • • •

직무 공동체의 의사결정 과정에 적극적으로 참여하여 대안을 탐색하고 합리적으로 문제를 해결한다.

→ 최근 2022 개정 음악과 교육과정에서 국악 교육의 비중이 축소되었다는 문제가 제기되면서 국악계와 음악 교육계가 첨예하게 대립한 바 있다. 국악계에서는 과거부터 서양 음악 중심으로 음악 교육과정이 편성되면서 국악 관련 내용이 지속적으로 축소되어 왔다는 점을 지적하며, 국악을 국악답게 배울 수 있도록 교육과정 성취기준에 국악 관련 표현을 명시하는 등 개선을 요구했다. 반면 음악 교육계에서는 새로운 음악 환경이 계속해서 조성되고 있는 상황에서 오히려 국악의 비중이 높다고 주장하며, 학생들은 다양한 음악을 경험하고 자유롭게 학습할 권리가 있기에 편파적인 개입은 자제해야 한다는 의견을 내세웠다. 국악을 포함한 전통 문화의 가치와 음악과 교육과정을 둘러싼 갈등의 쟁점에 대해 탐구하고, 이를 바탕으로 양측을 조율할 수 있는 실행 가능한 대안을 마련해 보자.

관련 학과 관현악과, 국악학과, 기악과, 성악과, 실용음악학과, 음악학과, 작곡과, 전통연희학과, 한국음악과

《전통 문화 바라보기》, 김용호, 좋은땅(2023)

[12직의01-08] • • •

직무 상황에서 구성원들과 다양한 매체를 활용하여 적극적으로 협업하고 언어 예절을 갖추어 소통한다.

→ 2023년 6월부터 온라인 동영상 서비스(OTT) 사업자 7곳이 'OTT 자체 등급 분류 제도'의 도입에 따라 자사 플랫폼에서 제공하는 콘텐츠의 등급을 자체적으로 분류하게 되었다. 기존에는 '영화 및 비디오물의 진흥에 관한 법률'에 따라 문화체육관광부 산하 영상물등급위원회의 사전 심의가 이루어졌지만, 이제부터는 사전 심의 없이 사업자 스스로 시청 등급을 결정하도록 한 것이다. 그러나 OTT를 통해 제공되는 영상물이 패러디, 클립 영상 등의 2차 콘텐츠를 통해 청소년에게 무분별하게 노출되면서 사회적으로 문제가 발생하고 있는 상황이기에 제도에 대한 우려의 목소리가 크다. 'OTT 자체 등급 분류 제도'에 대한 찬반 양측의 입장 및 OTT 콘텐츠와 관련하여 세계 사회가 직면하고 있는 문제 현상에 대해 탐구하고, 제도의 실효성을 높이기 위한 보완책을 고민하여 공청회 발제문을 작성해 보자.

관련 학과 공연예술학과, 만화애니메이션학과, 뮤지컬학과, 미디어영상제작학과, 방송연예과, 연극영화학과, 영화영상학과

《세계의 영화 등급분류 쟁점과 청소년 보호》, 조혜정 외 2명, 나무와숲(2013)

개인의 권리와 정보 보안에 대한 책무를 인식하면서 직무 의사소통에 참여한다.

➡️ 2010년대 중반 문화예술계 블랙리스트 사태와 미투 운동을 거치며 문화예술인의 직업적 권리를 보장해야 한다는 사회적 필요성이 높아졌고, 마침내 2022년부터 '예술인의 지위와 권리의 보장에 관한 법률', 일명 예술인권리보장법이 시행되었다. 예술인권리보장법은 그간 프리랜서로서 법과 제도의 사각지대에 위치했던 예술인들의 지위와 권리를 보장하는 법으로, 특히 최근에는 출연료 미지급 및 불공정 계약 등의 사건들에서 예술인들의 권리 침해를 구제하는 근거가 되고 있다. 문화예술계에서 예술인의 지위와 권리가 침해된 사례에 대한 분석을 통해 이런 문제 현상이 발생하는 사회 구조적 원인에 대해 탐구해 보자. 또한 예술인권리보장법의 실효성을 분석하여 보완할 점을 탐구한 후 이를 바탕으로 건의문을 작성해 보자.

관련 학과 예체능계열 전체

《**예술인 필독서**》, 안효준, 바른북스(2022)

직무 환경의 변화에 대응하여 지속적으로 자기를 계발하고, 직무 의사소통에 능동적이고 협력적으로 참여하는 태도를 지닌다.

➡️ 최근 뮤지컬, 연극 등 공연 티켓의 가격이 지속적으로 상승하면서, 이에 맞추어 보다 다채롭고 새로운 공연을 통해 관람의 만족도를 높이고자 하는 공연계의 변화가 두드러지고 있다. 특히 같은 공연을 여러 차례 재관람하는 이른바 '회전문 관객'들을 끌기 위한 공연계의 다양한 레퍼토리와 이벤트들이 눈에 띄는데, 뮤지컬 관람 시 일부 회차에서 배우와 함께 노래를 부를 수 있도록 하는 싱어롱(Sing-Along) 데이를 지정하거나 배우가 공연 전 로비에 깜짝 등장하여 주요 곡을 시연하는 등 새로운 경험을 제공하는 공연들이 늘고 있다. 공연계의 이러한 흐름을 바탕으로 관객의 만족도를 높이기 위한 새로운 시도들이 공연의 장르와 특성에 따라 어떤 차이를 보이는지 탐구하고, 자신이 인상 깊게 관람한 공연에 적용할 수 있는 다양한 이벤트를 기획하여 공연 기획 회의 자료를 만들어 보자.

관련 학과 공연예술학과, 관현악과, 국악학과, 무용학과, 뮤지컬학과, 미술학과, 방송연예과, 사진학과, 서양화과, 성악과, 실용음악학과, 연극영화학과

《**공연이벤트**》, 강해상, 대왕사(2021)

선택 과목	수능		절대평가	상대평가
융합 선택	X	**독서 토론과 글쓰기**	5단계	5등급

🔍	주체적이고 협력적인 의미 발견 및 구성, 사회적 소통 행위, 개인과 공동체의 문제 해결, 능동적·협력적 참여, 존중, 유연한 자세

[12독토01-01] ● ● ●

개인이나 공동체의 관심사를 고려하여 읽을 책을 선정한 후 질문을 생성하고 주체적으로 해석하며 책을 읽는다.

➡ 동양과 서양의 미술 역사를 다양한 그림으로 볼 수 있는 책을 선정하여, 자신이 선호하는 특정 화풍이나 시대, 사조, 작가, 작품 등에 대해 자유롭게 이야기해 보자. 특히 주제의 구현, 표현적 측면에서 개별의 작품이 어떠한 미적 가치를 발현하고 있는지에 대해 의논해 보고, 작품들이 자신의 삶에 어떠한 영향을 주었는지에 대해서도 성찰의 실마리를 토의해 보자.

관련 학과 미술학과, 산업디자인학과, 서양화과, 시각디자인학과, 조소과, 패션디자인학과

《거의 모든 순간의 미술사》, 존-폴 스토나드, 윤영 역, 까치(2023)

[12독토01-02] ● ● ●

대화, 토의, 토론 등 적절한 방법을 활용하여, 서로 다른 생각과 관점을 존중하며 독서 토론을 한다.

➡ 서양 음악사와 관련된 책을 읽으면서 대화 형식으로 자유로운 독서 토론 활동을 해 보자. 특히 고대, 르네상스, 바로크, 고전, 낭만, 현대 음악의 대표곡을 직접 찾아 들으면서 책의 내용과 실제 음악 간의 관련성에 대한 자신의 의견을 이야기하고, 그 음악에 대한 개인적인 취향, 스타일, 떠오르는 생각, 배경 지식 등에 대해, 규칙을 정하지 않고 편하게 이야기하는 분위기를 만들어 대화해 보자.

관련 학과 관현악과, 뮤지컬학과, 방송연예과, 성악과, 실용음악학과, 연극영화학과, 음악학과, 작곡과

《연표로 보는 서양 음악사》, 조현영, 현암사(2023)

[12독토01-03] ● ● ●

독서 토론의 내용을 바탕으로 쓰기 목적, 독자, 매체를 고려하여 글을 쓰고 공유한다.

➡ 《사진 잘 찍는 법》을 읽고, 각자가 사진을 찍을 때의 노하우나 어려운 점, 주안점 등을 공유하는 자유로운 논의를 '버즈 토의' 형태로 진행해 보자. 이후 실제로 사진을 찍고 그 사진의 제목, 촬영 방법. 사진에 대한 설명 등을 정리한 후 이를 영상으로 제작하여 학급 클래스룸에 올려 보자. 이후 친구들의 사진 및 그에 대한 설명 등을 보고 자신이 앞으로 보완해야 할 기술에 대해 생각해 보자.

관련 학과 방송연예과, 사진학과, 산업디자인학과, 서양화과, 시각디자인학과, 연극영화학과, 패션디자인학과

《사진 잘 찍는 법》, 김홍희, 김영사(2019)

인간의 삶에 대한 다양한 시각과 해석이 담긴 책을 읽고 독서 토론하고 글을 쓰며 자아를 탐색하고 타자와 세계를 이해한다.

➡ 《스포츠 정신의학》은 스트레스 통제, 스포츠 리더십, 문화적 능력, 미래 전략 등에 대해 설명하고 멘털 관리 등에 대한 내용도 다루고 있다. 이러한 관리 능력을 토대로 스포츠맨십을 갖추게 되었을 때 세상을 더 긍정적이고 활기차게 살아갈 수 있음을 여러 사례를 찾아 소개하고 논의해 보자. 나아가 자신이 어떤 스포츠맨십을 가지면 좋을지에 대해서도 생각해 보자.

관련 학과 경호학과, 모델과, 무용학과, 뮤지컬학과, 사회체육학과, 스포츠과학과, 스포츠레저학과, 스포츠의학과, 체육학과

《스포츠 정신의학》, 데이비드 R. 맥더프, 박원명 외 4명 역, 시그마프레스(2015)

다양한 분야의 정보가 담긴 책을 읽고 독서 토론하고 글을 쓰며 학습이나 삶에 필요한 지식을 확장하고 교양을 함양한다.

➡ 음악을 좋아하고 즐겨 부르는 사람에게도 화성학은 어려운 이론이다. 음악 이론을 활용하는 것이 쉽지는 않겠지만, 발췌독 등을 토대로 자신이 이해할 수 있는 부분을 학급 친구들과 함께 학습하고, 악기를 연주하거나 노래를 부르는 등 화성학의 이론들을 실제로 적용하는 경험을 해 보자.

관련 학과 관현악과, 무용학과, 뮤지컬학과, 방송연예과, 뷰티디자인학과, 성악과, 실용음악학과, 연극영화학과, 음악학과, 작곡과

《한 권으로 끝내는 실용음악 기초 화성학》, 이채현, 1458music(2022)

사회적인 현안이나 쟁점이 담긴 책을 읽고 독서 토론하고 글을 쓰며 공동체 문제를 해결하고 사회적 담론에 참여한다.

➡ 아이돌 가수의 연령이 계속 낮아짐에 따라, 그들의 의상, 노래 가사, 무대 안무 등의 수위가 적절하지 않다는 의견과 표현의 자유라는 관점이 서로 부딪히고 있다. 이런 점을 토대로 한국의 예능 문화에 대해 여러 자료를 찾아 조사해 보고, 두 의견을 모두 존중하는 예능 문화의 방향성에 대해 자신의 생각을 마련해 보자.

관련 학과 모델과, 무용학과, 뮤지컬학과, 방송연예과, 성악과, 실용음악학과, 연극영화학과, 음악학과, 작곡과

《예능의 비밀》, 이동규, 커뮤니케이션북스(2021)

독서 토론과 글쓰기의 특성을 이해하고 독서, 독서 토론, 글쓰기에 능동적으로 참여한다.

➡ 한국, 미국, 일본의 애니메이션은 서로 다른 작화 기법, 철학, 구성 등을 지니고 있다. 각국의 애니메이션의 특징을 다룬 책이나 실제 애니메이션 작품을 접한 후, 자신의 기법적 측면과 비교한 뒤 성찰적 실마리가 있는지 생각하여 이를 '성찰 포트폴리오'로 만들어 보자. 특히 한 권의 자료만 보는 것이 아니라 여러 자료를 두루 살펴보면서, 성찰의 글쓰기를 통해 실제로 미술적 감각을 키워 나가는 경험을 해 보자.

관련 학과 만화애니메이션학과, 미술학과, 뷰티디자인학과, 사진학과, 산업디자인학과, 서양화과, 시각디자인학과, 조소과, 패션디자인학과

《일본 애니메이션의 크리에이터들》, 박기령, 이담북스(2013)

선택 과목	수능		절대평가	상대평가
융합 선택	X		5단계	5등급

매체 의사소통

| 🔍 | 현실에 대한 재현물, 사회·문화적 맥락, 생산자의 의도 및 관점, 디지털 기술의 발전, 매체 자료의 표현 방식, 의미 구성, 의사소통 맥락, 소통 방식, 비판적 이해, 적극적인 참여와 공유, 디지털 시대의 시민, 매체 환경 조성 |

[12매의01-01] • • •

매체의 기능과 역할에 대한 이해를 바탕으로 시대별 매체 환경과 소통 문화의 변화 과정을 탐색한다.

➡ 라디오 매체와 영상 매체는 서로 지향하는 바가 다른 경우가 있다. 따라서 똑같은 텍스트라도 라디오 방송과 일반 TV 방송에서 표현하는 양상이 다를 수 있는데, 이러한 구체적인 사례를 찾고 공유해 보자. 나아가 '나의 하루'라는 간단한 주제로 라디오 녹음 파일과 영상 파일을 각각 만들어 이 차이점을 실제로 확인해 보자.

관련 학과 예체능계열 전체

《**라디오와 매체**》, 발터 벤야민, 고지현 역, 현실문화(2021)

[12매의01-02] • • •

소셜 미디어나 온라인 동영상 플랫폼 등의 디지털 매체 환경에서 청소년 문화가 지닌 문제와 가능성을 탐구한다.

➡ 자신과 친구들이 하는 운동을 토대로, 청소년기에 필요한 운동들을 '건강 증진, 질병 예방, 마음 치유, 체육 입시 준비, 다이어트, 외모 가꿈'이라는 카테고리로 나누어 설정해 보자. 나아가 유튜브 매체를 통해 운동과 관련된 정보를 접하는 청소년기의 특징을 고려하여, '우리 학교 학생들을 위한 유튜브 일일 건강 프로젝트'를 설정하여 친구들의 건강을 증진하는 방향의 캠페인 활동을 해 보자.

관련 학과 경호학과, 사회체육학과, 스포츠과학과, 스포츠레저학과, 스포츠의학과, 체육학과

《**몸 교과서**》, 강준호 외 4명, 김영사(2021)

[12매의01-03] • • •

영화, 게임, 웹툰 등의 매체 자료가 현실을 재현하는 방식을 분석하며 생산자의 의도나 관점을 파악한다.

➡ '서커스', '피파 월드컵 축구', '위닝 일레븐', 'NBA 농구' 등 각종 스포츠 게임에 나타나는 캐릭터의 동작이 실제 운동선수의 동작을 제대로 구현했는지를 스포츠 의학과 과학의 측면에서 분석해 보자. 나아가 게임 매체에 나타난 운동선수의 동작의 리얼리티를 추구하기 위해 보완해야 할 사항에 대해서도 짧은 보고서를 작성해 보자.

관련 학과 경호학과, 사회체육학과, 스포츠과학과, 스포츠레저학과, 스포츠의학과, 체육학과, 패션디자인학과

《**스포츠 선수 어떻게 되었을까**》, 지재우 외 3명, 캠퍼스멘토(2018)

[12매의01-04]   ● ● ●

디지털 매체 환경에서 매체 생산자의 관점을 파악하고 매체 자료의 신뢰성을 판단한다.

➔ 신뢰할 만하고 납득 가능한 설명을 하기 위해서는 '청자'의 생각과 관념, 표현 등을 고려한 설명이 이루어져야
한다는 사실을 토대로, '아이돌 댄스', '특정 운동의 구체적인 동작' 등을 설명하는 영상들이 신뢰할 만한지 평
가하는 과정을 거쳐 보자. 특히 애매모호한 표현을 사용하지 않았는지, 구체적인 수치가 제시되었는지 등을 반
영하는 평가지를 만들어 평가 도구로 사용해 보자.

관련 학과 모델과, 무용학과, 뮤지컬학과, 방송연예과, 사회체육학과, **스포츠과학과**, **스포츠레저학과**, **스포츠의학과**, 음악학과,
작곡과, 체육학과

《**바른 운동**》, 고영정, 책과나무(2018)

[12매의01-05]   ● ● ●

사회적 규범과 규제가 매체 자료의 생산과 소통에 미치는 영향을 조사하고 그 의미를 탐구한다.

➔ 현대 미술을 지칭하는 표현은 다양하겠지만, 그중 하나가 '혁명적 전환'이라고 볼 수 있다. 전통적이고 고전적
인 미술에 대한 담론과 맞서 새로운 매체의 등장에 힘입어 나타난 예술의 형태에 대해 조사하고, 이러한 매체
가 해당 작품의 의의와 작가의 의도 등을 온전하게 반영할 수 있는지에 대한 방법적 비판을 담은 모둠 비평서
를 만들어 보자.

관련 학과 공예학과, 만화애니메이션학과, 미술학과, 사진학과, 서양화과, 시각디자인학과, 조소과, 패션디자인학과

《**수행성의 미학**》, 에리카 피셔-리히테, 김정숙 역, 문학과지성사(2017)

[12매의01-06]   ● ● ●

**개인적·사회적 관심사에 대한 자신의 관점이 드러나는 주제를 선정하여 설득력 있는 매체 자료를 제작하고
공유한다.**

➔ 자신이 평소 생각하는 의류, 패션 디자인을 실제로 구현하여 공유하는 활동을 해 보자. 특히 패션 디자인과 관
련하여 여러 책을 읽어 본 후, 패션 디자인을 잘 모르는 사람들도 이해할 수 있게끔 쉬운 언어를 사용하여 텍스
트로 배치하고, 실제로 간단한 의류를 제작하여 실물 매체를 통해 친구들이 원단의 질감 등을 감각적으로 경험
할 수 있게 해 보자.

관련 학과 모델과, 미술학과, 방송연예과, 뷰티디자인학과, 사진학과, 산업디자인학과, 서양화과, 시각디자인학과, 패션디자인학과

《**패션디자인 도식화 테크닉**》, 엄소희 외 2명, 경춘사(2019)

[12매의01-07]   ● ● ●

매체 자료의 생산자이자 수용자로서 권리와 책임을 인식하고 사회적 가치와 문제에 대해 소통한다.

➔ 스포츠 경기에서 약물 복용은, 많은 약물이 개발됨에 따라 더욱 위험하면서도 중요한 문제가 되어 가고 있다.
특히 스포츠 세계는 '페어플레이' 정신을 추구하기 때문에 이 문제는 더욱 심각하다고 볼 수 있다. 이러한 사
회적 문제에 대해 자신의 생각을 정리한 뒤, '스포츠 경기에서 약물 복용이란?'이라는 주제로 자신의 견해를
담아 '설득'을 목적으로 하는 영상 자료를 만들어 공유해 보자.

관련 학과 경호학과, 사회체육학과, 스포츠과학과, 스포츠레저학과, 스포츠의학과, 체육학과

《**도핑의 과학**》, 최강, 동녘사이언스(2021)

선택 과목	수능	언어생활 탐구	절대평가	상대평가
융합 선택	X		5단계	5등급

🔍	언어 자료의 수집 및 분석, 주체적·능동적 언어문화, 언어생활에 대한 민감성 및 책임감, 언어를 통한 정체성 실현과 관계 형성 양상, 사회적 담론 형성의 맥락과 과정, 공공 언어 사용

[12언탐01-01] ●●●

자신의 언어생활에서 의미 있는 탐구주제를 발견하여 탐구 절차에 따라 언어 자료를 수집하고 비판적으로 분석한다.

➡ 지난 몇 년간 연예계가 전속계약 갈등으로 몸살을 겪으면서 '탬퍼링' 방지를 위한 움직임이 일고 있다. 탬퍼링이란 본래 프로 스포츠 분야에서 전속계약이 끝나지 않은 선수에게 소속 팀의 동의 없이 계약을 목적으로 접촉하는 규정 위반 행위를 이르는 용어인데, 연예계에서 이와 유사한 부당 개입 행위가 논란이 되면서 이 용어가 사회적으로 이슈가 되고 있다. 제조업의 경우 기업의 성과를 다른 기업이 가로챌 수 없도록 제품에 대한 특허나 영업 비밀 규정 등으로 보호하는 제도가 잘 갖추어져 있지만, 엔터테인먼트 산업은 제도의 사각지대에 놓여 있는 상황이다. 최근 연예계 탬퍼링 논란에 대한 분석을 통해 탬퍼링을 방치했을 때 발생할 수 있는 문제 상황에 대해 탐구해 보고, 다른 산업 분야의 유사 사례 및 관련 법에 대한 조사를 바탕으로 연예계의 탬퍼링을 방지하기 위한 대책에 대해 논의해 보자.

관련 학과 공연예술학과, 만화애니메이션학과, 뮤지컬학과, 방송연예과, 방송영상미디어과, 실용음악학과, 연극영화학과, 음악학과, 작곡과

《**오늘의 법정을 열겠습니다**》, 허승, 북트리거(2020)

[12언탐01-02] ●●●

언어 자료를 평가·해석하고 그 결과를 공유하며 자신과 공동체의 언어생활에 대한 민감성과 책임감을 지닌다.

➡ SNS는 온라인상에서 일상을 공유하며 사람들과 소통할 수 있는 공간을 제공한다는 본래 목적과는 달리, 우리 사회에 수많은 부작용을 유발하며 큰 골칫거리로 전락했다. 하지만 최근 젊은 세대 사이에서 '오운완'이라는 해시태그가 유행하는 것과 관련하여, SNS가 사회에 순기능을 하는 사례가 나타나고 있다. '오늘 운동 완료'의 줄임말인 '오운완'을 자신이 운동하는 모습을 찍은 사진에 해시태그로 붙이는 방식인데, 이것이 하나의 트렌드로 자리 잡으면서 젊은 세대 사이에서 꾸준히 운동을 하도록 만드는 요인이 되고 있는 것이다. '오운완 트렌드'에 대한 분석을 바탕으로, 이것이 가져온 생활체육 분야의 변화에 대해 탐구하자. 또한 이처럼 언어 표현이 사회에 긍정적인 변화를 가져오는 사례를 탐구하고, 공동체의 언어생활에 임하는 태도에 대해 토의해 보자.

관련 학과 건강관리학과, 레저스포츠학과, 사회체육학과, 스포츠재활학과, 체육학과

《**트렌드 코리아 2022**》, 김난도 외 10명, 미래의창(2021)

글과 담화의 소통 맥락을 고려하여 다양한 분야 및 교과의 언어 자료에 나타난 표현 특성과 효과를 탐구한다.

⊙ 장애인의 문화예술 체험 접근성을 높이기 위한 다양한 시도들이 진행되는 가운데, 공연계에서도 장애인이 편하게 공연을 관람할 수 있는 다양한 '접근성 공연'을 기획하여 화제가 되고 있다. 시각 장애인을 위한 음성 해설이나 청각 장애인을 위한 수어 통역, 한글 자막을 제공하는 것은 물론, 무대와 주요 장면을 그림으로 표현하고 이를 촉감으로 느낄 수 있도록 하는 촉각 전시를 선보인 공연들도 있다. 누구나 문화를 즐길 수 있는 환경이 조성되고 있어 기대의 목소리가 큰 반면, 일각에서는 외국에 비해 여전히 '배리어 프리(Barrier-Free)' 환경이 열악하다며 넘어야 할 과제가 적지 않다는 우려를 표하기도 한다. 접근성 공연의 사례를 분석하여 공연의 소통 맥락 안에서 언어가 어떤 방식으로 표현 및 전달되는지를 탐구하자. 또한 현재 기획된 접근성 공연의 실효성을 판단하고 향후 과제를 탐구해 보자.

관련 학과 공연예술학과, 관현악과, 국악학과, 무용학과, 뮤지컬학과, 미술학과, 방송연예과, 사진학과, 서양화과, 성악과, 실용음악학과, 연극영화학과

《배리어프리 화면해설 글쓰기》, 송명희 외 3명, 지식과교양(2017)

가정, 학교, 사회의 언어 사용에 나타난 정체성의 실현 양상과 관계 형성의 양상을 탐구한다.

⊙ '한류'로 통칭되는 한국의 문화 및 콘텐츠가 세계화를 주도하면서, 과거 유행했던 "가장 한국적인 것이 가장 세계적인 것"이라는 슬로건이 오늘날 비로소 실현되고 있다. 방탄소년단의 세계적 인기와 더불어 봉준호 감독의 영화 〈기생충〉의 작품성, OTT 플랫폼 최고 인기작으로 꼽히는 〈오징어 게임〉의 신드롬 등은 문화 강국으로서 한국의 면모를 보여 주기에 부족함이 없다. 이러한 문화 요소 및 콘텐츠들은 'K-팝', 'K-푸드', 'K-무비' 등 '한국의 것'이라는 의미로 통용되는 'K-'라는 접두어가 붙음으로써 한국의 정체성을 확연히 드러낸다. K-콘텐츠 및 K-문화가 지닌 고유의 특성을 분석하여 이것들이 세계적인 인기를 누리게 된 요인을 탐구하고, 'K-콘텐츠 및 K-문화가 나아갈 길'을 주제로 자신의 의견을 담은 글을 작성하자. 또한 오늘날 접두어로 사용되는 'K-'에 반영된 사회적 정체성에 대해 탐구해 보자.

관련 학과 공연예술학과, 만화애니메이션학과, 뮤지컬학과, 방송연예과, 방송영상미디어과, 실용음악학과, 연극영화학과, 음악학과, 작곡과

《K홀릭―세계를 뒤흔든 대한민국의 힘》, 장대환, 매일경제신문사(2023)

다양한 매체 환경에서 사회적 담론이 형성되는 맥락과 과정을 탐구한다.

⊙ 유례없는 최악의 가뭄 상황에서 관객이 물을 맞으며 공연을 즐길 수 있도록 기획한 유명 가수의 공연을 강행하는 것이 적절한지를 두고 논란이 일었다. 7주간의 공연 중 무려 4,200톤의 식수를 소모하기에, 가뭄으로 피해를 입는 농가를 생각해서라도 자제해야 한다는 의견과 세계적인 기후위기 상황에서 개인에게 책임을 지우는 것은 부당하다는 의견이 대립한 바 있다. 이와 함께 친환경 공연에 대한 관심도 대두하고 있는데, 영국의 한 록밴드는 친환경 소재로 공연장 소품 및 굿즈를 제작하거나 관중이 움직이는 에너지를 전력으로 전환하는 등 저탄소 공연을 시도해 화제가 되었다. 다양한 매체에서 공연의 사회적 책임에 관한 글을 읽고, 이를 통해 사회적 담론이 어떻게 형성되는지 탐구해 보자. 또한 국내의 친환경 공연을 활성화하기 위한 방안과 해결 과제에

대한 보고서를 작성해 보자.

관련 학과 예체능계열 전체

《**문화예술의 친환경적 관점 도입을 위한 연구**》, 노영순, 한국문화관광정책연구원(2021)

[12언탐01-06] ● ● ●

품격 있는 언어생활의 특성을 이해하고 공공 언어 사용의 실제를 탐구한다.

➔ 문화체육관광부는 우리 사회가 직면한 문제를 인식하고 보편적 복지에 다가가기 위해 생활 속 공공 디자인의 사례와 방법을 공유하고자 2022년부터 공공 디자인 페스티벌을 개최하고 있다. 공공 디자인은 공공 기관이 운영 및 관리하는 공공 시설물 등을 합리적으로 디자인하는 행위 및 결과물을 뜻하는 것으로, 2018년에 발표된 '제1차 공공 디자인 진흥 종합계획'에서부터 시작되었다. 그런데 공공 디자인에 사용된 언어 또한 공공성을 지니기에 넓은 의미에서 공공 언어라고 볼 수 있는데, 이런 이유로 공공 디자인에서 언어를 활용할 때는 공공 언어와 마찬가지로 대중이 이해하기 쉬운 언어로 전달해야 한다. 언어 표현이 포함된 공공 디자인의 사례를 정확성과 적절성, 소통성, 품격 등의 기준에서 평가하고, 공공 디자인과 언어의 결합을 주제로 보고서를 작성해 보자.

관련 학과 광고디자인학과, 미술학과, 사진학과, 산업디자인학과, 시각디자인학과, 실내디자인학과, 제품디자인학과, 패션디자인학과, 환경디자인학과

《**공공디자인 시대**》, 김주연, 스리체어스(2023)

[12언탐01-07] ● ● ●

언어가 우리 삶에서 담당하는 역할을 이해하고, 주체적·능동적으로 바람직한 언어문화를 실천한다.

➔ 대중가요의 가사는 그 시대를 살아가는 인간과 사회의 문화를 고스란히 담고 있다. 과거에 유행했던 가요들에는 절절하고 애틋한 사랑과 이별의 아픔을 노래하는 가사가 많았다면, 오늘날에는 사랑과 이별에 연연하지 않는 자세와 더불어, 남보다 '나 자신'에 초점을 맞추어 자기애와 주체적 삶의 태도가 두드러지게 나타난다. 가령 최근 대중가요에서 제목과 가사에 많이 등장하고 있는 'savage(맹렬한)'는 본래의 뜻에서 더 나아가 거침없고 당당하다는 의미로 사용되어, 자신의 감정을 직설적으로 나타내는 MZ세대의 언어 표현을 오롯이 반영하는 사례로 볼 수 있다. 오늘날 유행하는 대중가요 가사의 내용 및 특징을 분석하여 가사에 반영된 우리 사회의 모습을 탐구해 보자. 또한 가사 속 언어 표현의 영향력을 고려하여 언어가 우리 삶에서 담당하는 역할에 대해 탐구해 보자.

관련 학과 만화애니메이션학과, 방송연예과, 실용음악학과, 연극영화학과, 음악학과, 작곡과

《**예순 즈음에 되돌아보는 우리 대중음악**》, 최준식, 한울아카데미(2016)

영어 교과군

※관련 기사 목록 확인하기

구분	교과(군)	공통 과목	선택 과목		
			일반 선택	진로 선택	융합 선택
보통 교과	영어	공통영어1 공통영어2 기본영어1 기본영어2	영어I 영어II 영어 독해와 작문	직무 영어 영어 발표와 토론 심화 영어 영미 문학 읽기 심화 영어 독해와 작문	실생활 영어 회화 미디어 영어 세계 문화와 영어

공통 과목	수능	**공통영어1**	절대평가	상대평가
	X		5단계	5등급

Aα

단원명 | 이해

| 🔍 | 자기표현, 감정 표현, 인공지능, 음악 저작권, 소셜 미디어, 푸드 인플루언서, 식사 패턴, 유기 동물 보호, 환경 보호, 소음 개선 방안, 정서 복원, 스트레스 해소, 음악 치료

[10공영1-01-01] ● ● ●

말이나 글에 포함된 세부 정보를 파악한다.

● 예술은 사회 변화와 문화 이해를 촉진하기 위한 도구이며, 개인은 자기표현을 위한 강력한 도구로서 예술을 통해 자신의 감정·생각·경험을 표현하고, 정체성을 발견하고, 창의성과 상상력을 발전시킬 수 있다. Psychology Today의 'Art As Self-Care'라는 글을 찾아 읽은 뒤 예술을 창조하고 즐기는 것의 건강상 이점에 관해 설명하고 각각의 예시를 정리하여 발표해 보자.

관련 학과 뮤지컬학과, 미술학과, 방송연예과, 사진학과, 시각디자인학과, 실용음악학과, 음악학과, 연극영화학과, 음악학과, 작곡과, 조소과, 체육학과

《예술의 쓸모》, 강은진, 다산초당(2020)

[10공영1-01-02] ● ● ●

말이나 글의 주제나 요지를 파악한다.

● 인공지능 음악 작곡 프로그램은 많은 음악 장르와 스타일을 모방하고 생성할 수 있어서, 인공지능을 활용한 저작물의 저작권을 누가 소유하는지에 대한 법적 문제가 발생하고 있다. 인공지능 기술이 법률보다 빠르게 발전함에 따라, 인공지능의 도움으로 만든 작품의 저작권을 인정할 것인지, 기존 저작물을 인공지능의 학습에 이용하는 것을 허용할 것인지와 같은 의문이 제기되고 있다. 관련 기사 'Can Music Created by AI be Copyrighted?'를 찾아 읽고, 인공지능 음악 생성기 관련 저작권 문제를 주제로 현재 논의되고 있는 사항들과 앞으로 해결해야 할 과제에 대해 정리하여 발표해 보자.

관련 학과 관현악과, 뮤지컬학과, 미술학과, 방송연예과, 사진학과, 산업디자인학과, 서양화과, 성악과, 시각디자인학과, 실용음악학과, 연극영화학과, 음악학과, 작곡과, 조소과

《인공지능 창작과 저작권》, 조연하, 박영사(2023)

[10공영1-01-04] ● ● ●

말이나 글에 나타난 일이나 사건의 논리적 관계를 파악한다.

● 요즘 소셜 미디어에서 음식 관련 게시물을 많이 보게 된다. 시각적 신호와 사회적 신호가 교차하는 소셜 네트

워크에서 먹음직스러운 음식 사진들은 우리의 음식 선호도나 식사 습관에 영향을 줄 수 있다. 특히 건강하지 않은 음식에 대한 소셜 미디어 게시물이 사람들로 하여금 건강에 해로운 선택을 하게 하거나, 반대로 소셜 미디어 속 건강한 식습관을 가진 사람들의 영향으로 건강한 음식을 선택하게 되는 경우도 있다고 한다. 이와 관련된 글 'How food influencers affect what we eat'를 읽고 소셜 미디어와 푸드 인플루언서가 우리의 음식 선택과 식사 패턴에 어떤 영향을 미치는지 자세히 알아보자.

관련 학과 뷰티디자인학과, 사진학과, 산업디자인학과, **스포츠과학과, 스포츠의학과,** 시각디자인학과, 체육학과

《인플루언서》, 볼프강 M. 슈미트 외 1명, 강희진 역, 미래의창(2022)

[10공영1-01-05] ● ● ●

말이나 글에 포함된 표현의 함축적 의미를 추론한다.

➡ 솔트레이크시티 베스트프렌드 인명구조 센터의 고양이들은 키보드 위를 걸으며 인공지능 작품을 제작했다. 관계자들은 "컴퓨터 키보드에 대한 고양이의 타고난 사랑과 인공지능의 힘을 결합"했다고 보도자료에서 밝혔다. 각각의 인공지능 예술 작품은 고양이 예술가의 페이지에 링크되어 있어서 이를 채택하는 방법에 대해 자세히 알아볼 수 있다. 고양이를 입양하는 모든 사람은 자신의 고양이가 만든 걸작과 '진품' 인증서를 다운로드할 수 있다. 'Clever Cats Make Their Own AI Art to Help Get Adopted'를 읽고 예술을 통해 유기동물 보호 의식을 확산하는 방법을 구상해 보자.

관련 학과 만화애니메이션학과, 미술학과, 사진학과, 시각디자인학과, 실용음악학과, 연극영화학과, 음악학과, 작곡과, 조소과

《유기동물에 관한 슬픈 보고서》, 고다마 사에, 박소영 역, 책공장더불어(2019)

[10공영1-01-06] ● ● ●

말이나 글의 전개 방식이나 구조를 파악한다.

➡ 환경 보호와 지구 온난화, 기후변화를 주제로 다루는 작품들은 다양하다. 지구의 환경 변화로 인해 생명 유지가 불가능해진 상황을 배경으로 한 〈인터스텔라〉, 오로지 발전만을 위해 달려가다가 환경 오염으로 멸망해버린 지구를 배경으로 하는 〈월E〉, 지구 온난화로 자연재해가 잦아지는 상황을 다룬 〈투모로우〉 등과 같은 영화를 참고하여 탄소포집활용저장(CCUS, Carbon Capture, Utilization, and Storage) 기술의 필요성을 인식하게 하는 작품을 구상해 보자.

관련 학과 만화애니메이션학과, 뮤지컬학과, 미술학과, 방송연예과, 연극영화학과

《전의찬의 탄소중립 특강》, 전의찬, 지오북(2023)

[10공영1-01-07] ● ● ●

말이나 글의 이해를 위한 적절한 전략을 적용한다.

➡ 전기차의 특징 중 하나는 내연기관의 소음이 없어 바람, 도로, 차량 액세서리 등 다른 종류의 소음이 더욱 두드러진다는 것이다. 관련 기사를 참고하여 전기차의 소음을 개선하고 최적화할 수 있는 방법을 찾아보고, 전기차의 음향 디자인이 사용자 경험과 감성 마케팅에 어떻게 활용될 수 있는지 탐구해 보자.

관련 학과 관현악과, 만화애니메이션학과, 뮤지컬학과, 방송연예과, 뷰티디자인학과, 사진학과, 산업디자인학과, 시각디자인학과, 실용음악학과, 연극영화학과, 음악학과, 작곡과, 조소과, 패션디자인학과

《전기차 첨단기술 교과서》, 톰 덴튼, 김종명 역, 보누스(2021)

국어 교과군

영어 교과군

수학 교과군

도덕 교과군

사회 교과군

보충 교과군

말이나 글에 나타난 다양한 관점이나 의견을 포용적인 태도로 분석한다.

➡️ 후쿠시마 다이 이치 원전 사고는 방사능 사망이나 방사선 질환을 초래하지 않았으며, 유엔 방사선영향 과학위원회(UNSCEAR)는 방사능으로 대중의 건강에 부정적인 영향을 미치지 않을 거라고 결론지었다. 그러나 주민들의 대피는 주로 후쿠시마 노인들 사이에 사망과 고통을 초래했으며, 장기적인 심리적·사회적 건강 영향과 낙인을 초래했다. 관련 자료를 참고하여 사람들의 정서 복원과 스트레스 해소에 기여할 수 있는 방안으로 공간 디자인, 음악 치료 프로그램, 예술 작품 등에 관해 생각하고 발표해 보자.

관련 학과 예체능계열 전체

《**후쿠시마 원전 사고, 그 후**》, 마쓰타니 모토카즈, 배관문 역, 제이앤씨(2019)

단원명 | 표현

🔍 투자 자산, NFT, 디지털 미술 거래, 인포그래픽 제작, 음악 스트리밍, 수면 패턴, 창의적 표현력, 비판적 사고, 원격 진료, 프레이밍 효과, 미세 플라스틱, 윤리적 딜레마

[10공영1-02-01]

실물, 그림, 사진, 도표 등을 활용하여 내용을 설명한다.

➡️ 인포그래픽 기사 'Investing in the Finer Things in Life'를 읽고 예술 작품이 어떻게 대체 투자 자산으로 작용하는지, 또 이러한 자산의 가치가 시간에 따라 어떻게 변화하는지 파악해 보고, 특히 NFT와 같은 새로운 형태의 미술 거래가 작품의 가치를 어떻게 재정립하고 있는지 분석하고 발표해 보자.

관련 학과 공예학과, 만화애니메이션학과, 미술학과, 뷰티디자인학과, 사진학과, 산업디자인학과, 서양학과, 시각디자인학과

누구나 할 수 있는 NFT 아트테크

강희정, 아라크네(2023)

책 소개

미술 전공자이자 전문가로 20년 이상 활동한 저자가 NFT 아트에 대해 연구한 내용을 담은 책이다. NFT는 단순히 한 번 유행하고 사라질 투자 대상이 아니라, 언제부턴가 인터넷을 사용하는 일이 당연해지고 스마트폰이 생활 필수품이 된 것처럼, 자연스럽게 일상에 자리 잡을 기술이라고 주장한다. 저자는 NFT 아트테크를 시작하기 전에 미리 준비해야 할 내용을 알려주고, 본격적으로 NFT 아트테크를 하는 방법을 세 가지로 정리해서 이야기한다. 주요 마켓플레이스, NFT를 담을 수 있는 지갑, 암호화폐 거래소 가입, 수수료 문제 등을 자세히 설명하고 있다.

세특 예시

'삶의 고급스러운 것들에 투자하기'라는 제목의 영문 기사를 읽고 블록체인 기술을 기반으로 한 디지털 자산(대체 불가능 토큰)과 관련된 미술 시장의 변화에 대해 탐구함. 대체 불가능 토큰이 미술 작품의 가치를 재정립하는 과정을 분석하고, 그 기술적 특징과 경제적 영향을 자세히 정리함. 특히

 '누구나 할 수 있는 NFT 아트테크(강희정)'를 읽고 전통 예술 시장과 디지털 예술 시장의 차이점을 비교 분석한 뒤, '대체 불가능 토큰 예술'이 기존 예술 시장에 미친 긍정적, 부정적 영향을 구체적으로 발표함. 이를 통해 예술 작품의 소유권과 거래 방식에 있어서의 혁신과 예술 작품의 투자 가치 변동에 대해서도 심도 있게 다루는 모습이 인상적임.

[10공영1-02-02] •••

사실적 정보나 지식을 말이나 글로 전달한다.

➡️ 영문 기사 'How Analytics Shapes Our Music Tastes in the Era of Digital Streaming'을 읽은 뒤 음악 스트리밍 플랫폼이 어떻게 사용자의 취향을 분석하고 음악을 추천하는지 알아보고, 알고리즘이 음악 창작자들에게 어떤 영향을 미치는지 조사하여 발표해 보자.

`관련 학과` 뮤지컬학과, 방송연예과, 성악과, 실용음악학과, 연극영화학과, 음악학과, 작곡과

《**추천 알고리즘의 과학**》, 박규하, 로드북(2022)

[10공영1-02-03] •••

경험이나 계획 등을 말하거나 기술한다.

➡️ 영문자료 'Why Some People are More Productive at Night'를 읽고 수면 패턴이 예술가의 창의적 표현력에 어떤 영향을 미치는지 알아보자. 아침형 인간과 야행성 인간의 특징을 파악하여 개인의 수면 선호도와 활동하는 시간대에 따라 창작활동을 어떻게 조정하고 최적화할지 계획을 세워 보자.

`관련 학과` 예체능계열 전체

《**수면의 과학**》, 헤더 다월-스미스, 김은지 역, 시그마북스(2022)

[10공영1-02-04] •••

자신의 생각이나 의견, 감정, 감상 등을 표현한다.

➡️ 인공지능(AI)은 현대 예술계에서 빠르게 중요한 도구가 되어가고 있다. 그러나 이러한 기술의 발전은 예술 창작 과정에서 '예술가가 자신의 독창성과 비판적 사고를 유지하면서 어떻게 AI와 협업할 수 있는가'라는 새로운 질문을 제기한다. 관련 기사 'Creative Collaboration: How Artists and AI Can Work Together'를 읽고 인공지능이 참여하는 창작 과정에서 발생하는 새로운 문제와 가능성, 그리고 이것이 예술에 어떤 의미를 부여하는지에 대해 의견을 공유해 보자.

`관련 학과` 만화애니메이션학과, 뮤지컬학과, 미술학과, 뷰티디자인학과, 사진학과, 사회체육학과, 산업디자인학과, 서양화과, 시각디자인학과, 연극영화학과, 조소과

《**예술과 인공지능**》, 이재박, MiD(2021)

[10공영1-02-05] •••

듣거나 읽은 내용을 요약하여 말하거나 기술한다.

➡ 원격 진료 서비스나 AI 시스템의 사용자 경험이 보다 효율적이고 만족도 높은 서비스를 제공하기 위해서는 어떤 접근 방식이 필요한지에 대해 창조적으로 고민하며 새로운 디자인 콘셉트를 제안하는 것은 중요하다. 관련 기사 'This is what healthcare leaders see as the future for digital health'를 읽고 보다 효율적이고 만족도 높은 서비스를 제공하기 위해서는 어떤 접근 방식이 필요한지 핵심 사항을 요약해 보자.

〔관련 학과〕 예체능계열 전체

《디지털 헬스케어》, 최윤섭, 클라우드나인(2020)

[10공영1-02-06]   ● ● ●

어휘나 표현을 점검하여 내용을 명확하게 전달한다.

➡ 디자인은 분위기를 조성하고, 감정을 불러일으키며, 청중이 메시지를 흡수할 수 있는 적절한 마음가짐을 가지도록 유도하는 역할을 한다. 또한 시각적 요소는 웹사이트에 방문한 사람들이 해당 사이트에서 시간을 보내고 더 많은 것을 위해 다시 돌아오고 싶게 만들 수 있다. 관련 글 'The Framing Effect: Influence Your Audience By Setting The Context'를 읽고 디자인 영역에서 프레이밍 효과를 극대화하여 활용하는 방법에 관해 탐구해 보자.

〔관련 학과〕 만화애니메이션학과, 미술학과, 뷰티디자인학과, 사진학과, 산업디자인학과, 시각디자인학과, 패션디자인학과

《인지편향 사전》, 이남석, 옥당(2021)

[10공영1-02-07]   ● ● ●

적절한 전략과 다양한 매체를 활용하여 상황과 목적에 맞게 말하거나 쓴다.

➡ 미세 플라스틱으로 인해 비분해성 물질이 수로와 공기로 유입되면서 과학자, 공중 보건 옹호자 및 환경 운동가들이 점점 더 우려하고 있다. 관련 기사 'Microplastics are in our bodies. Here's why we don't know the health risks'를 읽은 뒤 스포츠 경기나 운동 시설에서 현재 얼마나 많은 플라스틱이 사용되고 있는지 조사하고, 이를 줄일 수 있는 구체적인 방안들을 찾아보자. 또한 이러한 실천 방안들을 널리 알리기 위해 예체능 활동(공연, 전시회, 스포츠 경기 등)을 기반으로 한 창조적인 환경 보호 캠페인 아이디어를 담은 짧은 영상을 제작해 보자.

〔관련 학과〕 예체능계열 전체

《이러다 지구에 플라스틱만 남겠어》, 강신호, 북센스(2019)

[10공영1-02-08]   ● ● ●

상대방의 생각이나 관점을 존중하고 언어 예절을 갖추어 표현한다.

➡ AI는 창작을 위한 강력한 도구이지만 예술가의 권리와 보상, 창의적 가치와 관련된 중요한 질문을 제기하기도 한다. 관련 글 'Artificial Intelligence: examples of ethical dilemmas'를 읽고 불법 복제와 표절을 독창성 및 창의성과 구별하고, AI와의 상호작용에서 인간의 창의적 작업 가치를 인식하기 위한 새로운 프레임워크가 필요하다는 주장에 대해 자신의 의견을 발표해 보자.

〔관련 학과〕 예체능계열 전체

《인공지능시대의 예술》, 김재인 외 8명, 도서출판b(2019)

공통 과목	수능	**공통영어2**	절대평가	상대평가
	X		5단계	5등급

단원명 | 이해

> 🔍 세부 정보, 배경지식, 주제, 요지, 분위기, 심정, 의도, 논리적 관계, 함축적 의미, 전개 방식, 구조, 적절한 전략, 관점, 의견, 포용적 태도, 이해, 비언어적 자료, 요약, 어휘, 표현, 소통

[10공영2-01-01] • • •

말이나 글에 포함된 세부 정보를 파악한다.

➡️ 펫로스(Pet Loss)는 반려동물이 죽거나 반려동물을 잃어버렸을 때 겪는 슬픔과 상실감을 의미하며, 이는 단순한 반려동물의 죽음을 넘어 깊은 정서적 고통을 수반한다. 펫로스는 반려동물을 가족처럼 여기는 많은 사람에게 상실감, 우울감, 죄책감 등을 불러일으킬 수 있으며, 이러한 경험은 오랜 시간의 심리적 회복이 필요할 만큼 깊은 영향을 미칠 수 있다. 특히 만화애니메이션학과, 미술학과, 사진학과 전공자들은 펫로스 경험을 주제로 한 작품에서 이런 감정을 표현하고 다른 사람들과 공감을 형성하기도 한다. 펫로스를 다룬 예술작품을 조사하고 영어로 발표해 보자.

관련 학과 만화에니메이션학과, 미술학과, 사진학과, 산업디자인학과, 서양화과, 조소과
《**어서 오세요, 펫로스 상담실입니다**》, 조지훈, 라곰(2023)

[10공영2-01-02] • • •

말이나 글의 주제나 요지를 파악한다.

➡️ 카피레프트(copyleft)는 저작권(copyright)에 반대되는 개념이다. 저작권을 기반으로 한 사용 제한이 아니라 저작권을 기반으로 한 정보 공유를 위한 행위로, 저작권 소유자가 자신의 창작물을 무료로 사용하도록 허용한다. 카피레프트를 주장하는 측은 지식과 정보는 소수에게 독점되어서는 안 되며 모든 사람에게 열려 있어야 한다고 주장한다. 카피레프트의 종류로는 자유 소프트웨어(Free Software), 오픈 소스(Open Source), 크리에이티브 커먼즈(Creative Commons)가 있다. 자신이 관심 있는 분야의 카피레프트 현황에 관한 영어 기사나 콘텐츠를 찾아 요약해서 발표해 보자.

관련 학과 만화애니메이션학과, 뮤지컬학과, 미술학과, 사진학과, 시각디자인학과, 실용음악학과, 연극영화학과, 음악학과, 작곡과
《**저작권의 이해**》, 정연덕, 세창출판사(2023)

[10공영2-01-03] • • •

말이나 글의 분위기나 등장인물의 심정 및 의도 등을 추론한다.

➡️ 졸업식 축사(commencement address)는 학업을 마치고 사회로 나가는 것을 축하하고 앞으로의 삶에 대한 조언과

격려를 전하는 말로, 졸업생들에게 자긍심과 자신감을 고취하며 사회에 대한 희망과 기대를 갖게 한다. 디자인과 관련한 유명한 축사로 애플의 창업주 스티브 잡스(Steve Jobs)의 2005년 스탠퍼드 대학교 졸업식 축사가 있다. 이 축사에서 스티브 잡스는 서체(calligraphy) 수업을 통해 서체의 아름다움과 디자인의 힘에 매료되었다는 경험을 말했다. 자신이 관심을 갖고 있는 인물의 연설문을 통해 말의 분위기와 의도를 추론하여 분석하고 발표해 보자.

관련 학과 예체능계열 전체

《**스티브 잡스의 세상을 바꾼 명연설**》, 레오짱·베스트트랜스, 미르에듀(2011)

[10공영2-01-04] ●●●

말이나 글에 나타난 일이나 사건의 논리적 관계를 파악한다.

➡️ 예술에서 혐오를 조장하는 사례는 크게 두 가지로 나눌 수 있다. 첫째로 예술 작품 자체가 혐오 표현을 담고 있는 경우이다. 인종, 민족, 종교, 성별, 성적 지향, 장애인, 노인, 아동 등 사회적 약자에 대한 혐오 표현을 담은 작품들이 있다. 그리고 예술 작품이 혐오 표현을 미화 또는 정당화하거나 혐오 표현을 일상화하여 자연스럽게 받아들이도록 하고 혐오 표현에 대한 반대 목소리를 억압하는 경우도 있다. 자신이 관심 있는 장르에서 혐오와 관련해 논란이 된 작품을 찾아 문제가 되었던 부분과 그 원인과 결과 등을 조사하여 영어로 발표해 보자.

관련 학과 공예학과, 만화애니메이션학과, 미술학과, 뷰티디자인학과, 사진학과, 산업디자인학과, 서양화과, 시각디자인학과, 실용음악학과, 연극영화학과, 음악학과, 작곡과, 조소과, 패션디자인학과

《**음악 혐오**》, 파스칼 키냐르, 김유진 역, 프란츠(2017)

[10공영2-01-05] ●●●

말이나 글에 포함된 표현의 함축적 의미를 추론한다.

➡️ 책의 제목은 내용을 함축적으로 표현하고 독자의 관심을 끌기 위한 중요한 요소이다. 《컬러의 말: 모든 색에는 이름이 있다》의 원제는 'The Secret Lives of Colour'이다. 이 제목은 추상적 개념인 색을 생물로 다루며 색의 생명력과 표현력 및 의미를 강조하고 있다. 이 책은 색에 대한 다양한 관점을 제시하며 색의 이름과 유래, 역사와 문화, 색의 심리학에 대한 다양한 이야기를 통해 색에 대한 새로운 시각을 제공한다. 한국어 판은 원제와 다르게 색에 '말'과 '이름'을 연결해 제목을 정했다. 관심 있는 예술 도서의 영어 제목을 찾아보고 제목과 내용을 비교하며 제목의 함축적 의미에 대해 발표해 보자.

관련 학과 공예학과, 만화애니메이션학과, 미술학과, 뷰티디자인학과, 사진학과, 산업디자인학과, 서양화과, 시각디자인학과, 실용음악학과, 연극영화학과, 음악학과, 작곡과, 조소과, 패션디자인학과

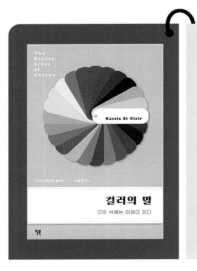

책 소개 ....

이 책은 색의 흥미로운 역사와 문화적 의미를 탐구한다. 저널리스트인 저자는 다양한 색들의 기원, 그 색이 인류 문화와 역사에 어떻게 사용되었는지, 그리고 각 색이 가지는 독특한 이야기와 의미를 세세하게 다룬다. 이 책을 통해 독자는 특정 색이 고대 문명에서 어떠한 의례나 신화와 연결되었는지, 특정 색이 어떻게 만들어졌으며 그 색이 과거의 예술가나 디자이너에게 어떤 영감을 주었는지 등의 다양한 이야기를 접할 수 있다.

세특 예시 ....

주제탐구 독서활동으로 '컬러의 말: 모든 색에는 이름이 있다(카시아 세인트

국어 교과군

영어 교과군

수학 교과군

도덕 교과군

사회 교과군

과학 교과군

> **컬러의 말: 모든 색에는 이름이 있다**
>
> 카시아 세인트 클레어,
> 이용재 역, 윌북(2018)

클레어)'를 통해 색과 관련된 다양한 표현의 함축적 의미를 깊이 이해하고 분석하는 능력을 보여줌. 책에서 다룬 색의 역사적·문화적 의미를 체계적으로 추론하며 각 색이 문맥에서 어떻게 사용되는지에 대해 논리적으로 설명함. 예술적 감각을 바탕으로 색채의 함축적 의미를 시각적 예술 작품에 적용하여 표현하는 능력을 발휘하였으며, 이를 영어로 명확하고 일관되게 설명함. 이러한 과정을 통해 비판적 사고와 창의적 표현 능력을 크게 향상함.

[10공영2-01-06]　　　　　　　　　　　　　　● ● ●

말이나 글의 전개 방식이나 구조를 파악한다.

➡ 뉴스 채널인 CNN은 'Opinion'란(https://edition.cnn.com/opinions)에 정치, 경제, 사회, 문화 등 다양한 분야에 대한 의견을 싣고 있다. 예를 들어 저널리스트 Frankie de la Cretaz가 미국의 동성애 혐오 문화에 대해 비판하는 의견을 피력한 'The NHL shows why there are so few openly gay athletes in men's sports(NHL은 남성 스포츠에서 동성애자임을 공개한 선수가 적은 이유를 보여줍니다)'라는 글이 있다. 이 글 또는 자신이 관심 있는 분야의 글을 읽고 필자가 사용한 서론, 본론, 결론 등의 구성 체계나 내용의 전개 방식을 파악하고 자신이 이해한 내용을 발표해 보자.

　관련 학과 　예체능계열 전체

《**뉴스 영어의 결정적 표현들**》, 박종홍, 사람in(2021)

[10공영2-01-07]　　　　　　　　　　　　　　● ● ●

다양한 매체의 말이나 글을 비판적으로 이해한다.

➡ AI가 그린 그림이 예술로 인정받을 수 있는지에 대한 논란이 이어지고 있다. AI가 그린 그림은 예술의 범주에 들어가지 않는다는 주장과 AI가 그린 그림도 창조적인 작업의 결과물이며 예술적 가치를 지닐 수 있기 때문에 예술로 인정되어야 한다는 의견이 있다. 영어로 된 온라인 포럼과 커뮤니티에서 해당 주제를 조사하고 각각의 의견을 비교해 보자.

　관련 학과 　만화애니메이션학과, 미술학과, 산업디자인학과, 서양화과, 시각디자인학과, 조소과

《**비전공자도 이해할 수 있는 AI 지식**》, 박상길, 반니(2023)

[10공영2-01-08]　　　　　　　　　　　　　　● ● ●

말이나 글의 이해를 위한 적절한 전략을 적용한다.

➡ 혐오와 예술 작품은 긴밀히 연결되어 있으며, 예술은 사회적 혐오와 편견을 드러내고 이를 비판하는 강력한 매체로 작용한다. 예술 작품은 인종 차별, 성차별, 소수자 혐오와 같은 부정적 감정을 표현함으로써 관객이 이에 대해 인식하고 성찰할 기회를 제공한다. 예를 들어 만화, 영화, 미술 작품에서 혐오를 주제로 한 작업은 관객에게 강한 감정을 불러일으키고, 사회적 메시지를 전달하며, 공감과 변화를 촉구하는 역할을 한다. 예술 작품에서 혐오를 다룬 사례와 그 사회적 의미를 조사하고, 이를 영어 자료로 요약하여 발표해 보자.

　관련 학과 　예체능계열 전체

혐오

네이딘 스트로슨,
홍성수 외 1명 역,
arte(아르테)(2023)

책 소개

《혐오─우리는 왜 검열이 아닌 표현의 자유로 맞서야 하는가?》는 네이딘 스트로슨이 저술한 책으로, 혐오 발언과 표현의 자유에 관한 중요한 논의를 제시한다. 스트로슨은 검열을 통한 혐오 발언의 제한이 문제의 본질적인 해결이 아니라고 주장하며, 오히려 표현의 자유를 통해 사회적 변화와 개선을 이끌어 내야 한다고 강조한다. 이 책은 현대사회에서 점점 강화되는 혐오 발언에 대한 규제와 그로 인한 부작용을 깊이 있게 탐구하며 표현의 자유의 중요성과 그 가치를 재조명한다.

세특 예시

'혐오(네이딘 스트로슨)'를 읽고 혐오 표현이 늘어나는 현상과 이에 대한 규제 및 부작용에 대해 알게 되었고 표현의 자유의 중요성과 그 가치에 대한 이해를 높임. 이후 해당 주제를 자신이 관심을 갖고 있는 미술 분야와 연관시켜 주제 탐구활동을 진행함. 혐오 표현의 사례를 시각적으로 표현하는 프로젝트를 통해 창의적 표현 능력을 발휘함. 책의 내용을 깊이 이해하고, 이를 바탕으로 자신만의 독창적인 작품을 제작하여 혐오 표현의 영향을 시각적으로 효과 있게 전달함.

단원명 | 표현

| 🔍 | 목적, 맥락, 생각, 감정, 정보, 지식, 전달, 소통, 단어, 어구, 문장, 의사소통 기능, 어휘, 언어 형식, 이야기, 서사, 운문, 친교, 사회적 목적, 정보 전달, 의견 교환, 주장, 묘사, 설명, 요약

[10공영2-02-01] • • •

실물, 그림, 사진, 도표 등을 활용하여 내용을 설명한다.

➡ 학교와 예술 작품은 서로 밀접하게 연관되어 있으며, 학교는 많은 예술가들에게 중요한 주제와 영감을 제공해 왔다. 예술 작품은 학교라는 공간이 담고 있는 성장, 갈등, 사회 계층, 정체성 형성 등의 다양한 이야기를 시각적·문학적·공연적 방식으로 표현한다. 예를 들어 학교를 배경으로 한 영화와 소설은 학창 시절의 경험과 감정을 사실적으로 묘사하며 관객이나 독자가 자신의 경험과 공감할 수 있게 한다. 이런 작품들은 학교라는 공간의 복합적인 의미와 영향을 탐구하며, 교육과 사회가 개인의 성장에 미치는 영향을 예술적으로 전달한다. 학교를 배경으로 한 예술 작품의 사례와 그 의미를 조사하고, 이를 영어 자료로 요약하여 발표해 보자.

관련 학과 예체능계열 전체

《**학교의 재발견**》, 더글러스 다우니, 최성수 외 1명 역, 동아시아(2023)

[10공영2-02-02] • • •

사실적 정보나 지식을 말이나 글로 전달한다.

국어 교과군

영어 교과군

수학 교과군

도덕 교과군

사회 교과군

과학 교과군

➲ 스포츠 선수에게 실패는 경기력 향상과 정신적 성장을 위한 중요한 과정이다. 실패를 경험한 선수는 이를 통해 자신의 약점을 파악하고, 훈련 방법을 개선하며, 더욱 강한 멘탈을 구축할 수 있다. 또한 실패는 성공의 소중함과 도전의 가치를 재확인하게 하며, 꾸준한 노력을 통해 목표를 달성하려는 의지를 강화한다. 성공한 선수들은 실패의 경험을 발판 삼아 더 큰 성취를 이루었으며, 실패를 극복하는 과정에서 인내심과 회복력을 키울 수 있었다. 스포츠 또는 자신이 관심 있는 분야에서 실패를 발판 삼아 성공한 사례를 조사하여 영어로 발표해 보자.

관련 학과 예체능계열 전체

빠르게 실패하기
존 크럼볼츠 외 1명, 도연 역,
스노우폭스북스(2022)

책 소개

이 책은 실패를 피하려는 사회의 관념에 도전하며, 실패를 경험하는 것이 개인이 발전하고 창의력을 높이는 데 중요한 요소라고 주장한다. 크럼볼츠와 바비노는 빠르게 실패하고 자주 실패함으로써 새로운 가능성을 탐색하고 더 나은 결과를 얻을 수 있다는 접근법을 제시한다. 'Fail Fast, Fail Often'이 원제인 이 책은 실패를 통한 학습과 성장의 가치를 재조명하며, 실패를 두려워하지 말고 적극적으로 도전하는 자세를 갖도록 독자들을 독려한다.

세특 예시

'빠르게 실패하기(존 크럼볼츠 외 1명)'를 읽은 뒤 주요 개념과 사례를 정리하여 에세이를 작성하고, 이를 바탕으로 프레젠테이션을 준비하여 발표함으로써 사실적 정보 전달 능력을 향상함. 책의 내용을 명확하게 요약하고 체계적으로 정리하여 발표와 글쓰기 활동에서 사실적 정보를 효과적으로 전달함. 특히 좋아하는 인물인 마이클 조던이 고등학교 시절 농구팀에서 탈락하는 경험을 한 후 실패를 극복하고 더욱 열심히 연습하여 NBA 역사상 가장 위대한 선수 중 한 명으로 성장한 과정을 알기 쉽게 설명함.

[10공영2-02-03] ● ● ●

경험이나 계획 등을 말하거나 기술한다.

➲ 예술 분야에서 미래 직업은 디지털 기술과 새로운 표현 방식을 융합하여 빠르게 변화하고 있다. 대표적으로 디지털 아티스트와 VR/AR 콘텐츠 디자이너는 가상현실(VR)과 증강현실(AR)을 활용해 몰입형 예술 작품을 창조하며, 이는 전시와 교육에 활용되고 있다. AI 예술가(AI Artist)는 인공지능을 통해 작품을 생성하거나 협력하여 창작의 가능성을 확장하는 직업으로, 새로운 예술 표현과 상호작용이라는 면에서 주목받고 있다. 자신이 관심 있는 분야에서 예측되는 새로운 직업을 조사하여 영어로 발표해 보자.

관련 학과 예체능계열 전체
《청소년이 꼭 알아야 할 다가온 미래 새로운 직업》, 한국고용정보원 미래직업연구팀, 드림리치(2022)

[10공영2-02-04] ● ● ●

자신의 생각이나 의견, 감정, 감상 등을 표현한다.

➲ 급식과 체육은 학생들의 건강과 성장에 중요한 영향을 미치며, 서로 밀접한 관련이 있다. 균형 잡힌 급식은 학생들에게 필요한 영양소를 제공해 체육 활동에서 좋은 성과를 낼 수 있도록 돕고, 체육은 급식을 통해 얻은 에너지를 신체 활동을 통해 효율적으로 소비하게 한다. 예를 들어 단백질과 탄수화물이 충분히 포함된 급식은 근

육 회복과 체력 유지를 돕고 학생들이 활기차게 체육 및 다양한 활동에 참여할 수 있게 한다. 이렇듯 급식과 체육의 조화는 학생들의 학습 집중력과 전반적인 건강 증진에 긍정적인 영향을 미친다. 급식과 체육이 학생 건강에 미치는 영향을 조사하고, 이를 영어 자료로 요약하여 발표해 보자.

관련 학과 경호학과, 골프학과, 사회체육학과, 스포츠과학과, 스포츠레저학과, 스포츠의학과, 유도학과, 체육학과, 태권도학과

《**오늘도 급식은 단짠단짠**》, 김정욱, 문학수첩(2022)

[10공영2-02-05] ● ● ●

듣거나 읽은 내용을 요약하여 말하거나 기술한다.

➡ '스노브(snob)'는 사회적 지위와 인간의 가치 사이에 연관이 있다고 믿는 사람을 가리키며, 여기서 파생된 단어인 '스노비즘(snobbism)'은 사회적 지위, 부의 양, 교육 수준 또는 문화적 취향과 같은 요소에 기반하여 자신들이 다른 사람들보다 뛰어나다고 믿는 개인들의 행동 또는 태도를 나타내는 용어이다. 패션 스노브들은 의류 선택을 기준으로 사람들을 판단하며, 디자이너 브랜드와 비싼 의류를 선호하고, 패션 기준을 충족하지 못하는 사람들을 조롱하기도 한다. 이와 연관된 영어 글을 조사하고 요약해서 발표해 보자.

관련 학과 예체능계열 전체

《**베블런의 과시적 소비**》, 소스타인 베블런, 소슬기 역, 유엑스리뷰(2019)

[10공영2-02-06] ● ● ●

다양한 소통의 목적에 맞게 말하거나 글로 표현한다.

➡ 역사적으로 유명한 예술가에게 편지를 쓰는 것은 그 예술가의 작품과 예술적 유산에 대한 존경을 표현하고 그것이 나에게 미친 영향을 담아내는 특별한 방법이다. 예를 들어 빈센트 반 고흐에게, 그의 강렬한 색감과 독창적인 화풍이 나에게 큰 영감을 주었다고 전할 수 있다. 또한 작품에 담긴 감정과 그가 겪은 예술적 도전에 대해 질문하거나 예술가로서의 고민을 어떻게 극복했는지 조언을 구할 수도 있다. 존경하는 인물에게 영어로 편지를 쓰고 이를 발표해 보자.

관련 학과 예체능계열 전체

《**스크루테이프의 편지**》, C. S. 루이스, 김선형 역, 홍성사(2018)

[10공영2-02-07] ● ● ●

어휘나 표현을 점검하여 내용을 명확하게 전달한다.

➡ 미술에서 연구 윤리는 예술적 표현과 연구 과정에서 윤리적 책임을 지키는 것을 의미한다. 예술가나 연구자는 창작 과정에서 타인의 권리와 사회적 영향을 고려해야 하며, 특히 민감한 주제나 인물의 개인 정보를 다룰 때 윤리적 기준을 준수해야 한다. 예를 들어 작품에 타인의 이미지를 사용하는 경우 동의를 구하고, 특정 문화나 집단을 표현할 때 고정관념을 피하고 존중하는 태도가 필요하다. 또한 출처가 된 자료나 참고 자료를 충실히 표기하여 연구 윤리를 지키는 것이 중요하다. 미술 창작과 연구에서 윤리가 어떻게 적용되는지 사례를 통해 조사하고, 이를 영어 자료로 요약하여 발표해 보자.

관련 학과 예체능계열 전체

《**연구 윤리에 관한 100가지 질문 및 답변**》, Emily E. Anderson 외 1명, 유수정 역, 학지사메디컬(2022)

국어 교과군

영어 교과군

수학 교과군

도덕 교과군

사회 교과군

과학 교과군

[10공영2-02-08]

• • •

적절한 전략과 다양한 매체를 활용하여 상황과 목적에 맞게 말하거나 쓴다.

➡ SNS는 예술과 체육 분야에서 중요한 플랫폼 역할을 하며, 창작자와 운동선수가 작품과 성과를 공유하고 대중과 소통하는 데 큰 도움이 된다. 예술가들은 인스타그램, 핀터레스트 등 SNS를 통해 자신의 작품을 쉽게 전시하고, 관객과 직접적인 피드백을 주고받으며, 창작의 범위를 확장할 수 있다. 체육 분야에서도 선수들이 자신의 훈련, 경기 장면, 성과를 SNS에 공유해 팬들과 소통하고, 개인의 브랜드를 구축하며, 후원 기회를 얻기도 한다. 이처럼 SNS는 예술과 체육 분야에서 대중과의 소통 창구 역할을 하며, 창의적 콘텐츠와 스포츠 문화를 널리 확산하는 데 기여하고 있다. SNS가 예술과 체육에 미치는 영향을 조사하고, 이를 영어 자료로 요약하여 발표해 보자.

관련 학과 예체능계열 전체

《소셜 미디어 프리즘》, 크리스 베일, 서미나 역, 상상스퀘어(2023)

[10공영2-02-09]

• • •

다른 사람과 의견을 조율하며 문제 해결을 위해 협력한다.

➡ 예술은 모든 사람이 누릴 수 있는 공공재라는 주장과 예술은 시장에서 거래되어야 한다는 주장이 대립한다. 공공재로 제공되는 예술은 모든 사람이 접근할 수 있지만, 그만큼 예술로서 질이 떨어질 수 있다는 우려도 존재한다. '예술은 공공재로 제공되어야 하는가?'라는 주제로 자신의 의견을 제시하는 글을 영어로 작성하자. 이후 타인의 의견을 경청하고 자신의 의견을 논리적으로 제시하며 합의 및 문제를 해결하는 과정을 통해 모둠원들과 합의하여 최종 결정문을 영어로 작성해 보자.

관련 학과 예체능계열 전체

《예술이란 무엇인가》, 레프 니콜라예비치 톨스토이, 이강은 역, 바다출판사(2023)

선택 과목	수능	**영어 I**	절대평가	상대평가
일반 선택	O		5단계	5등급

단원명 | 이해

> | 🔍 | 예술 치료, 심리·사회적 문제, 문화적 다양성, 이해와 존중, 스포츠 데이터 분석, 전략 설정, 디지털 자산, 미디어 소유권, 글로벌 시장, 디지털 기술, 모션 캡처 기술, 문화적 정체성

[12영I-01-01] ●●●

말이나 글의 세부 정보를 파악한다.

➡ 미술 치료는 정신 질환을 치료하는 데 가장 일반적으로 사용되며 심리·사회적으로 문제가 되는 행동과 관련된 증상을 조절하고 삶의 질을 향상하는 데 도움이 된다고 한다. 관련 자료 'Role of Art Therapy in the Promotion of Mental Health: A Critical Review'를 찾아 읽고, 예술 치료법이 정신 건강 문제 해결에 어떻게 적용되며 그 효능은 어느 정도인지 조사하고 정리하여 영어로 발표해 보자.

관련 학과 공예학과, 만화애니메이션학과, 뮤지컬학과, 미술학과, 사회체육학과, 서양화과, 성악과, **스포츠과학과, 스포츠레저학과, 스포츠의학과,** 실용음악학과, 연극영화학과, 음악학과, 작곡과, 조소과, 체육학과

《심리상담과 치료의 이론과 실제》, 제럴드 코리, 천성문 역, 센게이지러닝(2017)

[12영I-01-02] ●●●

말이나 글의 주제나 요지를 파악한다.

➡ 예술은 문화적 다양성을 이해하고 존중하는 데 중요한 도구이다. 관련 글 'The Importance of Cultural Diversity in the Arts'를 찾아 읽고, 예술이 문화적 다양성을 이해하는 데 어떤 도움이 되는지 주제와 요지를 파악하여 영어로 발표해 보자.

관련 학과 공예학과, 무용학과, 뮤지컬학과, 미술학과, 방송연예과, 사진학과, 서양화과, 성악과, 실용음악학과, 연극영화학과, 음악학과, 작곡과, 조소과

《널 위한 문화예술》, 널 위한 문화예술 편집부, 웨일북(2021)

[12영I-01-03] ●●●

화자나 필자의 심정이나 의도를 추론한다.

➡ 스포츠에서 사용하는 데이터 분석은 선수들의 훈련 방법에서 전략 설정까지 많은 것을 크게 변화시켜 왔다. 'The Impact of Data Analytics on Players' Performance'라는 기사를 찾아 읽어 보고, 글쓴이가 스포츠에서 데이터 분석의 역할에 대해 어떻게 생각하는지 추론하며 그것이 글에 어떻게 나타나는지 정리하여 발표해 보자.

관련 학과 사회체육학과, 스포츠과학과, 스포츠레저학과, 체육학과

《인공지능과 빅데이터로 읽는 미래 스포츠 이야기》, 천제민, 부크크(2023)

국어 교과군

영어 교과군

수학 교과군

도덕 교과군

사회 교과군

과학 교과군

[12영I-01-04]

말이나 글에서 일이나 사건의 논리적 관계를 파악한다.

➡ 최근 암호화폐 시장에 비트코인 외에도 다양한 암호화폐들이 등장하면서 NFT 시장도 성장세를 보여 주었다. NFT는 고유한 속성을 가진 디지털 자산으로, 예컨대 예술품 등을 다양한 형태로 거래하며 주목받았다. 'The Impact of NFTs on Digital Art and Media Ownership'이라는 기사를 찾아 읽어 보고, 글쓴이가 NFT와 디지털 아트 시장 간의 논리적 관련성 및 영향력을 어떻게 이해하고 있는지 분석하여 발표해 보자.

관련 학과 미술학과, 성악과, 실용음악학과, 연극영화학과, 음악과, 작곡과, 조소과

《**예술을 소유하는 새로운 방법**》, 박제정, 리마인드(2023)

[12영I-01-05]

말이나 글의 맥락을 바탕으로 어구나 문장의 함축적 의미를 추론한다.

➡ 한국 드라마 〈오징어 게임〉이 전 세계적으로 큰 인기를 끌면서 한국의 문화 콘텐츠 수출 가능성에 대한 관심이 증가하였다. 관련 기사 'From BTS to Squid Game: How South Korea Became a Cultural Juggernaut'를 찾아 읽어 보고, 한국의 문화 콘텐츠가 글로벌 시장에서 어떤 위치를 차지하게 될 것인지 그리고 이로 인해 생길 수 있는 기회와 도전은 무엇인지 탐구해 보자.

관련 학과 예체능계열 전체

《**넷플릭스 한국 드라마 시장을 바꾸다**》, 유건식, 한울(2021)

[12영I-01-06]

말이나 글의 전개 방식이나 구조를 파악한다.

➡ 오늘날 예술 분야에서도 다양한 디지털 기술이 활용되며 새로운 예술 형태가 등장하고 있다. 'The Evolution of Art in the Digital Age: Where Creativity Meets Technology'라는 글을 찾아 읽으며 디지털 기술이 예술에 어떤 변화를 가져오고 있는지 그리고 이로 인해 생길 수 있는 문제점은 무엇인지 탐구해 보자.

관련 학과 예체능계열 전체

《**인공지능시대의 예술**》, 김재인 외 8명, 도서출판b(2019)

[12영I-01-07]

적절한 전략을 활용하여 다양한 매체로 된 말이나 글의 의미를 파악한다.

➡ 실시간 모션 캡처 기술을 활용하여 댄스 퍼포먼스를 기록하고 그것을 가상 환경에서 재현하는 것이 가능하다. 이 기술이 미래의 댄스 퍼포먼스에 어떤 영향을 미칠 수 있을지 조사하고 발표해 보자. 또한 관련 글 'Why Use Unreal Engine Real-Time Motion Capture?(with Examples)'를 찾아 읽으며 모션 캡처 기술이 예술 분야에 어떤 혁신을 가져오는지 그리고 이로 인해 발생할 수 있는 문제점은 무엇인지 탐구해 보자.

관련 학과 만화애니메이션학과, 미술학과, 스포츠과학과, 실용음악학과, 체육과

《**매체 미학**》, 유원준, 미진사(2022)

우리 문화 및 타 문화의 다양한 관점에 대해 포용하고 공감하는 태도를 가진다.

민속무용은 문화유산의 일부이며 다음 세대를 위한 보존이 매우 중요하다. 민속무용의 디지털화 및 시각화는 컴퓨터 과학에서 점점 더 활발한 연구 분야를 형성하고 있으며, 다양한 장비를 사용하여 학습 목적으로 다양한 민속무용을 디지털화하고 시각화하는 것이 가능하다. 관련 자료 'Digitization and Visualization of Folk Dances in Cultural Heritage: A Review'를 참고하여 이러한 변화가 문화적 정체성을 유지하는 데 어떤 역할을 할지에 대해 발표해 보자.

관련 학과 무용학과, 뮤지컬학과, 방송연예과, 체육학과

《과학으로 보는 문화유산》, 신은주, 초록비책공방(2022)

단원명 | 표현

🔍 사회적 영향 조사, 지속 가능한 패션, 웨어러블 기술, 접근법, 프로젝트 계획서, 디지털 퍼포먼스 아트, 가능성과 한계 분석, 식품 낭비, 인식 제고, 증강현실, 공공 예술

[12영I-02-01]

사실적 정보를 말이나 글로 설명한다.

건축과 예술의 경계가 점점 모호해지면서 건축은 단순한 구조물이 아니라 예술 작품으로 간주되기 시작하였다. 관련 글 'Aesthetics in architecture—how beauty and design are inspiring each other'를 참고하여, 건축물들이 예술 형태로서 사회와 문화에 미치는 영향에 대해 조사해 보자.

관련 학과 미술학과, 산업디자인학과, 시각디자인학과

《건축가의 습관》, 김선동, 좋은습관연구소(2022)

[12영I-02-02]

경험이나 계획 또는 일이나 사건을 말이나 글로 설명한다.

최근 패션 업계가 직면한 가장 큰 과제는 지구를 보호하면서 증가하는 인구를 위한 의류를 어떻게 조달할 것인가이다. 관련 기사 'The challenge of sustainable fashion'을 읽고 패션 산업이 환경에 미치는 영향과 지속 가능한 패션을 추구하는 현재의 동향에 대해 알아보고, 그 과정에서 직면하는 다양한 문제에 대해 분석하여 발표해 보자.

관련 학과 모델과, 미술학과, 방송연예과, 사진학과, 산업디자인학과, 시각디자인학과, 패션디자인학과

지구를 살리는 옷장

박진영 외 1명, 창비(2022)

책 소개

이 책은 패션 산업이 환경에 미치는 영향과 그로 인해 생겨나는 문제들을 심도 있게 다룬다. 전 세계 패션 시장의 규모와 그로 인해 발생하는 환경 오염, 노동 착취, 동물 학대 등의 문제를 인식한 저자들은 이러한 문제를 최소화하는 비건 패션 브랜드를 런칭했다. 이 책에는 그들의 여정과 함께 패션 산업의 문제점, 동물성 소재 사용에 대한 고민, 그리고 지속 가능한 패션을 위한 실천 방법 등이 담겨 있다. 또한 비거니즘이 단순히 음식에 국한되는 것이 아니라 생활 전반에 걸쳐 실천할 수 있는 철학임을 강조하며, 독자들이 쉽게 따라 할 수 있는 지속 가능한 패션 가이드를 제공한다.

세특 예시

영문 기사 '지속 가능 패션의 도전'을 읽고, 패션 산업이 환경에 미치는 영향과 지속 가능한 패션을 추구하는 현재의 동향에 대해 깊이 있게 탐구함. 특히 전 세계 패션 시장의 규모와 그로 인해 발생하는 환경 오염, 노동 착취, 동물 학대 등의 문제를 상세히 분석하였으며, 이를 심화하기 위해 '지구를 살리는 옷장(박진영 외 1명)'을 읽고, 저자들이 비건 패션 브랜드를 런칭하면서 직면했던 어려움과 이를 극복하는 과정에서 얻은 통찰을 바탕으로 지속 가능한 패션을 위한 실천 방법에 대해 고민함. 비건 소재 의류와 액세서리를 활용한 코디법을 소개하고, 주변 친구들과 함께 지속 가능한 패션 프로젝트를 진행하여 패션 산업의 문제점을 알리고 해결 방안을 모색하는 활동을 주도함.

[12영I-02-03] ● ● ●

상대방을 배려하고 존중하는 태도로 자신의 의견이나 감정을 표현한다.

최근 몇 년간 신체 활동 증진을 위한 웨어러블 기술의 인기가 급격히 증가하고 있다. 웨어러블 기술을 활용해 학생들의 운동 성능과 건강 상태를 실시간으로 모니터링하고 분석할 수 있다. 관련 자료 'Teachers' Perspectives on the Acceptability and Feasibility of Wearable Technology to Inform School-Based Physical Activity Practices'를 참고하여 웨어러블 기술을 체육 교육에 적용했을 때 수업이 얼마나 개선될 수 있는지, 그리고 그랬을 때의 문제점과 한계는 무엇인지에 대해서도 의견을 공유해 보자.

관련 학과 사회체육학과, 스포츠과학과, 스포츠의학과, 체육학과

《**디지털헬스케어를 위한 웨어러블 기술**》, Raymond Kai-Yu Tong, 구성욱 외 3명 역, 라임하우스(2021)

[12영I-02-04] ● ● ●

듣거나 읽은 내용을 말이나 글로 요약한다.

타이터스 카파(Titus Kaphar)의 TED 강연 영상 'Can art amend history?'를 시청한 뒤, 과거의 역사와 현재의 다양성을 보여 주는 작품을 만들기 위해 필요한 접근법이 무엇인지에 대한 내용을 요약하여 발표해 보자.

관련 학과 미술학과, 사진학과, 서양화과, 조소과

《**예술에 대한 여덟 가지 답변의 역사**》, 김진엽, 우리학교(2020)

[12영I-02-05]

서신, 신청서, 지원서 등의 서식을 목적에 맞게 작성한다.

➡ 코로나 팬데믹 이후 많은 문화 및 예술 행사들이 온라인으로 전환되었다. 춤 행사도 이 중 하나로, 여러 스타일 춤의 워크숍, 경연대회, 공연 등이 온라인으로 진행되고 있다. 온라인 댄스 워크숍을 기획하고 주관한다고 가정하고 '온라인 댄스 워크숍' 개최를 위한 프로젝트 계획서를 다음 항목을 모두 포함하여 영어로 작성해 보자. (Project Proposal/Application for Funding or Sponsorship/Invitation Letter to Potential Instructors/Conclusion)

관련학과 모델과, 무용학과, 뮤지컬학과, 방송연예과, 실용음악학과, 연극영화학과, 음악학과

《포스트 코로나 시대 공연예술의 온라인 전략》, 이지현, 부크크(2021)

[12영I-02-06]

글의 구조나 내용 및 표현을 점검하고 쓰기 윤리를 준수하여 고쳐 쓴다.

➡ 디지털 기술이 발전함에 따라, 예술가들은 더욱 다양한 방식의 표현 가능성을 찾고 있다. 관련 기사 'The Performing Arts as Digital Art'를 읽고 디지털 퍼포먼스 아트의 가능성과 한계에 대해 고민하고, 앞으로 나아갈 방향에 대한 자신의 의견을 담은 글을 작성해 보자.

관련학과 예체능계열 전체

《인공지능시대의 예술》, 김재인 외 8명, 도서출판b(2019)

[12영I-02-07]

다양한 매체와 적절한 전략을 활용하여 정보를 창의적으로 전달한다.

➡ 최근의 식품 낭비 지수 보고서에 따르면, 가정·레스토랑·상점에서 버려지는 식품을 포함하여 모든 식품의 17%가 그냥 버려진다고 한다. 전 세계적으로 심각한 이슈로 대두한 식품 낭비 문제 해결을 위해, 영상·음악·그림 등 다양한 예술 형태를 결합하여 식품 낭비 문제에 대한 인식을 높이는 멀티미디어 아트 작업을 해 보자. 예술적 표현이 사회적 이슈에 대한 인식과 해결 방안 제시에 어떻게 기여할 수 있는지 탐구하고, 식품 낭비 문제 해결을 주제로 한 멀티미디어 아트 프로젝트를 직접 영어로 완성하여 발표해 보자.

관련학과 예체능계열 전체

《음식물 쓰레기 전쟁》, 앤드루 스미스, 이혜경 역, 와이즈맵(2021)

[12영I-02-08]

협력적이고 능동적으로 말하기나 쓰기 과업을 수행한다.

➡ 가상과 현실을 결합해서 새로운 환경을 만들어 내는 증강현실(AR) 기술을 활용하여 공공 예술 작품을 도시 디자인에 통합하는 방법을 탐구해 보자. 관련 자료 'Public participation in urban design with augmented reality technology based on indicator evaluation'을 참고하여, 창의적인 도시 디자인이 도시 재생 프로젝트를 통해 어떻게 예술과 디자인의 경계를 허물고 도시의 문화적 가치와 생활 품질을 향상하는 역할을 할 수 있는지 함께 탐구하고 발표해 보자.

관련학과 미술학과, 산업디자인학과, 시각디자인학과

《우리가 알아야 할 도시디자인 101》, 매튜 프레더릭 외 1명, 남수현 역, 정예씨(2019)

국어 교과군

영어 교과군

수학 교과군

도덕 교과군

사회 교과군

과학 교과군

선택 과목	수능		절대평가	상대평가
일반 선택	O	**영어 II**	5단계	5등급

단원명 | 이해

> 🔍 글의 목적, 맥락, 의미 파악, 지식 습득, 정보 습득, 비판적 수용, 이해 전략, 지식 정보 활용, 문화의 다양성, 포용적 태도, 공감적 이해, 문화적 감수성

[12영II-01-01] • • •

다양한 주제에 대한 말이나 글의 세부 정보를 파악한다.

➡ 현대사회에서 비만이 증가하는 현상은 빈부격차와 관련이 있다. 빈곤층은 건강한 식품에 대한 접근성이 낮기 때문이다. 빈곤층은 저렴한 음식을 찾을 수밖에 없고, 그런 음식은 대부분 고칼로리, 저영양의 음식들이다. 또한 빈곤층은 신체 활동 기회가 적은 것도 큰 원인이다. 이들은 주로 저임금 노동에 종사하고 있으며, 장시간 노동을 해야 하고, 주거 환경이 열악하고, 안전한 놀이터나 운동 시설이 부족하다. 비만 문제 해결과 스포츠의 관계에 대한 글을 읽고 글의 세부 정보를 파악하여 정리하고 발표해 보자.

관련 학과 경호학과, 골프학과, 사회체육학과, 스포츠과학과, 스포츠레저학과, 스포츠의학과, 유도학과, 체육학과, 태권도학과
《다이어트 사이언스 2022》, 최겸, 린체인저스(2022)

[12영II-01-02] • • •

말이나 글의 주제나 요지를 파악한다.

➡ TED는 Technology, Entertainment, Design의 앞글자를 따서 만든, 전 세계 다양한 분야에서 활동하는 사람들이 모여 아이디어를 공유하는 글로벌 커뮤니티이다. 과학과 비즈니스, 글로벌 이슈, 예술 등 다양한 주제에 대한 18분 이내의 짧고 강력한 강연인 TED 토크로 가장 잘 알려져 있다. 대표적인 강연의 예로 그레이엄 쇼 (Graham Shaw)의 '사람들이 자신이 그림을 그릴 수 없다고 믿는 이유(Why people believe they can't draw)'가 있다. 이 강연에서 강연자는 누구나 그림을 그릴 수 있다는 자신감을 주며 기술과 연습을 강조하고 있다. 해당 영상 또는 자신이 관심 있는 영상을 시청한 뒤 요지를 정리하여 영어로 발표해 보자.

관련 학과 예체능계열 전체

TED 프레젠테이션

제레미 도노반, 김지향 역,
인사이트앤뷰(2020)

이 책은 TED 토크의 강력한 구조와 특징을 분석하고, 독자들이 자신의 이야기와 아이디어를 효과적으로 전달하는 방법을 제시한다. 저자는 TED 토크의 성공 요인과 구성 요소를 깊이 있게 탐구하며 강연자가 관객의 마음을 사로잡을 수 있는 스토리텔링 기법, 명료한 메시지 전달, 그리고 감동적인 연설의 핵심 원칙에 대해 설명하고 있다.

세특 예시

미래 사회의 예술 발전과 관련된 지문을 읽고 자신이 흥미를 갖고 있는 디지털 아트와 연관해 다양한 영어 콘텐츠를 찾아봄. 효과적인 프레젠테이션에 관심을 갖게 되어 'TED 프레젠테이션(제레미 도노반)'을 읽고 강연자가 관객의 마음을 사로잡을 수 있는 스토리텔링 기법, 명료한 메시지 전달, 그리고 감동적인 연설의 핵심 원칙 등에 대한 내용을 알게 됨. 이후 디지털 아티스트인 리픽 아나돌이 인공지능을 활용한 몰입형 데이터 조각에 대해 설명하는 강연 영상을 시청하면서 효과적인 프레젠테이션의 원리를 확인하고 강연의 요지를 파악함. 특히 데이터를 예술적으로 시각화하는 방법과 관객과의 상호작용을 통한 작품 창작 과정에 주목하여 내용을 정리함.

[12영II-01-03] ●●●

말이나 글에 나타난 화자, 필자, 인물 등의 심정이나 의도를 추론한다.

➡ 인터뷰(interveiw)는 두 사람 또는 그 이상의 사람이 서로 질문과 답변을 주고받는 대화 형식으로 목적 지향적, 상호작용적, 구조적이라는 특징이 있다. 사진과 관련된 인터뷰의 예시로 퓰리처상을 수상한 포토저널리스트 에린 맥팔랜드의 우크라이나 전쟁에 관한 CNN과의 인터뷰가 있다. 맥팔랜드는 우크라이나 전쟁을 통해 포토저널리즘의 중요성을 재확인하며 포토저널리즘은 전쟁과 같은 비극을 기록하고, 사람들의 마음을 움직이며, 세상을 변화시키는 힘을 가졌다고 자신의 의견을 밝히고 있다. 해당 인터뷰 또는 자신이 관심 있는 분야의 인터뷰를 선택해 전반적인 상황과 맥락을 이해하면서 말이나 글에 명시적으로 드러나지 않은 화자의 심정이나 어조, 의도나 목적을 추론하여 발표해 보자.

관련 학과 예체능계열 전체

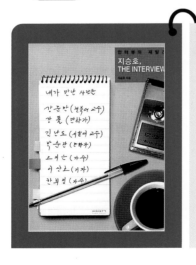

책 소개

이 책은 전문 인터뷰어로 15년 이상 활동한 저자가 인터뷰의 본질과 방법에 대해 이야기한 책이다. 저자는 인터뷰를 "타인의 생각과 경험을 듣고, 그것을 공유하는 행위"라고 정의하며 인터뷰는 단순히 정보를 수집하는 것이 아니라, 사람과 사람 사이의 소통을 통해 새로운 지식과 통찰을 얻는 과정이라고 말한다. 이 책은 인터뷰의 개념과 목적, 인터뷰의 준비, 인터뷰의 진행, 인터뷰의 기록, 인터뷰의 분석과 평가 등 인터뷰의 기본 개념부터 실전 노하우까지 다양한 주제를 다루고 있다.

국어 교과군

영어 교과군

수학 교과군

도덕 교과군

사회 교과군

과학 교과군

지승호, 더 인터뷰
지승호, 비아북(2015)

'지승호, 더 인터뷰(지승호)'를 통해 심층 인터뷰의 기법과 인물 분석 방법을 학습한 후, 이를 바탕으로 대표적인 현대 미술 작가인 아이 웨이웨이의 인터뷰를 심도 있게 분석함. 영어로 진행된 인터뷰 전문을 꼼꼼히 독해하며 아이 웨이웨이의 발언에 담긴 예술철학과 사회적 메시지를 정확히 포착하는 뛰어난 분석력을 보여 줌. 특히 예술의 사회적 역할, 정치적 표현의 자유, 그리고 글로벌 문화 교류에 대한 아이 웨이웨이의 견해를 분석하며 그의 혁신적인 예술 접근법과 사회 변화에 대한 열망을 예리하게 포착해 냄.

[12영II-01-04]

말이나 글에서 일이나 사건의 논리적 관계를 추론한다.

● 올림픽에서 성전환 선수의 출전은 공정성에 대한 논란을 불러일으키고 있다. 2021년 도쿄 올림픽에서 뉴질랜드의 트랜스젠더 역도 선수 로렐 허버드가 여성부 경기에 출전하면서 이러한 논의가 본격화되었다. 국제올림픽위원회(IOC)는 2015년부터 성전환 선수의 출전을 허용하고 있으나, 남성에서 여성으로 전환한 선수들이 생물학적 이점을 가질 수 있다는 지적이 제기되고 있다. 특히 남성 호르몬인 테스토스테론 수치가 경기력에 미치는 영향에 대한 논란이 지속되고 있다. 이에 따라 일부 국제 스포츠 연맹은 성전환 선수의 여성부 출전을 제한하는 규정을 도입하기도 했다. 이런 상황에서 성전환 선수의 올림픽 출전과 관련된 공정성 문제를 다룬 영어 자료를 조사하고, 이를 요약하여 발표해 보자.

관련 학과 사회체육학과, 스포츠과학과, 체육학과, 스포츠의학과
《올림픽에 간 해부학자》, 이재호, 어바웃어북(2024)

[12영II-01-05]

말이나 글의 맥락을 바탕으로 함축된 의미를 추론한다.

● 예술에서 비유적 표현은 작품에 깊이를 더하고 감정과 메시지를 풍부하게 전달하는 데 중요한 역할을 한다. 예술가는 은유, 상징, 알레고리 등의 기법을 활용하여 단순한 시각적 이미지나 단어 이상의 의미를 전달하며, 관객으로 하여금 다양한 해석을 하게 한다. 예를 들어 화가 마그리트의 작품 〈이미지의 배반〉에서 파이프 그림 아래 적힌 "이것은 파이프가 아니다"라는 문구는 이미지와 현실의 관계를 비유적으로 표현하며, 작품의 의미를 질문하게 한다. 이처럼 비유적 표현은 관객이 작품의 메시지를 보다 깊이 탐구하고 개인적인 해석을 통해 예술과 상호작용하게 한다. 예술에서 비유적 표현의 역할과 효과를 영어 자료로 조사하고, 이를 요약하여 발표해 보자.

관련 학과 예체능계열 전체
《문예 비창작—디지털 환경에서 언어 다루기》, 케네스 골드스미스, 길예경 외 1명 역, 워크룸프레스(2023)

[12영II-01-06]

다양한 유형의 말이나 글의 전개 방식이나 구조를 파악한다.

➡ 아포칼립스는 종말을 의미하는 그리스어 단어로, 종말론적 종교 문서에서만 언급되는 것이 아니라, 소설·영화·게임 등 다양한 장르의 문화 콘텐츠에 자주 등장해왔다. 아포칼립스나 좀비 등을 다루는 콘텐츠가 최근 몇 년 동안 꾸준히 인기를 끌고 있다. 그 이유는 여러 가지로, 주로 문화적·사회적·심리적 요인이 복합적으로 작용하는데, 대표적으로는 사회적 불안감, 인간 본성에 대한 탐색, 고립과 자아실현이라는 테마, 스릴과 긴장감이 있다. 영화 또는 드라마를 소개하고 분석하는 글을 읽고, 글의 전개방식과 구조를 파악해 보자.

`관련 학과` 예체능계열 전체

《아포칼립스 영화》, 오세섭, 커뮤니케이션북스(2023)

[12영II-01-07] • • •

적절한 전략을 적용하여 다양한 매체 자료의 말이나 글을 이해한다.

➡ 2023년 10월 1일 기준, 스포츠 산업의 경제 규모는 세계적으로 1,500조 원 정도로 추산된다. 축구의 경우 세계에서 가장 인기 있는 스포츠 중 하나로, 전 세계적으로 약 4억 명의 축구 팬이 있고 2022년에는 경제 규모가 약 600억 달러였던 것으로 추산된다. 또한 스포츠 산업은 크게 관람 스포츠와 참여 스포츠로 나눌 수 있는데, 관람 스포츠는 프로 스포츠, 스포츠 경기, 스포츠 이벤트 등을 포함하며, 참여 스포츠는 운동, 체육, 레저 활동 등을 포함한다. 자신이 관심을 갖고 있는 스포츠 분야를 선정하여 영어 자료를 조사하고, 이를 도표 또는 그래프 등의 통계자료를 분석하여 설명해 보자.

`관련 학과` 경호학과, 골프학과, 사회체육학과, 스포츠과학과, 스포츠레저학과, 스포츠의학과, 유도학과, 체육학과, 태권도학과

《축구의 제국, 프리미어 리그》, 조슈아 로빈슨 외 1명, 황금진 역, 워터베어프레스(2021)

[12영II-01-08] • • •

다양한 문화와 관점에 대해 포용하고 공감하는 태도를 가진다.

➡ 문화권에 따라 인기 있는 스포츠가 다른 현상은 기후, 역사, 지리적 요인, 문화적 요인, 경제적 요인으로 설명할 수 있다. 수영·체조·육상 등 전 세계적으로 인기가 많은 스포츠도 있지만, 축구는 유럽·남미·아프리카·중동에서 인기가 많은 반면, 농구와 야구는 한국·일본·미국에서 인기가 많고, 럭비는 영국·호주·아일랜드 등 과거 영연방 국가들에서 특히 인기가 많다. 관심 있는 스포츠 종목이 인기 있는 국가와 상대적으로 인기가 없는 국가를 조사하여 그 배경과 원인을 설명하는 글을 영어로 작성해 보자.

`관련 학과` 경호학과, 골프학과, 사회체육학과, 스포츠과학과, 스포츠레저학과, 스포츠의학과, 유도학과, 체육학과, 태권도학과

글로벌 스포츠경영
이정학 지음

책 소개

이 책에는 스포츠 산업이 급속히 성장하고 국제화되는 현대사회에서의 스포츠 경영에 대한 전반적인 내용이 담겨 있다. 스포츠 경영의 개념과 이해 및 역사를 소개하고, 스포츠 경영 계획, 스포츠 경영 조직, 스포츠 경영 지도에서 리더십의 유형과 동기부여 요인 및 관련 이론과 커뮤니케이션을 설명하고 있다. 또한 스포츠 경영의 전략과 시설 관리, 재무 관리, 재고 관리 등 스포츠 관련 경영에 관한 거의 모든 고려사항을 다루고 있다.

세특 예시

문화의 다양성과 관련된 주제의 글을 읽고 심화 탐구활동으로 자신이 평

글로벌 스포츠경영
이정학, 한국학술정보(2023)

소 흥미를 가지고 있는 스포츠 경영에 관한 '글로벌 스포츠경영(이정학)'을 읽음. 특히 스포츠 경영의 조직 구조와 관련된 내용에 흥미를 느껴 미국 메이저 리그 야구의 대표적인 구단과 영국 프리미어 리그 축구의 인기 구단의 경영 조직을 비교 분석하여 보고서를 제출함. 이 탐구 과정에서 영문으로 된 다양한 참고 자료를 읽고 이해하기 위해 노력하는 과정이 인상적이었음.

단원명 | 표현

| 🔍 의사소통, 목적, 맥락, 적절한 언어 사용, 표현, 효과적 정보 전달, 의견 교환, 표현 전략, 종합적 사고, 지식과 경험 융합, 상호 협력, 소통, 문제 해결 능력, 적극적 태도

[12영II-02-01] •••

다양한 주제에 대한 사실적 정보를 말이나 글로 설명한다.

➡ AI 기술이 발전함에 따라, AI가 작곡한 음악에 대한 저작권 논쟁은 점점 더 심각해지고 있다. AI는 인간의 창의성을 뛰어넘는 음악을 작곡할 수 있게 되었고, 이에 따라 AI가 작곡한 음악에 대한 저작권을 누가 가질 것인지에 대한 논쟁이 일어나고 있다. 이 논쟁은 아직까지 명확하게 해결되지 않았지만, AI가 작곡한 음악도 인간이 작곡한 음악과 마찬가지로 저작권을 보호받아야 한다는 주장이 대두하고 있다. AI 작곡과 관련된 정보를 글로 설명해 보자.

`관련 학과` 공예학과, 관현악과, 무용학과, 뮤지컬학과, 미술학과, 뷰티디자인학과, 사진학과, 산업디자인학과, 서양화과, 성악과, 시각디자인학과, 음악학과, 작곡과, 조소과, 패션디자인학과

《**발명과 특허 쫌 아는 10대**》, 김상준, 풀빛(2023)

[12영II-02-02] •••

지식과 경험을 활용하여 자신의 감상이나 느낌을 표현한다.

➡ 미국 대학의 체육 관련 학과에 입학하려면 여러 요건을 충족해야 한다. 우선 학업 성적이 중요한 요소로, 고등학교 내신 성적은 4년제 주립대학의 경우 보통 3.0 이상이 요구되며, 상위권 대학은 더 높은 성적을 요구한다. 영어 능력 역시 필요하며 비영어권 학생은 TOEFL 또는 IELTS와 같은 영어 시험 점수가 요구되는데, 일반적으로 주립대학은 TOEFL iBT 80점 이상, 명문 사립대학은 100점 이상을 요구한다. 표준화 시험으로는 SAT 또는 ACT가 필요할 수 있는데, 대학마다 요구하는 점수는 다르므로 지원 대학의 입학 요건을 확인해야 한다. 체육특기자 전형으로 NCAA 디비전 I이나 디비전 II에 진학하려는 경우, 학업과 아마추어 자격 요건을 충족해야 한다. 추가로 추천서, 자기소개서, 에세이와 같은 서류도 필요할 수 있다. 고등학교 생활에서 소개하고 싶은 경험을 영어 자기소개서로 작성해 보자.

`관련 학과` 예체능계열 전체

《**100 Successful College Application Essays**》, The Harvard Independent, New American Library(2013)

상대방을 배려하고 존중하는 태도로 자신의 의견이나 주장을 제시한다.

➔ 업사이클링(Upcycling)은 버려진 재료를 새로운 제품이나 물건으로 재활용하는 것으로, 단순한 재활용에서 더 나아가 버려진 재료의 가치를 높여 새로운 가치를 창출하는 것을 의미한다. 패션 의류 산업에서도 오래된 의류를 재활용하여 새로운 의류를 만들거나 버려진 섬유를 사용하여 새로운 직물을 만들고 플라스틱 폐기물을 사용하여 새로운 의류나 액세서리를 제작하는 등 다양한 방법으로 업사이클링이 진행되고 있다. 이를 통해 자원 절약, 환경 보호 및 일자리 창출 등의 효과를 도모하고 있다. 업사이클링의 필요성과 효용, 사례와 단점 등을 조사하여 영어로 발표해 보자.

관련 학과 예체능계열 전체

지속가능성장을 위한 업사이클링 패션디자인

배수정·정경희,
전남대학교출판문화원(2018)

책 소개

이 책은 업사이클링 패션 디자인의 개념과 폐의류 수거, 친환경 소재의 사용, 업사이클링 패션 제품의 생산 및 교육, 캠페인 등 실천 방법을 다루고 있다. 또한 업사이클링 패션 디자인에 대한 전문적인 지식과 경험을 바탕으로, 실제 업사이클링 패션 디자인의 사례를 통해 업사이클링 패션 디자인의 가능성을 보여 준다.

세특 예시

'지속가능성장을 위한 업사이클링 패션디자인(배수정·정경희)'을 영어로 학습하면서 패션 산업의 지속 가능성에 대한 깊이 있는 이해를 바탕으로 자신의 의견을 상대방을 배려하며 제시하는 능력을 향상함. 업사이클링의 개념과 패션 산업에서의 적용 사례를 영어로 설명하는 과정에서, 환경 보호와 경제적 가치 창출의 균형에 대한 자신의 견해를 논리적으로 펼침.

다양한 주제에 대해 듣거나 읽은 내용을 재구성하여 요약한다.

➔ 팬아트(Fan Art)는 영화, 만화, 비디오 게임, 소설 등의 미디어나 유명인에 관해 팬들이 만드는 예술 작품으로, 해당 미디어나 인물에서 영감을 받아 제작된다. 이러한 종류의 미술은 팬들이 자신의 감사의 마음을 표현하고 다른 팬 커뮤니티와 소통하는 방법이다. 그림, 회화, 디지털 아트, 조각 등 많은 형태로 제작할 수 있으며, 팬아트 작가들은 그들의 작업물을 온라인, 팬 미팅 또는 소셜 미디어를 통해 공유한다. 마블 시네마틱 유니버스(Marvel Cinematic Universe, MCU), 해리 포터 시리즈, 일본 만화《드래곤볼》과《포켓몬스터》등 인기 있는 작품의 팬들은 작품의 캐릭터나 설정을 재해석하여 새로운 형태의 예술을 창조하기도 한다. 자신이 관심 있는 작품의 팬아트를 찾아보고 이에 대하여 발표해 보자.

관련 학과 예체능계열 전체

《**토크 아트**》, 러셀 토비 외 1명, 조유미 외 1명 역, Pensel(2022)

[12영II-02-05]

적절한 전략을 활용하여 논리적으로 대상을 설득한다.

➡️ 1인 미디어는 개인이 스스로 콘텐츠를 제작하고 SNS나 유튜브, 블로그 등 다양한 플랫폼을 통해 대중과 소통하는 미디어 형태를 말한다. 뉴스, 교육, 게임, 리뷰, V로그 등 다양한 주제를 다룰 수 있으며, 개인의 창의성과 개성을 표현하는 창구가 된다. 특히 1인 미디어는 진입 장벽이 낮고 접근성이 높아 누구나 쉽게 콘텐츠를 제작할 수 있으며, 구독자와 직접적인 상호작용이 가능해 수월하게 팬층을 형성하기도 한다. 또한 광고나 후원을 통해 수익을 창출할 수 있어서 새로운 직업과 소득 창출의 기회를 제공한다. 1인 미디어가 사회와 개인에게 미치는 영향을 조사하고, 이를 영어 자료로 요약하여 발표해 보자.

관련 학과 ▶ 방송연예과, 연극영화학과, 미술학과, 시각디자인학과, 사진학과, 실용음악학과, 만화애니메이션학과

《**인공지능 콘텐츠트렌드**》, 윤서아 외 11명, 재노북스(2024)

[12영II-02-06]

자기소개서, 이력서, 보고서 등의 서식을 목적에 맞게 작성한다.

➡️ 웹툰, 웹소설, 웹드라마 등 새로운 플랫폼의 출현은 10대들이 좋아하는 작품의 서사구조에도 다양한 영향을 미치고 있다. 짧은 시간 동안 많은 정보를 소비하는 10대들의 습관에 맞춰 단편화된 서사구조를 가진 작품이 증가하고 있고, 독자가 작품에 직접 참여할 수 있는 기회를 제공함으로써 독자로 하여금 작품의 제작과 소비에 적극적으로 참여하고 보다 몰입감 있는 서사 경험을 하게 한다. 또한 현실과 가상의 경계를 허무는 서사구조가 폭발적으로 증가하고 있다. 새로운 플랫폼과 관련된 보고서를 영어로 작성하여 발표해 보자. 일반적인 영문 보고서 서식은 제목 페이지(Title Page), 요약(Abstract)과 목차(Table of Contents) 및 주요 내용을 설명하는 본문(Body)과 주요 내용을 요약하고 결론을 도출하는 결론(Conclusion) 그리고 참고문헌(References)으로 이루어진다.

관련 학과 ▶ 만화애니메이션학과, 뮤지컬학과, 미술학과, 방송연예과, 뷰티디자인학과, 산업디자인학과, 서양화과, 시각디자인학과, 실용음악학과, 연극영화학과, 음악학과, 작곡과, 조소과, 패션디자인학과

《**웹툰 콘티 연출**》, 조득필, 두드림미디어(2023)

[12영II-02-07]

글을 쓰는 과정에서 글의 내용과 형식을 점검하고 쓰기 윤리를 준수하여 고쳐 쓴다.

➡️ 플랫폼 노동은 온라인 플랫폼을 통해 서비스를 제공하는 새로운 형태의 노동 방식으로, 예술가나 운동선수가 작품과 서비스를 직접 제공한다. 미술 분야 중 디지털 아트와 그래픽 디자인이 온라인 플랫폼을 통해 작업을 의뢰받고 수행한다. 이때 예술가들은 특정 기업이나 고용주에 소속되지 않고 독립적으로 작업한다. 체육 분야에서는 피트니스 강사나 개인 트레이너가 비디오나 실시간 스트리밍 서비스를 통해 운동 프로그램을 제공하고 이를 통해 수익을 창출한다. 이러한 플랫폼 노동은 개인이 시간과 장소에 구애받지 않고 일할 수 있는 자유를 제공하지만, 소득이 불안정하거나 사회적 보호가 부족하다는 한계도 있다. 관심 있는 분야의 플랫폼 노동의 장점과 단점을 조사하고, 이를 영어 자료로 요약하여 발표해 보자.

관련 학과 ▶ 예체능계열 전체

《**플랫폼 노동은 상품이 아니다**》, 제레미아스 아담스 프라슬, 이영주 역, 숨쉬는책공장(2020)

다양한 매체를 활용하여 정보를 창의적이고 효과적으로 전달한다.

➡️ 피부미용 산업은 인체의 피부를 아름답게 관리하고 건강하게 유지하기 위해 제공되는 서비스와 서비스 제공에 사용되는 제품, 기기, 기술 등을 포함하는 산업으로, 크게 뷰티 서비스와 뷰티 제조로 구분할 수 있다. 뷰티서비스는 헤어·피부·네일·메이크업 등의 서비스로 이루어지고, 뷰티 제조는 화장품·미용용품·미용기기 등을 제조하는 산업이다. 자신이 관심 있는 피부미용 산업 분야를 뷰티디자인학과 등 미용 관련 학과와 연관시켜 다양한 매체를 활용하여 제시하고 이를 영어로 설명해 보자.

관련 학과 예체능계열 전체

《피부는 인생이다》, 몬티 라이먼, 제효영 역, 브론스테인(2020)

원활한 의견 교환을 위해 협력적이고 능동적으로 의사소통 활동에 참여한다.

➡️ 집중력 저하는 예술 분야에서 창작자들이 깊이 있는 작업을 수행하는 데 큰 장벽이 될 수 있다. 디지털 환경에서 지속적인 알림과 정보의 과부하는 예술가들이 창작에 몰입하는 시간을 방해하며, 오랜 시간 동안 집중력을 유지하기 어렵게 만든다. 특히 SNS와 같은 플랫폼은 예술가들이 자신의 작업을 대중과 공유하고 피드백을 받을 수 있는 기회를 제공하지만, 그 과정에서 즉각적인 반응에 대한 의존도가 높아지고 창작의 흐름이 끊기는 경우가 생길 수 있다. 집중력 저하가 예술가의 창의성과 작품의 질에 미치는 영향을 조사하고, 이를 영어 자료로 요약하여 발표해 보자.

관련 학과 예체능계열 전체

도둑맞은 집중력

요한 하리, 김하현 역,
어크로스(2024)

책 소개

이 책은 Stolen Focus: Why You Can't Pay Attention—And How to Think Deeply Again을 한국어로 번역한 책이다. 저자는 현대사회에서 사람들의 집중력이 떨어지는 이유를 기술한다. 현대사회가 끊임없이 변화하고 다양한 정보가 넘쳐나는 환경으로 인해 사람들이 산만해지고 집중력이 떨어진다고 분석한다. 또한 스마트폰, 소셜 미디어, 알림 등 디지털 기술의 발달이 집중력 저하에 영향을 미친다고 지적하면서 집중력 회복을 위한 방법과 집중력을 유지하는 삶의 중요성에 대해 역설하고 있다.

세특 예시

'도둑맞은 집중력(요한 하리)'을 음악 산업의 관점에서 분석하며 협력적이고 능동적인 의사소통 능력을 크게 향상함. 특히 '주의력 경제'가 현대의 음악 소비 패턴에 미치는 영향에 대한 그룹 토론에서 뛰어난 리더십을 발휘함. 토론 주제를 'Streaming Platforms and Listener Attention Span in the Music Industry'로 설정하고, 팀원들의 다양한 의견을 효과적으로 조율하며 건설적인 대화를 영어로 이끌어 냄. 스트리밍 시대의 짧아진 곡 길이, 플레이리스트 문화, 그리고 아티스트들의 창작 방식 변화 등에 대해 깊이 있는 논의를 진행함.

국어 교과군

영어 교과군

수학 교과군

도덕 교과군

사회 교과군

과학 교과군

선택 과목	수능	영어 독해와 작문	절대평가	상대평가
일반 선택	X		5단계	5등급

단원명 | 독해

> 🔍 배경지식, 목적, 맥락, 글의 의미 파악, 다양한 지식 습득, 다양한 정보 습득, 내용 파악, 추론, 비판적 수용, 읽기 전략, 지식 정보 활용, 문화의 다양성, 포용적 태도, 공감적 이해, 문화적 감수성

[12영독01-01] ●●●

글의 세부 정보를 파악한다.

➡ 2015년 이그노벨상 음악상은 스위스의 다니엘 스카르파토(Daniel Scarpato)와 그의 연구팀의 '사람들이 노래를 부를 때 어떤 방식으로 음성의 높낮이를 조절하는지'에 관한 연구가 수상했다. 이 연구는 사람들이 노래를 부르면서 음성의 피치를 조절하는 방식을 분석하여, 음악적 표현과 인간의 음성 조절 능력 간의 관계를 탐구했다. 자신이 관심 있는 분야와 관련된 이그노벨상의 사례를 조사하거나 기발한 연구 분야를 선정해서 영어로 발표해 보자.

관련 학과 예체능계열 전체

《이그노벨상 읽어드립니다》, 김경일 외 3명, 한빛비즈(2022)

[12영독01-02] ●●●

글의 주제나 요지를 파악한다.

➡ 딥러닝은 인공지능의 한 분야로, 대량의 데이터를 학습하여 패턴을 인식하고 예측하는 기술이다. 이 기술은 다양한 분야에 적용되고 있으며 그림 그리기에도 사용되고 있는데, 인공지능이 스스로 그림을 그리는 방식과 사용자가 인공지능에게 그림을 그리도록 지시하는 방식으로 나눌 수 있다. 딥러닝을 이용한 그림 그리기는 대량의 기존 이미지 데이터를 학습하기 때문에 현실 세계의 이미지와 유사한 그림을 그릴 수 있고 사람이 그리는 것보다 훨씬 빠르게 그린다는 장점이 있지만, 저작권과 일자리 문제 등 논란이 되는 부분도 있다. 딥러닝과 관련된 글을 읽고 이를 자신의 희망 전공분야와 연관시켜 정리하여 발표해 보자.

관련 학과 예체능계열 전체

《알고리즘으로 배우는 인공지능, 머신러닝, 딥러닝》, 김의중, 미리어드스페이스(2023)

[12영독01-03] ●●●

화자나 필자의 심정이나 의도를 추론한다.

➡ 시적인 노래가사에서 화자의 심정이나 의도를 추론하는 경우, 시적인 노래가사에는 다양한 단어와 표현이 사용되므로 단어와 표현의 의미를 이해하고 문맥을 파악하며 화자의 과거 행동이나 발언을 살펴보는 것이 도움이 될 수 있다. 2016년 밥 딜런은 미국 가요 전통 안에서 참신하고 시적인 표현들을 창조해 낸 공로로 가수

로서 최초로 노벨문학상을 수상했으며, 그의 대표작으로는 〈Blowin' In The Wind〉(The Freewheelin' Bob Dylan, 1963)이 있다. 이 노래의 가사에서 화자의 심정을 추론해 보자.

관련 학과 예체능계열 전체

밥 딜런: 시가 된 노래들 1961-2012

밥 딜런, 서대경 외 1명 역, 문학동네(2016)

책 소개

이 책은 2016년 노벨문학상 수상자인 가수 밥 딜런(Bob Dylan) 일생의 노래 가사를 집대성한 책이다. 사상 처음 노벨문학상이 음악가에게 수여됐으며, 그 자체로 시라고 할 수 있는 가사를 써 왔다는 평가를 받았다. 1962년에 데뷔해 여전히 활동하고 있는 밥 딜런은 전 세계 대중의 마음에 셀 수 없이 많은 명곡들을 남기면서 대중음악 역사상 가장 영향력 있는 가수로 손꼽히고 있다. 특히 직접 쓴 저항적이면서도 깊이 있는 가사들에는 밥 딜런 특유의 아름다움과 오묘함이 담겨 있어 쉼 없는 찬사를 받고 있다.

세특 예시

'밥 딜런: 시가 된 노래들 1961-2012(밥 딜런)'를 읽고 노래가사와 시의 화자 또는 필자의 심정이나 의도를 추론하는 활동을 통해 문학적 해석 능력을 발휘함. 에세이 작성과 발표를 통해 가사와 시의 의미를 깊이 있게 분석하고, 추론한 감정과 의도를 논리적으로 설명하였음. 특히 그가 노벨문학상을 받은 이유는 그의 가사와 음악이 현대 대중음악과 문학에 미친 깊고 광범위한 영향 때문이라는 영어 기사를 인용하며 음악과 문학의 결합에 대해 이해하기 쉽게 발표함.

[12영독01-04] • • •

글의 구조를 고려하여 내용의 논리적 관계를 파악한다.

➡ 평균의 종말 개념을 예술에 적용하면 예술의 다양성과 개별적 표현의 가치를 강조할 수 있다. 전통적인 예술 교육과 평가 방식은 평균적인 기준을 중심으로 학생들을 평가하거나 창작을 제한하는 경향이 있지만, 평균의 종말은 예술적 접근을 개인의 독창성과 개성을 존중하는 방향으로 변화시킨다. 예술 분야에서는 다양한 표현 방식과 개별적인 시각을 인정함으로써 창의적인 성장을 도울 수 있다. 평균의 종말 개념이 예술에서 창작의 자유와 다양성을 어떻게 확대할 수 있는지 탐구하고, 이를 영어 자료로 요약하여 발표해 보자.

관련 학과 예체능계열 전체

책 소개

《평균의 종말-평균이라는 허상은 어떻게 교육을 속여왔나》는 토드 로즈의 저서로, 원제는 'The End Of Average'이다. 이 책은 '평균'이라는 개념이 우리 사회, 특히 교육 분야에서 어떻게 잘못된 기준으로 사용되어 왔는지를 중점적으로 다루며 평균을 기반으로 한 표준화된 교육 시스템이 개개인의 독특한 능력과 잠재력을 억제하고 있다고 주장한다. 저자는 교육, 경력, 그리고 일상생활에서의 '평균'에 대한 잘못된 인식을 바로잡고, 각 개인의 독특한 가치와 잠재력을 인정받고 발휘할 수 있는 새로운 접근 방식을 제시하고 있다.

평균의 종말
토드 로즈, 정미나 역,
21세기북스(2021)

세특 예시 ....

'평균의 종말(토드 로즈)'을 읽고 평균 중심 사고의 한계와 개인화 접근법의 예술적 의미를 심도 있게 분석함. 특히 '재능의 비정규성'과 '맥락의 원칙' 개념을 현대 미술의 다양성과 개인 작가의 독창성 문제와 연결 지어 날카로운 통찰력을 드러냄. 책의 핵심 개념을 시각화하는 프로젝트를 진행하여, '평균'의 개념을 해체하고 개인의 고유성을 강조하는 추상화 작품을 제작함. 이 과정에서 통계적 데이터를 예술적으로 재해석하는 능력을 보여 주며 데이터 시각화와 추상 미술의 접점을 창의적으로 탐구함. '재능의 비정규성' 개념에 착안하여 다양한 예술가들의 비전형적인 성장 과정과 작품 세계를 연구함. 이를 바탕으로 '비정규 예술가 초상' 시리즈를 제작하여, 개인의 고유한 재능과 경험이 어떻게 독특한 예술 세계를 형성하는지를 시각적으로 표현함.

[12영독01-05] ● ● ●

글의 맥락과 배경지식을 활용하여 함축적 의미를 추론한다.

➡ 명언은 짧은 문장에 깊은 의미를 담고 있는 말로, 비유적 표현을 통해 삶의 지혜를 제공하고 동기부여와 위로를 선사하기도 한다. 그 사례로 "음악이 없다면, 인생은 실수일 것이다(Without music, life would be a mistake)."라는 명언이 있다. 프리드리히 니체의 이 말은 음악이 인간의 삶에 얼마나 중요한지를 강조한다. 음악은 우리에게 기쁨과 위로를 주며, 삶의 의미를 발견하게 해준다. 음악이 없다면, 삶은 단지 무의미하고 지루한 일의 연속일 것이다. 이러한 명언을 찾아 맥락과 배경지식을 활용하여 설명해 보자.

관련 학과 예체능계열 전체

《인생 영어 명언 100》, 필미필미TV, 넥서스(2022)

[12영독01-06] ● ● ●

글의 전개 방식이나 구조를 파악한다.

➡ 스포츠와 관련된 영어 기사를 읽는 것은 영어 실력을 키우는 동시에 최신 스포츠 소식을 이해하는 데 매우 유익하다. 주요 스포츠 매체로는 ESPN, BBC Sport, The New York Times Sports, Bleacher Report 등이 있으며, 이들 사이트에서는 다양한 종목의 경기 결과, 선수 인터뷰, 분석 기사 등을 제공한다. 예를 들어 BBC Sport에서는 축구, 농구, 테니스 등 전 세계 주요 스포츠 경기에 대한 심층 분석과 최신 정보를 제공하고, ESPN에서는 실시간으로 경기를 중계하고 팀별 순위 변동 등을 다룬다. 영어 기사를 통해 스포츠 용어와 표현을 익히고, 흥미로운 스포츠 이슈를 영어로 요약하여 발표해 보자.

관련 학과 스포츠과학과, 사회체육학과, 체육학과, 스포츠레저학과, 스포츠의학과

《어나더미닝》, 김지성, 생각비행(2019)

[12영독01-07] ● ● ●

다양한 매체로 표현된 정보를 파악한다.

➔ 정보통신 기술의 발달로 온라인 매체가 급부상하면서 소셜 미디어를 활용한 광고나 디지털 광고가 확산되고 개인화 광고가 주류를 이루고 있다. 이것들이 광고의 주요 매체로 부상하고 있다. 특히 온라인 광고는 타기팅(Targeting)이 용이하고, 측정이 쉬우며, 효율성이 높다는 장점이 있다. 관심 있는 분야에서 온라인 광고가 어떻게 활용되는지 조사하고 영어로 제공되는 온라인 광고를 제시하며 그 효과와 타깃 등을 발표해 보자.

관련 학과 예체능계열 전체

《무기가 되는 스토리》, 도널드 밀러, 이지연 역, 윌북(2018)

[12영독01-08] • • •

다양한 의견과 문화에 대한 공감적 이해와 포용적 태도를 가진다.

➔ 문화는 패션에 큰 영향을 미친다. 각 문화에는 고유한 가치관과 규범이 있으며, 이는 패션에 반영된다. 예를 들어 보수적인 문화에서는 일반적으로 단순하고 소박한 옷차림을 선호하는 반면, 개방적인 문화에서는 다양한 스타일의 옷차림이 받아들여진다. 이슬람 문화에서는 일반적으로 종교적 규범을 따르는 패션을 추구하여 여성의 경우 노출이 적은 옷차림이 요구되며 남성의 경우에는 머리카락과 수염을 길러야 하는 등 명시적, 비명시적 문화 규범이 있다. 자신이 관심 있는 국가 또는 문화의 패션을 조사하여 해당 문화와 관점에 대해 공감적으로 이해하며 조사한 내용을 발표해 보자.

관련 학과 만화애니메이션학과, 뮤지컬학과, 미술학과, 방송연예과, 뷰티디자인학과, 산업디자인학과, 서양화과, 시각디자인학과, 실용음악학과, 연극영화학과, 음악학과, 작곡과, 조소과, 패션디자인학과

세계 복식의 역사

멀리사 리벤턴 외 6명,
이유정 역, 다빈치(2016)

책 소개

《세계 복식의 역사(Costume Worldwide)》는 다양한 문화와 역사를 거쳐 발전해 온 전 세계의 의상에 대해 깊이 있게 다루고 있다. 각 장마다 특정 지역이나 시대의 전통적인 의상, 그리고 그 의상이 해당 문화와 사회, 역사적 배경 속에서 어떤 의미와 역할을 했는지를 설명한다. 패션과 의상에 관심 있는 독자들이 자신이 입는 옷의 뿌리와 역사적 배경, 그리고 각 문화에서의 중요성을 이해하는 데 도움이 되는 책이다.

세특 예시

'세계 복식의 역사(멀리사 리벤턴 외 6명)'를 읽고 다양한 문화권의 의복에 대해 학습함. 각 지역과 시대의 독특한 의상 문화를 탐구하며 의복이 단순한 옷 이상의 의미를 지닌다는 점을 이해함. 특히 중동의 히잡, 인도의 사리, 스코틀랜드의 킬트 등 문화적 정체성을 나타내는 의복에 대해 깊이 있게 고찰함. 의복을 통해 각 문화의 가치관과 역사를 엿볼 수 있다는 점에 주목하며 타 문화에 대한 공감적 이해를 높임. 또한 현대사회에서 문화적 전통 의상을 둘러싼 논쟁들을 분석하며 다양성 존중의 중요성을 인식함. 이를 통해 글로벌 시대에 필요한 포용적 태도를 기르고 문화적 차이를 존중하는 자세를 함양함.

[12영독01-09] • • •

적절한 읽기 전략을 적용하여 자기 주도적으로 읽기 활동에 참여한다.

➡️ 오스카 와일드(Oscar Wilde)의 《도리언 그레이의 초상(The Picture of Dorian Gray)》은 초상화를 소재로 한 소설로, 미술 작품에 영혼이 담길 수 있는지에 대한 질문을 던진다. 도리언 그레이는 자신의 초상화에 영혼을 팔아, 초상화는 늙고 추해지지만 자신은 젊고 아름다운 모습을 유지한다. 이는 미술 작품이 단순히 물리적인 대상이 아니라 영혼과도 같은 의미를 지닐 수 있음을 의미하며 미술 작품의 아름다움과 위험성을 동시에 보여 주고 있다. 해당 작품은 저작권이 만료되어 원문을 손쉽게 접할 수 있다. '한 학기 한 권 읽기' 프로젝트로 해당 도서 또는 자신이 관심 있는 학과 관련 원서를 매일 조금씩 읽고 서평을 써 보자.

관련 학과 예체능계열 전체

《도리언 그레이의 초상 1890》, 오스카 와일드, 임슬애 역, 민음사(2022)

단원명 | 작문

> 🔍 다양한 정보, 효과적 표현, 글의 목적, 맥락, 글의 의미 구성, 효과적 정보 전달, 의견 교환, 쓰기 전략, 자기 주도적 태도, 작문, 문화의 다양성, 이해, 포용적 태도, 협력적 문제 해결

[12영독02-01] ● ● ●

다양한 주제에 대한 사실적 정보를 글로 설명한다.

➡️ 영어 뮤지컬은 독특한 스토리텔링과 음악이 결합된 예술 형태로, 세계적으로 큰 사랑을 받고 있다. 대표적인 영어 뮤지컬로는 〈레 미제라블〉, 〈캣츠〉, 〈해밀턴〉, 〈오페라의 유령〉, 〈위키드〉 등이 있으며, 각 작품은 흥미로운 이야기와 감동적인 음악으로 관객들에게 깊은 인상을 남긴다. 예를 들어 〈해밀턴〉은 미국의 건국 영웅 알렉산더 해밀턴의 삶을 현대적인 랩과 힙합 음악으로 표현하며 큰 화제를 모았다. 이렇듯 뮤지컬은 음악·춤·연기가 어우러져 다채로운 공연을 만들어내며, 영어 실력과 문화적 이해를 함께 향상할 수 있는 좋은 기회다. 영어 뮤지컬을 감상하고, 그 내용을 요약하여 발표해 보자.

관련 학과 뮤지컬학과, 연극영화학과, 음악학과, 성악과, 실용음악학과, 관현악과

《뮤지컬 인문학》, 송진완 외 1명, 알렙(2023)

[12영독02-02] ● ● ●

자신의 경험이나 계획, 사건을 글로 설명한다.

➡️ 팬덤 문화는 예술과 깊이 연결되어 있으며, 작품에 대한 강한 애정과 지지를 통해 예술에 활력을 불어넣는다. 팬들은 특정 예술가나 작품에 대한 감상과 해석을 공유하고, 팬아트, 팬픽션, 커버 영상 등 다양한 형태로 작품을 재창조하며 창작 활동에 참여한다. 이러한 활동은 예술가와 팬 사이의 상호작용을 강화하고, 작품의 영향력을 넓히는 데 기여한다. 또한 팬덤 문화는 작품에 대한 대중의 관심을 높이고, 예술 작품을 둘러싼 커뮤니티를 형성하며 예술이 지속적으로 사랑받을 수 있도록 돕는다. 팬덤이 예술에 미치는 영향과 그 긍정적 효과를 조사하고, 이를 영어 자료로 요약하여 발표해 보자.

관련 학과 예체능계열 전체

《Z세대 트렌드 2025》, 대학내일20대연구소, 위즈덤하우스(2024)

포용적 태도로 자신의 의견이나 감정을 제시한다.

➲ 미술은 역사를 통해 다양한 예술 사조를 발전시켜 왔고, 각 예술 사조는 고유한 특성과 스타일을 가지고 있으며, 이는 당대 사회와 문화의 영향을 반영해 왔다. 사실적이고 조형적인 표현을 특징으로 한 고대 그리스와 로마의 고대 미술, 종교적 주제를 중심으로 삼았으며 장식적이고 상징적인 표현을 특징으로 한 중세 미술(AD 500~1500), 고대 그리스와 로마의 미술을 재발견하고 인간의 모습을 사실적으로 표현하는 것을 목표로 한 르네상스 미술(AD 1400~1600)이 대표적이다. 이 밖에도 바로크, 로코코, 낭만주의, 사실주의, 인상주의, 야수파, 입체파, 추상미술 등 다양한 사조가 있다. 자신이 관심 있는 예술 사조를 조사하여 이를 영어로 발표해 보자.

관련 학과 만화애니메이션학과, 뮤지컬학과, 미술학과, 방송연예과, 뷰티디자인학과, 산업디자인학과, 서양화과, 시각디자인학과, 실용음악학과, 연극영화학과, 음악학과, 작곡과, 조소과, 패션디자인학과

서양미술사

E. H. 곰브리치,
백승길 외 1명 역, 예경(2017)

책 소개

이 책은 서양 미술의 역사와 특징을 종합적으로 이해하게 해주는 최고의 입문서로 평가받고 있다. 서양 미술의 역사를 폭넓고 깊이 있게 다루는 기본서로서, 석기 시대부터 20세기 초반의 현대 미술에 이르기까지 다양한 시대와 흐름을 주요 작품들을 중심으로 설명한다. 저자는 복잡한 미술 용어나 학술적인 접근 방식을 최소화하면서도, 각 시대의 미술적 특징과 그 배경이 되는 사회적·문화적 맥락을 명확하게 전달하고 있다.

세특 예시

영어 수업에서 서양 미술사를 주제로 한 토론과 발표 활동을 통해 포용적 태도로 자신의 의견과 감정을 영어로 효과적으로 표현하는 능력을 보여줌. '서양미술사(E. H. 곰브리치)'의 영어 원서를 부분적으로 활용한 수업 중 다양한 시대의 미술 작품에 대해 영어로 설명하고 토론하는 과정에서 뛰어난 언어 구사력을 보임. 특히 르네상스 미술을 주제로 한 그룹 프레젠테이션에서 다양한 영어 표현을 적절히 사용하여 자신의 견해를 명확히 전달하면서도, 적절한 질문을 통해 다른 학생들의 의견을 존중하고 이끌어 내는 모습을 보임.

[12영독02-04]

읽은 내용을 재구성하여 요약한다.

➲ 디스토피아는 현실 세계와는 달리 인간의 자유와 권리가 제한되고 삶이 고통스럽고 불행한 사회를 말한다. 디스토피아를 묘사하는 작가들은 현실 세계의 빈부 격차, 환경 오염, 전쟁, 정치적 독재 등과 같은 문제를 고발하고 사회의 변화를 촉구하거나 인간의 본성, 자유와 억압, 희망과 절망 등과 같은 주제를 탐구하며 독자들에게 사색의 기회를 제공한다. 자신이 전공하고자 하는 분야와 관련된 디스토피아 콘텐츠에서 나타나는 문화적 차이를 비교, 분석하여 영어로 발표해 보자.

관련 학과 예체능계열 전체

《나는 왜 SF를 쓰는가—디스토피아와 유토피아 사이에서》, 마거릿 애트우드, 양미래 역, 민음사(2021)

국어 교과군

영어 교과군

수학 교과군

도덕 교과군

사회 교과군

과학 교과군

[12영독02-05] ● ● ●

자기소개서, 이력서, 이메일 등의 서식을 목적과 형식에 맞게 작성한다.

● 미국 예술 분야 대학에 진학할 때 작성하는 영어 자기소개서는 지원자의 창의성과 개성, 그리고 예술에 대한 열정을 보여주어야 하는 중요한 문서다. 예술에 관심을 갖게 된 계기와 예술 활동을 통해 얻은 경험 및 배움을 자기소개서에 구체적으로 서술하는 것이 중요하다. 또한 지원자의 예술적 목표와 해당 학교에서 자신의 기술과 표현력을 발전시키고자 하는 의지를 담아야 한다. 도입부에서는 자신의 예술적 영감의 원천을 간단히 소개하고, 중간 부분에서는 프로젝트나 창작 과정을 통해 경험한 것을 설명하며 성장을 강조한다. 마지막으로 해당 학교에서의 배움이 자신의 목표에 어떻게 기여할지 언급하며 마무리하자.

관련 학과 예체능계열 전체

《**영문자기소개서 ENGLISH SELF-INTRODUCTION**》, 김종훈, 양서원(2018)

[12영독02-07] ● ● ●

다양한 매체를 활용하여 형식 및 목적에 맞게 정보를 전달한다.

● Data.gov는 미국 정부의 공공 데이터 포털로, 체육 분야의 다양한 연구에 활용할 수 있는 데이터도 제공한다. 예를 들어 청소년과 성인의 신체 활동 통계, 체육 프로그램 참여율, 운동이 건강에 미치는 영향 등에 관한 데이터를 얻을 수 있으며, 이를 통해 체육 연구자들이 운동의 효과, 스포츠 활동 참여가 건강에 미치는 영향, 특정 스포츠의 인구 통계 등을 분석할 수 있다. 이런 데이터는 체육 프로그램 개발, 공공 건강 정책 수립, 스포츠 과학 연구에 중요한 자료로 활용된다. 자신이 관심 있는 분야에서 Data.gov의 데이터를 활용한 연구 사례를 조사하고, 이를 영어 자료로 요약하여 발표해 보자.

관련 학과 예체능계열 전체

《**빅데이터 시대, 올바른 인사이트를 위한 통계 101×데이터 분석**》, 아베 마사토, 안동현 역, 프리렉(2022)

[12영독02-08] ● ● ●

적절한 쓰기 전략을 적용하여 자기 주도적으로 쓰기 활동에 참여한다.

● NFT(Non-Fungible Token, 대체 불가능 토큰)는 디지털 자산의 소유권을 증명하는 블록체인 기반의 기술로, 예술·음악·게임·스포츠 등 다양한 분야에서 활용되고 있다. NFT는 다른 토큰으로 대체할 수 없으며, 각 자산이 고유성과 희소성을 갖도록 만들어져 소유자에게 독점적인 디지털 자산 소유권을 부여한다. 예를 들어 디지털 아티스트가 자신의 작품을 NFT로 발행하면, 이를 구매한 사람은 해당 작품의 소유권을 증명하는 디지털 인증서를 받게 된다. NFT는 예술가들에게 새로운 수익 창출의 기회를 제공하고, 소유자들에게는 디지털 자산을 거래할 수 있는 새로운 형태의 시장을 형성해 준다. NFT의 개념과 다양한 활용 사례를 조사하고, 이를 영어 자료로 요약하여 발표해 보자.

관련 학과 예체능계열 전체

《**과학이슈 하이라이트 Vol.02 메타버스·NFT**》, 김상윤, 동아엠앤비(2022)

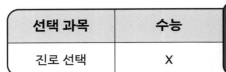

선택 과목	수능	직무 영어	절대평가	상대평가
진로 선택	X		5단계	5등급

> | 🔍 | 직무 의사소통, 목적, 맥락, 의미 구성, 의미 전달, 의사소통 전략, 배경지식, 진로, 문화의 다양성, 포용적 태도, 항생제 내성 문제, 인포그래픽, 지속 가능한 패션, 지속 가능한 패션 전략 보고서 작성, 노년기의 창조적 활동, 예술 프로그램 설계, 예술가의 창작권, 개인정보 보호

[12직영01-01]

진로 및 직무 관련 주제에 관하여 주요 내용을 파악한다.

➔ O*NET OnLine(https://www.onetonline.org/)은 미국 노동부에서 제공하는 직업 정보 포털로, 예술과 체육 분야의 다양한 직업에 대한 정보도 제공한다. 예술 분야에서는 그래픽 디자이너, 음악가, 미술가, 배우 등 다양한 직업에 필요한 기술, 지식, 일상 업무 내용을 상세히 설명하고 있으며, 체육 분야에서는 스포츠 코치, 피트니스 트레이너, 스포츠 분석가 등의 직업에 대한 구체적인 자격 요건과 전망을 제공한다. 이를 통해 예술과 체육 분야에서의 직무 요구사항, 필수 역량, 직업 전망, 평균 연봉 등을 파악할 수 있어서 진로 탐색에 유용하다. O*NET OnLine 을 활용해 관심 있는 예술 및 체육 직업 정보를 조사하고, 이를 영어 자료로 요약하여 발표해 보자.

> 관련 학과 | 예체능계열 전체
> **《나에게 꼭 맞는 직업을 찾는 책》,** 폴 D. 티저 외 2명, 이민철 외 1명 역, 민음인(2021)

[12직영01-02]

직무 수행과 관련된 말이나 대화를 듣고 상황 및 화자 간의 관계를 파악한다.

➔ Coursera(https://www.coursera.org/)는 온라인 교육 플랫폼으로, 예술과 체육 분야의 강좌도 다양하게 제공한다. 예술 분야에서는 그래픽 디자인, 게임 디자인, 음악 이론 등 여러 강좌에서 필요한 기술, 지식, 학습 목표를 상세히 설명하고 있으며, 체육 분야에서는 스포츠 관리, 피트니스 트레이닝, 스포츠 심리학 등의 강좌에서 구체적인 학습 내용과 목표를 제공한다. 이를 통해 예술 및 체육 분야의 학습자들이 자신이 필요로 하는 지식과 기술을 습득할 수 있으며, 관련 경력을 쌓는 데도 유용하다. Coursera를 활용해 관심 있는 예술 및 체육 분야 강좌를 선택하고, 이를 통해 얻은 학습 내용을 영어로 요약해서 발표해 보자.

> 관련 학과 | 예체능계열 전체
> **《코세라—무크와 미래교육의 거인》,** 박병기, 거꾸로미디어(2021)

[12직영01-03]

진로 탐색 및 직무 수행과 관련된 일이나 사건의 절차나 순서를 파악한다.

➔ CareerOneStop(https://www.careeronestop.org/)은 미국 노동부에서 제공하는 직업 정보 포털로, 예술 및 체육 분야

의 다양한 직업에 대한 정보도 제공한다. 예술 분야에서는 그래픽 디자이너, 음악가, 미술가, 배우 등 다양한 직업에 필요한 기술, 지식, 일상 업무 내용을 상세히 설명하고 있으며, 체육 분야에서는 스포츠 코치, 피트니스 트레이너, 스포츠 분석가 등의 직업에 대한 구체적인 자격 요건과 전망을 제공한다. 이를 통해 예술과 체육 분야의 직무 요구사항, 필수 역량, 직업 전망, 평균 연봉 등을 파악할 수 있어서 진로 탐색에 유용하다. CareerOneStop을 활용해 관심 있는 예술 및 체육 직업 정보를 조사하고, 이를 영어 자료로 요약하여 발표해 보자.

관련 학과 예체능계열 전체

《**일자리 혁명 2030**》, 박영숙 외 1명, 이희령 역, 비즈니스북스(2017)

[12직영01-04] ●●●

직무 수행과 관련된 정보에 대해 적절한 의사소통 전략을 적용하여 묻고 답한다.

➡ 의사소통의 효율성 향상, 정보의 전달력 향상, 전문성의 표현으로 두문자어(acronym)의 사용이 증가하고 있다. 해당 분야를 공부하거나 관심이 있는 경우, 이러한 두문자어를 이해하는 것은 복잡한 개념이나 정보를 간결하게 표현하는 데 유용하며, 이를 통해 보다 효율적으로 의사소통을 할 수 있다. 음악과 관련된 대표적인 두문자어는 EDM(일렉트로닉 댄스 음악, Electronic Dance Music), BPM(분당 박자 수, Beats Per Minute), DJ(디제이, Disc Jockey), VST(가상 스튜디오 기술, Virtual Studio Technology), EQ(이퀄라이저, Equalizer), FX(특수 효과, Special Effects), MP3(디지털 오디오 형식의 일종, MPEG-1 Layer-3), WAV(디지털 오디오 형식의 일종, Waveform Audio Format), MIDI(음악 악기 디지털 인터페이스, Musical Instrument Digital Interface) 등이 있다. 자신이 관심 있는 분야의 두문자어를 조사하고 이를 발표해 보자.

관련 학과 예체능계열 전체

《**그림과 함께 걸어 다니는 어원 사전**》(일러스트 특별판), 마크 포사이스, 홍한결 역, 윌북(2023)

[12직영01-05] ●●●

직무 수행과 관련된 사실적 정보를 다양한 매체를 활용해 재구성하여 전달한다.

➡ 유엔 환경 계획 보고서에 따르면, 환경 오염으로 인해 항생제, 항바이러스제, 항진균제 및 구충제의 효과가 감소하고 있는 것으로 나타났다. 관련 글 'Environmental pollution breeds deadly superbugs. Here's how we defeat them'을 읽고 다양한 예술 매체(미술, 음악, 드라마, 무용 등)를 활용하여 항생제 내성 문제에 대한 정보를 효과적으로 전달하는 방법을 탐구하고, 이를 통해 예술이 공중 보건 문제 해결에 어떻게 기여할 수 있는지도 탐구해 보자. 탐구한 내용을 토대로 짧은 영상, 인포그래픽, 발표 자료 등을 제작하여 발표해 보자.

관련 학과 만화애니메이션학과, 무용학과, 방송연예과, 사회체육학과, 시각디자인학과, 실용음악학과, 연극영화학과, 음악학과, 체육학과

《**우리는 얼마나 깨끗한가**》, 한네 튀겔, 배명자 역, 반니(2020)

[12직영01-06] ●●●

진로 탐색 및 직무 수행 상황이나 목적에 맞는 서식의 글을 작성한다.

➡ 디자이너 에이미 파우니(Amy Powney)의 TED 강연 영상 'How to fix fashion and protect the planet'을 시청한 뒤 지속 가능한 패션이 환경에 미치는 실질적인 영향에 대해 알아보고, 그 과정에서 다양한 소재와 제조 방식이 유발하는 환경적 부담에 대해서도 조사해 보자. 특정 소재나 제조 방식이 환경에 더 적은 부담을 주는지, 아니면 예상과 달리 더 높은 환경적 비용을 발생시키는지에 대해 탐구하고 이를 토대로 더 효과적인 지속 가능

패션 전략을 제안하는 보고서를 작성해 보자.

관련 학과 산업디자인학과, 시각디자인학과, 패션디자인학과

《**100대 기업 ESG 담당자가 가장 자주 하는 질문**》, 김태한 외 1명, 세이코리아(2022)

[12직영01-07] ●●●

직무와 관련된 문화의 다양성에 대해 공감하며 협력적으로 소통하는 태도를 가진다.

➲ 평균 수명이 늘어나면서 노년기를 어떻게 보내야 할지에 대한 사회적 관심도 높아지고 있다. 관련 글 'Want to live to 116? The secret to longevity is less complicated than you think'를 읽고 노년기에도 창조적인 활동을 계속하는 것이 장수에 어떤 영향을 미치는지, 그리고 노년기의 창조성이 어떤 특징을 가지는지에 대해 탐구해 보자. 또한 예술이 노년기의 삶에 어떤 긍정적인 영향을 미칠 수 있는지, 그리고 이런 활동이나 프로그램을 어떻게 설계하고 운영해야 하는지에 대해 의견을 나누고 발표해 보자.

관련 학과 예체능계열 전체

《**노년 예술 수업**》, 고영직 외 1명, 서해문집(2017)

[12직영01-08] ●●●

직무 의사소통과 관련하여 개인의 권리와 정보 보안에 대한 책무성을 인식한다.

➲ 소셜 미디어는 현대사회에서 중요한 역할을 하는 동시에, 창작물을 널리 알릴 수 있는 플랫폼을 예술가들에게 제공하고 있다. 그러나 이런 플랫폼의 활용은 창작자와 이용자의 개인정보 보호 문제를 유발하는 측면도 있다. 최근에는 NFT와 같은 기술이 도입되어 디지털 예술 작품의 저작권 보호에 대한 새로운 가능성을 제시하고 있지만, 그와 동시에 이런 기술의 활용이 개인정보 보호에 어떤 영향을 미치는지에 대한 논의도 필요하다. 관련 기사 'Copyright infringement and NFTs: How artists can protect themselves'를 찾아 읽고 예술가들이 창작 과정에서 소셜 미디어를 어떻게 활용하고 있는지, 그리고 이 과정에서 발생하는 개인정보 보호 문제에는 어떤 것들이 있는지 분석하고, 예술가들의 창작권 보호와 이용자들의 개인정보 보호라는 두 가지 중요한 가치를 동시에 존중하는 방안을 모색하여 발표해 보자.

관련 학과 예체능계열 전체

《**이제는 알아야 할 저작권법**》, 정지우 외 1명, 마름모(2023)

선택 과목	수능	영어 발표와 토론	절대평가	상대평가
진로 선택	X		5단계	5등급

단원명 | 발표

> 🔍 발표 목적, 적절한 표현의 사용, 다양한 매체 활용, 명확한 전달, 의사소통 능력, 발표 전략, 배경지식, 논리적 구성, 비판적 사고력, 청중의 언어, 문화적 다양성, 상호 협력적 소통

[12영발01-01] ● ● ●

발표의 목적과 맥락에 맞게 정보를 수집하고 발표 개요를 준비한다.

➡ 음악 사조는 시대와 지역에 따라 다르게 나타나는 음악의 특징과 경향을 말한다. 이것은 음악의 형식, 기법, 주제, 표현 방식 등 다양한 요소를 포함하며 당대의 사회적·문화적·정치적 상황과 밀접한 관련이 있다. 대표적인 음악 사조로는 고대 그리스와 로마의 음악을 재발견하고 인간의 목소리와 악기의 소리를 사실적으로 표현하는 것을 목표로 한 르네상스 음악(1400~1600), 형식미와 균형미를 중요시하며 보편적 가치를 추구한 고전주의 음악(1750~1820) 등이 있으며 이 밖에도 중세 음악, 바로크 음악, 낭만주의 음악 등이 있다. 자신이 관심 있는 음악 사조를 조사하여 개요를 작성하고 이를 영어로 발표해 보자.

관련 학과 실용음악학과, 연극영화학과, 음악학과, 작곡과, 조소과, 패션디자인학과

《새 들으며 배우는 서양음악사 본문 1》, 허영한, 심설당(2009)

[12영발01-02] ● ● ●

자신이 경험한 일화나 듣거나 읽은 이야기를 이야기 구조에 맞게 소개한다.

➡ 사진은 빛을 이용하여 현실의 모습을 영구적으로 기록하는 기술이다. 사진의 발명은 과학과 기술의 발전에 큰 영향을 미쳤으며, 현대사회의 문화와 예술에도 많은 변화를 가져왔다. 사진의 발명은 프랑스의 조제프 니세포르 니에프스(Joseph Nicéphore Niépce)에 의해 이루어졌다. 니에프스는 1826년 비투먼(bituman)이라는 천연 아스팔트가 빛의 노출에 따라 굳는 성질을 이용하여 〈그라의 창문에서 바라본 조망〉이라는 인류 최초의 사진을 탄생시켰다. 니에프스와 관련된 일화 또는 자신이 관심 있는 분야의 일화를 조사하여 이야기 구조에 맞게 영어로 소개해 보자.

관련 학과 공예학과, 관현악과, 무용학과, 뮤지컬학과, 미술학과, 뷰티디자인학과, 사진학과, 산업디자인학과, 서양화과, 성악과, 시각디자인학과, 음악학과, 작곡과, 조소과, 패션디자인학과

《사진에 관하여》, 수전 손택, 이재원 역, 이후(2005)

[12영발01-03] ● ● ●

사물, 개념, 방법, 절차, 통계자료 등에 대한 사실적 정보를 설명한다.

➡ 인공지능은 인간이 하는 일을 점점 더 잘 수행하고 있다. 인공지능이 인간의 지능을 초월할 수 있는 잠재력을

평가받으며 인간의 지능을 대체할 가능성은 꾸준히 제기되어 왔다. 이러한 우려가 현실이 될 경우, 인공지능이 인간의 일자리를 대체함에 따라 실업률이 증가하고 사회가 양극화될 것이고, 인간의 존재 가치가 위협받고 사회도 불안정해질 위험이 있다. 인공지능은 인간의 삶을 개선할 수 있는 잠재력을 가졌지만, 그에 따른 위험도 존재한다. 인공지능의 발전을 지속하면서 그 위험을 최소화하기 위한 노력이 필요하다. 인공지능이 자신이 희망하는 전공에 미칠수 있는 영향을 영어로 된 자료를 활용하여 발표해 보자.

관련 학과 예체능계열 전체

《80억 인류, 가보지 않은 미래》, 제니퍼 D. 스쿠바, 김병순 역, 흐름출판(2023)

[12영발01-04] ● ● ●

사실, 가치, 정책 등에 대한 자신의 관점을 설득력 있게 전달한다.

◎ 우생학은 한때 스포츠와 연결되어 특정 신체적 특성을 강화하고 유전적 우수성을 도모하는 수단으로 활용되었다. 일부 사회에서는 스포츠와 신체 훈련을 통해 '강인한 인종'을 육성하려 했으며, 이를 통해 우수한 유전적 특성을 갖춘 인구를 양성하고자 했다. 그러나 이러한 접근은 개인의 다양성을 존중하지 않았고 인종적·신체적 특성에 대한 차별로 이어졌으며, 비윤리적이라는 비판을 받았다. 오늘날 스포츠는 모든 사람이 평등하게 건강을 증진하고 신체 능력을 계발하는 기회를 제공하는 방향으로 나아가고 있다. 스포츠는우생학적 접근을 넘어 개인의 자율성과 다양성을 존중하는 활동으로 자리 잡았다. 우생학과 스포츠의 이러한 역사를 영어로 발표해 보자.

관련 학과 예체능계열 전체

《장애와 유전자 정치》, 앤 커 외 1명, 김도현 역, 그린비(2021)

[12영발01-05] ● ● ●

다양한 매체를 활용하여 정보 윤리를 준수하며 발표한다.

◎ 소문과 예술은 흥미롭게 얽혀 있으며, 서로 영향을 주고받는 관계를 형성해 왔다. 소문은 특정 인물, 사건, 혹은 사회적 이슈에 대한 이야기를 만들어내며 예술가들에게 영감의 원천이 되기도 하고, 때로는 작품의 주제나 배경이 되기도 한다. 예술은 소문을 바탕으로 새로운 시각이나 해석을 더해 작품으로 표현함으로써 소문에 새로운 생명을 불어넣는다. 또한 예술 작품 자체가 소문의 대상이 되거나 예술가에 대한 소문이 그의 작품의 의미나 평가에 영향을 미치기도 한다. 이렇듯 소문은 예술의 창의성을 자극하고, 예술은 소문을 매개로 사회적 통찰과 비판을 전달하는 중요한 역할을 한다. 소문과 예술의 상호작용에 대해 영어로 발표해 보자.

관련 학과 예체능계열 전체

《소문, 나를 파괴하는 정체불명의 괴물》, 미하엘 셸레 외 1명, 김수은 역, 열대림(2007)

[12영발01-07] ● ● ●

적절한 발표 기법 및 의사소통 전략을 적용한다.

◎ 생성형 인공지능(Generative AI)은 기존의 데이터를 기반으로 새로운 데이터를 생성하는 인공지능의 한 분야이다. 소설·시·코드·음악 등 다양한 종류의 텍스트 생성, 사진·그림·삽화 등의 이미지 및 동영상 생성, 음성 생성, 새로운 디자인과 아이디어 생성 등을 통해 다양한 분야에서 활용될 수 있으며, 그 잠재력은 무궁무진하다고 평가받는다. 관심 있는 분야에 인공지능이 어떻게 영향을 끼치고 발전할 것인지에 대해 조사하여 발표해 보자.

관련 학과 예체능계열 전체

《AI 지도책: 세계의 부와 권력을 재편하는 인공지능의 실체》, 케이트 크로퍼드, 노승영 역, 소소의책(2022)

[12영발01-08]

●●●

발표 과정 및 결과에 대해서 평가하고 비판적으로 성찰한다.

➡ 미니멀리즘은 20세기 중반부터 예술계에 큰 영향을 미친 사조로, 불필요한 요소를 제거하고 본질에 집중하는 접근을 특징으로 한다. 미니멀리즘 예술은 단순한 색상, 기하학적 형태, 반복적 패턴을 통해 최소한의 표현으로 강렬한 미적 효과를 추구한다. 이러한 방식은 관객으로 하여금 작품에 집중하고 작품이 전달하는 순수한 감각과 아이디어를 직접적으로 느끼게 한다. 또한 미니멀리즘은 물질적 과잉에서 벗어나 단순함과 본질을 강조하는 메시지를 담고 있어서 소비문화의 반대 개념으로 여겨지기도 한다. 미니멀리즘과 예술이 가진 이러한 의미를 영어로 발표해 보자.

관련 학과 예체능계열 전체

《**단순한 열망**》, 카일 차이카, 박성혜 역, 필로우(2023)

단원명 | 토론

🔍 현금 없는 사회, 디지털 결제, 문화예술 지원, 슈링크플레이션, 지속 가능한 디자인, 디지털 자산, 반박 논리, 저작권 보호, 스포츠워싱, 알츠하이머병, 정보 윤리, 비언어적 표현, 문화적 다양성, 개인정보 보호, 럭셔리 브랜드

[12영발02-01]

●●●

토론의 목적과 맥락에 맞게 정보를 수집하고 토론 개요를 준비한다.

➡ 현금 없는 사회에서의 예술과 문화 활동의 변화에 집중하여, 현금 없는 사회에서 예술가들의 창작 활동이 어떻게 변하고 문화예술 활동에 대한 지원이 어떻게 이루어지는지를 조사해 보자. 관련 글 'The Pros and Cons of a Cashless Society'를 참고하여 디지털 결제가 주류를 이루는 현금 없는 사회에서 예술가들이 자신의 작품을 어떻게 판매하고 공연이나 전시회 입장료를 어떻게 수령하는지, 또 이러한 변화가 예술가들의 창작 활동에 어떤 영향을 미치는지 등을 탐구해 보자. 또한 이러한 변화 속에서 문화예술 활동을 지원하는 기관이나 정부의 역할이 어떻게 변화해야 하는지, 어떤 전략을 세워야 하는지 등 해결 방안에 대해 의견을 공유해 보자.

관련 학과 예체능계열 전체

책 소개

미술 전공자이자 전문가로 20년 이상 활동한 저자가 NFT 아트에 대해 연구한 내용을 담은 책이다. NFT는 단순히 한 번 유행하고 사라질 투자 대상이 아니라, 언제부턴가 인터넷을 사용하는 일이 당연해지고 스마트폰이 생활 필수품이 된 것처럼, 자연스럽게 일상에 자리 잡을 기술이라고 주장한다. 저자는 NFT 아트테크를 시작하기 전에 미리 준비해야 할 내용을 알려주고, 본격적으로 NFT 아트테크를 하는 방법을 세 가지로 정리해서 이야기한다. 주요 마켓 플레이스, NFT를 담을 수 있는 지갑, 암호화폐 거래소 가입, 수수료 문제 등을 자세히 설명하고 있다.

누구나 할 수 있는 NFT 아트테크

강희정, 아라크네(2023)

영문 자료 '현금 없는 사회의 장점과 단점'이라는 글을 통해 현금 없는 사회에서 예술과 문화 활동에 일어난 많은 변화에 대해 이해하고자 탐구활동을 진행함. 현금 없는 사회에서 예술가들의 창작 활동은 디지털 플랫폼을 통해 이루어지는 경우가 많고, 예술가들은 자신의 작품을 온라인으로 판매하고 디지털 결제를 통해 수익을 얻으며, 이는 전통적인 방식에 비해 접근성이 높아 더 많은 사람들에게 예술 작품을 구매할 수 있는 기회를 제공한다는 것을 확인함. 연계 독서활동으로 '누구나 할 수 있는 NFT 아트테크(강정희)'를 읽고 디지털 아트와 NFT는 창작물의 소유권을 명확히 하며 예술가들이 자신의 작품을 보다 공정하게 판매하고 수익을 얻을 수 있게 돕는다는 점을 파악하여 이를 보고서로 작성함. 특히 현금 없는 사회는 디지털 소외를 겪는 이들이 예술에 접근하기 어렵게 만드는 문제점도 있기 때문에, 이를 해결하기 위해 문화예술 활동을 지원하는 기관이나 정부의 역할이 중요하다는 점을 강조함. 디지털 결제 시스템에 익숙하지 않은 이들에게 필요한 교육과 지원을 제공하고, 개인정보 유출이나 사기 등에 대비한 강력한 보안 체계를 구축하는 것 등을 구체적인 사례로 들면서, 현금 없는 사회에서 예술가들의 창작 활동과 문화예술 활동에 대한 지원은 디지털 기술과 결제 시스템을 적극적으로 활용하면서도 디지털 소외를 방지하고 보안을 강화하는 방향으로 이루어져야 한다고 주장함.

[12영발02-02]

학술 자료, 통계, 사례 등 주장에 대한 근거를 설명한다.

● 슈링크플레이션은 제품의 가격은 유지되거나 상승하는 반면, 제품의 크기나 양이 점차 줄어드는 현상을 말한다. 이 현상은 소비자의 구매 경험뿐 아니라, 제품 디자인과 패션 산업에도 영향을 미친다. 관련 기사를 참고하여 슈링크플레이션 현상이 디자인 원칙과 실용성, 그리고 소비자의 감각적 경험에 어떤 변화를 가져오는지 분석해 보자. 또한 이러한 변화가 패션 산업의 제품 개발 및 마케팅 전략에 어떤 영향을 미치는지 탐구하고, 슈링크플레이션을 고려한 지속 가능한 디자인 전략에 대해서도 함께 보고서로 작성해 보자.

관련 학과 사진학과, 산업디자인학과, 시각디자인학과, 패션디자인학과

책 소개

이 책은 최근에 크게 주목받고 있는 ESG에 대해 깊이 있게 다루고 있다. ESG에 대한 이해가 필요한 현재, 이 책은 기업의 ESG 활동이 소비자의 소비 의사 결정에 어떤 영향을 미치는지를 중점적으로 살펴본다. 코로나로 변화된 '삶의 문법'에 맞춰 '기업의 삶의 문법' 또한 달라져야 함을 강조하며, 기업이 ESG를 통해 어떻게 소비자와의 신뢰를 구축하고 사회적 책임을 다하는지에 대해 설명한다. 또한 소비자의 시선에서 ESG를 바라보는 방법을 쉽게 이해할 수 있도록 돕는다.

ESG를 생각하는 소비와 소비자

서여주, 백산출판사(2024)

국어 교과군

영어 교과군

수학 교과군

도덕 교과군

사회 교과군

과학 교과군

세특 예시

'ESG를 생각하는 소비와 소비자(서여주)'를 읽고 지속 가능 경영이 소비자의 선택과 기업의 경영 방식에 어떤 영향을 미치는지 탐구함. 먼저 슈링크플레이션이 제품의 크기와 가격에 어떤 변화를 가져오며 소비자의 구매 의사 결정에 어떻게 영향을 미치는지 사례를 통해 조사하고, 이를 바탕으로 소비자 입장에서 슈링크플레이션이 주는 신뢰 문제를 지속 가능 경영과 연결하여 분석함. 또한 이런 지속 가능 경영 활동을 통해 브랜드가 소비자에게 어떻게 신뢰를 구축하는지 탐색하고, 예술과 디자인 분야에서 지속 가능한 소비를 실현하기 위한 구체적인 방안으로서 재활용 소재 사용, 환경친화적 디자인, 공정 거래 인증의 중요성을 강조함. 더불어 관련 기사와 심화 자료를 참조하여 예술 및 디자인 분야에서도 지속 가능 경영 가치를 실현할 수 있는 새로운 접근법을 제안함. 작품 전시 및 판매 시 탄소 배출을 최소화하기 위해 디지털 갤러리 전시 방식을 도입하거나 지역사회와 협력하여 지속 가능한 공공 예술 프로젝트를 추진하는 방안도 제안함.

[12영발02-03]

토론 논제에 대한 자신의 관점을 설득력 있게 전달한다.

● ● ●

● 디지털 자산이 예술계에 미치는 영향을 연구하고, 디지털 창작물이 창작자의 죽음 이후 어떻게 관리되고 보호받아야 하는지에 대해 탐구하자. 관련 기사 'Navigating the Afterlife of Digital Assets: Managing Your Digital Legacy'를 찾아 읽고, 디지털 창작물의 저작권 보호와 유산 관리의 효과적인 방법을 찾아 발표해 보자. 특히 디지털 창작물의 가치를 인식하고, 창작자의 권리를 보호하는 방안을 제시해 보자.

관련 학과 예체능계열 전체

《이제는 알아야 할 저작권법》, 정지우 외 1명, 마름모(2023)

[12영발02-04]

상대방 주장의 논리를 분석하여 반대 심문하며 토론한다.

● ● ●

● 2022년 카타르에서 개최된 FIFA 월드컵은 스포츠워싱에 대한 논란을 촉발했다. 스포츠워싱이란 국가가 스포츠 이벤트를 활용해 자신의 이미지를 개선하거나 정치적 목적을 달성하는 행위를 말한다. 관련 기사 'Looking Back on the Year of Sportswashing'을 찾아 읽고, 스포츠가 국가의 정치적 목적을 위해 사용될 때 스포츠의 가치와 의미가 어떻게 변하는지 탐구해 보자. 특히 카타르 월드컵을 예로 들어 스포츠워싱이 스포츠의 본질에 어떤 영향을 미치는지 알아보고 '스포츠워싱이 스포츠의 본질을 훼손하지 않는다'는 주장의 논리를 분석한 뒤, 이를 반박하는 논리를 세우는 입론서를 작성해 보자.

관련 학과 사회체육학과, 스포츠과학과, 체육학과

《복지정치의 두 얼굴》, 안상훈 외 4명, 21세기북스(2015)

다양한 매체를 활용하여 정보 윤리를 준수하며 토론한다.

➡ 알츠하이머병은 인지 기능이 점차적으로 악화하는 뇌 질환이다. 알츠하이머병의 진행에 따른 일상생활의 어려움이나 스트레스를 줄이는 방법 중 하나로 예술 치료가 주목받고 있다. 예술 치료는 창작 활동을 통해 감정을 표현하고, 스트레스를 해소하며, 사회적 상호작용을 증진하는 방법이다. 예술 치료가 알츠하이머병 환자들의 뇌 건강, 특히 뇌의 미토콘드리아 활동에 어떤 긍정적인 영향을 미치는지 탐구하자. 특히 예술 활동을 통해 환자들의 감정 표현이나 사회적 상호작용이 개선되는지, 그리고 이런 변화가 뇌의 미토콘드리아 활동에 어떤 영향을 미치는지 연구해 보자. 또한 관련 자료 'Ethical Principles For Art Therapists'를 찾아 읽고, 알츠하이머병 환자들의 예술 치료 과정에서 수집되는 정보와 데이터를 안전하게 관리하고 이를 활용하여 토론하고 분석하는 과정에서 정보 윤리를 어떻게 준수할 수 있는지에 대해서도 의견을 나눠 보자.

관련 학과 예체능계열 전체

《**예술로서의 미술치료**》, Judith A. Rubin, 김진숙 역, 학지사(2008)

문화 간 다양한 언어적·비언어적 의사소통 방식을 이해하고 적용한다.

➡ 현대사회는 다양한 문화가 공존하는 글로벌 사회이다. 이러한 다양성은 예술 분야에도 두드러지게 나타나며, 예술 작품은 그 자체로 문화적 표현의 한 형태이다. 예술은 언어적·비언어적 표현 모두를 포함하며, 이는 작품의 해석을 더욱 풍부하게 만든다. 문화 간의 이해도가 떨어질 경우 이러한 예술적 표현을 제대로 이해하는 것이 어려울 수 있다. 관련 기사 'The Accents of Our Bodies: Proxemics as Communication'을 찾아 읽은 뒤 다양한 문화의 비언어적 표현을 연구하고, 이를 바탕으로 자신의 예술적 표현에 어떻게 반영할 수 있는지 탐구해 보자.

관련 학과 예체능계열 전체

《**비언어 커뮤니케이션**》, 마크 냅 외 2명, 최양호 외 1명 역, 커뮤니케이션북스(2017)

적절한 토론 기법 및 의사소통 전략을 적용한다.

➡ 디지털 시대에는 개인정보 보호를 위한 교육의 필요성이 점점 더 커지고 있다. 다양한 온라인 플랫폼에서 개인정보가 활용되는 만큼, 이에 대한 이해와 올바른 대응 방법을 알려주는 교육이 중요하다. 관련 자료 'Privacy and data protection: Increasingly precious asset in digital era says UN expert'를 참고하여 개인 정보 보호에 대한 교육이 어떻게 이루어져야 하는지 탐구해 보자. 특히 기존의 개인정보 보호 관련 교육 프로그램을 분석하고, 그 결과를 바탕으로 어떻게 교육을 효과적으로 실행할 수 있는지에 대한 전략을 고민하여 발표해 보자.

관련 학과 예체능계열 전체

《**유럽연합의 개인정보 보호법, GDPR**》, 김상현, 커뮤니케이션북스(2022)

토론 과정 및 결과에 대해서 평가하고 비판적으로 성찰한다.

➜ 럭셔리 브랜드는 종종 예술과 디자인을 중요한 요소로 삼는다. 이는 브랜드 이미지 구축, 제품 가치 상승, 소비자 유인 등 다양한 목표를 위해 활용되며, 브랜드의 핵심 가치를 표현하는 데 중요한 역할을 한다. 관련 글 'Why art is the cornerstone of luxury brands?'를 찾아 읽고 예술과 디자인이 럭셔리 브랜드에 어떤 영향을 미치는지, 그리고 이를 통해 브랜드가 어떤 가치를 창출하는지 탐구한 뒤, 이를 토대로 자신의 의견을 공유해 보자.

관련 학과 뷰티디자인학과, 산업디자인학과, 시각디자인학과, 조소과

《**럭셔리 브랜드 인사이트**》, 박소현, 다반(2023)

국어 교과군

영어 교과군

수학 교과군

도덕 교과군

사회 교과군

과학 교과군

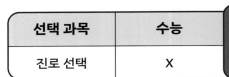

선택 과목	수능	**심화 영어**	절대평가	상대평가
진로 선택	X		5단계	5등급

단원명 | 이해

🔍	인공 배아, 윤리적 문제, 예술적 표현, 이주민 가족, 의도와 감정 추론, 인공지능, 미래 전망, 횡재세, 지속 가능성, 소비자 구매 결정, 우주 예술, 사회적 메시지, 한중 문화 충돌, 몰록의 함정, 소셜 미디어, 창작의 자유

[12심영01-01] • • •

다양한 주제나 기초 학문 분야 주제의 말이나 글의 주요 내용을 파악한다.

➡ 최근 이스라엘과 영국에서 진행된 '인공 배아' 연구는 생명과학의 새로운 장을 열었다. 하지만 이러한 발전은 윤리적·사회적 문제를 동반하게 된다. 인공 배아의 생명권과 존엄성, 그리고 이를 이용한 연구에서 인간의 가치와 존엄성이 침해될 가능성에 대한 우려가 제기되고 있으며, 이런 문제들은 과학자들뿐만 아니라 사회 전체가 함께 고민해야 할 중요한 이슈이다. 관련 자료를 참고하여 인공 배아 연구의 윤리적·사회적 문제를 예술적 방법으로 어떻게 표현하고 고민할 수 있을지, 또 이러한 문제를 예술을 통해 고민하고 대화하는 것이 왜 중요한지 탐구하여 발표해 보자.

관련 학과 공예학과, 미술학과, 사진학과, 서양화과, 성악과, 실용음악학과, 연극영화과, 음악학과, 작곡과, 조소과

《인간 배아는 누구인가》, 후안 데 디오스 비알 코레아 외 1명, 가톨릭생명윤리연구소 역, 가톨릭대학교출판부(2018)

[12심영01-02] • • •

다양한 장르의 말이나 글에서 화자, 필자, 등장인물 등의 심정이나 의도를 추론한다.

➡ 영화 〈미나리〉는 이주민 가족의 삶을 중심으로 한 이야기를 풀어나가면서 감독, 배우, 시나리오 작가 등 다양한 창작자들의 의도와 감정을 투영하고 있다. 관련 기사 'Minari Depicts Asian Culture and the American Dream'을 읽은 뒤, 영화 〈미나리〉의 촬영, 연기, 시나리오 작성 방법을 분석하면서 이 요소들이 어떻게 이야기를 구성하고 감정을 전달하는 역할을 하는지 탐구하자. 특히 각 장면에서 감독이나 배우, 시나리오 작가의 심정이나 의도를 추론하고 공유해 보자.

관련 학과 뮤지컬학과, 연극영화학과, 작곡과

《대중예술론과 영화감상 이론》, 김영숙, 바른책(2016)

[12심영01-03] • • •

다양한 장르의 말이나 글을 듣거나 읽고 이어질 내용을 예측한다.

➡ 영문 기사 '5 experts explore how AI will affect the working lives of artists and knowledge workers'는 AI

국어 교과군

영어 교과군

수학 교과군

도덕 교과군

사회 교과군 (역사)

과학 교과군

도구는 모든 사람이 창작과 지식 작업에 접근할 수 있게 하지만 불평등이나 표절 등과 같은 문제점도 있다고 말한다. 또한 인공지능의 발전이 창작과 지식 기반 직업에 어떤 영향을 미칠지에 대해 언급하고 있다. 이 기사의 내용을 토대로 예술 계열 직업의 미래 전망을 예측하고 이에 대한 보고서를 작성해 보자.)

관련 학과 예체능계열 전체

《**인공지능시대의 예술**》, 김재인 외 8명, 도서출판b (2019)

[12심영01-04] •••

말이나 글의 구성 방식을 파악하여 내용의 논리적 관계를 추론한다.

➡ 지구의 환경 문제가 점점 심각해지면서, 지속 가능성에 대한 중요성이 더욱 부각되고 있다. 이러한 변화는 패션 산업에도 영향을 미치고 있으며, 패션 브랜드들은 자신들의 지속 가능한 가치를 제품에 반영하려는 경향을 보인다. 관련 자료 'The Impact of Fashion Brand Sustainability on Consumer Purchasing Decisions'를 참고하여 현재의 패션 트렌드에 지속 가능성이 어떻게 반영되고 있는지 분석하고, 패션 브랜드들이 자신들의 지속 가능한 가치를 작품에 어떻게 표현하는지 탐구해 보자. 또 이러한 가치 표현이 소비자들의 구매 결정에 어떤 영향을 미치는지에 대해서도 함께 탐구해 보자.

관련 학과 뷰티디자인학과, 산업디자인학과, 시각디자인학과, 패션디자인학과

《**지구를 살리는 옷장**》, 박진영 외 1명, 창비 (2022)

[12심영01-05] •••

말이나 글로 표현된 어휘, 어구, 문장의 함축적 의미를 맥락에 맞게 추론한다.

➡ 우주를 탐구하는 예술, 즉 우주 예술이라는 분야가 주목받고 있다. 이를 통해 우주에 대한 이해를 높이고 새로운 창조적인 표현 방법을 탐색할 수 있다. 우주 예술의 가능성과 그 표현 방법, 그리고 앞으로의 전망에 관해 탐구해 보자. 관련 기사 'US Space Force's 1st official painting shows military space plane intercepting adversary satellite'를 읽고 우주 비행기와 예술가의 상상력을 바탕으로 만들어진 그림에 대해 알아보고, 앞으로의 전망에 대해 발표해 보자.

관련 학과 미술학과, 사진학과, 산업디자인학과, 시각디자인학과, 조소과

《**NASA 예술**》, 피어스 비조니, 송근아 역, 안그라픽스 (2022)

[12심영01-06] •••

다양한 매체의 말이나 글에 표현된 의견이나 주장을 비판적으로 평가한다.

➡ 횡재세는 최근의 글로벌 이슈 중 하나로, 특정 기업이나 개인이 예상치 못한 이익을 얻었을 때 그에 상응하는 세금을 부과하는 제도를 말한다. 이는 코로나19라는 특별한 상황 속에서 일부 기업이 큰 이익을 얻었음에도 불구하고 공정한 세금 공헌을 하지 않는 문제를 해결하고자 하는 방안으로 제시되었다. 유럽의 일부 국가들은 이를 실제로 도입하고 있으며, 그 결과와 반응은 다양하다. 다양한 매체에서 횡재세에 대한 정보를 수집하고, 이를 바탕으로 창의적인 작품이나 캠페인을 기획해 보자. 또한 기획한 작품(그림, 조각, 영상, 음악 등)을 통해 사회에 어떤 메시지를 전달하려 했는지, 그 메시지가 얼마나 효과적으로 전달될 수 있는지를 비판적으로 평가해 보자.

관련 학과 예체능계열 전체

《**세금의 흑역사**》, 마이클 킨 외 1명, 홍석윤 역, 세종서적 (2022)

[12심영01-07] •••

우리 문화 및 타 문화의 생활 양식, 사고방식, 의사소통 방식에 관한 말이나 글을 듣거나 읽고 문화의 다양성에 대한 포용적인 태도를 기른다.

➡ 한중 문화 충돌은 예술의 주제로 사용될 수 있다. 한국과 중국 사이의 문화적 갈등을 다룬 관련 기사 'Cultural Clashes Between Korea And China: Lost In Translation, History And Pride'를 참고하여 이러한 문화적 갈등이 예술에 어떻게 반영될 수 있는지 탐구하고, 이를 통해 예술이 한중 문화 충돌을 이해하고 해결하는 데 어떻게 기여할 수 있는지 분석하여 발표해 보자.

관련 학과 예체능계열 전체

《**문화의 시대 한중 문화충돌**》, 임동욱 외 5명, 동북아역사재단(2022)

[12심영01-08] •••

적절한 전략을 적용하여 다양한 매체로 표현된 말이나 글을 이해한다.

➡ 과학 커뮤니케이터 리브 보레(Liv Boeree)의 TED 강연 영상 'The deadly trap that could create an AI catastrophe'를 시청한 뒤, 화자가 언급한 '몰록(Moloch)의 함정'이라는 용어를 이해하고 몰록의 함정이 예술과 창작에 어떤 영향을 미치는지 탐구하자. 특히 소셜 미디어에서의 이미지 생성과 그로 인한 창작의 자유에 대한 영향을 중점적으로 분석해 보자. 그리고 이를 바탕으로 더 건강한 창작 환경을 만드는 방법을 제안해 보자.

관련 학과 예체능계열 전체

《**한상기의 소셜미디어 특강**》, 한상기, 에이콘출판(2014)

단원명 | **표현**

🔍 토론, 적절한 어휘와 표현, 의견 전달, 의사소통 능력, 토론 전략, 논리적 사고, 비판적 사고력, 언어와 문화적 다양성, 존중, 상호 협력적 소통

[12심영02-01] •••

사실적 정보를 기술하거나 설명한다.

➡ 정치 참여와 예술은 사회 변화를 이끄는 중요한 매개체이다. 예술은 정치적 메시지를 전달하고 대중의 관심을 불러일으키는 강력한 도구로 작용한다. 예술가들은 자신의 작품을 통해 사회적 문제나 정치적 이슈에 대한 입장을 표현하며, 이를 통해 사람들의 사고 전환을 유도하고 행동을 촉구한다. 또한 예술 작품은 정치 참여를 상징하거나 역사적 사건을 기념하는 방식으로 사회적 기억을 보존하는 역할도 한다. 이런 맥락에서 예술은 단순한 창작을 넘어 시민의식과 정치 참여를 독려하는 수단이 된다. 예술이 정치 참여를 한 사례를 조사하여 영어로 발표해 보자.

관련 학과 예체능계열 전체

《**예술과 정치**》, 토마스 만, 홍성광 역, 청송재(2020)

[12심영02-02] •••

다양한 장르의 글을 읽고 자신의 감상이나 느낌을 표현한다.

국어 교과군

영어 교과군

수학 교과군

도덕 교과군

사회 교과군

과학 교과군

� 복수에 열광하는 사람들은 보통 자신의 상처를 치유하고자 하는 욕구가 강하다. 그들은 자신에게 고통을 준 사람에게 똑같이 고통을 주면 자신이 받은 고통을 잊을 수 있다고 생각하며, 복수는 자신을 강하게 보이도록 만드는 방법이기도 하다고 믿는다. 현대사회에서는 복수를 주요 소재로 하는 콘텐츠가 늘어나는 추세이다. 복수에 열광하는 사람들은 자신이 받은 고통에 대해 분노하고 상처를 치유하고자 하는 욕구가 강하며, 복수를 통해 자존감을 높이고자 하는 성향이 있다. 복수와 관련된 영어 콘텐츠를 접하고 좋아하는 장면에서 그 인물의 심정과 의도를 추론해 보자.

관련 학과 예체능계열 전체

복수의 쓸모
스티븐 파인먼, 이재경 역,
반니(2023)

책 소개

《복수의 쓸모—복수심과 응징은 어떻게 세계를 바꿨는가》의 원제는 'Revenge: A Short Enquiry into Retribution'이다. 이 책은 복수심과 응징의 역사와 그것이 인간의 사회와 문화 그리고 역사에 어떤 영향을 미쳤는지를 깊이 있게 탐구하고 있다. 스티븐 파인먼은 복수심이 인간의 본성에 깊이 뿌리박힌 감정임을 밝히며, 그것이 다양한 문화와 역사적 맥락에서 어떻게 표현되었는지를 분석한다.

세특 예시

'복수의 쓸모(스티븐 파인먼)'를 읽고 복수의 심리적·사회적 영향에 대해 깊이 있는 이해를 보여 줌. 영어로 작성한 감상문에서 복수의 양면성을 날카롭게 분석하며 그것이 개인과 사회에 미치는 영향을 다각도로 고찰하였음. 특히 책에서 다룬 복수 사례들을 비판적으로 검토하고 각 상황에 대한 건설적 대안을 제시하는 능력이 돋보임. 창작 활동에서는 복수를 주제로 한 영어 단편 소설 〈The Echo of Revenge〉의 개요를 작성했는데, 복수심의 순환적 본질과 그 파괴적 결과를 통해 독자로 하여금 복수의 의미에 대해 깊이 생각하게 만드는 탁월한 서사 구조의 틀을 완성함.

[12심영02-03] • • •

상대방의 의사소통 방식을 고려하여 의견을 조정하며 토의한다.

� 문화 도용(Cultural Appropriation)은 특정 문화의 요소를 허락 없이 사용하거나 그 요소의 의미를 왜곡하거나 그 요소를 사용하여 차별 또는 모욕을 가하는 행위를 말한다. 특정 문화의 전통 의상을 허락 없이 사용하여 상품을 판매하는 경우처럼 다른 문화의 요소를 사용하는 경우, 다른 문화 요소의 의미를 왜곡하는 사례 등을 들 수 있다. 예술가들은 창의적 표현의 자유를 주장하지만, 문화의 구성원들은 문화적 정체성을 보호받기를 원한다. 문화 도용에 대한 자신의 입장을 정리하여 토의 활동을 해 보자.

관련 학과 예체능계열 전체

《표절에 관하여》, 엘렌 모렐-앵다르, 이효숙 역, 봄날의책(2017)

[12심영02-04] • • •

듣거나 읽은 내용을 자신의 말이나 글로 요약한다.

� TED(www.ted.com)는 다양한 강연 영상을 제공한다. 체육과 관련된 영상의 예시로 '왜 사람들은 스포츠를 좋아할까요?(Why people love watching sports)'가 있다. 이 강연에서 ESPN의 스포츠 기자인 케이트 페이건는 스포츠가

모든 계층의 사람들을 하나로 모을 수 있고 공유된 커뮤니티와 소속감을 형성할 수 있다고 말하면서, 드라마와 흥분을 만드는 스포츠의 힘에 대해 논의한다. 그녀는 스포츠가 엄청나게 긴장감 있고 예측 불가능할 수 있으며, 이것이 사람들이 스포츠를 보는 이유 중 하나라고 주장한다. 해당 강연 영상이나 자신이 관심 있는 체육 또는 예술 관련 영상을 보고 자신의 말로 요약하여 영어로 발표해 보자.

관련 학과 예체능계열 전체

《**TED 프레젠테이션**》, 제레미 도노반, 김지향 역, 인사이트앤뷰(2020)

[12심영02-05] ●●●

말이나 글의 내용을 비교·대조한다.

➡ e스포츠는 전자 게임을 통해 경쟁하는 스포츠이다. 전 세계 e스포츠 산업 규모는 2021년 기준 11억 3,700만 달러(한화 약 1조 440억 원)로 추정되었다. e스포츠를 스포츠로 인정할 수 있는지에 대한 논쟁은 계속되고 있다. 육체적 활동이 부족하다는 이유로 스포츠가 아니라고 주장하지만, 전통적인 스포츠와 마찬가지로 선수들이 기술과 전략을 사용해 경쟁하며 팬들이 경기를 관람하고 선수들을 응원하므로 스포츠라고 주장하기도 한다. 이와 같이 체육 분야에서 대립되는 주장에 대한 글을 읽고 비교하여 발표해 보자.

관련 학과 경호학과, 골프학과, 사회체육학과, 스포츠과학과, 스포츠레저학과, 스포츠의학과, 유도학과, 체육학과, 태권도학과

《**e스포츠 직업 설명서**》, 남윤성·윤아름, 틈새책방(2021)

[12심영02-06] ●●●

다양한 매체의 정보를 재구성하여 발표한다.

➡ 음모론은 흥미를 불러일으키는 매력적인 주제와 서사를 제공하며 대중에게 현실과 허구를 넘나드는 경험을 하게 한다. 음모론을 소재로 한 영화는 스릴 넘치는 이야기와 긴장감 있는 전개를 통해 관객에게 새로운 시각을 제시하거나 현실에 대한 의문을 던지기도 한다. 예를 들어 권력자들의 비밀스러운 계획이나 정부의 진실 은폐를 다룬 영화들은 종종 사회적 불안과 신뢰의 문제를 반영하며, 음모론을 통해 권력 구조나 진실에 대한 경각심을 관객에게 일깨운다. 음모론을 다룬 영화의 이러한 특성에 대해 영어로 발표해 보자.

관련 학과 예체능계열 전체

음모론

얀-빌헬름 반 프로이엔,
신영경 역, 돌배나무(2020)

책 소개

《음모론》의 원제는 'The Psychology of Conspiracy Theories'이며 음모론이라는 주제를 심리학적 관점에서 깊이 있게 탐구하고 있다. 저자는 음모론이 어떻게 형성되고 퍼져 나가는지, 그리고 이러한 믿음이 개인과 사회에 어떤 영향을 미치는지 분석한다. 음모론의 원인과 그것이 가져오는 심리적·사회적 효과, 그리고 그러한 믿음을 어떻게 다뤄야 하는지에 대한 실질적인 방안을 제시하고 있다.

세특 예시

'음모론(얀-빌헬름 반 프로이엔)'을 읽고 관심 있는 분야인 미술과 연관시켜 주제 탐구활동을 진행함. 현대 미술은 불확실성이라는 명목으로 종종 모호하고 해석의 여지를 남기는 방식으로 표현되는데, 이러한 불확실성은 음모론적 사고와 유사한 방식으로 작용하여 관람객에게 다양한 해

석과 의미 부여의 가능성을 열어준다는 생각을 발전시켜 보고서를 작성함.

[12심영02-07] ● ● ●

글의 내용과 형식을 점검하여 정보 윤리에 맞게 고쳐 쓴다.

➡ 과거 우리나라에서 중요하게 챙기던 전통 명절 중 하나가 '대보름'이다. 그러나 현재에는 대보름의 명절로서의 기능이 과거에 비해 매우 약해졌다. 대보름은 음력으로 정월 15일이며 주로 한반도와 주변 지역에서 기념되었다. 노래와 무용을 기획했고 산행을 했으며 풍물놀이와 같은 전통적인 놀이를 하는 등 지역에 따라 다양한 형태로 기념했다. 그러나 현대에는 대보름이 큰 주목을 받지 않고, 전통 명절로서의 중요성도 작아졌다. 그 이유와 배경, 대보름의 의의를 영어로 작성하여 발표하고 다른 나라와 비교해 보자.

〔관련 학과〕 예체능계열 전체

《세계의 축제와 문화》, 김용섭, 새로미(2016)

[12심영02-08] ● ● ●

적절한 전략을 적용하여 다양한 언어·문화적 배경을 가진 영어 사용자와 공감하며 소통하는 태도를 가진다.

➡ 예술가의 자서전은 작품 너머의 인간적 면모와 창작 과정의 내면을 들여다볼 수 있는 소중한 기록이다. 예술가는 자서전을 통해 자신이 삶에서 경험한 고뇌, 영감, 성장의 과정을 솔직하게 풀어내며, 이를 통해 독자들은 예술가의 작품에 담긴 감정과 메시지를 깊이 이해하게 된다. 또한 자서전은 예술가의 독특한 세계관과 예술적 철학을 엿볼 수 있게 하며, 그가 시대와 사회에 대해 어떤 시각을 가졌는지 알게 해 준다. 관심 있는 예술가의 자서전을 읽고 이를 영어로 발표해 보자.

〔관련 학과〕 예체능계열 전체

《챗GPT 활용해 한달 만에 자서전 쓰기》, 김연욱, 마이스터연구소(2023)

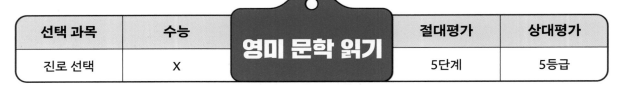

선택 과목	수능	영미 문학 읽기	절대평가	상대평가
진로 선택	X		5단계	5등급

|🔍| 다양한 장르, 다양한 주제, 문학작품, 이해, 표현, 감상, 비평, 비판적 사고력, 창의적 사고력, 예술성, 심미적 가치, 독자와 소통

[12영문01-01] ●●●

다양한 장르와 주제의 문학작품을 읽고 주요 내용을 요약한다.

➡️ 음악과 관련된 문학 작품을 감상하는것은 음악에 대한 이해를 넓히고 음악에 대한 새로운 시각을 얻을 수 있는 좋은 기회이다. 특히 작품이 음악에 대한 어떤 이해를 바탕으로 하고 있는지, 어떠한 예술적 관점에서 메시지를 전달하고 있는지 생각하면서 감상하도록 한다. 예시로 《The Notebooks of Malte Laurids Brigge》(Rainer Maria Rilke)가 있는데, 이 작품은 음악의 본질과 의미를 탐구하는 작품으로, 음악에 대한 깊이 있는 통찰을 제공한다. 자신이 관심 있는 작품을 읽고 주요 내용을 요약해 보자.

관련 학과 공예학과, 관현악과, 무용학과, 뮤지컬학과, 미술학과, 뷰티디자인학과, 사진학과, 산업디자인학과, 서양화과, 성악과, 시각디자인학과, 음악학과, 작곡과, 조소과, 패션디자인학과

《The Notebooks of Malte Laurids Brigge》, 라이너 마리아 릴케, THE TEXT A YBM COMPANY(2008)

[12영문01-02] ●●●

문학 작품을 읽고 필자나 인물의 의도나 목적을 파악한다.

➡️ 문학은 작가의 사고와 감정의 반영이다. 작품을 통해 작가나 캐릭터의 생각과 목적을 이해하는 것은 깊은 해석에 필수적이다. 작품의 주제와 핵심 내용을 살피고, 그 구조와 진행을 고려하면서 사용된 언어와 표현을 검토하면 작가나 캐릭터의 생각을 알 수 있다. 작품에서 작가가 전하려는 메시지와 표현하려는 감정을 생각해 보며 자신이 관심 있는 분야와 관련된 주제의 문학을 선택하여 작가의 의도를 이해하고 이를 공유하자.

관련 학과 예체능계열 전체

《스토리의 유혹》, 피터 브룩스, 백준걸 역, 앨피(2022)

[12영문01-03] ●●●

문학 작품을 읽고 자신의 느낌이나 감상을 공유하고 표현한다.

➡️ 문학 작품을 읽고 자신의 느낌이나 감상을 공유하고 표현하는 것은 문학 작품을 더 풍부하게 이해하고 즐길 수 있는 방법이다. 자신의 느낌이나 감상을 공유하고 표현함으로써 작품에 대한 자신의 생각과 관점을 정리하고, 다른 독자들과 작품에 대한 의견을 나눌 수 있다. 작품의 내용과 주제를 중심으로 생각하고 작품의 내용 중 인상 깊었던 부분이나 공감했던 부분이 무엇인지, 작품의 주제를 어떻게 이해했는지 생각해 보며 자신이 감상한 작품에 관해 영어 커뮤니티에 글을 올리고 다른 이들의 감상과 비교해 보자.

국어 교과군

영어 교과군

수학 교과군

과학 교과군

사회 교과군

체육·예술 교과군

관련 학과 예체능계열 전체

《**데이비드 댐로쉬의 세계문학 읽기**》, 데이비드 댐로쉬, 김재욱 역, 앨피(2022)

[12영문01-04] ●●●

이야기나 희곡을 읽고 작품의 구조를 분석하여 구성 요소를 설명한다.

➡ 희곡은 무대에서 상연하도록 만들어진 문학 작품으로, 대사·지문·해설, 막과 장, 인물·사건·주제 등으로 구성된다. 대표적인 희곡으로 윌리엄 셰익스피어의 〈맥베스(Macbeth)〉가 있는데, 이 작품은 권력과 탐욕, 죄책감과 복수를 다루며, 스코틀랜드 왕 맥베스와 그의 아내 레이디 맥베스의 비극적인 이야기가 담겨 있다. 해당 작품을 읽으며 작품의 구조를 분석하기 위해 막과 장을 구분하고 등장인물, 사건과 주제를 파악하여 발표해 보자. 또한 희곡 작품이 공연될 때 무대미술과 음악, 안무, 무대장치 등 자신이 관심 있는 분야와 관련된 요소를 조사하여 발표해 보자.

관련 학과 예체능계열 전체

《**맥베스**》, 윌리엄 셰익스피어, 최종철 역, 민음사(2004)

[12영문01-06] ●●●

다양한 매체를 활용하여 문학 작품의 내용을 다양한 관점으로 분석·비평한다.

➡ 문학작품과 예술은 서로 영감을 주고받으며 다양한 방식으로 연결되어 왔다. 문학은 예술가에게 깊이 있는 서사와 감정을 제공하여 이를 시각적으로 표현하게 하고, 예술은 문학적 상상력을 확장시켜 이야기에 생동감을 더하게 한다. 예를 들어 문학 속 장면이나 인물들이 그림, 조각, 영화 등 다양한 예술 작품으로 재탄생하여 새로운 해석을 제공하기도 한다. 또한 문학과 예술은 인간의 경험과 감정을 함께 탐구하며, 사회적 메시지를 전달하는 중요한 도구로 작용한다. 문학과 예술이 서로 어떻게 영향을 주고받는지에 대해 영어로 발표해 보자.

관련 학과 예체능계열 전체

《**낭만적 거짓과 소설적 진실**》, 르네 지라르, 김치수 외 1명 역, 한길사(2022)

[12영문01-07] ●●●

문학 작품을 읽고 우리 문화와 타 문화의 생활 양식, 사고방식, 의사소통 방식의 차이와 다양성에 대해 비교·분석한다.

➡ 디스토피아를 다룬 예술작품은 미래에 대한 불안과 사회적 비판을 표현하는 데 중요한 역할을 한다. 디스토피아적 작품들은 주로 어두운 미래, 억압적 체제, 인간성의 상실 등을 주제로 하여 현대사회의 문제점을 반영하고 경고의 메시지를 전달한다. 이러한 예술 작품은 기술의 남용, 환경 파괴, 개인의 자유 상실 등 우리 사회가 직면할 수 있는 위험을 상상하고 표현함으로써, 관객에게 깊은 경각심을 불러일으킨다. 디스토피아적 예술 작품을 통해 사회 문제에 대한 비판과 성찰을 이끌어내는 방법에 대해 영어로 발표해 보자.

관련 학과 예체능계열 전체

《**나는 왜 SF를 쓰는가―디스토피아와 유토피아 사이에서**》, 마거릿 애트우드, 양미래 역, 민음사(2021)

선택 과목	수능	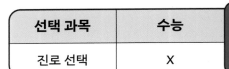	절대평가	상대평가
진로 선택	X	심화 영어 독해와 작문	5단계	5등급

단원명 | 독해

> |🔍| 플라스틱 전환 기술, 식품 소비 패턴, 윤리적 문제, 캐릭터 디자인, 펨테크, 생활 습관 형성, 예술적 표현, 함축적 의미, 예술의 역할, 표현의 자유, 예술의 힘, 마이데이터, 블랙라이브스매터, 예술의 사회적 이슈 해결, 드론 기술, 문화적 영향 분석

[12심독01-01] • • •

다양한 분야의 기초 학문 주제에 관한 글을 읽고 주요 내용을 파악한다.

➡ 최근 연구에서 플라스틱을 식품으로 전환하는 기술이 개발되었다. 관련 영문 자료 'The Incredible, Edible Plastic?'을 참고하여 이러한 기술이 사회와 문화에 어떤 영향을 미칠지 탐구해 보자. 이 기술의 수용성, 윤리적 문제에 대해 생각하고, 이 기술이 우리의 식품 소비 패턴에 어떤 변화를 가져올지에 대해 탐구해 보자.

관련 학과 예체능계열 전체

《플라스틱을 갈아 마시면 무슨 맛일까》, 박선욱, 지식과감성(2022)

[12심독01-02] • • •

이야기나 서사 및 운문을 읽고 필자나 등장인물의 심정이나 의도를 추론한다.

➡ R. J. Palacio의 《Wonder》의 주인공 어거스트는 특별한 외모 때문에 사람들로부터 다르게 대우받는다. 《Wonder》의 주인공인 어거스트를 어떻게 그릴 수 있을까? 그의 특별한 외모와 개성을 반영하는 캐릭터 디자인을 만들어 보자. 또한 예술과 디자인이 다양성과 차별에 대한 사람들의 이해를 돕고 인식을 바꾸는 데 어떤 도움이 될 수 있는지 탐구하여 발표해 보자.

관련 학과 예체능계열 전체

《Wonder》, R. J. Palacio, Random House(2014)

[12심독01-03] • • •

글의 구성 방식을 고려하여 논리적 관계를 추론한다.

➡ 최근 디지털 헬스케어 산업이 빠른 속도로 성장하고 있다. 특히 그중에서도 여성 건강을 위한 기술, 즉 펨테크(FemTech) 분야는 더욱 주목받고 있다. 관련 영문 기사 'The dawn of the FemTech revolution'을 참고하여 펨테크 제품의 디자인이 여성의 건강 인식과 행동에 어떤 영향을 미치는지 조사해 보자. 특히 디자인 요소가 제품 사용의 편의성과 만족도, 그리고 건강한 생활 습관 형성에 어떻게 기여하는지 분석하고, 이를 통해 제품의 사용성과 만족도를 높이는 방법을 제안해 보자.

관련 학과 뷰티디자인학과, 사진학과, 산업디자인학과, 시각디자인학과, 패션디자인학과

《국내외 펨테크(Femtech) 산업분석보고서》, 비피기술거래 외 1명, 비티타임즈(2022)

[12심독01-04]

글의 맥락과 배경지식을 활용하여 함축적 의미를 추론한다.

➡ 예술은 사회현상이나 이슈를 반영하고 그것을 다양한 방식으로 표현하는 매개체이다. 예술가들은 자신이 생각하는 사회문제나 이슈를 작품에 표현함으로써 사람들에게 해당 이슈에 대한 인식을 높이고 그에 대한 해결방안을 제시하는 역할을 한다. 영문 자료 'Art as a Medium for Social Change'를 참고하여 현재 사회에서 가장 중요하다고 생각하는 이슈를 선택하고, 그 이슈를 어떻게 예술적으로 표현할 수 있을지 제안해 보자. 이 과정에서 단순히 이슈를 표현하는 것을 넘어 이슈의 함축적 의미를 이해하고 이를 예술적 표현에 녹여내는 방법을 탐구해 보자. 또한 '예술을 통해 사회 이슈를 해결하는 방법은 무엇인가?'에 대해 고민하고 그 내용을 발표해 보자.

관련 학과 공예학과, 관현악과, 만화애니메이션학과, 무용학과, 뮤지컬학과, 미술학과, 사진학과, 서양화과, 성악과, 실용음악학과, 연극영화학과, 음악학과, 작곡과, 조소과

《예술에 대한 여덟 가지 답변의 역사》, 김진엽, 우리학교(2020)

[12심독01-05]

다양한 문학작품을 읽고 문학적 표현과 의미를 파악한다.

➡ 조지 오웰의 《동물농장》은 문학 작품을 통해 사회를 비판한 한 예이며, 예술이 사회에 미치는 영향과 그 중요성을 보여 주는 작품이기도 하다. 이 작품을 통해 예술의 역할과 표현의 자유를 탐구하고, 이것을 예술가가 창작 활동에 어떻게 반영할 수 있는지 분석해 보자. 관련 영문 자료 'Animal Farm by George Orwell—Book Analysis'를 참고하여 《동물농장》이 사회를 비판하는 작품으로 어떻게 작용하는지 분석해 보자.

관련 학과 미술학과, 사진학과, 서양화과, 성악과, 음악학과

《표현의 자유 확장을 위한 논리》, 이정기, 이담북스(2022)

[12심독01-06]

다양한 유형의 글의 구조와 형식을 비교·분석한다.

➡ 현대사회에서 예술 작품은 단순한 감상의 대상이 아니라, 감정을 자극하고 사회적·정치적 메시지를 전달하는 강력한 수단으로 활용되고 있다. 특히 시각예술, 퍼포먼스, 영화, 음악 등 다양한 예술 형태가 이러한 역할을 수행하며 사람들에게 새로운 시각을 제시하고 특정 주제에 대한 관심을 높이는 데 큰 역할을 하고 있다. 예술 작품이 어떻게 설득과 정보 제공의 역할을 하는지 탐구해 보자. 영문 자료 'Persuasive vs Informative: Meaning And Differences'를 참고하여 예술 작품이 감정을 자극하고 사회적·정치적 메시지를 전달하는 방법을 분석하고, 이를 통해 예술의 힘과 영향력에 대해 탐구해 보자.

관련 학과 예체능계열 전체

《예술의 힘》, 마르쿠스 가브리엘, 김남시 역, 이비(2022)

[12심독01-08]

우리 문화 및 타 문화의 생활 양식, 사고방식, 의사소통 방식에 관한 글을 읽고 문화 간 차이에 대해 포용적인 태도를 갖춘다.

➲ 전 세계적으로 이슈가 되고 있는 블랙라이브스매터(Black Lives Matter, BLM) 운동은 사회적·정치적 문제에 그치는 것이 아니라 예술계에도 큰 영향을 미쳤다. 블랙라이브스매터 운동이 예술 작품에 어떻게 반영되고 있는지, 그리고 이 운동의 메시지가 예술을 통해 어떻게 전달되고 있는지 탐구해 보자. 특히 블랙라이브스매터 운동 외에 다른 나라의 사례도 함께 분석하여 예술이 단순히 미의 표현만이 아니라 사회적 이슈를 제기하고 대중의 시각을 환기하는 중요한 수단이 될 수 있다는 것에 대해 분석한 내용을 공유해 보자.

관련 학과   미술학과, 사진학과, 서양화과, 성악과, 실용음악학과, 음악학과, 작곡과, 조소과

《편견》, 제니퍼 에버하트, 공민희 역, 스노우폭스북스(2021)

[12심독01-09]

적절한 읽기 전략을 적용하여 스스로 읽기 과정을 점검하며 읽는다.

➲ 드론 기술은 예술 분야에서도 새로운 창작의 가능성을 열고 있다. 드론을 활용한 퍼포먼스 아트, 드론을 이용한 영상 촬영 등 다양한 예술적 표현이 가능해지고 있다. 예술적 표현의 의도와 방법, 드론의 기술적 한계와 가능성, 그리고 이러한 창작 활동이 사회와 문화에 미치는 영향 등을 고려하여 드론을 활용한 예술 퍼포먼스의 창작 방법을 탐구해 보자.

관련 학과   예체능계열 전체

《드론은 산업의 미래를 어떻게 바꾸는가》, 이원영 외 2명, 한스미디어(2015)

단원명 | 작문

| 🔍 건설 로봇, 실업 문제, 노동자의 권리, 사회 안전망, 경제적 파급 효과, 지속 가능한 건설업, 기능성과 미적 가치

[12심독02-01]

다양한 분야의 기초 학문 주제에 관하여 사실적 정보를 기술하거나 설명하는 글을 쓴다.

➲ 로봇 기술의 발전은 예술과 디자인 분야에도 큰 영향을 미친다. 로봇을 이용한 새로운 건축 디자인 방법론에 대해 탐구하고, 이를 바탕으로 새로운 건물 디자인 아이디어를 제안해 보자. 특히 로봇 기술을 활용하여 어떻게 더 복잡하고 정교한 건축 디자인을 구현할 수 있는지, 그리고 이를 통해 어떻게 건축물의 기능성과 미적 가치를 동시에 향상할 수 있는지 탐구해 보자. 이를 위해 로봇 기술의 최신 트렌드와 가능성을 탐구하고, 이를 바탕으로 실제로 구현 가능한 창의적인 건축 디자인 아이디어를 도출해 보자.

관련 학과   산업디자인학과, 시각디자인학과

《로봇 디자인의 숨겨진 규칙》, 구신애, 살림(2009)

이야기나 서사 및 운문에 대해 자신의 감상이나 느낌을 표현하는 글을 쓴다.

➡ 마야 앤젤루의 시 〈Still I Rise〉는 강렬한 리듬과 이미지 그리고 언어의 힘을 통해 메시지를 전달한다. 관련 영문 자료 'Still I Rise Summary & Analysis'를 참고하여 이 시의 표현력을 예술적인 관점에서 분석하고, 그것이 어떻게 시의 효과를 높이는지 탐구해 보자. 또한 자신의 개인적인 감상과 느낌을 바탕으로 이 시의 의미를 더 깊이 이해하고, 그것이 자신의 생각과 감정에 어떤 영향을 미쳤는지에 대한 글을 작성해 보자.

관련 학과　예체능계열 전체
《사람은 왜 그림을 그리고 노래를 부르고 시를 쓸까》, 손석춘, 낮은산(2015)

다양한 주제에 관하여 상대방을 설득하는 글을 쓴다.

➡ 최근에 웨이모(Waymo)의 자율주행 택시가 서비스를 시작하면서, 이러한 차량의 디자인이 사용자 경험에 어떤 영향을 미치는지에 대한 연구가 중요해졌다. 자율주행 차량의 디자인이 사용자의 편의와 안전에 어떤 영향을 미치는지 분석해 보자. 자율주행 차량의 디자인을 개선하는 방안에 대해 고민해 보자. 이를 위해 사용자 설문 조사나 인터뷰를 통해 사용자의 의견을 수집하고, 이를 바탕으로 자율주행 차량의 디자인에 대한 자신의 아이디어를 제시하는 글을 작성해 보자.

관련 학과　산업디자인학과, 시각디자인학과
《인공지능과 자율주행 자동차, 그리고 법》, 김기창 외 6명, 세창출판사(2017)

다양한 기초 학문 분야의 주제에 관하여 듣거나 읽고 주요 정보를 요약한다.

➡ 우주에서 재배된 식물을 이용하여 예술 작품을 기획하고 제작해 보자. 예술, 식물학, 우주학 등 다양한 학문 분야의 지식을 통합적으로 활용하여 식물 재배 과정에서 생기는 어려움, 창의적인 해결 방안 등을 기록하며 이를 통해 예술적 표현의 새로운 가능성을 탐색해 보자. 또한 완성된 작품을 통해 우주여행의 예술적 가치 해석도 시도해 보자.

관련 학과　미술학과, 사진학과, 서양화과, 성악과, 실용음악학과, 연극영화학과, 음악학과, 작곡과, 조소과, 체육학과
《NASA 예술》, 피어스 비조니, 송근아 역, 안그라픽스(2022)

우리 문화 및 타 문화의 생활 양식, 사고방식, 의사소통 방식에 관한 글을 읽고 문화 간 차이에 대해 비교·대조하는 글을 쓴다.

➡ 영문 기사 'More couples are divorcing after age 50 than ever before. Psychologists are helping them navigate the big changes'를 참고하여 노년기의 이혼에 대해 분석해 보자. 서양과 동양 문화에서 이혼 경험을 반영한 예술 작품을 비교·분석하고, 이를 통해 노년기 이혼이 예술 표현에 어떤 영향을 미치는지 탐구해 보자. 특히 문화적 배경이 이런 예술 표현에 어떤 차이를 가져오는지를 비교하면서 그 차이가 각 문화의 생활 양식, 사고방식, 의사소통 방식과 어떻게 연결되는지 살펴보자. 이렇게 얻은 지식을 종합하여 노년기 이혼을 주제로

한 새로운 예술 형식이나 표현 방법에 대한 아이디어를 제시해 보자.

관련 학과 뮤지컬학과, 미술학과, 사진학과, 서양화과, 성악과, 실용음악학과, 연극영화학과, 음악학과, 작곡과, 조소과

《이혼 후 성장》, 오은규, 학지사(2020)

[12심독02-06]　　　　　　　　　　　　　　　　　　　● ● ●

다양한 매체 정보를 분석·종합·비평하여 재구성한다.

➡ 디지털 아트는 기술의 발전과 함께 새로운 예술의 영역을 개척하고 있다. 디지털 아트의 발전 과정을 추적하고, 그 과정에서 나타난 주요 특징과 변화를 분석하자. 또한 디지털 아트가 사회와 문화에 어떤 영향을 미쳤는지를 깊이 있는 관점에서 탐구하고, 특정 디지털 아트 작품이나 트렌드를 중심으로 그 작품의 표현 방식과 그것에 담긴 의미, 그리고 그것이 미치는 사회적·문화적 영향을 분석해 보자. 이를 통해 디지털 아트가 기존의 예술 영역을 어떻게 확장하고 사회와 문화에 어떤 변화를 가져오는지에 대해 탐구한 뒤 그 내용을 발표해 보자.

관련 학과 뮤지컬학과, 미술학과, 사진학과, 서양화과, 성악과, 실용음악학과, 연극영화학과, 음악학과, 작곡과, 조소과

《디지털 아트》, 노소영, 자음과모음(2014)

[12심독02-07]　　　　　　　　　　　　　　　　　　　● ● ●

사회적으로 이슈가 되는 주제에 관하여 정보 윤리를 준수하며 비판적이고 독창적인 글을 쓴다.

➡ 예술은 역사적 사건을 표현하고 전달하는 강력한 도구이다. 강제 징용 피해자들의 경험을 다양한 예술 형식(미술, 음악, 드라마 등)을 통해 어떻게 표현할 수 있는지 탐구하고, 이를 통해 어떻게 하면 사회적 메시지를 강력하게 전달할 수 있는지에 대해서도 심도 있게 고민해 보자. 이 과정에서 예술의 표현 방식이 관객의 인식과 감정에 어떤 영향을 미치는지, 그리고 이를 통해 어떻게 사회적 변화를 일으킬 수 있는지에 대해 비판적으로 분석해 보자.

관련 학과 공예학과, 관현악과, 무용학과, 뮤지컬학과, 미술학과, 방송연예과, 사진학과, 성악과, 실용음악학과, 연극영화학과, 음악학과, 작곡과, 조소과

《끌려가다, 버려지다, 우리 앞에 서다 2》, 서울대 인권센터 정진성 연구팀, 푸른역사(2018)

[12심독02-08]　　　　　　　　　　　　　　　　　　　● ● ●

다양한 분야의 주제에 관하여 적절한 쓰기 전략을 적용하여 글을 점검하고 고쳐 쓴다.

➡ 관련 영문 기사 'Aspartame hazard and risk assessment results released'에 따르면, 최근 아스파탐이라는 인공 감미료에 대한 건강 영향 평가 결과가 발표되었다. 예전부터 다양한 식품과 음료에 널리 사용되어 온 아스파탐의 역사와 그것이 사회와 문화에 어떤 영향을 미쳤는지를 탐구한 뒤, 아스파탐에 대한 사회적 인식의 변화를 연구하고 이를 통해 건강에 대한 인식과 선택의 변화를 분석해 보자.

관련 학과 예체능계열 전체

《우리 주변의 화학물질》, 우에노 게이헤이, 이용근 역, 전파과학사(2019)

선택 과목	수능	**실생활 영어 회화**	절대평가	상대평가
융합 선택	X		5단계	5등급

| 🔍 온라인 아트 플랫폼, 작품 분석, 노이즈 캔슬링, 문제 해결, 예술가의 창작 환경, 인터뷰 진행 및 분석, 문화예술 교류, 에듀테크, 새로운 교육 방식, 인공지능, 지속 가능한 예술 활동, 인터랙티브 스토리텔링, 디자인 씽킹

[12실영01-01] ● ● ●

실생활에 관한 말이나 대화를 듣고 핵심 정보를 파악한다.

➡ 온라인 아트 플랫폼은 디지털 아트의 발전에 많은 도움을 주고 있다. 온라인 아트 플랫폼의 역할과 디지털 아트의 발전에 대해 탐구해 보자. 디지털 아트 작품을 분석한 뒤, 그것이 전통적인 예술과 어떻게 다른지 논의해 보고, 그 작품에 대한 자신의 감정과 생각을 표현해 보자.

관련 학과 예체능계열 전체

《디지털 아트》, 노소영, 자음과모음(2014)

[12실영01-02] ● ● ●

실생활에 관한 말이나 대화를 듣고 화자의 의도나 목적을 추론한다.

➡ 노이즈 캔슬링 기술은 음향 기술의 중요한 발전 중 하나로, 우리의 일상 생활뿐만 아니라 예체능 분야에도 큰 변화를 가져올 것으로 예상된다. 특히 음악, 무용, 연극 등의 예술 분야에서는 이 기술을 통해 공연의 품질을 향상하고 창작 활동에서 새로운 가능성을 탐색할 수 있다. '노이즈 캔슬링 기술이 예체능 분야에 어떻게 응용될 수 있으며, 이를 통해 어떤 창조적 문제 해결이 가능한가에 대해 아이디어를 공유해 보자.

관련 학과 무용학과, 뮤지컬학과, 방송연예과, 사진학과, 서양화과, 성악과, 실용음악학과, 연극영화학과, 음악학과, 작곡과, 조소과

《집중의 기술 노이즈 캔슬링》, 요코야마 노부히로, 이승희 외 1명 역, KSAM(2015)

[12실영01-03] ● ● ●

자신이나 주변 사람 또는 사물을 자신감 있게 소개한다.

➡ 플랫폼 경제는 예술가들의 창작 환경에 큰 변화를 불러왔다. 이 변화가 예술가나 예술 단체의 창작 활동에 어떤 영향을 미치는지 탐구하고, 플랫폼을 통해 성공한 예술가나 단체를 소개하는 활동에 참여해 보자. 또한 '플랫폼 경제가 예술가들의 창작 활동에 미친 영향과 이를 통해 보이는 예술 문화의 변화는 무엇인가?'에 대한 탐구를 진행해 보자. 이를 위해 주변 예술가나 예술 단체를 대상으로 인터뷰를 진행하고, 그들이 활용하는 플랫폼을 조사하며, 이를 통해 예술 창작의 변화를 직접 체험하고 분석해 보자.

관련 학과 미술학과, 사진학과, 서양화과, 성악과, 실용음악학과, 연극영화학과, 음악학과, 작곡과, 조소과

《플랫폼 경제와 공짜 점심》, 강성호, 미디어숲(2021)

[12실영01-04]

존중과 배려의 자세로 상대방의 말을 경청하고 자신의 의견이나 감정을 표현한다.

● 세계화 시대인 현재에는 각 나라와 문화의 예술이 쉽게 교류되고 있다. 이는 예술의 다양성을 더욱 부각하는 동시에, 각자의 문화를 이해하고 존중하는 기회를 제공한다. 이러한 배경에서 '국제 문화예술 교류 프로젝트: 다양한 문화의 예술 이해와 존중'을 진행해 보자. 다양한 국가와 문화의 예술 형태를 이해하고 존중하는 방법을 탐구한 뒤, 국제 예술 교류 프로젝트를 기획하고 이를 실행하여 다양한 문화 배경을 가진 학생들과 예술에 대한 의견과 감상을 나눠 보자.

관련 학과 미술학과, 사진학과, 서양화과, 성악과, 실용음악학과, 연극영화학과, 음악학과, 작곡과, 조소과

《**예술과 인공지능**》, 이재박, MiD(2021)

[12실영01-05]

실생활에 관한 경험이나 사건 또는 간단한 시각 자료를 묘사한다.

● 디지털 기술의 발전에 따라, 교육 분야에서도 에듀테크의 활용이 확대되고 있다. 이는 예체능 교육에도 적용되며 새로운 교육 방식을 제시한다. 에듀테크가 예체능 교육에 미치는 영향을 조사하고, 특정 에듀테크 도구의 활용 사례를 중심으로 이를 묘사하는 보고서를 작성해 보자.

관련 학과 예체능계열 전체

《**에듀테크 활용 레시피**》, 정지영, 내하출판사(2022)

[12실영01-06]

실생활에 필요한 일의 방법이나 절차를 설명한다.

● 인공지능 기반 융복합 예술 창작물은 기술과 예술이 결합된 새로운 예술 형태이다. 이는 인공지능이 창작 과정에 직접 참여하는 것을 말한다. 이 현상에 대해 영어로 탐구하고, 이러한 예술 작품의 창작 과정과 표현 방법을 상세히 설명하는 보고서를 작성해 보자. '인공지능이 예술 창작에 어떤 새로운 가능성을 열었는가?'를 주제로 심화 탐구활동을 해 보자.

관련 학과 미술학과, 사진학과, 서양화과, 성악과, 실용음악학과, 음악학과, 작곡과, 조소과

《**인공지능 시대의 예술**》, 김재인 외 8명, 도서출판b(2019)

[12실영01-07]

실생활에서 상황이나 목적에 맞게 대화를 이어 간다.

● 지속 가능성이란 현재의 사회적·환경적·경제적 요구를 충족하면서 미래 세대의 요구를 충족하는 능력을 보장하는 것을 의미한다. 이 개념은 예술과 문화, 특히 예체능 분야에도 중요한 역할을 하고 있다. 이에 대해 탐구하고, 지속 가능한 예술 활동이 사회와 환경에 어떤 영향을 미치는지 상세히 분석하는 보고서를 작성해 보자. 또한 '지속 가능한 예술 활동이 사회와 환경에 어떤 영향을 미치는가?'를 주제로 심화 탐구활동을 해 보자.

관련 학과 미술학과, 사진학과, 서양화과, 성악과, 실용음악학과, 연극영화학과, 음악학과, 작곡과, 조소과

《**컬처 쇼크**》, 재레드 다이아몬드 외 24명, 강주헌 역, 와이즈베리(2013)

[12실영01-08] ● ● ●

의사소통 상황이나 목적에 맞게 언어적·비언어적 표현을 사용하여 반응한다.

➡ 디지털 시대의 정보 소비 패턴 변화에 따라 인터랙티브 스토리텔링 뉴스가 주목받고 있다. 인터랙티브 스토리텔링 뉴스는 사용자의 선택에 따라 내용이 바뀌는 새로운 형태의 뉴스로, 독자들에게 더 깊이 있는 이해와 참여를 제공한다. 이에 대해 탐구하고, 인터랙티브 스토리텔링 뉴스가 뉴스 소비에 어떤 영향을 미치는지 상세히 분석해 보자. 또한 '인터랙티브 스토리텔링 뉴스가 뉴스 소비에 어떤 영향을 미치는가?'를 주제로 논의하고, 이에 대한 본인의 견해를 표현하는 활동을 해 보자.

`관련 학과` 방송연예과, 산업디자인학과, 시각디자인학과, 연극영화학과
《디지털 시대의 소비자와 시장》, 이은희 외 5명, 시그마프레스(2020)

[12실영01-09] ● ● ●

의사소통 상황이나 목적에 맞게 적절한 전략을 적용하여 대화에 참여한다.

➡ 디자인 씽킹은 복잡한 문제를 해결하기 위한 창의적인 접근 방법으로, 문제를 이해하고 정의하고, 해결책을 생각하고, 그 해결책을 반복적으로 실험하고 개선하는 과정을 포함한다. 이것은 예술 분야에도 활용될 수 있다. 디자인 씽킹을 활용한 새로운 예술 작품 제작을 상세히 분석해 보자. 또한 '디자인 씽킹을 활용한 예술 작품 제작에서 가장 중요하게 고려해야 하는 요소는 무엇인가? 그리고 이를 통한 예술 작품의 변화와 발전 방향은 어때야 하는가?'를 주제로 심화 탐구를 진행해 보자.

`관련 학과` 미술학과, 사진학과, 서양화과, 성악과, 실용음악학과, 연극영화학과, 음악학과, 작곡과, 조소과
《디자인 씽킹—AI는 모르는 공감의 기술》, 장재희, 스리체어스(2020)

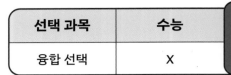

선택 과목	수능	미디어 영어	절대평가	상대평가
융합 선택	X		5단계	5등급

| 🔍 | 미디어 콘텐츠, 감상, 활용, 미디어의 특성, 비판적 사고력, 융합적 활용, 창의적 전달, 효과적 전달, 디지털 상호작용, 디지털 리터러시

[12미영01-01] ● ● ●

영어 검색 엔진을 활용하여 필요한 정보를 찾아낸다.

➡ 예술 장르들은 유기적으로 연결되어 있으며, 서로 영향을 미치며 발전한다. 예를 들어 음악은 문학과 연극의 영향을 받았으며, 영화는 문학·미술·음악, 연극의 영향을 받았다. 또한 현대 예술은 이러한 장르의 경계를 허물고 새로운 예술 형식을 창조해내고 있다. 영어로 표현된 많은 정보 중에서 필요한 정보를 찾기 위해 적절한 검색어를 생각해내고 영어 기반 검색 엔진을 활용하여 관심 있는 예술 분야가 다른 예술 분야 어떻게 연관되어 있는지 검색하자. 그리고 검색어에 따른 검색 결과를 조사하여 원하는 결과를 찾기에 가장 효율적인 검색어를 정리하여 발표해 보자.

관련 학과 공예학과, 관현악과, 무용학과, 뮤지컬학과, 미술학과, 뷰티디자인학과, 사진학과, 산업디자인학과, 서양화과, 성악과, 시각디자인학과, 음악학과, 작곡과, 조소과, 패션디자인학과

《**검색의 즐거움**》, 대니얼 M. 러셀, 황덕창 역, 세종서적(2020)

[12미영01-02] ● ● ●

다양한 주제에 대한 창의적 문제 해결을 위해 미디어를 활용하여 협업한다.

➡ 생성형 AI와 예술은 창작의 경계를 확장하고 새로운 가능성을 제시하는 흥미로운 조합이다. 생성형 AI는 방대한 데이터를 바탕으로 예술 작품을 생성하거나 인간 예술가의 창작 과정을 돕는 방식으로 사용된다. 이를 통해 예술가는 반복적이거나 기술적인 작업에서 벗어나 창의적 아이디어에 더욱 집중할 수 있으며, AI가 제안하는 예상치 못한 시각과 스타일을 통해 새로운 영감을 받기도 한다. 그러나 AI가 창작한 작품의 진정성, 저작권 문제 등 다양한 윤리적 질문을 야기하기도 한다. 생성형 AI와 예술이 융합하면서 발생하는 창작의 변화와 윤리적 쟁점에 대해 협업해서 조사하고 토론한 뒤 결론을 도출하여 영어로 발표해 보자.

관련 학과 예체능계열 전체

챗GPT에게 묻는 인류의 미래

김대식·챗GPT,
추서연 외 4명 역,
동아시아(2023)

책 소개

전기 및 전자 공학부 교수이자 뇌과학 박사 학위를 받은 저자는 챗GPT가 자기 입으로 자신의 작동 원리를 설명해 주는 것을 시작으로 사랑이나 정의, 죽음, 신 등 사람도 쉽게 이야기하기 어려운 형이상학적인 주제들에 대하여 온갖 자료를 바탕으로 폭넓은 논의를 이어 나간다. 프롤로그에서 에필로그까지 책의 모든 콘텐츠를 챗GPT와 함께 만들면서 계속해서 질문을 던지고 부족한 부분을 지적해 이야기를 촉발하면서 진행해 나간다.

세특 예시

인공지능의 발전과 다양한 생성형 AI 서비스의 출현으로 기존의 음악, 미술, 문예 창작 등의 분야에서 작가의 역할이 변화하는 상황을 살펴봄. 또한 자신의 희망 전공 또는 직업에 AI 기술이 미치는 영향을 탐구하는 시간을 가짐. 다양한 정보를 얻기 위해 '챗GPT에게 묻는 인류의 미래(김대식·챗GPT)'를 읽은 뒤 인공지능을 활용하여 브레인스토밍 활동을 하고 논의에 대한 기초지식을 얻음. 'AI는 새로운 창작의 도구인가? 아니면 화가의 대체재인가?'라는 질문에 대한 문제 해결을 위해 미디어를 활용하여 협업하는 모습을 보여 줌.

[12미영01-03] ● ● ●

미디어 정보에서 핵심어를 추출하여 내용을 요약하거나 재구성한다.

➡ 영어 미디어 정보를 활용하는 능력으로는 영어 정보 이해, 요약 또는 재구성, 핵심 정보 추출 등이 있다. 책, 신문, 잡지, 만화, 방송, 드라마, 영화, 팝송, 인터넷, 소셜 미디어, 원격 플랫폼, 동영상 플랫폼, 게임과 웹툰, 가상·증강·혼합 현실 미디어 등에서 희망 전공 분야를 다룬 흥미 있는 미디어를 선택하여 영어로 표현된 주제에 대해 자신의 생각을 요약해서 쓰거나 미디어에서 영어로 표현된 정보를 수집하고 분석하여 이를 요약, 재구성해 보자.

관련 학과 예체능계열 전체

《작문 문단쓰기로 익히기》, 캐슬린 E. 설리번, 최현섭 역, 삼영사(2000)

[12미영01-04] ● ● ●

미디어 정보를 비판적 태도로 검색, 선정, 비교 및 분석한다.

➡ 생성형 인공지능 그림 서비스는 인공지능(AI)을 사용하여 그림을 생성하는 서비스로, 기존의 그림 그리기 서비스는 사용자가 직접 그림을 그려야 했지만 사용자가 원하는 그림의 주제와 스타일(프롬프트)를 입력하면 AI가 그림을 생성한다. 생성형 인공지능 그림 서비스에 관한 내용을 영어로 된 다양한 미디어에서 검색하고 핵심 정보를 선정하여 저작권 문제, 일자리 감소, 창의성 논란 등에 대한 내용과 비교하거나 비판적으로 분석하여 발표해 보자.

관련 학과 예체능계열 전체

《창조적 행위》, 릭 루빈, 역, 코쿤북스(2023)

[12미영01-05] ●●●

목적이나 대상에 적합한 미디어를 활용하여 의견이나 정보를 공유한다.

➔ LinkedIn은 예술 분야의 전문가들이 네트워크를 구축하고 경력을 발전시키는 데 유용한 플랫폼이다. 예술가들은 LinkedIn을 통해 자신의 작품을 홍보하고 갤러리, 큐레이터, 아트 디렉터 등 다양한 업계 인사들과 소통할 수 있다. 또한 경력 개발과 관련된 콘텐츠를 공유하거나 새로운 프로젝트에 참여할 기회를 얻기도 한다. LinkedIn의 포트폴리오 기능을 통해 작품을 쉽게 전시할 수도 있어서, 예술가들이 자신의 작업을 시각적으로 표현하고 다양한 관객과 소통할 수 있는 장을 제공하기도 한다. 예술 분야에서 LinkedIn을 활용하여 네트워킹과 경력 개발을 하는 방법에 대해 영어로 발표해 보자.

`관련 학과` 예체능계열 전체

《링크드인 취업 혁명》, 김민경, 라온북(2022)

[12미영01-06] ●●●

미디어 정보를 융합하고 적절한 도구를 활용하여 콘텐츠를 제작한다.

➔ 인구 감소, 고령화, 산업 구조 변화, 지역 불균형 등 다양한 요인으로 인해 지방 소멸 현상이 발생하고 있고, 이는 지역경제 위축, 교육·문화·의료 서비스 축소, 지역 안전망 약화 등 다양한 문제를 야기한다. 생활체육이 지방 소멸을 막기 위한 하나의 방법으로 제시되고 있다. 생활체육은 지역 주민들이 건강을 유지하고 지역사회에 참여할 수 있는 기회를 제공하며, 지역경제 활성화에도 기여한다. 스포츠 행사도 지역 주민들이 모일 수 있는 기회를 제공하고 지역의 문화와 관광을 활성화할 수 있다. 영어권 국가의 생활 스포츠 및 스포츠 행사 사례를 조사하고 영어로 발표해 보자.

`관련 학과` 예체능계열 전체

《소멸 위기의 지방도시는 어떻게 명품도시가 되었나?》, 전영수 외 4명, 라의눈(2022)

[12미영01-07] ●●●

미디어에서 접하는 다양한 시청각 단서를 이해하거나 적절하게 표현한다.

➔ 예술 사조란 특정한 시대와 지역에서 유행한 예술의 경향이나 스타일을 지칭하며 예술가들의 사상과 감정, 당대의 사회적·문화적 변화 등을 반영한다. 예술 사조는 크게 주로 종교적·신화적 주제를 다루며 사실적인 묘사에 중점을 둔 고대, 상징주의와 종교적 신앙을 강조한 중세, 주관적인 감정과 경험을 표현하며 형식의 다양성을 추구한 근대, 전통적인 예술의 형식과 규범을 거부하고 새로운 표현 방식을 추구하는 현대의 네 시대로 구분할 수 있다. 관심 있는 예술 사조를 주제로 관련 있는 영어로 된 동영상을 찾아 해당 매체가 텍스트 외의 다양한 표현 방식(이미지, 색, 소리, 디자인, 하이퍼텍스트, 애니메이션, 이모티콘, 움직임 등)을 포함한 시청각 요소를 통해 시청자들의 이해를 용이하게 하는 요인을 찾아 분석하고 발표해 보자.

`관련 학과` 공예학과, 관현악과, 무용학과, 뮤지컬학과, 미술학과, 뷰티디자인학과, 사진학과, 산업디자인학과, 서양화과, 성악과, 시각디자인학과, 음악학과, 작곡과, 조소과, 패션디자인학과

《핵심 서양미술사》, 제라르 드니조, 배영란 역, 클(2018)

[12미영01-08] ●●●

미디어에 제시된 작품을 감상하고 다양한 관점에서 평가한다.

➡️ 원작이 다른 장르로 리메이크되는 현상은 엔터테인먼트 분야에서 자주 발생하고 있다. 리메이크란 원작의 스토리나 캐릭터를 다른 장르나 형식으로 재해석하거나 새로운 방식으로 구현하는 것을 뜻한다. 소설, 만화, 텔레비전 프로그램 등을 원작으로 한 영화 리메이크가 흔하고, 게임의 장르 변경, 음악 원곡을 재해석하여 클래식 음악을 팝송으로 편곡하거나 팝송을 재즈 버전으로 연주하는 등의 경우가 있다. 관심 있는 영어 작품이 리메이크된 사례를 조사하여 이를 발표해 보자.

`관련 학과` 공예학과, 관현악과, 무용학과, 뮤지컬학과, 미술학과, 뷰티디자인학과, 사진학과, 산업디자인학과, 서양화과, 성악과, 시각디자인학과, 음악학과, 작곡과, 조소과, 패션디자인학과

《세상은 이야기로 만들어졌다》, 자미라 엘 우아실 외 1명, 김현정 역, 원더박스(2023)

[12미영01-09] ● ● ●

미디어 정보를 창의적·비판적으로 처리하기 위해 정보의 출처를 확인하고 정보 보안을 준수한다.

➡️ 가짜 뉴스와 예술은 진실과 허구의 경계에서 사회적 메시지를 전달하는 흥미로운 특성을 가진다. 예술은 가짜 뉴스의 영향을 비판하거나 풍자하는 방식으로 대중에게 경각심을 불러일으키며 진실을 탐구하는 역할을 한다. 예술가들은 가짜 뉴스의 구조와 그로 인해 발생하는 사회적 혼란을 작품에 담아 정보의 왜곡과 조작의 위험성을 강조하고, 비판적 사고의 중요성을 환기한다. 이러한 예술 작품들은 관객이 가짜 뉴스의 영향을 자각하고 정보를 비판적으로 수용하도록 유도하며, 예술을 통해 진실의 중요성을 성찰할 기회를 제공한다. 가짜 뉴스와 예술이 상호작용하며 사회에 미치는 영향을 영어로 발표해 보자.

`관련 학과` 예체능계열 전체

《CIA 분석가가 알려 주는 가짜 뉴스의 모든 것》, 신디 L. 오티스, 박중서 역, 원더박스(2023)

[12미영01-10] ● ● ●

오류 수정을 위해 디지털 도구를 적절히 활용한다.

➡️ '사회심리학적 무인공존 이론'은 1970년대에 제안된 것으로, 개인들이 체육 활동이나 운동에 참여하면서 집단적인 노력 없이 무임 승차하는 현상을 말한다. 이 이론은 개인들이 집단에 참여하거나 운동을 할 때, 다른 사람들이 노력하는 모습을 보지 못하고 자신의 노력만 감지하는 경향을 가리킨다. 이로 인해 개인들은 더 적은 노력으로도 보상이나 결과를 얻을 수 있다고 생각하게 되어 무임 승차를 하거나 적은 노력을 기울이게 된다. 체육 활동에서 이에 대한 해결 방안을 조사하여 영어로 자신의 의견을 작성하고, 주장의 근거로 활용된 자료를 인터넷 등 디지털 도구를 활용하여 다시 한번 검증해 보자.

`관련 학과` 예체능계열 전체

《인센티브와 무임승차》, 마야 보발레, 권지현 역, 중앙북스(2013)

국어 교과군

영어 교과군

수학 교과군

도덕 교과군

사회 교과군

과학 교과군

선택 과목	수능	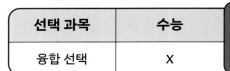	절대평가	상대평가
융합 선택	X	세계 문화와 영어	5단계	5등급

🔍	음식의 색과 소리, 식사 경험, 문화적 영향, 디지털 플랫폼, 온라인 공연, 문화적 충돌, 무용 스타일, 보편성과 특수성, 도시 재생, 사회적 정체성, 디지털 봉사자, K-Pop의 문화적 특성, 미니멀리즘 디자인, 창의성과 혁신, 콘텐츠 제작, 예술 트렌드

[12세영01-01]
적절한 전략을 사용하여 다양한 장르와 매체의 문화 정보나 문화적 산물의 핵심 내용을 파악한다.

➡ 음식과 관련된 '음식 기억'은 잘 알려진 현상이며 특히 좋은 추억을 되살리거나 삶에 편안한 리듬을 가져다준다고 한다. 관련 기사 'Sharing food and recipes has the power to bring people together'를 읽고, 음식의 색, 음식 조리 및 섭취와 관련된 소리가 우리의 식사 경험에 어떤 영향을 미치는지 탐구하여 발표해 보자.

`관련 학과` 공예학과, 미술학과, 사진학과, 산업디자인학과, 시각디자인학과, 실용음악학과, 음악학과, 작곡과

《오감 멀티테라피》, 장석종, 서교출판사(2019)

[12세영01-02]
문화 관련 주요 개념을 적용하여 문화 현상을 분석하고 새로운 관점으로 설명한다.

➡ 코로나19 팬데믹이 예술계에 미친 변화, 특히 디지털 플랫폼을 이용한 온라인 공연과 창작 활동에 일으킨 변화를 알아보자. 관련 기사 'How Artists Are Pivoting And The Business Of Art Is Changing During The Pandemic'을 읽고 예술가들이 기존의 공연 및 전시 방식에서 벗어나 어떻게 자신들의 작업을 계속해 나가고 있는지, 그리고 이러한 변화가 미래 예술계에 어떤 장단점으로 작용할 것인지 분석해 보자.

`관련 학과` 예체능계열 전체

《스토리 유니버스》, 이동은, 사회평론아카데미(2022)

[12세영01-03]
타 문화 및 언어에 대한 존중을 바탕으로 문화 정보를 수용하고 자신의 의견을 표현한다.

➡ 다양한 배경을 가진 이들이 어떻게 자신들만의 서브컬처를 형성하며 그 과정에서 주류 사회와 어떠한 충돌 및 조화를 이루는지를 문화상대주의 관점에서 알아보자. 캐나다에서 신규 이주민들이 자신들의 문화적 신념과 전통을 유지하려고 노력하면서 겪는 어려움에 대해 다룬 기사 'Immigrant Parents Struggle with Cultural Clashes'를 참고하여 문화적 충돌을 극복하는 방법에 대해 발표해 보자.

`관련 학과` 예체능계열 전체

《교육자를 위한 다문화교육과 세계시민교육 방법론》, 김진희, 박영스토리(2022)

국어 교과군

영어 교과군

수학 교과군

도덕 교과군

사회 교과군

과학 교과군

[12세영01-04]

문화 현상이나 문화적 산물을 비교·대조하여 문화의 보편성과 특수성을 파악한다.

➡️ 각 나라의 무용 스타일은 그 나라의 문화적·사회적·역사적 배경에 따라 크게 달라진다. 이러한 요소들은 무용의 동작 언어, 표현 방식, 그리고 무용이 전달하려는 메시지에 영향을 미친다. 관련 영상 'What dance looks like in 20 countries around the world'를 참고하여 다양한 문화에서 발견되는 무용 스타일을 분석하고, 그들 사이에 존재하는 공통적인 요소(보편성)와 각 문화가 독특하게 가진 요소(특수성)를 찾아보자.

관련 학과 모델과, 무용학과, 뮤지컬학과, 방송연예과, 뷰티디자인학과, 사진학과, 성악과, 시각디자인학과, 실용음악학과, 연극영화학과, 체육학과

《사라지지 않는 예술, 무용이론을 말하다》, 이화여자대학교 무용학연구소 편, 이화여자대학교출판문화원(2016)

[12세영01-05]

문화적 산물이나 문화 현상에 내재된 문화적 전제, 관점 또는 가치관을 추론한다.

➡️ 스트리트 아트, 특히 벽화는 도시 재생에 중요한 역할을 한다. 이들은 도시의 공공 공간을 활성화하고 사회적 정체성과 미적 가치를 결합하여 도시 재생을 촉진하는 것으로 알려져 있다. 관련 자료 'Enlightenment from street art activities in urban public space'를 읽고, 스트리트 아트(벽화)가 어려운 환경에서 도시 재생에 어떤 역할을 하는지 탐구하고, 이를 통해 문화가 사회에 미치는 영향을 분석해 보자.

관련 학과 만화애니메이션학과, 뮤지컬학과, 미술학과, 뷰티디자인학과, 사진학과, 사회체육학과, 산업디자인학과, 서양화과, 시각디자인학과, 연극영화학과, 조소과

《그라피티와 거리미술》, 애너 바츠와베크, 이정연 역, 시공아트(2015)

[12세영01-06]

다른 문화권의 관습, 규범, 가치, 사고방식, 행동 양식 또는 의사소통 방식을 이해하고 자신의 문화 인식 및 관점을 비판적으로 성찰한다.

➡️ 팬데믹으로 인해 디지털 봉사자의 역할이 강조되고 있는 현 상황에서, 이 변화가 예술계에 어떤 영향을 미쳤는지 탐구해 보자. 관련 자료 'Research reveals the rise of the digital volunteer, with more than 90% of voluntary organisations moving operations online during the pandemic'을 참고하여, 예술 공연이나 전시회의 온라인 전환, 디지털 봉사자들의 참여로 인한 새로운 예술 활동의 형태 등을 조사하고 분석해 보자. 또한 디지털 봉사자들이 예술계에 참여함으로써 어떤 새로운 가치와 가능성을 제시하고 있는지 알아보고, 이에 따른 예술계의 변화에 대해 발표해 보자.

관련 학과 예체능계열 전체

《포스트 코로나 시대 공연예술의 온라인 전략》, 이지현, 부크크(2021)

[12세영01-07]

자발적·지속적 관심과 흥미를 가지고 다양한 문화적 산물을 감상하고 표현한다.

➡️ K-Pop은 한국의 대표적인 문화 산물로, 전 세계에 한류 문화를 전파하며 큰 영향력을 미치고 있다. 관련 기사 'How did K-Pop conquer the world?'를 읽고 K-Pop이 지닌 문화적 가치와 전제, 그리고 이를 통해 볼 수 있는 한국 사회의 문화적 특성을 분석해 보자. 또한 K-Pop의 세계적 성공이 한국 문화에 미친 영향과 이를 통해

볼 수 있는 K-Pop의 미래 가능성에 대해서도 탐구하여 발표해 보자.

관련 학과 예체능계열 전체

《음악인류학자의 케이팝하기》, 김정원, 세창출판사(2022)

[12세영01-08]

세계 영어에 대한 이해를 바탕으로 적절한 전략과 태도를 갖추어 의사소통에 참여한다.

● 미니멀리즘 패키지 디자인은 현대 미술, 특히 미니멀리즘 미술과 많은 연관성을 가지고 있다. 관련 기사 'Why more food, toiletry and beauty companies are switching to minimalist package designs'를 읽고 미니멀리즘 디자인의 예술적 가치에 대해 탐구해 보자. 또한 이러한 디자인이 예술적 표현의 새로운 형태로서 어떤 의미를 가지는지에 대해 탐구해 보자. 또한 미니멀리즘 패키지 디자인이 다양한 예술 형태와 어떻게 상호작용하는지에 대해서도 의견을 공유해 보자.

관련 학과 미술학과, 산업디자인학과, 시각디자인학과

《미니멀리즘 디자인의 새로운 트랜드》, 편집부, 이일(2021)

[12세영01-09]

다양한 장르와 매체에서 검색·수집한 문화 정보를 요약하거나 목적에 맞게 재구성한다.

● Netflix의 창의성과 혁신이 그들의 콘텐츠 제작에 어떤 영향을 미치는지 알아보자. 영문 기사 'The Unfolding of Netflix's Exceptional Company Culture'을 참고하여 Netflix의 기업 문화가 그들의 영화와 드라마 제작에 어떠한 영향을 주는지 분석하고, Netflix의 창의적인 접근법과 혁신적인 생각이 그들의 콘텐츠 전략과 시장 선점에 어떤 영향을 미치는지 분석해 보자. 또한 이러한 문화가 다른 엔터테인먼트 회사와 어떻게 차별화되는지에 관해 탐구한 내용을 발표해 보자.

관련 학과 만화애니메이션학과, 미술학과, 방송연예과, 시각디자인학과, 실용음악학과, 연극영화학과

《규칙 없음》, 리드 헤이스팅스 외 1명, 이경남 역, 알에이치코리아(2020)

[12세영01-10]

정보 윤리를 준수하여 다양한 목적의 문화 콘텐츠를 제작하여 공유한다.

● 현재 세계적으로 예술의 중요성과 그 트렌드에 대한 이해가 깊어지고 있다. 세계의 대표적인 예술 트렌드를 선택하고, 관련 정보를 탐구하고, 이를 효과적으로 전달할 수 있는 콘텐츠를 영어로 작성하여 영상을 제작해 보자. 또한 이런 콘텐츠가 사회와 문화에 어떤 영향을 미치는지 알아보자.

관련 학과 예체능계열 전체

《힙한 문화예술 트렌드를 읽다》, 신형덕 외 7명, 북코리아(2020)

수학 교과군

구분	교과(군)	공통 과목	선택 과목		
			일반 선택	진로 선택	융합 선택
보통 교과	수학	공통수학1 공통수학2 기본수학1 기본수학2	대수 미적분I 확률과 통계	미적분II 기하 경제 수학 인공지능 수학 직무 수학	수학과 문화 실용 통계 수학과제 탐구

공통 과목	수능	**공통수학1**	절대평가	상대평가
	X		5단계	5등급

단원명 | 다항식

> 🔍 오름차순, 내림차순, 다항식의 덧셈, 다항식의 뺄셈, 다항식의 곱셈, 다항식의 나눗셈, 조립제법, 교환법칙, 결합법칙, 분배법칙, 항등식, 미정계수법, 계수비교법, 수치대입법, 나머지정리, 인수정리, 다항식의 전개, 다항식의 인수분해

[10공수1-01-01]　●●●

다항식의 사칙연산 원리를 설명하고, 그 계산을 할 수 있다.

➡ 운동생리학자 마르티 카르보넨(Martti Karvonen)은 개인의 심박수에 따라 다른 효과가 나타난다는 사실을 알게 되었다. 그는 특정 운동을 할 때 개인에게 맞는 목표 심박수를 계산하는 방법을 다항식으로 나타냈는데, 이는 다음과 같다.

$$목표\ 심박수 = \left[(220 - a - b) \times \frac{c}{100} \right] + b$$

이때 a는 운동하려는 사람의 나이, b는 안정기 때의 심장 박동수, c는 운동 강도를 백분율로 나타낸 것이다. 나이와 심장 박동수, 운동 강도에 따라 목표 심박수가 어떻게 달라지는지 실제 값을 대입하여 표로 나타내고 세 변수에 따른 목표 심박수의 변화 경향을 파악해 보자.

관련 학과 경호학과, 사회체육학과, 스포츠과학과, 스포츠레저학과, 스포츠의학과, 체육학과

《휴먼 퍼포먼스와 운동생리학》, 정일규, 대경북스(2023)

[10공수1-01-02]　●●●

항등식의 성질과 나머지정리를 이해하고, 이를 활용하여 문제를 해결할 수 있다.

➡ 수학과 관련한 영화로 2022년 개봉한 〈이상한 나라의 수학자〉가 있다. 영화 속에서 수학자 오일러의 이름을 딴 오일러 공식이 소개되는데, 오일러 공식은 허수를 사용해 지수함수와 삼각함수의 관계를 보여 주는 수학적 개념이다. 수학에서 가장 중요한 다섯 가지 상수와 세 가지 연산이 모두 쓰인 이 공식은 '가장 아름다운 공식', '수학자들이 내놓은 보석'이라 불리기도 한다. 오일러 항등식으로도 불리는 오일러 공식에 대해 조사하고, 수학과 관련한 영화가 흥행하게 된 이유를 분석해 보자.

관련 학과 만화애니메이션학과, 방송연예과, 연극영화학과

책 소개

이 책은 탈북한 천재 수학자가 신분을 감춘 채 고등학교 경비원으로 일하면서 수학을 포기한 학생을 만나 펼치는 감동 드라마이다. 특히 전 세대를 아우르는 공감 메시지에 수학에 담긴 특별한 인생 이야기를 더해 영화로 크게 흥행했다. 책 중간에 수학에 대한 내용이 나와 있어 수학의 특성을 잘 드러내고 있다. 영화에 포함되지 않은 장면을 추가로 포함하여 영화와는 조금 다른 느낌을 주고 있다.

세특 예시

항등식의 개념을 학습한 뒤, 항등식을 이용하면 동치 관계의 방정식을 표현할 수 있다고 설명함. 수학과 연계한 영화 〈이상한 나라의 수학자〉를 시청한 뒤, 항등식의 사례로 세상에서 가장 아름다운 공식으로 불리는 오일러 공식을 소개함. 원작인 '이상한 나라의 수학자(이용재)'를 읽고 그 안에 나오는 오일러 공식의 수학적 의미를 설명함. 영화가 흥행한 이유로 한 수학자의 인생을 솔직담백하게 연출하면서도 수학이라는 요소를 가미한 부분이라고 설명함. 최근 수학 관련 영화가 많아지고 있음을 긍정적으로 평가하고, 수학에 대한 대중의 관심이 요구된다고 이야기함.

이상한 나라의 수학자

이용재, 너와숲(2022)

[10공수1-01-03] ● ● ●

다항식의 인수분해를 할 수 있다.

➡ 바흐만 카탄타리 미국 뉴저지 주립대 교수는 자신이 개발한 다항식 그래프를 이용해 화려한 색채와 묘한 매력을 뽐낸 작품을 발표하였다. 그는 뉴턴의 방법을 사용하여 다항식의 근을 그래프로 나타내면 멋진 작품이 탄생한다는 것을 알아냈다. 이런 작품을 '폴리노미오그래프'라고 부르고, 이를 만드는 작업을 '폴리노미오그래피'라고 이름 붙였다. 다항식을 뜻하는 'Polynomial'과 그래프를 의미하는 'Graph'를 합친 이름이다. 다항식 그래프를 이용하여 만든 작품인 폴리노미오그래프에 대해 탐구해 보자.

(관련 학과) 만화애니메이션학과, 미술학과, 뷰티디자인학과, 산업디자인학과, 시각디자인학과, 조소과, 패션디자인학과

《미술관에 간 수학자》, 이광연, 어바웃어북(2018)

단원명 | 방정식과 부등식

| 🔎 | 복소수, 허수, 실수 부분, 허수 부분, 복소수의 사칙연산, 판별식, 이차방정식의 근과 수의 관계, 두 근의 합, 두 수의 곱, 두 수를 근으로 하는 이차방정식, 이차방정식과 이차함수, 이차방정식의 해, 이차함수의 그래프, 직선의 위치 관계, 이차함수의 최대와 최소, 최댓값과 최솟값, 삼차방정식, 사차방정식, 연립이차방정식, 연립일차부등식, 절댓값을 포함한 일차부등식, 이차부등식, 연립이차부등식

[10공수1-02-01] ● ● ●

복소수의 뜻과 성질을 설명하고, 사칙연산을 수행할 수 있다.

➋ 복소수는 컴퓨터 영상이나 게임의 2D, 3D 그래픽 제작 과정에서 회전과 확대, 축소 등의 변환 개념에 사용된다. 복소수의 연산을 통해 계산한 결과를 활용하면 컴퓨터를 이용해 손쉽게 그래픽 작업을 할 수 있다. 최근에는 인공지능의 발달로 영화나 가상현실(VR), 증강현실(AR) 등 점차 다양한 분야에 활용되고 있다. 복소수를 기하학적으로 표현하는 과정에서 사용되는 복소평면에 대해 탐구해 보자.

관련 학과 만화애니메이션학과, 산업디자인학과, 시각디자인학과, 패션디자인학과
《만화로 쉽게 배우는 허수 복소수》, 오치 마사시, 강창수 역, 성안당(2020)

[10공수1-02-02] •••

이차방정식의 실근과 허근을 이해하고, 판별식을 이용하여 이차방정식의 근을 판별할 수 있다.

➋ 야구 경기에서 홈런의 궤적을 통해 대략적인 비거리를 계산하는데, 이 과정에서 이차방정식을 활용하게 된다. 야구공의 운동은 중력의 영향을 받아 이차함수 형태로 표현되며, 이차방정식의 그래프를 활용해 낙하 지점을 포착할 수 있다. 실내에서 하는 스크린 야구에서도 센서를 이용해 야구공의 궤적을 예측하고 비거리를 계산한다. 스포츠 경기에서 이차함수와 이차방정식을 활용하는 사례를 찾아 발표해 보자.

관련 학과 경호학과, 사회체육학과, 스포츠과학과, 스포츠레저학과, 스포츠의학과, 체육학과
《수학 IN 스포츠》, 정상권, 교우사(2017)

[10공수1-02-03] •••

이차방정식의 근과 계수의 관계를 설명할 수 있다.

➋ 골프 경기에서 골프공이 포물선을 그리면서 날아가는 궤적을 함수식으로 나타내면 이차함수 형태가 된다. 목표 지점으로 공을 보내기 위해서는 공의 궤적을 예상하여 방향과 각도, 힘의 세기를 조절해야 한다. 골프 스윙 분석기는 선수들의 스윙을 측정하고 포물선 모양의 궤적을 시뮬레이션하여 자세 교정이나 최적의 스윙을 할 수 있도록 도움을 준다. 골프 스윙 분석기의 원리를 이차함수와 이차방정식과 관련하여 탐구해 보자.

관련 학과 경호학과, 사회체육학과, 스포츠과학과, 스포츠레저학과, 스포츠의학과, 체육학과
《일상적이지만 절대적인 스포츠 속 수학 지식 100》, 존 D. 배로, 박유진 역, 동아엠앤비(2016)

[10공수1-02-04] •••

이차방정식과 이차함수를 연결하여 그 관계를 설명할 수 있다.

➋ 골프 경기에서 골프공을 쳤을 때 지면에 닿은 곳까지 날아간 거리를 비거리라 하고 지면에 닿은 후 굴러간 거리를 롤이라고 한다. 골프공의 비거리는 공의 초기 속도, 공의 방향과 지면이 이루는 각도 등으로 결정된다. 비거리를 늘리려면 공을 곧게 날리고 적당한 높이로 날아가도록 해야 한다. 골프공의 수평거리를 xm, 지면으로부터의 높이를 ym이라 하면 y는 x에 대한 이차함수이고 포물선 그래프가 된다. 골프에서 비거리를 늘리기 위한 구체적인 방법을 탐구해 보자.

관련 학과 사회체육학과, 스포츠과학과, 스포츠레저학과, 스포츠의학과, 체육학과
《이기고 싶으면 스포츠 과학》, 제니퍼 스완슨, 조윤진 역, 다른(2022)

[10공수1-02-05] •••

이차함수의 그래프와 직선의 위치 관계를 판단할 수 있다.

➜ 스탯캐스트는 군사용 레이더 기술에서 사용하던 추적 시스템으로, 야구에 적용되어 중계 화면에 실시간으로 제공된다. 스탯캐스트는 기존의 투구 추적 시스템보다 더 진보된 시스템으로, 투수의 구속, 회전수, 궤도뿐만 아니라, 타구의 궤적, 발사 속도, 발사각 등 광범위한 데이터를 제공한다. 멀리 날아가는 야구공의 궤적을 보여주는 스탯캐스트에 대해 탐구해 보자.

관련 학과 사회체육학과, 스포츠과학과, 스포츠레저학과, 스포츠의학과, 체육학과

《**수학을 품은 야구공**》, 고동현 외 3명, 영진닷컴(2019)

[10공수1-02-06] ● ● ●

이차함수의 최대, 최소를 탐구하고, 이를 실생활과 연결하여 유용성을 인식할 수 있다.

➜ 농구는 두 팀이 경기장에서 공을 드리블하고 패스하여 골대에 넣는 스포츠 경기이다. 농구공을 골대를 향해 직선으로 던지면 링 안에 공을 넣기 힘들며 포물선 형태로 던져야 들어간다. 장신 선수의 수비를 넘겨 높은 포물선을 그리는 플로터(foater)나 팔을 길게 뻗어 포물선을 그리는 훅슛(hook shot)은 다른 슈팅보다 최고점이 높다. 일반적인 자유투 및 플로터, 훅슛의 궤도를 이차곡선의 최대와 관련하여 설명해 보자.

관련 학과 사회체육학과, 스포츠과학과, 스포츠레저학과, 스포츠의학과, 체육학과

《**농구가 과학으로 강해진다**》, 고타니 기와무 외 1명, 전종훈 역, 삼호미디어(2020)

[10공수1-02-07] ● ● ●

간단한 삼차방정식과 사차방정식을 풀 수 있다.

➜ 스플라인 곡선은 컴퓨터 그래픽에서 스플라인 함수를 이용하여 표현한 매끄러운 곡선이다. 스플라인은 탄력이 있어 자유롭게 곡선을 변형할 수 있어서 자연스러운 곡선을 그리는 데 이용된다. n차 스플라인 곡선은 n차 다항식을 이용한 것으로, 함수의 차수가 높을수록 선이 매끄럽게 구성되는 특성이 있다. 스플라인 곡선은 3차 곡선을 이용한 보간법을 널리 이용한다. 그래픽 디자인에 많이 활용되는 스플라인 곡선에 대해 탐구해 보자.

관련 학과 만화애니메이션학과, 산업디자인학과, 시각디자인학과, 패션디자인학과

《**수학 IN 디자인**》, 신현용, 교우사(2015)

[10공수1-02-08] ● ● ●

미지수가 2개인 연립이차방정식을 풀 수 있다.

➜ 컴퓨터 단층 촬영(Computed Tomography CT)은 신체의 각 부분에 일정량의 X선을 여러 각도로 투과한 뒤 어느 부위에서 얼마만큼 흡수되었는지 종합해 2차원 영상에서 3차원 영상을 재구성하는 방식이다. 각 부위에 투과한 X선의 양과 투과한 후의 X선의 양을 측정하여 각 지점이 흡수한 양을 계산하는데, 이때 연립방정식이 활용된다. 운동선수들이 건강 상태를 체크하기 위해 활용하게 될 컴퓨터 단층 촬영의 구성과 작동 원리를 연립방정식과 관련하여 탐구해 보자.

관련 학과 사회체육학과, 스포츠과학과, 스포츠레저학과, 스포츠의학과, 체육학과

《**과학실험 의학 사전**》, 아루마 지로, 김효진 역, AK커뮤니케이션즈(2022)

[10공수1-02-09] ● ● ●

미지수가 1개인 연립일차부등식을 풀 수 있다.

➡ 운동선수들이 체중 관리를 위한 식단을 구성할 때는 칼로리 요구량과 섭취량을 잘 계산해야 한다. 칼로리 요구량은 하루에 신체에 필요한 칼로리로, 기초대사량과 운동으로 사용되는 칼로리를 합한 것이다. 체중 조절을 위해 한 달 동안 2kg을 감량하려면 일주일에 0.5kg(대략 3500kcal에 해당)을 감량해야 하고, 하루에 500kcal를 더 소모해야 한다. 이를 바탕으로 한 달 동안 2kg을 감량하기 위한 체중 관리 계획을 수립해 보자.

관련 학과 사회체육학과, 스포츠과학과, 스포츠레저학과, 스포츠의학과, 체육학과

《비만과 체중관리》, 이윤관, 대경북스(2013)

[10공수1-02-10] • • •

절댓값을 포함한 일차부등식을 풀 수 있다.

➡ 포락선(envelope)은 규칙성을 가진 곡선 무리 모두에 접하는 곡선으로, 포물선, 심장선 등과 같은 다양한 기하학적 도형을 만들 수 있다. 자연에서도 포락선을 볼 수 있다. 물이 든 컵 속에 반사된 빛의 직선들의 모임에 의해 만들어지는 포락선은 심장형 곡선이 된다. 포락선은 미적 요소 때문에 끈 예술(끈으로 하는 예술)이라 불리는 스트링 아트에도 활용되고 있다. 이차함수로 이루어진 포락선을 찾아보고, 미적 요소를 가미한 스트링 아트를 탐구해 보자.

관련 학과 공예학과, 미술학과, 뷰티디자인학과, 산업디자인학과, 시각디자인학과, 조소과, 패션디자인학과

《처음 시작하는 스트링아트》, 김지현, 슬로래빗(2016)

[10공수1-02-11] • • •

이차부등식과 이차함수를 연결하여 그 관계를 설명하고, 이차부등식과 연립이차부등식을 풀 수 있다.

➡ 프랑스의 수학자 베지어(Pierre Bézier)가 만든 베지어 곡선은 다양한 형태의 곡선을 표현하기 위해 수학적으로 만든 곡선이다. 시작점과 끝점, 그 사이에 위치하는 내부 제어점에 대해 다항식 곡선의 형태로 다양한 자유 곡선을 얻는 방법이다. 각 제어점의 좌표를 매개로 하는 매개 함수식을 통해 만들어지며 이차곡선 형태로 만들 수도 있다. 컴퓨터 그래픽이나 디자인에서 미적 요소를 가미하여 만든 베지어 곡선에 대해 탐구해 보자.

관련 학과 만화애니메이션학과, 뷰티디자인학과, 산업디자인학과, 시각디자인학과, 패션디자인학과

《디자인을 사랑한 수학》, 안대영, 교우사(2014)

단원명 | 경우의 수

🔍 합의 법칙, 곱의 법칙, 경우의 수, 순열, 순열의 수, 조합, 조합의 수

[10공수1-03-01] • • •

합의 법칙과 곱의 법칙을 이해하고, 적절한 전략을 사용하여 경우의 수와 관련된 문제를 해결할 수 있다.

➡ 월드컵이나 WBC(월드 베이스볼 클래식), 프로 야구 같은 스포츠 경기에서 경우의 수와 관련한 기사를 자주 볼 수 있다. 이기면 무조건 다음 단계로 올라가는 토너먼트와 달리, 여러 팀이 함께 경쟁하는 조별 리그에서는 우리 팀의 성적 못지않게 경쟁 팀의 경기 결과도 중요하다. 그래서 조별 리그 일정 막바지에 경우의 수를 따져보는 것이 일종의 통과의례가 되었다. 스포츠 경기에서 경우의 수를 다룬 기사를 검색하여 찾고, 기사에 담긴 상황을 분석해 보자.

관련 학과 사회체육학과, 스포츠과학과, 스포츠레저학과, 스포츠의학과, 체육학과
《나는 수학으로 세상을 읽는다》, 롭 이스터웨이, 고유경 역, 반니(2020)

[10공수1-03-02]   • • •

순열의 개념을 이해하고, 순열의 수를 구하는 방법을 설명할 수 있다.

➡ 정다면체는 플라톤의 다면체라고도 불리는데, 모든 면이 합동인 정다각형이고 각 꼭짓점에서 만나는 면의 개수가 같은 볼록 다면체를 말한다. 무수히 많이 존재하는 정다각형과 달리 정다면체는 5종류(정사면체, 정육면체, 정팔면체, 정십이면체, 정이십면체)만 존재한다. 정다면체의 각 면을 서로 다른 색으로 칠한다고 할 때 가능한 경우의 수를 탐구해 보자.

관련 학과 만화애니메이션학과, 미술학과, 뷰티디자인학과, 산업디자인학과, 시각디자인학과, 조소과, 패션디자인학과
《기하학원론 소진법과 정다면체》, 유클리드, 이무현 역, 교우사(2019)

[10공수1-03-03]   • • •

조합의 개념을 이해하고, 조합의 수를 구하는 방법을 설명할 수 있다.

➡ 오케스트라(Orchestra)는 여러 기악 연주자들의 집합체로, 관악기·타악기·현악기가 모두 함께 모여 연주하는 형태이다. 오케스트라는 규모에 따라 심포니 오케스트라(대관현악)와 챔버 오케스트라(실내 관현악)로 나눌 수 있다. 현악기군과 목관악기군, 금관악기군, 타악기군의 네 가지 악기군을 갖추고 있어야 비로소 심포니 오케스트라라 할 수 있다. 오케스트라의 악기군에 따른 악기를 조사하고, 악기를 활용해 오케스트라를 구성할 수 있는 방법을 탐구해 보자.

관련 학과 관현악과, 뮤지컬학과, 방송연예과, 실용음악학과, 연극영화학과, 음악학과, 작곡과
《오케스트라 좋아하세요》, 미츠토미 도시로, 이언숙 역, 열대림(2022)

단원명 | 행렬

🔍 행렬, 행, 열, 성분, $m \times n$ 행렬, 정사각행렬, 영행렬, 단위행렬, 행렬의 연산, 행렬의 덧셈, 행렬의 뺄셈, 행렬의 곱셈, 행렬의 실수배

[10공수1-04-01]   • • •

행렬의 뜻을 알고, 실생활 상황을 행렬로 표현할 수 있다.

➡ 그림 그릴 때 붓의 끝이나 브러시 등으로 찍은 다양한 색의 작은 점들을 이용해 시각적 혼색을 만드는 기법을 점묘법이라고 한다. 19세기 프랑스의 색채학자 M. E. 슈브럴의 색채 이론을 근거로 인상파 화가들이 작품에 이 기법을 이용하였다. 그림을 표현하는 최소 단위의 점을 화소 또는 픽셀이라고 하는데, 픽셀의 수가 많을수록 그림이 선명해지고 모양도 매끄럽지만 작업 시간이 길어지는 단점이 있다. 행렬을 활용한 컴퓨터 그래픽 기법이 활용되고 있는데, 점묘법을 행렬과 관련하여 탐구해 보자.

관련 학과 만화애니메이션학과, 미술학과, 방송연예과, 뷰티디자인학과, 산업디자인학과, 서양화과, 시각디자인학과, 조소과, 패션디자인학과
《알아두면 평생 써먹는 인공지능(AI) 그림 수업》, 이용태 외 1명, 책바세(2023)

행렬의 연산을 수행하고, 관련된 문제를 해결할 수 있다.

➡ 사진이나 이미지를 컴퓨터에서 이용하려면, 컴퓨터가 읽어낼 수 있는 디지털 정보인 숫자로 바꾸는 과정이 필요하다. 이때 아날로그 이미지를 디지털 이미지로 전환하는 과정에서 이용되는 것이 행렬이다. 이미지 데이터의 각 픽셀은 단색의 직사각형으로, 삼원색을 뜻하는 RGB 방식을 활용하여 행렬로 표현된다. RGB 방식은 여러 색을 만들어낼 수 있는 삼원색인 빨간색(Red), 녹색(Green), 파란색(Blue)을 활용한다. 세 가지 색의 명도를 각각 (255, 0, 0)은 빨간색, (0, 255, 0)은 녹색, (0, 0, 255)는 파란색으로 표현하면 그 외의 색들을 (A,B,C) 형태의 행렬로 표현할 수 있다. RGB 방식을 활용해 다양한 색을 행렬로 나타내는 방법을 탐구해 보자.

관련 학과 **산업디자인학과, 시각디자인학과, 패션디자인학과**
《머신러닝 쉽게 이해하기》, 에템 알페이딘, 범어디자인연구소 역, 유엑스리뷰(2018)

공통 과목	수능	공통수학2	절대평가	상대평가
	X		5단계	5등급

단원명 | 도형의 방정식

> | 🔍 | 두 점 사이의 거리, 내분점, 외분점, 중점, 직선의 방정식, 두 직선의 평행 조건과 수직 조건, 점과 직선 사이의 거리, 원의 방정식, 반지름, 원의 중심, 원과 직선의 위치 관계, 접선, 접점, 접한다, 두 점에서 만난다, 만나지 않는다, 접선의 방정식, 평행이동, 원점, x축, y축, 직선 $y = x$에 대한 대칭이동

[10공수2-01-01] ● ● ●

선분의 내분을 이해하고, 내분점의 좌표를 계산할 수 있다.

➡ 음계의 역사는 그리스 수학자 피타고라스와 관련된다. 그는 우연히 망치질 소리가 조화롭게 들린다는 사실을 알게 되었다. 무게가 1:2인 두 망치가 놀랍게도 두 배의 소리(옥타브)를 냈으며 이를 이용해 음계를 만들었다고 한다. 같은 비율로 음계를 계속 쌓아 만든 음률이 '순정률(피타고라스 음률)'이다. 또한 모든 음정이 동일한 간격을 가지도록 똑같은 수학적 비율로 나눈 '평균율'이 탄생했으며, 피아노와 같은 건반 악기에서는 옥타브를 12개의 반음정으로 나눈 '12평균율'을 사용한다. 음계와 관련해 순정률, 평균율, 12평균율에 대해 탐구해 보자.

관련 학과 관현악과, 성악과, 실용음악학과, 음악학과, 작곡과

《음악과 과학—피타고라스에서 뉴턴까지》, 원준식, 성균관대학교출판부(2022)

[10공수2-01-02] ● ● ●

두 직선의 평행 조건과 수직 조건을 탐구하고 이해한다.

➡ 보로노이 다이어그램은 주어진 n개의 생성점이 주어졌을 때 각 생성점에 대해 가장 가까운 영역으로 분할한 결과이다. 보로노이 다이어그램을 그리는 방법은 평면 위의 여러 개의 점을 찍고 가장 인접한 두 개의 점을 선택해 수직이등분선을 작도하는 것이며 그 결과 여러 개의 다각형으로 분할된다. 보로노이 다이어그램은 예술성과 경제성을 가지고 있어서 국립 가오슝 아트센터나 베이징 올림픽 워터큐브 등에 활용되었다. 보로노이 다이어그램의 특징에 대해 탐구하고 보로노이 다이어그램이 예술 분야에 활용된 사례를 찾아 발표해 보자.

관련 학과 공예학과, 만화애니메이션학과, 미술학과, 뷰티디자인학과, 사진학과, 산업디자인학과, 시각디자인학과, 조소과, 패션디자인학과

《예술과 함께 유럽의 도시를 걷다》, 이석원, 책밥(2020)

[10공수2-01-03] ● ● ●

점과 직선 사이의 거리를 구하고, 관련된 문제를 해결할 수 있다.

➡ 택시거리는 도로망이 바둑판 모양인 도시에서 수평과 수직으로 된 도로를 따라 움직이는 가장 짧은 거리

를 의미한다. 유클리드 거리에서 원점과 (3,4)의 거리는 5이지만 택시거리에서는 7이 된다. 유클리드 거리가 $d = \sqrt{(x_2 - x_1)^2 + (y_2 - y_1)^2}$라면 택시거리는 $d = \sqrt{|x_2 - x_1| + |y_2 - y_1|}$이다. 유클리드 거리에서 한 점을 중심으로 거리가 1인 점의 집합은 원이지만 택시거리에서는 정사각형이 된다. 유클리드 거리와 택시거리의 특징을 비교하고, 택시거리가 활용될 수 있는 사례를 제시해 보자.

관련 학과 만화애니메이션학과, 미술학과, 뷰티디자인학과, 산업디자인학과, 시각디자인학과

《택시기하학》, Eugene F. Krause, 황운구 역, 지오북스(2020)

[10공수2-01-04] ● ● ●

원의 방정식을 구하고, 그래프를 그릴 수 있다.

➡️ 동심원은 같은 중심을 가지면서 반지름이 다른 두 개 이상의 원을 의미하며, 이런 의미에서 모든 원은 닮음 형태이다. 물 위에 돌을 떨어뜨리면 떨어진 점을 중심으로 많은 동심원이 퍼져 나가는 현상을 볼 수 있다. 다양한 분야에서 동심원의 형태를 관찰할 수 있고, 스포츠 경기에서도 이것을 확인할 수 있다. 동심원을 활용한 스포츠 경기를 찾아보고 어떻게 활용되는지 정리해 보자.

관련 학과 사회체육학과, 스포츠과학과, 스포츠레저학과, 스포츠의학과, 체육학과

《의외로 경기장에 간 것 같은 스포츠 도감》, 량리나 외 1명, 주은주 역, 주니어김영사(2021)

[10공수2-01-05] ● ● ●

좌표평면에서 원과 직선의 위치 관계를 판단하고, 이를 활용하여 문제를 해결할 수 있다.

➡️ 두 원을 반지름이 1이면서 x축 및 서로에 접하게 그린다. 다음에는 반지름이 $\frac{1}{2}$이면서 이전의 두 원 및 x축에 동시에 접하도록 그린다. 이후 원들의 중심을 $\left(\frac{p}{q}, \frac{1}{2q^2} \right)$, 반지름을 $\frac{1}{2q^2}$로 두면서 이전의 원 및 x축에 동시에 접하도록 그린다. 이런 방법을 무한히 반복해서 그리는 방법을 포드원이라고 한다. x축 위에 포드원을 직접 그려 그 형태를 이해하고, 이를 미술 작품에 활용하는 방안을 생각해 보자.

관련 학과 공예학과, 만화애니메이션학과, 미술학과, 뷰티디자인학과, 사진학과, 산업디자인학과, 시각디자인학과, 조소과, 패션디자인학과

《시각디자인》, 리카르도 팔치넬리, 윤병언 역, 홍디자인(2016)

[10공수2-01-06] ● ● ●

평행이동을 탐구하고, 실생활과 연결하여 문제를 해결할 수 있다.

➡️ 대비론은 네덜란드의 판화가 에셔(Maurits Cornelis Escher)가 제시한 개념으로, 서로 대립되는 내용을 테셀레이션 기법으로 한 화면에 담은 것이다. 그의 작품은 이율배반적인 공간으로, 긍정과 부정을 동시에 담고 있으며 객관화되는 동시에 상대화되는 특징이 있다. 또한 테셀레이션(tessellation)을 활용해 목욕탕 타일처럼 일정한 형태로 반복되는 경향을 보인다. 에셔의 그림을 찾아 작품 속에 나타나는 대비론과 테셀레이션을 평행이동과 관련지어 설명해 보자.

관련 학과 공예학과, 만화애니메이션학과, 미술학과, 뷰티디자인학과, 사진학과, 산업디자인학과, 시각디자인학과, 조소과, 패션디자인학과

국어 교과군

영어 교과군

수학 교과군

도덕 교과군

사회 교과군

과학 교과군

**진중권의 미학 오디세이 1
-에셔와 함께 탐험하는
아름다움의 세계**

진중권, 휴머니스트(2014)

책 소개

이 책은 아름다움과 예술의 세계에 대한 새로운 시각과 남다른 미적 감각을 제시하고 있다. 미학의 기초 지식과 함께 철학사, 예술가의 작품을 입체적으로 구성하여 철학, 정신분석학, 기호학 등 다양한 학문과 연계하고 있다. 또한 에셔, 마그리트, 피라네시의 구체적인 작품과 함께 아름다움의 세계를 탐험하고 예술을 세상과 삶에 대한 철학적 성찰로 연결하고 있다.

세특 예시

교과 융합 활동으로 수학 시간에 학습한 평행이동을 에셔의 미술 작품과 연관하여 설명함. '진중권의 미학 오디세이1(진중권)'을 인용하여 에셔의 작품 중 도형의 평행이동과 관련된 테셀레이션을 포함한 사례를 제시함. 에셔의 작품 속에 드러나는 대비론을 통해 그의 독특한 작품 세계를 소개하고 이를 표현하는 과정에서 활용된 테셀레이션의 효과를 소개함. 테셀레이션을 이용하면 일정한 패턴을 반복하여 시각적 효과를 높이고 자신이 강조하고 싶은 부분을 드러낼 수 있으며 철학적 요소가 담기게 된다고 설명함.

[10공수2-01-07] •••

원점, x축, y축, 직선 $y = x$에 대한 대칭이동을 탐구하고, 실생활과 연결하여 문제를 해결할 수 있다.

⊙ 운동 경기나 근력 운동을 하다보면 양팔과 양다리 등 몸을 대칭으로 사용하는 동작이 많다. 상체를 주로 사용하는 플랭크, 팔굽혀펴기, 턱걸이와 하체를 주로 사용하는 스쿼트, 데드리프트 등이 모두 대칭형 운동이다. 양팔, 양다리를 나란히 두는 대칭형의 동작은 상대적으로 조절이 쉽고 무거운 부하를 견디기 쉽다. 그러나 사람의 몸은 비대칭적인 경향이 있어서 축구, 야구, 테니스, 배드민턴, 골프 등에서 특정 팔과 다리를 주로 사용하다 보면 근육량이나 순발력 등에 불균형이 생긴다. 자신의 약한 신체 부분의 근육이나 운동신경을 높이는 방안을 생각해 보자.

관련학과 사회체육학과, 스포츠과학과, 스포츠레저학과, 스포츠의학과, 체육학과

《스포츠 트레이닝의 기본과 이론》, 사쿠마 카즈히코, 홍희정 역, 성안당(2023)

단원명 | 집합과 명제

🔍 집합, 원소, 공집합, 집합의 포함관계, 부분집합, 진부분집합, 서로 같은 집합, 교집합, 합집합, 차집합, 여집합, 명제, 조건, 진리집합, 조건, 결론, 부정, 모든, 어떤, 역, 대우, 참과 거짓, 충분조건, 필요조건, 포함관계, 정의, 증명, 정리, 반례, 절대부등식

[10공수2-02-01] •••

집합의 개념을 이해하고, 집합을 표현할 수 있다.

➡️ 올림픽 경기 종목은 올림픽에서 경기를 치르는 모든 스포츠를 이르는 말이다. 현재 하계 올림픽은 32개 부문 329개 경기로 구성되며, 동계 올림픽은 2022년 기준 7개 부문 103개 경기로 구성된다. 각 종목의 경기 종류는 국제올림픽위원회(IOC)에 의해 올림픽 대회 때마다 조금씩 변경되고 있다. 하계 올림픽 또는 동계 올림픽의 경기 종류를 부문별로 조사해 보자.(아시안 게임의 경기 종류를 조사해도 무방하다.)

관련 학과 사회체육학과, 스포츠과학과, 스포츠레저학과, 스포츠의학과, 체육학과

《평창 실록, 동계올림픽 20년 스토리》, 김진선, 이새(2019)

[10공수2-02-02] ● ● ●

두 집합 사이의 포함관계를 판단할 수 있다.

➡️ 디자인은 라틴어의 데시그나레(designare, 계획, 설계)에서 파생한 말로, 넓은 의미로는 이루고자 하는 사물과 행위를 위해 준비하고 계획하는 과정을 뜻한다. 그중 미술 분야에서는 소재의 조합으로 구조와 형체를 결정하는 조형 활동 전체를 의미한다. 디자인의 대표적인 분야로는 시각디자인, 산업디자인, 패션디자인, 의상디자인, 건축디자인, 공간디자인, 뷰티디자인 등이 있다. 각 분야가 다루는 영역을 정리하고 그 특징을 탐구해 보자.

관련 학과 공예학과, 만화애니메이션학과, 미술학과, 뷰티디자인학과, 사진학과, 산업디자인학과, 시각디자인학과, 조소과, 패션디자인학과

《산업디자인학교에서 배운 101가지》, 장성 외 2명, 김은영 역, 동녘(2022)

[10공수2-02-03] ● ● ●

집합의 연산을 수행하고, 벤다이어그램을 이용하여 나타낼 수 있다.

➡️ 벤다이어그램은 명제들 사이의 논리적 관계를 쉽게 이해하기 위해 집합을 원의 형태로 나타낸 것이다. 일반적으로 다이어그램은 기호, 선, 도형 등을 사용해 상호 관계나 과정, 구조 등을 이해하기 쉽도록 설명한 그림을 의미한다. 통계 다이어그램(도표, 그래프 등), 기구 계통 다이어그램(조직도, 계통도 등), 기능 다이어그램과 해부 다이어그램(기상도, 구조도, 해부도 등), 행사 예정표와 일람표, 통계 지도와 장식 지도(노선 안내도 등) 등이 있다. 다이어그램을 미술과 디자인에 활용한 사례를 찾아보고 다이어그램의 시각적 효과를 탐구해 보자.

관련 학과 공예학과, 만화애니메이션학과, 미술학과, 뷰티디자인학과, 산업디자인학과, 시각디자인학과, 조소과, 패션디자인학과

《1:1 다이어그램—큐레이터의 도면함》, 현시원, 워크룸프레스(2018)

[10공수2-02-04] ● ● ●

명제와 조건의 뜻을 알고, '모든', '어떤'을 포함한 명제를 이해하고 설명할 수 있다.

➡️ 운동 경기는 타고난 신체적 조건이 경기력에 미치는 영향이 큰 편이다. 그래서 '농구 선수는 키가 커야 한다', '수영 선수는 팔이 길어야 한다' 등의 이야기를 한다. 또한 '투수는 구속이 좋아야 한다', '평발은 축구로 성공하기 어렵다'는 생각도 한다. 그럼에도 신체적 조건이나 단점, 한계를 뛰어넘어 성공한 운동선수들이 있다. 신체적 조건이나 단점, 한계를 극복한 선수를 찾아보고 그 비결을 탐구해 보자.

관련 학과 사회체육학과, 스포츠과학과, 스포츠레저학과, 스포츠의학과, 체육학과

《더 큰 나를 위해 나를 버리다》, 박지성, 중앙북스(2010)

[10공수2-02-05] ● ● ●

명제의 역과 대우를 이해하고 설명할 수 있다.

➡️ 스포츠 경기는 개인이 아닌 팀으로 운영되는 경우가 많다. 존 우든은 미국의 농구 선수와 감독으로 활약하며 경이로운 대기록을 세운 신화적 인물이다. 그가 이끈 전설적인 UCLA 농구팀은 12년 동안 88연승을 기록하였고, 그는 스포츠 채널 ESPN에서 '금세기의 감독'이라는 칭호를 받았다. 그가 남긴 명언으로는 "빨리 가고 싶으면 혼자 가라. 그러나 멀리 가기를 원한다면 팀이 필요하다."라는 말이 있다. 이 명언을 활용한 명제를 만들고 명언과 관련한 실제 사례를 찾아보자.

관련 학과 사회체육학과, 스포츠과학과, 스포츠레저학과, 스포츠의학과, 체육학과

《88연승의 비밀》, 존 우든 외 1명, 장치혁 역, 클라우드나인(2014)

[10공수2-02-06] ● ● ●

충분조건과 필요조건을 이해하고 판단할 수 있다.

➡️ 야구 경기에서 승리투수란 말 그대로 경기에서 승리를 이끈 투수를 지칭한다. 승리투수는 두 명일 수 없으며, 무승부가 아니라는 전제에서 경기를 치른 양팀 가운데 단 한 명만 승리투수가 된다. 승리투수는 세이브와 더불어 팀 승리와 직결되는 공식 기록으로, 많은 승리를 기록한 투수의 가치는 야구에서 절대적이다. KBO 리그에서 발간하는 야구 규칙서는 승리투수에 대해 세 쪽에 걸쳐 기술하고 있다. 야구 경기에서 승리투수가 되기 위한 조건을 찾아 정리해 보자.

관련 학과 사회체육학과, 스포츠과학과, 스포츠레저학과, 스포츠의학과, 체육학과

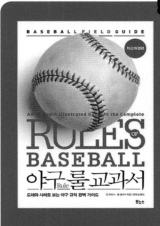

야구 룰 교과서
댄 포모사 외 1명, 문은실 역,
보누스(2018)

책 소개

이 책은 삽화와 사례, 표 등을 이용해 다양한 상황에서의 야구 규칙을 한눈에 이해할 수 있도록 시각적으로 구성하였다. 투구, 타격, 주루, 수비, 그 외의 상황에 대한 규칙을 소개하고 야구를 즐기는 데 필요한 지식을 풍부하게 수록하고 있다. 글러브와 배트 등 장비의 사양, 야구 경기장의 표준 규격, 야구를 둘러싼 각종 기록을 산출하는 방법 등도 소개하고 있다.

세특 예시

충분조건과 필요조건을 학습한 뒤 개념 확장 활동으로 자신이 관심을 가지고 있는 야구 경기에 접목함. '야구 룰 교과서(댄 포모사 외 1명)'를 활용하여 최근 궁금증이 생긴 승리투수 조건에 대해 여러 상황을 제시하면서 기준을 분명하게 설명함. KBO 리그에서 발간하는 야구 규칙서에도 승리투수의 조건이 생각보다 방대하게 기술되어 있으며, 간혹 애매한 상황이 발생할 수 있다고 설명함. 선발투수가 최소 5회 이상 던진 경우는 이론의 여지가 없지만, 선발투수가 5회 미만을 던졌거나 리드를 유지하지 못한 경우 구체적인 상황을 중심으로 승리투수로 선정된 이유를 요목화하여 설명함.

[10공수2-02-07] •••

대우를 이용한 증명법과 귀류법을 이해하고 관련된 명제를 증명할 수 있다.

➡️ 파레토 법칙(Pareto Principle)은 전체 결과의 80%가 전체 원인의 20%에서 발생한다는 현상을 설명하는 법칙이다. 파레토는 자신의 정원에서 키우던 완두콩 종자의 20%에서 전체 완두콩 수확량의 80%가 나온다고 발표했다. 거시경제학은 이를 활용해 20%의 인구가 80%의 땅을 소유하는 현상을 설명했다. 또한 운동선수의 20%가 전체 상금의 80%를 차지하고, 상위 20% 국가가 메달의 80%를 획득하는 것이 대표적인 사례이다. 자신의 진로 분야에서 파레토 법칙이 성립하는가에 대해 생각을 정리하고 근거를 제시해 보자.

관련 학과 예체능계열 전체

《80/20 법칙》, 리처드 코치, 공병호 역, 21세기북스(2023)

[10공수2-02-08] •••

절대부등식의 뜻을 알고, 간단한 절대부등식을 증명할 수 있다.

➡️ 절대부등식은 미지수의 값에 상관없이 항상 성립하는 부등식인 반면, 조건부등식은 특정한 값일 때에만 성립하는 부등식이다. 평균은 여러 수나 같은 종류의 양을 대표하는 값으로, 산술평균과 기하평균, 조화평균이 있다. 산술평균과 기하평균, 조화평균의 의미와 각각이 사용되는 사례를 찾아보자. 또한 산술평균, 기하평균, 조화평균의 크기를 비교하면 절대부등식이 되는데, 이를 증명해 보자.

관련 학과 미술학과, 산업디자인학과, 시각디자인학과

《코시가 들려주는 부등식 이야기》, 정완상, 자음과모음(2010)

단원명 | 함수와 그래프

| 🔍 | 함수, 함수의 뜻, 그래프, 정의역, 공역, 치역, 일대일함수, 일대일대응, 합성함수, 합성함수의 성질, 역함수, 역함수의 성질, 유리식의 덧셈과 뺄셈, 유리함수, 무리식의 덧셈과 뺄셈, 무리함수

[10공수2-03-01] •••

함수의 개념을 설명하고, 그 그래프를 이해한다.

➡️ 인공지능 로봇과 농구 선수의 자유투 대결에서 도요타가 개발한 인공지능 로봇 CUE가 승리했다. 인공지능 로봇이 골대를 향해 겨냥한 슛은 백발백중 성공했고, 로봇이 인간보다 더 정확하다는 것을 확인할 수 있었다. 인공지능 로봇은 함수식을 이용해 공의 궤도를 결정하고 동일한 자세로 정확한 슛을 던진다. 스포츠 경기에서 함수가 활용되는 사례를 조사하고 그 원리를 탐구해 보자.

관련 학과 사회체육학과, 스포츠과학과, 스포츠레저학과, 스포츠의학과, 체육학과

《스포츠도 인공지능이다》, 김명락, 미문사(2021)

[10공수2-03-02] •••

함수의 합성을 설명하고, 합성함수를 구할 수 있다.

국어 교과군

영어 교과군

수학 교과군

과학 교과군

사회 교과군

도덕 교과군

➡️ 미국의 수학자 스메일은 원기둥 모양의 밀가루 반죽 S에 대해 다음과 같이 함수를 정의했다. $f : S \to S$를 $f(x) = (S$를 납작하게 눌러서 길게 늘인 다음 반으로 접는 동작에 따라 정해지는 x의 위치)로 정의하고, 이 함수를 말편자함수(horseshoe funtion)라 하였다. 합성을 반복하면 재료가 뒤죽박죽 섞인 밀가루 반죽이 만들어지는 것처럼 합성한 함수 f^n은 매우 불규칙하게 변하며 이를 혼돈이론이라고 설명했다. 세 가지 점토를 함께 반죽할 때 색깔이 섞이는 과정을 통해 말편자함수의 합성 원리를 설명해 보자.

관련 학과 공예학과, 만화애니메이션학과, 미술학과, 뷰티디자인학과, 산업디자인학과, 서양화과, 시각디자인학과, 조소과, 패션디자인학과

《교양인을 위한 수학사 강의》, 이언 스튜어트, 노태복 역, 반니(2016)

[10공수2-03-03] ● ● ●

역함수의 개념을 설명하고, 역함수를 구할 수 있다.

➡️ 심층 신경망은 머신러닝의 방법으로, 사람의 뇌처럼 섬세하게 연결된 가상신경이 데이터를 분석하고 판단하여 새로운 데이터를 만들어내는 기술이다. 최근 인공지능이 그린 그림이 미술 대회에서 입상하고 미술관에 전시되기도 하며, AI 화가 프로그램 '미드저니'는 몇 분만에 인간 화가 수준의 미술 작품을 만들어낸다. 인공지능이 RGB 방식을 활용해 이미지 데이터를 인식하여 미술 작품을 만들어내는 과정을 함수와 관련지어 탐구해 보자.

관련 학과 공예학과, 만화애니메이션학과, 미술학과, 뷰티디자인학과, 산업디자인학과, 서양화과, 시각디자인학과, 조소과, 패션디자인학과

《챗GPT & AI를 활용한 인공지능 그림 그리기 실전》, 장문철 외 1명, 앤써북(2023)

[10공수2-03-04] ● ● ●

유리함수 $y = \dfrac{ax + b}{cx + d}$ 의 그래프를 그릴 수 있고, 그 그래프의 성질을 탐구한다.

➡️ 세이버메트릭스(Sabermetrics)는 야구를 통계와 수학을 이용해 분석하는 방법론이다. 세이버메트릭스는 빌 제임스가 창시한 이래 투수와 타자들의 기록이 누적된 통계자료를 이용해 많은 스포츠팀에서 활용하고 있다. 세이버메트릭스에 활용되는 지표는 다양한데, 야구에서는 ERA(9이닝 기준 평균자책점), WHIP(1이닝 동안 투수가 허용한 볼넷과 안타)이 유리함수와 관련된다. 데이터를 분석하여 경기에 활용하는 세이버메트릭스에 대해 탐구해 보자.

관련 학과 사회체육학과, 스포츠과학과, 스포츠레저학과, 스포츠의학과, 체육학과

《세이버메트릭스 레볼루션》, 벤저민 바우머 외 1명, 송민구 역, 한빛비즈(2015)

[10공수2-03-05] ● ● ●

무리함수 $y = \sqrt{ax+b}+c$의 그래프를 그릴 수 있고, 그 그래프의 성질을 탐구한다.

➡️ 스포츠 경기에서 공을 비스듬히 던지면 포물선 운동을 하게 된다. 이 물체의 운동을 분석하면 수직 방향으로는 자유낙하하는 물체처럼 운동하고 수평 방향으로는 등속 운동을 하게 된다.

따라서 공이 떨어지는 시간 $t = \sqrt{\dfrac{2h}{g}}$ (g는 중력가속도, h는 최고점의 높이)이고 수평도달거리는 $R = v_0\cos\theta \times t = v_0\cos\theta \times \sqrt{\dfrac{2h}{g}}$ (v_0는 처음 공을 던진 속도, θ는 처음 수평면과 공이 이루는 각도)이다. 무리함수와 관련하여 비스듬히 던진 공의 운동을 해석해 보자.

관련 학과 사회체육학과, 스포츠과학과, 스포츠레저학과, 스포츠의학과, 체육학과

《일상적이지만 절대적인 스포츠 속 수학 지식 100》, 존 D. 배로, 박유진 역, 동아엠앤비(2016)

선택 과목	수능	대수		절대평가	상대평가
일반 선택	O			5단계	5등급

단원명 ┃ 지수함수와 로그함수

🔍 거듭제곱근, 지수, 로그, (로그의) 밑, 진수, 상용로그, 지수함수, 로그함수, $\sqrt[n]{a}$, $\log_a N$, $\log N$

[12대수01-01] •••

거듭제곱과 거듭제곱근의 뜻을 알고, 그 성질을 이용하여 계산할 수 있다.

➡️ 삶에서 일을 하는 것도 중요하지만 쉼 역시 중요하다. 많은 사람들이 휴식 방법으로 음악감상, 그림 그리기, 운동 등 예술이나 체육 활동을 선택한다. 각 활동을 통한 휴식의 만족도는 음악의 경우 얼마나 많은 음악을 들었는지, 운동의 경우 운동량에 얼마나 변화를 가져오며 진행했는지에 따라 다르게 나타나기도 한다. 다양한 여가 활동에서 하나의 요소가 변화함에 따라 만족도가 얼마나 달라지는지 조사하여 발표해 보자.

관련 학과 음악학과, 미술학과, 사회체육학과, 스포츠과학과, 스포츠레저학과, 스포츠의학과, 체육학과
《**스포츠에 답이 있다**》, 이철원, 연세대학교 대학출판문화원(2019)

[12대수01-02] •••

지수가 유리수, 실수까지 확장될 수 있음을 이해하고, 이를 설명할 수 있다.

➡️ 운동 과정에서 나타나는 운동량, 심박수, 에너지 소모 등을 표현하기 위해 지수를 사용한다. 운동량은 운동하는 물체의 질량과 속도의 곱으로 나타낼 수 있는데, 이때 운동량의 변화율은 2의 거듭제곱으로 표현할 수 있다. 이처럼 운동 과정에서 신체의 변화를 수치화해서 나타내는 방법을 조사하고, 이를 활용한 다양한 운동 방법을 탐구해 보자.

관련 학과 사회체육학과, 스포츠과학과, 스포츠레저학과, 스포츠의학과, 체육학과
《**스포츠 속에 과학이 쏙쏙**》, 손영운, 이치(2017)

[12대수01-06] •••

지수함수와 로그함수의 뜻을 알고, 이를 설명할 수 있다.

➡️ 다양한 장르의 음악이 끊임없이 나오고 있다. 그중 대중음악의 인기는 음원 사이트의 스트리밍 빈도로 판단하기도 한다. 관심 있는 여러 대중음악의 음원 스트리밍 빈도의 변화를 관찰하며 각 음원이 인기 있었던 원인을 분석하고, 각 음원에서 나타는 스트리밍 빈도 변화의 공통점과 차이점에 관해 조사하여 발표해 보자.

관련 학과 방송연예과, 실용음악학과, 음악학과, 작곡과
《**K컬처 트렌드 2024**》, 정민아 외 15명, 미다스북스(2023)

국어 교과군

영어 교과군

수학 교과군

도덕 교과군

사회 교과군

과학 교과군

[12대수01-07]

지수함수와 로그함수의 그래프를 그릴 수 있고, 그 성질을 설명할 수 있다.

➡️ 소리의 크기는 소리의 진폭에 비례하며, 로그함수를 이용하여 진폭의 크기를 표현한다. 소리 크기의 단위인 데시벨(dB)은 로그함수를 기반으로 인간의 청각 특성을 고려하여 소리의 크기를 측정하고 비교할 수 있는 단위로 표현한다. 소리의 크기를 주제로 탐구활동을 하며 음악 활동을 하는 여러 장소에서 청중이 듣기 좋은 소리의 크기를 조사해 보자.

관련 학과 관현악과, 방송연예과, 성악과, 실용음악학과, 연극영화학과, 음악학과, 작곡과

《소리와 음악의 신비》, 하즈랏 이니야트 칸, 황정선·이정은 역, 슈리크리슈나다스아쉬람(2012)

[12대수01-08]

지수함수, 로그함수를 활용하여 문제를 해결할 수 있다.

➡️ 미술에서는 색채, 명도, 대비 등을 표현하기 위해 다양한 수치를 사용한다. 색채의 강도나 밝기는 0부터 255까지의 정수로 구성되는 RGB 값으로 표현할 수 있는데, 이는 각 색상 성분의 밝기를 2의 거듭제곱으로 표현한 것이다. 또한 명도의 변화율은 밝기 차이와 기준 밝기의 비율을 활용하여 로그함수로 표현할 수 있다. 이처럼 색을 표현하는 여러 수치를 조사하고, 다양한 그림이나 사진의 색채, 명도, 대비 등을 분석하는 보고서를 작성해 보자.

관련 학과 만화애니메이션학과, 미술학과, 사진학과, 산업디자인학과, 시각디자인학과, 패션디자인학과

《미술관에 간 물리학자》, 서민아, 어바웃어북(2020)

단원명 | 삼각함수

> 🔍 시초선, 동경, 일반각, 호도법, 라디안, 주기, 주기함수, 삼각함수, 사인함수, 코사인함수, 탄젠트함수, 사인법칙, 코사인법칙, $\sin x$, $\cos x$, $\tan x$

[12대수02-02]

삼각함수의 개념을 이해하여 사인함수, 코사인함수, 탄젠트함수의 그래프를 그리고, 그 성질을 설명할 수 있다.

➡️ 음악에서 각 음정은 소리 진동의 주파수 차이로 구분된다. 각 음정 사이의 주파수에서 규칙적인 관계를 발견할 수 있다. 더불어 각 악기가 이러한 음정을 표현하는 방법도 다양하다. 음정과 주파수 사이의 관계, 각 악기가 소리를 내는 원리를 조사하고, 그 사이에서 나타나는 차이점과 특징들을 탐구해 보자.

관련 학과 관현악과, 뮤지컬학과, 실용음악학과, 음악학과, 작곡과

MUSIC
A Mathematical
Offering

음악 수학
음악에게 수학의 헌정

추정호 옮김 · 데이브 벤슨 지음

음악 수학
데이브 벤슨, 추정호 역,
에이콘출판(2022)

책 소개

이 책은 음악과 수학의 관계를 수학적인 관점에서 설명하고 있다. 인간 귀의 구조와 푸리에 분석을 통해 소리를 이해하고, 악기의 수학과 결합하여 협음과 불협음을 이해하며, 음계의 발달과 평균율을 유도한다. 또한 음악에서의 대칭과 현대 음악의 디지털 기술에 대해서도 다루며 아날로그 음악과 디지털 음악의 차이에 대한 이해를 돕고 있다.

세특 예시

음악 관련 전공을 희망하는 학생으로 교과연계 독서활동에서 음악과 수학의 관계를 수학적 관점에서 설명하는 '음악 수학(데이브 벤슨)'을 읽고 음정과 소리 진동의 주파수 사이의 관계를 알아보는 활동을 함. 책의 내용 중 어려운 부분에 대해서는 교사의 도움을 받아 이해하고자 노력하는 모습을 보이며, 관심 분야인 음악에도 수학적 원리가 있다는 점에 상당한 흥미를 갖고 보고서를 작성하여 발표함.

단원명 | 수열

| 🔍 | 수열, 항, 일반항, 공차, 등차수열, 등차중항, 공비, 등비수열, 등비중항, 귀납적 정의, 수학적 귀납법, a_n, $\{a_n\}$, S_n, $\sum_{k=1}^{n} a_k$

[12대수03-01] •••

수열의 뜻을 설명할 수 있다.

➡ 앞의 두 항의 합이 다음 항이 되는 수열인 피보나치 수열은 황금비를 표현하는 수열이기도 하다. 이는 음악의 음계, 미술의 다양한 작품에서도 발견할 수 있다. 다양한 분야에서 발견되는 피보나치 수열과 황금비를 조사하고, 음악이나 미술 작품 속의 피보나치 수열과 황금비를 찾아 그 의미를 탐구하여 발표해 보자.

관련 학과 공예학과, 관현악과, 만화애니메이션학과, 미술학과, 사진학과, 산업디자인학과, 서양화과, 성악과, 시각디자인학과, 실용음악학과, 음악학과, 작곡과, 조소과, 패션디자인학과

《**수열의 고백**》, 유키 히로시, 박은희 역, 영림카디널(2021)

[12대수03-03] •••

등비수열의 뜻을 알고, 일반항, 첫째항부터 제n항까지의 합을 구할 수 있다.

➡ 디지털 카메라나 필름 카메라는 여러 가지 설정을 통해 다양한 사진을 촬영할 수 있다. 그중 하나인 조리개는 렌즈 빛의 노출 양을 조절하는 것으로 우리 눈의 동공과 같은 역할을 하며, 그 크기를 F값으로 나타낸다. F값은 각각 $\sqrt{2}$배씩 변화하는 값이다. 카메라 F값의 의미를 살펴보고, F값에 따라 사진의 이미지가 어떻게 변화하는지 탐구해 보자.

관련 학과 사진학과

《일상을 아름답게 담아내는 사진촬영》, 이준식, 시대인(2020)

[12대수03-04] •••

∑의 뜻과 성질을 이해하고, 이를 활용하여 문제를 해결한다.

➡ 미술 작품에서 타일과 텍스타일 패턴은 공간의 분위기를 조성하고 시각적 리듬감과 조화를 보여 준다. 이러한 타일과 텍스타일 패턴 속에서 등차수열, 등비수열 등의 특성을 찾아 패턴 디자인의 구조, 색채, 반복 등에 적용해 볼 수 있다. 등차수열의 합을 이용하여 타일의 크기나 간격을 조절하고 리듬감 있는 패턴을 만들 수 있으며, 등비수열의 비율을 활용하여 텍스타일 패턴의 크기 변화와 반복을 표현하기도 한다. 타일과 텍스타일 패턴으로 구성된 미술 작품을 조사하여 그 속의 수학적 원리를 탐구하여 발표해 보자.

관련 학과 공예학과, 만화애니메이션학과, 미술학과, 뷰티디자인학과, 사진학과, 산업디자인학과, 시각디자인학과, 조소과, 패션디자인학과

《일상적이지만 절대적인 예술 속 수학 지식 100》, 존 D. 배로, 강석기 역, 동아엠앤비(2016)

[12대수03-06] •••

수열의 귀납적 정의를 설명할 수 있다.

➡ 스포츠 경기는 일정한 규칙을 바탕으로 경기가 진행되고 점수를 득점하며 승패를 나누게 된다. 각 팀은 이러한 규칙 안에서 효과적으로 득점을 올리기 위해 다양한 전략을 구상하게 되고, 잘 만들어진 전략은 주된 득점을 이끌어낼 수 있다. 여러 팀의 주요 득점 전략을 조사하고, 이를 귀납적으로 정의하는 탐구활동을 해 보자.

관련 학과 사회체육학과, 스포츠과학과, 스포츠레저학과, 스포츠의학과, 체육학과

《야구의 심리학》, 마이크 스태들러, 배도희 역, 지식채널(2011)

[12대수03-07] •••

수학적 귀납법의 원리를 이해하고, 이를 이용하여 명제를 증명할 수 있다.

➡ 바코드와 QR코드는 상품을 구입하거나 앱을 설치할 때, 문서를 읽을 때 등 우리 생활에서 다양하게 활용되고 있다. 수많은 상품이나 앱, 문서 등을 구분해 주는 바코드와 QR코드의 수학적 원리와 기술을 조사하고, 바코드와 QR코드의 무분별한 사용이 유발할 수 있는 문제점과 해결 방안에 관해 탐구해 보자.

관련 학과 예체능계열 전체

《소름 돋는 수학의 재미》(상, 하), 천융밍, 김지혜 역, 미디어숲(2022)

선택 과목	수능		절대평가	상대평가
일반 선택	O	미적분 I	5단계	5등급

단원명 | 함수의 극한과 연속

| 🔎 | 함수의 극한, 수렴, 발산, 극한값, 좌극한, 우극한, 함수의 극한 성질, 함수의 극한 대소 비교, 함수의 연속, 구간, 연속함수의 성질, 최대와 최소 정리, 사잇값 정리

[12미적I-01-01] • • •

함수의 극한의 뜻을 알고, 이를 설명할 수 있다.

➡ 원근법은 인간의 눈으로 보는 공간을 규격화된 평면 위에 표현하는 회화기법으로, 투시도법이라고도 한다. 또한 소실점은 회화나 설계도 등에서 투시하여 물체의 연장선을 그었을 때 선과 선이 만나는 점을 의미한다. 길위의 철로가 길게 이어져 양쪽 레일이 지평선 위의 한 점이 되는 것처럼 보이는데, 이 점이 대표적인 소실점이다. 회화나 설계도에서 많이 사용되는 투시도와 소실점을 극한과 관련지어 설명해 보자.

관련 학과 만화애니메이션학과, 미술학과, 뷰티디자인학과, 사진학과, 산업디자인학과, 서양화과, 시각디자인학과

《차근차근 배우는 드로잉 원근법》, 수지(허수정), 책밥(2021)

[12미적I-01-02] • • •

함수의 극한에 대한 성질을 이해하고, 함수의 극한값을 구할 수 있다.

➡ 사람의 신장이나 체중과 관련한 생장곡선은 전형적인 S자 형태의 시그모이드 곡선으로 나타난다. 남자 신장의 생장곡선은 23세 정도까지 점차 상승하여 25세쯤에 일정해지고 나이가 들면 조금 감소한다. 또한 여자 신장의 생장곡선은 남자보다 일찍 성장하여 20세쯤에 일정해지고 25세가 지나면 조금 감소한다. 운동선수 역시 경력과 경험이 쌓이면서 기량이 높아지지만 일정 나이가 지나면 오히려 체력과 신체적 한계로 기량이 떨어지는 경향이 있다. 운동선수의 기량을 생장곡선과 관련하여 탐구해 보자.

관련 학과 경호학과, 모델과, 무용학과, 사회체육학과, 스포츠과학과, 스포츠레저학과, 스포츠의학과, 체육학과

《노화의 재설계》, 모건 레빈, 이한음 역, 위즈덤하우스(2023)

[12미적I-01-03] • • •

함수의 연속을 극한으로 탐구하고 이해한다.

➡ 영화의 역사는 사진에서 출발했으며, 초기에는 움직이는 사진이라는 의미로 '활동사진'이라 불렸다. 카메라의 셔터가 열려 있는 동안 렌즈를 통해 들어온 빛은 필름이나 이미지 센터에 맺혀 프레임을 형성하고 셔터가 닫히면 프레임이 저장하게 된다. 카메라는 이렇게 반복되는 셔터의 움직임으로 연속된 프레임을 생성하고 영상으로 기록한다. 보통 1초에 24프레임을 촬영하며, 잔상 효과를 통해 영상으로 인식하게 된다. 영화 필름이 만들어지는 과정을 카메라의 연속 촬영과 관련하여 탐구해 보자.

관련 학과 만화애니메이션학과, 방송연예과, 사진학과, 산업디자인학과, 연극영화학과

**영화 편집
-역사, 개념, 용어**

김형석, 아모르문디(2018)

책 소개

이 책은 디지털 세대를 위해 발간된 영화학 시리즈로, 각 권마다 영화를 이해하는 데 꼭 필요한 이론적 담론을 주제별로 다루고 있다. 가장 기본적인 이론부터 최신 기술에 관한 논의, 다채로운 비평적 접근을 통해 영화에 대한 깊이 있는 이해를 돕는다. 큰 주제에서 작은 주제로 심화하는 방향으로 구성했으며 각 권은 독립적이면서도 서로 연관되도록 기획하였다.

세특 예시

함수의 연속성을 판정하는 조건을 정확하게 이해하고 연속함수와 불연속함수가 가진 차이를 명확하게 설명함. '영화 편집—역사, 개념, 용어(김형석)'를 읽은 뒤 영화 제작의 기본 원리를 정리하고 자신의 관심 분야에 대한 열정을 드러냄. 영화와 애니메이션의 시초는 활동사진과 미술로, 여러 프레임을 하나의 영상처럼 인식하게 되면서 영화가 탄생하게 되었다고 설명함. 1초에 24프레임 이상을 촬영하면 불연속한 프레임들을 하나의 연속된 상황으로 인식하게 된다고 부연 설명함. 최근에는 프레임 수가 늘면서 자연스러움과 생동감을 가지게 되었고 영상 기술의 발전을 가져왔다고 설명함.

[12미적I-01-04] ● ● ●

연속함수의 성질을 이해하고, 이를 활용하여 문제를 해결할 수 있다.

➔ 오래되어 미술품의 물감이 벗겨지거나 곰팡이가 생겨 훼손된 경우 복원 작업을 하게 된다. 오염된 표면을 깨끗이 하고 들뜬 부분을 접합하여 사라진 부분을 메운다. 같은 원리로 디지털 영상을 복원할 때도 주위의 손상된 색상과 알려진 정보의 연속성을 고려해 복원 작업을 진행하게 된다. 미술품이나 영상의 복원 과정을 정리하고 그 과정에서 연속성이 어떻게 활용되는지 탐구해 보자.

관련 학과 만화애니메이션학과, 미술학과, 방송연예과, 뷰티디자인학과, 사진학과, 산업디자인학과, 서양화과, 시각디자인학과, 연극영화학과, 음악학과, 작곡과, 조소과, 패션디자인학과

《예술가의 손끝에서 과학자의 손길로》, 김은진, 생각의힘(2020)

단원명 | 미분

🔍 평균변화율, 순간변화율, 미분계수, 접선의 방정식, 함수의 미분 가능성과 연속성의 관계, 도함수, 함수의 실수배·합·차·곱의 미분법, 다항함수의 도함수, 상수함수의 도함수, 미분계수, 접선의 기울기, 접선의 방정식, 평균값정리, 롤의 정리, 함수의 증가와 감소, 함수의 극대와 극소, 함수의 그래프, 그래프의 개형, 증감표, 최댓값과 최솟값, 방정식과 부등식, 실근의 개수, 속도와 가속도, 거리

[12미적I-02-01] ● ● ●

미분계수를 이해하고, 이를 구할 수 있다.

● 야구 경기에서 평균자책점(방어율)은 투수의 재능을 평가하는 중요한 잣대로, 9이닝을 기준으로 투수가 평균적으로 내준 점수를 의미한다. 예를 들어 어느 투수가 72이닝을 던져 자책점 36점을 기록했다면 방어율은 4.5점으로, 9이닝을 던지면 4.5점의 자책점을 기록할 거라는 의미이다. 한편 구속은 마운드 위의 투수가 던진 공이 타자가 위치한 홈플레이트까지의 거리 18.44m를 지나는 시간으로 측정한다. 스포츠 경기에서 평균변화율과 순간변화율을 적용할 수 있는 사례를 찾아보자.

관련학과 사회체육학과, 스포츠과학과, 스포츠레저학과, 스포츠의학과, 체육학과

《**야구 교과서**》, 잭 햄플, 문은실 역, 보누스(2023)

[12미적I-02-02]　　　　　　　　　　　　　　　　● ● ●

함수의 미분가능성과 연속성의 관계를 설명하고, 이를 활용할 수 있다.

● 스티브 잡스는 픽사를 인수하여 애니메이션 영화 〈토이스토리〉를 만들었는데, 당시 애니메이션과 거리가 있는 수학자들을 대거 고용했다. 이전까지는 애니메이터들이 모든 프레임을 직접 작업하다 보니 제작에 많은 시간이 걸렸다. 하지만 애니메이션에 미분을 활용하여 동작이나 크기, 위치 변화 등을 방정식과 미분으로 계산하면서 시간과 비용을 절감하게 되었다. 애니메이션 분야에서 미분을 활용한 사례를 찾고 이를 미분 가능성과 연계하여 설명해 보자.

관련학과 만화애니메이션학과, 미술학과, 뷰티디자인학과, 사진학과, 산업디자인학과, 시각디자인학과

《**미적분의 쓸모**》, 한화택, 더퀘스트(2022)

[12미적I-02-03]　　　　　　　　　　　　　　　　● ● ●

함수 $y = x^n$(n은 양의 정수)의 도함수를 구한다.

● 공이나 움직이는 물체의 속도를 측정하기 위해 스피드건을 이용하는데, 이와 관련한 개념이 도플러 효과이다. 스피드건은 초음파 등 특정 파장의 파동을 발사한 후 물체를 맞고 돌아온 파동의 파장을 분석한다. 스피드건이 쏜 파장의 파동이 다가오는 야구공에 맞고 돌아오면 파장이 짧아지는데, 짧아지는 정도는 다가오는 물체의 속도에 따라 달라진다. 스피드건에 활용되는 도플러 효과를 설명하고, 야구공의 속도를 측정하는 방법을 미분과 관련하여 탐구해 보자.

관련학과 사회체육학과, 스포츠과학과, 스포츠의학과, 체육학과

《**너무 재밌어서 잠 못 드는 물리 이야기**》, 션 코널리, 하연희 역, 생각의길(2018)

[12미적I-02-04]　　　　　　　　　　　　　　　　● ● ●

함수의 실수배·합·차·곱의 미분법을 알고, 다항함수의 도함수를 구할 수 있다.

● AI 스피커가 사람의 목소리를 인식하는 것은 공기의 떨림인 진동과 관련이 있다. 소리는 파동의 한 종류로, 1초에 진동하는 횟수(진동수)에 따라 음역이 결정되고 진폭에 따라 소리의 크기가 결정된다. 또한 바이올린의 '도'음과 피아노의 '도'음은 같은 진동수를 가지지만 맵시가 다르기 때문에 다른 소리가 된다. 우리 주변에서 들을 수 있는 소리를 파동으로 생각하여 파동 그래프로 표현하고 각 점에서의 미분계수를 분석해 보자.

관련학과 관현악과, 방송연예과, 성악과, 실용음악학과, 연극영화학과, 음악학과, 작곡과

《**인공지능과 인간의 대화**》, 김지현, 미래의창(2020)

[12미적I-02-05]

● ● ●

미분계수와 접선의 기울기의 관계를 이해하고, 접선의 방정식을 구할 수 있다.

➔ 재난영화를 보면 현실에서는 찾아볼 수 없는 큰 화염이나 해일이 도시를 덮치는 장면을 볼 수 있다. 이를 실제로 촬영하기엔 경제성이 없고 현실적인 어려움도 있어 컴퓨터 그래픽(CG)으로 제작하는데, 이때 미분방정식을 이용하게 된다. 또한 유체의 움직임을 자연스럽게 활용하기 위해 나비에-스토크스 방정식을 활용한다. 컴퓨터 그래픽을 활용한 영화를 찾아보고, 그 속에 담겨 있는 미분의 원리를 탐구해 보자.

관련 학과 **만화애니메이션학과, 방송연예과, 뷰티디자인학과, 사진학과, 산업디자인학과, 시각디자인학과**

《**컴퓨터 그래픽스 배움터**》, 최윤철 외 2명, 생능출판(2022)

[12미적I-02-06]

● ● ●

함수에 대한 평균값 정리를 설명하고, 이를 활용할 수 있다.

➔ 마라톤 경기는 42.195km를 달리는 장거리 경주 종목으로, 지구력과 더불어 우수한 심폐기능과 강인한 각근력이 필요하다. 긴 거리를 달리기 위해 지구력과 더불어 페이스의 배분, 피치 주법(보폭을 짧게 하고 발의 회전을 빠르게 하는 주법)이 요구된다. 마라톤 경기에 평균값 정리를 적용하면 마라톤을 완주한 선수는 가속도가 0인 순간이 반드시 존재한다. 그 이유를 평균값 정리를 이용하여 설명해 보자.

관련 학과 **사회체육학과, 스포츠과학과, 스포츠레저학과, 스포츠의학과, 체육학과**

《**수학은 어렵지만 미적분은 알고 싶어**》, 요비노리 다쿠미, 이지호 역, 한스미디어(2020)

[12미적I-02-07]

● ● ●

함수의 증가와 감소, 극대와 극소를 판정하고 설명할 수 있다.

➔ 심박수는 단위 시간당 심장박동 수로, 일반적으로 분당 맥의 수(bpm)로 표현된다. 의료 진단과 의학적 상태 검사를 위해 심박수를 측정하며, 운동선수들의 훈련 효율을 높이기 위해서도 심박수를 모니터링한다. 휴식기 심박수는 잠에서 깬 직후 잠자리에서 일어나기 전 안정된 상태에서 측정하는 것이 가장 정확하다. 또한 심박수의 최대치인 최대 심박수(HRmax)는 운동을 통해 안정되게 오를 수 있는 최대 심박수를 말한다. 운동으로 인한 심박수 변화를 그래프로 나타내고, 증가와 감소, 극대와 극소 등을 이용하여 그래프를 분석해 보자.

관련 학과 **사회체육학과, 스포츠과학과, 스포츠레저학과, 스포츠의학과, 체육학과**

《**심장에 관한 거의 모든 이야기**》, 빌 슈트, 김은영 역, 아날로그(2023)

[12미적I-02-08]

● ● ●

함수의 그래프의 개형을 그릴 수 있다.

➔ 배드민턴은 가로 6.1m, 세로 13.4m의 직사각형 모양 코트에서 셔틀콕을 쳐서 득점을 올리는 경기이다. 상대방 진영에 셔틀콕을 효과적으로 넘기기 위해 다양한 방법과 기술을 사용하는데, 이때 활용하는 타구의 종류는 다양하다. 배드민턴 타구의 종류로는 하이클리어, 드라이브, 스매시, 헤어핀, 푸시 등의 기술이 있다. 각각의 타구 방향을 정리한 뒤, 타구의 운동 과정을 그래프로 표현하고 그 특징을 탐구해 보자.

관련 학과 **사회체육학과, 스포츠과학과, 스포츠레저학과, 스포츠의학과, 체육학과**

《**배드민턴 바이블**》, 오성기 외 3명, 대한미디어(2013)

[12미적I-02-10]　• • •

미분을 속도와 가속도에 대한 문제에 활용하고, 그 유용성을 인식할 수 있다.

➡ 수학적 모델링은 복잡한 상황을 간단하게 단순화하여 수학적 모델을 만들고 이론을 통해 얻은 결과를 상황에 적용하는 것이다. 또한 수치해석 모델은 수학 공식이나 방정식으로 정의된 문제의 수치해나 근사해를 컴퓨터 프로그램을 이용하여 구하는 모델링 프로그램이다. 스포츠 경기에 나타나는 다양한 데이터를 수치해석 모델로 변환하여 선수들의 경기력을 향상시키고 경기 운영에 활용한다. 스포츠 경기에서 활용할 수 있는 수학적 모델링에 대해 탐구해 보자.

관련 학과 사회체육학과, 스포츠과학과, 스포츠레저학과, 스포츠의학과, 체육학과

《수학적 모델링, 어떻게 가르칠까?》, 리타 보로메오 페리, 장혜원 외 3명, 경문사(2020)

단원명 |　**적분**

|🔍| 부정적분, 적분상수, 함수의 실수배·합·차의 부정적분, 다항함수 부정적분, 정적분, 미분과 적분의 관계, 정적분의 성질, 부정적분과 정적분의 관계, 다항함수 정적분, 도형의 넓이, x축으로 둘러싸인 도형의 넓이, 두 곡선 사이의 넓이, 속도, 속력, 이동거리, 위치의 변화량, 가속도

[12미적I-03-01]　• • •

부정적분의 뜻을 알고, 이를 설명할 수 있다.

➡ 운동 역학은 신체의 움직임에 관한 연구를 하는 학문으로, 인체나 스포츠 구기에 작용하는 여러 힘의 효과를 분석하고 예측한다. 운동 역학은 생화학, 생리학, 해부학 등과 더불어 신체운동과학의 기초를 이루며, 체육·스포츠·리허빌리테이션·바이오닉스·인간공학 등 넓은 응용 분야가 있다. 운동 역학에서 사용되는 에너지의 한 형태인 일(W)을 적분과 관련하여 탐구해 보자.

관련 학과 경호학과, 사회체육학과, 스포츠과학과, 스포츠레저학과, 스포츠의학과, 체육학과

《물리로 보는 스포츠》, 모치즈키 오사무, 이영란 역, 성안당(2020)

[12미적I-03-02]　• • •

함수의 실수배·합·차의 부정적분을 알고, 다항함수의 부정적분을 구할 수 있다.

➡ 아날로그 신호는 저장이나 조작이 디지털 신호보다 어렵기 때문에 디지털화하여 전송하게 되는데, 신호 잡음이 적은 반면 변환 과정에서 왜곡이 생길 수 있다. 최근 화면을 화소라는 작은 칸들로 나누고 각 화소의 색상을 이용해 사진을 완성하는 방식을 사용하는데, 각 화소의 칸을 잘게 나눌수록 해상도가 실물에 가까워진다. 음악이나 디자인 분야에서 음원이나 사진, 영상 파일 등을 전송할 때 사용하는 아날로그 방식과 디지털 방식을 미분, 적분과 관련하여 탐구해 보자.

관련 학과 만화애니메이션학과, 미술학과, 방송연예과, 뷰티디자인학과, 사진학과, 산업디자인학과, 성악과, 시각디자인학과, 실용음악학과, 연극영화학과, 음악학과, 작곡과, 조소과, 패션디자인학과

《디지털 기술 시대의 영화미학》, 이주봉, 박이정(2022)

[12미적I-03-03]

정적분의 개념을 탐구하고, 그 성질을 이해한다.

➡ 충격량은 물체에 힘을 작용했을 때 운동량의 변화로, 힘(충격력)과 시간을 곱한 벡터량으로 나타낸다. 시간 t에서 어떤 물체에 작용한 힘을 $f(t)$라고 하면 함수 $y = f(t)$의 그래프로 둘러싸인 도형의 넓이는 물체에 힘이 작용하는 시간 동안 물체에 작용한 충격량의 크기와 같다. 이를 적용하면 날아오는 야구공을 어떻게 받든 운동량은 동일하게 0으로 변하므로 손이 받는 충격량은 같다. 이때 손을 뒤로 빼면서 야구공이 멈추는 시간을 길게 하면 충격력(충격받는 힘)이 작아져서 손바닥이 덜 아프다. 야구 경기에서 활용되는 충격량을 적분과 관련하여 탐구해 보자.

관련 학과 사회체육학과, **스포츠과학과**, 스포츠레저학과, 스포츠의학과, 체육학과

역학특강
별이좋은소년,
아이러브북(2022)

책 소개 ....
이 책은 우리 주변에서 펼쳐지는 사소한 여러 가지 물리적 현상을 과학적으로 설명하고 있다. 단위와 차원에서부터 뉴턴의 운동 3법칙, 가속도가 일정한 운동과 가속도가 변하는 운동 등을 소개하고 있다. 또한 운동량과 충격량의 관계, 일과 운동 에너지, 퍼텐셜 에너지와 역학적 에너지 보존, 일률 등 역학과 관련한 다양한 과학적 지식을 소개하고 있다.

세특 예시 ....
함수 그래프에 나타나는 적분의 정의를 이해한 뒤, 적분을 물리와 스포츠 분야에 적용할 수 있는 사례로 충격량을 제시함. '역학특강(별이좋은소년)'을 인용하여 시간에 대한 힘의 그래프에서 둘러싸인 부분의 넓이가 충격량임을 설명함. 충격량은 힘과 시간의 곱이며 힘이 일정하지 않을 경우 적분을 통해 구할 수 있다고 설명함. 충격량을 적용한 사례로 야구공을 던질 때 손을 뒤로 빼면서 시간을 길게 하면 충격받는 힘의 크기가 작아진다고 설명함.

[12미적I-03-04]

부정적분과 정적분의 관계를 이해하고, 다항함수의 정적분을 구할 수 있다.

➡ 초창기의 3D 프린터는 주로 플라스틱을 사용했지만, 종이나 고무, 콘크리트, 금속 등 재료의 범위가 점점 넓어지고 활용 분야도 다양해지고 있다. 최근 3D 프린팅을 이용해 예술 작품과 피규어, 공예품을 똑같은 모양으로 만든 복제품이 대량 생산되고 있다. 3D 프린팅은 3차원의 물체를 스캐닝한 뒤 한 층 한 층 쌓아 제작한다는 점에서 적분의 원리와 비슷하다. 3D 프린터의 원리를 정리하고, 예술 분야에서 3D 프린터가 활용되는 사례에 대해 탐구해 보자.

관련 학과 공예학과, 미술학과, 뷰티디자인학과, 산업디자인학과, 시각디자인학과, 조소과, 패션디자인학과
《TINKERCAD & 3D PRINTING》, 김호다, 연두에디션(2019)

[12미적I-03-05]

곡선으로 둘러싸인 도형의 넓이에 대한 문제를 해결할 수 있다.

➔ 아날로그 신호는 시간에 따라 연속적으로 변하는 소리의 파형인 반면, 디지털 신호는 0과 1로 이루어진 이산적인 데이터이다. 오디오 샘플링은 아날로그 신호를 디지털 신호로 변화하는 과정으로, 특정한 주기로 아날로그 신호의 값을 측정하여 그 값을 디지털로 표현해야 한다. 이때 샘플링 주기를 너무 짧게 하면 데이터 양이 많아지고, 너무 길게 하면 소리의 복원이 어렵다. 오디오 샘플링을 사용하는 나이퀴스트-샤논 정리에 대해 탐구해 보자.

`관련 학과` 만화애니메이션학과, 방송연예과, 사진학과, 산업디자인학과, 성악과, 시각디자인학과, 실용음악학과, 연극영화학과, 음악학과, 작곡과

《디지털 혁명과 음악》, 음악미학연구회 외 2명 편, 모노폴리(2021)

[12미적I-03-06] ● ● ●

적분을 속도와 거리에 대한 문제에 활용하고, 그 유용성을 인식할 수 있다.

➔ 최근 장소의 제약을 받지 않는 스크린 골프장이나 스크린 야구장 등이 많이 생기고 있다. 스크린 골프장이나 야구장에서는 공의 속도를 측정하고 비거리를 예측하는 방법으로 크게 2가지 방법을 활용한다. 첫 번째 방법은 자동차의 고정식 속도 측정 장치와 유사하게 공이 지나가는 경로에 센서를 일정 간격으로 설치한 뒤 공이 통과하는 시간을 검출하여 속도를 측정하는 것이다. 또 다른 방법은 고속 카메라를 이용해 촬영 영상을 한 장씩 비교하여 공의 무늬 형태와 이동 거리를 추적해 이동 속도와 회전 속도를 측정하는 방법이다. 스크린 골프장이나 스크린 야구장에서 공의 속도와 비거리를 측정하는 방법을 탐구해 보자.

`관련 학과` 사회체육학과, 스포츠과학과, 스포츠레저학과, 스포츠의학과, 체육학과

스포츠 속에 과학이 쏙쏙
손영운, 이치(2017)

`책 소개`

이 책은 우리가 자주 접하지만 자세히 알지 못하는 다양한 스포츠 경기 속의 과학 원리를 소개하고 있다. 육상, 수영 등의 개인 종목, 야구, 축구를 비롯한 구기 종목, 단체 경기 등 다양한 상황 속에 숨어 있는 과학과 수학의 원리를 이야기한다. 경기별로 상황과 장면을 제시하고, 그 상황에 포함된 원리를 과학과 수학 지식을 동원해 설명하고 있다.

`세특 예시`

미분과 적분의 적용 사례로 물체의 운동과 거리, 속도, 가속도의 관계를 설명하고 주어진 그래프를 논리적으로 분석함. 이후 개념 확장 활동으로 속도와 가속도 개념이 실생활에서 활용되는 사례를 조사하고 이를 미분, 적분과 관련하여 설명함. 스크린 골프장과 스크린 야구장의 원리에 대한 궁금증으로 '스포츠 속에 과학이 쏙쏙(손영운)'을 참고하여 이를 해결함. 공의 속도를 측정하고 비거리를 예측하는 방법으로 자동차의 고정식 속도 측정 장치와 비슷하게 일정한 간격의 센서가 공이 지나가는 경로를 파악하여 예상되는 궤적을 추측한다고 설명함.

국어 교과군

영어 교과군

수학 교과군

도덕 교과군

사회 교과군

과학 교과군

선택 과목	수능		절대평가	상대평가
일반 선택	○	**확률과 통계**	5단계	5등급

단원명 | **경우의 수**

> 🔍 중복순열, 중복조합, 이항정리, 이항계수, 파스칼의 삼각형, $_n\Pi_r$, $_n H_r$

[12확통01-01] ● ● ●

중복순열, 같은 것이 있는 순열을 이해하고, 그 순열의 수를 구하는 방법을 설명할 수 있다.

➔ 우리는 다양한 목적으로 운동을 하며, 목적에 맞는 운동 스케줄을 짜야 한다. 운동선수가 시즌을 대비해서 하는 운동 스케줄과 일반인이 건강 관리를 위해 하는 운동 스케줄은 다를 수밖에 없다. 여러 가지 운동의 목적에 맞는 운동 스케줄을 계획하는 방법에 관해 탐구해 보자.

관련 학과 사회체육학과, 스포츠과학과, 스포츠레저학과, 스포츠의학과, 체육학과

《운동선수를 위한 몸과 체력의 균형》, 그레이 쿡, 이경옥 외 2명 역, 대한미디어(2015)

[12확통01-02] ● ● ●

중복조합을 이해하고, 중복조합의 수를 구하는 방법을 설명할 수 있다.

➔ 컴퓨터 모니터를 통해 색을 표현하는 방법으로 빛의 3원색인 빨강, 초록, 파랑을 혼합한 형태로 색을 나타내는 RGB 모델을 사용하기도 한다. 각 색을 0에서 255까지 256단계로 나누어 조합된 색을 표현하게 된다. RGB 등 컴퓨터에서 활용하는 색 표현 방법을 조사하고, 미술에서의 색 표현 방법과 비교하는 탐구활동을 해 보자.

관련 학과 만화애니메이션학과, 미술학과, 뷰티디자인학과, 사진학과, 산업디자인학과, 서양화과, 시각디자인학과, 패션디자인학과

《필요했어, 이런 미술 수업》, 엄미정, 다른(2022)

단원명 | **확률**

> 🔍 시행, 통계적 확률, 수학적 확률, 여사건, 배반사건, 조건부 확률, 종속, 독립, 독립시행, $P(A)$, $P(B|A)$

[12확통02-01] ● ● ●

확률의 개념을 이해하고 기본 성질을 설명할 수 있다.

➔ 시민의 복지와 건강을 위해 지자체에서는 전시장, 공연장, 체육관 등 다양한 문화·여가 시설을 확보하고자 노

력하고 있다. 국가통계포털을 활용하여 지역별 문화·여가 시설의 수를 조사하여 전국 비율로 나타내 보자. 수도권과 비수도권, 도심 지역과 비도심 지역 등 다양한 기준에 따라 문화·여가 시설의 비율을 비교해 보고, 지역의 고른 문화·여가 생활을 지원하기 위한 방안을 탐구해 보자.

`관련 학과` 예체능계열 전체

《**도시를 건축하는 조경**》, 박명권, 한숲(2018)

[12확통02-05]

사건의 독립과 종속을 이해하고, 이를 판단할 수 있다.

→ 스포츠 경기에서 선수나 팀의 경기력은 다양한 요인의 영향을 받는다. 날씨, 선수의 부상 이력, 팀의 수비 및 공격 전략 등의 요인에 따라 경기 지표가 변화하는 양상을 살펴볼 수 있다. 이를 통해 스포츠에서의 사건 간 독립과 종속 관계를 탐구하고, 스포츠 현장에서 선수 개인의 경기력과 팀 성적, 외부 환경 요인과 경기 결과 등의 관계를 체계적으로 분석하며 스포츠 분야에서의 활용 방안을 보고서로 작성해 보자.

`관련 학과` 사회체육학과, 스포츠과학과, 스포츠레저학과, 스포츠의학과, 체육학과

《**가장 기묘한 수학책**》, 데이비드 달링·아그니조 배너지, 고호관 역, MiD(2023)

단원명 Ⅰ **통계**

| 🔍 확률변수, 이산확률변수, 확률분포, 연속확률변수, 기댓값, 이항분포, 큰 수의 법칙, 정규분포, 표준정규분포, 모집단, 표본, 전수조사, 표본조사, 임의추출, 모평균, 모분산, 모표준편차, 표본평균, 표본분산, 표본표준편차, 모비율, 표본비율, 추정, 신뢰도, 신뢰구간, $\mathrm{P}(X=x)$, $\mathrm{E}(X)$, $\mathrm{V}(X)$, $\sigma(X)$, $\mathrm{B}(n, p)$, $\mathrm{N}(m, \sigma^2)$, $\mathrm{N}(0, 1)$, $\overline{X}$, S^2, S, $\hat{p}$

[12확통03-03]

이항분포의 뜻과 성질을 이해하고, 평균과 표준편차를 구할 수 있다.

→ 스포츠에서는 누적된 기록을 활용하여 선수나 팀의 앞으로의 상황이나 성공과 실패를 예측하기도 한다. 예를 들면 야구에서 타자의 타율을 참고하여 한 경기에 해당 선수가 어느 정도의 안타를 칠 수 있을지 예측하게 된다. 선수나 팀의 다양한 기록이 의미하는 바를 해석하고, 이를 통해 미래의 예측된 값이 의미하는 바를 탐구해 보자.

`관련 학과` 사회체육학과, 스포츠과학과, 스포츠레저학과, 스포츠의학과, 체육학과

《**나는 수학으로 세상을 읽는다**》, 롭 이스터웨이, 고유경 역, 반니(2020)

[12확통03-05]

모집단과 표본의 뜻을 알고, 표본추출의 방법을 설명할 수 있다.

→ 최근 음악 산업에서 음악 스트리밍 서비스의 이용이 급격히 늘고 있다. 이에 따라 음악 스트리밍 서비스 이용자들의 행태와 특성에 대한 이해가 중요해지고 있다. 주변에서 음악 스트리밍 서비스를 이용하고 있는 이들을 대상으로 인구통계학적 특성, 이용 동기와 목적, 이용 빈도와 시간, 음악 장르별 선호도와 청취 패턴, 만족도와

불만족 요인 등을 조사한 뒤 다른 조사 결과와 비교하는 탐구활동을 하고, 스트리밍 서비스 이용자 모집단의 특성을 추정하는 탐구 보고서를 작성해 보자.

관련 학과 관현악과, 뮤지컬학과, 방송연예과, 성악과, 실용음악학과, 음악학과, 작곡과

《세상을 바로 보는 힘 통계 안목》, 송인창·최성호, 바틀비(2023)

[12확통03-06]   ● ● ●

표본평균과 모평균, 표본비율과 모비율의 관계를 이해하고 설명할 수 있다.

➡ 우리나라의 가장 큰 사회적 문제 중 하나로 세계 최저 수준의 출산율이 꼽히고 있다. 과거부터 정부는 출산율에 따라 이를 조절하고자 다양한 정책을 수립하고 포스터와 미디어 광고를 통해 출산율 조절을 위해 노력해 왔다. 과거부터 출산율의 변화에 따라 내놓은 다양한 포스터와 광고를 찾아 각 홍보물이 가진 의미를 살펴보고, 시대에 따라 변한 여러 가지 홍보물에 관해 탐구해 보자.

관련 학과 미술학과, 방송연예과, 사진학과, 산업디자인학과, 시각디자인학과

《디자이너가 마케터로 산다는 건》, 장금숙, 이담북스(2021)

선택 과목	수능		절대평가	상대평가
일반 선택	X	미적분 Ⅱ	5단계	5등급

단원명 | 수열의 극한

|🔍 급수, 부분합, 급수의 합, 등비급수, $\lim_{n \to \infty} a_n$, $\sum_{n=1}^{\infty} a_n$

[12미적Ⅱ-01-02] ●●●

수열의 극한에 대한 성질을 이해하고, 이를 활용하여 극한값을 구하는 방법을 설명할 수 있다.

➡ 관람객 수의 변화를 살펴보는 것은 스포츠 산업의 동향을 파악하고 미래 발전 방향을 모색하는 데 있어 유용한 자료가 될 수 있다. 각 종목별 관람객 수 변화를 수열로 표현하고 그 변화의 경향성을 분석하면 스포츠 산업의 전반적인 동향을 파악할 수 있을 것이다. 다양한 스포츠 종목의 최근 관람객 수 변화를 조사하고, 이를 바탕으로 각 종목별 시장 변화를 분석해 보자. 또한 스포츠 산업 발전 방향에 대한 전략을 탐구해 보고서로 작성해 보자.

【관련 학과】 사회체육학과, 스포츠과학과, 스포츠레저학과, 스포츠의학과, 체육학과

《이해하는 미적분 수업》, 데이비드 애치슨, 김의석 역, 바다출판사(2020)

[12미적Ⅱ-01-05] ●●●

등비급수의 합을 구하고, 이를 활용할 수 있다.

➡ 일부가 전체 도형과 닮은, 즉 자기유사성을 갖는 도형을 프랙털 도형이라고 한다. 프랙털을 활용한 예술을 '프랙털 아트'라고 하며, 디자인 분야에서 이것을 많이 발견할 수 있다. 특히 네덜란드 판화가 에서는 프랙털 도형을 작품에 적극 활용한 작가로 유명하다. 프랙털 아트의 여러 작품을 조사하여 작품의 특징 등을 작품과 함께 발표해 보자.

【관련 학과】 공예학과, 미술학과, 사진학과, 산업디자인학과, 서양화과, 시각디자인학과, 패션디자인학과

《수학의 아름다움이 서사가 된다면》, 새러 하트, 고유경 역, 미래의창(2024)

단원명 | 미분법

|🔍 자연로그, 덧셈정리, 매개변수, 음함수, 이계도함수, 변곡점, e, e^x, $\ln x$, $\sec x$, $\csc x$, $\cot x$, $f''(x)$, y'', $\dfrac{d^2 y}{dx^2}$, $\dfrac{d^2}{dx^2} f(x)$

국어 교과군

영어 교과군

수학 교과군

도덕 교과군

사회 교과군

과학 교과군

[12미적II-02-02] ● ● ●

삼각함수의 덧셈정리를 설명하고, 이를 활용할 수 있다.

➔ 과거 일본이 '울릉도에서 독도가 보일 수 없다'고 주장해서, 우리나라의 한 사진작가가 2014년 울릉도에서 독도의 일출 사진을 촬영하여 반박했다. 사진작가는 울릉도와 독도 사이의 거리와 곡면인 지구, 해 뜨는 위치 등을 고려하고 삼각함수 등의 수학적 계산을 해서 촬영 지점과 시기를 결정했다고 한다. 울릉동에서 독도의 일출 사진을 촬영한 사진작가가 촬영 지점과 촬영 시기를 계산한 과정과 그 사진의 의미에 관해 탐구해 보자.

관련 학과 사진학과

《나도 잘 찍고 싶은 마음 간절하다》, 양해남, 눈빛(2016)

[12미적II-02-03] ● ● ●

삼각함수의 극한을 구하고, 사인함수와 코사인함수를 미분할 수 있다.

➔ 스포츠 경기 중계를 보면, 각 선수의 움직임을 파악해 분석한 자료가 경기 화면에 나타나는 것을 볼 수 있다. 여러 운동 경기에서 선수들의 다양한 움직임을 분석하고, 분석한 자료를 바탕으로 각 선수의 상황에 따른 최적화된 움직임, 경기 전략, 훈련 방법 등을 계획할 수 있다. 선수들의 움직임을 수학적으로 분석하는 방법과 과정을 조사하고, 분석 결과가 어떻게 활용되는지 탐구하여 발표해 보자.

관련 학과 사회체육학과, 스포츠과학과, 스포츠레저학과, 스포츠의학과, 체육학과

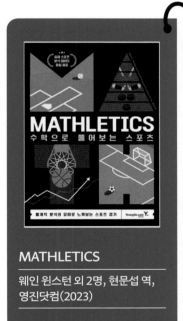

MATHLETICS
웨인 윈스턴 외 2명, 현문섭 역,
영진닷컴(2023)

책 소개

수학은 여러 모습으로 스포츠에 숨겨져 있다. 이 책은 스포츠에 수학을 어떻게 사용하는지 이야기하고 있다. 야구, 미식축구, 농구 등의 경기 중에 발생하는 여러 상황에 대해 통계를 활용하여 분석해 준다. 데이터 중심의 시각으로 스포츠 공부에 접근할 수 있도록 야구·미식축구·농구에 관한 주제를 상세히 다루고 있으며, 축구·하키·배구·골프 그리고 e스포츠의 분석 요소에 대해서도 간략하게 설명하고 있다.

세특 예시

스포츠 분석에 관심을 가진 학생으로, 동아리 독서활동으로 'MATH-LETICS(웨인 윈스턴 외 2명)'를 읽고 여러 스포츠에서 활용되는 수학에 관해 조사함. 특히 자신이 관심이 많은 야구에서 활용되는 WPA, WAR 등의 지표에 대한 분석과 구장에 따른 효과, 플래툰 효과 등에 관해 자세히 분석하며 미래의 진로에서 본인이 할 일과 연계하여 발표하는 모습을 보여 줌.

[12미적II-02-05] ● ● ●

합성함수를 미분할 수 있다.

➔ 운동선수들의 경기 기록은 다양한 요인의 영향을 받아 변화한다. 이러한 요인들의 관계를 합성함수로 표현하면 선수들의 기록 변화 추이를 체계적으로 분석할 수 있다. 선수의 특성, 훈련 방법, 경기 전략 등 기록에 영향

을 주는 다양한 요인 간의 관계를 미분을 활용하여 분석하는 방법에 관해 조사하고, 이를 토대로 선수 관리 및 코칭 전략을 탐구해 보자.

관련 학과 사회체육학과, 스포츠과학과, 스포츠레저학과, 스포츠의학과, 체육학과

《**수학을 배워서 어디에 써먹지?**》, 루돌프 타슈너, 김지현 역, 아날로그(2021)

[12미적II-02-08] • • •

다양한 곡선의 접선의 방정식을 구할 수 있다.

➔ 디자이너는 다양한 컴퓨터 소프트웨어를 활용하여 소비자의 관심을 끌 수 있는 제품을 디자인한다. 어떤 재료를 사용할 것인지, 실제로 생산이 가능한 제품인지를 3D 모델링 등을 통해 파악하게 된다. 디자인 과정에서 활용되는 여러 가지 수학 개념을 알아보고, 우리 생활에 도움이 되는 다양한 제품의 디자인을 조사하여 발표해 보자.

관련 학과 뷰티디자인학과, 산업디자인학과, 시각디자인학과, 패션디자인학과

《**재미있고 신나는 3D모델링**》, 원대희, GS인터비전(2023)

[12미적II-02-09] • • •

함수의 그래프의 개형을 그릴 수 있다.

➔ 스트링 아트(String Art)는 여러 개의 직선을 이용하여 곡선을 표현하는 예술이다. 표현하고자 하는 곡선에 대하여 곡선에 대한 접선들을 일정 간격으로 그리면 곡선을 직접 그리지 않아도 접선들의 모음으로 곡선이 표현되는 원리를 이용한 것이다. 수학적 원리를 활용한 미술 작품을 찾아, 그 작품에 담긴 수학적 원리를 탐구하여 발표해 보자.

관련 학과 공예학과, 미술학과, 산업디자인학과, 서양화과, 시각디자인학과, 조소과, 패션디자인학과

《**처음 시작하는 스트링아트**》, 김지현, 슬로래빗(2016)

[12미적II-02-11] • • •

미분을 속도와 가속도에 대한 문제에 활용하고, 그 유용성을 인식할 수 있다.

➔ 파동의 진동수와 관련된 도플러 효과를 활용한 기술이 최근 스포츠 경기에서 공의 속도, 궤적, 회전수 등을 측정하는 데 자주 적용되어 각 상황에서 다양한 자료를 생산한다. 스포츠 활동에서 사용되는 다양한 측정 장비의 기술을 살펴보고, 측정된 결과를 운동선수와 코치, 팬 등이 활용하는 방법과 이 기술이 스포츠 산업 발전에 미치는 영향에 관해 탐구해 보자.

관련 학과 사회체육학과, 스포츠과학과, 스포츠레저학과, 스포츠의학과, 체육학과

《**세상을 읽는 수학책**》, 사이토 다카시, 김서현 역, 북라이프(2022)

단원명 | 적분법

|🔍| 치환적분법, 부분적분법

국어 교과군

영어 교과군

수학 교과군

도덕 교과군

사회 교과군

과학 교과군

[12미적 II-03-01]

●●●

$y = x^n$ (n은 실수), 지수함수, 삼각함수의 부정적분과 정적분을 구한다.

➡️ 운동선수가 아니어도 건강 관리를 목적으로 반복된 운동을 하다 보면 운동으로 인한 피로가 쌓이고, 이는 부상을 일으키는 요인이 된다. 운동으로 인해 피로가 쌓이고 있음을 미리 인지하고 관리하는 것이 중요하다. 운동으로 인한 다양한 피로도 지표를 살펴보고, 피로도를 구하는 방법을 조사하자. 또한 피로도 관리의 여러 가지 방법을 탐구해 보자.

관련 학과 경호학과, 사회체육학과, 스포츠과학과, 스포츠레저학과, 스포츠의학과, 체육학과

《**스탠퍼드식 최고의 피로회복법**》, 야마다 도모오, 조해선 역, 비타북스(2019)

[12미적II-03-03]

●●●

부분적분법을 이해하고, 이를 활용할 수 있다.

➡️ 애니메이션 제작에서 캐릭터의 움직임을 효과적으로 표현하기 위해서는 수학적 모델링이 필수적이다. 특히 적분법은 캐릭터의 위치, 속도, 가속도 등을 수학적으로 나타내는 데 매우 유용한 도구이다. 캐릭터의 움직임을 나타내는 여러 가지 형태의 함수를 적분하여 그 변화를 표현하는 등 애니메이션 제작에 수학적 도구들이 활용된다. 애니메이션 제작에서의 수학적 모델링 과정에 관해 조사하고, 그 원리와 활용법에 관해 탐구하는 보고서를 작성해 보자.

관련 학과 만화애니메이션학과, 미술학과

《**어마어마한 수학**》, 나가노 히로유키, 김찬현 역, 동아시아(2022)

[12미적II-03-06]

●●●

입체도형의 부피에 대한 문제를 해결할 수 있다.

➡️ 체육 시설 중 수영장은 많은 물을 사용하는 시설이다. 수영장은 사용 목적에 따라 그 구조가 다르고, 구조에 따라 사용되는 물의 양 또한 다르다. 주변에 위치한 수영장을 찾아 그 구조를 알아보고 사용되는 물의 양을 계산해 보자. 또한 실제 물 사용량과 비교하고 수영장 관리를 위한 방법 등을 조사해 보자.

관련 학과 사회체육학과, 스포츠레저학과, 체육학과

《**수학책을 탈출한 미적분**》, 류치, 이지수 역, 동아엠앤비(2020)

선택 과목	수능	기하	절대평가	상대평가
진로 선택	X		5단계	5등급

단원명 | 이차곡선

> | 🔍 | 이차곡선, 포물선(축, 꼭짓점, 초점, 준선), 타원(초점, 꼭짓점, 중심, 장축, 단축), 쌍곡선(초점, 꼭짓점, 중심, 주축, 점근선)

[12기하01-01] ●●●

포물선의 뜻을 알고, 포물선을 방정식으로 표현할 수 있다.

➡ 양궁에서 활의 궤적, 축구나 야구에서 날아가는 공의 궤적, 육상의 투포환, 창던지기에서 던져진 창의 궤적 등 올림픽, 아시안 게임 등 종합 스포츠 대회의 여러 종목에서 포물선을 관찰할 수 있다. 다양한 운동 경기에서 포물선의 식을 찾아보고, 각 경기에 유리한 결과를 가져올 수 있는 포물선의 모습을 탐구하며 각 종목의 운동선수들에게 필요한 훈련에 관한 보고서를 작성해 보자.

> 관련 학과 사회체육학과, 스포츠과학과, 스포츠레저학과, 스포츠의학과
> 《재미로 읽다가 100점 맞는 색다른 물리학》(상편, 하편), 천아이펑, 정주은 역, 미디어숲(2022)

[12기하01-03] ●●●

쌍곡선의 뜻을 알고, 쌍곡선을 방정식으로 표현할 수 있다.

➡ 많은 조각가들이 포물선이나 쌍곡선, 원뿔 등의 모습과 그 성질을 활용하여 예술품을 창조했다. 스페인의 유명 건축가 안토니오 가우디 또한 자연의 모습을 기하학적 형태로 표현한 건축 양식을 보여 주었다. 포물선, 쌍곡선 등을 활용한 여러 예술 작품을 찾아보고 그 안에 숨어 있는 수학적 원리를 탐구해 보자.

> 관련 학과 공예학과, 미술학과, 사진학과, 산업디자인학과, 서양화과, 시각디자인학과, 조소과, 패션디자인학과
> 《수학이 보이는 가우디 건축 여행》, 문태선, 궁리(2021)

단원명 | 공간도형과 공간좌표

> | 🔍 | 교선, 삼수선 정리, 이면각(변, 면, 크기), 정사영, 좌표공간, 공간좌표, $P(x, y, z)$

[12기하02-01] ●●●

직선과 직선, 직선과 평면, 평면과 평면의 위치 관계에 대한 간단한 증명을 할 수 있다.

➡ 점, 선, 면은 디자인을 구성하는 기본 요소로, 우리 주변 곳곳에 이를 활용한 디자인이 있다. 또한 많은 예술가가 점, 선, 면을 활용하여 다양한 작품을 만들고 있다. 직선, 평면 등 다양한 기하학적 요소를 활용해서 표현한 미술 작품이나 디자인을 찾아보고, 작품이 표현하고 있는 의미를 탐구해 보자.

`관련 학과` 공예학과, 만화애니메이션학과, 미술학과, 사진학과, 산업디자인학과, 서양화과, 시각디자인학과, 조소과, 패션디자인학과

《자연과 문명 속의 수학》, 조용승, 이화여자대학교출판부(2012)

[12기하02-03] • • •

도형의 정사영의 뜻을 알고, 도형과 정사영의 관계를 탐구할 수 있다.

➡ 여러 가지 미술 작품 중 빛과 그림자를 활용한 작품들을 살펴볼 수 있다. 그냥 볼 때는 표현하려는 내용을 읽어 내기 어려우나 작품에 빛을 비추면 그림자를 감상할 수 있는 작품이 많다. 빛과 그림자를 활용한 미술 작품들을 찾아보고, 이러한 작품에서 찾을 수 있는 수학 개념과 작가의 의도에 관해 탐구해 보자.

`관련 학과` 공예학과, 만화애니메이션학과, 미술학과, 사진학과, 산업디자인학과, 서양화과, 시각디자인학과, 조소과

《빛이 매혹이 될 때》, 서민아, 인플루엔셜(2022)

[12기하02-04] • • •

좌표공간에서 두 점 사이의 거리와 선분의 내분점의 좌표를 구할 수 있다.

➡ 스포츠 종목 중에는 공을 사용하는 종목이 많다. 공을 사용하는 구기 종목마다 사용하는 공의 재질이 다르고 그 크기와 모양도 다르다. 구기 종목에서 사용하는 공 모양의 크기와 재질을 종목의 특성과 비교해 보자. 또한 구(球) 모양이 아닌 공을 사용하는 구기 종목에서는 공의 모양이 왜 다른지 다른 종목과 비교하여 탐구해 보자.

`관련 학과` 사회체육학과, 스포츠과학과, 스포츠레저학과, 체육학과

이기고 싶으면 스포츠 과학

제니퍼 스완슨, 조윤진 역, 다른(2022)

｜책 소개｜

저자는 친숙한 스포츠를 통해 과학, 기술, 공학, 수학이라는 STEM 개념을 이해하도록 도와주고 있다. 뉴턴의 운동 법칙을 모르면 공을 더 멀리 던질 수 없고, 수학 지식이 없으면 선수의 기록을 분석할 수 없다. 가볍고 유연한 테니스 라켓 같은 스포츠 장비는 최신 기술과 공학으로 만들어진다. 더불어 시야를 넓힐 수 있도록 스포츠의 공정성 문제와 같은 생각거리를 소개하고 있다.

｜세특 예시｜

스포츠 관련 진로를 꿈꾸고 있는 학생으로, 교과연계 독서활동에서 '이기고 싶으면 스포츠 과학(제니퍼 스완슨)'을 선정하여 스포츠 안의 수학, 과학에 관해 탐구해 봄. 야구·축구·농구 등 여러 구기 종목의 공에 숨겨진 수학적·과학적 사실을 살펴보고, 스포츠를 좀 더 재미있게 바라보도록 해주는 다양한 자료를 조사하여 친구들의 많은 관심을 이끌어 내는 발표를 함.

단원명 | 벡터

🔍 벡터, 시점, 종점, 벡터의 크기, 단위벡터, 영벡터, 실수배, 평면벡터, 공간벡터, 위치벡터, 벡터의 성분, 내적, 방향벡터, 법선벡터, $\overrightarrow{AB}, \vec{a}, |\vec{a}|, \vec{a} \cdot \vec{b}$

[12기하03-01] •••

벡터의 뜻을 알고, 벡터의 덧셈, 뺄셈, 실수배를 할 수 있다.

➡ 스포츠는 과거 개인의 운동역량에 의존하던 데서 벗어나, 다양한 프로그램을 통해 개인 또는 팀 구성원 간의 세부 능력과 지표를 수학적으로 분석하여 더욱 긍정적인 결과를 얻도록 지원하고 있다. 경기장이나 경기 도구의 크기와 형태, 선수 간의 위치, 공과 홀, 골대, 네트 사이의 거리나 각도 등 각 스포츠에서 수학이 활용되는 내용을 찾아보고 그 내용을 활용하는 방법에 관해 탐구해 보자.

관련학과 사회체육학과, 스포츠과학과, 스포츠레저학과, 스포츠의학과, 체육학과
《**일상적이지만 절대적인 스포츠 속 수학 지식 100**》, 존 D. 배로, 박유진 역, 동아엠앤비(2016)

[12기하03-03] •••

내적의 뜻을 알고, 두 벡터의 내적을 구할 수 있다.

➡ 컴퓨터 그래픽은 3D 모델링이나 애니메이션, 게임 개발 등 다양한 산업에서 아이디어를 구현하는 데 중요한 도구로 사용된다. 컴퓨터 그래픽을 활용하여 화면의 객체를 나타날 때 객체의 위치, 방향, 속도 등을 벡터로 표현하게 된다. 컴퓨터 그래픽으로 그리는 다양한 그림, 애니메이션에서 활용되는 벡터 등 다양한 수학적 개념을 탐구해 보자.

관련학과 만화애니메이션학과, 산업디자인학과, 시각디자인학과, 패션디자인학과
《**수학 리부트**》, 강중빈, 인사이트(2020)

[12기하03-04] •••

벡터를 이용하여 직선의 방정식을 구할 수 있다.

➡ 과학기술의 발전은 전시나 공연 문화에도 많은 변화를 불러오고 있다. 3차원 이미지를 합성하여 현실 세계에 나타내는 증강현실 기술을 활용하면, 작품이나 공연을 보다 생동감 있게 전달하고 관람객이 작품 속에 참여하는 체험을 할 수도 있다. 증강현실 기술에 관해 조사하고, 증강현실 기술이 전시나 공연 등 문화예술 활동에 가져올 변화에 관해 탐구해 보자.

관련학과 모델과, 무용학과, 뮤지컬학과, 방송연예과, 연극영화학과
《**가상·증강 현실 라이브 플래닝**》, 원종서 외 3명, 크라운출판사(2019)

[12기하03-05] •••

좌표공간에서 벡터를 이용하여 평면의 방정식과 구의 방정식을 구할 수 있다.

➡ 디자인 작업을 할 때 활용되는 여러 가지 컴퓨터 그래픽 프로그램은 입체적인 표현을 위한 다양한 방법을 제

공하고 있다. 평면은 한 점과 그 점에 수직인 직선을 설정하여 나타내고, 구는 중심과 반지름을 활용한다. 벡터의 원리를 이용하는 컴퓨터 그래픽 프로그램의 다양한 기능을 찾아보고, 그 기능들의 유용성에 관해 탐구해 보자.

관련 학과 만화애니메이션학과, 미술학과, 뷰티디자인학과, 사진학과, 산업디자인학과, 시각디자인학과, 패션디자인학과

《모션 그래픽&영상 디자인 강의 with 애프터 이펙트》, 장유민, 한빛미디어(2021)

국어 교과군

영어 교과군

수학 교과군

도덕 교과군

사회 교과군

과학 교과군

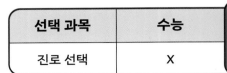

선택 과목	수능	경제 수학	절대평가	상대평가
진로 선택	X		5단계	5등급

단원명 | 수와 경제

> | 🔍 | 경제지표, 퍼센트포인트, 환율, 물가지수, 주식지수. 취업률, 실업률, 고용률, 경제 성장률, 금융지표, 무역수지지표, 노동관계지표, 주식지표, 세금, 소득, 세금부과율, 소비세, 부가가치세, 누진세, 근로소득 연말정산, 종합소득세, 단리, 복리, 이자율, 연이율, 분기이율, 월이율, 할인율, 원리합계, 현재가치, 미래 가치, 연속복리, 연금, 기말급 연금, 기시급 연금, 영구 연금, 미래 가격, 현재 가격

[12경수01-01] •••

통계자료를 활용하여 경제지표의 의미를 이해하고, 경제지표의 변화를 설명할 수 있다.

➡️ 문화지수는 문화 수준을 측정할 수 있는 표준화된 척도로, 문화 향유의 실태와 여건을 나타낸 수치이다. 세계도시 문화포럼연맹(World Cites Culture Forum, WCCF)은 세계 대도시들을 대상으로 문화 인프라(녹지, 박물관, 미술관, 서점, 영화관, 음악홀, 마트, 외국인 관광객, 경제인구 등)를 점수화하여 문화지수를 발표했다. 우리나라의 문화지수에 대한 자료를 조사하여 분석하고, 통계자료를 근거로 우리나라의 문화지수를 높이기 위한 방안을 사례를 중심으로 발표해 보자.

관련 학과 예체능계열 전체

《**한류로 읽는 한국 문화**》, 최정아, 한글파크(2023)

[12경수01-02] •••

환율과 관련된 실생활 문제를 해결할 수 있다.

➡️ 과거 미술품 등의 예술품은 경매장이나 작품이 전시된 현장에서 직접 사고 파는 거래가 이루어졌다. '희소성 있는 디지털 자산을 대표하는 토큰'을 의미하는 NFT(Non-Fungible Token)의 등장은 예술품 거래 시장에 큰 변화를 일으키고 있다. NFT는 블록체인 기술을 활용하지만, 기존의 가상 자산과 달리 디지털 자산에 고유한 인식 값을 부여하고 있어서 상호 교환이 불가능하다는 특징이 있다. NFT에 대해 찬반 의견이 분분한 상황에서 찬반 입장을 정리하고, NFT와 관련한 최근 기사를 찾아 탐구해 보자.

관련 학과 공예학과, 만화애니메이션학과, 뮤지컬학과, 미술학과, 방송연예과, 뷰티디자인학과, 사진학과, 산업디자인학과, 서양화과, 시각디자인학과, 실용음악학과, 연극영화학과, 조소과

《**저는 NFT 미술 투자가 처음인데요**》, 눕미(김중혁), 슬로디미디어(2022)

[12경수01-03] •••

세금과 관련된 실생활 문제를 해결할 수 있다.

➡️ 현대인의 불규칙한 생활 습관은 비만 등 각종 성인병을 일으켜 국가 전체에 막대한 사회적 비용을 초래하는

사회문제로 대두하고 있다. 이런 배경에서 건강세를 도입하자는 각국의 목소리가 높아지고 일부 국가에서는 설탕세, 비만세, 담배세 등을 부과하고 있는 상황이다. 한 설문조사 결과에 따르면 응답자의 80% 정도가 건강세 도입에 동의했고, 건강세로 거둬들인 재원을 어디에 사용하면 좋겠느냐는 질문에 학교 체육 활동 및 급식의 질 향상, 저소득층 건강 지원, 노인 건강 지원, 건강 공동체 공공 인프라 구축 등을 꼽았다. 세계 각국의 건강세 도입 현황을 조사하고, 건강세에 대한 자신의 생각을 정리하여 발표해 보자.

관련 학과 사회체육학과, 스포츠과학과, 스포츠레저학과, 스포츠의학과, 체육학과

《알기 쉬운 생활법률》, 박규용 외 3명, 정독(2024)

[12경수01-04] ● ● ●

단리와 복리를 이용하여 이자와 원리합계를 구하고, 미래에 받을 금액의 현재가치를 구할 수 있다.

➡ 아트테크란 미술(Art)과 재테크를 결합한 용어로, 갤러리를 통해 미술품을 구매하고 해당 미술품을 전시, 대여하여 얻은 수익을 투자 비율에 따라 분배하는 재테크이다. 은행의 적금, 예금 상품이 기준금리의 영향을 받게 되면서 아트테크에 대한 관심이 높아지고 있다. 계약과 동시에 작품 금액 기준으로 월 1%의 저작권 수익이 발생하고 계약인 끝난 뒤 재계약하거나 처음에 낸 돈을 돌려받는 형식이다. 이런 아트테크의 장단점을 알아보고 아트테크가 주목받고 있는 이유를 분석해 보자.

관련 학과 공예학과, 만화애니메이션학과, 미술학과, 뷰티디자인학과, 사진학과, 산업디자인학과, 서양화과, 시각디자인학과, 조소과, 패션디자인학과

《아트테크 바이블》, 이지영, 유영(2023)

[12경수01-05] ● ● ●

연금의 뜻을 알고, 연금의 현재가치를 구할 수 있다.

➡ 올림픽이나 아시안 게임에서 메달을 획득할 경우, 포상금으로 해당 선수에게 연금 혜택이 주어진다. 올림픽 연금은 매달 일정 금액이 지급되지만 개인의 요구에 따라 일시금으로 받을 수도 있다. 월 지급식 연금과 일시금 수령의 장점을 설명하고 어느 방식이 운동선수에게 금전적으로 이익이라고 생각하는지 논리적 근거를 바탕으로 자신의 견해를 발표해 보자.

관련 학과 사회체육학과, 스포츠과학과, 스포츠레저학과, 스포츠의학과, 체육학과

책 소개

이 책은 100세 시대가 축복이 될 수 있도록 도와주는 노후설계 가이드북으로, 노후에 닥치는 네 가지 위험(경제적 위험, 자식 위험, 시간 위험, 건강 위험)에 대비하는 방법을 제시하고 있다. 특히 은퇴 이후 자산 관리를 위한 국민연금, 퇴직금과 퇴직연금, 연금저축과 연금보험 등의 기본 원리를 바탕으로 노후에 대한 실질적인 정보를 제공하고 있다.

세특 예시

연금의 의미와 연금제도에 대한 이해를 바탕으로 운동선수들의 연금 수령과 노후 계획에 대한 방안을 제시함. 운동선수들이 다른 직업에 비해 직업수명이 짧다는 점을 고려해 나이가 들면 연금의 일시금 수령을 통해 새로운 일을 준비할 필요가 있다고 설명함. '노후설계 행복 콘서트(김재철)'

를 참고하여 연금의 현재가치와 실제 수령액을 논리적으로 비교하고 미래가치를 통해 구체적이고 현실적인 노후 계획법을 제시함.

단원명 | 함수와 경제

🔍 함수, 정의역, 공역, 치역, 비례함수, 반비례함수, 비용, 비용함수, 이윤, 생산함수, 수요, 공급, 수요량, 공급량, 수요함수, 공급함수, 수요곡선, 공급곡선, 효용함수, 한계효용, 총효용곡선, 한계효용곡선, 한계효용 체감의 법칙, 한계효용 균등의 법칙, 기대효용, 균형가격, 가격, 세금, 소득, 부등식의 영역, 제약조건, 최대와 최소, 이차함수, 효용

[12경수02-01]

여러 가지 경제 현상을 함수로 나타낼 수 있다.

➡ 운동선수들은 매일 자신의 몸 상태를 체크하고 운동량을 기록하고 운동 계획을 수립한다. 또한 우리는 최근 한류 산업의 성장과 패션 트렌드, 영화 관객 수 등을 함수로 나타내고 문화산업의 연도별 경향을 파악할 수 있다. 자신의 진로 분야에서 관심 주제를 선정하여 최근의 변화를 함수(또는 표나 그래프)로 표현하고 이를 분석하여 앞으로 예상되는 변화를 예측해 보자.

관련 학과 예체능계열 전체

《**한류 외전**》, 김윤지, 어크로스(2023)

[12경수02-02]

함수와 그래프를 활용하여 수요곡선과 공급곡선의 의미를 탐구하고 이해한다.

➡ '가치의 모순'이라고도 불리는 '물과 다이아몬드의 역설'은 물건의 가치가 정해지는 이유를 설명해 준다. 공기와 물은 우리 생활에 절대적으로 필요하고 사용가치가 높은 재화이지만 교환가치가 매우 낮아 가격이 저렴하다. 반면 다이아몬드는 사용가치는 낮지만 교환가치가 높아 비싼 가격에 거래되고 있다. 물은 총 효용이 다이아몬드보다 크지만 실제 물건의 가격은 한계효용에 의해 결정되기 때문이다. 자신의 진로 분야에서 물과 다이아몬드의 역설이 적용되는 사례를 제시하고 이를 수요와 공급 차원에서 분석해 보자.

관련 학과 예체능계열 전체

《**미니멀 경제학: 경제 개념과 원리 편**》, 한진수, 중앙북스(2019)

[12경수02-03]

효용의 의미를 이해하고, 효용을 함수와 그래프로 나타낼 수 있다.

➡ 한계효용 체감의 법칙은 어떤 상품의 소비량이 늘어날 때 한계효용이 점점 작아지는 현상을 의미한다. 체육 시간에 오래달리기를 한 뒤 목이 말라 시원한 물 한 잔을 마셨을 때 우리는 시원함과 갈증이 해소되는 기분을 느끼게 된다. 하지만 이후 물을 두 잔, 세 잔 더 더 마시면 처음보다 만족도가 점점 줄어든다. 이 현상을 한계효용

체감의 법칙과 연관하여 발표해 보자.

관련 학과 경호학과, 사회체육학과, 스포츠과학과, 스포츠레저학과, 스포츠의학과, 체육학과

《대한민국 행복지도 2023》, 서울대학교 행복연구센터, 21세기북스(2023)

[12경수02-04] • • •

수요와 공급의 상호작용에 의해 균형가격이 결정되는 경제 현상을 설명할 수 있다.

➡ 경매는 재화를 구매하려는 다수의 구매자 중 가장 높은 호가를 제시하는 구매자에게 판매하는 자원 배분 방법이다. 재화를 적은 비용으로 공급할 수 있는 판매자와 높은 가격에 구입할 의사가 있는 구매자 간에 거래를 성사시켜 효율적인 자원 배분을 가능하게 한다. 경매사는 판매자를 대리해 구매 가격 경쟁을 유도하고 낙찰자를 선언하는 등 전체 과정을 주관한다. 경매를 수요와 공급의 원리로 설명하고, 미술품 경매 방식에 대한 의견을 발표해 보자.

관련 학과 공예학과, 미술학과, 뷰티디자인학과, 사진학과, 산업디자인학과, 서양화과, 시각디자인학과, 패션디자인학과

《경매 초보가 꼭 알아야 할 질문 TOP 88》, 투자N, 동양북스(2023)

[12경수02-05] • • •

세금과 소득의 변화가 균형가격에 미치는 영향을 탐구하고 이해한다.

➡ 한국은행이 발표한 자료에 따르면, 우리나라의 1인당 국민총소득(GNI)은 2017년 처음으로 3만 달러를 넘어섰으며 앞으로 4만 달러 시대가 도래할 것이라 한다. 과거에 비해 경제적으로 여유가 생기면서 가계 소비지출 총액에서 식료품비가 차지하는 비율을 의미하는 엥겔지수가 낮아지고 있다. 반면 여가 생활과 여행에 투자하는 시간과 비용이 크게 증가했으며 문화예술 관람률도 꾸준히 상승하고 있다. 국민소득의 변화가 여가 생활과 여행에 미치는 영향을 사례를 중심으로 탐구해 보자.

관련 학과 예체능계열 전체

《이토록 멋진 휴식》, 존 피치 외 1명, 손현선 역, 현대지성(2021)

[12경수02-06] • • •

부등식의 영역의 개념을 이해하고, 이를 활용하여 경제 현상의 문제를 해결할 수 있다.

➡ 최적화 이론은 주어진 상황에서 최소의 비용과 노력으로 가장 적절한 것을 찾아내는 방법을 의미한다. 선형 계획법은 최적화 이론의 한 분야로, 제약조건이 연립일차부등식(또는 연립일차방정식)이고 구하고 싶은 목적함수도 일차식인 경우 이때의 최댓값(또는 최솟값)을 구하는 이론이다. 자신의 진로와 관련하여 선형 계획법이 사용되는 상황을 제시하고 그에 대한 해결 방법을 제시해 보자.

관련 학과 미술학과, 뷰티디자인학과, 산업디자인학과, 시각디자인학과, 패션디자인학과

《미술관에 간 수학자》, 이광연, 어바웃어북(2018)

단원명 | 행렬과 경제

🔍 행렬, 행, 열, 성분, m×n 행렬, 정사각행렬, 영행렬, 단위행렬, 행렬의 덧셈, 행렬의 뺄셈, 행렬의 실수배, 행렬의 곱셈, 역행렬, 행렬식, 연립일차방정식, 역행렬의 성질, 행렬의 활용

여러 가지 경제 현상을 행렬로 나타내고, 연산할 수 있다.

➡ 행렬은 가로 방향의 행과 세로 방향의 열로 구성되며, 행렬을 구성하는 각각의 값을 행렬의 원소라고 한다. 행렬은 복잡한 자료를 숫자를 이용해 간결하게 표현하고 두 가지 이상의 관계를 나타내기 좋아 최근 빅데이터와 인공지능 등 다양한 분야에 활용되고 있다. 운동 경기나 음악 등에서 행렬이 활용되는 사례를 조사하고, 행렬을 사용하는 장점에 대해 탐구해 보자.

관련 학과 관현악과, 무용학과, 뮤지컬학과, 사회체육학과, 성악과, **스포츠과학과, 스포츠레저학과, 스포츠의학과,** 실용음악학과, 연극영화학과, 음악학과, 작곡과, 체육학과

《이제야 알겠다, 수학!》, 세야마 시로, 허명구 역, 해나무(2011)

역행렬의 뜻을 알고, 2×2행렬의 역행렬을 구할 수 있다.

➡ 행렬은 연립일차방정식의 해를 구하는 과정에서 활용되는데, 연립일차방정식을 행렬로 표현한 뒤 역행렬을 통해 해를 구하게 된다. 자신의 진로와 관련한 분야에서 연립일차방정식 $\begin{cases} ax+by=p \\ cx+dy=q \end{cases}$ 이 활용될 수 있는 상황을 문제로 제시하고 역행렬을 이용하여 제시한 연립일차방정식의 해를 구해 보자.

관련 학과 예체능계열 전체

《미래가 보이는 수학 상점》, 김용관, 다른(2023)

행렬의 연산과 역행렬을 활용하여 경제 현상의 문제를 해결할 수 있다.

➡ 컴퓨터 프로그램을 이용해 디자인을 할 때 사용되는 이미지 데이터는 픽셀이라고 하는 작은 이미지를 직사각형 형태로 모은 것이다. 각 픽셀은 단색의 직사각형으로, 전체 이미지에 RGB 방식을 활용한다. 모든 색은 빨간색(Red), 녹색(Green), 파란색(Blue) 이렇게 3가지 색의 명도를 뜻하는 숫자 3개로 구성된 벡터로 표현할 수 있다. (255, 0, 0)은 빨간색, (0, 255, 0)은 녹색, (0, 0, 255)는 파란색을 의미한다. RGB 방식을 활용해 디자인 분야에서 이미지 데이터를 구현하는 과정을 탐구해 보자.

관련 학과 만화애니메이션학과, 미술학과, 뷰티디자인학과, 사진학과, 산업디자인학과, 시각디자인학과, 패션디자인학과

책 소개 ·····································

스마트폰, 키오스크, 챗봇, 가상현실 등 우리의 일상에서 IT가 차지하는 비율이 높아지면서 IT 분야에 대한 배경지식이 요구되고 있다. 이 책은 프로그램 언어와 운영 체제, 네트워크, API, 데이터 베이스, 이미지 처리, 프레임워크 등 최근 이슈가 된 다양한 지식을 담고 있다. 또한 복잡하게 얽혀 있는 IT 산업의 전체적인 개념들을 친숙한 이야기로 이해하기 쉽게 담아내고 있다.

세특 예시 ·····································

자신의 진로와 관련해 행렬이 활용되는 사례로 디자인 분야에서 이미지

국어 교과군

영어 교과군

수학 교과군

도덕 교과군

사회 교과군

과학 교과군

비전공자를 위한 이해할 수 있는 IT 지식 최원영, T.W.I.G.(2020)	데이터가 구현되는 과정을 설명함. '행렬로 바라보는 세상' 활동으로 '비전공자를 위한 이해할 수 있는 IT 지식(최원영)'을 참고하여 컴퓨터 프로그램에서 각 픽셀을 벡터와 행렬로 표현하는 사례를 소개함. 모든 색상을 빨간색, 녹색, 파란색으로 구성할 수 있다는 미술 개념과 색상을 행렬로 표현하는 수학 개념을 설명하는 부분에서 융합적 사고를 확인함. 앞으로 디자인 분야에서는 단순히 미술 감각을 넘어 컴퓨터 그래픽에 대한 이해가 요구된다고 설명함.

단원명 | 미분과 경제

> 🔍 평균변화율, 극한, 순간변화율, 미분계수, 접선의 기울기, 도함수, 합과 차의 미분법, 생산비용, 효용함수, 한계효용, 한계수입, 한계비용, 한계이윤, 평균효용, 평균수입, 평균비용, 평균이윤, 증가, 감소, 극대, 극소, 극댓값, 극솟값, 최대, 최소, 그래프 개형, 평균생산량(AP), 한계생산량(MP), 최적생산량, 총 수입, 총 생산, 이윤, 탄력성

[12경수04-01]   • • •

미분의 개념을 이해하고 경제 현상을 나타내는 함수를 미분할 수 있다.

➔ 야구 경기에서 야구공의 속도를 측정할 때, 자동차의 속도를 측정하는 방식과 마찬가지로 스피드건을 이용한다. 투수가 던진 공이 순식간에 포수의 글러브에 닿게 되는데, 도플러 효과를 이용한 레이저 기기로 공의 순간 속도를 측정한다. 스피드건에 활용되는 도플러 효과를 설명하고, 야구공의 속도를 측정하는 방법을 미분과 관련하여 탐구해 보자.

관련 학과 사회체육학과, 스포츠과학과, 스포츠의학과, 체육학과
《세상의 모든 공식》, 존 M. 헨쇼, 이재경 역, 반니(2015)

[12경수04-02]   • • •

미분을 이용하여 그래프의 개형을 탐구하고 해석할 수 있다.

➔ 운동 경기 중에 속도가 너무 빨라 사고로 이어지는 경우가 있다. 특히 스키나 사이클, 봅슬레이, 스켈레톤, 스케이팅의 회전 구간에서는 사고 위험이 더욱 크다. 일반적으로 속도가 증가함에 따라 제동거리는 비선형적으로 상승하며 속도의 제곱에 비례한다고 한다. 속도와 제동거리의 관계를 나타내는 그래프를 찾아 미분과 관련하여 탐구해 보자.

관련 학과 경호학과, 사회체육학과, 스포츠과학과, 스포츠레저학과, 스포츠의학과, 체육학과
《개미가 알려주는 가장 쉬운 미분 수업》, 장지웅, 미디어숲(2021)

[12경수04-03]   • • •

미분을 활용하여 탄력성의 의미를 탐구하고 이해한다.

➡ 상품의 가격이 상승하면 상품에 대한 수요량은 감소하고, 상품의 가격이 하락하면 상품에 대한 수요량은 증가한다. 이때 가격탄력성은 가격이 1% 변화할 때 수요량은 몇 % 변화하는가를 절대치로 나타낸 값이다. 탄력성이 1보다 큰 상품의 수요는 탄력적이라고 하고, 1보다 작은 상품의 수요는 비탄력적이라고 한다. 일반적으로 생활 필수품과 대체재가 없는 제품은 탄력성이 낮은 경향이 있다. 음악과 미술, 공연, 체육 분야에서 자신이 생각하는 가격탄력성을 근거 자료(통계, 신문 기사 등)와 함께 제시하고 특징을 분석해 보자.

[관련 학과] 예체능계열 전체

《머니 트렌드 2025》, 정태익 외 7명, 북모먼트 (2024)

선택 과목	수능	**인공지능 수학**	절대평가	상대평가
진로 선택	X		5단계	5등급

단원명 | 인공지능과 빅 데이터

| 🔍 | 인공지능, 기계학습, 지도학습, 강화학습, 딥러닝, 사물인터넷, 빅데이터, 데이터베이스, 논리합(OR), 논리곱(AND), 배타적 논리합(XOR), 논리 연산, 진리표, 알고리즘, 순서도, 다층퍼셉트론, 전문가 시스템, 추론, 데이터 활용, 편향성, 공정성, 추론, 퍼셉트론, 가중치, 활성화함수 |

[12인수01-01] ● ● ●

인공지능의 개념을 이해하고 학습 방식을 수학적으로 해석할 수 있다.

➡ 일상생활에서 인공지능이 점점 더 널리 활용되는 상황에서 2022 카타르 월드컵에서 인공지능 기술이 활용되었다. 바로 반자동 오프사이드 판독 기술(SAOT)로, 오프사이드 전용 추적 카메라가 각 선수들의 관절 움직임을 키포인트 29개로 구분하여 추적하고, 패스하는 선수가 공을 차는 순간을 정확하게 인식해서 오프사이드를 판정하게 되었다. 또한 월드컵 공인구인 '알 릴라'의 중심부에 초당 500회 빈도로 측정할 수 있는 관성측정센서(IMU)를 장착해 공의 위치 정보와 카메라로 분석한 공 주변 선수들의 위치 데이터를 결합했다. 인공지능 심판에 활용되는 인공지능의 개념과 특징을 정리하고, 앞으로 인공지능 심판의 확대가 스포츠 경기에 미칠 영향을 탐구해 보자.

관련 학과 사회체육학과, 스포츠과학과, 스포츠레저학과, 스포츠의학과, 체육학과

《인공지능이 스포츠 심판이라면》, 스포츠문화연구소, 다른(2020)

[12인수01-02] ● ● ●

인공지능에서 수학을 활용한 역사적 사례를 탐구하고 설명할 수 있다.

➡ 인공지능 이미지 생성기(AI Image Generator)는 인공지능을 활용해 이미지를 작업하고 생성하는 소프트웨어이다. 2014년부터 GAN 계열의 원시적 인공지능이 등장했지만 접근성과 성능이 떨어져 큰 주목을 받지 못했다. 이후 2017년 자동 채색 기능을 가진 'paintschainer'라는 그림 인공지능이 출시되었고 이를 통해 간단한 자동 채색이 가능해졌다. 이후 2022년 DALL-E 2가 국내에서 화제가 되었고 동시에 Novel AI가 많은 사람들에게 알려지면서 대중화되고 있다. DALL-E와 Novel AI는 홈페이지에서 키워드를 입력해 그림을 제작하는 방식으로, 제시어로 그림을 만드는 인공지능과 그림으로 또 다른 그림을 만드는 인공지능이 있다. 이미지 인공지능에 활용되는 인공지능의 원리를 탐색하고, 앞으로 이미지 인공지능이 미술 분야에 미칠 영향을 탐구해 보자.

관련 학과 공예학과, 만화애니메이션학과, 미술학과, 방송연예과, 뷰티디자인학과, 사진학과, 산업디자인학과, 서양화과, 시각디자인학과, 조소과, 패션디자인학과

챗GPT & AI를 활용한 인공지능 그림 그리기 실전

장문철 외 1명, 앤써북(2023)

이 책은 챗GPT와 인공지능을 이용해 여러 확장 기능 활용법을 익힌 후 고품질의 이미지를 생성하는 방법을 안내하고 있다. 이미지 아이디어를 얻는 과정에서부터 이미지를 생성하고 고품질의 이미지로 보정하는 과정까지 제시되어 있다. 또한 광고, 로고, 제품 디자인 등 다양한 분야별 이미지 생성 방법을 안내하고 고품질 그림을 만든 후 그 그림들을 바탕으로 동영상 콘텐츠 제작에도 도전할 수 있도록 구성하였다.

세특 예시

인공지능 발달은 디자인의 개념을 바꾸고 있으며 인공지능이 활용되지 않은 디자인은 시대에 뒤떨어질 수밖에 없다고 설명함. '챗GPT & AI를 활용한 인공지능 그림 그리기 실전(장문철)'을 참고하여 이미지 작업과 이미지를 생성하는 소프트웨어에 대해 탐구함. 이미지 인공지능 분야에 활용된 DALL-E와 Novel AI의 특징을 조사해 발표하면서 앞으로는 키워드를 검색하면 인공지능이 디자인을 해주는 것이 가능하다고 설명함.

[12인수01-03] ● ● ●

빅데이터의 개념과 특성을 알고 인공지능에서 빅데이터를 활용한 사례를 찾을 수 있다.

➔ 최근 스포츠 분야에서 빅데이터의 활용도가 높아지고 있다. 예를 들어 축구 경기에서 선수들이 뛴 거리와 최고 속도, 가속 횟수, 스프린터 횟수 등 각종 플레이에 대한 데이터를 확인할 수 있고, 이를 기반으로 선수들에 대한 평가와 분석, 체계적인 컨디션 관리, 효율적인 훈련법을 제공하고 있다. 또한 특수 카메라로 촬영한 경기 영상에 인공지능 기술을 접목해 모호한 상황의 판정, 스포츠 중계 및 분석에 활용하고 있다. 빅데이터의 개념과 특성을 설명하고, 스포츠 분야에서 빅데이터에 기반하여 인공지능 기술을 활용하는 사례를 조사하여 탐구해 보자.

관련 학과 **사회체육학과, 스포츠과학과, 스포츠레저학과, 스포츠의학과, 체육학과**

《**스포츠도 인공지능이다**》, 김명락, 미문사(2021)

단원명 | 텍스트 데이터 처리

| 🔍 | 텍스트 데이터, 텍스트 마이닝, 불용어, 집합, 벡터, 빈도수, 단어가방(Bag of Words), 텍스트 데이터, 용어빈도(TF), 문서빈도(DF), 역문서빈도(IDF), 감성 정보 분석, 텍스트의 유사도 분석, 유클리드 유사도, 코사인 유사도, 자카드 유사도

[12인수02-01] ● ● ●

집합과 벡터를 이용하여 텍스트 데이터를 목적에 맞게 표현할 수 있다.

➔ 스포츠 경기에서 심판의 공정성 시비를 객관적으로 판정하는 로봇 심판이 등장하고 인공지능을 활용해 그림을 그리거나 음악을 작곡하는 시대가 왔다. 영화나 상품 리뷰 등의 텍스트 자료와 녹음 파일 등의 음성 자료,

영화 등의 영상 자료를 비정형 자료라고 하는데, 이런 자료들은 컴퓨터가 처리할 수 있는 형태로 변환하는 과정이 필요하다. 이 과정에서 텍스트 자료를 단어가방(BOW, Bag of Words)을 이용해 벡터로 표현하게 되는데, 단어가방의 특징과 장단점을 탐구해 보자.

관련 학과 만화애니메이션학과, 무용학과, 뮤지컬학과, 미술학과, 방송연예과, 뷰티디자인학과, 사진학과, 사회체육학과, 산업디자인학과, 스포츠과학과, 스포츠레저학과, 스포츠의학과, 시각디자인학과, 실용음악학과, 연극영화학과, 음악학과, 작곡과, 체육학과, 패션디자인학과

《요즘 미술은 진짜 모르겠더라》, 정서연, 21세기북스(2023)

[12인수02-02] • • •
빈도수 벡터를 이용하여 텍스트 데이터를 요약하고 유용한 정보를 추출할 수 있다.

➡ 음악 작곡 과정에 수학적 알고리즘을 활용하려는 시도가 오래전부터 있었으나 최근 인공지능의 발달로 이것이 기술적으로 가능해졌다. 딥러닝은 사람의 신경망 구조를 모방한 인공신경망을 순환신경망으로 활용하는데, 순환신경망의 구조는 서로 연결되어 연속된 데이터를 학습, 반복하면서 그 기술이 나날이 발전하고 있다. 이렇게 인공지능이 음을 익히고 학습하여 새로운 음악을 고안하기까지 인공신경망과 순환신경망, 프레임워크를 활용하게 된다. 인공지능에서 활용되는 인공신경망과 순환신경망, 프레임워크에 관해 정리하고, 인공지능이 음악에 활용된 사례를 조사해 보자.

관련 학과 관현악과, 뮤지컬학과, 방송연예과, 성악과, 실용음악학과, 연극영화학과, 음악학과, 작곡과

《국악에 기술 한 방울》, 심영섭, 동락(2023)

[12인수02-03] • • •
인공지능이 텍스트를 특성에 따라 분석하는 수학적 방법을 설명할 수 있다.

➡ 오래전부터 음악을 작곡하는 과정에 수학적 알고리즘을 활용하려는 시도가 있었으나 최근 인공지능의 발달로 이것이 기술적으로 가능해졌다. 딥러닝은 사람의 신경망 구조를 모방한 인공신경망을 순환신경망으로 활용하는데, 순환신경망의 구조는 서로 연결되어 연속된 데이터 학습과 반복으로 나날이 기술력이 발전하고 있다. 이렇듯 인공지능은 인공신경망과 순환신경망, 프레임워크를 활용해 음을 익히고 학습하여 새로운 곡을 작곡하게 된다. 인공지능이 음악을 이해하고 분석하여 스스로 작곡하는 과정을 탐구해 보자.

관련 학과 관현악과, 뮤지컬학과, 방송연예과, 성악과, 실용음악학과, 연극영화학과, 음악학과, 작곡과

《수학이 사랑한 음악》, 니키타 브라긴스키, 박은지 역, 생각지도(2023)

단원명 | 이미지 데이터 처리

| 🔍 | 이미지 데이터, 픽셀 위치, 색상 정보(RGB), 행렬, 전치행렬, 이미지 구도, 색상, 휘도, 밝기, 선명도, 행렬의 연산, 행렬의 덧셈과 뺄셈, 변환, 분류와 예측, 사진 구별, 손글씨 인식, 감정분석, 행렬의 유사도, 해밍 거리(Hamming distance),

[12인수03-01] • • •
행렬을 이용하여 이미지 데이터를 목적에 맞게 표현할 수 있다.

➡ 조르주 쇠라는 프랑스 신인상주의의 창시자로, 점묘법과 분할주의 기법을 그림에 적용하였다. 여기서 점묘법이란 그림을 그릴 때 붓의 끝이나 브러쉬 등으로 다양한 색의 작은 점을 찍어 시각적 혼색을 만드는 기법이다. 컴퓨터도 이런 방법을 이용해 이미지를 표현하고 있다. 그림을 표현하는 최소 단위의 점을 화소 또는 픽셀이라고 하는데, 픽셀의 수가 많을수록 그림이 선명해지고 모양도 매끄럽지만 데이터 처리에 오랜 시간이 걸린다. 점묘법을 응용한 컴퓨터 그래픽 방법을 탐구해 보자.

관련학과 공예학과, 만화애니메이션학과, 미술학과, 방송연예과, 뷰티디자인학과, 사진학과, 산업디자인학과, 서양화과, 시각디자인학과, 조소과, 패션디자인학과

《인공지능 유리》, 피브르티그르 외 1명, 김희진 역, 탐(2022)

[12인수03-02] • • •

행렬의 연산을 이용하여 이미지 데이터를 다양하게 변환할 수 있다.

➡ 컴퓨터는 사람의 눈이 이미지를 인식하는 것과 달리 곧바로 이미지를 읽어낼 수 없어 컴퓨터가 읽어낼 수 있는 디지털 정보인 숫자로 바꾸는 과정이 필요하다. 이렇게 아날로그 이미지를 디지털 이미지로 전환하는 과정에 이용되는 것이 행렬이다. 빨간색은 (255, 0, 0), 녹색은 (0, 255, 0), 파란색은 (0, 0, 255)로 나타내고 빛의 삼원색인 빨간색(R), 녹색(G), 파란색(B)의 조합을 활용해 각 색에 대응하는 행렬을 입력하게 된다. 가로와 세로로 분절된 픽셀에 각 색에 대응하는 숫자를 행렬 형태로 입력하여 디지털 정보로 활용할 수 있다. 디자인 분야에서 RGB 방식을 활용해 이미지 데이터를 구현하는 과정을 탐구해 보자.

관련학과 공예학과, 만화애니메이션학과, 미술학과, 방송연예과, 뷰티디자인학과, 사진학과, 산업디자인학과, 서양화과, 시각디자인학과, 조소과, 패션디자인학과

《만들면서 배우는 인공지능 엔트리와 40개의 작품들》, 전진아 외 3명, 앤써북(2024)

[12인수03-03] • • •

인공지능이 이미지를 자동으로 분류하는 수학적 방법을 설명할 수 있다.

➡ 픽셀이라고 하는 단색의 작은 직사각형들이 쌓여 이미지 데이터가 만들어지고, 이미지의 전체 크기는 픽셀의 가로와 세로의 곱으로 표현된다. 또 흑백을 표현할 때 각 픽셀의 명도를 나타내는 숫자로 표현하는데, 이를 그레이 스케일이라고 한다. 반면 색상을 표현하는 방식으로는 RGB가 있다. 빨간색(R), 녹색(G), 파란색(B)의 3가지 색의 명도를 표현하는 3개의 숫자가 합쳐진 벡터(행렬)를 이용한다. 그리고 이미지 파일의 형식에는 jpg, bmp, gif, png 등이 있다. 이 파일 형식들의 차이를 탐구해 보자.

관련학과 공예학과, 만화애니메이션학과, 미술학과, 방송연예과, 뷰티디자인학과, 사진학과, 산업디자인학과, 서양화과, 시각디자인학과, 조소과, 패션디자인학과

《인공지능 시대의 사진 이미지 읽기》, 박평종 외 2명, 달콤한 책(2020)

단원명 | 예측과 최적화

| 🔍 | 확률의 계산, 상대도수, 자료의 경향성, 추세선, 예측, 손실함수, 경사하강법, 함수의 극한, 이차함수의 미분계수, 손실함수, 최솟값

[12인수04-01]   ● ● ● ●

데이터를 분석하여 사건이 일어날 확률을 구하고 이를 예측에 이용할 수 있다.

➡️ 세이버메트릭스(Sabermetrics)는 SABR이라는 모임에서 만들어져 야구를 통계학과 수학으로 분석한 방법론이다. 투수와 타자의 기록이 누적된 통계자료를 이용하여 선수의 재능을 평가하고 경기 상황에 따라 적합한 선수를 기용하기도 한다. 포수는 상대 타자가 선호하는 핫 존과 기피하는 콜드 존을 파악해 투수를 리드하고, 수비하는 야수들은 타자마다 타구 방향의 빈도를 기반으로 수비 위치를 옮기는 수비 시프트를 시도하기도 한다. 또한 타율과 출루율, ERA(평균자책점), OPS(출루율과 장타율의 합), RAR(대체 선수 기준 비교), WAR(대체 선수 대비 승리 기여), WHIP(1이닝 동안 투수가 허용한 볼넷과 안타) 등의 지표도 활용한다. 야구 경기에서 데이터를 분석해 경기에 활용하는 세이버메트릭스에 대하여 탐구해 보자.

관련 학과) 사회체육학과, 스포츠과학과, 스포츠레저학과, 스포츠의학과, 체육학과

《썩빡꾸의 세이버메트릭스》(1~9), 썩빡구, 부크크(2017~2023)

[12인수04-02]   ● ● ● ●

공학 도구를 사용하여 데이터의 경향성을 추세선으로 나타내고 이를 예측에 이용할 수 있다.

➡️ 피타고리안 승률은 야구 순위를 예측하는 이론으로, 수많은 시즌의 누적된 기록을 이용해 야구에 대한 객관적인 지식을 찾는 세이버메트릭스의 핵심 지표이다. 피타고리안 승률은 수십 년간 쌓인 기록을 토대로 득점과 실점만으로 승률을 예측하는 지표로, 피타고리안 승률 $= \dfrac{\text{득점}^2}{\text{득점}^2 + \text{실점}^2}$ 이다. 데이터 분석을 중요하게 생각하는 미국 메이저 리그에서는 피타고리안 승률이 실제와 비슷하다고 평가하며 이 이론을 다루는 학회도 있다고 한다. 프로 야구 팀별로 올해의 피타고리안 승률을 구한 뒤, 시즌 이후의 결과를 예상하고 탐구해 보자.

관련 학과) 사회체육학과, 스포츠과학과, 스포츠레저학과, 스포츠의학과, 체육학과

《수학님은 어디에나 계셔》, 티모시 레벨, 고유경 역, 예문아카이브(2019)

[12인수04-03]   ● ● ● ●

손실함수를 이해하고 최적화된 추세선을 찾을 수 있다.

➡️ 축구와 야구, 배구, 농구 등의 단체 종목에서도 선수 개개인의 기록에 관심이 많다. 세이버메트릭스는 다년간 쌓인 통계자료를 이용하여 선수의 재능을 평가하는 분야로, 이를 다루는 사람을 '세이버메트리션'이라 부르기도 한다. 팀 내에서 기록이 좋은 선수들이 출전 기회가 많아지고, 팀의 간판 선수로서 팬들에게 인기도 많은 편이며, 선수 개인의 기록은 연봉 협상 시 중요한 근거가 되기도 한다. 단체 스포츠 경기에서 선호하는 선수를 선정하여 최근 5년간의 성적을 조사해 그래프로 표현하고 데이터의 경향성을 추세선으로 나타내자. 또한 손실함수를 통해 최적화된 추세선을 찾고 내년도 성적을 예측해 보자.

관련 학과) 사회체육학과, 스포츠과학과, 스포츠레저학과, 스포츠의학과, 체육학과

《썩빡꾸의 세이버메트릭스》(1~9), 박지훈, 부크크(2017~2023)

[12인수04-04]   ● ● ● ●

경사하강법을 이해하고 최적화된 예측을 위한 인공지능의 학습 방법을 설명할 수 있다.

➡️ 이상적인 모델에서 나오는 기대값과 실제 모델에서 나오는 실측값 사이에는 대부분 차이가 생기기 때문에, 비용함수가 최소가 되는 지점을 찾는 것이 중요하다. 이때 활용되는 최적화 기법으로 경사하강법(Gradient Descent, GD)이 있는데, 학습 데이터의 수가 증가하면 연산 시간이 증가하여 학습 시간이 길어지는 문제가 있다. 이 문제를 해결하기 위해, 학습 데이터를 미니 배치라고 불리는 일정한 크기의 소그룹으로 나눈 후 비용 함수를 구하는 '미니 배치 경사하강법'이 활용된다. 스포츠과학 분야에 활용되는 경사하강법과 미니 배치 경사하강법에 대해 탐구해 보자.

관련 학과) 사회체육학과, 스포츠과학과, 스포츠레저학과, 스포츠의학과, 체육학과

《처음 배우는 딥러닝 수학》, 와쿠이 요시유키 외 1명, 박광수 역, 한빛미디어(2018)

단원명 | 인공지능과 수학 탐구

> |🔍| 데이터의 경향성, 최적화, 합리적 의사결정, 비합리적 의사결정, 의사결정의 윤리성, 인공지능, 수학적 아이디어, 탐구 학습, 프로젝트 학습

[12인수05-01]   • • •

수학적 원리를 이용하여 인공지능이 실생활 문제를 합리적으로 해결하는 사례를 찾을 수 있다.

➡️ 콜로라도 주립박람회 미술대회에서 우승한 작가가 AI를 사용했음을 SNS에 직접 밝혀 논란이 되었다. 주최 측은 AI를 사용했음을 알고 심사했더라도 결과는 바뀌지 않았을 거라며 심사 결과를 번복하지 않았다. 한편 암스테르담 국립미술관의 전시회에 걸린 그림 중 한 점이 AI를 사용한 그림이고 이 사실을 사전에 밝혔음에도 사람들의 의견은 극단적으로 엇갈렸다. 미술 작품에 AI를 활용한 사례를 찾아보고 AI를 활용한 미술 작품 활동에 대한 찬반 의견을 토론해 보자.

관련 학과) 공예학과, 만화애니메이션학과, 미술학과, 뷰티디자인학과, 사진학과, 산업디자인학과, 서양화과, 시각디자인학과, 조소과, 패션디자인학과

《챗GPT & AI 31가지 실전 활용》, 권지선 외 3명, 앤써북(2023)

[12인수05-02]   • • •

인공지능과 관련된 수학 주제를 선정하여 탐구할 수 있다.

➡️ 인공지능의 발달로 인공지능이 그림을 그리고 노래를 만드는 시대가 되었다. 우리나라 저작권법은 저작물은 인간의 사상과 감정을 표현한 것, 저작권자는 저작물을 창작한 자로 정의하고 있다. 인간의 창작물만 저작권법 대상으로 한정하고 있어서, AI가 만든 창작물은 저작권을 인정받을 수 없다. 어떤 가수의 음악이 한국음악저작권협회에 등록되어 저작권료를 받고 있는 상황에서, 실제 작곡가가 인공지능이라는 사실이 알려지자 인공지능은 저작권자가 될 수 없다는 사유로 저작권료 지급이 중단되었다. 인공지능과 관련한 저작권에 관한 법률을 찾아보고, 앞으로 인공지능의 저작권에 대한 법률의 개정 방향에 대해 객관적 근거를 바탕으로 자신의 생각을 발표해 보자.

관련 학과) 예체능계열 전체

《챗GPT가 내 생각을 훔친다면》, 김미주, 책폴(2023)

선택 과목	수능	직무 수학	절대평가	상대평가
진로 선택	X		5단계	5등급

단원명 ｜ 수와 연산

> 🔍 직무 상황, 수 개념, 사칙연산, 실생활 활용, 유용성, 어림값, 재무관리, 올림, 버림, 반올림, 표준 단위, 시간, 길이, 무게, 들이, 인치(in), 피트(ft), 파운드(lb), 온스(oz)

[12직수01-01] ● ● ●

직무 상황에서 수 개념과 사칙연산의 문제를 해결하고 그 유용성을 인식할 수 있다.

➡ 경제적 여유가 생기면서 현대인들은 주말을 이용해 여가를 즐기고 문화 행사를 이용한다. 음악회, 미술 전시회, 스포츠 경기 등 문화 행사를 관람하기 위해서는 입장료 또는 관람료가 필요하다. 음악회나 스포츠 경기의 경우 좌석에 따라 티켓의 가격이 달라지기도 한다. 관심 있는 문화 행사의 입장료나 관람료를 알아보고, 4인 가구가 이용할 때 필요한 금액이 얼마인지 계산해 보자.

　관련 학과 　전 의약계열
　　《문화공간 및 단체체육시설의 문화체험공간의 변화된 모습》, 워크디자인북 편집부, 워크디자인북(2024)

[12직수01-02] ● ● ●

큰 수를 어림하여 문제를 해결하고, 어림값을 이용하여 수의 크기를 비교할 수 있다.

➡ 올림픽 종목은 전 세계적으로 인기가 많은 스포츠 종목들로 선정되는 경향이 있다. 국가나 지역별로 인기가 많은 종목에 차이가 있어서 단순히 순위를 매기기는 어렵지만, 전 세계에서 인기가 많은 스포츠 종목을 선정한 자료를 찾을 수 있다. 전 세계에서 인기가 많은 스포츠 종목을 찾아보고 우리나라와 비교해 어떤 차이가 있는 탐구해 보자. 또한 전 세계적으로 인기가 많지만 우리나라에서는 비교적 인기가 적은 종목을 찾아 그 종목을 소개하는 포스터를 만들어 보자.

　관련 학과 　사회체육학과, 스포츠과학과, 스포츠레저학과, 스포츠의학과, 체육학과
　　《올림픽, 어디까지 아니?》, 김윤정, 고래가숨쉬는도서관(2022)

[12직수01-03] ● ● ●

시간·길이·무게·들이의 표준 단위를 알고, 단위를 환산할 수 있다.

➡ 스포츠 경기 중에는 시간·속도·거리·무게 등 기록을 측정하여 타인과 비교해서 순위를 결정하는 종목이 있다. 또한 개인의 기록 중 가장 우수한 기록을 세계 신기록, 올림픽 신기록 등으로 남기고, 선수들은 더 우수한 기록을 세우기 위해 도전하고 있다. 대표적으로 수영, 육상, 높이뛰기, 멀리뛰기, 스피드 스케이팅, 양궁, 사격 등이 있다. 이런 종목들의 기록을 위해서는 종목별로 통일된 경기 방식과 기록 단위가 필요하다. 스포츠 종목에서

사용되는 표준 단위를 알아보고, 현재 스포츠 종목별 세계 신기록을 찾아 정리해 보자.

관련 학과 사회체육학과, **스포츠과학과**, **스포츠레저학과**, **스포츠의학과**, 체육학과

《**별걸 다 재는 단위 이야기**》, 호시다 타다히코, 허강 역, 어바웃어북(2016)

단원명 | 변화와 관계

| 🔍 | 비, 비례, 비례식, 환율, 비율, 백분율, 퍼센트, 퍼센트포인트, 기준량, 비교하는 양, 손익률, 인상률, 할인율, 두 양 사이의 대응 관계, 규칙, 수수료, 보험료, 위약금, 운임, 증가와 감소, 주기적 변화, 관계, 그래프, 일차방정식, 일차부등식, 해

[12직수02-01] ● ● ●

비의 개념을 직무 상황에 연결하여 적용할 수 있다.

● 문화체육관광부에서는 매년 국민 생활체육과 관련한 통계자료를 발표하고 있다. 문화체육관광부의 자료에 따르면 우리나라 국민들이 가장 많이 참여하고 있는 생활체육 종목은 걷기, 보디빌딩, 등산, 수영, 축구와 풋살, 골프, 요가와 필라테스, 체조 순이다. 생활체육에 참여하는 이유는 건강 유지 및 체력 증진, 체중 조절 및 체형 관리, 스트레스 해소 순이었다. 생활체육 종목별로 참여율을 조사하고 그 결과를 정리하여 탐구해 보자.

관련 학과 사회체육학과, **스포츠과학과**, **스포츠레저학과**, **스포츠의학과**, 체육학과

《**월간 생활체육 투데이**》, 생활체육투데이 편집부, 푸른하늘미루

[12직수02-02] ● ● ●

비율을 백분율로 표현할 수 있고 직무 상황에 연결하여 적용할 수 있다.

● 일반 방송사뿐만 아니라 OTT 플랫폼 등에서 음악 저작물을 사용할 경우 저작권료를 지불해야 한다. 현행 규정상 방송, 광고, 음원 사이트 등에 사용된 음악의 저작권료는 신탁 업체인 한국음악저작권협회가 징수하고 정해진 비율에 따라 저작권자에게 배분한다. 현행 저작권 사용료 규정을 찾아 방송사의 음악 저작권료 산정 기준(비율)을 탐구해 보자.

관련 학과 관현악과, 만화애니메이션학과, 뮤지컬학과, 방송연예과, 성악과, 실용음악학과, 연극영화학과, 음악학과, 작곡과

책 소개 ┄┄

이 책은 어려운 법률 용어를 최대한 지양하고 일반인의 눈높이에 맞춘 생생한 비유와 예시로 저작권의 기본 개념을 재미있게 소개하고 있다. 콘텐츠 창작자들이 많이 질문하는 저작권 문제들을 총망라해 실제 사례를 중심으로 구성하였다. 저작물의 13가지 종류, 저작물을 둘러싼 3가지 권리, 7가지 종류의 저작 재산권을 이해하기 쉽게 풀어서 설명하고 있다.

세특 예시 ┄┄

비율을 퍼센트로 표현하는 방법을 바탕으로 퍼센트와 퍼센트 포인트의 차이를 예시를 통해 설명함. 비율이 사용되는 사례로 '이제는 알아야 할 저작

국어 교과군

영어 교과군

수학 교과군

도덕 교과군

사회 교과군

과학 교과군

이제는 알아야 할 저작권법 정지우 외 1명, 마름모(2023)	권법(정지우 외 1명)'을 참고하여 저작권료 산정 기준을 인포그래픽으로 시각화함. 노래 한 곡에 7원의 저작권료가 음반 유통사와 가수, 작곡가 등에게 어떻게 분배되는지 소개하고, 상위 5%가 전체 저작권료의 80%를 차지하고 있는 현실을 제시함. 또한 저작권과 관련한 소송 사례를 제시하며 저작권이 민감한 영역이라는 사실을 학급 친구들에 인지시킴.

[12직수02-03] ● ● ●

두 양 사이의 대응 관계를 나타낸 표에서 규칙을 찾아 설명할 수 있다.

➡ 체육 관련 학과는 대입 전형에서 실기고사를 포함하여 선발하는 경우가 많다. 대학에서는 체육 실기 종목을 정하고 종목에 따른 실기 배점표를 안내하고 있다. 대표적인 실기 종목으로는 멀리뛰기, 서전트, 사이드 스텝, 턱걸이, 매달리기, 윗몸일으키기, 왕복 달리기, 지그재그 달리기, 체조, 구기 종목(축구, 배구 등) 등이 있다. 자신이 희망하는 대학의 수시모집 요강을 다운받아 실기고사 종목과 배점을 확인하고 실기 배점표를 분석해 보자.

관련 학과 경호학과, 사회체육학과, 스포츠과학과, 스포츠레저학과, 스포츠의학과, 체육학과

《체대 입시의 신》, 김민중, 라온북(2021)

[12직수02-04] ● ● ●

증가와 감소, 주기적 변화 등의 관계를 나타내는 그래프를 설명할 수 있다.

➡ 소리의 3요소는 세기, 높낮이, 음색이다. 세기에서는 북을 세게 두드리면 진폭이 커져 큰 소리가 나고 약하게 두드리면 진폭이 작아져 작은 소리가 난다(단위: 데시벨). 다음은 소리의 높낮이로, 진동수가 클수록 높은 소리가 난다. 소리가 초당 몇 번 진동하는가에 따라 달라진다(단위: 헤르츠). 마지막으로 같은 세기와 높낮이라도 바이올린과 플루트가 내는 소리가 서로 다른데, 이는 음색이 다르기 때문이다. 소리의 3요소를 삼각함수 그래프와 관련하여 탐구해 보자.

관련 학과 관현악과, 뮤지컬학과, 방송연예과, 성악과, 실용음악학과, 연극영화학과, 음악학과, 작곡과

《매혹의 음색》, 김진호, 갈무리(2014)

[12직수02-05] ● ● ●

일차방정식 또는 일차부등식을 활용하여 직무 상황의 문제를 해결할 수 있다.

➡ 스포츠 경기에서 체중이 서로 비슷한 선수끼리 대결하도록 나눈 것을 체급이라고 한다. 비슷한 실력이라도 체중이 많이 나가는 사람이 유리하다고 판단하여, 체급을 나누어 공정한 환경에서 경기를 치르게 한 것이다. 씨름이나 복싱, 레슬링, MMA, 무에타이, 주짓수와 같은 대련 종목뿐만 아니라 역도, 파워 리프팅 같은 기록 측정 종목에도 이 규칙이 적용된다. 체급을 나누어 진행하는 스포츠 경기를 선택해서 체급이 어떻게 나뉘는지 부등식과 연관하여 설명해 보자.

관련 학과 경호학과, 사회체육학과, 스포츠과학과, 스포츠레저학과, 스포츠의학과, 체육학과

《한 권으로 읽는 국제스포츠 이야기》, 유승민 외 3명, 가나출판사(2021)

단원명 | 도형과 측정

| 🔍 | 입체도형, 겨냥도, 전개도, 원근법, 투시도법, 소실점, 입체도형의 모양, 정면도, 평면도, 측면도, 우측 면도, 좌측면도, 도형의 이동, 도형의 합동, 도형의 닮음, 평면도형의 둘레, 평면도형의 넓이, 입체도형의 겉넓이, 입체도형의 부피

[12직수03-01] ● ● ●

입체도형의 겨냥도와 전개도를 그릴 수 있고, 겨냥도와 전개도를 이용하여 입체도형의 모양을 만들 수 있다.

➡️ 타이포그래피는 글자의 시각적 측면을 강조해 텍스트를 읽기 쉬우면서도 미적으로 배열하는 방법을 일컫는 다. 또한 특정 분위기를 풍기게 하고 메시지를 강화하는 데 사용된다. 다양한 폰트를 사용하고 크기, 자간, 어간 을 조정할 수도 있다. 타이포그래피를 이용해 평면의 글자를 입체처럼 느끼게 할 수도 있다. 다양한 타이포그래피 방법을 조사하고 탐구해 보자.

> **관련 학과** 공예학과, 만화애니메이션학과, 미술학과, 뷰티디자인학과, 사진학과, 산업디자인학과, 서양화과, 시각디자인학과, 조소과, 패션디자인학과

아이디어가 고갈된 디자이너를 위한 책: 타이포그래피 편

스티븐 헬러 외 1명, 윤영 역, 더숲(2020)

책 소개

이 책은 세계적인 디자이너 50명의 타이포그래피를 사례로 타이포그래피를 만드는 데 사용하는 재미있고 기발한 아이디어를 소개한다. 메타포, 모방, 언 어유희, 활자의 변형과 구조의 변화 등 개성 있는 타이포그래피를 만드는 다 양한 접근 방법을 보여 주며, 각 아이디어의 활용 방법에 대한 조언을 제공하 고 있다. 새로운 타이포그래피 문자와 서체, 독특한 디자인 시그니처 개발에 도움을 주고 있다.

세특 예시

겨냥도와 전개도를 이용하여 입체도형을 표현하는 수업을 진행한 뒤 입 체도형을 디자인에 활용한 타이포그래피에 대해 조사하는 활동을 진행 함. '아이디어가 고갈된 디자이너를 위한 책: 타이포그래피 편(스티븐 헬러 외 1명)'을 읽고 다양한 타이포그래피를 이용하여 인포그래픽을 구성함. 평 면의 글자를 입체처럼 느낄 수 있고 미적 감각을 표현하기 좋다는 점을 들어 앞으로 디자인 분야에서 타이포그래피의 활용 범위가 넓어질 거라 고 예측함.

[12직수03-02] ● ● ●

입체도형의 위, 앞, 옆에서 본 모양을 표현할 수 있고, 이러한 표현을 보고 입체도형의 모양을 판별할 수 있다.

➡️ 3차원 공간에 있는 물체를 2차원 평면(화면)에 표현하는 과정에서 시각적으로 거리감을 느낄 수 있도록 원근법 을 활용한다. 원근법에는 색채 원근법과 투시 원근법이 있다. 그중 색채 원근법은 가까이 있는 것은 고명도와 고채도의 난색으로 표현하고 멀리 있는 것은 옅은 한색으로 흐리게 표현하는 방식이다. 유명한 레오나르도 다

빈치의 〈모나리자〉에서 인물과 배경 사이의 거리감이 확실하게 느껴지는 이유를 색채 원근법과 관련하여 탐구해 보자.

관련 학과 공예학과, 만화애니메이션학과, 미술학과, 뷰티디자인학과, 사진학과, 산업디자인학과, 서양화과, 시각디자인학과, 조소과, 패션디자인학과

《**레오나르도 다 빈치**》, 프랑크 죌너, 최재혁 역, 마로니에북스(2023)

[12직수03-03]　●●●

도형의 이동, 합동과 닮음을 직무 상황에 연결하여 문제를 해결할 수 있다.

➡ 테셀레이션은 같은 모양의 조각들을 서로 겹치거나 그 조각들로 틈이 생기지 않게 평면이나 공간을 덮는 것을 의미한다. 테셀레이션은 우리의 생활에 많이 활용되고 있다. 포장지, 궁궐의 단청, 거리의 보도블록, 욕실의 타일 바닥 등에서 쉽게 찾아볼 수 있다. 정삼각형, 정사각형, 정육각형은 테셀레이션이 가능하나 정오각형이나 원과 같은 도형은 어떤 방법으로 배열해도 빈틈이 생기거나 내부가 겹치게 되어 테셀레이션이 불가능하다. 미술 작품에서 테셀레이션을 활용한 사례를 조사하고 테셀레이션의 특징을 탐구해 보자.

관련 학과 공예학과, 만화애니메이션학과, 미술학과, 뷰티디자인학과, 사진학과, 산업디자인학과, 서양화과, 시각디자인학과, 조소과, 패션디자인학과

《**수학이 보이는 에셔의 판화 여행**》, 문태선, 궁리(2022)

[12직수03-04]　●●●

직무 상황에서 나타나는 평면도형의 둘레와 넓이를 구할 수 있다.

➡ 스포츠 경기장에는 경기별로 정해진 규격이 있어 국제 대회에서 규격에 맞는 경기장을 활용하고 있다. 예를 들어 축구장의 규격은 직사각형 모양으로 세로는 최소 90m, 최대 120m이고, 너비는 최소 45m, 최대 90m이다. 국제 경기의 경우 조금 차이가 있어서 길이는 최소 100m에서 최대 110m 이내, 너비는 최소 65m에서 최대 75m 이내, 대략 7,140제곱미터(대략 2,200평)이다. 자신이 관심 있는 스포츠 종목을 선정하여 경기장 규격을 찾아 정리해 보자.

관련 학과 사회체육학과, 스포츠과학과, 스포츠레저학과, 스포츠의학과, 체육학과

《**체육백서 2020**》, 문화체육관광부, 진한엠앤비(2022)

[12직수03-05]　●●●

직무 상황에서 나타나는 입체도형의 겉넓이와 부피를 구할 수 있다.

➡ 축구공은 재질과 공기압에 따라 반발력과 회전력이 달라지기 때문에 경기력에 큰 영향을 미친다. 축구공에도 규격이 있는데, 0호에서 5호까지 총 6개 크기로 분류되며 호수가 클수록 지름과 부피가 커진다. 축구공의 호수에 따른 크기를 조사하고 용도별로 나누어 설명해 보자. 다른 스포츠 경기에 사용되는 공의 규격도 조사하여 발표해 보자.

관련 학과 사회체육학과, 스포츠과학과, 스포츠레저학과, 스포츠의학과, 체육학과

《**생활스포츠 지도를 위한 스포츠교육학**》, 한국스포츠교육학회, 대한미디어(2021)

단원명 | 자료와 가능성

🔍 경우의 수, 순열, 조합, 확률, 경우의 수, 수학적 확률, 통계적 확률, 확률의 덧셈정리, 여사건의 확률, 자료 수집, 표, 도수분포표, 히스토그램, 그래프, 비율그래프, 막대그래프, 원그래프, 합리적 의사결정, 자료 해석

[12직수04-01] ●●●

직무 상황에서 경우의 수를 구할 수 있다.

➡️ 정다면체는 각 면이 모두 합동인 정다각형이고 각 꼭짓점에 모인 면의 개수가 같은 볼록한 다면체를 의미한다. 정다면체는 정사면체, 정육면체, 정팔면체, 정십이면체, 정이십면체의 5종류밖에 없다. 한편 서로 다른 물건들을 원형으로 배열하는 순열을 원순열이라고 하며 서로 다른 n개의 물건을 원형으로 배열하는 방법의 수는 $(n-1)!$이다. 정다면체 구조의 조형물을 서로 다른 색으로 칠하는 경우의 수를 탐구해 보자.

관련 학과 만화애니메이션학과, 미술학과, 뷰티디자인학과, 산업디자인학과, 시각디자인학과, 조소과, 패션디자인학과

《보글보글 기하》, 수냐, 지노(2021)

[12직수04-02] ●●●

어떤 현상이 나타날 가능성을 수치화하여 설명할 수 있다.

➡️ 야구 경기에 활용되는 승리 확률 기여도(Win Probability Added, WPA)는 두 상황 간의 기대 승률 차이를 나타낸다. 플레이를 통해 소속 팀의 기대 승률을 변화시킨 선수는 그 변화량을 자신의 WPA로 갖게 된다. 예를 들어 A팀의 B선수가 상대 팀의 C투수를 상대로 3타점 2루타를 치면서 A팀의 기대 승률이 36.0%에서 73.8%로 증가했다면 B선수의 승리 확률 기여도는 +0.378승이 되고 상태팀 C투수의 승리 확률 기여도는 -0.378승이 된다. 야구 경기에서 활용되는 승리 확률 기여도를 확률과 관련하여 탐구해 보자

관련 학과 사회체육학과, 스포츠과학과, 스포츠레저학과, 스포츠의학과, 체육학과

《2023 프로야구 가이드북》, 권인하 외 5명, 브레인스토어(2023)

[12직수04-03] ●●●

직무 상황의 자료를 목적에 맞게 표와 그래프로 정리할 수 있다.

➡️ 수학 도구인 그래프를 이용하면 여러 가지 수치 자료를 이용해 항목별 수치를 비교할 수 있다. 대표적으로 방사형 그래프는 전체의 경향을 나타낼 때 사용하며 어떤 항목이 강하고 어떤 항목이 약한지 알기 쉽게 표현할 수 있다. 예를 들어 축구 선수에게 필요한 여러 가지 능력을 힘, 속도, 슈팅, 패스, 지구력, 헤딩, 드리블, 태클 능력으로 나누어 각 항목마다 0점~10점의 점수를 매길 수 있다. 방사형 그래프를 이용하여 국내 스포츠 선수의 능력치를 나타내고 방사형 그래프의 유용한 점을 정리하여 발표해 보자.

관련 학과 사회체육학과, 스포츠과학과, 스포츠레저학과, 스포츠의학과, 체육학과

《The Champion 2022-2023: 유럽축구 가이드북》, 송영주 외 4명, 맥스미디어(2022)

국어 교과군

영어 교과군

수학 교과군

도덕 교과군

사회 교과군

과학 교과군

[12직수04-04] ● ● ●

직무 상황의 다양한 표와 그래프를 해석할 수 있다.

● 올림픽 경기는 국제올림픽위원회(IOC)가 선정한 도시에서 4년마다 개최되는 국제 대회로, 전 세계 사람들의 관심을 받고 있다. 우리나라는 1947년에 IOC에 가입하여 1948년 제14회 런던올림픽대회부터 태극기를 앞세우고 참가하게 되었다. 이후 제33회 파리올림픽까지 총 19회의 올림픽에 출전했으며, 우리나라의 올림픽 메달 순위는 인구 대비 상당히 높은 편이다. 우리나라의 역대 올림픽 메달 획득 수를 표로 나타내고, 시대별로 우리나라가 메달을 많이 딴 종목의 변화를 탐구해 보자.

관련 학과 사회체육학과, 스포츠과학과, 스포츠레저학과, 스포츠의학과, 체육학과

《짜릿하고도 씁쓸한 올림픽 이야기》, 김성호, 사계절(2020)

[12직수04-05] ● ● ●

다양한 자료의 특성을 파악하여 직무 목적에 적합한 표나 그래프로 나타내고 합리적인 의사결정을 할 수 있다.

● 스포츠기록분석연구원은 스포츠 선수와 팀의 성과를 과학적으로 분석하는 직업이다. 메이저 리그 오클랜드 애슬레틱스 팀의 사례가 영화 〈머니볼〉에 그려지기도 했다. 2000년대 초반 미국 프로 야구의 최하위 팀이었던 오클랜드 애슬레틱스의 성적이 철저한 데이터 분석을 통해 크게 향상되어 '머니볼 이론'으로 불리고 있다. 프로 축구와 농구, 야구, 월드컵과 올림픽 등 우리나라의 스포츠 참여도와 관심도가 높아지면서 스포츠기록분석연구원의 수요 역시 지속적으로 증가할 것으로 보인다. 자신이 스포츠기록분석연구원이 되었다고 가정하고 관심 있는 스포츠 종목과 팀을 선정한 뒤, 표와 그래프를 활용하여 팀의 전력을 분석해 보자.

관련 학과 사회체육학과, 스포츠과학과, 스포츠레저학과, 스포츠의학과, 체육학과

《나의 직업: 스포츠인》, 꿈디자인LAB, 동천출판(2022)

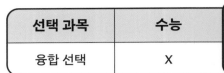

선택 과목	수능	**수학과 문화**	절대평가	상대평가
융합 선택	X		5단계	5등급

단원명 | 예술과 수학

| 🔍 | 음악과 수학, 미술과 수학, 문학과 수학, 영화와 수학

[12수문01-01]

음악과 관련된 수학적 내용을 조사하고, 관련 활동을 수행할 수 있다. ● ● ●

➡ 음악의 음정, 음계, 화음, 리듬 등의 요소에서 수학적 비율이나 패턴과 관련한 특성을 파악할 수 있다. 4분음표, 8분음표, 4분의 3박자, 90bpm 등 음악의 여러 수학적 표현 그리고 음악에 나타나는 수학적 성질과 현상을 조사하자. 또한 실제 음악에서 그 예를 찾아 보고서를 작성하여 음악과 함께 발표해 보자.

관련 학과 관현악과, 뮤지컬학과, 실용음악학과, 음악학과, 작곡과

《음악의 언어》, 송은혜, 시간의흐름(2021)

[12수문01-02]

미술과 관련된 수학적 내용을 조사하고, 관련 활동을 수행할 수 있다. ● ● ●

➡ 황금비는 두 개의 선분이나 도형을 일정한 비율로 나누었을 때 큰 것과 작은 것의 비율이 전체와 큰 것의 비율과 같은 비율을 말한다. 황금비를 활용하면 기하학적으로 황금사각형과 황금나선 등을 만들 수 있다. 황금비는 미술 작품이나 사진 촬영에도 적극 활용되어 왔다. 황금비가 잘 나타난 미술 작품과 사진 작품들을 찾아보고 황금비가 작품에서 하는 역할 등을 탐구하여 발표해 보자.

관련 학과 공예학과, 만화애니메이션학과, 미술학과, 사진학과, 산업디자인학과, 서양화과, 시각디자인학과, 조소과, 패션디자인학과

책 소개

이 책은 중고등학교 수학 시간에 다루는 피타고라스 정리에서 공리와 방정식, 등식과 비례, 거듭제곱, 함수, 연속과 불연속 등까지 다양한 수학 원리를 미술 작품들을 통해 이야기하고 있다. 수학이 어떻게 그림의 구도를 바꾸는 결정적인 계기가 되었는지를 신화와 역사를 곁들여 이야기한다. 또한 수학의 역사가 새겨진 중요한 사료로서의 가치를 지닌 미술 작품들을 발굴해 그 속에 감춰진 뒷이야기도 살펴보고 있다.

세특 예시

다양한 분야에서 수학의 원리를 찾아볼 수 있다는 것을 알고 교과연계 독

국어 교과군

영어 교과군

수학 교과군

도덕 교과군

사회 교과군

과학 교과군

미술관에 간 수학자 이광연, 어바웃어북(2018)	서활동으로 '미술관에 간 수학자(이광연)'를 선정하여 미술 작품 속에 숨어 있는 수학의 원리에 관해 탐구해 봄. 독서활동을 통해 비례관계, 무한, 프랙털과 차원 등 여러 수학적 원리를 찾아볼 수 있음을 이야기하며, 특히 많은 작품에서 '황금비'가 발견된다는 점에 흥미를 느끼고 다양한 작품을 소개한 뒤 그 속에 숨어 있는 황금비를 찾아 발표해 친구들의 흥미를 끌어내는 모습을 보여 줌.

[12수문01-03] • • •

문학과 관련된 수학적 내용을 조사하고, 관련 활동을 수행할 수 있다.

➡ 출판된 문학 작품의 내용을 각색해서 영상 작품을 제작하는 경우가 많다. 그중에는 〈이미테이션 게임〉처럼 수학자나 수학 개념을 소재로 한 작품도 많이 있다. 영상으로 각색된 문학 작품 속의 수학 개념을 정리하고, 영상으로 각색해서 제작되는 문학 작품들의 특징에 관해 탐구하여 발표해 보자.

관련 학과 만화애니메이션학과, 뮤지컬학과, 방송연예과, 연극영화학과

《**수학의 눈으로 보면 다른 세상이 열린다**》, 나동혁, 지상의책(2019)

단원명 ┃ 생활과 수학

🔍 ┃ 스포츠와 수학, 게임과 수학, 디지털 기술과 수학, 합리적 의사결정

[12수문02-01] • • •

스포츠와 관련된 수학적 내용을 조사하여 그 유용성을 인식할 수 있다.

➡ 스포츠 경기에는 선수들의 능력을 판단하는 여러 가지 지표가 있다. 예를 들면 야구 경기에서는 '세이버메트릭스'라는 자료를 활용해 선수들의 여러 운동 능력, 승리에 대한 기여 등을 판단하는 지표로 이용하기도 한다. 이렇게 스포츠에서 활용되는 통계자료를 찾아보고, 각 지표들이 선수들의 능력을 어떻게 나타내는지 그리고 그것들이 과연 타당한 자료인지 탐구해 보자.

관련 학과 사회체육학과, 스포츠과학과, 스포츠레저학과, 스포츠의학과, 체육학과

《**스마트 베이스볼**》, 키스 로, 김현성 역, 두리반(2020)

[12수문02-02] • • •

게임과 관련된 수학적 내용을 조사하고 관련 활동을 수행할 수 있다.

➡ 여러 스포츠에서 점수를 산출하는 방식은 다양하다. 특히 체조나 다이빙, 피겨스케이팅 등과 같은 경기는 여러 심판의 점수를 활용해 점수를 부여하고 있다. 여러 스포츠에서 공정성을 추구하기 위해 점수를 산출하는 방식을 조사하고, 각 스포츠의 점수 산출 방식에서의 수학의 역할과 유용성을 탐구하여 보고서를 작성해 보자.

관련 학과 사회체육학과, 스포츠과학과, 스포츠레저학과, 체육학과

《**인공지능이 스포츠 심판이라면**》, 스포츠문화연구소, 다른(2020)

단원명 | 사회와 수학

| 🔎 | 민속 수학, 건축과 수학, 점자표와 수학, 대중매체 속 데이터, 가치소비

[12수문03-02]

점자표에 사용된 수학적 원리에 대해 탐구하고 이를 활용하여 산출물을 설계할 수 있다.

➡️ 점자표와 시각장애인용 시계는 시각장애인들이 시간과 정보를 읽을 수 있도록 점자라는 특수한 부호글자를 활용하고 있다. 점자에 적용되는 수학적 원리와 이를 적용하여 설계한 시각장애인용 시계의 디자인을 살펴보자. 나아가 모든 사람이 제품이나 서비스를 쉽고 편리하게 사용할 수 있도록 하는 유니버설 디자인을 적용한 다양한 제품을 찾아보고, 장애인들을 위한 유니버설 디자인을 만들어 발표해 보자.

관련 학과 산업디자인학과, 시각디자인학과, 패션디자인학과

《**사용자 중심의 유니버설 디자인 방법과 사례**》, 고영준, 이담북스(2022)

[12수문03-04]

가치소비를 위한 의사결정 방법을 탐구하고 실천 방법을 제시할 수 있다.

➡️ 예술가와 체육인들의 생활 양식 변화와 함께 1인 가구가 늘어나고 있다. 1인 가구의 증가는 예술 및 스포츠 관련 소비 경향에도 변화를 가져온다. 예를 들어 소형 예술 작품이나 스포츠 용품에 대한 수요가 늘어나고, 개인 맞춤형 문화생활 지출이 증가하는 등 소비 행태의 다양한 변화가 나타나고 있다. 통계자료를 통해 1인 가구 증가와 예술 및 스포츠 관련 소비 행태의 관계를 탐구하고, 이에 따른 문화산업의 변화 양상을 분석하는 보고서를 작성해 보자.

관련 학과 예체능계열 전체

《**라이프스타일로 마케팅하다**》, 이상구, 라온북(2020)

단원명 | 환경과 수학

| 🔎 | 식생활과 수학, 대기 오염과 수학, 사막화 현상과 수학, 생물 다양성과 수학

[12수문04-01]

식생활과 관련된 문제를 수학적으로 분석하고 이를 개선하기 위한 방법을 제안할 수 있다.

➡️ 적절한 영양 섭취는 운동선수들의 경기력 향상에 매우 중요한 요소이다. 탄수화물, 단백질, 지방 등의 적정 섭취량과 비율은 선수들의 근육 발달, 지방 감소, 에너지 공급 등에 직접적인 영향을 미친다. 선수들의 체중 변화, 경기 성적, 피로도 등과 영양 섭취량의 상관관계를 분석해 보면, 스포츠 종목별 운동 강도와 유형에 따라 선수들의 최적 영양 섭취 패턴이 달라지는 것을 알 수 있다. 스포츠 종목별 선수들의 최적 영양 섭취량을 조사하고, 선수 개인의 특성과 종목의 특성을 고려한 맞춤형 식단 관리 전략을 수립하는 방안에 관해 탐구해 보자.

관련 학과 사회체육학과, 스포츠과학과, 스포츠의학과, 체육학과

《**약사들이 답하는 스포츠 영양 Q & A**》, 정상원 외 7명, 참약사(2023)

국어 교과군

영어 교과군

수학 교과군

도덕 교과군

사회 교과군

과학 교과군

[12수문04-02]

● ● ●

대기 오염과 관련된 문제를 수학적으로 분석하고 이를 개선하기 위한 방법을 제안할 수 있다.

➜ 현대사회의 대기 오염 문제가 심각해지면서 스포츠 활동에도 여러 영향을 미치고 있다. 최근에는 프로 스포츠 경기에서 심각한 대기 오염으로 경기가 취소되기도 한다. 대기 오염 지수의 변화에 따라 스포츠 경기의 취소, 관람객 수의 변화 등 스포츠 산업에 미치는 영향을 조사하고, 대기 오염에 대응하는 스포츠 산업의 역할에 관해 탐구해 보자.

관련 학과 사회체육학과, 스포츠과학과, 스포츠레저학과, 스포츠의학과, 체육학과

《오늘도 미세먼지 나쁨》, 김동환, 휴머니스트(2018)

선택 과목	수능	실용 통계	절대평가	상대평가
융합 선택	X		5단계	5등급

단원명 | 통계와 통계적 문제

| 🔍 | 변이성, 전수조사, 표본조사, 단순임의추출, 층화임의추출, 계통추출

[12실통01-02] •••

통계적 문제 해결 과정을 이해하고 각 단계의 역할을 설명할 수 있다.

➡️ 방송연예인은 직업의 특성상 대중에 노출되어, 방송에서뿐만 아니라 인쇄·영상·음성 매체 및 사회 관계망 서비스 등 다양한 미디어를 통해 여러 활동으로 주목받는다. 관심 있는 방송연예인에 관한 다양한 이슈에 대해 워드 클라우드 등을 활용하여 데이터를 정리, 분석하고, 이를 통해 대중문화의 여러 측면을 해석하여 발표해 보자.

관련 학과 모델과, 뮤지컬학과, 방송연예과, 뷰티디자인학과, 사진학과, 실용음악학과, 연극영화학과, 패션디자인학과
《대중문화 이슈로 답하다》, 이현민·김민정, 북코리아(2022)

단원명 | 자료의 수집과 정리

| 🔍 | 범주형 자료, 수치형 자료, 명목척도, 순서척도, 구간척도, 비율척도, 설문지법, 문헌연구법

[12실통02-02] •••

자료의 수집 방법을 이해하고 문제 상황에 맞는 자료 수집 방법을 선택할 수 있다.

➡️ 다양한 문화 콘텐츠가 우리의 여가 생활과 취미 활동에 큰 영향을 미치고 있기에, 문화산업 분야에서 소비자의 선호도와 구매 패턴을 이해하는 것은 매우 중요하다. 여러 문화산업에서 소비자의 선호도와 구매 패턴을 조사하는 다양한 방법에 관해 조사해 보자. 또한 이러한 조사 자료를 각 문화산업에서 활용하는 방안에 관해 탐구하여 보고서로 작성해 보자.

관련 학과 예체능계열 전체
《빅데이터 시대, 올바른 인사이트를 위한 통계 101×데이터 분석》, 아베 마사토, 안동현 역, 프리렉(2022)

[12실통02-04] •••

대푯값과 산포도의 종류를 알고 자료의 특성을 나타내는 값으로 요약할 수 있다.

➡️ 최근 야구에서는 다양한 정보를 바탕으로 각 구단이나 선수의 다양한 지표를 제시하고 있다. 각 팀의 승률을 나타내는 지표에서도 단순히 승과 패만을 활용한 승률뿐만 아니라 팀 득점과 팀 실점 등의 수치를 활용한 '피

타고라스 승률'을 통해 팀의 승률을 구하기도 한다. 최근 10년간의 프로 야구 구단 승률과 피타고라스 승률 사이의 상관관계를 탐구해 보자.

관련 학과 사회체육학과, 스포츠과학과, 스포츠레저학과, 체육학과

《**수학비타민 플러스UP**》, 박경미, 김영사(2021)

단원명 | 자료의 분석

| 🔍 | 정규분포, t분포, 모평균, 표본평균, 모비율, 표본비율, 신뢰구간, 가설검정, 귀무가설, 대립가설, 기각역, 유의수준, p값

[12실통03-01]　　　　　　　　　　　　　　　　　　　　●●●

정규분포와 t분포를 공학 도구를 이용하여 탐구할 수 있다.

➡ 운동선수들은 경기 중 발생할 수 있는 부상이나 질병에 대비하기 위해 보험에 가입한다. 그리고 각 보험사는 운동선수의 나이, 종목, 경력, 부상 이력 등의 정보를 바탕으로 개인별 보험료를 책정한다. 운동선수의 특성에 따른 보험료 산정 과정을 탐구하고, 자신의 종목과 활동 수준에 적합한 보험 상품과 적절한 보험료에 대해 고찰하는 탐구 보고서를 작성해 보자.

관련 학과 경호학과, 모델과, 무용학과, 사회체육학과, 스포츠과학과, 스포츠레저학과, 스포츠의학과, 체육학과

《**대량살상 수학무기**》, 캐시 오닐, 김정혜 역, 흐름출판(2017)

[12실통03-02]　　　　　　　　　　　　　　　　　　　　●●●

실생활에서 공학 도구를 이용하여 모평균을 추정할 수 있다.

➡ 방송계에서는 음악, 패션을 비롯한 다양한 분야의 경연 프로그램을 제작하고 있다. 각 경연 프로그램에서 점수를 산출하는 방식은 프로그램의 운영 방식에 따라 다르다. 여러 경연 프로그램에서 참가자들의 점수를 산출하는 방식을 조사하고, 각 점수 산출 체계가 가진 특징과 장단점, 공정하고 합리적인 평가 방식에 관해 탐구하는 보고서를 작성해 보자.

관련 학과 예체능계열 전체

《**숫자에 약한 사람들을 위한 통계학 수업**》, 데이비드 스피겔할터, 권혜승·김영훈 역, 웅진지식하우스(2020)

단원명 | 통계적 탐구

| 🔍 | 합리적 의사결정, 연구 윤리

[12실통04-01]　　　　　　　　　　　　　　　　　　　　●●●

실생활에서 통계적 탐구 과정에 따라 문제를 해결하고 합리적인 의사결정을 할 수 있다.

➡ 운동선수들은 무엇보다 자신의 신체 상태를 바르게 알고 관리하는 것이 중요하다. 그래서 운동이나 경기를 할

때 신체 상태를 파악하고 다양한 건강 수치, 즉 체질량 지수나 혈압, 심박수 등을 측정해 데이터를 수집, 분석하고 있다. 운동선수들에게 필요한 다양한 통계자료의 종류를 살펴보고, 해당 자료를 활용하여 운동 방법을 어떻게 개선해 나갈지 탐구하는 보고서를 작성해 보자.

관련 학과 사회체육학과, 스포츠과학과, 스포츠레저학과, 스포츠의학과, 체육학과

《스포츠에서의 움직임 분석과 운동 조절》, Frans Bosch, 박일봉 외 3명 역, 한미의학(2021)

[12실통04-02]

통계적 탐구 과정과 그 결과를 비판적으로 성찰할 수 있다.

➡️ 많은 사람이 여가를 활용해 영화, 연극을 보거나 박물관을 관람하는 문화 활동, 운동을 하거나 관람하는 체육 활동 등을 하고 있다. 우리나라 사람들의 문화 활동, 체육 활동 현황을 관련 통계자료를 활용해 분석하고, 학교 등 자신이 속한 집단에서의 문화 활동, 체육 활동 현황을 조사하여 비교해 보자. 또한 문화 활동과 체육 활동을 활성화하는 방안 등을 탐구하는 보고서를 작성해 보자.

관련 학과 예체능계열 전체

《여가활동 통계》, 장윤정 외 2명, 한국학술정보(2019)

선택 과목	수능		절대평가	상대평가
융합 선택	X	**수학과제 탐구**	5단계	5등급

단원명 | 과제 탐구의 이해

🔍 수학과제 탐구, 연구 윤리

[12수과01-02] • • •

올바른 연구 윤리를 이해하고, 탐구의 전 과정에서 이를 준수한다.

➡ 수학자나 수학을 소재로 하는 다양한 영화들이 자주 소개된다. 이런 영화에서는 뛰어난 수학적 재능을 가진 인물을 연기한 연기자에게 관심이 가게 된다. 수학 관련 영화에 등장하는 인물에 관해 조사하고, 그 인물을 연기한 연기자에 관한 자신의 생각을 대중에게 제시하는 과정에서 고려해야 할 문제 등을 탐구해 보자.

관련 학과 만화애니메이션학과, 뮤지컬학과, 방송연예과, 연극영화학과

《**마이클 케인의 연기 수업**》, 마이클 케인, 송혜숙 역, 바다출판사(2017)

단원명 | 과제 탐구의 방법과 절차

🔍 문헌 조사, 사례 조사, 수학 실험, 개발 연구

[12수과02-02] • • •

사례 조사를 통해 탐구하는 방법과 절차를 이해하고 설명할 수 있다.

➡ 화가 르네 마그리트는 〈유클리드의 산책〉이라는 작품에서 "평행한 두 직선은 절대 만나지 않는다."라는 공리가 잘못되었음을 이야기하고 있다. 또한 뫼비우스의 띠나 프랙털과 같은 소재를 활용한 미술 작품도 다양하게 찾아볼 수 있다. 이처럼 많은 미술 작품을 통해 다양한 수학적 내용을 찾아 탐구하고 보고서로 작성하여 발표해 보자.

관련 학과 공예학과, 만화애니메이션학과, 미술학과, 사진학과, 산업디자인학과, 서양화과, 시각디자인학과, 조소과, 패션디자인학과

《**수학 수식 미술관**》, 박구연, 지브레인(2018)

[12수과02-03] • • •

수학 실험을 통해 탐구하는 방법과 절차를 이해하고 설명할 수 있다.

➡ 우리가 사용하는 여러 가지 물건 중에는 다양한 수학적 원리를 고려해 디자인한 제품들이 많다. 곡면으로 휘어

진 TV 또는 모니터, 전등이나 차량 전조등의 곡면 거울 등이 그 예이다. 우리 주변에서 수학적 원리가 적용된 디자인을 찾아보고, 제품의 디자인과 수학의 관계에 관해 탐구하는 보고서를 작성해 보자.

`관련 학과` 공예학과, 미술학과, 산업디자인학과, 시각디자인학과, 조소과, 패션디자인학과

《수학은 어떻게 세상을 디자인하는가》, 마이클 슈나이더, 이충호 역, 경문사(2023)

단원명 | 과제 탐구의 실행 및 평가

| 🔍 | 탐구 계획 수립, 수학 소논문, STEAM형 산출물, 포스터, 보고서, 수학 잡지, 수학 소설, 수학 만화, 수학 신문, 동료 평가, 자기 평가

[12수과03-01]

여러 가지 현상에서 수학 탐구주제를 선정하고 탐구 계획을 수립할 수 있다.

➡ 사진 촬영에서 원근법은 시야각과 초점거리에 따라 달라진다. 시야각이 넓으면 멀리 있는 대상이 작게 보이고, 좁으면 가까운 대상이 크게 보인다. 또한 초점거리가 짧으면 시야각이 넓어지고, 초점거리가 길면 시야각이 좁아진다. 이런 원근법을 통해 여러 가지 렌즈를 활용하여 사진의 공간감과 입체감을 표현할 수 있다. 다양한 공간감과 입체감이 표현된 여러 사진 작품을 찾아보고, 렌즈의 원리에 관해 탐구하여 발표해 보자.

`관련 학과` 미술학과, 방송연예과, 사진학과, 산업디자인학과, 패션디자인학과

《멋진 사진 촬영, 좋은 사진을 만드는 사진디자인》, 채수창, 앤써북(2023)

[12수과03-02]

적절한 탐구 방법과 절차에 따라 탐구를 수행할 수 있다.

➡ 최근 우리나라에도 비만 인구가 증가하고 있다. 그에 따라 운동에 관한 관심 또한 높아지고 있다. 식생활 변화와 영양소 섭취량 등에 관한 통계자료를 통해 비만의 원인을 찾아보고, 비만이 건강에 미치는 영향을 다양한 질병 발생률을 통해 살펴보자. 또한 비만 예방과 개선을 위한 식단과 건강의 중요성에 관한 자료를 조사하고 운동량과 칼로리 섭취량 등을 탐구하는 보고서를 작성해 보자.

`관련 학과` 사회체육학과, 스포츠과학과, 스포츠레저학과, 스포츠의학과, 체육학과

《피톨로지 피트니스 영양학》, 이호욱·정자람, 예문당(2021)

도덕 교과군

구분	교과(군)	선택 과목		
		일반 선택	진로 선택	융합 선택
보통 교과	도덕	현대사회와 윤리	윤리와 사상 인문학과 윤리	윤리문제 탐구

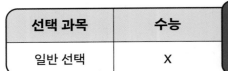

선택 과목	수능	현대사회와 윤리	절대평가	상대평가
일반 선택	X		5단계	5등급

단원명 ┃ 현대 생활과 윤리

| 🔍 | 인공지능과 예술, 불교, 불교 미술

[12현윤01-01]   ● ● ●

윤리학의 성격과 특징을 바탕으로 윤리적 존재로서의 인간 본성을 이해하고, 현대사회의 다양한 윤리문제를 탐구 및 토론할 수 있다.

➜ 예술(art)의 어원은 라틴어 'ars(아르스)'이고, 이는 숙련된 솜씨와 기술을 의미하는 'techne(테크네)'에서 유래하였다. 예술의 범주와 가치는 다양하게 해석할 수 있지만, 일반적으로 예술은 문학·음악·미술·무용 등을 총칭하며, 사회 변화와 더불어 예술에 대한 윤리적 판단도 다양해지고 있다. 특히 인공지능과 인간의 협업으로 탄생한 예술 작품을 어디까지 인정할 것인가 하는 문제도 논란이 되고 있다. 인공지능이 개입한 예술 분야의 윤리적 문제들을 정리하고 찬반 토론에 참여해 보자.

관련 학과 예체능계열 전체

《예술과 인공지능》, 이재박, MiD(2021)

[12현윤01-02]   ● ● ●

동양 및 서양의 윤리사상, 사회사상의 접근들을 비교 분석하고, 이를 현대사회의 다양한 윤리문제와 쟁점에 적용하여 윤리적 해결 방안을 도출할 수 있다.

➜ 불교는 생로병사의 고통에서 벗어나 열반을 성취하는 것을 과제로 삼는다. 이를 위한 수행으로 집착과 번뇌에서 벗어나 누구나 깨달음을 구하고, 모든 사물은 영원하지 않으며 인연에 의해 생멸한다는 공사상, 무소유, 인과응보 등 인간의 욕망을 경계하는 불교 윤리를 전개하였다. 불교 미술은 불교의 소재를 조형화한 종교 미술을 뜻한다. 불교 미술 작품에 나타난 욕망에 대해 분석하고, 그것이 현대사회에 주는 시사점에 대해 논평해 보자.

관련 학과 만화애니메이션학과, 미술학과, 사진학과, 시각디자인학과, 조소과

《불교미술 이해의 첫걸음》, 신대현, 혜안(2020)

단원명 ┃ 생명윤리와 생태윤리

| 🔍 | 생명윤리, 유전자 치료, 가족 윤리와 예술, 환경예술

오 단원편람
용어편람
수행편람
교과편람
사회편람
부록편람

[12현윤02-01] ●●●

삶과 죽음을 동서양 윤리의 입장에서 성찰하고, 현대사회에서 발생하는 생명윤리문제를 다양한 윤리적 관점에서 설명할 수 있다.

➔ 유전자 치료는 질병을 치료하거나 예방하기 위해 유전자를 이용하는 실험기법으로, 정상 유전자를 주입해 이상이 생긴 유전자를 대체하는 치료 방법을 의미한다. 유전자 치료는 체세포 유전자 치료와 생식세포 계열 유전자 치료로 구분된다. 체세포 유전자 치료는 유전자 조작의 영향이 해당 환자에 국한되는 반면, 생식세포 계열 유전자 치료는 수정란 단계에서 유전자 변형이 이루어져 후대에 영향을 미칠 수 있다. 예체능 분야에서 유전자 치료를 통해 능력이 발현된 경우, 그렇지 못한 사람과 비교하여 똑같은 재능과 노력으로 인정해야 하는지에 대해 고찰하고, 유전자 치료에 대한 찬성 입장과 반대 입장을 선택하여 토론해 보자.

관련 학과　경호학과, 사회체육학과, 스포츠과학과, 스포츠레저학과, 스포츠의학과, 체육학과

《완벽에 대한 반론》, 마이클 샌델, 이수경 역, 와이즈베리(2016)

[12현윤02-02] ●●●

사랑과 성에 관한 다양한 입장과 성차별의 윤리적 문제를 이해하고, 현대사회의 결혼 및 가족 문제를 윤리적 관점에서 탐구할 수 있다.

➔ 가족은 사회를 이루는 가장 기본적인 공동체로, 혼인과 혈연, 입양 등으로 이루어진다. 사회가 변화함에 따라 가족의 기능이 약화하고 다양한 형태의 가족이 등장하였다. 가족은 친밀한 유대감을 바탕으로 출산과 양육을 통해 사회를 유지한다. 가족을 주제로 한 영화, 미술 작품, 음악, 공연 등을 감상하고 가족의 의미를 고찰하여 미술 작품, UCC, 작곡, 무용 등으로 다양하게 표현해 보자.

관련 학과　만화애니메이션학과, 뮤지컬학과, 미술학과, 방송연예과, 사진학과, 산업디자인학과, 서양화과, 시각디자인학과, 실용음악학과, 연극영화학과, 음악학과, 작곡과, 조소과

《이중섭, 편지화》, 최열, 혜화1117(2023)

[12현윤02-03] ●●●

자연을 바라보는 동서양의 관점을 비교·설명할 수 있으며 오늘날 환경 문제의 사례와 심각성을 조사하고, 이에 대한 윤리적 해결 방안을 제시할 수 있다.

➔ 예술은 인간의 감수성을 자극하고 사물이나 현상을 다양한 관점에서 바라보게 해준다. 예술 작품은 그 자체의 심미적 요소와 작가만의 세계관을 관객에게 전달할 뿐만 아니라, 사회문제를 새로운 시각으로 통찰하도록 간접 체험을 제공한다. 환경 문제를 주제로 작품 활동을 하는 작가와 그 작품의 특징을 조사하여 발표해 보자.

관련 학과　공예학과, 만화애니메이션학과, 미술학과, 사진학과, 산업디자인학과, 서양화과, 시각디자인학과, 연극영화학과, 조소과

《업사이클링 도감》, 이자까야(이현용), 마딘(2020)

단원명Ⅰ **과학과 디지털 학습 환경 윤리**

🔍　바이오 아트, 예술가의 사회적 책임, 미디어 파사드, 공공예술, 인공지능과 예술

과학기술 연구에 대한 다양한 관점을 조사하여 비교·설명할 수 있으며 이를 과학기술의 사회적 책임 문제에 적용하여 비판 또는 정당화할 수 있다.

➜ '바이오 아트'는 유전공학, 조직배양, 복제와 같은 생명공학의 과학적 과정을 이용하여 생명 현상을 창작하는 예술을 의미한다. 살아 있는 생명체를 소재로 하는 바이오 아트는 윤리적으로 많은 논란이 있다. 흰색 토끼에 해파리 유전자를 주입하여 형광 토끼를 탄생시키거나 인간의 연골로 배양한 인공 귀를 팔에 이식한 '팔 위의 귀' 등 실험적인 예술로 생명의 존엄성 면에서 논란이 되고 있다. 바이오 아트 작품을 분석하고, 이로 인해 발생하는 윤리적 문제와 예술가의 사회적 책임에 대해 토의해 보자.

관련 학과 미술학과, 사진학과, 서양화과, 조소과

《바이오 디지털 아트》, 손숙영, 유원북스(2023)

정보통신 기술과 뉴미디어의 발달에 따른 윤리문제들을 제시할 수 있으며 이에 대한 해결 방안을 정보윤리와 미디어 윤리의 관점에서 제시할 수 있다.

➜ 뉴미디어아트는 컴퓨터 그래픽, 컴퓨터 애니메이션, 로봇 공학, 3D 프린팅 등 최첨단 기술을 사용하여 작품을 제작하는 융합예술의 한 분야이다. 미디어 파사드는 건물 외벽을 대형 스크린처럼 꾸며 시청각 미디어를 투사하는 기법이다. '미디어(media)'와 건물 외벽을 뜻하는 '파사드(facade)'의 합성어인 미디어 파사드는 뉴미디어 아트의 한 분야로, 공공 예술 분야로도 영역을 확장하고 있다. 국내외 미디어 파사드의 사례를 분석하고 공공 예술로서의 가치를 제시해 보자.

관련 학과 공예학과, 만화애니메이션학과, 미술학과, 방송연예과, 산업디자인학과, 서양화과, 시각디자인학과, 조소과

《어쩌다 모바일 화가》, 고수향 외 25명, 모두북스(2023)

윤리적인 인공지능을 위하여 인간과 인공지능의 관계를 설명하고, 인공지능으로 인해 발생하는 윤리문제의 해결 방안을 인공지능 윤리의 관점에서 제시할 수 있다.

➜ 창의성은 기존에 존재하지 않던 새로운 생각 또는 개념을 발견하거나 기존에 있던 생각 또는 개념들을 조합하여 창조하는 능력이다. 창의성은 인공지능과 비교하여 인간만이 가지고 있는 고유한 영역으로 인지되었지만, 생성형 인공지능은 머신러닝을 통해 새로운 예술 작품을 창작한다. 인공지능이 예술 분야에 편향성이라는 부정적 영향을 주고 예술가의 영역을 빼앗을 수 있다는 비판도 있지만, 최근 인공지능과의 협업으로 작품 활동을 하는 예술인들이 증가하고 있다. 인공지능이 예술의 주체적 창작자가 될 수 있는지 고찰하고, 그것이 예술 분야에 미치는 긍정적·부정적 영향에 대해 토론해 보자.

관련 학과 예체능계열 전체

《생성 예술의 시대》, 김대식 외 5명, 동아시아(2023)

단원명 | 민주시민과 윤리

|🔍| 예술계 불공정 행위, 소로, 시민불복종, 아비투스, 문화 자본

[12현윤04-01]　　　　　　　　　　　　　　　　　　　　　　● ● ●

직업의 의의와 다양한 직업군에 따른 직업윤리를 제시할 수 있으며 공동체 발전을 위한 청렴한 삶과 노동의 가치에 대한 사회적 존중의 필요성을 설명할 수 있다.

➡ 2020년 고용노동부가 뮤지컬 〈친정엄마〉의 출연진과 스태프에게 소액체당금(간이대지급금)을 지급하기로 한 결정은 국내에서 처음으로 예술인이 근로자임을 인정한 사례이다. 소액체당금은 폐업 등으로 사업주가 지불 능력이 없어져 지급하지 못한 체불임금과 퇴직금에 대해 근로자 1인당 최대 1,000만 원까지 고용노동부가 사업주를 대신해 지급하는 제도이다. 예술계의 불공정행위 유형과 사례를 조사하고, 예술인의 창작 활동이 예술 노동으로 인정받아야 하는 이유를 제시해 보자.

관련 학과　예체능계열 전체

《예술인 필독서》, 안효준, 바른북스(2022)

[12현윤04-02]　　　　　　　　　　　　　　　　　　　　　　● ● ●

개인선과 공동선의 조화가 필요한 이유를 설명할 수 있으며, 시민의 정치참여 필요성과 시민불복종의 조건 및 정당성을 제시할 수 있다.

➡ 소로(H. D. Thoreau)는 "우리는 먼저 인간이어야 하고 그다음에 국민이어야 한다. 법에 대한 존경심보다는 정의에 대한 존경심을 길러야 한다"며 시민불복종을 체계화하였다. 그는 법을 넘어선 개인의 양심이 불복종을 판단하는 최종 근거라고 말했다. 정의롭지 못한 법과 정책을 거부하는 시민불복종을 주제로 한 영화를 감상하고, 이와 관련된 주제의 UCC를 제작해 발표해 보자.

관련 학과　만화애니메이션학과, 사진학과, 방송연예과, 연극영화학과

《영화처럼 리더처럼》, 최병현 외 4명, 한국코칭수퍼비전아카데미(2019)

[12현윤04-03]　　　　　　　　　　　　　　　　　　　　　　● ● ●

공정한 분배를 이루기 위한 정책을 분배 정의 이론을 통해 비판 또는 정당화할 수 있으며, 사형 제도와 형벌을 교정적 정의의 관점에서 비판 또는 정당화할 수 있다.

➡ 프랑스의 사회학자 피에르 부르디외(Pierre Bourdieu)는 사회적 상호작용을 통해 개인이 획득한 기질과 성향을 아비투스라고 하였다. 아비투스는 후천적으로 얻어지는 것이며, 상류 계급은 그들만의 음악적 취향, 미적 감각, 취미 등의 문화 자본으로 계급의 재생산에 기여한다. 자본에 기반을 둔 지역 간 문화예술 인프라 분배의 불공정은 개인의 아비투스 형성에 영향을 줄 수 있다. 지역 간 격차가 문화예술의 불공평을 초래하는 원인을 분석하고, 지역문화 활성화 사례를 조사하여 발표해 보자.

관련 학과　예체능계열 전체

《아비투스》, 도리스 메르틴, 배명자 역, 다산초당(2023)

단원명 | 문화와 경제생활의 윤리

🔍 | 대중문화, 팝 아트, 정크 아트, 업사이클링 아트, 간다라 미술, 다문화

미적 가치와 윤리적 가치를 예술과 도덕의 관계 차원에서 설명할 수 있으며 현대의 대중문화의 순기능과 역기능을 윤리적 관점에서 이해하고 성찰할 수 있다.

➡ 대중문화는 근대 이전 소수의 귀족들이 누리던 예술문화를 대중도 쉽게 소비하고 향유할 수 있게 만들었다. 대중문화의 상업화로 인해 일반 대중의 순수 예술에 대한 접근성은 확대된 반면, 예술 작품이 부의 축적 수단으로 전락하기도 했다. 앤디 워홀은 자신의 작업실을 'Factory(공장)'라고 부르며 자신만의 독창적인 예술세계를 '팝 아트'로 발전시켜 예술의 상업화를 가속화했다. 예술의 상업화의 순기능과 역기능에 대해 탐구하고 찬반 토론에 참여해 보자.

관련 학과 만화애니메이션학과, 미술학과, 방송연예과, 사진학과, 산업디자인학과, 서양화과, 시각디자인학과, 연극영화학과, 조소과

현대미술의 결정적 순간들
전영백, 한길사(2019)

책 소개

저자는 현대 미술이 등장한 20세기를 '이즘'의 시기로 제시한다. 변화하는 사회와 새로운 시각들, 그리고 그 시대의 사회상이 드러난 전시를 중심으로 결정적인 순간들을 담고 있다. 야누스주의부터 추상미술, 팝 아트, 미니멀리즘, 개념미술에 이르기까지 이론과 순간(전시)을 다룬 현대 미술의 입문서라 할 수 있다.

세특 예시

미술 동아리 시간에 팝 아트 초상화를 완성하는 과정에서 누구나 쉽게 참여할 수 있는 접근성과 편의성에 깊은 인상을 받고 탐구에 대한 의지를 확고히 하는 모습을 보임. 예술을 일상생활에 쉽게 접목할 수 있는 점에 호기심을 느끼고 '현대미술의 결정적 순간들(전영백)'을 읽으며 현대 미술에 대해 탐색함. 특히 상업성 때문에 비판받는 팝 아트 작품들을 감상하고, 비권위적인 접근으로 대중에게 다가간 팝 아트의 새로운 시도와 도전정신을 인정해야 한다고 발표하며 순수 예술의 가치를 지나치게 중시하는 예술계의 권위적인 모습을 비판함.

의식주 생활과 관련된 윤리문제와 경제생활에서 발생하는 도덕적 선과 이윤 추구 사이의 갈등 및 소비문화의 문제점을 윤리적 관점에서 비판할 수 있다.

➡ 1950년대에 산업폐기물과 공업에서 버려진 폐품 등 쓰레기를 활용한 '정크 아트(Junk Art)'가 미국과 유럽에 등장했다. 정크 아트는 산업화로 인해 대량의 폐품을 양산하는 현대 도시 문명에 대한 비판을 작품에 담았다. 최근에는 '업사이클링 아트(Upcycling Art)'가 버려지는 폐품과 쓰레기를 실용적으로 활용하여 작가의 아이디어와 디자인을 예술로 표현한다. 의식주와 관련된 쓰레기를 활용한 업사이클링 아트 작가와 작품을 분석하고 윤리적 가치에 대해 탐구해 보자.

관련 학과 공예학과, 만화애니메이션학과, 미술학과, 산업디자인학과, 서양화과, 시각디자인학과, 조소과
《쓰레기는 없다》, 윤대영, 지식과감성(2021)

[12현윤05-03]

다문화 이론을 통해 문화의 다양성을 존중해야 할 필요성을 인식하고 종교 갈등, 이주민 차별 등과 같은 다문화 관련 문제의 해결 방안을 제시할 수 있다.

➡ 헬레니즘 문화는 그리스의 알렉산더 대왕이 제국을 건설하는 과정에서 그리스 문화와 동양의 문화가 결합하여 발생한 문화이다. 헬레니즘 문화는 다양한 문화의 융합으로 독특한 특징을 갖고 있으며, 이로 인해 인도의 간다라 미술이 탄생하였다. 간다라 미술처럼 문화융합으로 나타날 수 있는 작품들을 인공지능 디자인 툴을 활용해 제작하고, 다문화가 예술 분야에 미칠 영향과 발전 방안을 관심 있는 예체능 분야에 대입하여 발표해 보자.

관련 학과 예체능계열 전체

《**간다라 미술**》, 이주영, 사계절(2015)

단원명 | 평화와 공존의 윤리

| 🔎 | 남녀갈등, 동굴의 비유, 북한 인권, 전쟁과 예술

[12현윤06-01]

다양한 사회적 갈등의 양상을 제시하고 동서양의 윤리 이론을 바탕으로 사회통합을 위한 방안을 제안할 수 있으며, 바람직한 소통과 담론을 실천할 수 있다.

➡ 2021년 마케팅 여론조사 기관인 입소스에서 글로벌 28개 국을 대상으로 조사한 문화 갈등 자료에 의하면, 남녀갈등에 대한 질문에 한국인 응답자의 80%가 심각하다고 답해 1위를 기록했다. 한국의 남녀갈등은 성차별, 저출산, 경기 침체 등의 복합적 요소로 더욱 심화하고 있다. 남녀갈등을 주제로 한 예술 작품 또는 영화를 감상하고 우리 사회에서 일어나는 남녀갈등의 원인을 분석하여 지향해야 할 양성평등의 가치에 대해 토의해 보자.

관련 학과 만화애니메이션학과, 뮤지컬학과, 미술학과, 방송연예과, 연극영화과, 조소과

《**82년생 김지영**》, 조남주, 민음사(2016)

[12현윤06-02]

한반도의 통일과 평화에 관한 쟁점을 객관적으로 이해하고, 보편적인 윤리적 가치를 바탕으로 남북한의 화해를 위한 개인적·국가적 노력을 구체적으로 제시할 수 있다.

➡ 플라톤의 '동굴의 비유'는 태어날 때부터 동굴의 안쪽 벽만을 바라보도록 묶여 있던 사람이 동굴 바깥쪽에서 움직이는 사물들의 그림자가 동굴 벽에 비친 것을 보면서 실재(實在)라고 착각한다는 것이다. 그는 세상 만물은 동굴 벽에 비친 그림자에 불과하고 동굴 밖에 실체가 존재하며 인간은 그 실체를 보아야 한다고 주장했다. 북한은 사실성을 왜곡한 설정 위주의 사진을 공개하여 체제를 공고히 하는 데 활용하고 있다. 북한의 일상생활을 중심으로 한 사진을 스크랩하고 북한 사회의 특징에 대해 발표해 보자.

관련 학과 예체능계열 전체

《**북한 인권, 사진으로 외치다**》, 강동완, 너나드리(2023)

국제 사회의 윤리문제를 국제 정의의 관점에서 비판적으로 설명하고, 국제 사회에 대한 책임과 기여를 윤리적 관점에서 정당화하고 실천 방안을 제시할 수 있다.

➔ 예술은 국가 간 분쟁, 전쟁, 평화와 직접적인 관련은 없지만 예술 작품과 예술 활동으로 평화에 대한 강력한 메시지를 전달한다. 피카소는 〈게르니카〉로 나치의 스페인 폭격과 전쟁의 참상을 알렸으며, 사진작가 카파는 스페인 전쟁, 2차 세계대전 등 전쟁의 긴박한 상황을 사진으로 남겼다. 전쟁의 참상과 세계 평화를 주제로 한 다양한 예술 분야의 작품을 스크랩하여 발표해 보자.

관련 학과 예체능계열 전체

《**러시아 저널**》, 존 스타인벡, 로버트 카파 사진, 허승철 역, 미행(2022)

선택 과목	수능	윤리와 사상	절대평가	상대평가
진로 선택	X		5단계	5등급

단원명 | 동양 윤리사상

> **🔍** 동양의 예술관, 유교, 장자, 도교 미술, 불교 미술

[12윤사01-01] ●●●

공자 사상에 바탕하여 맹자와 순자, 주희와 왕수인의 인성론을 비교하고, 인간 본성의 입장에 따른 윤리적 삶의 목표 및 방법론의 차이와 그 의의를 파악할 수 있다.

➡ 유(儒)·불(佛)·도(道)는 동양을 대표하는 윤리사상이며, 유교는 인의 윤리, 불교는 자비의 윤리, 도가는 무위자연의 윤리라 할 수 있다. 이러한 동양의 윤리사상은 독자적인 예술관을 정립하지는 못했지만 각 시대의 예술세계에 영향을 주었다. 유교에서 예술은 '조화'로 설명되며, 군자를 양성하는 데도 시와 음악, 회화, 가무 등을 중시하였다. 유교와 관련된 서예 작품들을 탐색하고, 그 뜻을 해석해 보자.

관련 학과 만화애니메이션학과, 미술학과, 서양화과, 시각디자인학과, 패션디자인학과

《**유·불·도, 환경과 예술을 말하다**》, 천옌 외 2명, 김철 역, 경인문화사(2017)

[12윤사01-02] ●●●

노자의 유무상생·무위자연 사상과 장자의 소요유·제물론의 의의를 이해하고, 서로 다른 것들 간의 어울림을 통한 진정한 평화에 대해 성찰할 수 있다.

➡ 장자의 소요유(逍遙遊)는 '자유롭게 거닐며 노닌다.'라는 뜻으로, 세속을 초월한 정신적 자유의 경지를 의미한다. 우리나라의 도가 사상은 다른 사상들과 결합한 도교의 영향이 많이 받았다. 도교의 영향을 받은 작품들에서 자연과 어우러진 소요유의 모습을 엿볼 수 있다. 도교의 영향을 받은 예술 작품들을 카드 뉴스로 제작하여 그 특징을 해설해 보자.

관련 학과 무용학과, 미술학과, 조소과

《**김홍도 새로움**》, 정병모, 다할미디어(2024)

[12윤사01-03] ●●●

불교의 사성제와 자비를 이해하고, 괴로움을 극복하는 방법을 실천할 수 있다.

➡ 불교는 아시아 전역으로 전파되어 각기 다른 모습으로 발전하였다. 불교 미술은 불교의 교리에 기초하여 불교적인 소재를 조형화한 종교미술 또는 불교에 영향을 받은 미술을 의미한다. 불교 미술은 종교로서의 역할을 했기에 화려함이 특징이며 탑, 사원, 불상, 회화 등을 포함한다. 불교 미술 작품을 스크랩하여 카드 뉴스로 제작하고, 불교 미술의 특징을 조사하여 발표해 보자.

미술학과, 시각디자인학과, 조소과, 패션디자인학과

《불교미술 이해의 첫걸음》, 신대현, 혜안(2020)

단원명 | 한국 윤리사상

| 🔍 | 조선 중기 미술, 조선 후기 미술

[12윤사02-02] • • •

도덕 감정의 발현 과정에 대한 퇴계와 율곡의 주장을 그 이유와 함께 비교·고찰하고, 일상의 감정을 도덕적으로 조절하는 방법을 제시할 수 있다.

➲ 조선 중기는 대내외적으로 혼란한 시대였으나 예술과 회화는 크게 발달하였다. 유교를 반영한 문인화와 묵화 등이 조선 초기의 화풍을 계승하여 안견파와 절파계 화풍 등과 같은 중기 특유의 화풍이 형성되었다. 또한 치열한 당쟁과 전쟁으로 은둔 사상과 도교적인 주제가 성행하여 소, 용, 호랑이 등 다양한 소재가 등장하면서 조선 후기의 민화의 탄생을 예견하기도 했다. 조선 중기 미술의 특징에 대해 발표해 보자.

관련학과 공예학과, 만화애니메이션학과, 미술학과, 조소과

《유홍준의 한국미술사 강의 3》, 유홍준, 눌와(2013)

[12윤사02-03] • • •

남명과 하곡, 다산의 사상을 통해 앎과 함의 관계에 대하여 성찰하고, 윤리적 실천 방안을 제안하여 실행할 수 있다.

➲ 조선 후기에는 문인들이 주로 그렸던 간략한 필법의 수묵 담채가 주를 이루는 남종화가 실학의 영향을 받아 독자적 화풍으로 발전하였다. 중국의 화풍을 모방하던 초기 화풍에서 벗어나 우리나라의 정취를 담은 진경산수화가 등장하였고, 서민 문화가 발달하면서 풍속화가 등장하기 시작했다. 조선 후기의 회화 작품들을 진경산수화와 풍속화 위주로 스크랩하여 발표해 보자.

관련학과 공예학과, 만화애니메이션학과, 미술학과, 조소과, 패션디자인학과

《조선 미술관》, 탁현규, 블랙피쉬(2023)

단원명 | 서양 윤리사상

| 🔍 | 아리스토텔레스 예술론, 중세 미술, 밀, 질적 쾌락주의, 사르트르, 앙가주망

[12윤사03-01] • • •

서양 윤리사상의 출발점에서 나타난 보편 윤리, 영혼의 조화, 성품의 탁월성의 특징을 파악하고, 덕과 행복의 관계에 대하여 성찰할 수 있다.

➲ 플라톤은 예술은 감정에 영향을 주어서 성격을 약하게 만들고 도덕적 경계를 무너뜨린다고 간주하며 예술을

부정적으로 평가하였다. 반면에 아리스토텔레스는 예술을 예술 그 자체로 인정하며 예술의 자율성을 확보하였다. 예술의 자율성을 인정한 아리스토텔레스의 예술론과 그 의의에 대해 설명해 보자.

관련 학과 미술학과, 성악과, 음악학과, 작곡과

《**아리스토텔레스 시학**》, 아리스토텔레스, 박문재 역, 현대지성(2021)

[12윤사03-03]   ● ● ●

그리스도교의 사랑의 윤리로서의 특징을 파악하고, 자연법 윤리 및 프로테스탄티즘 윤리에 나타난 신앙과 윤리의 관계를 성찰할 수 있다.

➡ 유럽의 중세 미술은 5세기부터 15세기까지 천 년 이상 지속되었다. 사회 전반적으로 종교와 밀접하게 관련이 있었기 때문에 예술 작품들도 종교적 인물과 사건을 주로 다루고 있다. 따라서 중세 미술은 당시의 역사와 문화를 이해하는 데 중요한 역할을 하고 있다. 중세 미술의 특징과 종교적 색채를 띤 작품의 의미를 해석하여 발표해 보자.

관련 학과 공예학과, 미술과, 서양화과, 조소과

《**중세와 르네상스 미술**》, 박영택, 스푼북(2023)

[12윤사03-04]   ● ● ●

옳고 그름의 기준에 대한 의무론과 결과론을 비교·분석하고, 옳고 그름에 대한 윤리적 관점을 정당화할 수 있다.

➡ 밀은 벤담의 이론을 계승하면서도 한계를 인정하고 질적 공리주의로 발전시켰다. 그는 "만족한 돼지보다는 불만족한 인간인 편이 더 낫고, 만족한 바보보다는 불만족한 소크라테스인 편이 더 낫다."라고 하며 쾌락의 질적 차이를 강조했다. 그는 신체적 쾌락(저급 쾌락)보다 정신적 쾌락(고급 쾌락)을 우위에 놓았으며, 이때 정신적 쾌락은 지성, 도덕적 감수성, 상상력 등 학문의 탐구와 도덕성의 추구, 예술 작품의 감상 등을 포함한다. 우리 삶 속에서 예술의 가치와 역할을 정신적 쾌락과 연계하여 제시해 보자.

관련 학과 예체능계열 전체

《**공리주의**》, 존 스튜어트 밀, 이종인 역, 현대지성(2020)

[12윤사03-05]   ● ● ●

실존주의와 실용주의, 도덕의 기원과 판단에 관한 과학적 탐구를 비판적으로 평가하고, 책임·배려 윤리에 대한 이해를 바탕으로 윤리적 삶의 의미와 지향을 설정할 수 있다.

➡ 무신론적 실존주의자 사르트르는 인간은 신에 의해 계획되거나 창조된 존재가 아니라 우연히 이 세계에 던져진 존재일 뿐이라고 하였다. 그는 인간은 미리 정해진 어떤 본질이나 본성 없이 실존하며 주체적인 선택과 결단에 따라 자신의 삶을 스스로 만들어가는 존재라고 하면서, "실존은 본질에 앞선다"고 말했다. 또한 세계대전을 거치면서 지식인의 사회참여, 즉 앙가주망의 중요성을 깨닫고 이를 강조하였다. 예술계의 앙가주망 실천 사례와 사회적 의의를 도출해 보자.

관련 학과 예체능계열 전체

《**예술과 공통장**》, 권범철, 갈무리(2024)

단원명 | 사회사상

[12윤사04-01] ● ● ●

동서양의 다양한 국가관을 비교·고찰하고, 오늘날의 관점에서 국가의 역할과 정당성에 대한 체계적인 시각을 형성할 수 있다.

➡ 19세기 산업혁명 시대에 사진기의 발명은 예술인들에게 큰 충격을 주었다. 특히 미술가에게는 생존의 위협이었으며, 사진의 예술성 논란이 계속되었다. 1862년 파리고등법원에서 "사진은 분명한 예술적 표현 수단이며, 사진도 창작품으로서 저작권이 인정된다"고 공식적으로 인정받은 이후로, 1893년 함부르크 미술관에서 최초의 사진 전시회가 개최되었다. 사회문제를 반영한 19세기와 20세기 초의 대표적인 사진작가와 작품들을 발표해 보자.

관련 학과 미술학과, 사진학과, 방송연예과, 연극영화학과

《사진의 별자리들》, 채승우, 보스토크프레스(2023)

[12윤사04-02] ● ● ●

시민의 자유와 권리, 공적 삶과 정치참여에 대한 자유주의와 공화주의의 관점을 비교·고찰하고, 시민과 공동체의 바람직한 관계를 모색할 수 있다.

➡ 사회체육은 일반 사회인을 대상으로 하는 공공 체육을 의미한다. 경쟁과 승리, 경기를 위한 스포츠가 아닌 유아, 청소년, 성인, 노인 등 각 개인이 생활 속에서 자발적 참여를 통해 건강을 증진하는 것을 목적으로 한다. 국민진흥체육법 제1조에 의하면, 국민체육을 진흥하여 국민의 체력을 증진하고, 체육 활동으로 연대감을 높이며, 공정한 스포츠 정신으로 체육인 인권을 보호하고, 국민의 행복과 자긍심을 높여 건강한 공동체의 실현에 이바지한다고 제시되어 있다. 국민진흥체육법을 바탕으로 사회체육의 의의를 설명해 보자.

관련 학과 무용학과, 사회체육학과, 스포츠과학과, 스포츠레저학과, 스포츠의학과, 체육학과

《스포츠 사회학》, 박보현 외 2명, 레인보우북스(2024)

[12윤사04-03] ● ● ●

근대 대의민주주의의 대안으로 등장한 참여민주주의와 심의민주주의의 장단점을 분석하고, 민주주의의 이상을 구현하기 위한 실천 방법을 제시할 수 있다.

➡ 앤디 워홀의 후계자로 불리는 팝 아티스트 제프 쿤스(Jeff Koons)는 작품을 직접 만들지 않고 아웃소싱(Outsourcing), 즉 발주나 외주의 형태로 제작한다. 쿤스는 〈풍선 개(Balloon Dog)〉 시리즈로 유명하며, 마이클 잭슨 등 대중에게 친숙한 이미지를 활용해 작품 활동을 한다. 그의 대표적 작품인 〈토끼(Rabbit)〉는 약 1,200억 원에 팔리기도 했다. 그는 예술을 비평적으로 평가하는 것을 비판하고, 예술이 시장경제 체제에 전적으로 동참해야 한다고 말한다. 제프 쿤스의 작품들을 바탕으로 자본주의와 예술의 관계를 고찰해 보자.

관련 학과 미술학과, 서양화과, 산업디자인학과, 시각디자인학과, 조소과

《단숨에 읽는 현대미술사》, 에이미 뎀프시, 조은형 역, 시그마북스(2019)

선택 과목	수능	인문학과 윤리	절대평가	상대평가
진로 선택	X		5단계	5등급

단원명 | 성찰 대상으로서 나

| 🔍 | 이이, 《격몽요결》, 불교 음악

[12인윤01-01] • • •

내 몸과 마음의 관계를 탐구하고, 심신의 통합성을 자각하여 도덕적 주체로서 자신을 이해하고 존중할 수 있다.

➡ 《격몽요결》〈독서장(讀書章)〉은 책을 대할 때는 반듯하게 앉아 마음을 집중하고 글의 의미와 뜻을 깊이 터득하여, 실천할 방법을 구해야 한다고 제시한다. 예술 작품은 작가의 고유성과 메시지를 전달하여 관객과의 문화적 상호작용을 촉진하고, 관객은 예술 작품의 감상을 통해 작가의 예술세계를 경험한다. 예술 분야의 롤 모델을 선정하고 이를 바탕으로 자신의 예술관을 세워 예술 활동에 대한 의지와 목적, 가치 등을 고찰해 보자.

관련 학과 예체능계열 전체

《미술관을 좋아하게 될 당신에게》, 김진혁, 초록비책공방(2023)

[12인윤01-02] • • •

삶의 주체인 나에 대한 성찰을 바탕으로 고통과 쾌락의 근원 및 양상을 탐구하여, 고통과 쾌락에 지혜롭게 대처하는 자세를 갖출 수 있다.

➡ 불교 음악은 불교의 의식과 신앙 생활에 쓰이는 음악으로, 부처님의 가르침을 대중에게 전달하기 위한 것이다. 불교 음악은 삼국 시대에 유입되어 전통 음악과 융합하며 발달하였다. 풍족한 삶을 벗어나 자신을 완벽히 해방하는 지혜의 바다에 도착한 부처님의 삶에 공감할 수 있게 하는 불교 음악을 감상하고, 불교 음악의 가치를 철학적 측면에서 논해 보자.

관련 학과 성악과, 실용음악학과, 음악학과, 작곡과

《세계 불교음악 순례》, 윤소희, 운주사(2021)

단원명 | 타인과 관계 맺기

| 🔍 | 금강경, 논어, 음악의 역할

관계 속에서 살아가는 나에 대한 성찰을 통해 상호성을 만끽하는 삶을 모색하고 실천할 수 있다.

➡ 《금강반야바라밀경》은 영어로는 Diamond Sūtra이다. '금강'은 절대 부서지지 않는 물질을 의미하며, 영어 표현으로는 금강의 개념이 없어 가장 단단하고 강한 물질인 다이아몬드라고 한 것이다. 금강경은 대승불교의 모태가 되는 만큼 미술, 무용, 미디어아트 등 다양한 예술 분야에서 소재로 삼고 있다. 금강경의 주제를 소재로 한 예술 작품을 분석하고, 시공간의 제약을 극복할 수 있는 기술을 적용한 전시 계획을 세워 보자.

관련 학과 　무용학과, 미술학과, 시각디자인학과, 음악학과, 작곡과

《**종교와 예술**》, 박수영 외 7명, 열린서원(2023)

우정과 사랑의 의미를 탐구하고, 행복한 삶의 기반인 진정한 우정과 참된 사랑의 관계를 형성하기 위해 노력할 수 있다.

➡ 《논어》〈술이편〉에서 공자는 제나라 순임금의 음악인 '소악'을 듣고, 3개월간 고기 맛을 잊었으며, 음악이 이렇게 지극한 줄 생각도 하지 못했다고 말한다. 아리스토텔레스는 음악의 고유한 즐거움을 인정하면서도 음악이 특정 영혼의 상태를 모방한 것이기 때문에, 음악을 들으면 특정 성격의 소유자가 된다고 하였다. 따라서 극기, 인내, 절제, 용기를 모방한 음악을 권장했다. 행복한 삶을 영위하는데 필요한 음악의 역할과 가치에 대해 논해 보자.

관련 학과 　관현악과, 성악과, 실용음악학과, 음악학과, 작곡과

《**논어와 음악**》, 정상도, 나무발전소(2021)

단원명 | 자유와 평등

| 🔍 | 장자, 제물론, 선입견과 편견, 롤스, 정의론 |

동서양에서 바라보는 자유와 평등의 의미와 근거를 알고, 자유롭고 평등한 사람의 모습을 탐구하여 책임 있는 삶의 자세를 추구할 수 있다.

➡ 장자는 인간의 인위적 판단을 경계하고 모든 선입견과 편견을 경계하였다. 《장자》〈제물론〉에서 장자는 모장과 여희를 사람들은 미인이라 부르지만 물고기, 새, 고라니, 사슴은 그들을 보면 모두 달아난다고 하면서, 관점과 기준에 따라 진위, 선악, 미추 등의 판단이 달라질 수 있다고 말했다. 현대의 '미인'의 기준과 과거 또는 다른 국가의 '미인'의 기준을 비교하고, 사람들이 가지고 있는 '미(美)'에 대한 선입견과 편견을 고찰해 보자.

관련 학과 　모델학과, 만화애니메이션학과, 미술학과, 서양화과, 조소과, 패션디자인학과

《**미국에서 찾은 아시아의 미**》, 황승현, 서해문집(2023)

[12인윤03-02]　● ● ●

불평등이 발생하는 원인 및 실질적 기회균등을 구현하기 위한 조건을 탐구하여, 자유롭고 평등한 삶을 위한 정의의 원칙을 도출할 수 있다.

➡ 롤스의 정의의 두 원칙 중 제2의 원칙은 차등의 원칙과 공정한 기회균등의 원칙이다. 롤스는 공정한 기회는 차등의 원칙에 우선해야 한다고 주장했다. 공정은 공평하고 올바른 것을 뜻하고, 정의는 사회나 공동체를 위한 옳고 바른 도리를 뜻한다. 따라서 정의의 영역에서는 최소 수혜자에게 더 많은 혜택을 부여하는 차등의 원칙이 적용될 수 있다. 공정과 정의의 뜻을 고찰하고, 우리 사회에 나타나는 교육 문제, 취업 경쟁, 능력주의 등을 소재로 포스터를 제작해 보자.

관련 학과 만화애니메이션학과, 미술학과, 산업디자인학과, 서양화과, 시각디자인학과

《능력주의와 불평등》, 박권일 외 9명, 교육공동체벗(2020)

단원명 | 다양성과 포용성

|♀| 문신, 메타버스

[12인윤04-01]　● ● ●

서로 다른 의견들이 발생하고 충돌하는 양상과 이유를 파악하고, 민주적인 방식으로 다양한 의견을 포용하는 방법과 절차를 모색하여 실천할 수 있다.

➡ 예술은 미적 작품을 창조하는 기능 활동과 지적 활동을 포괄하는 개념이다. 문신은 거의 모든 고대 문명에 공통적으로 등장하며 종교 의식, 주술, 신분의 상징 등을 표현하기 위해 시작되었다. 오늘날 문신은 자기표현의 양식이자 개인의 개성과 정체성을 나타내기 위한 표현으로 자리 잡았다. 예술의 의미와 타투이스트들의 작품을 다른 예술 작품과 비교하고, 문신을 예술의 영역에 포함할 수 있는지 토론해 보자.

관련 학과 미술학과, 시각디자인학과

《아무튼, 타투》, 오희라, 제철소(2023)

[12인윤04-02]　● ● ●

가상세계와 현실세계의 같고 다른 점이 무엇인지 탐구하고, 가상세계에서도 자신과 타인을 존중하는 자세를 갖출 수 있다.

➡ 메타버스는 온라인 가상세계를 구축하고 아바타를 통해 소통과 상호작용을 할 수 있는 디지털 세계를 의미한다. 메타버스는 현실 세계를 초월한 디지털 기술과 융합된 작가의 세계를 경험하는 가능성을 제시하였다. 메타버스를 활용한 문화예술 공연, 전시, 스포츠, 다양한 체험 서비스 등의 사례를 제시하고, 메타버스를 통한 예술 세계의 긍정적인 측면과 예상되는 문제점을 발표해 보자.

관련 학과 예체능계열 전체

《메타버스 예술의 유통과 소비》, 한영주, 커뮤니케이션북스(2023)

단원명 | 공존과 지속 가능성

| 🔍 | 스포츠 사회학, 직업윤리, 기후위기, 환경예술

[12인윤05-01]   ● ● ●

자아실현과 직업 생활의 상호성을 이해하고, 삶의 방식으로서 소유와 존재의 의미를 탐구하여 나와 타인의 이익을 조화롭게 추구하는 삶의 태도를 함양할 수 있다.

➡️ 스포츠 사회학은 개인이 스포츠를 통해 다른 구성원들과 상호작용하면서 구성원들의 공통된 가치관, 신념, 태도 등을 습득하는 과정을 연구하는 학문이다. 스포츠는 선수와 감독, 팀의 기본 구성요소와 규칙, 승리와 패배, 페어플레이 등 다양한 요소가 존재해 하나의 사회현상과 같다고 볼 수 있다. 그러나 최근 감독이 선수에게 행하는 구타, 폭행, 정신적 압박 등의 가혹행위가 밝혀지면서 심각한 사회문제가 되고 있다. 이와 같은 사례를 비판하여 감독의 직업윤리를 도출하고, 스포츠계에 일어나는 가혹행위의 원인과 개인 및 사회적 차원의 해결 방안에 대해 토론해 보자.

관련 학과 경호학과, 사회체육학과, 스포츠과학과, 스포츠레저학과, 스포츠의학과, 체육학과

《스포츠, 그리고 인권》, 김태우, 밥북(2018)

[12인윤05-02]   ● ● ●

기후위기 문제를 비판적으로 인식하고, 지속 가능한 삶을 위해 인간과 자연에 대한 이분법적 관점을 넘어선 상생의 원칙들을 수립하여 일상에서 실천할 수 있다.

➡️ 수중 조각가 제이슨 디케리스 테일러는 바닷속 미술관 프로젝트로 환경에 해를 끼치지 않는 무독성 시멘트로 만든 콘크리트를 조각하여 작품을 전시한다. 조각상의 굴곡진 곳은 해양생물의 서식지가 되고, 조각의 겉면에는 산호충이 달라붙을 수 있다. 시간이 지나면 작품은 바다의 소유가 되어, 해양생물과 어우러진 또 다른 작품으로 탄생한다. 기후위기의 심각성을 알리기 위한 예술 작품 또는 프로젝트를 소개하고, 기후위기라는 전 지구적 문제에 대해 예술은 어떤 역할을 해야 하는지에 대해 토의해 보자.

관련 학과 공예학과, 미술학과, 산업디자인학과, 서양화과, 시각디자인학과, 실용음악학과, 음악학과, 조소과

《플래닛 B: 기후 변화 그리고 새로운 숭고》, 니콜라 부리오, 김한들 외 2명 역, 이안북스(2023)

단원명 | 삶의 의미에 대한 물음

| 🔍 | 종교예술, 종교영화

[12인윤06-01]   ● ● ●

인간의 불완전성에 대한 성찰을 바탕으로 불안한 현대사회를 살아가는 데 있어 종교의 역할과 가치를 탐구하여, 종교에 대한 바람직한 관점을 정립할 수 있다.

➡️ 우리나라의 종교예술은 다양한 신앙과 예술이 결합한 독특한 특성을 갖고 있다. 한국의 종교예술은 불교에 가장 큰 영향을 받았고 그 밖에 유교, 기독교의 영향도 받았다. 종교예술은 신앙을 표현하고 불완전한 인간이 종

교에 의지하기 위한 권위적 수단으로 활용되기도 한다. 우리 나라의 종교예술 작품을 탐색하고, 종교와 종교예술의 역할과 가치를 도출해 보자.

(관련 학과) 공예학과, 관현악과, 만화애니메이션학과, 미술학과, 사진학과, 산업디자인학과, 서양화과, 시각디자인학과, 연극영화학과, 음악학과, 작곡과, 조소과

《상호문화적 글로벌 시대의 종교와 예술》, 박수영 외 7명, 열린서원(2023)

[12인윤06-02]   ● ● ●

인생의 유한성을 자각하고, 자아에 대한 성찰 및 다양한 가치 탐색을 통하여 내 삶의 의미를 묻고 답을 찾아가는 도덕적 주체로서 살아갈 수 있다.

➲ 종교영화는 특정 종교를 주제로 하는 영화로, 종교의 교리와 작가의 철학 및 해석 등이 담긴 내용과 주제를 갖고 있다. 또한 종교의 권위와 신앙적 전통성뿐만 아니라 심리학적 욕망과 세속주의, 사이비 종교 등 인간의 다양한 욕망과 윤리적 문제들을 시청각 자료로 보여 준다. 종교영화를 감상하고 종교의 교리와 인간의 욕망 등을 분석하여 감상문을 제출해 보자.

(관련 학과) 사진학과, 연극영화학과

《유한의 시간을 비추는 무한의 스크린》, 박종천, 고려대학교출판문화원(2020)

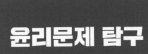

선택 과목	수능	윤리문제 탐구	절대평가	상대평가
융합 선택	X		5단계	X

단원명 | 시민의 삶과 윤리적 탐구

|🔍| 공인, 사생활 침해, K-Pop, 표현의 자유, 사회적 차별 표현, 난민법

[12윤탐02-02] ● ● ●

사생활 존중과 공익 사이의 갈등 사례를 조사하고, 이를 해결할 수 있는 방안을 제시할 수 있다.

➡️ 헌법 제17조는 '모든 국민은 사생활의 비밀과 자유를 침해받지 아니한다'라고 규정한다. 또한 헌법 제37조 2
항은 '국민의 모든 자유와 권리는 국가 안전보장, 질서유지 또는 공공복리를 위하여 필요한 경우에 한하여 법
률로써 제한할 수 있으며, 제한하는 경우에도 자유와 권리의 본질적인 내용을 침해할 수 없다'라고 명시하고
있다. 공공기관이 공인 또는 일반인의 사생활을 감시하고 수집한 정보를 언론 등을 이용해 악용한 영화 작품을
감상하고, 개인의 자유와 권리의 관점에서 사생활 보호의 중요성을 고찰해 보자.

관련 학과 모델과, 만화애니메이션학과, 뮤지컬학과, 방송연예과, 연극영화학과, 패션디자인학과

《자유주의의 잃어버린 역사》, 헬레나 로젠블랫, 김승진 역, 니케북스(2023)

[12윤탐02-03] ● ● ●

사회적 차별 표현 사례를 조사하고, 이를 바라보는 다양한 관점을 이해하여 윤리적 해결 방안을 제시할 수
있다.

➡️ 한국의 대중가요는 세계적 인기에 힘입어 K-Pop이라는 이름으로 널리 향유되고 있고, 최근에는 아이돌을 대
변하는 용어로 사용되고 있다. K-Pop의 인기에 편승하여 온라인 플랫폼을 통해 전 세계로 알려진 한국말 가사
'니가'가 해외 팬들에게 흑인은 비하하는 단어로 오해받기도 했다. K-Pop에서 사회적 차별 요소가 있는 가사
를 조사하고, 표현의 자유와 사회적 책임에 대해 논해 보자.

관련 학과 방송연예과, 성악과, 실용음악학과, 음악학과, 작곡과

《이 장면, 나만 불편한가요?》, 태지원, 자음과모음(2021)

[12윤탐02-04] ● ● ●

배타적 민족주의의 확산과 난민 문제를 탐구하고, 이를 해결할 수 있는 방안을 제시할 수 있다.

➡️ 난민법 제1장 제2조는 난민을 '인종, 종교, 국적, 특정 사회집단의 구성원인 신분 또는 정치적 견해를 이유로
박해를 받을 수 있다고 인정할 충분한 근거가 있는 공포로 인하여 국적국의 보호를 받을 수 없거나 보호받기
를 원하지 아니하는 외국인'으로 정의하고 있다. 난민을 주제로 한 영화 또는 다큐멘터리를 감상하고 난민의
고통과 생존에 대한 위협과 제3자로서 바라보는 난민에 대한 시선 등에 대해 고찰하고 당위로서의 윤리적 해

결 방안을 제시해 보자.

관련 학과 경호학과, 뮤지컬학과, 방송연예과, 연극영화학과

십 대를 위한 영화 속
세계 시민 교육 이야기

함보름 외 5명, 팜파스(2023)

책 소개

인터넷과 빠른 무역, 경제, 첨단 산업, K-Pop 등의 문화까지 공유하는 글로벌 네트워크는 전 세계 사람들에게 시간과 공간을 넘어 소통하는 세계시민으로 성장할 수 있는 기회를 주었다. 이 책은 빈곤, 인권, 기후, 교육과 미디어, 난민, 기업의 사회적 책임을 주제로 각각 4편씩의 영화를 제시한다. 지구촌 공동의 글로벌 이슈를 공유하고, 지속 가능한 미래를 함께 만들 수 있는 세계시민 교육을 위한 입문서이다.

세특 예시

세계시민 교육 동영상을 탐색하고 난민 문제에 대해 관심을 갖게 되어 '십 대를 위한 영화 속 세계 시민 교육 이야기(함보름 외 5명)'를 읽고 세계시민으로서 지구촌 문제에 대해 고민하는 기회를 가짐. 누구나 난민이 될 수 있음을 인지하고, 세계시민으로서의 역할과 책임을 제시하기 위해 난민의 학교 적응에 대한 역할극을 기획하여 동영상을 제작함. 사회문제를 인지하고 윤리적 성찰을 위해 노력하는 학생으로 자기 주도적 능력이 돋보임.

단원명 | 인공지능 시대의 삶과 윤리적 탐구

🔍 메타버스, 아바타, 데이터 편향성, 인공지능 윤리

[12윤탐03-01] • • •

메타버스의 특징을 윤리적 관점에서 탐색하고, 메타버스에서 발생할 수 있는 윤리문제의 해결 방안을 제시할 수 있다.

➡ 메타버스가 발전하면서 메타버스와 관련된 다양한 직업이 생겨나고 있다. 아바타 디자이너는 아바타를 기획하고 얼굴과 헤어, 패션 등을 디자인한다. 최근 메타버스에는 의류 브랜드와의 협업 등 기업들의 투자가 증가하고 있다. 다양한 메타버스 플랫폼의 아바타를 검색하여 아바타의 캐릭터 모습을 비교하고, 자신의 개성과 현실의 욕구를 충족하기 위한 아바타 소비의 긍정적 측면과 부정적 측면을 정리해 보자.

관련 학과 뷰티디자인학과, 산업디자인학과, 시각디자인학과, 패션디자인학과

《예술과 메타버스의 만남》, 유원준, 커뮤니케이션북스(2023)

[12윤탐03-02] • • •

빅데이터와 알고리즘의 편향성으로 인한 윤리문제를 인식하고 사회적 책임과 공정성의 관점에서 해결 방안을 탐구할 수 있다.

⊙ 다큐멘터리 영화 〈알고리즘의 편견(Coded Bias)〉에서 MIT 미디어 랩의 연구원 조이 부올람위니는 안면 인식 소프트웨어의 이상한 점을 발견한다. 흑인인 자신의 얼굴을 인식하지 못하던 프로그램이 흰색 가면을 착용하니 감지가 되었는데, 이는 데이터 세트의 대다수가 백인 남성으로 구성되어 있어서 발생한 문제였다. 그녀는 '알고리즘 정의단체'를 구성하여 알고리즘의 편견에 대항한다. 〈알고리즘의 편견〉 또는 관련 영화를 감상하고, 알고리즘의 편향성으로 인한 편견과 극복 사례를 탐구해 보자.

관련 학과 만화애니메이션학과, 뮤지컬학과, 방송연예과, 연극영화학과
《보이지 않는 여자들》, 캐럴라인 크리아도 페레스, 황가한 역, 웅진지식하우스(2020)

[12윤탐03-03] • • •

인공지능 활용 시 발생할 수 있는 윤리적 딜레마에 대해 토의하고, 인공지능의 바람직한 활용 방안을 제시할 수 있다.

⊙ 제임스 카메론 감독의 영화 〈터미네이터 2〉에서 주인공 존 코너는 자신을 지키러 온 터미네이터 T-800에게 '절대 사람을 죽이지 말라'는 명령을 내린다. 터미네이터는 자신들을 저지하는 경비원의 다리에 총을 쏘았고, 존 코너가 크게 화를 내자 '죽이지는 않았다'고 말한다. 인공지능 윤리는 인공지능 자체에 대한 논의가 아닌, 인공지능이 산출해 낸 결과물에 대한 논의라 할 수 있다. 영화 속 상황에서 존 코너가 채택할 수 있는 해결 방안을 도출하고, 학습된 데이터에 의해 결과물을 산출하는 인공지능에 윤리적 문제가 발생하는 원인에 대해 탐색해 보자.

관련 학과 경호학과, 만화애니메이션학과, 뮤지컬학과, 방송연예과, 스포츠과학과, 연극영화학과
《인공지능, 영화가 묻고 철학이 답하다》, 양선이, 바른북스(2021)

단원명 | 생태적 삶과 윤리적 탐구

🔍 동물 이용 축제, 생활 스포츠

[12윤탐04-01] • • •

반려동물과 관련한 윤리문제, 동물 복지를 둘러싼 논쟁 등을 윤리적 관점에서 탐구하여 생명에 대한 감수성을 길러 책임 있게 행동할 수 있다.

⊙ 환경부는 생태중심적이고 지속 가능한 동물축제를 위한 「동물이용축제 가이드라인」을 제작했지만, 2년간 공개하지 못하고 있다. 이 가이드라인에는 어류, 포유류 등 동물의 운송부터 보관, 질병 관리, 폐기까지 지켜야 할 기준이 포함된 것으로 알려졌지만, 지자체 등과 합의하지 못해 공개하지 못하고 있다. 살아 있는 동물을 대상으로 하는 동물 축제의 실태를 비판하고, 동물 이용 축제 가이드라인과 같은 동물권 보호의 중요성에 대한 UCC를 제작해 보자.

관련 학과 경호학과, 만화애니메이션학과, 뮤지컬학과, 방송연예과, 연극영화학과
《동물복지 수의사의 동물 따라 세계 여행》, 양효진, 책공장더불어(2022)

[12윤탐04-02]

● ● ●

기후위기를 인류의 책임이라는 측면에서 분석하고, 에너지 전환과 탄소 중립을 둘러싼 다양한 입장에 대해 토론하여 기후위기 극복 방안을 제시할 수 있다.

◆ 스포츠계는 경기 시설 설치 및 운영 때문에 에너지 소비, 산림 훼손, 쓰레기 배출 등 환경 오염의 원인이 되었다는 측면에서 비판을 받아왔다. 이를 반영하여 국제올림픽위원회(IOC)는 올림픽 후보 도시를 대상으로 환경 보호 계획서를 제출하게 하였고, 국제축구연맹(FIFA)은 에너지 절감을 위해 그린골(Green Goal) 프로그램을 도입하였다. 환경 보호를 위한 스포츠계의 노력과 걷기, 달리기, 자전거 타기 등의 친환경 생활스포츠 활성화 방안을 탐구해 보자.

`관련 학과` 경호학과, 사회체육학과, 스포츠과학과, 스포츠레저학과, 스포츠의학과, 체육학과

《**학교체육에서 생활스포츠로 나아가는 길을 찾다**》, 김용수, 부크크(2018)

단원명 | 윤리문제 탐구의 적용

| 🔍 | 자이가르닉 효과, 게임 문화, 게임 가이드라인

[12윤탐05-01]

● ● ●

자신이 희망하는 진로에서 발생할 수 있는 윤리문제를 선정하고 탐구 계획을 수립할 수 있다.

◆ '자이가르닉 효과'는 완결하지 않은 일을 완결한 일보다 오히려 더 잘 기억하는 현상을 일컫는 용어이다. 다시 말해 불완전한 상황을 완성하고 싶어 하는 심리상태를 의미한다. 게임은 사람들에게 즐거움을 주는 상업예술의 범주에 속해 있으며, 인간의 다양한 심리를 이용하여 수익을 올린다. 게임으로 인해 발생하는 윤리적 쟁점들을 토의하여 탐구 계획을 수립하고, 청소년들의 올바른 게임 가이드라인을 제시해 보자.

`관련 학과` 만화애니메이션학과, 미술학과, 산업디자인학과, 시각디자인학과

나는 게임한다 고로 존재한다

이동은, 자음과모음(2021)

`책 소개`

게임은 십 대들의 문화로 자리 잡았다. 게임을 바라보는 어른들의 시선은 여전히 부정적이다. 게임은 공부를 방해하고 폭력성을 부추긴다고 인식하는 것이다. 게임을 연구하는 저자는 게임 속에 숨겨진 다채로운 이야기들을 통해 게임의 역사와 문화, 현대의 기술 발달에 미친 영향들을 소개하며, 게임을 통해 새로운 관점과 인문학적 감수성을 기를 수 있다고 제안한다.

`세특 예시`

청소년의 여가 선택권 및 게임 중독에 대한 편견들에 대해 고민하고, 게임 산업이 고도로 성장한 과학기술의 시대에 어릴 때부터 게임을 마주해 온 청소년들의 게임 문화를 부정적으로 보는 시각에 의문을 품음. '나는 게임한다 고로 존재한다(이동은)'를 읽고, 게임 산업의 발전을 기대하면서도 게임을 하는 청소년들을 부정적 시각으로 바라보는 어른들의 편견을 비판하며 게임을 즐기는 방법과 가치의 창의적 대안을 제시함.

수립한 탐구 계획에 따라 윤리문제를 탐구하고 그 결과를 정리하여 발표할 수 있다.

➡️ 현대사회의 윤리 문제를 대할 때, 보편윤리와 사회적 관계에서 발생하는 윤리적 딜레마 사이에서 최선의 것을 선택하고 토의하는 과정이 중요하다. 게임으로 발생하는 윤리적 쟁점들과 딜레마를 마인드 맵과 순서도 등으로 정리하여 급우들의 이해를 도울 수 있도록 한다. 게임 산업의 발전을 기대하면서도 게임을 하는 청소년에 대한 부정적인 시각과 편견이 존재하는 이유에 대해 토의하고, 청소년들을 위한 올바른 게임 가이드라인을 공유하여 집단지성과 공동 발전을 경험해 보자.

관련 학과 만화애니메이션학과, 미술학과, 산업디자인학과, 시각디자인학과

《비판적 사고와 의사소통》, 글쓰기교재편찬위원회, 인문과교양(2017)

사회 교과군

구분	교과 (군)	공통 과목	선택 과목		
			일반 선택	진로 선택	융합 선택
보통 교과	사회	한국사1 한국사2 통합사회1 통합사회2	세계시민과 지리 세계사 사회와 문화	한국지리 탐구 도시의 미래 탐구 동아시아 역사 기행 정치 법과 사회 경제 국제 관계의 이해	여행지리 역사로 탐구하는 현대 세계 사회문제 탐구 금융과 경제생활 기후변화와 지속 가능한 세계

공통 과목	수능	**한국사1**	절대평가	상대평가
	O		5단계	5등급

단원명 | 근대 이전 한국사의 이해

| 🔍 | 고조선, 고대 국가, 한반도, 선사문화, 유적, 유물, 통치 체제, 고대 사회, 종교와 사상, 고려, 성리학, 유교, 흥선대원군, 중앙집권 체제

[10한사1-01-01] ● ● ●

고대 국가의 형성과 성장 과정을 파악한다.

➡ 고구려인들은 죽은 자의 안식처인 무덤 널방의 벽에 다양한 주제로 그림을 그렸다. 지금까지 발견된 고구려 고분의 벽화는 3세기 중엽에서 7세기 전반에 걸쳐 제작된 것들이다. 고구려 고분벽화는 고대 회화의 제작 과정, 표현 기법과 수준, 안료 및 아교 제조술 등 여러 가지 특징을 잘 보여 준다. 또한 고구려인의 삶과 문화를 읽어내는 통로이기도 하다. 고분벽화를 통해 고대인의 종교, 생활풍속, 사상 등에 대해 조사하여 보고서를 작성해 보자.

관련 학과 ▶ 도예학과, 동양화과, 서양화과, 실내디자인학과, 시각디자인학과, 조형예술학과, 한국화 전공, 회화과, 미학과

《고구려의 황홀, 디카에 담다》, 이태호, 덕주(2020)

[10한사1-01-02] ● ● ●

고려의 통치 체제와 지배 세력의 변화를 이해한다.

➡ 고려자기는 신라의 전통 기술에 송의 자기(瓷器) 기술을 결합하여 발전하였다. 빛깔이 푸른 비색 청자가 대표적인 사례이다. 고려인들은 중국 자기의 모양이나 무늬 등을 참고하면서도 중국과 다른 고려만의 특유한 색채와 무늬를 개발하였다. 12세기에 이르러 고려청자에는 상감 기법이 적용되었다. 고려청자 제작 기술의 특징과 제작 과정에 대한 UCC를 만들어 발표해 보자.

관련 학과 ▶ 도예학과, 조형예술학과, 전통미술공예학과, 문화재보존과학과, 문화재관리학과, 동양화과, 서양화과, 미술학과, 회화과

《천하제일 고려청자》, 한성욱, 학연문화사(2022)

[10한사1-01-03] ● ● ●

조선의 성립과 정치 운영의 변화를 파악한다.

➡ 미의식은 개인의 주관적 아름다움에 대한 인식뿐만 아니라 집단이 공유하는 정서적 원형을 공유하는 것이다. 예술 작품에 나타난 원형적 상징을 이해하는 것은 인간 정신의 보편성, 집단의 공동 가치를 공유하며 치유적 힘을 갖게 한다. 조선백자는 한국적인 미의식을 대표하는 예술품으로 평가받고 있다. 조선백자의 형성과 변천 과정, 조선백자의 흰색의 의미를 알아보고, 조선백자의 흰색이 한국인의 원형적 심상에 어떻게 반영되는지 탐

구하여 발표해 보자.

관련 학과 도예학과, 조형예술학과, 전통미술공예학과, 문화재보존과학과, 문화재관리학과, 동양화과, 서양화과, 미술학과, 회화과

《순백으로 빚어낸 조선의 마음, 백자》, 방병선, 돌베개(2002)

[10한사1-01-04]   ●●●

조선 후기에 등장한 새로운 변화 양상을 이해한다.

➡ 18세기 조선 회화에는 새로운 변화가 뚜렷하게 나타났다. 특히 정선과 다른 화가들에 의한 진경산수화가 18세기 회화에서 큰 역할을 담당하며 시대의 변화를 이끌었다. 진경산수는 중국의 영향을 받아 중국산수를 모방하던 것에서 벗어나 실경산수의 맥락 속에서 나름대로 독창적인 회화를 만들어내려는 시도였다. 진경산수의 의미, 사상적 배경과 발생 원인, 사상적 특징과 자연관에 대해 조사하여 카드 뉴스를 제작하고, 미니 회화전을 개최해 보자.

관련 학과 회화과, 동양화과, 서양화과, 미술학과, 전통미술공예학과, 한국화 전공, 예술학과, 미학과, 큐레이터학과

《노론의 화가, 겸재 정선》, 이성현, 들녘(2020)

단원명 | 근대 이전 한국사의 탐구

| 🔍 | 수취 체제, 농업 중심 경제, 골품제, 양천제, 신분제, 불교, 유교, 성리학, 임진왜란, 병자호란, 문화 교류, 역사 갈등

[10한사1-02-01]   ●●●

근대 이전 국제 관계와 대외 교류의 시대적 특징을 비교한다.

➡ 조선 시대는 문화와 사상에서 고려 시대와 차별화된 모습을 보였다. 이러한 차별화는 문화예술 분야에도 큰 영향을 미쳤다. 조선 전기에는 정부에서 전문 화가를 관원(화원)으로 채용해 도화서에 소속시켜 그림을 그리게 했다. '조선 전기 미술의 특징'이라는 주제로 도화서의 역할, 그들이 그린 대표적인 그림(안견의 〈몽유도원도〉 등)의 특징, 전문 화가가 아닌 일반 선비 중 뛰어난 그림 솜씨를 가졌던 문인화가의 활약상에 대해 조사하여 발표해 보자.

관련 학과 예체능계열 전체

《나의 조선미술 순례》, 서경식, 최재혁 역, 반비(2014)

[10한사1-02-02]   ●●●

근대 이전의 수취 체제 변화를 농업 중심의 경제생활과 관련하여 탐구한다.

➡ 판소리는 창자가 고수의 북장단에 맞추어 서사적인 이야기를 소리와 아니리로 엮어 발림을 곁들이며 구연하는 고유의 민속악이다. 또한 전 세계적으로 다양하게 존재하는 구비서사 문학의 독특한 발전형인 동시에, 한민족이 지녀온 갖가지 음악 언어와 표현 방법이 총결집된 민속악의 하나이며, 현장 연희에서는 일부 연극적인 표현 요소까지도 구사하는 종합적 예술이다. 판소리의 구성, 장단과 선율, 유파(동편제, 서편제 등), 음악사, 문학적 특징을 조사하여 발표해 보자.

관련 학과 예체능계열 전체

《판소리의 역사》, 정병헌, 태학사(2023)

[10한사1-02-03]

근대 이전 사회 구조를 신분제를 중심으로 분석한다.

➡️ 세계의 모든 문화는 평상시의 호신과 전쟁 시의 전투를 위한 무예를 발달시켜 왔다. 한국의 경우도 마찬가지여서, 고대부터 맨손 격투기인 수박을 비롯하여 무기를 이용한 검술, 창술, 궁술 등을 연마했다. 조선 시대에 무인을 뽑던 과거 제도인 무과는 활쏘기, 창술 등 무기 기술 습득 정도와 기마술을 시험하기 위한 격구를 시험 과목으로 삼았다. 정조 때에 이르러 기예 등 6종을 다시 추가하여 24종에 달하는 각종 무예에 관한 자세한 도보(圖譜), 곧 도해와 설명을 붙인 《무예도보통지》가 편찬되었다. 《무예도보통지》를 통해 무예에 대한 인식, 책의 특징, 구성 및 내용에 대해 조사하여 발표해 보자.

관련 학과 예체능계열 전체

《무예로 조선을 꿈꾸다》, 최형국, 인물과사상사(2023)

[10한사1-02-04]

근대 이전의 사상과 문화를 국제 교류와 관련하여 탐구한다.

➡️ 고려 회화는 선사·고대 시대 회화에서 조선 회화의 번영으로 이어지는 한국 회화의 새로운 전환을 이룩했다는 의의를 지닌다. 자료의 상실로 고려 회화의 한정된 부분만 파악할 수 있지만, 중국 회화사에서 창의성의 절정을 이루며 후대의 고전적 전범 역할을 한 송·원 회화에 못지않거나 더 우수한 기술적·예술적 수준과 경지에 이르렀다. 고려 회화를 네 시기(초기는 태조~정종 연간, 중기는 문종~의종 연간, 후기는 명종~고종 연간, 말기는 원종~공양왕 연간)로 나누어 고려 회화의 변천 과정을 조사하여 발표해 보자.

관련 학과 예체능계열 전체

《고려 회화》, 홍선표, 한국미술연구소CAS(2022)

[10한사1-02-05]

근대 이전 한국사 주제를 설정하여 탐구하고, 그 결과를 다양한 방법으로 표현한다.

➡️ 금관은 왕 또는 최상위 계층이 자신들의 신분을 가장 직관적으로 표현한 과시 용품 중의 으뜸이다. 신라의 관(冠)은 재질에 따라 금관, 금동관, 은관, 동관으로 나뉜다. 초기에는 은관을, 말기에는 동관을 잠시 사용하였고, 가장 전형적인 관은 금관과 금동관이었다. 신라 금관의 연원에 대해서는 시베리아 유목 민족이 신라로 이주하면서 전해졌다고 보는 견해와 신라인들이 자체적으로 만들었을 것으로 보는 견해가 있다. 신라 금관의 기원과 용도, 제작 과정, 다른 나라의 금관과 비교해 신라 금관만의 특징을 조사하여 발표해 보자.

관련 학과 예체능계열 전체

《신라 금관의 기원을 밝힌다》, 임재해, 지식산업사(2008)

단원명 | 근대 국가 수립의 노력

🔍 개항, 조약, 국제 질서, 근대 국가, 서구 문물, 국권 피탈, 국권 수호, 갑신정변, 갑오개혁, 독립협회

[10한사1-03-01]   ●●●

조선의 개항을 국제 질서의 변동과 연관하여 분석한다.

➡️ 그동안 대한제국의 미술은 일제강점이라는 시대적 상황과 도화서 폐지, 사진 기술의 도입 등으로 조선 시대의 우수한 미술 전통이 급격히 쇠퇴한 것으로 평가되어 왔다. 그러나 최근 대한제국의 역사가 주목을 받으면서, 전통적인 미술을 지키고 서방의 신문물을 받아들여 근대미술로의 변화를 모색한 노력이 재평가받고 있다. 혼돈의 시대에도 꿋꿋이 발전을 거듭해 온 대한제국 시기 미술의 동향에 대해 조사하여 발표해 보자.

관련 학과 예체능계열 전체

《**한국 근대미술의 역사**》, 최열, 열화당(2015)

[10한사1-03-02]   ●●●

여러 세력이 추진한 근대 국가 수립의 다양한 노력을 이해한다.

➡️ 우리나라 근대 체육은 19세기 후반 열강의 침탈 속에서 문호개방을 하면서부터 시작되었다. 특히 개화기 체육 활동의 많은 부분이 선교사들에 의해 도입되었다. 당시 조선, 대한제국은 체육을 장려함으로써 국민의 몸과 마음을 굳건히 하고자 했다. 당시 지도층은 조선의 국권 회복에 기여할 수 있을 것으로 생각하고 여러 법령과 제도를 마련하며 체육을 장려했다. 우리나라 근대 체육의 역사에 대해 조사하여 발표해 보자.

관련 학과 예체능계열 전체

《**새로 쓴 한국 체육사**》, 김재호 외 5명, 대경북스(2020)

[10한사1-03-03]   ●●●

개항 이후 사회·경제 변화를 파악하고, 서구 문물의 도입이 문화에 미친 영향을 탐구한다.

➡️ 개항 이후 예술 분야에 많은 변화가 나타났다. 미술계는 개항 이후 서양 화풍을 직접 접하게 되었고, 서양식 악곡에 맞추어 '신식 노래'로 창작된 근대 계몽기의 시가인 창가가 불리었으며, 서양식 극장에서 서유럽 근대극의 영향을 받은 신극이 공연되었다. 미술, 음악, 연극 분야에 나타난 예술의 새로운 경향에 대해 조사하여 발표해 보자.

관련 학과 서양화과, 조형예술학과, 회화과, 미술학과, 음악학과, 성악과, 작곡과, 한국음악과, 기악과, 피아노학과, 실용음악학과, 연극영화학과, 예술학과, 큐레이터학과, 미학과

《**한국 근대 대중공연예술의 생성과 그 변용 양상**》, 김호연, 한국문화사(2008)

[10한사1-03-04]   ●●●

일제의 국권 침탈 과정을 조사하고, 이에 맞선 국권 수호 운동의 흐름을 파악한다.

➡️ 개화기 한국의 근대 공연예술은 서양의 근대적 장치와 자생적 고민이 함께하면서 변화하였다. 근대적 충격은 많은 부분 일본을 통해 수용되었고, 한국 공연예술의 근본을 변화시킬 만큼 획기적이었다. 한국의 근대춤이 시작된 때는 대략 1900년 무렵이다. 개화와 더불어 서양 문물이 들어오고 제도와 사상이 변하기 시작하며 근대 춤도 시작되었다. 개화기 예술계의 동향, 개화기 근대춤의 특징에 대해 조사하여 발표해 보자.

관련 학과 예체능계열 전체

《**개화기 대중예술의 꽃 기생**》, 김영희, 민속원(2006)

공통 과목	수능	**한국사2**	절대평가	상대평가
	O		5단계	5등급

단원명 | 일제 식민통치와 민족 운동

| 🔍 | 제국주의, 일제의 식민지배, 세계대전, 대공황, 일제의 침략 전쟁, 일본 자본, 3·1운동, 대한민국 임시 정부, 항일 무장 독립 투쟁, 실력 양성 운동, 대중 운동, 문예 활동, 민족 문화 수호, 전시 동원 체제, 광복을 위한 노력

[10한사2-01-01] • • •

일제의 식민통치 정책을 제국주의 질서의 변동과 연관하여 이해한다.

➡ 신극(新劇)은 20세기 이후 서구의 새로운 사조와 방법에 영향을 받아 생겨난 연극으로, 연극의 문학성을 강조하고 보다 지적이라는 면에서 '신연극(新演劇)'과 구별된다. 한국 연극에서 신극은 종래에 있었던 신파극에 대한 비판과 반발로 일어난 연극이었다. 따라서 신극 운동의 정신적인 지주는 서구의 사실주의 문학 정신이었으며, 그 표현 기술은 이른바 '리얼리즘' 연출 이론에 입각한 것이었다. 일제강점기 신극 운동의 동향에 대해 조사하여 발표해 보자.

관련 학과 예체능계열 전체

《**한 권으로 읽는 연극의 역사**》, 고종환, 경상대학교출판부(2014)

[10한사2-01-02] • • •

일제의 식민통치가 초래한 경제 구조의 변화와 그것이 경제생활에 미친 영향을 분석한다.

➡ 영화는 개화기 시절 서구 문물이 쏟아져 들어오는 가운데 들어왔다. 최초로 영화가 상영된 시기는 1903년 이전으로 보고 있으며, 당시에는 움직이는 사진이라는 뜻의 활동사진으로 불렸다. 역사상 최초의 한국 영화는 1919년작 〈의리적 구토〉인데, 다만 이 작품은 100% 영화가 아니라 연극 중간에 영화를 상영하는 방식의 일명 연쇄극이었다. 본격적으로 한국 영화의 시금석이라 평가되는 것은 유명한 춘사 나운규의 1926년작 〈아리랑〉이다. 일제 강점기 한국 영화의 역사에 대해 조사하여 발표해 보자.

관련 학과 예체능계열 전체

《**나운규의 말**》, 나운규, 이다북스(2023)

[10한사2-01-03] • • •

국내외에서 전개된 민족 운동의 흐름을 이해한다.

➡ 일제강점기에 한국의 화가들이 느낀 비탄과 좌절은 미술에도 부정적인 영향을 줄 수밖에 없었다. 나라를 잃은 우리 미술계는 희망을 잃고 과거의 양식만을 되풀이해 모방하는 무기력한 그림들만 보여 줄 뿐이었다. 일제강점기 초기 우리 미술은 전통의 습득이라는 미명하에 과거의 양식을 베끼기에 급급하거나 일본식으로 굴절된

서양화를 아무런 반성 없이 수용했다. 그러나 이런 상황에서도 창조적인 움직임이 있었다. 일제강점기 한국 미술의 주체적인 동향에 대해 조사하여 발표해 보자.

관련 학과 예체능계열 전체

《경성의 화가들, 근대를 거닐다》(북촌편, 서촌편), 황정수, 푸른역사(2022)

[10한사2-01-04] •••

일제의 식민통치로 인한 사회 및 문화의 변화와 대중운동의 양상을 파악한다.

➡ '모던 보이', '모던 걸'은 1920년대부터 식민지 조선에 자본주의 문화와 생활 양식이 확산되고 서울의 도시화가 진행되면서 등장한 새로운 형태의 인간상을 가리키는 표현이었다. 당시 모던 걸과 모던 보이는 서양식 의복을 입고 전통적이지 않은 머리 스타일에 눈에 띄는 백구두나 뾰족구두를 신고 다니는 사람으로 묘사되었다. 모던 걸과 모던 보이가 보여 주는 새로운 패션과 스타일은 전통적 생활 양식에 머물러 있던 사람들에게는 낯선 풍경이었다. 일제강점기 근대 패션의 특징, 영향, 당시 사람들의 인식 변화에 대해 조사하여 발표해 보자.

관련 학과 의류학과, 패션의류학과, 패션산업학과, 의류산업학과, 의상학과, 의류상품학과, 패션스타일링학과, 패션디자인학과, 쥬얼리디자인학과, 뷰티디자인학과, 모델과, 사진학과, 산업디자인학과, 피부미용화장품과학과

《다방과 카페, 모던보이의 아지트》, 장유정, 살림(2008)

[10한사2-01-05] •••

일제의 침략 전쟁에 맞서 전개된 독립 국가 건설 운동의 양상을 분석한다.

➡ 한국 역사상 가장 어두운 시기인 일제강점기, 한국의 많은 예술인들은 조국을 잃은 상실감과 슬픔을 예술을 통해 극복하려 했으며 창작 활동을 통해 일제의 강압적인 통치와 부조리한 상황에 맞서기도 했다. 또한 일제강점기의 예술은 일제에 나라를 빼앗긴 민족적 자존심을 회복하고 봉건의 굴레에서 벗어나야 하는 시대적 과제를 가지고 있었다. 일제강점기의 영화, 연극, 음악, 미술 분야에서 우리 민족의 정서와 향토성을 담아낸 예술 활동을 조사해 발표해 보자.

관련 학과 뮤지컬학과, 방송연예과, 서양화과, 조형예술학과, 실용음악학과, 연극영화학과, 영상디자인학과, 음악학과, 성악과, 작곡과, 회화과

《민족의 길 예술의 길》, 김윤수교수정년기념기획간행위원회 편, 창비(2001)

단원명 ┃ 대한민국의 발전

🔍 광복, 식민지 잔재, 농지 개혁, 냉전, 대한민국, 6·25전쟁, 분단, 4·19혁명, 5·16 군사정변, 박정희 정부, 유신체제, 5·18 민주화 운동, 전두환 정부, 6월 민주항쟁, 산업화, 한강의 기적, 도시화, 노동 문제, 대중문화

[10한사2-02-01] •••

냉전 체제가 한반도 정세에 미친 영향을 파악하고, 자유민주주의에 기초한 대한민국 정부 수립 과정을 탐색한다.

➡ 미술 분야에서 진정한 한국적 미의식은 해방과 함께 새롭게 정립되기 시작했다. 일제강점기 서구의 미술 양식과 미학적 요소들은 식민통치를 위한 문화정책의 일환으로 보급되기 시작해, '전통 서화'와 '서양화'의 갈등

과 모순 속에서 우리의 미의식은 서구 미술의 형식만을 흉내내는 수준으로 지속되었다. 하지만 해방 이후 격동기의 파란만장한 변화 속에서 한국의 근대 회화에는 진정한 가치를 찾기 위한 부단한 노력들이 이어졌다. 해방 이후 한국 미술의 동향에 대해 조사하여 발표해 보자.

관련 학과 예체능계열 전체

《1945년 이후 한국 현대미술》, 김영나, 미진사(2020)

[10한사2-02-02] •••

6·25전쟁과 분단의 고착화 과정을 국내외의 정세 변화와 연관하여 이해한다.

➡ 전쟁은 모든 것을 폐허로 만든다. 삶의 기본 토대를 파괴하여 사람을 물질적·정신적으로 황폐하게 한다. 전쟁이라는 위험 상황은 생각의 자유와 주장을 무시하는 빌미가 되기도 한다. 예술이 전쟁의 공포를 대하는 방법은 맹목적인 국가주의, 관료주의의 참혹함을 밝히는 것이다. 인권, 자유, 평등이 얼마나 중요한지를 자신과 싸우며 작품을 통해 이뤄가는 일은 예술가가 시대와 호흡하며 전쟁의 공포를 극복하는 방법이기도 하다. '그림을 통해 본 6·25전쟁'이라는 주제로 전쟁의 참상과 비극을 표현한 미술 작품을 감상하고, 이에 대한 미술 작품 감상 보고서를 작성하여 발표해 보자.

관련 학과 동양화과, 미술학과, 서양화과, 회화과, 사진학과, 시각디자인학과, 영상디자인학과, 영상애니메이션학과, 미학과

《한국미술, 전쟁을 그리다》, 정준모, 마로니에북스(2014)

[10한사2-02-03] •••

4·19 혁명에서 6월 민주항쟁에 이르는 민주화 과정을 탐구한다.

➡ 한국 현대 미술은 해방 이후 극심했던 좌우 대립을 시작으로 6.25 전쟁과 이승만 자유당 독재정권 시기를 거치면서 시대상을 반영할 수밖에 없었다. 이러한 시대사의 격랑 속에서, 민족미술로서의 전통의 계승과 현대 미술로서의 국제화 등을 화두로 주도권 경쟁과 함께 새로운 변화를 모색하였다. 1945년부터 1950년대 후반까지의 한국 미술의 역사를 조사하여 발표해 보자.

관련 학과 예체능계열 전체

《한국현대미술의 역사》, 최열, 열화당(2006)

[10한사2-02-04] •••

산업화의 성과를 파악하고, 그것이 사회 및 환경에 미친 영향을 인식한다.

➡ '국풍 81'은 한국신문협회가 주최하고 KBS가 주관해 1981년 5월 28일부터 6월 1일까지 5일간 서울 여의도 광장에서 열린 대규모 예술제이자 전두환 정부의 관제 축제였다. 3S 정책에 이은 신군부 정권의 대표적인 우민화 정책의 사례로 꼽히며, 기획·시행·홍보까지 국가의 문화적 역량을 총동원해 전무후무한 규모로 치러 무려 1,000만 명이 참여했다. 국풍 81의 목적과 특징에 대해 조사하여 발표해 보자.

관련 학과 예체능계열 전체

《전두환의 마지막 33년》, 정아은, 사이드웨이(2023)

[10한사2-02-05] •••

사회·경제의 변화에 따른 문화 변동과 일상생활의 변화 사례를 조사한다.

➡ 문화융성의 시대에는 아트센터와 공연예술의 위상이 더욱 빛난다. 예술가와 관객 그리고 행정가들이 공연을 통해 공공성과 대중성을 어떻게 확보해 가는지 알 수 있다. 극장의 사회적 역할과 변화를 통해 현대 한국인의 의식과 문화도 느낄 수 있다. 도시를 개발하고 국민의 삶을 풍요롭게 하기 위해 여러 공연 시설이 만들어졌다. 1960년대는 시민회관 시대, 1980년대는 문예회관 시대, 1990년대는 아트센터 시대로 생각할 수 있다. 우리나라의 아트센터와 공연예술의 역사에 대해 조사하여 발표해 보자.

관련 학과 예체능계열 전체

《아트센터와 공연예술》, 박민호, 민속원(2015)

단원명 | 오늘날의 대한민국

🔍 민주화, 인권, 자유, 세계화, 외환위기, 금모으기 운동, 경제적 불평등, 사회 양극화, 다문화 사회, 남북 화해, 평화 통일, 동아시아 영토 갈등, 동아시아 역사 갈등, 동아시아 평화

[10한사2-03-01] •••

6월 민주항쟁 이후 각 분야에서 전개된 민주화의 과정을 탐구한다.

➡ 이른바 '민중 미술'은 1980년대에 진보적인 미술인들을 중심으로 일어난 사회변혁 운동이었다. 민중 미술은 심미주의적 형식주의가 판치던 기존의 미술계에 대한 반성으로, 미술을 통해 사회에 대해 발언하고 민주화 운동을 함께 해야 한다는 미술인들의 자각에서 시작되었다. 이는 시민판화, 학생 운동과 노동 운동의 걸개그림 등 민중과 함께하는 미술로 발전해 나갔으며 사실적 묘사, 콜라주, 사진, 전통 미술의 도상 차용 등 형식에 구애받지 않고 주제를 표현했다. 한국 민중 미술의 특징을 조사하여 발표해 보자.

관련 학과 예체능계열 전체

《민중미술》, 김현화, 한길사(2021)

[10한사2-03-02] •••

외환위기의 극복 과정을 이해하고, 사회와 문화의 변동을 파악한다.

➡ 한국 축구의 역사는 1882년으로 거슬러 올라간다. 당시 인천항에 정박한 영국 국함 '플라잉 호스' 호의 승무원들이 인천 지역 사람들에게 축구를 전해주었다는 것이 정설처럼 여겨지고 있다. 중국이나 일본보다도 빠른 편이며, 근대 축구를 가장 먼저 받아들였다고 해도 과언이 아니다. 1920년대에 간도 지방으로 이주한 조선인들이 축구를 했다는 기록이 남아 있을 정도다. 대한민국 축구의 발전사에 대해 조사하여 발표해 보자.

관련 학과 예체능계열 전체

《한국 축구 발전사》, 김성원, 살림(2006)

[10한사2-03-03] •••

한반도 분단과 동아시아의 갈등을 극복하고 평화를 실현하기 위한 방안을 모색한다.

➡ 아시안 게임은 4년마다 한 번씩 개최되는 올림픽의 아시아 지역 대회다. 주관 주체는 아시아올림픽평의회 (OCA)이다. 올림픽이나 FIFA 월드컵, AFC 아시안컵처럼 4년에 한 번씩 개최하는 아시아 최대의 종합 스포츠

제전이며, FIFA 월드컵 및 동계 올림픽이 열리는 해에 개최하고 있다. 1948년 아시아에 신생 독립국이 많이 수립되자 1948년 런던 올림픽을 계기로 아시아 대륙만의 종합 스포츠 대회를 만들 필요성이 생겨났고, 이에 따라 대한민국, 인도, 미얀마(당시 버마), 중화민국, 필리핀, 스리랑카 6개 국가가 대회 창설에 합의하고 1950년 제1회 대회를 인도의 수도 뉴델리에서 개최하기로 하였다. 아시안 게임의 역사를 조사하여 발표해 보자.

관련 학과 예체능계열 전체

《스포츠로 보는 동아시아사》, 다카시마 고, 장원철 외 1명 역, AK커뮤니케이션즈(2023)

단원명 | 통합적 관점

| 🔍 시간적 관점, 공간적 관점, 사회적 관점, 윤리적 관점, 통합적 관점의 필요성, 실제 사례에 적용하는 방안 탐구

[10통사1-01-01]

인간, 사회, 환경을 바라보는 시간적·공간적·사회적·윤리적 관점의 의미와 특징을 사례를 통해 파악한다.

➡ 예술 및 체육 분야의 다양한 주제들을 다각적인 관점에서 분석하는 탐구활동을 진행하면서 통합적인 시각을 기를 수 있다. 예를 들어 세계적으로 인기 있는 프로 스포츠인 미국의 메이저 리그나 유럽의 3대 축구 빅 리그를 다양한 방면에서 조사해 보자. 스포츠 산업으로 바라보는 경제적 관점, 팀과 팀 사이에 존재하는 라이벌 의식의 배경에 대해 알아보는 역사적·문화적 관점, 금지 약물에 대한 윤리적 관점, 스포츠 팀을 응원하는 서포터들의 계층 간 갈등 구조 또는 스포츠 미디어가 대중에게 끼치는 영향력과 연관된 사회적 관점으로 파악해 보자.

관련 학과 예체능계열 전체

스포츠 사회학

박보현 외 2명,
레인보우북스(2024)

책 소개

이 책은 스포츠 사회학이라는 다소 생소한 개념에 대해 설명하고 있다. 스포츠사회학은 사회학의 기본적인 태도와 지식을 바탕으로 스포츠를 둘러싼 환경 속에서 맺어지는 사회적 관계와 현상을 비판적인 시선으로 재해석하려는 학문이다. 사람들이 삶을 살아가는 맥락 속에서 스포츠가 작용하는 방식 및 스포츠와 관련된 계급, 젠더, 인종, 민족, 국가의 사회적 역학 관계에 초점을 두고 서술했다.

세특 예시

'책을 통해 자신 돌아보기' 시간에 '스포츠 사회학(박보현 외 2명)'을 읽고 평소 즐겨 보던 스포츠를 다양한 관점으로 바라보게 되었다는 소감을 밝힘. 특히 사회 계층에 따라 즐기는 스포츠가 다르고 스포츠에 참여하는 정도에도 차이가 있다는 사실을 알게 된 후, 스포츠가 사람들의 일반적인 인식과는 달리 사회 불평등을 드러내는 척도가 되거나 오히려 불평등을 심화할 수도 있다는 내용의 탐구 기록지를 작성하여 발표함.

[10통사1-01-02]

인간, 사회, 환경의 탐구에 통합적인 관점이 요청되는 이유를 도출하고 이를 탐구에 적용한다.

➡ 예술 작품을 통합적 시각으로 분석하면서 예술 작품이 그려진 당시의 사회상을 파악할 수 있다. 예를 들어 사실주의 미술 작품이 담고 있는 19세기 말의 시대 상황을 공간적·사회적 시선으로 파악하는 활동을 통해 통합적 관점으로 사회현상을 분석하는 방법을 체득할 수 있다. 또는 사회문제를 고발하는 성향을 띠는 예술 작품을 찾아보고 감상하면서 예술가가 인식하는 사회 문제와 그 부조리를 드러내는 방법에 관해 탐구할 수 있다.

관련 학과 예체능계열 전체

《거장의 시선, 사람을 향하다》, 국립중앙박물관, 이엔에이파트너스(2023)

단원명ㅣ 인간, 사회, 환경과 행복

🔍 행복의 기준, 동양과 서양의 행복론, 인간의 존엄성, 삶의 의미와 가치, 행복의 조건, 행복 지수, 정주 환경, 경제 안정, 민주주의, 도덕적 성찰과 실천

[10통사1-02-01]

시대와 지역에 따라 다르게 나타나는 행복의 기준을 사례를 통해 비교하여 평가하고, 삶의 목적으로서 행복의 의미를 성찰한다.

➡ 행복은 수많은 미술 작품과 대중 음악의 소재가 되었다. 행복을 다룬 다채로운 글과 노래, 그림을 감상하고 분석하는 활동을 통해 행복의 의미가 다양함을 파악하고 행복의 기준이 시대와 상황에 따라 다름을 인식할 수 있다. 또한 자신이 생각하는 행복한 삶의 모습을 비주얼 씽킹과 같은 시각화 자료로 표현하거나 노래, 춤 같은 예술 활동으로 표현할 수 있다. 나만의 행복론을 정립하고 행복의 진정한 의미를 성찰하는 뜻깊은 시간이 될 것이다.

관련 학과 예체능계열 전체

《행복한 삶을 위한 미술의 세계》, 임립, 충남대학교출판문화원(2011)

[10통사1-02-02]

행복한 삶을 실현하기 위한 조건으로 질 높은 정주 환경의 조성, 경제적 안정, 민주주의의 발전 및 도덕적 실천의 필요성에 관해 탐구한다.

➡ 문화예술 관련 인프라가 잘 구축되어 있고 예술 활동 참여가 활발한 지역의 주민들은 더 행복한 삶을 누리고 있을 거라는 가설을 세워 탐구를 진행할 수 있다. 해당 가설을 뒷받침하기 위해 미술 전시회, 소규모 음악회, 문화센터 강연 등과 같은 지역사회의 다양한 예술 활동 현황을 알아보고 활동에 참여하는 사람과 참여하지 않는 사람들의 삶의 만족도를 조사하여 비교한 뒤, 도표와 그래프 등의 시각 자료로 나타내 보자.

관련 학과 예체능계열 전체

《좋은 음악 행복한 인생》, 박관순, BOOK한강(2012)

단원명 | **자연환경과 인간**

국어 교과군

영어 교과군

수학 교과군

도덕 교과군

사회 교과군

과학 교과군

> | 🔍 | 기후와 지형에 따른 생활 양식의 차이, 자연재해, 안전하고 쾌적한 환경에서 생활할 권리, 인간중심주의,
> 생태중심주의, 도구적 자연관, 상호 의존성, 생태 교육, 기후변화 협약, 탄소 배출권, 생물 다양성 협약,
> ESG경영, 지속 가능한 개발

[10통사1-03-01] ●●●

자연환경이 인간의 생활에 미치는 영향에 관한 과거와 현재의 사례를 조사하여 분석하고, 안전하고 쾌적한 환경에서 살아가는 것이 시민의 권리임을 주장한다.

➡ 식생은 자연환경의 차이에 따라 다르게 나타난다. 이로 인해 세계 각지의 전통 악기는 소재 및 모양의 차이를 보인다. 예를 들어 같은 종류의 타악기라도 건조 기후 지역은 열대 기후 지역과는 다른 소재를 사용하며, 특정 자원이 풍부한 지역에서는 그 자원을 이용한 악기가 발달하는 경향을 보인다. 이러한 사례를 조사해 보자. 또한 자연환경은 인간의 신체 발달에도 영향을 미친다. 고산 지역에 거주하는 사람들은 폐활량이 크기 때문에 마라톤처럼 심폐 지구력을 요구하는 운동에 상대적으로 더 유리하다. 이와 같은 사례들을 찾아보자.

관련 학과 예체능계열 전체

《인류의 문화유산 악기로의 여행》, 세계민속악기박물관, 음악세계(2010)

[10통사1-03-02] ●●●

자연에 대한 인간의 다양한 관점을 사례를 통해 비교하고, 인간과 자연의 바람직한 관계를 제안한다.

➡ 예술의 흐름 역시 자연을 바라보는 관점에 영향을 받았다. 예를 들어 과학 혁명 이후 자연을 분석하고 통제하려는 흐름이 강했던 시기의 예술 사조와 환경 파괴로 인해 생태주의가 확산된 이후 등장한 예술의 흐름을 비교하여 분석할 수 있다. 또한 인간과 자연의 공존을 다룬 영상 매체를 찾아 비판적으로 감상하는 활동을 통해 인간과 자연 사이의 올바른 관계란 무엇인지 고찰하고, 자신의 생각을 그림이나 노래, 동영상과 같은 시청각 매체로 표현해 보자.

관련 학과 예체능계열 전체

《자연을 담은 디자인》, 김수봉, 박영사(2016)

[10통사1-03-03] ●●●

환경 문제 해결을 위한 정부, 시민사회, 기업 등의 다양한 노력을 조사하고, 생태 시민으로서 실천 방안을 모색한다.

➡ 환경 파괴에 대한 경각심을 나타내고 대중의 인식을 바꾸기 위한 예술계의 노력에 대해 조사할 수 있다. 예를 들어 몇몇 작가들은 자원을 재활용하는 작품 활동을 통해 지속 가능한 소비에 대한 메시지를 소비자들에게 전달한다. 또한 일부 지역에서는 환경예술 축제(에코 아트 페어 등)를 개최하여 제로 웨이스트와 같은 친환경 운동을 예술로 풀어 대중에게 친근하게 전달하기도 한다. 이런 사례들을 참고하여 직접 축제를 기획해 보는 프로젝트를 진행할 수도 있다.

관련 학과 예체능계열 전체

《한국 생태미술의 흐름과 현재》, 국립현대미술관(2021)

단원명 | 문화와 다양성

> 🔍 문화, 문화권, 자연환경, 인문환경, 농경 문화권, 유목 문화권, 종교 문화권, 점이 지대, 내재적 요인, 발명, 발견, 문화 전파, 직접 전파, 간접 전파, 자극 전파, 문화 접변, 문화 동화, 문화 병존, 문화 융합, 전통문화의 역할과 창조적 발전, 보편성, 다양성, 특수성, 문화 절대주의, 자문화 중심주의, 문화 사대주의, 문화 상대주의, 문화 다원주의, 윤리 상대주의, 보편 윤리, 다문화 사회, 다문화 공간, 문화적 다양성, 다문화주의, 다문화가족지원법

[10통사1-04-01] ● ● ●

자연환경과 인문환경의 영향을 받아 형성된 다양한 문화권의 특징과 삶의 방식을 탐구한다.

➡ 세계의 문화권은 다양한 문화 요소들의 영향을 받아 독창적인 예술을 발전시켜 왔다. 따라서 각 문화권별로 발달한 전통 음악과 무용, 미술 작품에 대해 조사하고 예술 분야에 영향을 끼친 문화 요소들을 찾아보는 활동을 진행할 수 있다. 또한 가면이나 십자가와 같은 물건, 붉은색, 녹색 등의 색깔에 부여된 의미가 문화권마다 다르기 때문에, 동일한 사물이나 색, 몸짓이 문화권별로 다른 의미를 갖는 구체적인 사례에 관한 조사를 할 수도 있다.

관련 학과 예체능계열 전체

《세계의 가면 문화》, 전경욱, 민속원(2017)

[10통사1-04-02] ● ● ●

문화 변동의 다양한 양상을 이해하고, 현대사회에서 전통 문화가 지니는 의의를 탐색한다.

➡ 대중 매체의 발달로 세계 여러 나라의 문화 교류가 활발해졌다. 문화 접변이 빈번히 일어나고 기존 문화가 동화, 융합과 같은 변화를 겪게 되면서 역으로 전통 문화를 보존해야 한다는 목소리도 커지게 되었다. 전통 문화를 그대로 재현하고 보존하는 것뿐만 아니라, 전통 문화에 담긴 고유한 의미를 파악하고 재해석하여 창조적으로 계승하려는 태도가 중요하다. 전통 문화가 새로 유입된 문화와 공존하고 창조적으로 발전하는 방안을 세계 각국의 사례를 참고하여 탐구해 보자.

관련 학과 예체능계열 전체

《컨버전스 시대, 전통문화원형의 문화콘텐츠화 전략》, 김만석, 북코리아(2010)

[10통사1-04-03] ● ● ●

문화적 차이에 대한 상대주의적 태도의 필요성을 이해하고, 보편 윤리의 차원에서 자문화와 타 문화를 평가한다.

➡ 각 문화권의 문화적 전통은 해당 지역의 전통 예술에도 큰 영향을 미친다. 따라서 지역마다 상이하게 나타나는 문화예술의 특성을 문화 상대주의적인 시각으로 바라보기 위해 여러 지역의 예술을 그 지역의 역사와 자연환경 속에서 이해하는 활동을 진행할 수 있다. 그리고 문화예술에 대한 무비판적인 수용은 극단적 문화 상대주의로 흐를 수 있으므로 논란의 여지가 있는 전통 예술 행위를 보편 윤리의 차원에서 성찰할 필요가 있다.

관련 학과 예체능계열 전체

《예술사회학》, 데이비드 잉글리스·존 휴슨, 신혜경 역, 이학사(2023)

[10통사1-04-04]　● ● ●

다문화 사회의 현황을 조사하고, 문화적 다양성을 존중하는 태도를 바탕으로 갈등 해결 방안을 모색한다.

● 다문화 사회에서는 서로 다른 문화가 융합되는 과정에서 응용할 수 있는 문화 요소가 풍부해지는 장점이 있다. 새로운 문화가 유입되면 다양한 문화적 경험을 할 수 있는 계기가 마련되어 창의적인 아이디어 발산에 도움이 된다. 우리 사회에 공존하는 다른 나라 문화를 참고한 영상 콘텐츠를 직접 제작하는 활동을 기획해 보자. 또한 예술은 사회의 갈등을 봉합하는 데 큰 역할을 한다. 여러 민족으로 구성된 합창단을 예로 들 수 있다. 예술이 다문화 사회의 갈등 해결에 기여하는 방안을 모색해 보자.

관련 학과 광고디자인과, 디지털디자인과, 미디어영상학과, 산업디자인학과, 시각디자인학과, 영상콘텐츠과, 환경디자인학과

《다문화주의와 영화》, 이형식, 앨피(2018)

단원명 | 생활 공간과 사회

| 🔍 | 산업화, 도시화, 정보화, 대도시권, 생활 양식의 변화, 지역사회의 변화, 교통과 통신의 발달, 시공간의 수렴화, 고속 철도, 정보화, 가상 공간, 빅데이터, 공간 변화와 생활 양식, 지역 조사의 절차, 통계 지도 작성, 커뮤니티 매핑

[10통사1-05-01]　● ● ●

산업화, 도시화로 인해 나타난 생활 공간과 생활 양식의 변화 양상을 조사하고, 이에 따른 문제점의 해결 방안을 제안한다.

● 산업화와 도시화 이후 예체능 계열에서 새롭게 나타난 변화의 사조를 현대 미술, 현대 음악 등을 분석하여 알아볼 수 있다. 또한 세계의 특색 있는 도시들의 디자인을 참고해 내가 살고 싶은 도시의 모습을 구체화하여 그려내는 프로젝트를 수행할 수 있다. 그리고 도시 문제의 해결을 위해 도시 환경을 재구성하는 과정에서 디자인이 강조됨을 파악하고 공공 디자인과 환경 디자인이 도시 공간의 재생과 변화에 끼친 사례를 탐구할 수 있다.

관련 학과 예체능계열 전체

《공간 속에 깃든 도시 환경 디자인의 숨결》, 아치앤북 편집부, 아치앤북(2022)

[10통사1-05-02]　● ● ●

교통·통신 및 과학기술의 발달과 함께 나타난 생활 공간과 생활 양식의 변화 양상을 조사하고, 이에 따른 문제점의 해결 방안을 제안한다.

● 인공지능 및 빅데이터 기술이 다양한 분야에 미치는 영향을 조사한다. 예를 들어 스포츠에 트랙맨 데이터 분석과 같은 최첨단 ICT 기술이 접목된 사례를 조사하거나, 정확한 판정을 위해 로봇 심판이 필요한가의 여부를 두고 찬반 토론을 진행할 수 있다. 또한 인공지능이 그림 창작, 작곡 등 예술 분야로 진출한 사례들을 알아보고 이를 활용하는 방안을 모색하거나 인공지능 예술이 초래할 것으로 예상되는 문제점에 대해 토의하는 활동을 수행할 수 있다.

관련 학과 예체능계열 전체

《인공지능과 빅데이터로 읽는 미래 스포츠 이야기》, 천제민, 부크크(2023)

● ● ●

자신이 거주하는 지역을 사례로 공간 변화가 초래한 양상 및 문제점을 탐구하고, 공동체의 구성원으로서 지역 사회의 변화를 위한 방안을 모색하고 이를 실천한다.

➜ 거주 지역을 대상으로 실내 조사 및 현지 조사를 진행한 다음, 수집한 자료들을 지도나 그래프 등으로 시각화하여 표현해 보자. 지역의 문제점을 카드 뉴스나 만평, 포스터 등으로 나타내는 활동도 수행할 수 있다. 낙후된 지역의 환경을 개선하고 관광 수입을 창출하기 위해 진행하는 도시 벽화 프로젝트 등 공공 미술의 현황에 대해 탐구한 뒤 장점과 단점을 분석하고 거주 지역에 적용하는 방안을 모색해 보자.

관련 학과 예체능계열 전체

《춤추는 마을 만들기》, 윤미숙, 남해의봄날(2015)

공통 과목	수능		절대평가	상대평가
	O	**통합사회2**	5단계	5등급

단원명 | 인권 보장과 헌법

🔍 인권, 천부인권, 시민혁명, 주거권, 안전권, 환경권, 문화권, 인권 보장, 시민불복종, 저항권, 인간의 존엄성, 시민 참여, 사회적 소수자, 청소년 노동권, 인권지수, 인권 문제

[10통사2-01-01] ● ● ●

근대 시민 혁명 등을 통해 확립되어 온 인권의 의미와 변화 양상을 이해하고, 현대사회에서 주거·안전·환경·문화 등 다양한 영역으로 인권이 확장되고 있는 사례를 조사한다.

➡️ 예술이 인권 확장에 기여한 사례를 탐구할 수 있다. 예를 들어 19세기에 등장한 몇몇 미술 작품들은 혁명의 이념을 대중에게 널리 전파하는 역할을 했다. 이처럼 인권 침해 사례를 알리거나 인권 보장에 관해 홍보하는 작품을 직접 제작하는 활동을 할 수 있다. 또한 최근 문화를 향유할 권리에 대한 관심이 높아지고 있다. 소외 계층도 문화예술을 공평하게 향유하는 권리를 보장하기 위해 국가와 개인이 할 수 있는 일에 관해 탐구해 보자.

`관련 학과` 예체능계열 전체

《예술인 권익보호를 위한 예술인 필독서》, 안효준, 바른북스(2022)

[10통사2-01-02] ● ● ●

인간 존엄성 실현과 인권 보장을 위한 헌법의 역할을 파악하고, 시민의 권익을 보호하기 위한 다양한 시민 참여의 방안을 탐구하고 이를 실천한다.

➡️ 대한민국 헌법은 문화와 예술의 자유 및 표현의 자유를 보장하고 있다. 이를 위해 현재 시행하고 있는 문화예술 진흥 관련 각종 법령의 내용과 구체적인 시행 방안 및 관련 정책의 한계를 알아보는 탐구활동을 진행할 수 있다. 또한 시민의 자유와 권리를 위해 독재 권력에 맞서 투쟁을 벌인 예술가들의 삶에 대해 조사하면서 예술이 시민들의 의식 계몽과 참여 확대에 기여하는 방법을 찾을 수 있다.

`관련 학과` 예체능계열 전체

《권력에 맞선 상상력, 문화운동 연대기》, 양효실, 시대의 창(2017)

[10통사2-01-03] ● ● ●

사회적 소수자 차별, 청소년의 노동권 등 국내 인권 문제와 인권지수를 통해 확인할 수 있는 세계 인권 문제의 양상을 조사하고, 이에 대한 해결 방안을 모색한다.

➡️ 예술 작품은 때때로 사회 고발적인 성격을 드러낸다. 사회적 소수자에 대한 차별 실태를 다룬 미술 작품들을 분석하며 읽어내는 활동을 통해 여성과 노동자, 어린이와 같은 사회적 약자들이 받은 차별의 역사를 알아볼 수 있다. 이를 응용하여 현대사회에서 사회적 소수자들이 겪는 차별에 대해 알리고, 대중의 의식 전환을 촉구하는

예술 작품을 카드 뉴스나 포스터, 그림, 영상물 등 다양한 형태로 직접 제작하는 활동을 진행해 보자.

관련 학과 예체능계열 전체

사람이 사는 미술관

박민경, 그래도봄(2023)

책 소개

이 책은 인권의 주요 개념을 '여성' '노동' '차별과 혐오' '국가' '존엄' 등 크게 다섯 개의 범주로 나누어 설명한다. 아직도 유리 천장이 건재한 세상에서 여성이 얼마나 큰 어려움을 겪는지, 먹고살기 위한 노동의 현장은 어째서 목숨을 앗아가는 장소가 되어 버렸는지, 차별은 어떻게 혐오로 발전하며 그 혐오가 어떤 비극을 일으키는지, 국가가 얼마나 많은 인권유린을 자행했는지, 마지막으로 인간의 존엄함은 왜 존중받아야 하는지 등을 명화와 함께 들려주어 인권에 대한 이해를 돕는다.

세특 예시

'책의 시선으로 세상 보기' 시간에 '사람이 사는 미술관(박민경)'을 읽고 피카소와 들라크루아 같은 작가들의 작품을 통해 인권의 주요 주제들을 알게 되어 인식의 지평이 넓어졌다는 소감을 밝힘. 이에 영감을 얻어 '그림으로 표현하는 인권' 이라는 주제의 추가 탐구활동을 진행했고, 사회적으로 차별받는 소수자들의 현실을 역사 속 명화를 패러디한 그림으로 표현하여 친구들의 탄성을 자아냄.

단원명 | 사회 정의와 불평등

🔍 분배적 정의, 교정적 정의, 업적, 능력, 정의의 기준, 자유주의적 정의관, 공동체주의적 정의관, 절차적 정의, 다원적 평등, 공동선, 권리와 의무, 소득 불평등, 공간 불평등, 계층 양극화, 지역 격차, 보편적 복지, 선별적 복지, 적극적 우대 조치, 역차별

[10통사2-02-01] ●●●

정의의 의미와 정의가 요구되는 이유를 파악하고, 다양한 사례를 통해 정의의 실질적 기준을 탐구한다.

➡ 예술계, 체육계의 실제 사례들을 통해 분배적 정의의 개념을 이해할 수 있다. 예를 들어 '음악 저작권 수익의 배분 과정은 정의로운가? 누가 돈을 더 받아야 하는가?', '법적으로는 범죄가 아닌 스테로이드 복용이 왜 스포츠 세계에서는 스포츠 정신의 근간을 흔드는 중대한 문제로 여겨지는가?' 와 같은 주제로 토론을 해 보자. 이를 통해 공정한 경쟁의 중요성 및 분배 방법의 정의에 대한 여러 개념을 자연스럽게 체득할 수 있다.

관련 학과 예체능계열 전체

《**돈으로 말하는 음악저작권**》, 문성운 외 1명, 엠스토리(2023)

[10통사2-02-02] ●●●

개인과 공동체의 관계를 기준으로 다양한 정의관을 비교하고, 이를 구체적인 사례에 적용하여 설명한다.

국어 교과군

영어 교과군

수학 교과군

도덕 교과군

사회 교과군

과학 교과군

➔ 자유주의적 정의관과 공동체주의적 정의관의 의미 및 차이점을 그림이나 연극, 짧은 동영상과 같은 시각적 매체로 나타내는 활동을 수행할 수 있다. 또한 예술에서 강조되는 표현의 자유가 공공의 이익을 위해 제한되는 사례를 살펴보고, 표현의 자유는 어디까지 인정되어야 하는지, 국가가 표현의 자유를 제한하는 것은 정당한지, 개인의 자유와 권리를 인정하면서 사회 전체의 공익을 추구하려면 어떤 정책이 필요한지 등의 논제로 토론해 보자.

관련 학과 예체능계열 전체

《**연관성의 예술—참여 공동체를 위한 문화 기획**》, 니나 사이먼, 이홍관 역, 연암서가(2018)

[10통사2-02-03]   ● ● ●

사회 및 공간 불평등 현상의 사례를 조사하고, 정의로운 사회를 만들기 위한 다양한 제도와 시민으로서의 실천 방안을 제안한다.

➔ 소득이 낮은 개인이나 가정은 문화예술 활동에 대한 접근성 자체가 낮고, 인구가 적은 촌락 지역이나 지방의 중소 도시는 문화예술 인프라 자체가 부족한 경우가 많다. 이로 인해 소득 수준과 지역에 따른 문화 격차가 심화하고 있다. 이러한 문화 불평등 현상을 해결하기 위한 정부 차원의 제도적 노력과 예술계의 자체적인 노력에 대해 조사하고, 이를 참고하여 자신의 의견을 발표하는 활동을 진행해 보자. 또는 사회적 소수자에 대한 차별과 불평등을 개선하기 위해 사회운동을 활발히 전개한 예술가들의 삶에 대해 알아보며 정의로운 사회를 위해 시민이 실천할 수 있는 방안을 모색해 보자.

관련 학과 예체능계열 전체

《**젠트리피케이션과 문화 운동**》, 이종임, 커뮤니케이션북스(2017)

단원명 | 시장경제와 지속 가능 발전

| 🔍 | 자본주의, 산업혁명, 시장경제, 계획경제, 자유방임주의, 수정자본주의, 경제 주체, 합리적 선택, 시장 실패, 불완전 경쟁, 외부 효과, 외부경제, 외부불경제, 비합리적 소비, 지속 가능 발전, 기업가 정신, 기업의 사회적 책임, 노동자의 권익, 윤리적 소비, 자산 관리, 예금, 채권, 주식, 유동성, 수익성, 안전성, 신용 관리, 생애 주기, 생산 요소, 자원, 노동, 자본, 절대 우위, 비교 우위, 특화, 국제 분업, 지역 경제 협력체, 무역 장벽, 자유 무역 협정, 공정무역 |

[10통사2-03-01]   ● ● ●

자본주의의 역사적 전개 과정과 그 특징을 조사하고, 시장과 정부의 관계를 중심으로 다양한 삶의 방식을 비교 평가한다.

➔ 초기 상업 자본주의 시대에 이탈리아와 북유럽의 상인들은 투자의 수단으로 미술품을 선택했고, 이는 르네상스 시대의 미술 양식 발전에 영향을 끼쳤다. 이와 같이 자본의 흐름이 예술 사조의 변화에 영향을 끼친 구체적 사례를 조사하는 과정을 통해 예술의 산업화에 관해 탐구할 수 있다. 또한 이윤의 추구, 수요와 공급의 법칙 같은 기본적인 경제 법칙을 프로 스포츠 산업과 같은 예체능 분야에 적용하고 실제 사례들을 찾아 보자.

관련 학과 예체능계열 전체

《**난처한 미술 이야기 6**》, 양정무, 사회평론(2020)

합리적 선택의 의미와 그 한계를 파악하고, 지속 가능 발전을 위해 요청되는 정부·기업가·노동자·소비자의 바람직한 역할과 책임에 관해 탐구한다.

➡️ 미술품 거래 시장은 창작자와 소비자의 관계가 일반적인 생산자-소비자의 관계와 다르기 때문에 대다수의 경쟁 시장과는 다른 특징을 보인다. 상품의 수량이 극히 적고 공급이 한정적인 미술품 경매 시장과 다른 유형의 시장을 비교하고 차이점을 파악하는 활동을 진행해 보자. 또한 체육관이나 공연장, 체육 공원 등의 문화 체육 시설은 수익성이 부족하기 때문에, 시장의 기능에 일임하면 수요에 비해 공급이 충분하지 못한 경우가 대부분이다. 이를 해결하기 위한 정부의 노력 및 기업의 사회적 기부 활동에 대해 조사해 보자.

관련 학과 예체능계열 전체

《아트마켓 바이블》, 이지영, 미진사(2014)

금융 자산의 특징과 자산 관리의 원칙을 토대로 금융 생활을 설계하고, 경제적·사회적 환경의 변화가 금융과 관련한 의사결정에 미치는 영향을 탐구한다.

➡️ 블록체인 기술의 발달로 예술품 시장에 NFT라는 디지털 자산이 도입되었다. NFT는 블록체인을 활용한 가상의 자산으로, 고유한 인식 값이 있어 다른 것으로 대체하거나 복제할 수 없고 소유권도 명확해서 미술 작품뿐만 아니라 게임, 스포츠 등 다양한 예체능 분야에 적용되고 있다. NFT 거래의 구체적인 사례를 조사해 보고 NFT가 금융 투자 상품으로서 가치가 있는지, 미래의 전망은 어떤지 탐구하는 활동을 수행할 수 있다.

관련 학과 예체능계열 전체

《NFT로 바라본 크리에이터 이코노미》, 서광민 외 3명, 열린인공지능(2023)

자원·노동·자본의 지역 분포에 따른 국제 분업과 무역의 필요성을 이해하고, 지속 가능 발전에 기여하는 국제 무역의 방안을 탐색한다.

➡️ 국제 무역에서 예술, 스포츠 및 여가 관련 서비스가 차지하는 비중이 점차 높아지고 있다. 그중에서 두드러진 것은 콘텐츠 산업의 급속한 성장이다. 기존의 플랫폼인 영화나 TV 시장의 성장세가 주춤하는 반면, OTT(Over The Top) 시장이 급격히 성장하면서 OTT 서비스에 특화된 수많은 콘텐츠들이 개발되고 우리나라에서 제작한 콘텐츠들이 국제 OTT 시장에서 큰 인기를 얻고 있다. 구체적인 사례 및 수익에 관련된 자료들을 찾아보고, 앞으로의 발전 방향에 대해 토의해 보자.

관련 학과 예체능계열 전체

《OTT로 쉽게 배우는 경제 수업》, 박병률, 메이트북스(2023)

단원명 | 세계화와 평화

🔍 세계화, 지역화, 세계도시, 다국적 기업, 문화 획일화, 보편 윤리, 특수 윤리, 세계 평화, 국제 사회의 갈등과 협력, 국가, 국제 기구, 비정부 기구, 세계시민, 평화의 개념, 남북 분단, 평화통일, 동아시아의 역사 갈등

[10통사2-04-01] ● ● ●

세계화의 다양한 양상을 살펴보고, 세계화 시대의 문제점과 그에 대한 해결 방안을 제안한다.

➡ 세계화 시대에는 문화의 교류가 활발해지면서 예체능 분야 또한 국제적으로 영향을 주고받는 경우가 많다. 예를 들어 미국 프로 야구 리그가 규정을 개정하면 일본과 한국의 프로 야구 규칙도 따라서 변화한다거나, K-Pop이 세계적으로 인기를 끌면서 다른 국가의 대중음악 판도에 영향을 주는 현상, 영화와 드라마 등이 국경을 넘어 다른 나라에도 영향을 미치는 사례 등이 있다. 이와 유사한 사례를 찾아 장점 및 단점을 분석해 보자.

관련 학과 예체능계열 전체

《케이팝 인문학: 한국대중음악, 철학으로 듣는다》, 박성건 외 1명, 미디어샘(2021)

[10통사2-04-02] ● ● ●

평화의 관점에서 국제 사회의 갈등과 협력의 사례를 조사하고, 세계 평화를 위한 행위 주체의 바람직한 역할을 탐색한다.

➡ 전쟁의 참혹함을 고발하거나 평화를 위한 메시지를 던지는 예술 작품들을 찾아보고 작품에 담긴 의미를 해석해 보자. 예를 들어 스페인 내전의 참상을 드러낸 피카소의 작품을 찾아서 그림의 속뜻을 읽거나 세계 평화를 노래한 음악 작품을 감상하며 느낀 점을 나누고 평화를 위한 노래나 삼행시 등을 창작할 수 있다. 또는 올림픽이 진행될 때 전쟁이 일시적으로 멈추는 것처럼 스포츠가 지역 간의 갈등 해소나 세계 평화에 기여하는 사례를 조사하여 발표해 보자.

관련 학과 예체능계열 전체

《평화의 상징 피카소의 게르니카》, 박수현, 국민서관(2013)

[10통사2-04-03] ● ● ●

남북분단과 동아시아의 역사 갈등 상황을 분석하고, 이를 토대로 우리나라가 세계 평화에 기여할 수 있는 방안을 제안한다.

➡ 남북 통일에 대한 청소년들의 인식은 해를 거듭할수록 부정적으로 바뀌어 가는 추세이다. 청소년들의 인식 변화를 위해 통일의 이점을 홍보할 수 있는 포스터, 동영상, 뮤지컬 등 다양한 시청각 매체들을 제작하여 발표하는 활동을 진행할 수 있다. 또한 국제 대회의 남북 공동 대표팀 출전처럼 동아시아의 평화를 위한 예술계와 체육계의 협력 사례들을 조사하고 한국, 중국, 일본의 문화 교류와 이해를 통해 국가의 우호를 증진하여 갈등을 해소할 수 있는 방안을 모색해 보자.

관련 학과 예체능계열 전체

《동아시아 문화 교류와 이동의 기록》, 허경진, 보고사(2015)

단원명 │ 미래와 지속 가능한 삶

🔍 세계의 인구 분포, 인구 피라미드, 저출생, 고령화, 인구 과잉, 인구 문제의 해결 방안, 에너지 자원의 분포, 에너지 자원의 소비, 기후변화, 지속 가능 발전, 미래 사회 예측, 세계시민주의, 생태환경의 변화, 국가 간 협력

[10통사2-05-01] • • •

세계의 인구 분포와 구조 등에 대한 이해를 토대로 현재와 미래의 인구 문제 양상을 파악하고, 그 해결 방안을 제안한다.

➡️ 지역적으로 차이를 보이는 인구 분포와 인구 문제의 양상을 인포그래픽과 같은 시각적인 방식으로 표현하고 내용을 전달할 수 있다. 예를 들어 우리나라의 인구 문제 변천사를 4컷 만화나 포스터, 비주얼 씽킹 형식으로 나타내거나 세계의 인구 분포를 그림 지도를 통해 직관적으로 이해하도록 표현할 수 있다. 인구 문제 해결책을 광고 형식의 동영상 자료나 포스터 등으로 대중이 알기 쉽게 전달하는 활동을 수행해 보자.

관련 학과 예체능계열 전체

《인포그래픽 인사이트 57》, 이수동·송정수, 길벗(2014)

[10통사2-05-02] • • •

지구적 차원에서 에너지 자원의 분포와 소비 실태를 파악하고, 기후변화에 대한 대응과 지속 가능한 발전을 위한 제도적 방안과 개인적 노력을 탐구한다.

➡️ 몇몇 영화와 다큐멘터리들은 기후변화가 불러올 재난을 사실적으로 묘사하여 대중의 경각심을 높이는 역할을 했다. 이처럼 기후변화 문제를 미술, 음악, 영화, 연극 등 다양한 예술의 형태로 다루어 기후 문제에 대한 대중의 인식 전환을 촉진하는 사례를 조사할 수 있다. 환경 문제를 고발한 영상 매체를 선정하여 어떤 문제의식을 가지고 작품을 만들었는지 분석해 보자. 또는 기후변화의 위험성을 경고하는 내용이나 기후변화를 막기 위한 실천 방안을 홍보하는 시청각 자료를 제작하거나 재활용품을 이용하여 환경 보호 메시지를 담은 작품을 만들어 보자.

관련 학과 예체능계열 전체

《지구도 살리고 재미도 살리는 재활용품 미술 놀이》, 킴벌리 맥클라우드, 송보라 역, 청어람아이(2022)

[10통사2-05-03] • • •

미래 사회의 모습을 다양한 측면에서 예측하고, 이를 바탕으로 세계시민으로서 자신의 미래 삶의 방향을 설정한다.

➡️ 미래의 예술계, 체육계의 변화 방향에 대해 논의할 수 있다. 예를 들어 인공지능의 발달이 예술계에 끼치는 영향에 대해 탐구하면서 AI가 그린 그림이나 작곡한 음악을 창작물이라고 인정할 수 있는가, 저작권을 어디까지 인정해야 하는가, 인간의 역할은 앞으로 어떻게 될 것인가에 대한 토론을 진행할 수 있다. 또한 기술의 발전으로 음악이나 미술에 새로운 기법이 도입되거나 체육계에 첨단 기술이 적용되는 사례를 찾아보고, 이로 인해 발생할 것으로 예상되는 장점과 단점을 분석할 수 있다.

관련 학과 예체능계열 전체

《인간이 지워진다—AI 시대, 인간의 미래》, 김덕진 외 4명, 메디치미디어(2023)

국어 교과군

영어 교과군

수학 교과군

도덕 교과군

사회 교과군

과학 교과군

선택 과목	수능	세계시민과 지리	절대평가	상대평가
일반 선택	X		5단계	5등급

단원명 | 세계시민, 세계화와 지역 이해

> |🔍| 세계화, 지역화, 세계시민, 지역통합, 지역분리, 지역변화, 지리정보 기술, 경제 블록, 지리적 사고, 지구 공동체

[12세지01-01] ● ● ●

세계화의 의미를 지리적 스케일에 따라 이해하고, 세계화와 지역화의 관계 속에서 세계시민의 역할을 탐색한다.

➡ 비엔날레는 2년마다 열리는 대규모 전시회이다. '비엔날레(Biennale)'는 이탈리아어로 '2년에 한 번'이라는 뜻으로, 1895년에 시작된 베네치아 비엔날레가 유명세를 얻으면서 대규모 국제 전시회를 일컫는 말로 널리 쓰이게 되었다. 베네치아 비엔날레는 세계 각국의 비엔날레 중 가장 역사가 길고 권위를 인정받고 있으며, 세계 각국의 최신 미술 경향을 소개하는 장(場)의 역할을 한다. 비엔날레의 특징과 문제점에 대해 조사하여 발표해 보자.

관련 학과 예체능계열 전체

《걸작의 뒷모습》, 세라 손튼, 이대형 외 1명 역, 세미콜론(2011)

[12세지01-02] ● ● ●

지역 통합과 분리 현상의 사례와 주요 원인을 탐구하고, 이를 바탕으로 지역 변화의 역동성을 파악한다.

➡ 오래전부터 전 세계 패션의 중심은 프랑스 파리였다. 하지만 제2차 세계대전이 발발하자, 뉴욕의 패션 디자이너들은 파리에 가지 못하고 프랑스와 이탈리아의 옷들도 뉴욕으로 들여오지 못하게 되었다. 이러한 시기에 미국 패션 기자 엘리노어 램버트가 발 벗고 나서서 1943년 뉴욕 플라자 호텔에서 미국 디자이너들을 중심을 한 '프레스 위크'를 개최하였다. 이것이 바로 한 주 동안 패션 쇼만 연속으로 진행하는 패션 위크의 시작이었다. 세계 4대 패션 위크를 조사하고, 각 패션 위크의 특징을 비교·분석하여 발표해 보자.

관련 학과 예체능계열 전체

《패션의 시대》, 박세진, 마티(2023)

[12세지01-03] ● ● ●

지리정보 기술이 세계시민의 삶과 연계되는 다양한 모습을 이해하고, 지리적 문제 해결 및 의사결정에 활용되는 사례를 조사한다.

➡ 미술 작품의 감상은 순수한 심미적 체험뿐만 아니라 색채, 구조, 모양 등의 미적 요소를 분석하고 그것이 담고 있는 주제, 더 나아가 내재적인 의미와 가치를 발견하고 해석하는 과정이 포함된다. 공간은 행동이 일어나는 장이며, 예술가의 작품은 행동이 이루어지는 무대이다. 그림에는 전통적으로 지리학이 강조하는 공간, 자연과

인문 환경적 관점뿐만 아니라 최근 지리학의 주요 관심사인 지속 가능성, 평화, 갈등, 정의, 빈곤, 환경, 세계화 등의 내용이 고스란히 반영되어 있다. 그림에 숨어 있는 지리적 특징을 분석하여 발표해 보자.

관련 학과 예체능계열 전체

《그림에 담긴 지리이야기》, 임은진 외 7명, 푸른길(2022)

단원명 | 모자이크 세계, 세계의 다양한 자연환경과 문화

> 🔍 기후, 지형, 생태계, 문화 다양성, 종교 경관, 관광 자원, 상호 교류, 세계의 축제, 지속 가능 발전, 환경 보전, 혼합 문화

[12세지02-01] ●●●

세계의 다양한 기후에 대한 이해를 바탕으로 기후를 활용하거나 극복한 사례를 찾아 인간 생활과의 관계를 탐색한다.

➡ 일본 홋카이도 삿포로 시에서 매년 2월 초에 열리는 겨울 축제를 삿포로 유키마츠리(さっぽろ雪まつり)라고 한다. 200만 명 이상의 국내외 관광객이 이 축제에 방문하며, 브라질 리우데자네이루의 리우 카니발, 독일 뮌헨의 옥토버페스트와 더불어 세계 3대 축제로 불린다. 겨울 눈축제로는 중국 하얼빈의 빙등제와 쌍벽을 이룬다고 일컬어진다. 삿포로 눈축제의 역사, 축제의 내용과 특징을 조사하여 발표해 보자.

관련 학과 예체능계열 전체

《글로벌 겨울축제 경영》, 정강환, 백산출판사(2013)

[12세지02-02] ●●●

세계 주요 지형과 인간 생활의 상관성을 파악하고, 지형의 개발과 보존을 둘러싼 갈등 사례를 통해 지속 가능한 이용 방안을 토론한다.

➡ 한국 지리는 한국 미술에 다양한 영향을 주었다. 한국의 지리적 특성은 다양한 자연환경과 지형을 포함하고 있으며, 이는 미술가들에게 창의적인 영감을 제공했다. 예를 들어 한국의 산과 강, 바다와 섬은 자연환경의 아름다움을 표현하기 위한 주요 소재로 활용되었다. 이러한 지리적 요소들은 한국 미술에서 자주 반복되는 모티프로 등장하며, 대표적인 예로는 관악산과 한라산, 한강과 낙동강, 동해와 서해 등이 있다. 우리나라의 대표적인 지형의 아름다움을 표현한 예술 작품을 조사하여 발표해 보자.

관련 학과 예체능계열 전체

《한국의 미학》, 최광진, 미술문화(2015)

[12세지02-03] ●●●

세계 주요 종교의 특징 및 종교 경관의 의미를 이해하고, 각 종교가 인간 생활에 미치는 영향을 탐구한다.

➡ 미술과 종교는 서로 상응하는 부분이 많다. 우선 미술과 종교는 상징 언어를 통해 메시지를 전달한다. 또한 미술과 종교는 비합리적 직관성, 역설성에서 서로 통하는 면이 있다. 그리고 미술과 종교는 삶의 놀이성, 축제성, 신명성을 공유하며 상호 보완적이다. 미술과 종교의 관계를 역사적 관점에서 분석하여 발표해 보자.

국어 교과군

영어 교과군

수학 교과군

도덕 교과군

사회 교과군

과학 교과군

관련 학과 예체능계열 전체

《종교와 예술》, 박수영 외 7명, 열린서원(2023)

[12세지02-04]

세계의 다양한 음식과 축제를 지리적으로 설명하고, 문화 다양성을 보존하기 위한 방법을 모색한다.

➡ 대지예술(land art, earthworks)은 지구 표면 위나 표면 자체, 또는 표면 내부에 어떤 형상을 디자인하여 자연경관 속에 작품을 만들어내는 예술이다. 대지예술 작품들은 주로 장소의 특징적인 성격과 거대한 스케일을 보여 준다. 전통적인 대지예술가들은 주로 흙, 잔디 등의 자연물을 재료로 하여 작품을 만들었지만, 이후의 비전통적인 대지예술가들은 콘크리트, 돌, 금속, 플라스틱 같은 인공적인 소재를 사용하기도 한다. 대지예술의 탄생 배경과 특징을 조사하여 발표해 보자.

관련 학과 예체능계열 전체

《예술이 지역을 살린다》, 키타가와 후람, 김경인 역, 국토연구원(2018)

단원명 | 네트워크 세계, 세계의 인구와 경제 공간

🔍 인구분포 및 구조, 인구 문제, 인구 이동, 식량 자원, 식량 문제, 초국적 기업, 글로벌 경제, 경제 공간의 불균등, 윤리적 소비

[12세지03-01]

세계 인구 분포 및 구조를 통해 세계 인구 문제를 이해하고, 국제적 이주가 인구 유출 지역과 유입 지역에 미치는 영향을 탐구한다.

➡ 유럽의 국가들이 대부분 그러하듯 독일도 제2차 세계대전 이후 적극적으로 이민을 받아들이면서 한국에 비해 안정적인 다문화 사회를 이루고 있다. 독일 정부와 연방주는 '문화'라는 아이콘을 내세워 문화편견을 줄이기 위해 다민족의 문화를 포용하는 총체적 사회융합 정책을 지속적으로 펼치고 있다. 매년 외국인을 바라보는 독일인과 이민자 자신들의 인식도 많이 달라지고 있고, 다른 국가들로부터 나름 성공적인 이민 정책임을 인정받고 있다. 독일의 이민자들을 위한 문화예술 정책을 조사하여 발표해 보자.

관련 학과 예체능계열 전체

《글로벌 이주와 다문화의 이해》, 임영언·이영범, 보고사(2023)

[12세지03-02]

주요 식량 자원의 생산과 소비 양상을 통해 세계 식량 문제가 발생하는 구조적 원인을 파악하고, 식량의 안정적인 생산과 공급을 위한 각국의 대응 전략을 비교·분석한다.

➡ 영화 속 지형은 그저 배경이거나 주인공을 빛나게 해주는 소품에 불과할지도 모른다. 하지만 영화 속에서 스쳐 지나가는 산의 작은 돌멩이, 습지의 풀 한 포기, 바닷가의 모래 알갱이가 저마다 역사와 이야기를 간직하고 있다. 영상미나 스토리의 전개, 음향에 기울이던 관심을 영화 속 지형으로 돌려 보면 그동안 영화에서 느끼지 못했던 새로운 재미를 발견하게 된다. 영화 속에 나오는 지형 이야기를 조사하여 발표해 보자.

관련 학과 예체능계열 전체

《**영화 속 지형 이야기**》, 심승희 외 2명, 푸른길(2007)

[12세지03-03] ●●●

초국적 기업을 중심으로 한 글로벌 경제체제의 형성 과정을 탐색하고, 글로벌 경제에서의 공간적 불균등을 해소하기 위한 국제적 협력과 개인적 실천 방안에 대해 조사한다.

➡ 끊임없는 위기 속에서도 축적을 지속하는 자본주의의 현란한 기술의 실체는 무엇인가? 미국 사람들이 제때 갚지 못한 주택 대출금이 왜 한국 경제를 위기에 몰아넣고, 멀쩡했던 한국인이 왜 직장을 잃고 압류를 당해야 하는지, 대자본의 쇼핑 센터를 짓기 위해 멀쩡한 내 집을 강제로 허무는 일이 왜 공공 이익이 되어야 하는지를 평범한 사람이 이해하기란 쉽지 않다. 현대 자본주의를 비판한 영화를 찾아 비평문을 작성해 보자.

관련 학과 예체능계열 전체

《**영화, 경제를 말하다**》, 최병서, 형설라이프(2013)

단원명 | 지속가능한 세계, 세계의 환경 문제와 평화

| 🔍 | 에너지 자원의 생산과 소비, 친환경 에너지, 지속 가능 에너지, 환경 문제, 생태전환, 지정학, 분쟁

[12세지04-01] ●●●

세계 주요 에너지 자원의 생산과 소비 현황을 조사하고, 다양한 친환경 에너지원의 특징에 대한 이해를 바탕으로 지속가능한 에너지 생산 방안을 제시한다.

➡ '에너지 절약, 저탄소 배출 제품과 예술의 만남'이라는 새로운 시도가 일어나고 있다. 에너지 사용과 온실가스 배출을 줄이거나 소비 단계에서 에너지 효율을 증대한 제품 또는 산업 시설을 예술 작품으로 재해석하면 에너지 절약과 저탄소에 대한 거부감을 상쇄하는 효과가 있다. 또 에너지 절약과 기후변화에 대한 인식을 제고하고 에너지 절감 및 저탄소 배출 제품에 대한 소비문화도 촉진할 수 있다. 에너지 절약과 저탄소를 위한 획기적인 예술 작품의 사례를 조사해 발표해 보자.

관련 학과 예체능계열 전체

《**예술, 현재진행형**》, 글렌 애덤슨·줄리아 브라이언-윌슨, 이정연 역, 시공아트(2023)

[12세지04-02] ●●●

세계 주요 환경 문제의 유형과 실태를 설명하고, 생태전환적 삶에 비추어 현재의 생활 방식을 비판적으로 점검한다.

➡ 지난 100년간 온난화로 인해 지구의 온도가 무려 1도나 상승하였다. 이로 인해 기상이변 현상이 일어나고 해빙으로 인해 동물들이 갈 곳을 잃는 등 큰 피해가 발생하고 있다. 또한 무분별한 일회용품 사용과 분리 배출하지 않은 쓰레기로 인해 토지, 해양의 오염과 더불어 우리의 건강까지 위협받고 있다. 이러한 문제를 해결하여 인간과 자연이 공존하고 지속 가능한 삶을 만들어가기 위해 생태전환적 삶의 방식이 요구된다. 생태전환적 삶의 방식에 대한 연극의 우수 사례를 조사하여 발표해 보자.

국어 교과군

영어 교과군

수학 교과군

도덕 교과군

사회 교과군

과학 교과군

관련 학과 예체능계열 전체

《생태 감수성의 혁명적 힘》, 베르나르 샤르보노·자끄 엘륄, 안성헌 역, 비공(2021)

[12세지04-03] ●●●

다양한 지정학적 분쟁을 국제 정세의 변화와 관련지어 조사하고, 세계 평화와 정의에 기여할 수 있는 방안을 찾아 실천한다.

➲ 전쟁을 직접 겪은 작가와 그렇지 않은 작가들은 전쟁을 바라보는 시각과 표현 방식에서 많은 차이를 보인다. 전쟁을 직접 겪은 작가들의 경우 전쟁의 참혹함과 잔인함을 표현하는 데 주력하는 것에 비해, 그렇지 않은 작가들은 이미 역사가 된 전쟁의 의미와 그로 인한 성과를 드러내는 것이 대부분이다. 케테 콜비츠(Kathe Kollwitz, 1867~1945)는 여성 화가이다. 콜비츠는 위에 언급한 두 부류의 화가 가운데 전자, 즉 전쟁을 직접 겪은 부류에 속한다. 그는 사회의 다양한 문제와 사건을 그리는 리얼리스트(Realist)로서 독일인의 비극적인 삶을 그린 작가로 유명하다. 전쟁을 표현한 작가와 작품을 조사하여 발표해 보자.

관련 학과 예체능계열 전체

《총칼을 거두고 평화를 그려라》, 박홍규, 아트북스(2003)

선택 과목	수능		절대평가	상대평가
일반 선택	X	**세계사**	5단계	5등급

단원명 | 지역 세계의 형성

| 🔍 | 현생 인류, 문명, 생태환경, 상호작용, 유교, 불교, 한자, 율령, 힌두교, 크리스트교, 이슬람교, 고대 정치, 농경, 목축

[12세사01-01] • • •

현생 인류의 삶과 문명의 형성을 생태환경과의 관계 속에서 파악한다.

➡️ 선사 시대 예술에 대해서는 그동안 예술을 위한 예술이라거나 동물 숭배와 관련 있는 토테미즘의 양상이었다 거나 일종의 주술적 행위였다거나 하는 가설들이 주를 이루었다. 그러나 너무 포괄적이거나 모순되어 구체적 인 사례들을 설명하지 못하는 한계를 드러냈다. 라스코, 쇼베, 알타미라 등 대표적인 동굴 벽화와 같은 선사 유 적과 유물을 조사해 샤머니즘의 탄생 원리, 샤머니즘이라는 틀 안에서의 동굴 예술의 의미, 선사 시대 예술의 특징, 선사 시대 예술의 기능에 대한 보고서를 작성하여 발표해 보자.

관련 학과 예체능계열 전체

《선사 예술 이야기》, 장 클로트, 류재화 역, 열화당(2022)

[12세사01-02] • • •

동아시아, 인도 세계의 형성을 문화의 상호작용과 관련지어 이해한다.

➡️ 서구인들이 일본 미술에 관심을 가지게 된 것은 1860년대부터이다. 특히 1862년 런던 만국박람회와 1867년 파 리 만국박람회를 통해 일본의 도자기와 차(茶), 부채, 우키요에 판화 등이 유럽에 소개되면서 일본의 문화 및 예술 에 대한 관심이 증대했다. 그들은 일본 미술품의 장식적 요소를 차용하는 수준에서 점차 그 양식과 기법을 적극적 으로 수용하고 표현하는 양태로까지 나아갔다. '자포니즘'이 서양 예술에 미친 영향을 조사하여 발표해 보자.

관련 학과 미술학과, 회화과, 도예학과, 동양화과, 서양화과, 실내디자인학과, 시각디자인학과, 조형예술학과, 한국화 전공, 미 학과, 예술학부

《자포니슴》, 마부치 아키코, 역, 이연식 역, 시공아트(2023)

[12세사01-03] • • •

서아시아, 지중해, 유럽 세계의 형성과 문화적 특징을 종교의 확산과 관련지어 분석한다.

➡️ 보통 그리스 미술이라고 하면, 일반적으로는 아르카익기 이후부터 헬레니즘 시기에 이르는 미술을 가리킨다. 회화와 조각에서 그리스 미술은 신과 영웅, 그리고 인간의 이상적인 아름다움을 재현했다는 면에서 중요하다. 기원전 8세기 무렵 부흥한 그리스의 건축물은 기둥과 상인방 구조로 구축되었다. 건축 재료로 처음에는 목재

가 사용되다가 석회암이 쓰였으며, 이후 대리석이 가장 보편적으로 사용되었다. 그리스 건축은 뛰어난 형태미와 재료미로 감흥을 준다. 그리스 미술의 시기별 특징, 그리스 조각과 건축의 특징, 대표적인 조각과 건축물 사례를 탐구하여 발표해 보자.

관련 학과 예체능계열 전체

《**그리스 미술**》, 존 보드먼, 원형준 역, 시공아트(2003)

단원명 l 교역망의 확대

| 🔍 이슬람교, 이슬람 문화, 이슬람 상인, 오스만 제국, 몽골, 신항로 개척, 상품 교역, 식민지, 중상주의, 교류, 노예 무역, 아메리카 문명, 은 유통, 가격 혁명, 상업 혁명, 절대왕정, 중상주의

[12세사02-01] •••

이슬람 세계와 몽골 제국의 팽창에 따른 교류 양상을 파악한다.

➡ 이슬람 미술은 이슬람 교도들이 이룩한 미술을 말한다. 이슬람 세계의 지배자가 된 아랍인이 성숙한 전통 문화를 가지지 못했는데도 이슬람 미술 형성의 모태가 된 것은 정복한 각지의 예술 전통 즉 헬레니즘, 비잔틴, 사산조 등 다원적 요소를 수용, 혼합해 각 지역의 특색을 바탕으로 다양성 있게 전개했기 때문이다. 이슬람 건축, 회화, 조각, 공예의 특징을 조사하여 발표해 보자.

관련 학과 예체능계열 전체

《**이희수의 이슬람**》, 이희수, 청아출판사(2021)

[12세사02-02] •••

유럽의 신항로 개척과 재정·군사 국가의 성립이 가져온 변화를 분석한다.

➡ '라틴 아메리카' 하면 탱고, 삼바, 룸바 등 세계적으로 널리 애호되고 있는 음악과 함께 디에고 리베라, 프리다칼로 등의 예술가들을 떠올리게 된다. 다양한 인종과 이질적인 문화의 교류 속에서 라틴아메리카 예술의 역동적인 힘이 만들어졌다. 생동감과 독창성 그리고 경이로움으로 대변되는 라틴아메리카 예술은 이런 다양한 문화적 도가니에서 태어났다. 라틴아메리카 예술의 특징을 인디오주의, 모더니즘, 구성주의, 표현주의, 벽화주의로 구분하여 조사한 뒤 발표해 보자.

관련 학과 예체능계열 전체

《**우리들 꿈꾸는 아메리카**》, 장혜영, 미래를소유한사람들(2009)

[12세사02-03] •••

세계적 상품 교역이 가져온 사회적·경제적 변화를 이해한다.

➡ 명품의 사전적 정의는 '오랜 기간 동안 사람들 사이에서 사용되며 상품적 가치와 브랜드 가치를 인정받은 고급품을 일컫는 말'이다. 명품은 고대부터 존재했으며, 최고급 소재와 정교한 디자인으로 제작되어 주로 왕족, 귀족 등 상류층에게 인기를 끌었다. 유럽에서는 17세기 후반부터 명품 산업이 발전하기 시작했다. 명품 산업의 중심에는 프랑스가 있었다. 프랑스 명품 산업의 역사적 배경, 명품 산업의 발전 과정, 대표적인 명품 브랜드

사례, 명품 브랜드의 인기비결 등을 조사하여 발표해 보자.

관련학과 예체능계열 전체

《**유럽 명품 기업의 정신**》, 홍하상, 을유문화사(2013)

단원명 | 국민 국가의 형성

> 🔍 청, 무굴 제국, 오스만 제국, 미국 혁명, 프랑스 혁명, 산업혁명, 국민 국가, 계몽사상, 산업 자본주의, 제국주의, 빈 체제, 자유주의, 민족주의, 7월 혁명, 2월 혁명, 동력 혁명, 교통·통신 혁명, 노동 운동, 사회주의, 개항, 민족 운동, 근대화 운동

[12세사03-01] ●●●

청, 무굴 제국, 오스만 제국의 통치 정책과 사회, 문화의 변화를 이해한다.

➡️ 청나라 강희제·옹정제·건륭제 시대(강건성세)는 청조의 문화·정치·경제의 절정기로서 학문과 예술을 애호하고 후원하면서 크게 발전하였다. 주위의 이웃나라인 미얀마, 타이, 베트남, 조선 등 각국이 중국에 사신을 보내 조공을 바치고 교류를 하여 청조의 문화는 이웃나라에까지 크게 영향을 미쳤다. 강건성세 시기 청나라의 도자기 공예와 회화의 특징을 조사하여 발표해 보자.

관련학과 예체능계열 전체

《**청나라 제국의 황제들**》, 옌 총리엔, 장성철 역, 산수야(2017)

[12세사03-02] ●●●

미국 혁명, 프랑스 혁명을 시민 사회 형성과 관련지어 파악한다.

➡️ 영화 〈레 미제라블(Les Misérables)〉은 2012년에 개봉한 뮤지컬 영화이다. 이 영화는 1862년 프랑스의 소설가 빅토르 위고가 쓴 동명의 장편소설을 원작으로 하였다. 제목인 '레 미제라블'은 '불쌍한 사람들'이라는 뜻이며, 한국에서는 《장 발장》으로 소개됐다. 프랑스 민중의 비참한 삶과 1832년에 일어난 프랑스 6월 봉기를 소재로 집필되었다. 이 영화의 시대적 배경, 뮤지컬 영화로서의 독창성, 등장인물들의 상징성, 사운드 트랙의 특징, 의상과 소품에 나타난 상징성 등에 대해 분석하여 발표해 보자.

관련학과 예체능계열 전체

《**레 미제라블**》(1~5), 빅토르 위고, 정기수 역, 민음사(2012)

[12세사03-03] ●●●

제1·2차 산업혁명이 가져온 사회, 경제, 생태환경의 변화를 분석한다.

➡️ 산업혁명이란 18세기 중엽 영국에서 시작된 기술혁신과 이에 수반하여 일어난 사회·경제 구조의 변혁을 일컫는 말이다. 산업혁명은 이전에 없던 새로운 생활 방식과 사회문제가 등장하는 배경이 되었다. 당시의 화가들은 이 역동적인 변화의 시기를 붓과 펜으로 묘사하여 후세에 남겼다. 이들의 그림을 통해 산업혁명의 긍정적인 면과 부정적인 면을 파악하여 발표해 보자.

관련학과 예체능계열 전체

《**서양 미술사**》, 에른스트 H. 곰브리치, 백승길 외 1명 역, 예경(2017)

단원명 | 현대 세계의 과제

국어 교과군 · 영어 교과군 · 수학 교과군 · 도덕 교과군 · 사회(역사) 교과군 · 과학 교과군

> |🔍| 제1·2차 세계대전, 러시아 혁명, 대량 살상, 총력전, 전체주의, 세계 대공황, 민족운동, 냉전, 탈냉전,
> 유럽연합, 제3세계, 세계화, 과학·기술 혁명, 민주주의, 평화, 경제적 불평등, 생태환경, 지구 온난화,
> 남북문제, 반세계화 운동, 지속 가능한 개발

[12세사04-01] ● ● ●

제1·2차 세계대전을 인권, 과학기술 문제와 관련지어 파악한다.

➡ 모더니즘 미술은 크게 제2차 세계대전 전의 미술과 후의 미술로 나눌 수 있다. 20세기 초는 이전과는 비교할 수 없을 정도로 복잡하고 빠르게 변화하는 시대였다. 현대 미술은 현실세계(눈에 보이는 외양)와는 관계없이 그림 내부의 원리를 중요시했다. 현대 미술이 그림 내부의 세계로 눈을 돌리자 새로운 미술들이 봇물 터지듯 쏟아져 나왔다. 제2차 세계대전 전과 후의 현대 미술의 특징을 비교·분석하여 보고서를 작성해 보자.

`관련 학과` 예체능계열 전체

《이토록 재미있는 미술사 도슨트: 모더니즘 회화편》, 박신영, 길벗(2023)

[12세사04-02] ● ● ●

냉전의 전개 양상에 따라 나타난 사회, 문화의 변화를 분석한다.

➡ 인간의 한계에 도전해온 올림픽의 역사는 스포츠 과학의 역사이기도 하다. 선수들이 '더 높이, 더 빨리, 더 힘차게'를 외치는 동안, 스포츠 과학은 '더 가볍게, 더 가늘게, 더 정확하게'를 외쳤다. 국기를 앞세우고 입장하는 올림픽은 내셔널리즘을 부추겼다. 특히 제2차 세계대전 이후 형성된 냉전체제는 올림픽에서 국가 간 경쟁을 격화했고 그 과정에서 스포츠 과학이 비약적으로 발전했다. 구(舊)소련이 이끈 동구권 스포츠 과학은 엘리트 스포츠의 경기력 향상에 중점을 두었다. 냉전 시기 스포츠 과학의 역사적 배경, 스포츠 과학의 발전 과정, 문제점과 비판받는 부분을 조사하여 발표해 보자.

`관련 학과` 예체능계열 전체

《한 권으로 읽는 국제스포츠 이야기》, 유승민 외 3명, 가나출판사(2021)

[12세사04-03] ● ● ●

현대 세계의 과제를 해결하기 위해 인류가 기울여 온 노력을 탐구한다.

➡ 과학적 데이터가 기후위기에 대한 우리의 경각심을 일깨울 수는 있지만, 그 데이터는 때때로 비관적이기도 하고 지나치게 사실 중심적이라, 사람들이 기후위기 문제를 본인의 문제로 받아들이기 어려운 경우도 있다. 반면 예술가들은 대화를 시작할 수 있는 힘을 가진 사람들이다. 예술은 우리로 하여금 비슷한 감정을 공유하도록 하여 우리의 시스템, 생각, 관점을 전환시키는 힘을 가지고 있다. 기후문제 해결을 위한 예술가들의 실천 사례를 조사하고, 기후위기 문제에 대한 예술가들의 노력이 왜 중요한지에 대해 발표해 보자.

`관련 학과` 예체능계열 전체

《우정의 언어 예술》, 공윤지, 소장각(2023)

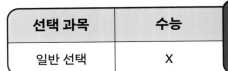

선택 과목	수능	사회와 문화	절대평가	상대평가
일반 선택	X		5단계	5등급

단원명 | 사회현상의 이해와 탐구

🔍	사회현상의 특징, 사회학적 상상력, 사회현상을 이해하는 관점, 기능론, 갈등론, 상징적 상호작용론, 양적 연구, 질적 연구, 연구 절차, 가설, 연역법, 귀납법, 과학적 절차, 탐구 수행, 탐구 과정, 질문지법, 실험법, 면접법, 참여관찰법, 문헌연구법, 자료의 타당성, 신뢰성, 가치 개입, 가치중립, 연구 윤리, 지식 재산권, 조사 대상자의 인권, 탐구의 효능감

[12사문01-01]   • • •

사회현상의 탐구를 위해 사회현상의 특징에 대한 이해와 사회학적 상상력이 필요함을 인식하고, 사회현상에 대한 다양한 관점을 비교한다.

➡ 미디어와 문화의 상호작용을 연구할 수 있다. 미디어가 어떻게 문화적 가치 전달과 사회적 통합의 기능을 수행하며, 동시에 어떻게 권력과 이익을 형성하는 갈등 상황을 만들어내는지 분석한다. 또한 음악이나 미술, 체육이 사회 집단의 정체성, 권력 갈등, 사회적 변화에 어떤 영향을 미치는지를 탐구할 수 있다.

관련 학과 예체능계열 전체

권력이 묻고 이미지가 답하다
이은기, 아트북스(2016)

책 소개

이 책은 고대 이집트부터 영국의 엘리자베스 2세 여왕에 이르는 현재까지 다양한 예술 작품들을 살핀다. 나아가 역사적 인물과 사건을 묘사한 작품 속에서 예술가와 권력가의 관계를 모색하고 당대의 시대정신을 추출함으로써 작품의 전방위적 감상을 가능케 한다.

세특 예시

'책을 통해 자신 돌아보기' 시간에 '권력이 묻고 이미지가 답하다(이은기)'를 읽고 미술이 사회현상과 독립적으로 존재할 수 없는 이유에 대해 알게 되었다고 발표함. 특히 부와 미술의 관계에 주목하면서 미술이 자본으로부터 자유로워질 수 있는 방안에 대한 탐구를 진행함. 예술가들을 위한 기초 자본이 마련되어야 한다고 주장하고, 기본소득제나 예술소득제를 실행할 필요가 있다고 밝힘.

[12사문01-02] ● ● ●

사회현상에 대한 양적 연구 방법과 질적 연구 방법의 특징 및 연구 절차를 비교하고, 각 연구 방법을 활용한 연구 사례를 분석한다.

➡ 문화 소비와 대중문화 사이의 관계를 조사할 수 있다. 이를 위해 문화 소비 패턴, 대중문화 콘텐츠의 이용 및 인지도 등을 분석하고, 특징적인 경향성을 찾아본다. 예를 들어 대중문화 소비와 사회적 연결성 사이의 상관관계를 연구하거나 특정 문화 콘텐츠의 인기와 수익 사이의 관련성을 분석할수 있다. 이를 통해 문화산업과 소비 트렌드에 대한 이해를 높이고, 새로운 대중문화 콘텐츠의 개발과 홍보에 도움을 줄 수 있다. 또한 문화산업이 나아가야 할 방향의 대안을 제시할 수 있다.

관련 학과 예체능계열 전체

《**문화사회학의 관점으로 본 질적 연구방법론**》, 최종렬 외 3명, 휴머니스트(2018)

[12사문01-03] ● ● ●

사회현상에 대한 다양한 자료 수집 방법의 특징을 비교하고, 각 자료 수집 방법을 활용한 연구 사례를 분석한다.

➡ 체육이나 음악, 미술 분야에서도 다양한 자료를 수집하는 방법으로 연구가 진행되고 있다. 야구 또는 축구 같은 경기의 데이터 수집이나 음악의 코드 분석, 인공지능 미술의 데이터 수집이 어떤 방식으로 이루어지는지 탐구할 가치가 있다. 특히 통계학과 체육 관련 데이터의 결합이 경기력 향상으로 이어지는 경우가 있어, 최근 세계 기록이 갱신되고 있는 다양한 스포츠 분야의 경기력 향상이 데이터 분석과 어떤 관계가 있는지를 주제로 탐구를 진행할 수 있다.

관련 학과 예체능계열 전체

《**이기고 싶으면 스포츠 과학**》, 제니퍼 스완슨, 조윤진 역, 다른(2022)

[12사문01-04] ● ● ●

사회현상의 탐구에서 발생하는 연구자의 가치 개입 및 연구 윤리 관련 쟁점을 토론하고, 연구 윤리를 준수하며 사회현상에 대한 탐구를 수행한다.

➡ 연구자는 예술 작품을 해석하고 표현할 때 주관성과 공정성을 유지해야 한다. 특히 예술 작품의 해석이나 평가가 예술가나 다른 연구자에게 부정적인 영향을 미치지 않도록 주의해야 한다. 예술 계열의 연구 사례에 어떤 것들이 있는지 알아보고, 인권을 침해하거나 연구 윤리를 위반한 사례를 찾아보자. 또한 최근 인공지능으로 인해 다양한 분야의 예체능 창작물의 지적 재산권이 침해받는 사례가 증가하고 있다. 인공지능 창작물에도 연구 윤리가 적용되는지 분석하고 자신의 생각을 밝혀 보자.

관련 학과 예체능계열 전체

《**지식의 표정**》, 전병근, 마음산책(2017)

단원명 | 사회 구조와 사회 변동

> | 🔍 | 사회 구조, 개인, 사회화, 사회화 과정, 사회화 기관, 사회화를 보는 관점, 사회 집단, 사회 조직, 조직의
> 변화, 개인과 사회의 관계, 현대사회 집단의 특징, 일탈 이론, 사회통제 유형, 아노미, 차별 교제, 낙인,
> 비판범죄학, 내적 통제, 외적 통제, 공식적 통제, 비공식적 통제, 사회 변동, 현대사회의 변화, 인구
> 구조의 변화, 사회 운동, 정보사회, 세계화, 저출산 및 고령화

[12사문02-01]   • • •

사회 구조와 개인의 관계에 대한 이해를 바탕으로 개인의 사회화 과정, 사회화 기관 및 유형을 설명하고, 사회화에 대한 서로 다른 이론적 관점을 비교한다.

➡ 특정 지역이나 문화의 예술 및 전통에 초점을 맞추어 문화와 사회의 상호 관련성을 알아볼 수 있다. 예를 들어 민족음악과 무용이 사회와 문화유산에 미치는 영향을 분석하거나 공공 예술 프로젝트, 공공 예술 및 도시 조각물 프로젝트를 통해 도시 환경과 사회적 상호작용을 개선하는 방법을 연구할 수 있다. 또한 음악이나 노래가 주는 사회적 메시지를 찾아볼 수도 있다. 노래 가사, 음악 비디오, 음악 아티스트의 메시지 등을 통해 음악이 사회적 메시지 전달과 문화 형성에 어떻게 기여하는지를 조사하여 발표해 보자.

`관련 학과` 예체능계열 전체

《**록킹 소사이어티**》, 장현정, 호밀밭(2012)

[12사문02-02]   • • •

사회 집단 및 사회 조직의 유형과 변화 양상에 대한 이해를 바탕으로 사회 집단 및 사회 조직이 개인의 사회생활과 사회적 관계에 미치는 영향을 설명한다.

➡ 지역 커뮤니티와 협력하여 참여형 예술 프로젝트를 기획하고, 이를 통해 지역 발전을 촉진하는 방법을 탐구해 보자. 이를 통해 문화예술 축제가 사회적으로 어떤 영향을 주는지 파악할 수 있다. 우리 지역의 축제와 예술 이벤트가 지역 경제, 관광, 문화 다양성에 미치는 사회적 영향을 조사하고, 다른 지역과 다른 점은 무엇인지, 더 발전시킬 수 있는 방안이나 참여를 확대하는 방안은 무엇인지 고민하고 발표해 보자. 또한 공공 공간에 퍼블릭 아트(미술, 음악, 체육 등)를 설치하여 도시 재생을 촉진하는 방법을 탐구해 보자.

`관련 학과` 예체능계열 전체

《**치유와 사회변화를 위한 집단 인간중심 표현예술**》, 나탈리 로저스, 이수진 외 1명 역, 시그마프레스(2016)

[12사문02-03]   • • •

일탈 행동의 발생 요인이나 특성을 설명하는 다양한 일탈 이론을 비교하고, 일탈 행동에 대한 사회 통제의 유형과 사회 통제의 필요성 및 문제점을 분석한다.

➡ 연극이나 연극 속 캐릭터의 역할을 통해 일탈을 분석할 수 있다. 연극과 연극 예술가가 캐릭터를 통해 일탈적인 경험을 표현하는 방법을 탐구해 보자. 연극 작품에서 캐릭터가 사회적 역할, 성별 역할, 정체성에 도전하거나 혁신하는 과정을 분석해 보자. 특히 과몰입이 사람들의 정서에 어떠한 영향을 주는지 분석해 보자. 또한 음악과 사운드 디자인을 통해 사회적 현실에서 벗어나는 경험을 탐구해 보자. 일탈적인 감정과 경험이 음악의 역사적 예시나 음악적 혁신을 통해 어떻게 표현되는지 연구해 보자. 음악이 사회적으로 용인된 역사와 차별받은

역사를 알아보고 왜 그런 차별이 있었는지 분석해 보자. 또한 미술가들이 대안 문화와 반문화 운동을 통해 사회적 일탈을 다루는 방법을 조사하여 발표해 보자.

관련 학과 예체능계열 전체

《**소호의 죄**》, 리처드 바인, 박지선 역, 서울셀렉션(2019)

[12사문02-04] ● ● ●

사회 변동이 다양한 요인의 복합적인 상호작용의 산물이라는 점을 설명하고, 현대사회의 변동 과정에서 나타나는 다양한 사회 운동의 유형과 특징을 탐구한다.

➡️ 예술과 사회 변동을 주제로 탐구를 진행할 수 있다. 예술이 사회적 메시지와 사회 변동을 어떻게 반영하는지 연구한다. 다양한 사회 변동을 설명하는 미술 작품이나 연극, 음악 등이 사회적 주제를 어떻게 다루고 있는지 다양한 관점을 비교하여 분석해 보자. 예를 들어 2차 대전 중이나 스페인독감이 유행했을 당시의 미술 사조와 음악 계통을 비교 연구하고 어떠한 특징들이 나타나는지 조사하여 발표해 보자. 또한 각 시대에 유행한 스포츠 종목이나 사회 변화에 따른 전파 과정 등을 조사하여 발표할 수도 있다.

관련 학과 예체능계열 전체

《**예술이 어떻게 사람과 사회를 변화시키는가?**》, 김재은, 교육과학사(2014)

단원명 | 일상 문화와 문화 변동

> 🔍 대중문화, 문화산업론, 리비스주의, 문화주의, 취향 문화론, 대중문화에 대한 관점, 미디어, 매스미디어, 소셜 미디어, 침묵의 나선이론, 문화 배양 이론, 프레이밍 이론, 의제 설정 이론, 하위 문화, 주류 문화, 다문화, 이주민 문화, 문화 다양성, 대항 문화, 지역 문화, 세대 문화, 문화 변동, 내재적 변동, 외재적 변동, 문화 접변, 문화 동화, 문화 공존, 문화 융합

[12사문03-01] ● ● ●

대중문화에 대한 다양한 관점을 비교하고, 일상적으로 접하는 사례를 중심으로 대중문화가 개인과 사회에 미치는 영향을 토의한다.

➡️ 영화와 문화를 분석하여 대중문화의 특징을 알아볼 수 있다. 특정 영화를 통해 특정 문화의 가치관, 역사, 사회적 상황을 분석할 수 있다. 같은 시대를 표현하고 있는 영화라 할지라도 영화가 만들어진 시대에 따라 대상이나 상황을 어떻게 표현하고 있는지 찾아보고 분석해 보자. 또한 영화에 포함된 문화적 상징이나 은유, 그리고 대중과의 상호작용도 분석할 수 있다. 영화와 비슷한 맥락으로 음악도 탐구할 수 있다. 대중음악의 가사와 가사가 전하는 메시지에 대한 분석을 통해 사회적 이슈와의 관련성을 연구해 보자.

관련 학과 예체능계열 전체

국어 교과군

영어 교과군

수학 교과군

도덕 교과군

사회 교과군

과학 교과군

대중문화와 문화산업
이기웅 외 14명,
한울아카데미(2023)

책 소개

한류의 출현과 함께 문화산업이 경영학, 정책학과 같은 학문 분야에서 많은 관심을 받은 데 비해, 사회학적 관점에서 연구된 경우는 극히 드물었다. 이 책은 대중문화가 오늘날 지배적인 문화의 지위에 오르기까지 온갖 억압과 차별의 환경 속에서 격렬한 저항을 받으며 점차 사회적 인정을 획득했듯이, 문화산업 역시 인간의 고상하고 수준 높은 행위인 문화와 저급하게 이윤을 추구하는 산업은 양립할 수 없다는 논의에 대한 비판에서 출발했다.

세특 예시

진로심화 독서시간에 '대중문화와 문화산업(이기웅 외 14명)'을 읽고 새로운 문화의 출현과 적응 과정에 대해 생각해 보았다고 발표함. 현재 유행하고 있는 노래나 영화, 드라마를 수용하는 정도가 세대에 따라 다를 거라고 가정하고 교사와 학생들을 상대로 추가 설문조사를 실시하여 문화의 수용과 개방성에 대한 탐구도 함께 진행하였음. 특히 음악에 대한 취향이 가장 보수적이라는 사실을 밝혀내고, 취향이 잘 바뀌지 않는 이유에 대해 추가 탐구를 하고 싶다는 포부를 밝힘. 학생들은 1990년대 노래를 듣는데 어른들은 2020년대 노래를 듣지 않는다는 사실을 근거로 제시함.

[12사문03-02] ● ● ●

미디어의 효과에 대한 이해를 바탕으로 미디어가 생산하는 메시지를 비판적으로 분석하고 대안적 메시지 생산에 능동적으로 참여한다.

➡ 가상현실(VR)과 예술을 주제로 탐구할 수 있다. 경험을 해본 학생들을 대상으로, 실제 작품과 VR, AR 작품의 차이점과 공통점이 무엇이었는지 알아보자. VR 예술의 창작과 관련한 자신의 생각을 덧붙여 발표해 보자. 미디어의 확산으로 예술 창작과 접근성이 쉬워졌다. 인터넷을 통해 연결된 예술 커뮤니티의 역할을 연구해 보자. 예술가와 관객의 상호작용, 공동 창작 및 소셜 미디어 플랫폼에서의 예술 활동에 대해 조사하여 발표해 보자.

관련 학과 예체능계열 전체

《**매체 미학**》, 유원준, 미진사(2022)

[12사문03-03] ● ● ●

하위문화와 주류 문화의 관계에 대한 이해를 바탕으로 다문화 사회의 이주민 문화에 대한 서로 다른 관점을 비교하고, 이주민 문화가 갖는 의의에 기초하여 문화 다양성을 증진하기 위한 방안을 제시한다.

➡ 스포츠 및 신체 활동에 대한 분석을 할 수 있다. 특정 스포츠나 운동을 즐기는 하위 문화 그룹의 신체 활동을 조사해 보자. 운동 기량, 부상 예방, 훈련 방법 등에 대한 연구를 주제로 탐구를 진행한다. 취미로 즐기는 스포츠나 운동에 대한 설문조사를 통해 다양한 문화적 배경을 조사할 수 있고, 다문화와 관련된 이해를 향상할 수 있다. 이러한 탐구는 단순히 스포츠 분야에만 그치는 것이 아니라, 즐겨 듣는 음악이나 감상하는 미술 작품(웹툰, 그림 등)으로 확장할 수 있어서 다양한 분야의 탐구가 가능하다.

관련 학과 예체능계열 전체

《**볼펜의 시간**》, 김유원, 한겨레출판(2021)

[12사문03-04]

●●●

문화 변동의 다양한 요인과 양상, 문화 변동 과정에서 발생하는 문제점을 이해하고, 문화의 세계화로 인해 나타나는 쟁점에 대해 탐구한다.

➡ 다양한 문화에서 비슷한 형태의 예술이 어떻게 생겨나고 확산되는지 탐구할 수 있다. 예를 들어 음악, 미술, 무용 등의 예술 형태가 서로 다른 문화에 어떤 영향을 주었는지 탐구한다. 과거에 전파된 문화예술 콘텐츠의 특징과 최근에 전파되었거나 현재 전파 중인 문화예술 콘텐츠의 특징이 어떻게 다른지 비교해 본다. 문화 융합과 공존, 저항의 과정이 시간이 지나면서 어떻게 변화하는지 비교하고 사례를 찾아 발표해 보자.

관련 학과 예체능계열 전체

《파워 오브 아트》, 사이먼 샤마, 김진실 역, 아트북스(2013)

단원명 | 사회 불평등과 사회 복지

| 🔍 | 불평등, 빈곤, 성, 사회적 소수자, 차별, 복지, 사회 보험, 공공 부조, 사회 서비스, 불평등 양상, 빈곤, 성 불평등, 사회적 소수자, 차별, 불평등의 해결, 복지 제도, 복지 국가, 사회 보험, 공공 부조, 사회 서비스, 생산적 복지, 보편적 복지, 선별적 복지

[12사문04-01]

●●●

사회 불평등 현상을 이해하는 서로 다른 관점을 비교하고, 사회 이동과 사회 계층 구조의 유형 및 특징을 분석한다.

➡ 예술 활동과 문화 시설의 이용에는 경제적 제약과 사회적 제약이 존재한다. 이러한 제약들은 예술에 대한 참여와 접근성을 제한하고, 예술을 통한 사회적 기회도 제한할 수 있다. 이에 따라 예술이 불평등을 강화하거나 사회적 편견을 지속시키는 경우가 있을 수 있다. 예술이 사회 불평등을 해결하는 데 힘을 발휘하고 사회의 모든 계층이 예술에 참여할 수 있는 방안을 탐구해 보자.

관련 학과 예체능계열 전체

《예술과 사회이론》, 오스틴 해링턴, 정우진 역, 이학사(2014)

[12사문04-02]

●●●

현대사회에서 나타나는 다양한 사회 불평등 양상을 분석하고, 차별받는 사람들의 입장에 대한 공감을 바탕으로 다양한 불평등 현상에 대한 해결 방안을 모색한다.

➡ 특정 매체나 작품이 사회적 불평등이나 성 불평등과 같은 불평등 양상을 심화하는 경우도 있고 완화하는 경우도 있다. 이러한 상황에서 예술 작품이 제시하는 메시지를 분석하고, 이를 어떻게 수용할 수 있을지 발표해 보자. 특히 학생들이 접근하기 쉬운 웹툰이나 애니메이션, 음악에 담긴 불평등과 관련된 메시지를 비교 분석하고 어떤 차이가 있는지 조사해 보자. 또한 어린 나이에 접한 콘텐츠에 담긴 메시지가 어떻게 무비판적으로 수용되는지 또는 정체성에 어떠한 영향을 미치는지에 대한 자신의 생각을 정리하여 발표해 보자.

관련 학과 예체능계열 전체

《예술과 문화의 사회학》, 현택수, 고려대학교출판부(2003)

복지 국가의 발전 과정에 대한 이해를 바탕으로 사회 복지 제도의 유형과 특징을 비교하고, 현대사회에서 나타나고 있는 사회 복지를 둘러싼 쟁점을 토론한다.

➡ 사회문제(빈곤, 불평등, 인권 등)를 시각화하고 인식을 높이는 시각예술 작품(미술, 조각, 사진 등)을 연구할 수 있다. 복지에 대한 사회적 관심을 높여 불평등을 해소하고 복지를 확대할 수 있는 방안에 대해 조사해 보자. 또한 음악의 치유적 효과를 연구해 볼 수 있다. 음악 치료, 음악 교육 및 예술 프로그램이 신체적·정신적 건강을 어떻게 개선하는지 조사하여 발표해 보자. 신체 활동과 스포츠를 통해 사회 복지를 증진하고 건강한 라이프스타일을 촉진하는 방법을 연구할 수도 있다. 체육 활동을 통해 다양한 연령대 및 인구 집단의 사회 참여와 복지를 높이는 방안을 탐구해 보자.

관련 학과 예체능계열 전체

《소외된 90%를 위한 디자인》, 스미소니언연구소, 허성용 외 1명 역, 에딧더월드(2010)

선택 과목	수능		절대평가	상대평가
진로 선택	X	**한국지리 탐구**	5단계	5등급

단원명 | 공간 정보와 지리 탐구

> 🔍 지리 정보, 공간 정보, 속성 정보, 관계 정보, 지리정보 체계, 지역 조사, 인터넷 지도, 가상현실

[12한탐01-01] ●●●

다양한 현상에 대해 지리적 관점으로 질문을 던지고, 질문에 답을 하기 위한 탐구 계획을 수립한다.

➡ 헤이리 예술마을은 파주출판도시와 연계한 책마을을 구상하는 과정에서 다양한 문화예술인들이 참여하면서 문화예술마을로 개념이 확장되었다. 1998년 창립총회를 기점으로 정부나 특정 단체가 아닌 문화계 인사들이 문화와 예술을 위해 자발적으로 나섰다. 미술가, 조각가, 음악가, 작가, 건축가, 공예가 등 380여 명의 문화예술인들이 회원으로 참여하여 집과 화랑을 세우고 길과 다리를 놓아 예술마을을 만들었다. 국내에서 이와 같은 예술마을의 모범 사례를 조사하여 발표해 보자.

`관련 학과` 예체능계열 전체

《**예술마을의 탄생**》, 이동연·유사원, 마리북스(2023)

[12한탐01-02] ●●●

야외 조사 및 지리정보 기술을 활용한 데이터 수집방법을 연습하고, 탐구 질문에 맞춰 데이터를 수집, 분석, 시각화한다.

➡ 지구의 온도가 올라가면서 눈이 내리는 대신 폭우가 쏟아지는 등 날씨 변화가 급격해지는 가운데, 알프스 지역에 눈이 내리지 않는 탓에 스키 리조트 영업에 차질을 빚고 있다. 2023년 12월 26일(현지 시간) 영국 일간지 〈가디언〉은 올 가을 유럽 일부 지역에 일찍 눈이 내릴 거라는 예보에도 불구하고 비와 진눈깨비가 이어지면서 알프스 스키 리조트가 개장을 미루고 있다고 보도했다. 최근 10년간의 기후 정보를 활용해 우리나라 겨울 스포츠의 미래 모습을 전망하여 발표해 보자.

`관련 학과` 예체능계열 전체

《**기후변화 시대의 사랑**》, 김기창, 민음사(2021)

단원명 | 생활 속 지리 탐구

> 🔍 식품의 생산·유통·소비 과정, 상품 사슬, 핫 플레이스, 지역 자원, 모빌리티, 모바일, 빅데이터, 플랫폼

[12한탐02-01]

식품의 생산·유통·소비 과정을 조사함으로써 음식을 통한 생산자와 소비자, 상품, 장소의 연결성을 이해하고, 상품 사슬을 조직하는 윤리적인 방식의 가능성과 한계를 파악한다.

➡ '팝(pop)'이라는 단어가 시각예술 맥락에서 처음 공개적으로 사용된 것은 1956년 런던의 화이트 채플 갤러리에 전시된 한 작품에서였다. 〈대체 무엇 때문에 오늘날의 가정은 이토록 다르고 이토록 매력적인가?〉(1956)라는 콜라주 작품 속 보디빌더가 든 거대한 빨간 막대사탕에 그 단어가 박혀 있었다. 식음료 업체는 예술의 영역으로 여겨지는 팝 아트를 적극 도입하고 있다. 먹는 재미에 더해 보는 재미는 물론 고급스러운 이미지까지 더할 수 있기 때문이다. 식음료 업체가 예술의 영역인 팝 아트를 도입한 이유와 팝 아트의 역할에 대해 조사하여 발표해 보자.

관련 학과 예체능계열 전체

《재미있는 식품의 예술》, 김정상 외 3명, 수학사(2023)

[12한탐02-02]

핫 플레이스의 특징, 생성 과정, 정체성 이슈를 조사하고, 지역 자원을 활용한 관광 활성화 방안을 제안한다.

➡ 날씨가 좋은 날, 어딘가로 떠나고 싶은데 멀리 가기는 부담스러운 그런 날, 반나절 정도 시간이 나지만 어디로 갈지 모를 때, 가벼운 마음으로 서울의 골목골목을 누벼 보면 어떨까? 철길 따라 예쁜 풍경이 펼쳐지는 경의선 숲길, 아직도 새로운 변화가 일어나고 있는 익선동길, 맛있는 먹을거리가 한가득인 광장시장, 흥부자인 열정도 등등 서울의 골목길은 각양각색이다. 골목길에 숨겨진 서울 핫 플레이스만의 매력을 조사하여 발표해 보자.

관련 학과 예체능계열 전체

《진짜 서울은 골목 안에 있다》, 이주화, 이른아침(2016)

[12한탐02-03]

모빌리티와 모바일, 빅데이터, 플랫폼의 결합이 시·공간 활용에 미치는 영향을 설명하고, 모빌리티 공유서비스가 일상생활에 미친 영향과 문제점을 조사해 대안을 제시한다.

➡ 증기 기관차가 뿜어대는 검은 연기는 산업혁명과 함께 본격적으로 형성된 근대적 모빌리티가 사람들의 생활 방식과 정신세계에 끼친 영향을 드러낸다. 우연과 찰나를 영원으로 승화시킨 모네의 그림 〈생 라자르 역〉에서는 '순간'을, 타마라 드 렘피카 기념 구글 배너 이미지에서는 1930년대에 자리 잡기 시작한 자동차를 통한 '자유'를 발견할 수 있다. 이렇듯 20세기 모빌리티 개념의 탄생과 그 발전 과정을 예술 이미지로 만날 수 있다. 시각예술 작품을 매개로 표현된 모빌리티의 역사를 조사하여 발표해 보자.

관련 학과 예체능계열 전체

《미술, 엔진을 달다》, 박재연, 앨피(2021)

단원명 | 국토의 변화와 균형 발전 탐구

🔍 인구 구조의 변화, 저출생, 고령화, 다문화, 식생활의 변화, 지속 가능한 농업, 산업 구조 전환, 수도권 집중, 지방 소멸, 국토 균형 발전

[12한탐03-01]　● ● ●

통계자료를 활용해 우리나라 인구 및 가구 구조의 변화를 시각화 및 분석하고, 저출생, 고령화, 다문화 가구의 증가에 대응하기 위한 방안을 모색한다.

➜ 빈곤한 노인들의 경제적 문제를 해결하기 위해서는 정년 연장과 연금 제도의 확대, 노인 일자리 창출 등이 선행되어야 한다. 장기적인 노인 대책의 근간은 돈이다. 국민연금 재정이나 국가 재정의 건전성을 해치지 않으면서 노인 빈곤 문제를 완화하는 방안을 마련해야 한다. 공공 부문뿐 아니라 교육, 노동 부문의 개혁 과제들도 신속히 추진해야 한다. 젊은이도 결국 노인이 된다. 그러니 노인 대책이 하루빨리 마련되어야 한다. 노인 체육 활성화를 위한 정책 방안을 제안해 보자.

관련 학과 예체능계열 전체

《**고령화 사회와 생활스포츠**》, 김용수, 부크크(2023)

[12한탐03-02]　● ● ●

식생활 변화 및 세계화에 따른 우리나라 농업의 변화를 이해하고, 지속 가능한 농업과 농촌을 위한 정책을 제안한다.

➜ 외국인들에게 우리나라의 독특한 문화가 무엇인지 물어보면 음식문화라고 대답하는 사람들이 많을 것이다. 우리나라의 음식을 살펴보면, 여러 종류의 김치에서부터 색깔, 모양, 맛이 다양한 음식들과 우리나라에서만 먹을 수 있는 독특한 먹거리가 참 많다는 것을 알 수 있다. 또 다른 특징은 음식점이 정말 많다는 것이다. 우리나라 음식 문화의 독특한 특징을 조사하여 발표해 보자.

관련 학과 예체능계열 전체

《**한국인은 왜 이렇게 먹을까?**》, 주영하, 휴머니스트(2018)

[12한탐03-03]　● ● ●

산업 구조의 전환이 지역 경제에 미치는 영향을 이해하고, 이를 바탕으로 최근 급속하게 성장한 지역과 위기의 징후가 나타나는 지역의 성격과 특징을 비교한다.

➜ 2008년 리먼 브라더스의 파산은 세계 도시의 위기를 가져왔고, 힘겨워하던 젊은 도시민들이 선택한 것은 대도시가 아니라 창조적인 아이디어를 넘쳐나게 할 만큼 풍부한 자연으로 둘러싸인 농촌이었다. 글로벌화와 지식경제화가 한계에 다다르고 기간산업과 고용이 줄자, 도시가 되살아나기 위해 마지막 수단으로 선택해 성과를 가져왔던 창조도시의 개념을 농촌에도 적용해 보자는 움직임이 일고 있다. 일본의 사례를 참고해 농촌을 되살릴 해법을 제안해 보자.

관련 학과 예체능계열 전체

《**창조농촌을 디자인하라**》, 사사키 마사유키, 한국농촌건축학회 역, 미세움(2015)

[12한탐03-04]　● ● ●

수도권 집중에 따른 지방 소멸과 국토 불균등 발전 문제에 대한 인식을 바탕으로 국가 및 지역 수준의 국토 균형 발전 방안을 제안하고 실현 가능성을 평가한다.

➜ 지방 문화를 적극 육성하는 것이 서울과 지방의 격차 해소의 길이다. 지금 서울은 과밀해지고 지방은 과소해지고 있다. 이와 같은 과밀·과소 현상은 양화 면에서뿐 아니라 질화 면에서도 여러 문제를 낳고 있다. 지역 발전

의 불균형뿐만 아니라 인력과 물동의 사장(死藏)과 낭비를 낳고 의식과 생활 태도의 단절까지 낳고 있다. 지방 문화 육성을 위한 획기적인 정책 방안을 제안해 보자.

관련 학과 예체능계열 전체

《지역문화의 반격, 위험에 맞서다》, 장세길, 책방놀지(2022)

단원명 | 환경과 지속 가능성 탐구

| 🔍 | 세계자연유산, 자연 경관, 도시화, 관광지 개발, 지속 가능한 활용, 자연재해, 탄소중립, 생태환경

[12한탐04-01] ● ● ●

세계유산으로 등재된 한반도 자연 경관의 가치를 탁월성과 보편성의 측면에서 설명하고, 이를 토대로 등재 가능한 자연 경관을 추천한다.

➡ 우리나라의 민속놀이는 예로부터 주로 서민층에서 명절이나 특별한 일이 있을 때 여흥을 돋우고자, 또는 어린이들의 교육과 유희를 위해 행해졌다. 민속놀이는 생산 활동, 세시 및 일생 의례, 마을 신앙, 축제 등과 밀접하게 관련되었다. 탈놀이, 인형극, 그림자극, 줄타기, 솟대타기, 줄불놀이, 유등놀이, 줄다리기, 달집태우기, 차전놀이 등 다양한 놀이들이 지역의 특색에 따라 모습을 달리했다. 자연과 어우러진 우리나라 민속놀이의 사례를 조사하여 발표해 보자.

관련 학과 예체능계열 전체

《민속놀이, 축제, 세시풍속, 통과의례》, 한국민속학회, 민속원(2023)

[12한탐04-04] ● ● ●

우리나라의 에너지원별 발전에 관한 주요 쟁점을 조사하고, 탄소중립 달성을 위한 에너지 정책을 제안한다.

➡ 예술가들은 시대의 사건들을 발견하고 기록해 작품을 만들어 왔고, 그렇게 탄생한 작품들은 시간과 공간을 넘어 많은 이들에게 영감을 주었다. 그렇다면 이 시대를 대표할 사건, 현 인류가 직면한 위기는 무엇일까. 대다수가 부인하지 못할 것이다. 바로 '기후위기'다. 기후위기 시대의 가장 큰 화두인 '탄소중립'이 순수미술 영역에서 펼쳐지고 있다. '탄소중립 실천'을 보여 주는 국내 예술가들의 작품을 조사하여 발표해 보자.

관련 학과 예체능계열 전체

《강석진의 지구촌 기행과 예술경영》, 강석진, 휘즈북스(2022)

단원명 | 동아시아 갈등과 공존 탐구

| 🔍 | 남북 협력, 접경 지역, 지정학, 북한의 지리적 특징, 동아시아의 갈등과 협력, 평화와 공존

[12한탐05-01] ● ● ●

북한의 지리적 특징과 당면 과제에 대한 이해를 바탕으로 남북 협력의 가능성을 모색한다.

➲ 남북 예술 교류의 첫 시작은 1985년 9월로 거슬러 올라간다. 남북 적십자사는 1985년 8·15 광복절 40주년을 맞아 이산가족 고향 방문단과 예술 공연단 교환 방문을 추진하기로 합의했다. 당시 남측에서는 이산가족 상봉을, 북측에서는 광복절 축하 예술단 교류 및 전통 가무 공연을 각각 제안했고, 이를 모두 포함한 합의서도 채택했다. 남북 예술단 교류의 사례를 조사하고, 문화예술 교류를 통한 남북 화해 협력의 가능성을 모색해 보자.

관련 학과 예체능계열 전체
《교류와 소통의 남북 문화예술 그리고 춤》, 댄스&미디어연구소, 궁미디어 (2020)

[12한탐05-02] ●●●

한반도를 둘러싼 국가 간 경계와 접경 지역을 분석하고, 동아시아 지역의 발전과 평화·공존을 위한 지정학적 전략을 토론한다.

➲ 동아시아 문화도시는 제4회 한·중·일 문화장관회의(2012년 5월)의 합의사항으로 한·중·일 3국간 문화 다양성 존중이라는 기치 아래, '동아시아의 의식, 문화 교류와 융합, 상대 문화 이해'의 정신을 실천하기 위해 매년 한·중·일 중 1개 도시를 '동아시아 문화도시'로 선정하여 다채로운 문화교류를 추진하는 것을 목적으로 하고 있다. 동아시아 문화도시 예술교류 사업의 특징과 미래 전망을 조사하여 발표해 보자.

관련 학과 예체능계열 전체
《동아시아 역사상 문화교류와 상호인식》, 김경호, 성균관대학교출판부 (2017)

국어 교과군

영어 교과군

수학 교과군

도덕 교과군

사회 교과군

과학 교과군

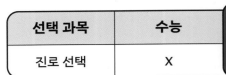

선택 과목	수능	도시의 미래 탐구	절대평가	상대평가
진로 선택	X		5단계	5등급

단원명 | 삶의 공간, 도시

| 🔍 | 도시적 생활 양식, 도시 유형, 도시성, 거주 적합성, 세계화, 기술 발달, 이동 수단, 빅데이터, 데이터 마이닝

[12도탐01-01] ●●●

도시의 의미를 이해하고, 도시의 특성이 도시적 생활 양식에 미치는 영향을 일상 공간을 사례로 탐구한다.

➡ 예술은 기본적으로 일상적인 삶의 공간에서 벌어지는 일들을 낯설고 이질적으로 느끼게 만들어 사유와 행동에 변화를 일으킨다. 거리라는 일상의 공간에서 펼쳐지는 '가상현실을 적용한 도시 예술'이 자본주의 경제 체계의 획일성과 동일성이 지배하는 도시에 다양한 변화를 일으키고 있다고 보고, 디지털 미디어 기술과 결합한 도시 예술의 특징과 사례를 통해 도시 예술이 도시민의 생활 양식에 어떤 변화를 주는지 조사해 이를 이미지와 영상 등을 활용하여 발표해 보자.

관련 학과) 미학과, 디지털디자인과, 디지털콘텐츠디자인과, 미디어디자인학과, 영상디자인학과, 예술문화영상학과

《**예술, 도시를 만나다**》, 전원경, 시공아트(2019)

[12도탐01-02] ●●●

도시의 발달 과정에 대한 이해를 바탕으로 하여 다양한 유형의 도시를 비교하고, 내가 사는 도시의 발달 과정을 탐구한다.

➡ 19세기 후반 유럽에서는 급격한 산업화가 진행되면서 도시 공간의 미학적 측면보다 실용적 측면이 과도하게 부각되었다. 자연과 건축과 예술이 조화를 이루는 도시 공간에 대한 사회적 관심은 오늘날의 도시 설계에서도 여전히 유효하다. 기존의 공간을 문화적·예술적 요소를 지닌 새로운 공간으로 탈바꿈시킨 문화예술도시의 모범 사례를 조사하여 발표해 보자.

관련 학과) 예체능계열 전체

《**예술적 원칙에 따른 도시설계**》, 카밀로 지테, 김기준 역, 미진사(2023)

[12도탐01-03] ●●●

살기 좋은 도시에 대한 다양한 관점을 비교하고, 살기 좋은 도시의 사례와 특징을 조사한다.

➡ '문화예술교육도시'는 종래의 문화도시, 창의도시, 학습도시, 세 도시의 개념을 하나로 합친 개념이다. 문화예술교육도시는 사람들의 삶의 질 향상과 도시경쟁력을 동시에 강화하는 방향으로 문화예술교육이 적용된 도시를 말한다. 문화예술교육도시의 시대적 배경과 필요성, 지향점과 비전, 구체적인 실천방안을 조사하여 발표해 보자.

관련 학과 미학과, 디지털디자인과, 디지털콘텐츠디자인과, 미디어디자인학과, 영상디자인학과, 예술문화영상학과

《**문화예술과 도시**》, 박은실, 정한책방(2018)

단원명 | 변화하는 도시

|🔍| 도시 체계, 도시 공간 구조, 문화 자산, 도시 브랜딩과 건축, 도시 경관, 서비스업, 소비주의, 첨단 산업, 모빌리티, 정보통신 기술, 스마트 도시, 미래 도시

[12도탐02-01]　　　　　　　　　　　　　　　　　　　　　　　　　　　● ● ●

도시 간의 상호작용과 교류에 의해 형성되는 도시 체계를 이해하고, 도시 공간 구조는 고정되지 않고 지속해서 재구성됨을 인식한다.

➡ '예술과 경영'이라는 조합에 어색함을 느끼는 사람이 적지 않을 것이다. 예술경영은 창작된 예술을 사회 속으로 이끌어 내는 역할을 한다. 세상과 예술의 만남을 주선하는 것이 예술경영이라면, 문화가 사회 속에 원활히 흐르게 하는 윤활유 역할은 문화정책이 하게 된다. 예술경영의 의미와 예술경영을 통한 문화정책의 변화를 사하여 발표해 보자.

관련 학과 예체능계열 전체

《**예술경영과 문화정책**》, 이토 야스오 외 4명, 이흥재 역, 역사넷(2002)

[12도탐02-02]　　　　　　　　　　　　　　　　　　　　　　　　　　　● ● ●

문화 자산을 활용한 도시 브랜딩과 건축이 도시의 경관과 도시에 대한 인식 변화에 미친 영향을 탐구한다.

➡ 네덜란드의 작은 도시 스헤르토헨보스는 예술도시로서의 명성이 없었고, 마땅한 자원도 없었으며, 심지어 화가 보스의 작품조차 가지고 있지 않았다. 이것은 창조적인 장소 만들기가 어떤 방식으로 소도시의 발전에 도움이 되는지를 보여 준다. 네덜란드의 도시 스헤르토헨보스가 어떻게 세계적인 문화 프로그램을 성공적으로 개최할 수 있었는지 조사하여 발표해 보자.

관련 학과 예체능계열 전체

《**큰 꿈을 키우는 작은 도시들**》, 그렉 리처즈·리안 다위프, 이병민 외 6명 역, 푸른길(2021)

[12도탐02-03]　　　　　　　　　　　　　　　　　　　　　　　　　　　● ● ●

서비스업의 성장과 소비주의 심화가 도시 경제와 도시의 경관, 생활 양식 변화에 미친 영향을 분석한다.

➡ 인간의 욕심은 끝이 없다. 소비사회의 핵심은 인간의 욕심을 자극하여 더 많은 것을 원하게끔 만드는 데 있다. 먹어도 먹어도 허기가 채워지지 않아서 끝내 자기 자신을 모두 집어삼킨 그리스 신화 속 에리직톤처럼, 현대 사회에서 인간의 욕구는 마를 기미가 보이지 않는다. 인간의 형상은 사라진 채 음식이 되어버린 모습은 자신의 살점을 물어뜯는 에리직톤을 연상하게 한다. 소비사회의 허영심을 폭로하는 행위 예술의 사례를 조사하여 발표해 보자.

관련 학과 예체능계열 전체

《**강신주의 다상담 3**》, 강신주, 동녘(2013)

[12도탐02-04] •••

첨단 산업과 모빌리티의 발달이 도시의 성장과 쇠퇴에 미치는 영향을 조사하고, 정보통신 기술의 발달로 출현하고 있는 스마트 도시를 사례로 살고 싶은 도시의 미래 모습을 예측한다.

➲ AI 기술의 발달로, 무한 복제와 낮은 단계의 창작이 가능한 시대가 되었다. AI는 예술 창작 방법과 환경의 변화뿐만 아니라 장르적 확장에도 속도를 더하고 있다. AI 창작물을 예술로 인정할 수 있는가에 대한 담론이 여전히 뜨겁게 전개되고 있지만, AI 등장 초기의 위기론이 동반 성장 쪽으로 선회하기 시작한 분위기다. AI 시대의 예술은 이전의 시대와 달리 창작 방식과 유통 방식이 전적으로 달라질 것이다. 인공지능 기술을 활용한 예술의 변화를 조사하여 발표해 보자.

관련 학과   예체능계열 전체

《**인공지능시대의 인문학과 예술적 상상,**》 세명대학교 인문예술대, 도화(2021)

단원명 | 도시 문제와 공간 정의

| 🔎 | 환경 문제와 재난, 공간 정의, 공간 부정의, 공간 불평등, 아파트, 주거 문제, 도시 재생, 젠트리피케이션, 빗장 도시, 다문화, 기후변화

[12도탐03-01] •••

도시의 환경 문제와 재난은 자연적 요인과 사회적 요인이 복합적으로 작용하여 발생하고 있음을 사례를 통해 파악하고, 이를 공간 정의의 관점에서 분석하여 해결 방안을 탐색한다.

➲ 산업화가 시작되고 세상에는 무수한 도시가 번성하고 사람들이 몰려들었다. 그러나 제조업이 쇠퇴하면서 쇠락해 버리고 관심의 뒤안길로 물러나 폐허가 되었던 곳이 예술가의 힘으로 명성을 되찾는 사례가 있다. 스페인 북부 바스크 지역의 '빌바오'가 그 예다. 19세기 후반까지만 해도 빌바오에서는 제철업과 조선업이 융성했지만, 어느 순간 여느 공업도시들처럼 잊힌 도시가 되었다. 그곳에 예술의 입김이 닿으면서 도시가 살아나게 되었다. 이와 같이 예술의 힘을 통해 도시가 살아나게 된 사례를 조사하여 발표해 보자.

관련 학과   예체능계열 전체

《**도시를 움직이는 상상력**》, 문화예술 플랜비 편, 문화예술 플랜비(2023)

[12도탐03-02] •••

부동산에 대한 인식 변화와 도시의 주거 문제 심화 사례를 조사하고, 이를 공간 정의의 관점에서 분석하여 해결 방안을 탐색한다.

➲ 나오시마는 한때 '제련소가 있는 민둥산의 섬'으로 불렸다. 섬의 북쪽에 유독가스를 배출하는 미쓰비시 제련소가 자리하고 있어서였다. 1990년대 초까지 산업 폐기물 처리 장소로 지정되면서 '회색 이미지'가 더욱 짙은 섬이 되었다. 더구나 고령 인구가 대부분이고 관광객을 끌어들일 만한 역사적·문화적 유산도 별로 없는 '회색의 작은 섬'이었다. 이런 섬에 방문객의 발길이 이어지고 있다. 나오시마 방문객 수는 1994년 4만 4,000여 명에서 2018년 54만 명으로 증가했다. 방문객의 대부분은 아트 프로젝트를 보러 온 사람들이다. 이렇듯 낙후된 도시 지역을 문화예술 공간으로 재생시킨 모범 사례를 조사하여 발표해 보자.

관련 학과   예체능계열 전체

《**젠트리피케이션과 그래피티 아트**》, 김문석, 한국문화사(2021)

국어 교과군

영어 교과군

수학 교과군

도덕 교과군

사회 교과군

과학 교과군

[12도탐03-03] ● ● ●

국제 이주에 따라 도시의 인구 구성과 공간 구조가 변화하여 발생하는 문제를 조사하고, 도시 구성원들의 다양성과 차이를 존중하고 공존하는 방안을 모색한다.

● 다문화를 이해하기 가장 좋은 것 중 하나가 바로 예술이다. 예술은 아이들이 자연스럽고 흥미롭게 다양한 문화 간의 공통점과 차이점을 발견하게 해준다. 미술품을 감상하거나 문학작품을 읽는 것은 작가의 생각과 삶으로 여행을 떠나는 것과 같다. 내가 경험해 보지 못한 환경과 문화를 배경으로 한 아름다운 장면과 사건을 접하면서 아이들은 새로운 세계를 상상하고 창조한다. 아이들이 세계 여러 나라를 직접 방문할 수 없다면, 예술 작품은 간접적인 문화 체험을 가능하게 하는 흥미진진한 수단이다. 예술을 통한 다문화 이해 방안을 제안해 보자.

`관련 학과` 예체능계열 전체

《예술로 배우는 다문화》, 차윤경 외 2명, 대교출판(2011)

단원명 | 도시의 미래

| 🔎 | 지속 가능, 회복력, 생태 지향적 건축, 에너지 전환, 재난과 위험 관리, 사회적 약자 보호, 공공성, 공동체, 공유경제

[12도탐04-01] ● ● ●

지속 가능성과 회복력이 높은 도시가 되기 위한 요건에 대해 토의하고 이와 관련한 도시 계획 및 도시 혁신 사례를 탐구한다.

● 소다(SODA)미술관은 2015년 4월에 개관한 화성시의 사립미술관으로, 디자인·건축·예술의 영역을 넘어 다양한 문화 콘텐츠를 다룬다. 원래 그곳은 입지조건 변화와 도시개발 지연 등으로 공사가 중단되어 철거 위기에 놓인 대형 찜질방이 있던 자리였다. 철거만 하는 데도 막대한 예산이 투입되어, 화성시나 건축주에게는 별다른 대안이 없었다. 그 무렵 건물을 되살리고자 건축주와 건축가가 손을 잡고 침체된 그 지역을 사람을 모으는 공간으로 재탄생시킬 효율적인 '재생' 프로젝트를 진행해 미술관으로 탈바꿈했다. 이렇듯 도시 재생의 역할을 하는 미술관의 사례를 조사하여 발표해 보자.

`관련 학과` 예체능계열 전체

《발전소는 어떻게 미술관이 되었는가》, 김정후, 돌베개(2013)

[12도탐04-02] ● ● ●

도시의 공공성을 높이기 위한 도시 정치의 중요성을 이해하고, 도시를 만들어가는 주체로서 시민이 가져야 할 바람직한 태도를 함양하여 도시 정치에 적극적으로 참여한다.

● 우리나라를 비롯해 세계의 여러 나라들이 경제와는 별개로 문화를 커다란 사회적 이슈로 여기고 있다. 문화의 여러 요소 중 침체된 도시의 새로운 소통에 예술과 디자인은 매우 중요한 테마가 된다. 예술가들이 도심 공공 장소나 기관에서 하는 창작 활동은 도시의 황폐함을 달래주는 역할을 하기에 충분하다. 도시의 공공성을 높이기 위한 예술의 역할을 제안해 보자.

`관련 학과` 예체능계열 전체

《모두를 위한 예술?》, 우베 레비츠키, 최현주 역, 두성북스(2013)

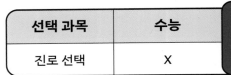

선택 과목	수능	**동아시아 역사 기행**	절대평가	상대평가
진로 선택	X		5단계	5등급

단원명 | 동아시아로 떠나는 역사 기행

| 🔍 | 지정학, 동북아시아, 동남아시아, 생태환경, 유목 세계, 농경 세계, 해양 세계, 한자, 불교, 유교, 율령, 계절풍 |

[12동역01-01] ● ● ●

역사 기행을 통한 탐구의 방법을 이해하고, 동아시아의 범위와 특징을 파악한다.

➡ 전통의상은 문화에 역사가 깃든 옷들이기 때문에 나라별·시대별로 고유의 아름다움이 담겨 있다. 하지만 멋의 기준은 시대의 흐름에 따라 달라지며, 의상은 그 영향을 가장 많이 받는다. 흔히 말하는 '촌스러움' 때문에 현대 일상 생활에서 전통 의상을 입는 경우는 전 세계적으로 줄어들고 있다. 다만 그 정도에는 지역별로 차이가 있어서, 가령 우리나라에서는 대부분 특별한 날에만 한복을 입지만 아랍 몇몇 국가나 미얀마처럼 절반쯤 되는 사람들이 일상생활에서도 전통 의상을 입는 나라도 있다. 동아시아(한·중·일)의 전통 의상을 비교·분석하여 발표해 보자.

관련 학과 예체능계열 전체

《**동아시아 복식의 역사(한, 중, 일)**》, 홍나영 외 2명, 교문사(2020)

[12동역01-02] ● ● ●

생태환경을 바탕으로 형성된 유목 세계, 농경 세계, 해양 세계의 삶을 이해한다.

➡ 동서를 막론하고 고대 사회에서 연극은 중요한 종합예술이자 대중 미디어였다. 동양의 고전극을 말할 때 그 범위와 대상은 우선 중국, 한국, 일본, 인도, 동남아시아 여러 지역의 고유한 전통극을 말한다. 더욱이 중국의 공연예술은 민간에서 황실에 이르기까지 가장 중요한 제의의 봉헌물이자 신나는 오락이었고, 대중 교육의 수단이자 최고의 종합예술이었다. 동아시아의 시각에서 중국 공연예술의 특성과 가치를 조사하여 발표해 보자.

관련 학과 예체능계열 전체

《**중국공연예술**》, 오수경 외 2명, 한국방송통신대학교출판문화원(2022)

단원명 | 교류와 갈등의 현장에서 만난 역사

| 🔍 | 청동기, 비단길, 인구 이동, 조공·책봉, 다원적 외교, 몽골제국, 동서 교역, 유학, 불교, 율령, 성리학, 양명학, 임진 전쟁, 병자 전쟁, 조공 무역, 은 유통 |

[12동역02-01] ●●●

동아시아의 지역 간 교류를 보여주는 문화유산을 탐구한다.

➡ 6세기에 노리사치계가 일본에 불경과 불상을 전하였다. 이렇게 전래된 백제 문화를 바탕으로 일본의 세계적 자랑인 고류사 미륵보살 반가사유상과 호류사 백제 관음상이 만들어졌다. 이 밖에도 5경 박사, 의박사, 역박사와 천문 박사, 채약사, 그리고 화가와 공예 기술자들이 일본으로 건너갔다. 이들에 의해 목탑이 세워졌고, 나아가 백제 가람 양식이 생겨나기도 했다. 백제 예술이 일본 예술 발전에 미친 영향을 조사하여 발표해 보자.

관련 학과 예체능계열 전체

《**일본 속의 백제**》, 홍윤기, 상생출판(2015)

[12동역02-02] ●●●

종교와 사상을 중심으로 동아시아 각 지역 간 교류 양상을 파악한다.

➡ 미술 작품에 녹아 있는 당시의 역사와 문화의 상징성을 파악하고 느낀다면 감동이 배가된다. 무엇보다 불교 미술이 일반 미술과 다른 점은 종교적 의미와 상징성이 다른 장르보다 더 다양하게 구성되어 있다는 점이다. 이를 통해 불교 미술 작품에 담긴 옛날 사람들의 생각과 문화적 감각, 사회적 분위기를 이해한다면 불교 미술의 가치와 의미가 훨씬 가깝게 다가올 것이고 과거와 현재, 전통과 혁신이 교차하는 지점도 찾을 수 있을 것이다. 우리 역사에 깊이 스며들어 있는 불교 미술의 특징을 조사하여 발표해 보자.

관련 학과 예체능계열 전체

《**불교 미술 이해의 첫걸음**》, 신대현, 혜안(2020)

[12동역02-03] ●●●

몽골의 팽창 및 17세기 전후 동아시아 전쟁이 초래한 변화를 이해한다.

➡ 몽골 예술은 유목 생활의 색채와 대지의 기운을 담고 있으며, 티베트·중국·러시아의 영향을 받았음에도 고유한 형태의 음악·무용·복식·회화·조각·공예 등이 발전하였다. 일례로 몽골의 전통 민속춤 비엘게는 몽골의 호브드 주와 우브스 주에 거주하는 여러 부족의 춤꾼들이 연행한다. 비엘게는 몽골 민족무용의 원형으로 간주되며, 유목민의 생활 방식을 표현한 예술이다. 몽골의 민속예술에 대해 조사하여 발표해 보자.

관련 학과 예체능계열 전체

《**몽골유목민의 삶과 민속**》, 장장식, 민속원(2005)

[12동역02-04] ●●●

이슬람과 유럽 세력의 참여를 통해 확대된 동아시아 교류의 모습을 탐구한다.

➡ 동아시아 각국에서 상공인층이 성장하면서 서민 문화가 발전하였다. 도시의 경제력이 향상되면서 유흥과 오락이 활성화되고, 도시는 문화 활동이 벌어지는 공간이 되었다. 특히 도시 인구의 증가는 다양한 문화의 소비층을 확대시켰다. 동아시아 각국에서 서민 문화가 발달한 배경과 서민 문화의 대표적인 사례(중국의 경극, 조선의 판소리, 일본의 가부키 등)를 조사한 뒤 서민 문화 각각의 특징을 비교하여 보고서를 작성해 보자.

관련 학과 연극영화학과, 뮤지컬학과, 방송연예과, 서양화과, 조형예술학과, 실용음악학과, 연극영화학과, 영상디자인학과, 음악학과, 성악과, 작곡과, 회화과, 문화콘텐츠학과

《**동아시아의 역사 2**》, 동북아시아재단 편, 동북아역사재단(2011)

단원명 | 침략과 저항의 현장에서 만난 역사

| 🔍 | 제국주의, 근대화 운동, 반제국주의 민족 운동, 개항, 불평등 조약, 근대 국민 국가, 자유 민권 운동, 제1차 세계대전, 민족자결주의, 워싱턴 체제, 만주사변, 중·일전쟁, 세계 대공황, 제2차 세계대전, 태평양 전쟁, 반제·반전을 위한 국제 연대, 만국공법, 사회 진화론, 근대적 시간 관념, 근대 도시

[12동역03-01]   •••

동아시아 지역에서 전개된 제국주의 열강의 침략 전쟁을 탐구한다.

➡️ 제2차 세계대전 중 독일이 유대인 수백만 명을 학살한 '홀로코스트'를 세계에 고발하는 데는 영화, 소설, 다큐멘터리 등 문화예술 작품의 역할이 컸다. 스티븐 스필버그 감독의 영화 〈쉰들러 리스트〉, 로베르토 베니니 감독의 〈인생은 아름다워〉 등이 나치의 잔혹한 범죄를 인류의 가슴에 남는 메시지로 영상화했다. 할리우드를 이끄는 유대인들이 이런 작품들을 만드는 데 음으로 양으로 기여했다. 일본의 전쟁 범죄를 고발한 예술 작품에 대해 조사하여 발표해 보자.

`관련 학과` 예체능계열 전체

《영화로 읽는 세계 전쟁사》, 김병재, 르몽드코리아(2018)

[12동역03-02]   •••

아시아·태평양 전쟁과 이에 대한 저항과 연대의 움직임을 파악한다.

➡️ 일본 제국이 저지른 전쟁 범죄는 대개 중일전쟁, 태평양 전쟁 기간인 1937년~1945년 전투 과정에 수반된 사건만을 일컫는 '협의의 전쟁 범죄'를 의미한다. 당시 일본의 인종주의는 유럽 못지않게 심했고, 그 차별의 화살은 주로 한국인이나 중국인, 동남아시아 식민지인이나 피점령지인에게로 향했다. 침략전쟁 당시 일본의 만행을 고발한 영화나 다큐멘터리를 한 편 선정해 작품을 소개하는 글을 작성해 보자.

`관련 학과` 예체능계열 전체

《우리의 의지에 반하여》, 수전 브라운밀러, 박소영 역, 오월의봄(2018)

[12동역03-03]   •••

제국주의 열강의 침략과 전쟁이 지역 생활과 생태환경에 끼친 영향을 탐구한다.

➡️ 일본에서 다이쇼 시대는 메이지 유신 이후 팽창한 국세가 안정기에 접어들던 시기로, 이후 군국주의로 인해 사회 분위기가 경직되고 대공황과 중일전쟁, 태평양 전쟁의 영향으로 살기가 팍팍했던 쇼와 시대 초기(1930년대~1940년대)에 비해 일반 대중의 입장에서는 상대적으로 살기 좋은 시대였다. 그래서 일본인들에게는 다이쇼 시대에 대한 향수가 남아 있으며 이 시대의 분위기를 살린 창작물들도 많이 나오는데, 이를 '다이쇼 로망'이라고 한다. 유럽의 벨 에포크, 빅토리아 시대와 비슷한 느낌이다. 일명 '다이쇼 로망' 시기의 일본 근대 패션의 유행을 조사하여 발표해 보자.

`관련 학과` 예체능계열 전체

《패션, 근대를 만나다》, 변경희·아이다 유엔 웡 편저, 사회평론아카데미(2022)

단원명 | 평화와 공존의 현장에서 만난 역사

> 🔍 연합국의 전후 처리, 냉전, 자본주의, 사회주의, 국·공내전, 중국의 공산화, 6·25전쟁, 베트남 전쟁, 한·일 국교 정상화, 데탕트, 일본의 55년 체제, 한국 경제발전과 민주화, 타이완의 경제 성장과 민주화, 대약진 운동, 문화대혁명, 중국의 개혁·개방, 북한의 체제 고착화, 베트남의 개혁·개방, 동아시아 지역 갈등, 동아시아 역사 갈등

[12동역04-01] ● ● ●

냉전 시기 동아시아 지역에서 전개된 전쟁을 탐구하고, 각국의 정치·사회적 변화를 파악한다.

➡ 냉전 시기에 소련과 함께 양대 초강대국이었던 미국은 남베트남에 군대를 파병해 북베트남을 상대로 싸웠다. 하지만 남베트남에서 활동하던 게릴라 조직인 남베트남 민족해방전선(베트콩)에 의해 고전을 거듭한다. 미국 내에서는 우리 가족과 젊은이들을 희생시키지 말고 베트남의 문제는 베트남인들 스스로 해결하게 하라는 여론이 형성되면서 반전 운동이 일어났고, 결국 미군이 철수를 단행하면서 지금의 베트남이 탄생하게 되었다. 베트남 전쟁을 소재로 한 영화나 다큐멘터리를 감상한 후 비평문을 작성해 보자.

`관련 학과` 예체능계열 전체

《베트남 전쟁》, 박태균, 한겨레출판(2023)

[12동역04-02] ● ● ●

경제 및 대중문화 교류가 확대되는 모습을 이해하고, 다문화 사회의 현실을 파악하여 공존을 위한 노력을 모색한다.

➡ 한·중·일 삼국은 역사 갈등이나 영토 분쟁 등으로 대립하기도 하지만 문화교류를 활발히 하고 있다. 교통 및 통신의 발달, 인터넷의 광범위한 보급과 스마트폰의 대중화는 동아시아 국가 간의 장벽을 허물었다. 또 동아시아 국가 간에 관광객이 증가해 상호 교류를 더욱 촉진하고 있으며, 교류 확대는 상호 문화의 공유와 이해의 확대로 이어지고 있다. 동아시아 삼국의 대중문화 교류 사례를 조사하여 발표해 보자.

`관련 학과` 예체능계열 전체

《동아시아 대중문화소비의 새로운 흐름》, 임현진·강명구 편저, 나남(2013)

[12동역04-03] ● ● ●

동아시아의 역사 및 영토 갈등과 새롭게 대두되는 문제를 파악하고 해결하려는 자세를 갖는다.

➡ 17세기 이후 동아시아 삼국에서는 경제성장으로 도시 인구가 늘어나고 소비문화가 발전하였다. 미술 분야에서는 서민의 일상생활과 의식을 묘사한 풍속화, 민화 등이 그려졌다. 서민의 위상이 높아지면서 한국, 중국, 일본에서는 공통적으로 민간 회화가 성행했다. 중국의 민간연화, 조선의 민화, 일본의 우키요에의 특징을 비교하고, 한·중·일에서 서민 문화가 발전할 수 있었던 이유에 대해 분석하여 발표해 보자.

`관련 학과` 동양화과, 미술학과, 서양화과, 회화과, 사진학과, 시각디자인학과, 영상디자인학과, 영상애니메이션학과, 미학과, 예술학부

《일본 대중문화의 원형》, 아오키 미치오, 허은주 역, 소명출판(2016)

선택 과목	수능	정치	절대평가	상대평가
진로 선택	X		5단계	5등급

단원명 | 시민 생활과 정치

| 🔍 | 좁은 의미의 정치, 넓은 의미의 정치, 의사결정, 갈등 해결, 이익 조정, 정치의 필요성, 인간의 존엄성, 자유, 평등, 직접 민주주의, 대의 민주주의, 고대 민주주의, 근대 민주주의, 시민혁명, 현대 민주주의, 사회계약설, 공동체주의, 자유주의, 다수결, 소수 의견 존중, 대화와 타협, 숙의와 심의, 토론 |

[12정치01-01] ●●●

정치의 의미와 공동체 유지 발전에 정치가 필요한 이유를 이해하고, 일상생활에서 나타나는 정치의 사례를 찾아 분석한다.

➡️ 예체능 분야에서는 저작권 및 지적재산 권리에 관한 정책과 법규가 중요하다. 정부는 저작권 보호, 저작권 침해에 대한 규제, 그리고 디지털 저작물과 관련된 정책을 결정하고 있다. 이러한 결정이 예체능 분야에 어떤 영향을 미치고 있는지 살펴보자. 웹툰이나 음악의 저작권이 어떻게 보장되고 있는지 조사하고 발표를 진행할 수 있다. 또한 스포츠 시설 구축, 스포츠 교육, 스포츠 행사 지원, 올림픽 및 월드컵 개최와 관련된 정책은 정부와 스포츠 단체들의 협력으로 이루어지고 있다. 이러한 정치적 결정이 어떻게 이루어지는 조사하여 발표해 보자.

관련 학과 예체능계열 전체

《예술과 정치》, 토마스 만, 홍성광 역, 청송재(2020)

[12정치01-02] ●●●

민주주의 이념을 이해하고, 이를 구현하기 위한 다양한 민주주의의 모델을 탐색한다.

➡️ 올림픽 정신을 비롯한 스포츠 정신과 민주주의는 평등과 공정성을 중요하게 생각한다. 올림픽에서는 각 국가 및 선수가 동등한 기회를 갖고 경쟁하며, 민주주의 역시 모든 시민이 동등한 권리와 기회를 갖는 것을 강조한다. 이를 비교하여 탐구를 진행할 수 있다. 또한 다문화주의와 다양성 존중을 주제로 탐구할 수도 있다. 올림픽과 민주주의는 다양성을 존중하고 다문화주의를 촉진하고 있다. 올림픽은 세계 각국의 다양한 문화와 역사를 의미하며, 민주주의 역시 다양한 인종·종교·문화·성별을 포용한다. 이를 주제로 발표를 진행해 보자.

관련 학과 예체능계열 전체

《스포츠 윤리》, 박성주, 북스힐(2021)

[12정치01-03] ●●●

민주 정치의 역사적 발전 과정을 이해하고, 현대 민주 정치의 다양한 사상적 배경을 비교·분석한다.

➡️ 민주주의와 예술 간의 관계를 탐구할 수 있다. 민주주의 사회에서 예술의 역할과 예술가들이 민주주의 원칙과

국어 교과군

영어 교과군

수학 교과군

도덕 교과군

사회 교과군

과학 교과군

가치에 어떻게 기여했는지를 탐구해 보자. 민주주의에 영감을 주는 예술 작품과 예술가의 활동에 초점을 맞출수 있다. 예를 들어 고야는 18세기 후반부터 19세기 초에 스페인에서 활동한 화가로, 그의 작품은 스페인의 정치적 변화와 사회적 문제를 다루고 있다. 또한 힙합이나 랩 음악은 사회문제와 정치에 대한 열린 토론을 제공하고 있다. 많은 랩 아티스트는 독재, 경찰 폭력, 인권 문제 및 사회 불평등을 다루며 독재를 비판하는 가사를만들고 있다. 이를 주제로 이러한 가사가 민주주의 정체성 형성이나 표현의 자유에 어떠한 영향을 주는지 탐구해 보자.

`관련 학과` 예체능계열 전체

《사회 참여 예술이란 무엇인가》, 파블로 엘게라, 고기탁 역, 열린책들(2013)

[12정치01-04] ● ● ●

민주주의를 실현하기 위한 원리를 탐색하고, 이러한 원리를 일상생활에 적용한다.

➡️ 민주주의 원리와 관련하여 예술가와 예술 단체의 자유 표현과 창작 활동에 대한 내용을 주제로 탐구를 진행할수 있다. 예술가의 표현의 자유와 민주주의의 기본 원리의 관계를 비교해 보자. 예술이 표현하는 자유가 다수의 의견과 충돌하는 사례를 찾아보자. 그래피티나 예술 작품의 극단적인 표현이 다수의 의견과 충돌하는 경우가 있다. 이러한 상황에서 예술가가 어떠한 선택을 해야하는지 탐구를 진행해 보자. 또한 어떤 예술 작품이 소수의 의견을 전달하기에 적합할지 찾아보고 적절한 파급력의 범위와 표현 방법에 대해 조사해 보자.

`관련 학과` 예체능계열 전체

《다시 민주주의를 외치다》, 이호 외 2명, 북만손(2022)

단원명 | 정치 과정과 참여

> 🔍 정치 과정, 투입, 산출, 환류, 요구, 지지, 정책, 결정, 참여, 정당의 의미, 정치 참여의 방법, 이익 집단, 시민 단체, 언론, 시민 참여, 선거, 선거의 중요성, 다수대표제, 소수대표제, 비례대표제, 선거구제, 미디어 리터러시, 미디어 교육, 미디어와 정치, 선전, 프로파간다, 가짜 뉴스의 구별, 보도의 사실성

[12정치02-01] ● ● ●

민주 국가의 정치 과정을 분석하고, 시민이 정치 과정에 참여해야 하는 이유를 탐색한다.

➡️ 정치적 메시지가 예술을 통해 어떻게 전달되는지 탐구할 수 있다. 최근 다양한 정치적 이슈에 대한 예술 작품을 창작하는 예술가들이 늘고 있다. 이들의 역할을 조사하고, 이러한 방향이 올바른 방향인지를 주제로 탐구를 진행해 보자. 또한 시민들이 예술을 통해 발생한 정치적 메시지를 어떻게 받아들이는지를 주제로 탐구를 진행할 수 있다. 학급 학생들을 대상으로 이러한 메시지에 대한 의견을 조사하고, 그 방향성에 대한 자신의 의견을 덧붙여 발표해 보자. 또한 영화, 텔레비전 프로그램, 음악 등 엔터테인먼트 산업이 어떻게 정치적 메시지를 반영하고 시민들에게 영향을 미치는지 조사할 수도 있다.

`관련 학과` 예체능계열 전체

《참여의 건축》, 잔카를로 데 카를로, 윤병언 역, 이유출판(2021)

민주 정치에서 정당의 의미와 역할을 탐구하고, 다양한 정치 참여의 방법을 비교, 분석한다.

⮕ 정당(政黨)이 어떻게 미술, 음악, 연극, 무용 등의 예술 작품을 통해 당론이나 정책을 상징적으로 표현하는지 조사할 수 있다. 이러한 정치적 메시지를 담은 예술 작품을 조사하여 발표해 보자. 이를 통해 정치적 메시지와 예술의 상징성 간의 상호작용을 연구해 보자. 또한 프로파간다가 가지고 있는 예술성을 분석하고, 이러한 메시지를 전달하는 매체에 대해서도 탐구를 진행할 수 있다. 이러한 프로파간다에 담겨 있는 메시지를 비판적으로 수용하는 방안에 대해서도 함께 탐구해 보자.

관련 학과 예체능계열 전체

《모든 예술은 프로파간다다》, 조지 오웰, 하윤숙 역, 이론과실천(2013)

대의제에서 선거의 중요성과 선거 제도의 다양한 유형을 이해하고, 우리나라 선거 제도의 특징과 문제점을 분석한다.

⮕ 예술이 선거 캠페인에 사용되는 다양한 사례를 조사할 수 있다. 선거 후보자나 정당은 포스터, 전단지, 광고, TV 광고, 소셜 미디어 콘텐츠 및 기타 미디어를 통해 예술적 요소를 활용하여 자신을 홍보한다. 이렇듯 예술 매체를 사용하여 후보자의 이미지, 정책, 슬로건 등을 시각적으로 전달하는 데 어떤 방법이 사용되는지 조사하고 발표해 보자. 또한 시각적 방법과 함께 노래와 음악이 만들어지고 사용된다. 이런 노래와 음악이 후보자나 정당의 메시지를 전달하고 지지자들을 끌어모으는 데 효과적인지 자신의 생각을 덧붙여 발표해 보자.

관련 학과 예체능계열 전체

《공산주의 포스터》, 쿤 데 쾨스테어 외 4명, 오유경 역, 북레시피(2019)

미디어를 통한 정치 참여 방법의 특징과 문제점을 분석하고, 유권자이자 피선거권자로서 미디어를 비판적으로 활용하는 태도를 지닌다.

⮕ 예술은 스토리텔링과 픽션을 통해 현실과 가상의 경계를 모호하게 만들 수 있다. 가짜 뉴스와 스토리텔링 간의 관계를 연구하고, 가짜 뉴스를 소재로 한 예술 작품을 분석해 보자. 스토리텔링은 인간의 의사소통과 이해를 형성하는 핵심 메커니즘 중 하나이다. 가짜 뉴스도 스토리텔링의 원리를 활용해 사실과 허구를 효과적으로 혼합하거나 전달하고 있다. 이러한 상호작용을 연구함으로써 가짜 뉴스 작성자가 어떻게 스토리텔링을 활용하여 믿을 만한 가짜 이야기를 생성하는지 탐구해 보자. 이러한 스토리텔링이 가짜 뉴스에 어떻게 힘을 부여하는지 분석하고 이를 해결하는 방안에 대해 조사해 보자.

관련 학과 예체능계열 전체

《미디어 리터러시》, 이현주 외 1명, 북스타(2023)

단원명 | 민주 국가의 정부 형태

> | 🔍 | 정치 권력의 의미, 법치주의, 강제성, 복지국가, 헌법, 정부 형태, 대통령제, 의원 내각제, 헌법, 영국과 미국의 정부 형태, 입법부, 행정부, 사법부, 3권 분립, 거부권, 권력기관, 견제와 균형, 탄핵, 국정감사, 지방자치, 지방자치 제도, 지방자치 단체, 풀뿌리 민주주의, 권력 분립, 단체자치, 주민자치

[12정치03-01] • • •

정치권력의 의미와 특징을 이해하고, 근대 이후 국가 권력이 형성되는 원리를 이해한다.

➡ 예술은 근대 국가의 권력 형성과 정체성 형성에 기여한다. 국가는 자국의 고유성과 역사를 반영하는 예술과 문화를 장려하며, 이를 통해 국민들의 연결과 국가 정체성을 강조하고 있다. 이는 국가를 대표하는 시각적·언어적·음악적·문학적 표현을 포함한다. 예를 들어 미술 및 건축은 근대 국가의 건축물, 기념비, 궁전, 박물관 및 도서관 등을 통해 국가의 역사와 가치를 상징적으로 나타내고 있다. 프랑스의 에펠탑, 미국의 자유의 여신상은 각 국가의 정체성과 역사를 상징적으로 대표하는 건축물이다. 이러한 예술이 정치 권력 형성에 어떤 영향을 주었는지 탐구해 보자.

관련 학과　예체능계열 전체

《**컬처 쇼크**》, 재레드 다이아몬드 외 24명, 강주헌 역, 와이즈베리(2013)

[12정치03-02] • • •

민주 국가의 정부 형태인 대통령제와 의원 내각제의 특징을 비교하여 이해하고, 우리나라 정부 형태의 특징을 헌법을 통해 분석한다.

➡ 대통령이나 총리는 국제 무대에서 국가의 예술과 문화를 대표하고 국제 문화 교류를 촉진하는 역할을 한다. 대통령이나 총리가 문화와 예술을 활용하여 국가의 국제적 이미지를 형성하고 강화하는 데 기여한 사례를 조사하여 발표해 보자. 국가의 수장이 국가의 이미지를 어떻게 대표하며 그 이미지가 국가 전체의 이미지에 어떠한 영향을 미치는지 분석할 수 있다. 우리나라의 사례를 다양한 해외 사례와 비교하고 자신의 생각을 덧붙여 국가의 수장이 어떤 방향으로 국가 이미지를 형성해야 하는지 발표해 보자.

관련 학과　예체능계열 전체

《**디자인 정치학**》, 뤼번 파터르, 이은선 역, 고트(2022)

[12정치03-03] • • •

입법부, 행정부, 사법부의 역할을 이해하고, 이들 간의 상호 관계를 권력 분립의 원리에 기초하여 분석한다.

➡ 올림픽 같은 국가적 규모의 큰 행사를 치를 때는 각 부처 간의 협력이 중요하다. 국제적 체육, 예술 행사나 전국 규모의 행사에 어떤 부서들이 협업을 하며, 어떠한 안건을 가지고 갈등하는지 분석해 보자. 권력 분립은 대형 행사에서 정부와 기타 이해 관계자 간의 역할 및 책임을 분리하고 균형을 유지하여 행사가 효율적이고 투명하게 진행되도록 도와주고 있다. 모의 올림픽을 개최하여 각자 부서를 맡아 해야 할 일을 정리하고, 행사를 성공적으로 개최할 수 있도록 부서 간 정책을 세우거나 예산을 집행해 보자.

관련 학과　예체능계열 전체

《**무엇이 도시의 얼굴을 만드는가**》, 리처드 윌리엄스, 김수연 역, 현암사(2021)

중앙정부와의 관계 속에서 지방자치의 의의를 이해하고, 우리나라 지방자치의 현실과 과제를 탐구한다.

➡ 각 지역에서 예술과 관련된 정책을 어떻게 시행하고 있는지 찾아보고 비교해 보자. 각 지역은 다양한 축제와 행사를 통해 예술과 관련된 많은 지원을 하고 있다. 이러한 지역 축제나 행사가 지역 정체성이나 예술에 어떤 영향을 미치는지 분석할 수 있다. 다양한 지역 축제나 행사들을 조사해 어떤 축제나 행사가 열리고 있고 어떠한 특징들이 있는지 살펴보자. 축제의 효과를 분석해서 발표할 수도 있고, 축제가 가지고 있는 문제점에 대해 탐구할 수도 있다. 예술 분야에서의 개선 방안을 제시해 보자.

관련 학과 예체능계열 전체

전국축제자랑
김혼비 외 1명, 민음사 (2021)

책 소개

지역을 사랑하고 축제를 즐기는 주민들, 작은 곳에서 최선을 다해 자신만의 빛을 발하는 사람들이 있다. 또한 그곳에는 위축된 지역에 활기를 불어넣고자 하는 분투가 있고, 어딘가 너무나 한국적인, 그래서 이쯤이면 고쳐야 할 관습도 있다. 아름다운 자연이 있고, 그 지역의 역사와 문화가 있다. 이토록 이상하고 아름다운 K-축제의 열두 가지 빛과 그림자가 《전국축제자랑》 속에 자유롭게 오간다.

세특 예시

교과심화 독서시간에 '전국축제자랑(김혼비 외 1명)'을 읽고 축제가 가진 다양한 의미를 탐구하는 시간이 되었다고 밝힘. 축제가 지역을 대표하는가에 대한 의문에서 시작하여 축제가 가진 경제적·정치적 의미에 대해 알 수 있었다고 말하면서, 축제는 단순히 사람들의 화합을 넘어 지역이 가지고 있는 다양한 문화의 소통 공간이라는 점을 강조함. 하지만 축제의 콘텐츠가 지역을 대표하지 못하거나 상업적 변질로 인해 소통이 불가능한 상황이 자주 발생할 수 있다는 점을 지적하면서, 축제의 바람직한 활성화를 통해 지역의 정체성과 자립성을 확보할 수 있는 콘텐츠가 만들어지고 적절하게 배치되어야 한다는 점을 주장하였음.

단원명 | 국제 사회와 정치

🔍 국제 사회의 특징, 국제 사회의 변화 과정, 국제 정치, 현실주의, 자유주의, 국제 문제의 원인, 분쟁, 내전, 국제연합, 국제사법재판소, 국제 기구, 비정부기구, 국제 질서, 국제 분쟁, 이어도, 독도, 영유권 분쟁, 자원 분쟁, 외교, 갈등의 원인, 세계시민, 평화적 해결 방안

[12정치04-01]

● ● ● ●

국제 사회의 특징과 변화 과정을 이해하고 국제 정치를 바라보는 관점을 비교하여 분석한다

➡ 정부와 정부 간의 관계를 강화하고 형성하기 위해 예술이 활용되고 있다. 문화 외교는 국가 간의 문화 교류를

국어 교과군

영어 교과군

수학 교과군

도덕 교과군

사회 교과군

과학 교과군

촉진하고 이해를 증진할 목적으로 이루어지는 경우가 많다. 국제적 예술 전시, 공연, 교환 프로그램은 국가 간의 관계와 협력을 강화하는 데 도움을 줄 수 있다. 다양한 사례들을 분석하고, 이러한 교류 프로그램이 국가 간의 관계와 이미지 형성에 어떠한 영향을 주는지 분석해 보자. 국제 비엔날레와 엑스포 같은 행사들을 사례로 들어 조사할 수 있다.

관련 학과 예체능계열 전체

《디지털 문화의 전파자, 밈》, 리모르 시프만, 최은창 역, 한울아카데미(2022)

[12정치04-02] ● ● ●

다양한 국제 문제의 원인을 분석하고, 이를 해결하기 위해 국가를 비롯한 여러 주체가 수행하는 활동을 분석한다.

➡ 국제 기구와 정부 간의 문화 회담 및 협력을 통해 국제 갈등 해결이 해결되기도 한다. 유네스코(UNESCO, 유엔교육과학문화기구)는 문화 다양성을 촉진하고 문화유산의 보존을 돕는 등 문화적 이해와 협력을 지원하고 있다. 유네스코가 하고 있는 다양한 문화유산, 예술 작품의 보호 사례들을 분석해 보자. 또한 유네스코는 팔레스타인의 회원 가입을 승인했다. 이에 미국은 유네스코에 활동 기금 6,000만 달러의 지원 중단을 선언하였고, 앞으로도 계속 지원을 중단하겠다고 공표했다. 이렇듯 국제 기구의 역할이 국제적 힘의 논리에 영향받는 상황에 대한 자신의 생각을 정리해서 발표해 보자.

관련 학과 예체능계열 전체

《저항의 예술,》 존 리폰, 김경애 역, 씨네21북스(2022)

[12정치04-03] ● ● ●

우리나라를 둘러싼 국제 관계를 이해하고, 외교적 관점에서 한반도를 둘러싼 국제 질서를 분석한다.

➡ 한국, 중국, 일본은 오랜 역사와 인접성을 공유하며 문화 및 예술에 상호 영향을 주고받고 있다. 이러한 교류는 서로의 전통 예술, 음악, 무용, 회화, 조각 및 문학 작품에 나타난다. 각국의 영향을 받은 다양한 사례들을 분석하고 공통점과 차이점을 찾아 왜 그러한 공통점과 차이점이 발생했는지 자신의 생각을 덧붙여 발표해 보자. 또한 한중일은 아시아에서 가장 큰 문화산업을 보유하고 있으며, 한류(Korean Wave), 중화(Hallyu), 일류(Japanese Wave) 등이 아시아와 세계 다른 지역에서 큰 인기를 끌고 있다. 이러한 인기가 가능한 이유에 대해 조사하여 발표해도 좋다.

관련 학과 예체능계열 전체

《전통색의 역사와 한류 콘텐츠화》, 주미경·심영옥, 경희대학교출판문화원(2022)

[12정치04-04] ● ● ●

국제 사회에서 발생하는 다양한 갈등의 원인을 분석하고 세계시민으로서 갈등을 해결하는 자세를 갖는다.

➡ 국제적으로 유명한 문화유산의 소유권 및 보호 문제로 분쟁이 발생하는 경우가 있다. 예를 들어 이집트 고대 유적물의 소유권 문제가 국제적 관심사가 되기도 했다. 우리나라의 유물들도 해외로 많이 유출되거나 반출되어 있다. 이로 인해 생기는 다양한 갈등의 사례를 조사하고 해결책을 제시해 보자. 또한 국제 스포츠 행사도 국제적 분쟁의 원인이 되기도 한다. 2008년 베이징 올림픽이 열리던 중 티베트의 독립을 주장하는 시위가 일어났고, 이로 인해 국제적 갈등이 발생했다. 이와 비슷한 다양한 사례들을 조사해 보자.

관련 학과 예체능계열 전체

《문화재는 왜 다른 나라에 갔을까》, 서해경, 풀빛미디어(2017)

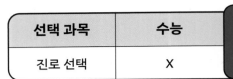

단원명 | 개인 생활과 법

> 🔍 가족 관계, 혼인, 출생, 상속, 친자, 친권, 부부 관계, 채권, 계약, 불법 행위, 사적 자치, 민법, 위법 행위, 손해배상, 물권, 부동산, 동산, 권리, 의무, 법률관계, 법적 문제 해결

[12법사01-01] • • •

가족관계와 관련된 기본적인 내용인 혼인·출생·상속 등을 이해하고, 이를 일상생활의 사례에 적용한다.

➡️ 부모 또는 양육자에게는 자녀를 교육할 법적 의무가 있다. 자녀가 예체능 분야에 관심을 보인다면 부모는 해당 방면의 소질을 계발할 수 있도록 교육의 기회를 제공해야 한다. 이러한 주장에 대한 자신의 생각을 발표하고 토의해 보자. 또한 예술 작품은 상속의 대상이기 때문에 법적, 역사적 논란이 자주 발생했다. 예를 들어 친일파의 재산 환수 과정에서 발생하는 예술 작품 소유권 문제나 나치 독일의 전리품이 된 다양한 예술품의 법적 가치와 상속에 대해 조사해 보자.

관련 학과 예체능계열 전체

《여행이 교육이 되는 순간》, 서효봉, 문예춘추사(2020)

[12법사01-02] • • •

채권 관계와 관련된 기본적인 내용인 계약, 불법 행위 등과 사적 자치를 이해하고, 이를 일상생활의 사례에 적용한다.

➡️ 예체능 분야의 다양한 계약을 주제로 탐구를 진행할 수 있다. 예술가나 스포츠 선수와 미술 갤러리, 음반 회사, 연극 단체, 스포츠 구단의 계약에 관한 다양한 내용을 파악해 보자. 예를 들어 화가, 조각가, 사진작가와 미술 갤러리 사이의 계약에 대해 탐구하거나 작품 전시, 판매, 가격 협상, 작품 보관과 보험에 관한 계약을 탐구할 수 있다. 또 뮤지션과 음반 회사 간의 계약 및 뮤직 비디오, 음반 발매, 로열티 계약, 음악 저작권에 관련된 법적 문제를 다루거나 스포츠 선수들의 계약에 대해 탐구해 볼 수도 있다.

관련 학과 예체능계열 전체

《문화예술저작권 분쟁의 숲에 가다》, 조상규, 겨리(2014)

[12법사01-03] • • •

물권 관계와 관련된 기본적인 내용인 부동산·동산에 관한 권리의 기능과 특징, 권리와 의무로 구성되는 법(률)관계를 이해하고, 이를 일상생활의 사례에 적용하여 법적 문제를 해결한다.

➡️ 최근 웹상의 예술 작품에 대한 논의가 활발하게 이루어지고 있다. 예를 들어 메타버스 내 디지털 자산의 NFT 보유자가 해당 디지털 자산의 소유권자가 되는 것을 주제로 탐구할 수 있다. NFT 보유자가 민법 및 기타 관

계 법령이 정하는 소유권자로서 보호를 받을 수 있는지, 자신의 NFT를 불법으로 탈취한 사람에게 소유물 반환 청구권에 기초하여 반환을 청구할 수 있는지에 대해 자신의 생각을 발표해 보자. 또한 NFT 보유자가 해당 NFT를 배타적으로 직접 지배한다는 것을 고려해 NFT 등 암호자산의 보유자에게도 채권적 보호를 떠나 물권적 보호가 필요한지에 관해서도 자신의 생각을 발표할 수 있다.

관련 학과 예체능계열 전체

NFT Art: 그 무엇으로도 대체 불가능한 예술

김민지, 아트북프레스(2022)

책 소개

《NFT Art: 그 무엇으로도 대체 불가능한 예술》은 서울대학교 미학과를 졸업하고 카이스트 문술미래전략대학원에서 과학 저널리즘을 전공한 저자가 예술과 기술에 대한 균형 잡힌 시각으로, 또한 디지털 미술(NFT 아트)에 대한 미학적인 접근과 국내 NFT 아티스트들에 대한 애정 넘치는 시선으로 서술해 나간 NFT 아트 전문서이자, NFT 아트에 대해 이해하고자 하는 독자들을 비롯해 NFT 아트를 꿈꾸는 예비 NFT 아티스트들에게 꼭 필요한 책이다.

세특 예시

교과심화 도서탐구 시간에 'NFT Art: 그 무엇으로도 대체 불가능한 예술 (김민지)'을 읽고 디지털 미술이 대체 불가능한 투자가 아니라 대체 불가능한 예술이 되어야 한다고 밝힘. 지속 가능하고 미래지향적인 NFT 아트 생태계를 조성해 나감에 있어 예술가 및 예술 시장 종사자뿐 아니라 과학기술, 법, 경제, 교육 등 다양한 영역의 전문가들의 역할이 중요하다고 말함. 무엇보다 이제 막 시작점에 놓인 NFT 아트의 미래가 투기와 거품으로 얼룩져 있다는 점을 지적하면서, 역사적으로 극초기 시장에는 거품과 투기가 발생했음을 파악함. 중요한 것은 거품이 사라지고 나서도 남게 되는 예술적 가치라고 주장하고, 이러한 가치를 지니기 위해 예술가들의 노력이 필요하다는 점을 역설함.

단원명 | 국가 생활과 법

| 🔍 | 민주주의, 법치주의, 권력 분립, 입법부, 사법부, 행정부, 기본권, 인간의 존엄과 가치 및 행복 추구권, 자유권, 평등권, 사회권, 참정권, 청구권, 기본권 제한, 형법, 죄형 법정주의, 범죄의 성립 요건, 위법성 조각 사유, 형벌의 종류, 형사소송, 법원, 헌법재판소, 판결, 항소, 항고, 입법론적 해결

[12법사02-01]

● ● ●

민주주의와 법치주의의 발전 과정을 이해하고, 우리나라 권력 분립의 원리를 탐구한다.

➡️ 예체능 교육은 문화 다양성을 존중하고 예술 및 체육 분야에서 다양한 문화적 표현과 관행을 존중하는 데 기여하고 있다. 법치주의의 원리 중 하나는 다양성과 다양한 문화적 가치를 존중하고 포용하는 것이다. 이러한 내용이 왜 법치주의에 포함되어 있는지 자신의 생각을 덧붙여 발표해 보자. 특히 예체능 교육은 다른 문화 간의 이해와 상호 존중을 촉진하여 인종, 종교, 국적, 성별 등에 따른 차별을 줄이는 데 기여할 수 있다. 이를 바탕으로 탐구를 진행해 보자.

《**예술의 위기**》, 요스트 스미르스, 유지나·김영한 역, 커뮤니케이션북스(2014)

[12법사02-02] ● ● ●

우리나라 헌법의 기본 원리와 기본권 내용을 이해하고, 기본권 제한의 요건과 한계를 탐구한다.

→ 예체능 활동은 문화와 예술을 강조하며, 이러한 활동을 통해 문화적 기본권을 실현하고 사회적 다양성을 존중할 수 있다. 문화 및 예술 활동을 통해 사회적 통합을 배우고, 인종·성별·종교·문화에 따른 차별에 대한 인식을 개선하고 성장을 촉진한다. 하지만 예체능 교육에 들어가는 막대한 비용으로 인해 저소득층은 교육 기회 자체를 박탈당하는 경우도 있다. 예체능 교육에 드는 비용을 조사하고 이에 대한 자신의 생각을 덧붙여 발표해 보자. 이러한 비용이 적절한지 아니면 더 나은 대안이 있는지 조사해 보자.

《**교과서는 사교육보다 강하다**》, 배혜림, 카시오페아(2023)

[12법사02-03] ● ● ●

형법의 의의와 기능을 죄형 법정주의를 중심으로 이해하고, 범죄의 성립 요건과 형벌의 종류, 형사 절차를 탐구한다.

→ 예체능계에도 다양한 범죄가 발생하고 있다. 모작이나 표절 문제, 경기 승패 조작 등 예체능 분야의 다양한 범죄에 대해 조사해 보자. 그리고 이런 문제들의 발생 원인과 해결책을 제안해 보자. 예를 들어 표절을 분석할 때는 표절의 법률적 정의 및 표절 행위로 발생하는 피해의 구체적인 내용 등 다양한 방면으로 조사가 가능하다. 이러한 사건이 발생하게 된 원인과 이러한 범죄가 예술계에 미치는 영향 등을 분석하고 해결책을 제안해 보자. 특히 스스로 생각하는 다양한 대안들을 발표하고 법과 도덕 사이의 관계를 생각해 보자.

《**모방의 경제학**》, 칼 라우스티아라·크리스토퍼 스프리그맨, 이주만 역, 한빛비즈(2013)

[12법사02-04] ● ● ●

법원과 헌법재판소의 법적 문제 해결 과정을 탐구하고, 사법의 의미와 한계를 인식하여 입법론적 해결이 필요한 경우를 탐구한다.

→ 예술가의 자유 표현과 예술 작품의 법적 제약 사이의 균형을 주제로 탐구를 진행해 보자. 인쇄 및 미디어 예술, 공공 예술, 진보적 예술과 관련된 다양한 사례를 조사하고 분석할 수 있다. 표현의 자유는 어디까지 보장될 수 있으며 예술적 한계는 어디까지인지 자신의 생각을 덧붙여 발표해 보자. 또한 다양한 법률적·헌법적 판례들을 통해 이러한 자유가 시대별로 어떻게 다르게 규정되었는지 조사할 수 있다. 예를 들어 사전검열제가 어떻게 변하고 폐지되었는지 알아보고 예술의 검열에 대한 자신의 생각을 함께 발표해 보자.

《**혐오**》, 네이딘 스트로슨, 홍성수 외 1명 역, arte(아르테)(2023)

단원명 | **사회생활과 법**

근로자의 권리, 노동 3법, 근로기준법, 노동조합법, 노동쟁의 조정법, 노동 3권, 단결권, 단체행동권, 단체교섭권, 사회보장제도, 독과점, 소비자의 권리, 소비자 보호법, 독과점 방지법, 지적 재산권, 인터넷 제공자, 플랫폼 노동, 지적재산의 보호와 한계

[12법사03-01]

법으로 보장되는 근로자의 권리를 이해하고, 이를 일상생활의 사례에 적용한다.

➡ 다양한 예술 관련 분야에 종사하는 예술가들의 노동 3권은 다른 직종들과 어떤 차이가 있는지 비교, 분석해 볼 수 있다. 영화나, 게임, 스포츠와 관련된 산업에서 마감과 행사 집중 기간에 노동이 어떻게 이루어지는지 알아보자. 예를 들어 시립교향악단 연주가들이 근로기준법의 적용을 받을 수 있는지, 근로 시간과 휴가는 어떻게 주어져야 하는지 탐구할 수 있다. 마찬가지로 스포츠 선수들의 근로 시간과 계약에 관한 다양한 사례들을 통해 예술인과 스포츠인들의 근로 향상을 위한 다양한 대안을 제시하거나 법률 입법을 제안할 수 있다.

관련 학과) 예체능계열 전체

《**미술노동자**》, 줄리아 브라이언 윌슨, 신현진 역, 열화당(2021)

[12법사03-02]

인간다운 생활을 보장하려는 사회보장과 경쟁 및 소비자를 보호하기 위한 법적 근거를 탐구하고, 구체적인 사례에서 공공 쟁점을 찾아 토론한다.

➡ 사회보장 제도는 다양한 문화적·사회적 집단을 지원할 수 있어야 한다. 다양성을 고려한 사회보장 제도와 다양한 문화의 예술 프로그램을 조합하고 문화 다양성을 존중하면서 지역사회의 사회보장을 개선하는 방법을 연구해 보자. 예를 들어 예술인을 위한 다양한 사회보장 제도에 대해 탐구해 볼 수 있다. 예술인 창작지원금과 예술인 기회소득 제도 등을 통해, 예술인들이 어떤 사회보장을 받고 있는지 조사해 보자. 받는 대상과 방법 등을 통해 이러한 제도의 목적을 파악할 수 있다. 제도의 보완점을 찾아 함께 발표할 수도 있다.

관련 학과) 예체능계열 전체

《**왜 예술가는 가난해야 할까**》, 한스 애빙, 박세연 역, 21세기북스(2009)

[12법사03-03]

현대적 법(률)관계의 특징과 지적 재산권의 의미를 이해하고, 이와 관련된 일상생활에서의 사례를 찾아보고 관련 쟁점을 토론한다.

➡ 예술가와 예술 작품의 지식 재산권을 조사해 보자. 저작권, 예술 작품의 소유권, 예술의 자유와 권리, 디지털 예술의 저작권과 관련된 내용을 주제로 탐구를 진행할 수 있다. 예를 들어 음악과 저작권을 주제로 탐구할 수 있다. 작곡가, 가수 및 레코딩 아티스트의 지식 재산권과 음악 발매에 대한 탐구를 진행하거나, 음악 작곡 및 저작권, 음악 스트리밍 서비스, 저작권 침해 및 저작권 보호와 관련된 주제를 조사해 보자. 또한 미술과 관련해서도 디자이너와 디자인 작품의 지식 재산권에 관해 탐구할 수 있다. 디자인 특허, 디자인 보호, 디자인 침해 및 디자인의 상업적 가치와 관련된 주제를 조사해 보자.

관련 학과) 예체능계열 전체

《**법 앞의 예술―예술 뒤 숨겨진 저작권 이야기**》, 조채영, 안나푸르나(2019)

단원명 | 학교생활과 법

| 🔍 | 청소년, 촉법소년, 청소년 기본법, 청소년 보호법, 청소년의 권리, 청소년의 의무, 학교 폭력, 위법소년, 소년 범죄, 사이버 불링, 법, 조약, 판례, 입법 자료, 법적 문제 해결, 사회적 논의

[12법사04-01]

학생과 청소년이 누릴 수 있는 권리와 의무를 이해하고, 이를 학교와 일상생활의 사례에 적용한다.

➡️ 예체능 활동을 하는 청소년들이 법적으로 어떤 보호를 받는지 탐구를 진행할 수 있다. 예를 들어 청소년들의 예술적 표현과 창작 활동에 대한 법적 권리에 관해 알아보자. 청소년들이 예술, 음악, 미술, 연극 및 문학 등을 통해 자신의 의견과 아이디어를 표현할 권리와 법적 보호에 대한 내용을 탐구해 보자. 또는 청소년 스포츠 선수와 연예인, 미술가 등 다양한 실제 사례를 찾아보고 그들이 법적으로 어떤 보장을 받는지 분석할 수 있다. 혹시 보장이 부족하다고 생각되면 대안을 제시해 보자.

관련 학과 예체능계열 전체

《좋아하는 일을 하는 거야》, 노준용, 특별한서재(2018)

[12법사04-02]

학교 폭력의 해결 과정을 살펴보며, 학교생활에서 발생하였거나 발생할 수 있는 법적 문제를 발견하고 그 해결 방안을 탐구한다.

➡️ 학교 폭력 피해 학생에 대한 지원 대책으로 미술 치료, 음악 치료 등의 치유 활동이 이루어지고 있다. 그렇다면 학교 폭력 피해 학생의 정서적 회복을 보장하는 법률 조항에는 무엇이 있는지 살펴볼 수 있다. 또한 학교 폭력 예방을 위해 스포츠를 활용해 학생들에게 배려와 협동 정신을 길러주는 방안도 연구되고 있다. 실제로 학교 생활에 적용할 수 있는 구체적인 방안 및 법률적 지원 방법에 관해 토의해 보자.

관련 학과 예체능계열 전체

《그림책, 마음버스》, 장선화·심보현, 이야기숲(2023)

[12법사04-03]

법적 문제를 해결하는 데 필요한 법, 조약, 판례, 입법 자료 등을 찾아보고, 민주시민으로서 나와 사회가 당면한 사회적 논의에 참여하는 태도를 가진다.

➡️ 예술 작품의 저작권 문제와 관련된 판례를 조사해 본다. 예를 들어 유명한 화가들의 저작권 분쟁 사례를 살펴보거나 작곡가들의 저작권 분쟁 사례를 조사하여 이러한 판결이 나온 이유에 대해 탐구할 수 있다. 체육 계열 학생들도 체육 활동 중 발생하는 일에 대한 책임 문제와 관련된 판례를 조사해 볼 수 있다. 예를 들어 스포츠 경기에서 발생한 부상에 대한 책임 문제나 체육 시설에서 발생한 사고에 대한 책임 문제 등을 살펴보고 그 내용을 발표할 수 있다.

관련 학과 예체능계열 전체

《사람이 사는 미술관》, 박민경, 그래도봄(2023)

선택 과목	수능		절대평가	상대평가
진로 선택	X	**경제**	5단계	5등급

단원명 | 경제학과 경제 문제

> | 🔍 | 희소성, 선택, 경제 문제, 경제학, 합리적 선택, 전통경제, 시장경제, 계획경제, 가격기구, 경제 문제의 해결, 경제적 유인, 편익, 비용, 합리적 선택, 한계 분석, 의사결정 능력

[12경제01-01] ● ● ●

인간 생활에서 자원의 희소성으로 인해 발생하는 경제 문제의 중요성을 인식하고, 경제학의 분석 대상과 성격을 이해한다.

➡ 문화 소비자들이 영화, 음악, 예술 이벤트, 박물관, 경기 관람 등을 선택할 때 어떤 기준을 가지고 합리적 선택을 하는지 조사할 수 있다. 예술 및 문화 소비의 트렌드 및 패턴을 분석하여 다양한 대안을 소비자에게 제안할 수 있다. 학급 친구들이 소비할 수 있는 다양한 대안들을 제시하고, 어떠한 과정을 통해 그것을 선택하게 되는지 조사하여 발표해 보자. 또한 그러한 선택을 할 때 지불할 수 있는 금액이 얼마인지 조사하고, 이득을 얻을 수 있는 방안에 대해 탐구해 보자.

관련 학과 예체능계열 전체

《당당한 디자인 결정을 위한 9가지 방법》, 톰 그리버, 김민성 외 1명 역, 한빛미디어(2021)

[12경제01-02] ● ● ●

경제 문제를 해결하는 다양한 방식의 장단점을 비교하고, 시장경제의 기본 원리와 이를 뒷받침하는 제도를 파악한다.

➡ 예체능(미술, 음악, 체육) 시장과 예술가의 경제 활동에 대한 연구를 진행할 수 있다. 예를 들어 미술 작품의 가치 평가, 예술 시장에서의 작품 거래, 경매 시장의 동향 등을 조사해 보자. 미술 시장에서의 가격 결정 요인과 예술 작품 투자에 대한 경제적 분석을 진행하여 이러한 내용을 파악할 수 있다. 시장경제 체제의 경제 활동과 계획경제 체제의 경제 활동이 어떻게 다른지 조사해서 발표할 수도 있다. 또한 예술가의 수익 모델, 작품 창작과 판매, 예술가의 경제적 현황에 대한 조사도 함께 진행하여 발표해 보자.

관련 학과 예체능계열 전체

《시장으로 간 예술가: 예술》, 이미혜·이재희, 이다북스(2022)

[12경제01-03] ● ● ●

인간은 경제적 유인에 반응함을 인식하고, 편익과 비용을 고려하여 합리적으로 선택하는 능력과 한계 분석을 이용한 의사결정 능력을 계발한다.

➡️ 특정 예술 분야로의 투자 집중이 다른 예술 분야에 어떤 영향을 미치는지 분석할 수 있다. 연극, 뮤지컬, 오페라, 아이돌 콘서트, 인기 스포츠 경기 등의 대규모 공연과 행사에 대한 투자 결정이 다른 작품에 대한 기회비용을 어떻게 형성하는지 연구해 보자. 예술 단체와 프로듀서의 예산 및 투자 관리에 기회비용의 개념을 적용해서 탐구를 진행할 수 있다. 또한 소외받는 예술 분야를 성장시키기 위한 투자 정책과 효율성을 증가시킬 수 있는 정책 방안도 함께 조사하여 발표할 수 있다.

관련 학과 예체능계열 전체

《**인사이드 게임**》, 키스 로, 이성훈 역, 하빌리스(2020)

단원명 ┃ 미시 경제

| 🔍 수요, 공급, 시장 균형, 가격, 거래량, 상품시장, 노동시장, 금융시장, 정부, 공공 부문, 조세, 공공재, 배제성, 공유성, 정부의 개입, 자원 배분, 효율성, 시장 기능, 공공 부분 기능, 시장 실패, 정부 실패, 외부 효과

[12경제02-01]   • • •

수요와 공급에 의한 시장 균형의 결정과 변동 원리를 파악하고, 이를 다양한 시장에 적용한다.

➡️ 미술 작품, 음악, 연극 공연, 스포츠 등의 시장에서의 수요와 공급에 관해 연구할 수 있다. 특정 작품이나 예술가의 인기가 어떻게 형성되며 예술 시장에서의 가격 결정에 어떤 영향을 미치는지 탐구할 수 있다. 예를 들어 다양한 종목의 세계 랭킹 1위 선수들의 수입을 조사한 뒤, 차이가 나는 원인과 수입에 영향을 미치는 다양한 요인에 대해 탐구할 수 있다. 또한 비인기 종목 선수들의 경우 현재의 연봉에 만족하는 것이 옳은 방향인지, 이들을 위한 정책이나 해결 방안에는 어떤 것들이 있는지 탐구할 수도 있다.

관련 학과 예체능계열 전체

《**세상에서 가장 비싼 그림들**》, 피에르 코르네트 드 생 시르 외 1명, 김주경 역, 시공아트(2012)

[12경제02-02]   • • •

정부를 비롯한 공공 부문의 경제적 역할을 이해하고, 조세, 공공재 등과 같이 시장의 자원 배분에 개입하는 사례를 탐구한다.

➡️ 문화유산(건물, 유적지, 예술품) 또는 무형문화재의 보존 방법과 공공재로서 문화유산의 활용에 대해 탐구를 진행할 수 있다. 이러한 문화들이 공공재로서 어떤 가치를 갖고 있는지 분석해 보자. 또한 이러한 문화유산 보존과 재생 정책의 효과를 분석해 볼 수도 있다. 단순한 유산뿐 아니라 공공 예술과 예술 활동이 사회 연대와 공동체 통합에 어떻게 기여하는지 알아볼 수도 있다. 지역에 바탕을 둔 공공 예술과 예술 기반 사회 프로젝트의 지역적 영향에 관한 주제를 다룰 수 있다. 이러한 공공 예술 프로젝트가 도시 재생 및 관광객 유치 등에 미치는 영향을 탐구해 보자. 이를 통해 공공 예술의 역할과 예술 프로젝트가 도시를 변화시키는 사례에 대한 내용을 조사하여 발표할 수 있다.

관련 학과 예체능계열 전체

《**미술과 세금**》, 권민철, 바른북스(2024)

국어 교과군

영어 교과군

수학 교과군

도덕 교과군

사회 교과군

과학 교과군

[12경제02-03]

시장 기능과 공공 부문의 활동을 비교하고, 자원 배분의 효율성과 형평성에 미치는 영향을 평가한다.

➜ '예술가 기본소득제'와 같은 작가들에 대한 경제적 지원을 주제로 탐구할 수 있다. 정부의 개입은 시장의 왜곡을 불러올 수 있다. 하지만 시장 자체가 부족한 상황에서 정부의 개입이 과연 불필요한 접근인지를 주제로 탐구를 진행할 수 있다. 또한 시장에서 예술 작품을 판매하거나 예술 활동을 수행하는 예술가와 예술 작품의 경제적 측면을 조사해서 발표해 보자. 예술가의 소득과 작품의 가격 결정이 효율적으로 이루어지고 있는지 탐구하거나 예술 기금과 장학금의 역할 등을 탐구하여 정부 또는 외부 효과가 예술 시장에 미치는 영향을 조사할 수 있다.

관련 학과 예체능계열 전체

《치유와 사회변화를 위한 집단 인간중심 표현예술》, 나탈리 로저스, 이수진 외 1명 역, 시그마프레스(2016)

단원명 | 거시 경제

| 🔎 | 거시 경제, 국내 총생산, 물가 상승률, 실업률, 국가 경제 수준, 총수요, 총공급, 경제 성장, 경제 성장의 요인, 한국 경제의 변화, 통화 정책, 재정 정책, 경기 안정화 방안

[12경제03-01]

여러 가지 거시 경제 변수를 탐색하고, 국가 경제 전반의 활동 수준을 파악한다.

➜ 물가상승은 예술 작품의 가격에도 영향을 미칠 수 있다. 특히 고가의 예술 작품 및 컬렉션은 투자 수단으로 인식되기도 한다. 예술품이 단순히 감상과 예술적 충족을 위한 수단이 아닌 투자의 수단으로 사용되는 상황이 올바른지 자신의 생각을 덧붙여 발표해 보자. 또한 물가상승으로 인해 생활비가 증가하면 가계 소득에서 문화 및 예체능 활동에 할애되는 금액이 줄어들 수 있다. 이는 예술과 문화 활동을 즐기는 개인 그리고 공급자의 예술 이벤트 및 활동의 접근성에 영향을 미칠 수 있다. 이런 상황에서 제시되는 정부의 정책이나 개인의 선택 등을 주제로 탐구를 진행할 수 있다.

관련 학과 예체능계열 전체

《아트테크 큐레이션》, 한혜미, 한국경제신문사(2022)

[12경제03-02]

경제 성장의 의미와 요인을 이해하고, 한국 경제의 변화와 경제적 성과를 균형 있는 시각에서 평가한다.

➜ 예술과 문화는 문화 다양성을 촉진하고 국제적 영향력을 확장하는 데 도움을 준다. 예술 작품, 영화, 음악 등은 국가와 문화 간의 이해와 교류를 촉진하며, 국제 경제 및 정치적 영향력을 증가시킨다. 이렇듯 예술 분야가 우리나라의 경제 성장에 도움을 준 사례를 조사하여 발표해 보자. 예를 들어 최근 한류와 관련된 다양한 예체능 분야를 탐구할 수 있다. 각 분야에서 예술이 경제 성장에 도움을 준 대표적인 사례를 분석하고 앞으로 성장 가능성이 높은 분야에 대한 자신의 생각을 발표해 보자. 우리나라의 GDP에서 한류가 차지하는 비중을 조사하여 근거로 들 수 있다. 또한 최근 다양한 OTT 콘텐츠가 어떤 역할을 하고 있는지도 함께 발표해 보자.

관련 학과 예체능계열 전체

책 소개

영화는 19세기에 단번에 대중예술의 중심 자리를 차지했고, 20세기를 넘어 오늘날에 이르기까지 사람들 사이에 으뜸가는 오락인 동시에 유행을 주도하고 먹고 말하고 행동하는 방식에까지 영향을 미치는 문화적 체제로 자리 잡았다. 이렇듯 예술은 더 많은 사람들이 예술의 소비와 생산에 참여하는 방향으로 꾸준히 발전해 왔다. 이 책은 이처럼 인류의 사회 경제사와 밀접하게 연관되어 발전해 온 예술사의 광대한 역사를 살펴본다.

세특 예시

진로심화 독서시간에 '예술의 사회 경제사(이미혜)'를 읽고 과거의 예술과 현대의 예술이 어떤 차이가 있는지 분석하는 시간을 가지게 되었다고 밝힘. 특히 인터넷이 이러한 차이를 분명하게 만들었다고 주장함. 인터넷은 기존의 다른 대중 매체와 달리 쌍방적, 분권적 성격이 강하다는 것을 말하고, 모든 사람이 콘텐츠의 수요자인 동시에 잠재적 생산자인 인터넷에서는 양자의 분리가 명확하지 않으며 특정한 주체가 콘텐츠를 일방적으로 통제하는 것이 불가능하다는 점을 강조하였음. 디지털 경제는 수요자, 매체, 생산자의 세 요소로 구성된 예술 시장 제도의 근간을 변화시키고 있다고 자신의 생각을 정리하여 발표하였음.

예술의 사회 경제사
이미혜, 열린책들(2012)

[12경제03-03] • • •

경기 변동의 의미와 요인을 이해하고, 경기 안정화 방안으로 재정 정책과 통화 정책을 분석한다.

➡ 디지털 예술과 NFT는 예술계에서 큰 관심을 받고 있다. 예술가들은 디지털 작품을 블록체인을 통해 NFT로 발행하고 판매함으로써 예술 시장에서 혁신을 이끌고 있다. 이에 따라 예술 시장의 경기와 구조가 어떻게 변화하고 있는지 탐구해 보자. 또한 NFT의 발행이 예술 시장의 확대를 위한 것인지, 아니면 투기 세력의 개입인지를 주제로 자신의 생각을 정리해서 발표할 수도 있다. 이렇듯 최근 기술과 예술이 결합한 분야가 부상하고 있다. 이를 탐구하면서 경기 변동에 따라 어떠한 양상이 나타나는지도 함께 탐구하여 발표해 보자.

관련 학과 예체능계열 전체

《**NFT, 처음 만나는 세계**》, 심상용 외 5명, 시공아트(2022)

단원명┃ 국제 경제

🔍 국제 거래, 국가 간 상호의존, 재화, 서비스, 생산요소의 교류, 비교 우위, 절대 우위, 특화, 무역원리, 자유 무역, 보호 무역, 외환 시장, 환율, 외화의 수요, 외화의 공급, 환율의 변동, 국가 경제와 개인의 경제생활

[12경제04-01] • • •

개방된 국제 사회에서 국제 거래를 파악하고, 국가 간 상호 의존성이 증대하고 있음을 이해한다.

➡ 국제 무역은 예술 시장에 큰 영향을 미치고 있다. 현대 및 전통 예술 작품, 고가의 수집품, 유명 작가의 작품, 스포츠 선수 계약이 국제적으로 활발해지고 다양한 수요를 만들어내 이러한 예술 분야의 국제 시장이 매년 큰 폭으로 상승하고 있다. 자신의 진로와 관련된 부분의 국제 시장을 주제로 탐구를 진행해 보자. 예를 들어 국제 미술 경매시장에서 거래되고 있는 상품과 가격을 비교하여 왜 이러한 가치가 형성되는지 탐구할 수 있고, 국제 스포츠 에이전트들이 다른 나라의 스포츠에 어떤 영향을 주고 있는지에 관해 탐구를 진행할 수도 있다.

관련 학과 예체능계열 전체

《한 권으로 읽는 국제스포츠 이야기》, 유승민 외 3명, 가나출판사(2021)

[12경제04-02] ● ● ●

비교 우위에 따른 특화와 교역을 중심으로 무역 원리를 이해하고, 자유 무역과 보호 무역 정책의 경제적 효과를 설명한다.

➡ 예술 시장에서 작품의 가치와 수요는 국가나 지역에 따라 다를 수 있다. 이러한 차이점을 고려하여 작품의 생산 및 유통에 관한 비교우위를 분석할 수 있다. 문화에는 우열이 없다고 하는데 이런 비교우위가 발생하는 원인에 대해 탐구해 보고, 이런 현상의 해결책이나 대안을 제시할 수 있다. 문화를 소비하는 국가에서 생산하는 국가로 발전하기 위해서는 어떻게 해야 하는지 탐구하고, 우리나라의 사례를 분석하여 어떻게 예술 문화적 우위를 가지게 되었는지 조사하여 발표를 진행해 보자.

관련 학과 예체능계열 전체

《뮤직코노믹스》, 지인엽, 동국대학교출판부(2023)

[12경제04-03] ● ● ●

외환 시장에서 환율의 결정 원리를 이해하고, 환율 변동이 국가 경제와 개인의 경제생활에 미치는 영향을 탐구한다.

➡ 국제적인 문화산업, 이를테면 영화, 음악, 미술, 스포츠 선수 계약 같은 다양한 활동은 국가 간 경계를 넘어 활발하게 영향을 미치고 있다. 환율 변동은 이러한 예술 및 문화 수출에 영향을 미치며, 국제 시장에서 작품의 가치와 가격을 변동시킬 수 있다. 특히 부가가치가 높게 측정되는 예술 관련 산업들이 환율에 어떤 영향을 받는지 조사하거나 스포츠 선수의 계약이 환율에 어떤 작용을 하는지에 대해 탐구를 진행할 수 있다.

관련 학과 예체능계열 전체

《이것은 라울 뒤피에 관한 이야기》, 이소영, 알에이치코리아(2023)

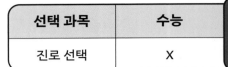

단원명 | 국제 관계의 특징

> 🔍 근대 국민 국가의 형성, 제1차 세계대전, 제2차 세계대전, 국제 관계의 형성 배경, 국제 관계 이해의 관점, 현실주의, 자유주의, 구성주의, 국제 사회의 행위 주체, 영향력 있는 개인, 다국적 기업, 국가, 국제 기구, 가치 갈등

[12국관01-01]　　　　　　　　　　　　　　　　　　　　　　　　　　　　　　　●●●

근대 이후 국제 관계의 형성과 변화 과정을 파악한다.

➡ 근대 이후 국제 관계의 형성과 변화에 언어, 교육, 문화, 예술 등의 소프트 파워(soft power)가 행사한 영향력에 관해 탐구할 수 있다. 특히 21세기 이후 정보 통신 기술의 발달로 전 세계가 국경에 구애받지 않고 실시간으로 소통하고 세계화의 속도가 빨라지면서, 소프트 파워 중에서도 특히 문화력과 문화 이데올로기의 중요성이 강조되고 있다. 소프트 파워의 의미와 국제 관계에 실제로 영향을 끼친 사례들을 탐구해 보고 소프트 파워를 키우기 위한 우리나라 및 다른 나라의 국가 정책에는 무엇이 있는지 조사해 보자.

관련 학과 예체능계열 전체

권력의 미래

조지프 나이, 윤영호 역,
세종서적(2021)

책 소개

하버드대학교 행정대학원 석좌교수이자 미 국방부 차관을 역임하는 등 이론과 현실을 겸비한 저자는 물리적인 힘을 넘어서는 영향력을 다룬 소프트 파워라는 새로운 패러다임을 최초로 제시한 것으로 유명하다. 나아가 세상의 맥락에 따라 하드 파워와 소프트 파워를 오가는 '스마트 파워'의 시대가 도래했음을 알려준다. 정보 혁명 시대의 승자는 가장 뛰어난 콘텐츠를 지닌 국가와 리더라는 통찰이 빛난다.

세특 예시

'책을 통해 세상 읽기' 시간에 '권력의 미래(조지프 나이)'를 읽고, 세계화와 정보 혁명으로 권력의 유례없는 분산이 이루어진 현대에는 국제 관계 형성에 기존의 하드 파워뿐만 아니라 문화적 역량 등의 소프트 파워가 중요하게 작용한다는 점을 알게 되었다고 밝힘. 특히 "원하는 결과를 이끌어내는 방향으로 기호를 형성할 수 있다."라는 구절에 주목하여, 문화 콘텐츠 산업의 육성 및 수출이 중요하고 국가적 차원에서 이 산업을 육성해야 한다는 주장을 담은 보고서를 작성함.

[12국관01-02]　●●●

국제 사회를 이해하는 주요 관점인 현실주의와 자유주의를 중심으로 구체적인 국제 관계의 사례를 분석하고, 대안적 관점들을 탐색한다.

➡ 구성주의적 관점으로 국제 관계를 이해할 때 사회적·역사적으로 형성된 관념적 요소가 국가와 국가 사이의 관계에 미치는 영향을 탐구하는 것이 중요하다. 국제 관계의 관념적 요소와 예체능 분야 사이의 연결 고리를 연구해 보자. 예를 들어 월드컵 축구 경기 같은 세계적인 스포츠 대회에서 몇몇 국가들 사이에 형성된 라이벌 의식에 대해 조사하고 이러한 관계가 형성된 역사적·문화적 배경을 조사할 수 있다. 또는 국가와 국가 사이의 갈등 관계가 예술, 체육 분야의 교류로 완화된 사례를 구성주의적 관점을 적용하여 분석할 수 있다.

`관련 학과` 예체능계열 전체

《**세계사를 바꾼 월드컵**》, 이종성, 브레인스토어(2022)

[12국관01-03]　●●●

국제 문제를 해결하기 위한 다양한 행위 주체의 활동을 탐색하고, 그 성과와 문제점에 대하여 토론한다.

➡ 예체능이나 문화계의 유력 인물이 국제 사회의 문제에 관련된 활동을 하는 경우를 조사해 보자. 예를 들어 세계적으로 인지도가 높은 할리우드 배우가 자선 단체를 설립하여 아프리카 기아 문제의 심각성을 알리고 구호 활동을 전개하거나, 권위 있는 영화 시상식의 수상자가 수상 소감에서 기후변화로 인한 지구의 위기를 언급하여 국제적 관심을 촉구한 사례 등을 찾아보고, 이러한 사례들이 불러오는 긍정적인 영향과 부정적인 영향에 대해 토의할 수 있다.

`관련 학과` 예체능계열 전체

《**아름다운 인생—오드리 헵번**》, 알렉산더 워커, 김봉준, 달과소(2005)

단원명 | 균형 발전과 상생

🔍 국가 간 불평등, 부의 편중, 빈부 격차로 인한 국가 간 갈등, 공정 무역, 공적 개발 원조, 정부 간 국제 기구, 국제 비정부 기구, 국제 사회의 공동 번영, 대한민국의 위상, 대한민국의 경제 발전

[12국관02-01]　●●●

국가 간 불평등의 원인을 파악하고, 이러한 불평등이 야기하는 갈등 상황을 분석한다.

➡ 체육과 예술 분야에 나타나는 국가 간 불평등의 사례를 조사해 보자. 예를 들어 올림픽이나 아시안 게임과 같은 국가 간 스포츠 대항전의 국가 순위를 보면, 경제적으로 발전한 국가와 그렇지 못한 국가의 메달 개수 차이가 크다는 점을 알 수 있다. 또한 각 종목의 세계 선수권 대회나 국제 규모로 열리는 콩쿠르, 각종 영상 매체 시상식에 개발 도상국 수상자의 비율이 어느 정도인지 찾아보고, 예체능계에서 국가 간의 불평등이 나타나는 원인을 경제적·정치적 관점으로 분석해 보자.

`관련 학과` 예체능계열 전체

《**모두의 운동장**》, Zephyrus, 스리체어스(2023)

공정 무역과 공적 개발 원조 등 국제 사회의 상생을 위한 노력을 조사하고, 다양한 행위 주체의 협력 방안을 탐색한다.

➲ 스포츠나 예술 분야에서 국가, 기업, 비정부 기구 주도로 다양한 지원이 이루어지는 사례에 대해 조사할 수 있다. 예를 들어 스포츠 산업이 발달한 선진국에서 개발 도상국 아동들에게 축구공이나 야구 장비 등 운동 장비를 지원하는 경우나 예술 관련 장학생을 선발하여 미술이나 음악 교육 기회를 제공하는 사례를 조사할 수 있다. 또한 국제 기구나 다국적 기업에서 예체능 관련 활동을 후원하는 사례를 알아보는 과정을 통해, 다양한 외교 주체 간의 상생과 협력이 필요한 이유를 고찰할 수 있다.

관련 학과 예체능계열 전체

《문화예술지원론》, 김진각, 박영사(2021)

국제 사회에서 우리나라의 위상을 파악하고, 국제 사회의 불평등 문제를 해결하기 위한 우리나라의 역할을 토론한다.

➲ 하계·동계 올림픽이나 월드컵, 아시안 게임과 같은 대규모의 국제 스포츠 대회에서 우리나라 대표팀이 거둔 성과를 통해 우리나라가 스포츠계에서 차지하는 위상을 파악하고, 정부 차원에서 체육계에 어떤 지원을 하고 있는지 조사할 수 있다. 또한 예체능 관련 인프라가 부족한 개발 도상 국가에 우리나라 정부 단체 또는 민간 기업이 스포츠나 미술, 음악 분야에 관련된 인적·물적 지원을 하는 사례를 조사해 보자. 이 과정에서 자금이나 물품 지원 같은 기존의 방식과는 다른 새로운 지원 방법은 없는지 토의하는 활동을 추가로 수행할 수도 있다.

관련 학과 예체능계열 전체

공공미술로 읽는
베트남 사회와 문화

한국국제교류재단 외 2명,
헥사곤(2019)

책 소개

《공공미술로 읽는 베트남 사회와 문화》는 한국국제교류재단(KF)이 지난 2016년과 2018년에 시행한 공공미술 국제교류 프로젝트인 베트남 벽화 사업의 면면을 기록한 책이다. 이 책은 당시의 기록과 진행 상황을 사진과 함께 정리하고 있으며, 나아가 공공미술의 관점에서 해당 사업이 어떤 의미를 가지고 있고 이 사업을 통해 베트남 사회와 문화 전반을 어떻게 이해할 수 있는지 설명한다.

세특 예시

'책을 통해 세상 읽기' 시간에 '공공미술로 읽는 베트남 사회와 문화(한국국제교류재단 외 2명)'를 읽고 미술 활동을 통해 우리나라에 대한 이해를 높이는 방법을 생각해 보게 되었다는 소감을 밝힘. 특히 프로젝트의 수혜자인 베트남 국민들의 인터뷰를 통해 벽화 사업이 이루어 낸 긍정적인 변화에 감명을 받았으며, 소외되고 낙후된 지역일수록 예술과 관련된 지원이 더욱 필요하다는 내용의 감상문을 작성함.

단원명 | 평화와 안전의 보장

> | 🔍 | 전쟁, 테러, 팬데믹, 문화 갈등, 국제적 연대 방안, 개인과 국가, 국제 사회의 안전, 민주적 통제, 세계 시민의 역할, 한반도의 안보 문제, 대북 전략, 현실주의, 자유주의, 한반도의 평화와 안전 보장을 위한 노력

[12국관03-01] • • •

인류가 직면한 평화와 안전의 상황을 다각적으로 조사한다.

➡ 국가 간 전쟁이나 내전으로 예술 작품이 파괴되거나 도난당하는 등 작품의 안전이 위협받는 사례에 대해 탐구할 수 있다. 우상을 숭배하지 않는 과격파 종교 집단이 불상이나 성상 같은 다른 종교의 예술품을 파괴하는 경우 또는 폭격이나 총격 등으로 예술품과 건축 유산이 훼손되는 경우를 예로 들 수 있다. 위험에 처한 예술 작품을 보호하기 위한 국제적 노력들에 대해 알아보고 대처 방안을 토의해 보자. 또한 대규모 공연이나 올림픽, 월드컵 같은 국제 스포츠 대회가 테러의 표적이 되어 시민의 안전이 위협받는 사례가 증가하고 있다. 이를 미연에 방지하기 위한 대책에는 무엇이 있는지, 근본적으로 어떤 대응책이 필요한지 토론해 보자.

(관련 학과) 예체능계열 전체

《**뮌헨 1972**》, 아론 J. 클라인, 문일윤 역, 황금부엉이(2006)

[12국관03-02] • • •

개인, 국가, 국제 사회의 평화와 안전을 위협하는 요인을 정치·경제·사회·문화의 다양한 영역에 걸쳐 파악하고, 이를 해결하기 위한 실천 방안을 탐색한다.

➡ 일부 예술 작품들의 경우 폭력적이거나 극단주의적인 메시지를 대중에게 전파하여 사회에 악영향을 끼칠 수 있다. 또는 문학이나 영화, 그림 등의 예술 작품이 특정 문화나 종교, 국제적으로 중요한 인물을 공격적으로 다루거나 비하해 민감성을 자극함으로써 사회적 갈등이나 국제 분쟁을 일으키는 경우도 있다. 이러한 이유로 발생한 범죄나 테러 사례에 대해 조사하고, 이와 같은 사태를 예방하기 위해 국가와 개인이 어떤 노력을 기울여야 하는지, 예술계에서 주장하는 표현의 자유는 어디까지라고 생각하는지에 대해 토의해 보자.

(관련 학과) 예체능계열 전체

《**미디어와 폭력**》, W. 제임스 포터, 하종원 역, 한울아카데미(2006)

[12국관03-03] • • •

역동적인 국제 관계 속에서 우리나라가 당면한 평화와 안전의 문제를 파악하고, 평화와 안전을 도모할 수 있는 구체적인 방안에 대하여 토론한다.

➡ 문화예술, 스포츠 관련 교류를 통해 한반도 및 동북아시아의 평화를 도모할 수 있는 방안을 모색해 보자. 특히 올림픽이나 월드컵과 같은 세계적인 스포츠 대회 유치를 통해 평화에 기여할 수 있다. 예를 들어 냉전 시기 자유주의 진영과 공산주의 진영의 한가운데 위치해 있던 우리나라에서 올림픽이 개최되었을 때, 첨예한 이념 갈등을 겪고 있던 국가들이 참가하여 화합하는 모습을 보임으로써 전 세계에 평화의 메시지를 보낼 수 있었다. 이처럼 스포츠 외교가 세계 평화와 안전에 기여한 사례에 관해 탐구해 보자.

(관련 학과) 예체능계열 전체

올림픽을 대상으로 스포츠 외교의 다양한 양상과 사례를 역사적으로 탐구한 책이다. 또한 국제적 정치 지형의 변화 속에서 각 시기별로 전개된 한국 스포츠 외교의 역사적 흐름을 관찰한 후 한국적 함의와 시사점을 탐색하였다. 우선 국가주의에 기초한 스포츠 현상이 국가 간 경쟁의 형태로 나타나기 시작한 19세기 말 근대 올림픽의 시작을 기점으로, 세계대전이라는 질곡의 시기를 겪으면서 올림픽에서 나타난 스포츠 현상의 굴곡과 훼절의 전개 과정을 탐색하였다.

'책을 통해 세상 읽기' 시간에 '현대 스포츠 외교사(유호근)'를 읽고 우리나라 실정에 가장 적합한 스포츠 외교의 방식은 무엇인지 생각해 보게 되었다는 소감을 밝힘. 특히 냉전 시기의 스포츠 외교의 역할과 현대의 스포츠 외교가 갖는 역할의 차이에 주목하여 추가 탐구를 진행하였으며, 1980년대까지의 스포츠 현상이 하드 파워를 과시하기 위한 수단이었다면, 정치적 영향력이 줄어든 현대의 스포츠 외교는 소프트 파워의 확산에 목적을 두고 있다는 내용의 보고서를 작성함.

현대스포츠 외교사

유호근, 인간사랑(2015)

단원명 | 국제 분쟁의 해결

| 🔍 | 국제 분쟁, 외교의 의미, 외교의 주체, 국제법의 기능과 필요성, 조약, 국제 관습법, 국제사법재판소의 역할, 국제법의 구속력과 한계, 지역 통합과 지역 기구의 결성, 유럽연합, 북미자유무역협정, 동남아시아 국가연합

[12국관04-01] ● ● ●

국제 분쟁을 해결하기 위한 외교와 국제법의 필요성과 기능을 탐색한다.

⮕ 예술 작품의 소유권을 두고 벌어진 국제 분쟁의 사례에 대해 조사할 수 있다. 제국주의 열강에 수탈당했던 여러 국가들이 식민지 시절 빼앗긴 문화재의 반환을 요구하고 있으나, 실제로 문화재가 반환된 경우는 많지 않다. 우리나라 역시 프랑스, 미국, 일본 등에 강탈당한 문화재 중 상당수를 돌려받지 못하고 있다. 이런 사례들을 찾아보고 원만한 해결을 위한 방안을 토의해 보자. 또한 문화예술 분야의 지적 재산권과 관련된 국제 분쟁도 증가하는 추세이다. 음악이나 그림, 영화 등 예술 작품에 대한 표절 논란이 국경을 넘어 발생하는 사례를 조사해 보자.

관련학과 예체능계열 전체

《**모나리자의 집은 어디인가**》, 김병연, 역사비평사(2023)

[12국관04-02] ● ● ●

국제법의 특징과 법원(法源)을 조사하고, 국제사법재판소의 역할과 한계를 파악한다.

➡ 예술과 스포츠 분야에 국제법이나 국제 협약이 관련되어 있는 사례를 조사할 수 있다. 예를 들어 국제 기구인 유네스코에서는 세계문화유산 등을 지정하여 유네스코에 가입된 국가들이 문화재를 보호하고 관리하도록 촉진하고 있다. 또한 국제연합(UN)에서는 국제 물품 매매 계약에 관한 협약을 맺어 예술품의 거래를 관리, 감독하고 있다. 이와 같은 국제 협약의 종류와 내용에 대해 조사하고, 예술 및 스포츠 분야에서 발생하는 국제 분쟁 해결에 국제법과 협약이 어느 정도 효과가 있는지 토의하는 탐구활동을 수행해 보자.

관련 학과 예체능계열 전체

《미술과 저작권》, 하병현·윤용근, 북스데이(2017)

[12국관04-03] ●●●

국제사회에서 다양한 지역 통합이 이루어지는 현상과 그 이유를 확인하고, 지역 기구의 구성원으로서 우리나라의 역할을 토론한다.

➡ 지역 공동체 내부의 국가들은 외부의 국가들에 비해 비슷한 문화적 배경을 공유하는 경우가 많고 문화예술 분야의 교류도 활발한 편이다. 지역 공동체에 소속된 국가들이 음악, 미술, 스포츠 등 다양한 예체능 분야에서 직접 교류하는 사례를 찾아 탐구해 보자. 유럽의 예를 들면, 유럽연합에 소속된 국가의 프로 축구 리그의 경우 유럽연합 국가의 선수들은 별도의 비자 없이 자유롭게 활약할 수 있지만, 유럽연합이 아닌 국가의 선수들은 취업 비자를 받아야만 활동할 수 있다. 이와 같은 사례에 대해 조사해 보자.

관련 학과 예체능계열 전체

《축구의 제국, 프리미어 리그》, 조슈아 로빈슨·조너선 클레그, 황금진 역, 워터베어프레스(2021)

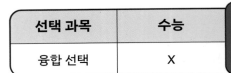

선택 과목	수능	여행지리	절대평가	상대평가
융합 선택	X		5단계	X

단원명 | 행복하고 안전한 여행

| 🔍 | 여행 경험, 여행의 의미, 지리정보 기술, 이동 수단, 교통수단, 가상여행, 간접 여행, 진로, 체험

[12여지01-01]

다양한 여행 사례와 자신의 여행 경험을 통해 여행의 의미를 파악하고 여행이 삶과 세계 인식에 미치는 영향을 토의한다.

➡ 해외여행을 하다 보면 미술관을 관람하게 되는 경우가 허다하다. 여행의 목적 자체가 그 나라의 역사와 문화를 경험하고 이해하는 일이니 지극히 당연하다. 하지만 주마간산식으로 미술관을 관람하고 나면 뭔가 허전한 느낌이 든다. 여행 전에 미술관 관람 계획과 미술관 정보를 철저히 준비한다면 알찬 관람을 할 수 있지 않을까? 해외의 세계적인 미술관을 하나 선정해서 미술관 여행 계획을 수립하고 미술관 소개글을 작성하여 발표해 보자.

관련 학과 예체능계열 전체
《세계의 박물관 미술관 예술기행: 유럽편》, 차문성, 성안당(2015)

[12여지01-02]

모빌리티의 변화와 발전에 따라 여행자의 이동, 위치, 장소가 어떻게 연결되고 관계를 맺는지 살펴보고, 다양한 지도 및 지리정보 기술을 활용하여 안전한 여행 계획을 수립한다.

➡ 우리는 여행을 좋아하고, 잘 알지 못하는 어떤 작품에 매혹되기도 한다. 그 일을 계기로 작가의 다른 작품도 찾아보게 되고, 그가 어떤 사람인지, 어떤 삶을 살았는지에 대해서도 궁금해진다. 어렵게만 느껴지던 예술이 삶에 스며들기 시작하는 순간이다. 나아가 작가가 나고 자란 곳, 작품이 탄생한 장소에도 가 보고 싶어진다. 세계적인 예술 작품과 작품이 탄생한 지역에 관한 이야기를 조사하여 발표해 보자.

관련 학과 예체능계열 전체
《예술이 좋다 여행이 좋다》, 수지 호지, 최지원 역, 올댓북스(2022)

단원명 | 문화와 자연을 찾아가는 여행

| 🔍 | 도시, 문화 경관, 감정이입, 공감, 배려, 존중, 지리적 상상력, 기후경관, 지형경관, 지오사이트, 지오투어리즘

[12여지02-01]

인간의 정주 공간으로서의 도시를 새로운 관점에서 낯설게 바라보고, 여행지로서의 향유 가능성을 탐색한다.

➡ 오늘날 문화예술 공간은 전시, 퍼포먼스, 강연, 워크숍, 장터 등 복합적 정체성을 지닌다. 기획자의 의도에 따라 공간의 기능은 시시각각 변모한다. 특히 깔끔하게 단장한 시설 대신 오래되어 허름한 공간을 재사용하는 '공간 재생'이라는 도시의 새로운 흐름을 읽을 수 있다. 버려지거나 낡은 공간이 지닌 옛 흔적은 오히려 고유한 매력이자 영감의 원천이 된다. 우리나라에서 버려지고 방치된 공간을 아름다운 문화예술공간으로 탈바꿈한 사례를 조사하여 발표해 보자.

관련 학과 예체능계열 전체

《삶이 예술이 되는 공간》, 한국문화예술교육진흥원 외 2명, 미메시스(2019)

[12여지02-02]　•••

다양한 문화 경관의 형성 배경과 의미를 이해하고, 감정이입과 공감의 자세로 여행지 주민을 배려하고 존중한다.

➡ 대한민국의 세계유산은 세계유산 등록 기준 조건을 충족하여 세계유산위원회를 거쳐 등재된 세계유산(문화유산·자연유산·복합유산)을 말한다. 예를 들어 한국의 건축물을 대변하는 왕궁만 해도 경복궁, 덕수궁, 창경궁 등이 있지만, 유일하게 세계문화유산에 등재된 창덕궁은 그만큼 남다른 특이성을 갖고 있는 것은 물론 한국의 건축을 대표한다. 또한 세계에서 단일 목조 건물로는 가장 규모가 큰 종묘, 남한산성 등을 통해 한국의 자랑스러운 유산을 단번에 이해할 수 있다. 우리나라의 세계문화유산을 홍보하는 팸플릿을 제작해 보자.

관련 학과 예체능계열 전체

《유네스코 선정 한국의 세계문화유산 1》, 이종호, 북카라반(2015)

[12여지02-03]　•••

여행지의 기후 및 기후변화가 여행자와 여행지 주민에게 미치는 영향과 그 차이를 비교하고, 지리적 상상력을 동원한 간접 여행을 통해 기후 경관을 체험한다.

➡ 많은 예술가들이 기후위기와 환경정의를 외면하지 않고 정면으로 맞서고 있다. 해양 플라스틱을 행위예술로 표현하는 예술가, 바닷속 소리의 풍경을 수집하는 사운드 아티스트, 땅을 부동산으로만 생각하는 인식에 균열을 내며 토양의 초상을 선보이는 예술가, '기후난민' 문제를 예술 작품으로 표현하는 작가 등 기후위기 문제에 대한 우리의 안일한 생각에 균열을 내고 각성을 촉구하는 예술가들의 작품을 조사하여 발표해 보자.

관련 학과 예체능계열 전체

《예술과 생태》, 박이문, 미다스북스(2010)

[12여지02-04]　•••

지형 경관이 지닌 자연적 가치, 심미적인 조화, 인간과의 상호작용과 같은 지오사이트의 선정 기준을 조사하고, 지오투어리즘 프로그램을 제안한다.

➡ 시각예술에서 '본다'는 것은 '안다'는 것이고 '안다'는 것은 자연의 외형뿐만 아니라 그 본질을 안다는 것이다. 따라서 자연의 외형뿐 아니라 그 본질까지도 보게 하는 것이 예술이라고 규정하고 있다. 시각예술의 입장

에서는 대상인 자연을 보는 방법에 독창성을 유추하는 실마리가 있다. 지형 경관을 통해 평범한 사물의 형태를 가지고 예술화하는 방법을 조사하여 발표해 보자.

관련 학과 예체능계열 전체

《자연의 예술적 형상》, 에른스트 헤켈, 엄양선 역, 그림씨(2018)

단원명 | 성찰과 공존을 위한 여행

| 🔎 | 산업유산, 기념물, 인권, 정의, 인류의 공존, 로컬 큐레이터, 공정 여행, 생태 감수성, 다크 투어리즘, 평화 여행, 여행 콘텐츠, 스토리텔링, 개발과 보전

[12여지03-01]   ● ● ●

인류의 물질적, 정신적 발전 과정을 성찰할 수 있는 산업유산 및 기념물을 조사하고 여행지의 가치를 평가한다.

➡ 도시 재생 분야에서 과거 방치되었던 산업유산이 최근 다양한 문화 콘텐츠를 도입하여 가치가 재생산된 공간으로 탈바꿈하고 있다. 영국의 테이트 모던 미술관은 대표적인 산업유산 활용 사례로, 근대 산업유산이 버려진 흉물로서 철거해야 할 대상이 아닌, 역사적·문화적 가치를 지닌 지역의 자원이 될 수 있다는 점을 충분히 보여주었다. 산업유산을 문화 콘텐츠로 활용한 우수 사례를 조사하여 발표해 보자.

관련 학과 예체능계열 전체

《유네스코 세계유산 이야기》, 조민재, 통독원(2021)

[12여지03-02]   ● ● ●

평화, 전쟁, 재난의 상징이 새겨진 지역에 대한 직간접적인 여행을 체험하고 이를 바탕으로 인권, 정의, 인류의 공존을 둘러싼 구조적 문제를 비판적으로 탐구한다.

➡ 제2차 세계대전 하면 흔히 히틀러의 광기로 대변되는 서부 유럽 전선과 미군의 승리로 기억하는 태평양 전선만을 떠올리기 마련이다. 그러나 제2차 세계대전은 동유럽과 아시아, 아프리카에 이르기까지 전 세계를 무대로 벌어졌던 전쟁이다. 전쟁은 지역을 가리지 않고 그 상흔을 남겼으나 난징 대학살보다 홀로코스트가 우리에게 더 익숙한 것은 그동안 서구인의 시각에서 기록한 전쟁사를 더 많이 접했기 때문일 것이다. 아시아인의 관점으로 제2차 세계대전에 연환화(連環畵)라는 그림의 형식으로 접근해 생생한 역사의 현장에 대한 전쟁 기사문을 작성해 보자.

관련 학과 예체능계열 전체

《그림으로 읽는 제2차 세계대전》(1~12), 우지더·자오시웨이, 한국학술정보 출판번역팀 역, 이담북스(2016)

[12여지03-03]   ● ● ●

문화 창조, 첨단 기술과 같은 새로움을 지향하는 지역의 사례를 조사하고, 내가 살고 있는 지역의 로컬 큐레이터로서 다양한 여행 콘텐츠의 발굴과 모니터링을 통해 지역의 의미와 가치를 탐색한다.

➡ 우리나라의 도시 기준은 읍 단위(인구 2만 명 이상) 이상이다. 2013년 자료에 따르면, 우리나라 인구의 90% 이상이 도시에 살고 있다. 도시는 하나의 공간일 뿐 아니라, 역사와 삶의 흔적을 아로새긴 채 끊임없이 성장하고 쇠

락하며 변화하는 속성을 지니고 있다. 도시들을 제대로 알면 대한민국의 지리와 역사, 문화를 한눈에 읽을 수 있다. 우리나라 주요 도시에 대한 가상의 여행을 통해 독창적인 여행 콘텐츠를 발굴하여 소개해 보자.

관련 학과 예체능계열 전체

《지리쌤과 함께하는 우리나라 도시 여행》, 전국지리교사모임, 폭스코너(2016)

[12여지03-04] ● ● ●

공정 여행을 통해 여행지를 둘러싼 다양한 문제를 탐색하고, 여행자인 나와 여행지 주민인 그들이 연결된다는 점에서 공존의 의미와 생태 감수성에 대해 성찰한다.

➡ 공정 여행은 지역 주민과 여행자가 상생하고 공존하는 여행이다. 지역의 지속 가능한 미래를 위해서는 지역의 문화, 역사, 자연, 산업, 사람 등 다양한 자원을 발굴·활용하여 주민과 함께 지역 특화 상품을 발굴하고 다양한 지역 네트워크와 협업하여 공동의 상품을 개발해야 한다. 지역 여행에 직접 참여한 여행자는 다채로운 문화예술 체험을 통해 지역에 숨어 있는 가치와 의미를 발견할 수 있다. 문화예술 체험 프로그램이 접목된 특별한 공정 여행지를 소개하는 글을 작성하여 발표해 보자.

관련 학과 예체능계열 전체

《우리의 여행이 세상을 바꿀까》, 고두환, 선율(2015)

단원명 l 미래 사회와 여행

| 🔍 | 미디어, 정보통신 기술의 발달, 여행 산업의 변화, 여행 트렌드, 가상여행, 우주 여행, 인공지능 여행, 여행 포트폴리오

[12여지04-01] ● ● ●

미디어와 여행의 상호관계를 통해 여행의 변화 양상을 조사하고 미래 사회의 여행자와 여행의 모습을 예측한다.

➡ 아트페어(Art fair)는 여러 갤러리가 연합하여 미술품을 전시, 판매하는 행사이다. 갤러리들이 그해의 트렌드를 반영하여 개최하는 일종의 견본 시장으로, 1913년 뉴욕에서 열린 아모리 전시회가 최초의 아트페어이다. 현대적 아트페어는 1967년 독일의 쾰른에서 열린 '아트 쾰른'을 시작으로 전 세계 160여 개 나라에서 해마다 열리고 있다. 우리나라의 갤러리들 역시 이러한 국제 아트페어에 참가하고 있다. 전 세계의 아트페어를 조사하고 아트페어의 가치, 비판점 및 대안에 대해 발표해 보자.

관련 학과 예체능계열 전체

《컬렉터처럼, 아트투어》, 변지애, 한스미디어(2023)

[12여지04-02] ● ● ●

여행이 주는 가치의 재발견을 통해 자신만의 여행 포트폴리오를 구성하고 나의 삶을 변화시키는 일상 속의 다양한 여행을 실천한다.

➡ '도나우인셀페스트'는 오스트리아 빈의 음악 축제다. 약 30개의 무대가 마련되고, 참여 뮤지션은 약 2,000팀,

관객은 약 300만 명이다. 유럽에서 가장 큰 축제 중 하나로, 1984년 처음 시작되어 매해 6월 도나우 섬에서 열린다. 강변을 따라 설치된 30여 개의 야외 무대에서 다양한 장르의 공연이 펼쳐진다. 일렉트로닉, 메탈, 랩, 팝, 포크 등 장르를 가리지 않는다. 이와 같은 세계적인 음악 축제 중 관심이 가는 축제를 하나 선정해 특징을 조사하여 발표해 보자.

관련 학과 예체능계열 전체

《**유럽 음악축제 순례기**》, 박종호, 시공사(2012)

국어 교과군

영어 교과군

수학 교과군

도덕 교과군

사회 교과군

과학 교과군

선택 과목	수능		절대평가	상대평가
융합 선택	X	역사로 탐구하는 현대 세계	5단계	X

단원명 | 현대 세계와 역사 탐구

| 🔍 | 지역 세계, 연결망, 문화권, 제1차 세계대전, 제2차 세계대전, 전후 체제, 복잡성, 연관성

[12역현01-01] ● ● ●

현대 세계를 전후 체제 형성의 역사를 중심으로 파악한다.

➡ 세계대전은 서양 미술사에서 빼놓을 수 없는 중요한 사건이다. 전쟁으로 수많은 사람이 목숨을 잃었고, 서양 사상의 두 중심축이었던 종교와 이성이 모두 무너졌다. 전쟁으로 인한 파괴와 유혈은 유럽의 문명적 우월성과 자부심을 흔들었다. 대전의 불안 속에서 합리주의적인 인간 문명과 사회 체제를 완전히 부정하고 파괴하려는 운동이 일어났다. 무정부주의적 문학과 예술 운동인 '다다이즘(Dadaism)'에 대해 조사하여 발표해 보자.

관련 학과 예체능계열 전체

《다다이즘》, 디트마 엘거, 김금미 역, 마로니에북스(2008)

[12역현01-02] ● ● ●

학습자가 생각하는 현대 세계의 과제를 선정·조사하고 그 특징을 분석한다.

➡ 야수파(野獸派) 또는 포비즘(fauvism)은 20세기 초반 모더니즘 예술에 잠시 나타났던 미술 사조이다. 이후 20세기 미술은 반자연주의를 기조로 하는 혁신적 유파와 사조로 어지럽게 뒤바뀌는데, 그 발단이 된 것이 야수파 운동이다. 야수파는 강렬한 표현과 색을 선호했다. 이 운동의 기수로는 앙리 마티스와 앙드레 드랭이 있다. 야수파의 특징을 조사하여 발표해 보자.

관련 학과 예체능계열 전체

《앙리 마티스, 신의 집을 짓다》, 가비노 김, 미진사(2019)

단원명 | 냉전과 열전

| 🔍 | 인권, 평화, 국제연합, 국·공내전, 6·25전쟁, 베트남 전쟁, 쿠바 미사일 위기, 미·소의 핵무기 경쟁, 제3세계

[12역현02-01] ● ● ●

제2차 세계대전 이후 인권·평화를 위한 국제 사회의 노력과 한계를 파악한다.

⊙ '팝 아트'는 1960년대 초 뉴욕을 중심으로 출현한 미술의 한 장르이다. 로이 리히텐슈타인, 앤디 워홀, 클래스 올덴버그 등이 그 대표적인 작가로 알려져 있다. 당시 주류를 이루던 추상표현주의에 대한 반작용 또는 확장으로 등장했다는 의견도 있다. 미국과 영국에서는 대량 생산과 대량 소비가 최고치에 이르게 되었다. 이와 더불어 사람들이 자연, 환경이 아니라 광고판이나 대중매체와 친숙해진 것에 착안해, 추상주의에 식상함을 느낀 화가들이 TV나 잡지, 광고에 등장하는 이미지를 작품의 재료로 채택하였다. 팝 아트의 특징을 조사하여 발표해 보자.

관련 학과 예체능계열 전체

《**팝 아트**》, 루시 R. 리파드 외 3명, 정상희 역, 시공아트(2011)

[12역현02-02]   •••

냉전 시기 열전의 전개 양상을 찾아보고, 전쟁 당사국의 전쟁 경험을 비교한다.

⊙ '개념미술'이란 종래의 예술에 대한 관념을 외면하고 완성된 작품 자체보다 아이디어나 과정을 예술로 생각하는 새로운 제작 태도를 뜻한다. 미국과 유럽에서 시작된 이와 같은 현상은 전 세계로 확산되었다. 예술의 '최소한'을 강조하는 미니멀 아트의 논리적 귀결에서 그 맥락을 찾을 수 있다. 네오다다이즘처럼 1960년을 전후하여 기존의 형식을 파괴하는 일련의 운동들과 거의 같은 시기에 발생하였다. 개념미술의 특징을 조사하여 발표해 보자.

관련 학과 예체능계열 전체

《**클릭, 서양미술사**》, 캐롤 스트릭랜드, 김호경 역, 예경(2013)

[12역현02-03]   •••

세계 여러 지역의 전쟁 관련 기념 시설이 제시하는 기억 방식을 조사하여 분석한다.

⊙ '민속'은 문명 국가의 서민 사회에 전승되는 기층 문화를 일컫는다. 한국의 민속은 농경문화의 역사와 사계절의 선명한 변화, 기후, 지세와 같은 자연지리적 조건 속에서 형성되었고, 외래 문화와 종교의 유입으로 변형되거나 새로 탄생한 것도 다수 존재한다. 민속은 일반적으로 구비문학, 물질문화, 민속관습, 민속예술로 나뉜다. 세계의 유명한 민속박물관을 하나 선정해, 박물관 소개를 인포그래픽으로 표현해 보자.

관련 학과 예체능계열 전체

《**세계민족복식**》, 오가와 야수로, 조우현 역, 민속원(2010)

단원명 | 성장의 풍요와 생태환경

|🔍| 냉전의 완화, 닉슨 독트린, 소련의 변화와 해체, 독일 통일, 동유럽 공산권 붕괴, 중국의 개혁·개방, 신자유주의, 자유무역, 세계화, 정보통신 기술의 발달, 기후변화협약

[12역현03-01]   •••

세계 경제의 성장과 기술 혁신의 변화 양상을 조사한다.

⊙ 디지털 예술은 디지털 기술을 창작 작업의 핵심으로 사용하는 예술 작품이나 작업 전반을 통칭하는 용어이다. 1970년대 이후 컴퓨터 아트와 멀티미디어 아트, 미디어 아트라는 이름으로 등장한 다양한 예술 작품과 작업

들은 미디어 아트라는 범주 안에 포함된다. 디지털 기술은 회화, 조각, 설치 등 기존 미술 작업의 방식을 변화시켰다. 한편 넷 아트(net art), 디지털 아트, 가상현실 등 새로운 형식이 예술 작업으로 인정되었다. 디지털 예술의 특징과 최신 동향을 조사하여 발표해 보자.

관련 학과 예체능계열 전체

《디지털 아트》, 노소영, 자음과모음(2014)

[12역현03-02] • • •

대중 소비 사회의 형성과 생태환경의 문제 및 극복 노력을 사례 중심으로 탐구한다.

➡ 자본주의와 매스미디어의 확대로 대량 생산과 대량 소비가 우리의 세계를 지배하고 있다. 이로 인해 예술 작품의 대량 소비가 현대인의 보편적 사고로 확산되고 구체화되고 있다. 과거의 예술 작품이 자의든 타의든 낭만주의적 천재에 의한 현실세계에서 벗어난 신비적이고 초월적인 작품이었다면, 현대의 예술가들은 동시대의 다양한 요인들을 흡수, 배출하면서 사회적 현상에 어느 정도 적응하는 것으로 보인다. 현대 대중 소비 사회로의 전환에 따른 예술의 변화 양상을 조사하여 발표해 보자.

관련 학과 예체능계열 전체

《현대사회와 문화예술》, 이흥재, 푸른길(2012)

[12역현03-03] • • •

기후변화와 관련된 협약 및 보고서를 조사하고, 그 의미를 추론한다.

➡ 국제 기후변화 운동 네트워크 '350'은 기후위기의 영향에서 벗어난 안전하고 공정하며 번영하는 미래를 위해 노력한다. 그들은 전 세계적으로 다양한 대중 참여 운동을 펼치는데, 예술을 활용한 활동도 활발하게 진행하고 있다. 350 프로젝트 중 '키트로 만든 예술(Arts Organizing Kits)'은 참여자가 예술을 통해 다양한 기후위기 관련 캠페인이나 행사에 관해 생각해 보고 이야기를 나누게 한다. 예술을 활용해 기후위기 문제에 공감을 불러일으킬 방안을 제안해 보자.

관련 학과 예체능계열 전체

《우정의 언어 예술》, 공윤지, 소장각(2023)

단원명 | 분쟁과 갈등, 화해의 역사

🔍 종교 갈등, 종족 갈등, 에너지와 환경 문제, 지속 가능 개발, 양성평등, 다문화, 다인종, 기후, 난민, 신냉전, 자국우선주의

[12역현04-01] • • •

국제 분쟁 및 무력 갈등의 원인과 전개 양상을 사례 중심으로 파악한다.

➡ 현대 미술에 대해, '어린아이의 그림을 들고 와 말로 잘 포장해서 가치를 만들어내는 것'이라고 비판하기도 한다. 현대 미술에는 늘 이런저런 설명이 있고 이러이러한 의도로 만들었다고 하지만, 반대로 막 그려놓고 그럴듯한 의미를 붙여 창조해낸다는 추측 또한 존재하는 것이다. 예술의 본질에 대한 다양한 생각들, 현대 미술에

대한 비판을 조사하여 발표해 보자.

관련학과 예체능계열 전체

《현대미술 이야기》, 신일용, 밥북(2023)

[12역현04-02] •••

탈냉전 이후 '제3세계' 국가의 권위주의 체제 변동에 따른 갈등 양상과 특징을 조사한다.

➡ 우리에게는 생소하고 낯선 인도 연극이 한국 예술 현장에서 어떤 가치를 가질 수 있을까? 인도 현대 연극 운동 사에는 '인도다운' 연극을 실천하기 위해 일어난 뿌리연극 운동이 있었다. 식민지 해방과 함께 자신들 고유의 뿌리로 돌아가기 위해 움직인 께랄라의 뿌리연극 운동의 역사는 인도 연극사에서 의미가 크다. 전통 연극이 어떤 방식으로 현대 관객과 만났는지 알 수 있고, 그러한 연극 운동의 원천인 께랄라 토착문화를 고찰해 볼 수도 있다. 인도의 현대 연극과 전통 연극을 소개하는 글을 작성해 보자.

관련학과 예체능계열 전체

《인도의 현대연극과 전통연극》, 변영미, 푸른사상(2020)

[12역현04-03] •••

국내외 분쟁과 갈등을 해결하기 위한 역사 정책 사례를 탐구한다.

➡ 뮤지컬은 노래, 춤, 연기가 어우러지는 공연 양식을 가리킨다. 음악, 특히 노래가 중심이 되어 무용(춤)과 극적 요소(드라마)가 조화를 이룬 종합 공연물이다. 뮤지컬은 19세기 영국에서 탄생했는데, 그 근원에는 유럽의 대중 연극, 오페라, 오페레타, 발라드 오페라 등이 있다. 1728년에 뮤지컬과 형식이 유사한 존 게이의 〈거지 오페라〉가 런던에서 상연되었으며, G. 에드워드가 제작해 1892년에 초연된 〈거리에서〉를 최초의 뮤지컬로 본다. 뮤지컬의 역사를 조사하여 발표해 보자.

관련학과 예체능계열 전체

《뮤지컬의 탄생》, 고희경, 마인드빌딩(2023)

단원명 | 도전받는 현대 세계

🔍 유럽연합, 신자유주의, 정보통신 기술의 발전, 과학기술 혁명, 에너지 문제, 환경 문제, 지속 가능 개발, 경제 양극화, 반세계화 운동, 다원주의, 평화와 공존

[12역현05-01] •••

경제의 세계화 이후 사회·경제적 변화를 국가, 지역, 세계적 차원에서 파악한다.

➡ '빨리 감기' 현상은 이제는 일상이 되어 버린 콘텐츠의 공급 과잉, 시간 가성비 지상주의, 친절해지는 대사에 기인한다. 효율을 강조하는 사회에서 '치트키'를 찾을 수밖에 없는 현실과 '실패하면 안 된다'는 압박 속에서 사람들은 가장 빨리, 가장 많이, 가장 효율적으로 시간을 보내기를 원한다. '빨리 감기'는 가성비의 시대에서 살아남기 위한 생존 전략이다. 영화라는 장르를 통해 현대인의 콘텐츠 소비 행태를 조사하여 발표해 보자.

관련학과 예체능계열 전체

《영화를 빨리 감기로 보는 사람들》, 이나다 도요시, 황미숙 역, 현대지성(2022)

국어 교과군

영어 교과군

수학 교과군

도덕 교과군

사회 교과군

과학 교과군

[12역현05-02]

다문화 사회의 갈등 문제를 역사적으로 파악하고, 이를 해결하기 위해 노력한 사례를 조사한다.

➡ 무수히 많은 예술가가 자신의 존재 이유를 탐색하고 자신이 인지하는 세상을 '우리'라는 공동체에 보여 줌으로써 일상을 다양한 관점으로 바라보게 하고 낯선 주제들과 만나 소통하고 공감할 다양한 기회를 제공한다. 이는 단지 예술을 감상하는 것만으로 이루어지는 일이 아니라, 나와 세상이 얼마나 긴밀히 연결된 존재인가를 깨닫게 해주는 교육적 실천을 통해 가능하다. 문화예술 교육의 다문화 실천 사례를 조사하여 발표해 보자.

관련 학과 예체능계열 전체

《예술교육의 다문화 실천 담론》, 정옥희, 교육과학사 (2019)

[12역현05-03]

문화 다양성 관련 국제 규범의 형성 과정을 살펴보고, 그 의미와 한계를 탐구한다.

➡ 인공지능 기술은 기존에 우리가 알고 있던 대부분의 가치와 개념을 이전과는 180도 다른 관점에서 보도록 만들고 있다. 일례로 VR과 AR을 접목한 체험형 전시가 있다. 일부 예술가들은 애니메이션, 게임, 영화 등의 캐릭터를 이용한 그림으로 기존의 회화 장르에 현대적 요소를 가미하고 있다. AI, 비트코인 등을 주된 소재로 삼기도 한다. 디지털 시대에 인공지능(AI)을 활용한 예술의 동향과 특징을 조사하여 발표해 보자.

관련 학과 예체능계열 전체

《인공지능 시대의 예술》, 김재인 외 8명, 도서출판b (2019)

선택 과목	수능	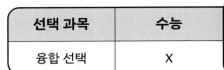	절대평가	상대평가
융합 선택	X		5단계	X

단원명 | 사회문제의 이해와 탐구

> |🔍| 사회문제의 의미와 특징, 사회문제를 이해하는 관점, 기능론, 갈등론, 상징적 상호작용론, 양적 연구, 질적 연구, 연구 절차, 과학적 탐구의 절차, 자료 분석, 추론, 결론 도출, 질적 자료의 해석, 자료의 시각화, 연구 윤리 준수, 객관적·개방적·상대주의적·성찰적·가치중립적 태도

[12사탐01-01] ●●●

사회문제의 의미와 특징을 이해하고, 사회문제를 바라보는 주요 관점을 비교한다.

➡ 미디어에서 사회문제를 다루는 방식에 대해 고찰하는 탐구활동을 진행할 수 있다. 예를 들어 빈곤이나 불평등, 환경 문제에 대한 주제의식을 갖고 제작한 영화나 다큐멘터리 같은 영상 매체들을 감상하고 주제를 찾아보는 활동을 통해 사회문제의 의미를 짚어보고 사회문제를 바라보는 다양한 관점이 있다는 사실을 이해할 수 있다. 또한 사회문제를 풍자하고 고발하는 성격을 띤 미술이나 음악 작품을 분석하면서 시대에 따라 변화하는 사회문제의 양상을 파악할 수 있다.

`관련 학과` 예체능계열 전체

《디지털시대의 미디어와 사회》, 김영석 외 14명, 나남(2017)

[12사탐01-02] ●●●

사회문제에 대한 과학적 탐구의 필요성을 설명하고, 사회문제 탐구를 위한 연구 방법과 다양한 자료 수집 방법의 특징을 비교한다.

➡ 문화와 같은 복합적인 현상은 두 가지 연구 방법을 보완해서 연구해야 전반적인 경향성을 알아내기에 용이하다. 예를 들어 대중이 문화 콘텐츠를 소비하는 방식에 대해 양적 연구와 질적 연구가 함께 필요한 이유를 주제로 탐구를 수행할 수 있다. 유튜브, OTT 서비스, IPTV, 영화 등의 플랫폼별 매출 비교표와 같은 통계자료를 통해 문화 콘텐츠 소비 패턴의 동향에 관해 분석하고, 각각의 문화 콘텐츠에 대한 대중의 인식 변화를 인터뷰나 참여 관찰법 등의 질적 연구 방법을 통해 사회적 맥락 속에서 파악해 보자.

`관련 학과` 예체능계열 전체

《플랫폼 내러티브》, 권승태, 커뮤니케이션북스(2023)

[12사탐01-03] ●●●

다양한 자료 수집 방법을 적용한 실제 사례를 활용하여 수집된 자료를 분석하고 해석하는 방법을 설명한다.

➡ 한류 콘텐츠의 국제적 흥행과 아이돌 팬덤 문화, 스포츠 관람 문화 등 다양한 예체능 관련 주제를 양적 연구 방

국어 교과군

영어 교과군

수학 교과군

도덕 교과군

사회 교과군

과학 교과군

법과 질적 연구 방법을 적용하여 분석한 사례를 조사할 수 있다. 특히 팬덤 문화와 관람 문화에 대한 연구의 경우, 조사 대상자들이 해당 문화를 향유하는 데 쓰는 시간이나 비용과 관련된 객관적인 통계자료를 수집하고 해당 문화에 대한 대상자들의 만족도, 사고 방식, 가치 판단, 관람 태도에 관한 관찰 기록이나 인터뷰 내용을 함께 연구하는 다각적 접근이 필수적이다. 이처럼 다양한 자료 수집 방법을 적용한 사례 연구를 찾아보자.

관련 학과 예체능계열 전체

《사회자본과 청소년 팬덤문화》, 나재은, 지식의날개(방송대출판문화원)(2021)

[12사탐01-04] ● ● ●

사회문제의 탐구 과정에서 요구되는 연구 윤리를 설명하고, 연구 윤리를 준수하며 사회문제를 탐구하는 태도를 가진다.

➡ 예체능과 관련된 연구 사례에서 연구 윤리를 어긴 사례를 찾아보고 이를 보완하기 위한 방안을 탐구하는 활동을 할 수 있다. 특히 예체능 계열의 연구 대상은 해당 분야에 종사하는 사람들 및 해당 분야에서 파생되는 문화 현상이기 때문에, 연구자들의 개방적이고 가치중립적이면서 상대주의적인 태도가 요구된다. 이 밖에도 예체능 활동을 연구할 때 주의해야 하는 사항들, 예를 들어 연구와 관련된 영상이나 음악, 기록물의 저작권에는 무엇이 있는지 등에 대해 자유롭게 토론을 해 보자.

관련 학과 예체능계열 전체

《우리가 꼭 알아야 할 스포츠 윤리》, 로버트 L. 사이먼, 김태훈 역, 글로벌콘텐츠(2021)

단원명 ㅣ 일상생활과 사회문제

| 🔎 | 성 불평등 현상의 원인과 양상, 성 격차 지수, 성 불평등 지수, 성별 영향 분석 평가, 미디어의 기능, 미디어의 비판적 이해, 미디어를 통한 참여와 실천

[12사탐02-01] ● ● ●

일상생활에서 나타나는 성 불평등 문제의 실태를 조사하고, 원인과 해결 방안을 제시한다.

➡ 미술, 체육, 음악, 연극 등 예체능 분야의 성 불평등이 여러 측면에서 나타나고 있다. 예를 들어 영화나 드라마와 같은 매체에서 여성과 남성이 특정한 역할에 고정적으로 할당되어 성 역할에 대한 편견을 강화하거나 미디어와 엔터테인먼트 산업이 외모 지상주의를 부추겨 성을 상품화하는 경향, 비슷한 경력을 가진 남성 배우와 여성 배우 사이에 출연료의 격차가 발생한다는 점 등이 성 불평등과 관련된 중요한 이슈들이다. 이러한 이슈들 중 하나를 골라 원인을 찾아보고 다각도에서 해석하는 과정을 통해 해결 방안을 논의하는 탐구활동을 해 보자.

관련 학과 예체능계열 전체

《구글은 어떻게 여성을 차별하는가》, 사피야 우모자 노블, 노윤기 역, 한스미디어(2019)

[12사탐02-02] ● ● ●

청소년의 미디어 이용 과정에서 나타나는 문제를 조사하고, 원인과 해결 방안을 제시한다.

➡ 미디어 리터러시 역량을 점검하기 위해, 미디어에 대한 접근 능력, 미디어를 비판적으로 수용하는 능력, 미디

어를 창의적으로 생산하는 능력, 미디어를 통해 사회적 활동에 참여하는 실천 역량 등을 평가하는 활동을 수행해 보자. 예를 들어 미디어의 부정적인 기능을 비판하고 청소년들의 경각심을 촉구하는 짤막한 영상을 직접 제작하거나 표어나 포스터, 동영상의 썸네일, 카드 뉴스와 같은 시각적 매체로 표현하는 활동을 할 수 있다.

관련 학과 예체능계열 전체

뉴스, 믿어도 될까?

구본권, 풀빛(2018)

책 소개

이 책은 미디어에 무방비로 노출된 청소년이 미디어 이용에 대한 비판적 사고력을 기를 수 있도록 기획되었다. 정보를 제공하는 도구가 미디어라면, 이를 제대로 이해하고 활용하는 능력을 '미디어 리터러시'라고 한다. 이 책은 미디어 시대의 주인으로 살아갈 청소년들이 보다 현명하고 책임 있는 시민으로 자라는 데 필요한 미디어 사용법을 제시한다.

세특 예시

'책으로 세상 읽기' 시간에 '뉴스, 믿어도 될까?(구본권)'를 읽고 미디어에서 사회문제를 다루는 방식에 따라 대중이 다른 인식을 갖게 된다는 사실을 깨달았다고 밝힘. 특히 동영상 사이트와 사회 관계망 서비스(SNS)로 빠르게 확산되는 가짜 뉴스가 사회적으로 문제가 되고 있음을 인식하고, 가짜 뉴스를 비판적인 시각으로 해석해야 한다는 내용을 담은 공익 광고 영상물을 제작하여 친구들에게 박수갈채를 받음.

단원명 | 변화하는 세계와 사회문제

> 🔍 저출산, 고령화, 지방 소멸, 지역 불평등, 복지 비용 증가, 양성 평등, 인공지능, 사회 양극화, 인공지능의 편향성, 자율성 침해, 인공지능과 윤리

[12사탐03-01] ● ● ●

저출산·고령화로 인해 발생하는 다양한 사회문제의 실태를 조사하고, 해결 방안을 제시한다.

➡ 고령화 사회로 접어든 이후 노인들의 건강 문제가 사회문제로 대두하고 있다. 이를 해결하기 위한 방안으로 노인들의 신체적·정신적 건강 증진을 위해 예체능 분야에서 시행할 수 있는 구체적인 방안들에 대해 조사해 보자. 노년층을 대상으로 한 스포츠 활동이나 문화예술 프로그램의 사례를 찾아보고, 노인 인구의 복지를 위해 선진국에서 시행하고 있는 다양한 예체능 관련 정책 사례를 참고하여 우리 사회에 적용할 수 있는 방안들을 모색할 수 있다.

관련 학과 예체능계열 전체

《슬기로운 시니어 홈트레이닝》, 박정욱, 군자출판사(2021)

[12사탐03-02] ● ● ●

인공지능 발전 과정에서 나타날 수 있는 다양한 사회문제를 탐색하고, 대응 방안을 제시한다.

➡ 인공지능 기술의 도입으로 변화하는 엔터테인먼트 시장의 현황을 분석하고 미래에 발생할 수 있는 문제를 예측하는 활동을 수행할 수 있다. 예를 들어 몇몇 스포츠 분야에서 개발 중인 인공지능 로봇 심판을 도입했을 때의 장점과 단점을 예상하거나 영화와 TV 콘텐츠를 제작할 때 AI가 사용되는 부분을 조사하고, 이로 인해 나타날 수 있는 문제점을 알아보자. 또한 AI 프로그램으로 직접 그림을 그리거나 음악을 제작해 보고, 인공지능이 일반 대중에게 널리 확산된다면 예술계에 어떤 문제점이 생겨날지 토의해 보자.

관련 학과 예체능계열 전체

《AI 시대, 엔터테인먼트의 미래》, 한정훈, 페가수스(2023)

국어 교과군

영어 교과군

수학 교과군

도덕 교과군

사회 교과군

과학 교과군

단원명 | 행복하고 안전한 금융 생활

🔍 자원의 희소성, 합리적 선택, 금융 의사결정, 재무적 특성, 비재무적 특성, 거시적 요인, 인터넷 뱅킹, 모바일 뱅킹, 간편 결제 서비스, 전자화폐, 디지털 금융, 계약, 약관, 금융 사기, 예방, 금융 소비자 보호 제도

[12금융01-01] ●●●

행복하고 안전한 금융 생활에 필요한 금융 정보를 탐색하고 평가하며, 단기와 장기의 관점을 고려하여 합리적인 금융 의사결정을 한다.

➡️ 금융 시장에서는 예술 관련 금융 상품이 개발되고 판매되고 있다. 이러한 상품은 예술 시장 투자자에게 예술 작품에 투자하거나 투자 포트폴리오를 다변화할 기회를 제공해 준다. 이러한 금융 상품은 고객들이 예술 시장에 진입하고 예술 작품을 보유하며 금융적 이점을 추구하는 방법을 제시한다. 이러한 시장이 금융 의사결정에 미치는 영향에 대해 조사해 보자. 이러한 예술품을 거래하는 것이 단순한 투기인지 아니면 작품의 미래를 보고 투자하는 건전한 금융 활동인지 자신의 생각을 덧붙여 발표할 수도 있다.

관련 학과 예체능계열 전체

《NFT로 바라본 크리에이터 이코노미》, 서광민 외 3명, 열린인공지능(2023)

[12금융01-02] ●●●

디지털 금융 환경에서 나타난 금융 서비스의 변화된 특징을 이해하고 디지털 금융 서비스를 효과적으로 이용한다.

➡️ 디지털 금융과 블록체인 기술은 예술 작품의 저작권 보호와 디지털 자산의 권리 관리에 활용되고 있다. 이를 통해 예술가와 창작자들이 디지털 자산과 저작권을 안전하게 관리하고 판매할 수 있다. 예를 들어 블록체인 기술은 예술 작품의 권리와 소유권을 안전하게 기록하고 보호하는 데 사용된다. 작품의 디지털 버전을 블록체인에 등록하면 해당 작품의 고유한 디지털 '지문'이 생성되어 작품의 권리 소유자를 식별할 수 있다. 이러한 방식들이 예술 작품의 거래와 예술가들의 소득에 어떤 영향을 주었는지 조사하고 발표해 보자.

관련 학과 예체능계열 전체

《예술을 소유하는 새로운 방법》, 박제정, 리마인드(2023)

[12금융01-03] ●●●

안전한 금융 거래를 위한 계약(약관)의 중요성을 인식하고, 금융 사기 예방과 피해 구제를 위해 마련된 주요 금융 소비자 보호 제도를 탐구한다.

국어 교과군

영어 교과군

수학 교과군

도덕 교과군

사회 교과군

과학 교과군

➔ 금융 소비자 보호를 위한 다양한 방안들을 탐색해 볼 수 있다. 예를 들어 금융 소비자 보호를 강화하고 사기로부터 보호하기 위한 정보를 제공하는 캠페인을 계획할 수 있다. 온라인 및 오프라인에서 이러한 캠페인을 진행할 수 있으며, 브로셔, UCC, 소셜 미디어 콘텐츠 등을 활용하여 소비자에게 정보를 전달할 수 있다. 다양한 종류의 창작품을 고민해 보고 창의적인 콘텐츠가 소비자들에게 금융 개념을 쉽게 이해하고 활용하는 방법을 제안할 수 있는지에 대해 탐구한 뒤, 다양한 콘텐츠를 개발해 보자.

관련 학과 예체능계열 전체

《**디지털 시대의 광고 리터러시**》, 엄남현, 서울경제경영(2022)

단원명 | 수입과 지출

> 🔍 근로 소득, 사업 소득, 재산 소득, 총소득, 가처분 소득, 소득에 영향을 미치는 요인, 기초 소득, 소비, 소비 지출, 비소비 지출, 대출 금리, 지불 수단(현금, 카드), 지불 방법(일시불, 할부), 예산, 버킷리스트, 예산 작성, 예산 수립, 평가, 예산 계획서, 기대 수입, 생애 주기

[12금융02-01]   ● ● ●

소득이 수입의 주요 원천임을 이해하고 소득에 영향을 미치는 다양한 요인을 탐구한다.

➔ 일반적으로 소득 수준이 높을수록 예체능 활동에 다양하게 참여할 수 있는 기회가 많아지며, 예체능 활동에 필요한 비용을 지불하는 데도 더 많은 여유가 생긴다. 예를 들어 소득이 높은 가구의 부모들은 자녀들을 고가의 음악 교육, 미술 교육, 무용 교육 등에 참여시킬 기회가 더 많다. 이는 장비를 활용하는 체육 활동에도 똑같이 적용될 수 있다. 이러한 상관관계를 조사하고, 소득 불평등으로 인해 예체능 교육의 기회를 제한받는 문제점을 정책적으로 해결할 수 있는 대안을 모색하여 제시해 보자.

관련 학과 예체능계열 전체

《**미술에서 경제를 보다**》, 심승진, 교학사(2022)

[12금융02-02]   ● ● ●

소비 지출과 비소비 지출을 구분하고 지출에 영향을 미치는 요인을 파악하여 합리적인 소비를 실천한다.

➔ 문화, 예술, 디자인, 음악, 연극, 미술, 무용, 패션 등 다양한 분야에서 소비와 관련된 주제를 탐구할 수 있다. 예를 들어 소비자의 의류 및 패션 소비 패턴을 연구하고, 이를 기반으로 의류 디자인과 트렌드 예측에 관해 탐구해 보자. 지속 가능한 패션 소비와 의류 제조에 관한 연구도 가능하다. 또한 패스트 패션이 소비에 어떠한 영향을 주고 있는지 조사할 수도 있다. 마찬가지로 최근 미술계의 NFT나 스트리밍 음악의 소비 패턴 변화를 주제로 탐구를 진행해 보자.

관련 학과 예체능계열 전체

《**블루진, 세계 경제를 입다**》, 레이첼 루이즈 스나이더, 최지향 역, 부키(2009)

[12금융02-03]   ● ● ●

예산의 의미와 예산 관리 방법을 이해하고 자신의 금융 생활에서 예산을 수립·점검·평가한다.

➔ 예술가 계층의 소득은 다른 직종들과 비교하여 낮은 경우가 많다. 예술가들은 어떻게 예산을 편성하고 예술 작품을 창작하며 생계를 유지하는지 알아보자. 개인의 창작 활동과 예산 관리의 균형을 유지하고 예술가로서 경력을 발전시키는 방법을 조사해 볼 수 있다. 예술인 기본소득이나 다양한 지원 정책을 찾아보고, 진로를 유지할 수 있는 예산 설정에 대한 부분을 고민해 보자 또한 문화 및 예술 기관은 예산을 어떻게 할당하고 관리하는지 조사해 볼 수 있다. 공연, 전시회, 축제 및 예술 프로젝트를 위한 금전적 지원 및 재원 조달 방안에 관해 조사해 보자.

관련 학과 예체능계열 전체

《4차산업시대, 예술의 길》, 김선영, 봄봄스토리(2020)

단원명 | 저축과 투자

> 🔍 저축, 금리, 예금, 적금, 주택청약저축, 세금, 물가, 소비, 주식, 채권, 펀드, 금리, 인플레이션, 환율, 투자정보, 신뢰할 수 있는 정보, 경제지표, 저축, 투자, 자기 책임, 예금자 보호 제도, 투자자 보호 제도, 구제 방안

[12금융03-01]　　●●●

저축의 경제적 의의와 다양한 저축 상품의 특징을 이해하고 저축에 영향을 미치는 요인을 탐구한다.

➔ 예술가나 예체능 분야의 개인들은 불규칙한 수입과 생애 주기를 고려하여 금전을 관리하고 미래를 계획해야 한다. 이를 위해서는 저축, 투자, 금융 계획을 통한 금전 관리 습관이 중요하다. 예체능 분야에서는 자율 근로자나 프리랜서로 활동하며 규칙적인 급여를 받지 않는 경우가 많다. 이러한 경우 금전을 효과적으로 관리하고 저축을 통해 수익을 안정화할 필요가 있다. 자신의 생애 주기에 맞춘 소득-소비 비용 곡선을 그려 보고, 저축의 필요성과 예체능 계열을 위한 다양한 금융지원 방식을 탐구해 보자.

관련 학과 예체능계열 전체

《아트 컬렉팅: 감상에서 소장으로, 소장을 넘어 투자로》, 케이트 리, 디자인하우스(2023)

[12금융03-02]　　●●●

기본적인 금융 투자 상품의 종류와 특징을 이해하고 투자에 영향을 미치는 요인을 탐구한다.

➔ 예술이나 스포츠에 투자하는 다양한 방법을 알아볼 수 있다. 예체능은 많은 비용이 요구된다. 이런 활동에 드는 비용이 어떻게 모이고 있는지 알아볼 수 있다. 스포츠 선수들을 후원하는 스폰서나 미술가, 음악가들이 받는 다양한 투자에 대해 알아보자. 이러한 투자가 기업이나 개인에게 어떠한 보상으로 돌아오는지 파악할 수 있고, 투자 방식에 대한 내용을 분석할 수도 있다. 예를 들어 성과는 많은 변수에 의해 좌우된다. 스포츠 선수의 부상, 성적 하락, 계약 이탈 등이 투자자에게 손실을 가져올 수도 있다. 이를 해소하기 위한 방안도 조사해 보자.

관련 학과 예체능계열 전체

《아트테크 큐레이션》, 한혜미, 한국경제신문(2022)

> **[12금융03-03]** ● ● ●
>
> 저축과 투자의 장단점을 고려하여 자기 책임의 원칙에 따라 저축과 투자를 결정하며, 활용할 수 있는 예금자 보호 제도와 투자자 보호 제도를 탐색한다.

➡ 예체능계열의 직업에 종사하는 사람들은 소득이 일정하지 않은 경우가 많다. 이들이 자신이 얻은 소득을 운용하는 방식과 그 장단점에 대해 신문 기사나 인터뷰 등을 통해 조사할 수 있다. 또한 본인이 예술가이며 기대 소득이 불분명하다는 가정하에, 저축과 투자 중 어떤 방법을 이용하여 자산을 관리할 것인가에 관해 시뮬레이션 학습을 진행하는 방법도 있다.

관련 학과 예체능계열 전체

《**저축은 답답하지만 투자는 무서운 당신에게**》, 서대리, 알에이치코리아(2023)

단원명 | 신용과 위험 관리

> |🔍| 신용, 신용카드, 신용 관리, 이자, 할부 수수료, 카드 연회비, 신용 관리 습관, 신용회복위원회, 채무 조정, 개인 회생, 신용 회복 지원, 사회 보험, 민영 보험, 자동차 보험, 화재 보험, 실손 보험, 실비 보험, 은퇴, 기대수명, 공적 연금, 퇴직 연금, 개인 연금, 노후 대비

> **[12금융04-01]** ● ● ●
>
> 신용 사용의 결과를 고려한 책임감 있는 신용 관리 태도를 기르고, 신용에 영향을 미치는 요인을 파악하여 자신의 신용을 효과적으로 관리하는 방법을 탐구한다.

➡ 모바일 앱 및 웹 플랫폼을 사용하여 개인의 신용 정보를 관리하고 신용 점수를 추적하는 애플리케이션을 개발할 수 있다. 데이터 시각화와 인터페이스 디자인에 중점을 두고, 디자인과 공학을 결합하는 애플리케이션을 진행해 보자. 이런 애플리케이션에서 가장 중요한 것은 접근성과 정확성이다. 많은 사람들이 애플리케이션에 쉽게 접근하려면 어떻게 해야 하는지 고민해 보자. 시각장애인이나, 신체장애인들도 쉽게 접근할 수 있도록 사용자 경험을 탐구해 보자. 또한 다양한 애플리케이션의 성공과 실패 사례도 분석해 보자.

관련 학과 예체능계열 전체

《**다른 몸들을 위한 디자인**》, 사라 헨드렌, 조은영 역, 김영사(2023)

> **[12금융04-02]** ● ● ●
>
> 위험 관리의 필요성과 위험 관리 방법으로서 보험의 원리를 이해하고, 주요 보험 상품의 특징을 비교한다.

➡ 스포츠 선수들의 보험이나 예술 작품에 드는 보험을 주제로 탐구를 진행할 수 있다. 스포츠 선수들은 다양한 질병이나 부상의 위험을 안고 있다. 이런 선수들을 보호해 줄 보험의 종류를 알아볼 수 있고, 선수들에게 어떤 도움이 되는지 조사해서 발표할 수도 있다. 또한 예체능 직군의 특성상 실업 상태에 처하게 되는 경우가 많은데, 보험에서는 이러한 상황을 어떻게 인지하고 있으며 이들을 도울 수 있는 보험에는 어떤 것들이 있는지 조사하고 발표해 보자. 또한 보험이 이들을 어떻게 도우면 좋을지에 대해 탐구할 수도 있다.

관련 학과 예체능계열 전체

《**가장 기묘한 수학책**》, 데이비드 달링·아그니조 배너지, 고호관 역, MiD(2023)

고령 사회에서 노후 설계의 필요성을 이해하고, 연금의 종류와 특징을 파악하여 안정적인 노후 대비 계획을 설계한다.

세계 대회에 출전한 선수들이 피와 땀으로 메달을 딴 경우 연금이 지급되고 있다. 이런 연금이 지급되어야 하는 이유에 대해 탐구해 보자. 이 연금이 국민의 세금으로 지급되고 있는지 아니면 다른 예산이 배정되어 있는지 조사하고, 이들에게 연금을 지급하는 것이 정당한지 자신의 생각을 밝혀 보자. 또한 스포츠 선수들은 연금을 받게 될 기회가 많은데 음악, 미술 등의 계열은 어떤 연금을 받을 수 있으며, 받을 수 없다면 이유가 무엇인지 조사하고 대안을 마련해 보자.

관련 학과 예체능계열 전체

《최후의 몰입》, 김도윤·제갈현열, 썸앤파커스(2018)

국어 교과군

영어 교과군

수학 교과군

도덕 교과군

사회 교과군

과학 교과군

선택 과목	수능	기후변화와 지속가능한 세계	절대평가	상대평가
융합 선택	X		5단계	X

단원명 | 인간과 기후변화

> **|🔍|** 지구 온난화, 해수면 상승, 해양 산성화, 기상이변, 온실 기체, 탄소중립, 탄소 배출, 지속 가능 에너지,
> 티핑 포인트, 파리 협정

[12기지01-01] ●●●

지구적 차원에서 나타나는 기후변화의 심각성을 사례를 통해 파악하고, 기후변화를 바라보는 관점의 다양성을 이해한다.

➡ 46억 년이라는 지구의 시간에 비해 기껏 100년도 못 사는 호모 사피엔스들이 모여 만든 문명의 역사는 아무리 길게 잡아도 몇 십만 년이다. 현대를 사는 우리는 우리가 살고 있는 몇 백 년, 몇 천 년 수준의 시간과 공간을 이해하고 책임져야 한다. 하나뿐인 지구와 우리 자신의 인생이 달린 문제이니 다르게 행동해야 하지 않을까? 많은 지식과 과학적 정보보다는 태도의 변화가 행동을 만든다. 그래서 문화예술의 역할이 중요하다. 문화예술 활동에서 펼쳐지는 탄소 배출 감축 노력에 관해 조사하여 발표해 보자.

관련 학과 예체능계열 전체

《정크 아트》, 반디모아 편집부, 반디모아(2017)

[12기지01-02] ●●●

기후변화는 자연적 요인뿐만 아니라 인간의 다양한 활동 및 산업과 관련되어 있다는 점을 이해하고, 탄소중립을 위한 사회 변화의 방향을 탐구한다.

➡ 예술가는 시대의 현상을 발견해 작품 세계를 구축하고 대중에게 이야기를 건넨다. 이는 시간과 공간을 넘어 많은 이에게 영감을 주는 문화예술의 역할이기도 하다. 인류는 기후위기에 직면했고, 예술가들은 침묵하지 않고 재능을 발휘해 목소리를 내고 있다. 기후위기 관련 예술 전시회를 관람하고 소감문을 작성해 보자.

관련 학과 예체능계열 전체

《나는 풍요로웠고, 지구는 달라졌다》, 호프 자런, 김은령 역, 김영사(2020)

단원명 | 기후 정의와 지역 문제

> **|🔍|** 기후 재난, 불평등 문제, 기상 재해, 해수면 상승, 이상기후, 온실가스, 경제 양극화, 저탄소 녹색성장,
> 지구 생태계, 생물 다양성, 기후정의

세계 여러 지역에서 발생하고 있는 기후재난의 실제를 파악하고, 이를 둘러싼 쟁점을 다양한 자료를 통하여 분석한다.

➡ 전 세계의 많은 사람들이 기후변화의 심각성을 체감하고 있고, 앞으로 찾아올 더 큰 이상기후로 인한 피해를 우려하는 목소리가 커지고 있다. 기후위기를 부정하는 목소리는 이제 비웃음을 살 뿐이다. 하지만 낯선 과학 용어와 알 수 없는 숫자들이 가득한 기후위기 관련 콘텐츠는 우리에게 쉽게 다가오지 않는다. 하지만 영화라는 매개체는 기후위기를 이야기로 알려주기에 거부감 없이 쉽게 관심을 갖게 만든다. 기후 재난을 소재로 한 영화를 감상하고 소감문을 작성해 보자.

관련 학과 예체능계열 전체

《솔라》, 이언 매큐언, 민승남 역, 문학동네(2018)

기후변화의 영향은 지리적 조건 및 사회적·경제적 조건에 따라 차별적으로 나타나고 있음을 이해하고, 이와 관련한 쟁점과 사례를 조사한다.

➡ 거리예술은 간단한 슬로건과 호기심을 자극하는 이미지를 사용하여 의미심장하고 영감을 주는 아이디어를 기억하기 쉬운 방법으로 퍼뜨린다. 거리예술은 사람들이 잊어버렸을지도 모르는 중요한 문제들을 제시하거나 최소한 사람들이 상기하도록 고무할 수 있다. 그런 면에서 환경 보호와 기후변화에 대한 메시지를 더 많은 사람들에게 알리는 데 탁월하다. 기후위기와 관련한 거리예술의 사례를 조사하여 발표해 보자.

관련 학과 예체능계열 전체

《그라피티와 거리미술》, 애너 바츠와베크, 이정연 역, 시공아트(2015)

기후 정의의 관점에서 기후변화에 따른 불평등 문제의 해결 방안을 모색하고, 기후변화에 대한 인간의 책임과 의무에 대해 성찰한다.

➡ 바야흐로 '기후위기 시대'다. 몇몇 독특한 환경주의자들이 내세우는 과격한 종말론 정도로 치부되던 과도기를 지나 이제 '기후'라는 단어를 들으면 '위기', '재난'을 떠올릴 정도로 대중의 분위기가 무르익었다. 기후위기와 환경 변화에 대한 우리나라 문화예술계의 관심도가 날이 갈수록 높아지는 것을 느낀다. 기후위기에 대응하는 문화예술 정책의 비전과 역할을 조사하여 발표해 보자.

관련 학과 예체능계열 전체

《기후, 문화 그리고 인간》, 김범철 외 7명, 진인진(2021)

단원명 | 지속 가능한 세계를 위한 생태전환

| 🔍 적정 기술, 순환 경제, 지속 가능 사회, 지속 가능 생태계, 생물 다양성, 생태전환, 탄소중립, 녹색성장, 저탄소 에너지 경제, 생태도시, 환경 비정부기구(NGO)

[12기지03-01] • • •

기후변화 대응을 위한 국제 사회의 협력과 시민사회의 노력 사례를 조사하고 기후변화를 둘러싼 이해 당사자들의 서로 다른 입장과 가치를 비교한다.

➡️ 과학기술이 발달하면서 생물을 바라보는 관점도 이전과는 달라졌다. 기술을 통해 육안으로 보지 못했던 생물의 모습을 볼 수 있게 된 덕분이다. 최초의 바이오 아트 전시는 1936년 뉴욕현대미술관에서 열린 '에드워드 스타이켄의 참제비고깔(Edward Steichen's Delphiniums)' 전(展)이다. 이 전시는 살아 있는 생물을 미술관에 전시할 수 있을지에 대한 질문을 던지며 생명과학과 예술의 거리를 한 발자국 좁히는 계기가 되었다. 예술의 영역에서 생명과학을 활용한 사례를 조사하여 발표해 보자.

관련 학과 예체능계열 전체

《이미지와 생명, 들뢰즈의 예술철학》, 클레어 콜브룩, 정유경 역, 그린비(2008)

[12기지03-02] • • •

기후변화 문제와 관련하여 국가 차원의 대응으로서 정치·사회·경제 영역에서의 생태전환을 위한 실천 사례를 조사하고, 이를 분석, 평가한다.

➡️ 인류세로 불리는 지금 여기의 행성 지구, 그리고 인간을 비롯한 지구 생명들의 현존 방식에 문제의식을 표출하는 미술이 있다. 고통의 현장에 다가가 외면당한 자/것들의 목소리에 귀 기울이는, '떠도는 무수한 작은 빛'과 같은 미술 실천들이 있다. 특히 심미적 자율성과 개인의 자유 개념을 뛰어넘어 사회 정의와 생태적 번영을 추구하면서 다양한 매체를 통해 '반란적 상상 실험실'을 마련하는 미술 활동들이 나타나고 있다. 기후위기의 문제의식을 드러내는 동시대 미술가들의 활동들을 조사하여 발표해 보자.

관련 학과 예체능계열 전체

《동시대 미술의 파스카》, 가비노 김, 미진사(2021)

[12기지03-03] • • •

지역 공동체의 생태전환을 위한 다양한 노력 사례를 조사하고 지역의 지속 가능한 사회·생태 체계를 탐색한다.

➡️ 환경연극은 환경을 하나의 형식으로 인식하려는 연극 운동이다. 1960년대 새로운 연극 운동의 한 갈래로, 관객과 배우의 공간 구별을 제거함으로써 극장에 대한 관객의 인식을 변화시키는 것을 목표로 했다. 환경연극 행위는 공연의 모든 참여자들이 함께 들어가 살 하나의 '환경'을 창조하는 일과 같으며 관객과 배우, 지역의 거주민이 하나의 공동체를 형성한다. 환경연극의 의미와 모범 사례를 조사하여 발표해 보자.

관련 학과 예체능계열 전체

《환경공연 시노그래피의 역사와 이론》, Arnold Aronson, 도현진 역, 연극과인간(2020)

[12기지03-04] • • •

기후변화에 대응하기 위한 적정 기술과 순환 경제의 역할의 중요성을 파악하고, 에너지 전환의 중요성에 대한 이해를 바탕으로 지속 가능한 세계의 모습을 제안한다.

➡️ 봉준호 감독의 영화 〈옥자〉는 독특한 스토리를 담고 있다. 주제 자체는 익숙하면서도 거리가 느껴지는 이야기이다. 바로 생태주의, 그것도 매우 동양적인 생태주의를 담고 있는 작품이다. 생태주의는 환경주의와 결을 달리한다. 환경주의가 인간의 입장에서 환경을 보호하는 것이라면, 생태주의는 인간도 환경의 한 구성원이며 생

태의 조화를 이루며 살아가야 한다는 입장이다. 생태주의 철학을 담은 영화나 애니메이션을 한 편 선정해 작품에 대한 비평문을 작성하고 발표해 보자.

관련 학과 예체능계열 전체

《영화, 환경을 이야기하다》, 홍상우, 경상국립대학교출판부(2012)

단원명 | 공존의 세계와 생태시민

🔍 지속 가능 발전 목표(SDGs), 지속 가능한 세계, 지구 생태계, 기후변화, 지속 가능한 소비와 생산, 생태시민, 성장의 한계, 생태 발자국, 리우 선언, 생태 전환

[12기지04-01] ● ● ●

지속 가능 발전 목표(SDGs)의 의미를 이해하고, 이의 실천과 관련한 지역 사례들을 조사하여 환경적, 경제적, 사회적 측면에서 통합적으로 분석한다.

➡ 경영학 분야의 최대 화두 중 하나인 '지속 가능성' 문제의 해법을 찾기 위해 많은 연구가 진행되고 있다. 이 중 아주 독특한 시각으로 이 문제의 해법을 연구하는 방식이 대두했다. 바로 '예술을 통한 지속 가능성'이다. 예술은 새로운 지식을 만들어내고 전달할 수 있고 이끌어낸다는 점에서 충분히 의미가 있다. 기업의 지속 가능 경영을 위해 예술이 중요한 이유, 지속 가능 예술의 특징을 조사하여 발표해 보자.

관련 학과 예체능계열 전체

《지속가능 기업을 위한 ESG 경영》, 황인극 외 2명, 청람(2023)

[12기지04-02] ● ● ●

지속 가능한 세계는 개인의 일상생활 방식과 관련되어 있음을 이해하고, 다양한 소비 영역에서 요구되는 지속 가능한 생활 방식을 탐색하고 실천 방안을 제안한다.

➡ 오늘날 패션 산업은 환경을 파괴하는 주요 원인 중 하나이다. 앞으로 다가올 환경 위기에 대응하기 위해 '친환경', '지속 가능성', '순환' 등의 키워드를 중심으로 지속 가능한 패션이 새로운 트렌드로 등장하게 되었다. 지속 가능한 패션은 미래 세대의 필요와 현재 세대의 필요를 동시에 충족시킬 수 있는 지속 가능성을 염두에 두고 등장한 용어로, 패션 산업의 모든 과정에서 지속성을 고려한다. 지속 가능한 패션의 개념과 철학, 지속 가능 패션 브랜드를 조사하여 발표해 보자.

관련 학과 예체능계열 전체

《옷을 사지 않기로 했습니다》, 이소연, 돌고래(2023)

[12기지04-03] ● ● ●

정의, 책임 그리고 배려 등과 같은 생태시민의 덕목을 사례 탐구를 통해 이해하고, 인간 및 비인간이 함께 평화롭게 살아가는 공존의 세계를 위한 다층적 스케일에서의 실천 방안을 찾아 적극적으로 참여한다.

➡ 생태예술은 지구 환경 위기에 대응하여 시작된 예술 활동을 보여 주는 현대 미술 분야의 한 장르이다. 이 예술은 자연 환경 복원에 환경 인식 및 지역 사회 참여를 증진하기 위해 노력하는 심미적 정보 및 교육 예술을 병

합한다. 생태예술은 암석권, 대기권, 생물권 및 생태계 전반에 걸쳐 생태계의 원리를 살아 있는 종(種)과 그들의 서식지에 적용함으로써 지구의 생명 형태, 자원, 생태계를 보존, 개선 및 활성화하려는 예술 장르와 예술적 실천이다. 생태예술의 특징을 조사하고 발표해 보자.

관련 학과 예체능계열 전체

《생태, 몸, 예술》, 몸문화연구소 편, 쿠북(2020)

과학 교과군

구분	교과 (군)	공통 과목	선택 과목		
			일반 선택	진로 선택	융합 선택
보통 교과	과학	통합과학1 통합과학2 과학탐구실험1 과학탐구실험2	물리학 화학 생명과학 지구과학	역학과 에너지 전자기와 양자 물질과 에너지 화학 반응의 세계 세포와 물질대사 생물의 유전 지구시스템과학 행성우주과학	과학의 역사와 문화 기후변화와 환경생태 융합과학 탐구

공통 과목	수능		절대평가	상대평가
	O	통합과학1	5단계	5등급

단원명 | 과학의 기초

|🔍| 시간, 공간, 길이, 측정, 기본량, 단위, 어림, 분석, 정보, 디지털 변환, 정보통신 기술, 현대 문명

[10통과1-01-01]   ●●●

자연을 시간과 공간에서 기술할 수 있음을 알고, 길이와 시간 측정의 현대적 방법과 다양한 규모의 측정 사례를 조사할 수 있다.

➔ 운동 능력과 체력을 향상하기 위해서는 꾸준하고 체계적인 체육 훈련이 필요하다. 효과적인 훈련 방법에는 다양한 운동을 조합하여 수행하는 것, 근력 운동과 유산소 운동을 균형 있게 포함하는 것, 목표를 설정하고 이를 계획적으로 실행하는 것이 있다. 특히 시간을 측정하며 운동 강도와 효과를 평가하는 것은 중요한 요소로, 각 운동의 특성에 따라 적합한 시간 측정과 평가 방법이 다를 수 있다. 예를 들어 달리기나 자전거 타기와 같은 유산소 운동은 지속 시간을 측정하고, 근력 운동은 세트당 시간을 기록하는 방식으로 효과를 평가할 수 있다. 운동 종류별 특징과 그에 맞는 측정 방법을 조사하여 발표하고, 각 운동의 특성에 맞는 효율적인 시간 측정 및 평가 방법에 대해 토의해 보자.

관련학과 경호학과, 생활체육학과, 스포츠과학과, 스포츠레저학과, 스포츠산업학과, 스포츠지도학과, 체육학과, 태권도학과
《운동사를 위한 근력 훈련과 컨디셔닝》, Nicholas Ratamess Jr., 대한운동교육평가원 역, 한미의학(2015)

[10통과1-01-03]   ●●●

과학 탐구에서 측정과 어림의 의미를 알고, 일상생활의 여러 가지 상황에서 측정 표준의 유용성과 필요성을 논증할 수 있다.

➔ 스마트폰 카메라로 사진이나 그림을 촬영할 때, 모서리가 평행하지 않으면 사각형으로 정확하게 촬영하기가 까다롭다. 포토스캐너는 이런 문제를 해결하기 위해 사진의 모서리를 자동으로 인식하고 왜곡 없이 사각형으로 교정하여 디지털 이미지를 생성하는 기술을 사용한다. 이와 같은 디지털 변환 기술은 예술 분야에서도 다양하게 활용될 수 있다. 예를 들어 미술 작품의 디지털 복제와 보존, 고화질 이미지 아카이빙, 온라인 전시, 증강현실과 가상현실 기술을 통한 예술 작품 체험 등이 가능하다. 디지털 변환 기술이 예술 분야에 어떻게 적용되고 있으며 향후 어떤 방식으로 더욱 발전할지 조사하여 발표해 보자.

관련학과 공예학과, 만화애니메이션학과, 미술학과, 방송연예과, 뷰티디자인학과, 사진학과, 산업디자인학과, 서양화과, 시각디자인학과, 연극영화학과, 조소과, 패션디자인학과
《디지털미디어와 예술》, 박숙영, 이화여자대학교출판문화원(2016)

국어 교과군

영어 교과군

수학 교과군

도덕 교과군

사회 교과군

과학 교과군

단원명 | 물질과 규칙성

| 🔍 | 천체, 스펙트럼, 원소, 생명체, 우주 역사, 주기성, 규칙성, 결합, 성질, 지각, 단위체, 전기적 성질

[10통과1-02-01] ● ● ●

천체에서 방출되는 빛의 스펙트럼을 분석하여 우주 초기에 형성된 원소와 천체의 구성 물질을 추론할 수 있다.

➡ 천체 스펙트럼을 분석하여 우주 초기 형성 원소와 천체 구성 물질에 관한 포스터를 작성하는 것은 흥미로운 작업일 수 있다. 천체 스펙트럼을 어떻게 분석하고 이해하는지에 대한 정보가 필요하고, 그러한 분석을 수행하는 도구와 기술, 빛 스펙트럼의 종류와 이를 해석하는 방법 등을 시각적으로 보여 줄 수 있다. 각 원소가 스펙트럼에서 어떻게 나타나는지, 이를 어떻게 식별하는지 등에 대한 자세한 설명이 필요하고, 우주 초기 원소 형성과 천체 구성 물질의 성질에 대한 설명을 작성할 수 있다. 우주 초기 형성 원소와 천체 구성 물질을 도식화, 시각화, 이미지 등의 표현 방법을 사용하여 포스터로 제작하고 전시해 보자.

관련 학과 공예학과, 만화애니메이션학과, 미술학과, 뷰티디자인학과, 사진학과, 산업디자인학과, 서양화과, 시각디자인학과, 연극영화학과, 조소과, 패션디자인학과

《원소 이야기》, 팀 제임스, 김주희 역, 한빛비즈(2022)

단원명 | 시스템과 상호작용

| 🔍 | 태양계, 물질 순환, 에너지, 지권, 판구조론, 중력, 운동, 충격량, 운동량, 화학반응, 세포, 유전자

[10통과1-03-01] ● ● ●

지구 시스템은 태양계라는 시스템의 구성 요소임을 알고, 지구 시스템을 구성하는 권역들 간의 물질 순환과 에너지 흐름의 결과로 나타나는 현상을 논증할 수 있다.

➡ 태양계는 태양을 중심으로 행성, 위성, 소행성, 혜성, 운석 등으로 이루어진 천체들의 집합체이다. 현재까지 알려진 바에 따르면 태양계에는 여덟 개의 주요 행성이 있으며, 태양에서 가까운 순서대로 수성, 금성, 지구, 화성, 목성, 토성, 천왕성, 해왕성이 있다. 각 행성은 고유한 특징과 성질을 갖고 있으며, 이들 주변을 도는 위성들과 다양한 천체들 역시 각기 다른 특징을 지닌다. 태양계는 이러한 수많은 천체의 형성과 운동을 통해 복잡한 시스템을 형성하고 있다. 지구가 태양계의 구성 요소로서 어떤 역할을 하고 있는지 이해하고, 지구와 다른 행성 간의 공통점과 차이점을 비교하여 포스터로 제작한 후 과학실에 전시해 보자.

관련 학과 공예학과, 만화애니메이션학과, 미술학과, 방송연예과, 뷰티디자인학과, 사진학과, 산업디자인학과, 서양화과, 시각디자인학과, 연극영화학과, 조소과, 패션디자인학과

《최신 태양계 대도감》, 뉴턴코리아 편집부, 아이뉴턴(2017)

[10통과1-03-03] ● ● ●

중력의 작용으로 인한 지구 표면과 지구 주위의 다양한 운동을 설명할 수 있다.

➡ 스포츠 선수들은 중력의 영향을 극복하기 위해 근육 강화와 기술적 기구 활용, 그리고 안정된 균형과 움직임

을 연습하여 중력에 맞서며 운동한다. 근육을 훈련하여 몸을 지탱하고, 중력을 이길 수 있는 기술과 기구를 사용하며, 안정된 자세와 움직임을 통해 중력의 영향을 극소화하고 운동 능력을 극대화한다. 농구나 체조와 같은 운동에서 공을 던지거나 몸을 움직일 때 땅으로 끌어당겨지는 중력이 작용하기 때문에 선수들은 더 많은 힘과 노력을 기울여야 한다. 운동선수와 관련된 서적을 읽고, 운동선수들의 커리어패스를 통해 그들이 현재의 직업을 갖기까지 어떤 일들을 거쳐 왔는지 발표해 보자.

관련 학과 경호학과, 모델과, 무용학과, 뮤지컬학과, 방송연예과, 사회체육학과, **스포츠과학과**, **스포츠레저학과**, **스포츠의학과**, 연극영화학과, 체육학과

《스포츠 선수 어떻게 되었을까?》, 지재우 외 3명, 캠퍼스멘토(2018)

[10통과1-03-04] • • •

상호작용이 없을 때 물체가 가속되지 않음을 알고, 충격량과 운동량의 관계를 충돌 관련 안전장치와 스포츠에 적용할 수 있다.

➔ 무용가가 춤을 추거나 동작을 할 때는 다양한 힘이 작용한다. 중력은 항상 아래 방향으로 작용하기 때문에 무용가가 바닥에 붙어서 무용을 하는 동안에도 계속 작용한다. 무용가는 중력을 이겨내면서도 우아하고 정교한 동작을 수행해야 한다. 근육의 수축과 이에 따른 근력은 무용가가 춤이나 동작을 할 때 필수적이고, 근육은 움직임과 동작을 제어하는 데 사용된다. 무용가는 근육을 사용하여 몸을 움직이고 원하는 동작을 하면서 춤의 우아함과 움직임의 정밀성을 제어한다. 관절과 연결 조직은 무용가가 우아하고 유연하게 동작할 수 있도록 도와주고, 몸의 부분들을 연결하여 운동을 가능하게 한다. 무용가가 공중에서 운동할 때는 공기의 저항과 마찰도 고려되어야 한다. 높이 뛰거나 빠르게 움직일 때 공기의 저항을 극복하면서 몸을 조화롭게 조절하여 우아하고 정교한 춤 동작을 구현한다. 무용가와 관련된 서적을 읽고, 무용가들의 커리어패스를 통해 그들이 현재의 직업을 갖기까지 어떤 일들을 거쳐 왔는지 보고서를 작성해 보자.

관련 학과 경호학과, 모델과, 무용학과, 뮤지컬학과, 방송연예과, 사회체육학과, **스포츠과학과**, **스포츠레저학과**, **스포츠의학과**, 연극영화학과, 체육학과

《무용가 어떻게 되었을까?》, 박선경, 캠퍼스멘토(2021)

➔ 두 물체가 상호작용하지 않을 때 물체는 정지해 있거나 일정한 속도로 운동하며 가속되지 않는다. 스포츠 과학은 스포츠 현상에서 다양한 물리적 법칙을 발견하고, 스포츠 활동과 관련된 생리적·심리적·역학적 측면을 연구하며, 이를 통해 스포츠 활동에 유익한 과학적 지식을 제공하는 학문이다. 충격량과 운동량의 관계를 통해 충돌 시 안전을 보장할 수 있는 안전장치를 스포츠에 어떻게 적용할 수 있는지 조사해 보자.

관련 학과 경호학과, 모델과, 무용학과, 뮤지컬학과, 방송연예과, 사회체육학과, **스포츠과학과**, **스포츠레저학과**, **스포츠의학과**, 연극영화학과, 체육학과

책 소개

우리에게 친숙한 스포츠를 통해 과학, 기술, 공학, 수학이라는 STEM 개념을 이해하도록 도와주는 책이다. 인포그래픽을 통해 스포츠 동작과 과학 원리를 한눈에 보여 주고, 과학 개념뿐 아니라 스위트 스폿, 카보로딩처럼 생소한 스포츠 용어를 풀어서 설명한다. 실험 코너를 통해 과학적 호기심을 자극하며 시야를 넓힐 수 있도록 스포츠의 공정성 문제와 같은 생각거리를 소개한다.

세특 예시

교과연계 도서발표 활동에서 '이기고 싶으면 스포츠 과학(제니퍼 스완슨)'을

이기고 싶으면 스포츠 과학
제니퍼 스완슨, 조윤진 역,
다른(2022)

읽고 충격량과 운동량의 관계를 통해 충돌 관련 안전장치를 스포츠에 적용한 사례를 조사함. 우리에게 친숙한 스포츠를 통해 과학, 기술, 공학, 수학이라는 STEM 개념이 연결되어 있음을 알고, 스위트 스폿, 카보로딩처럼 생소한 스포츠 용어를 정리한 후 스포츠 동작에 들어 있는 과학 원리를 정리하여 발표함.

국어 교과군

영어 교과군

수학 교과군

도덕 교과군

사회 교과군

과학 교과군

공통 과목	수능	통합과학2	절대평가	상대평가
	O		5단계	5등급

단원명 | 변화와 다양성

| 🔍 | 지질 시대, 생물 다양성, 유전적 변이, 자연선택, 광합성, 화석연료, 산화와 환원, 산과 염기, 중화 반응, 에너지의 흡수와 방출

[10통과2-01-01] ●●●

지질 시대를 통해 지구 환경이 끊임없이 변화해 왔으며 이러한 환경 변화가 생물 다양성에 미치는 영향을 추론할 수 있다.

➡ 지질 시대는 지구가 탄생한 후부터 현재까지의 지질학적 시대를 말한다. 지질 시대를 나타내는 단위로는 'eon', 'era', 'period', 'epoch'가 있으며, 각각 누대(累代), 대(代), 기(紀), 세(世)로 번역된다. 1800년대에 한 고생물학자가 세계 최초로 이구아나의 이빨과 비슷한 화석을 발견하여 '이구아노돈'이라는 이름을 붙였으며, 이후 발견된 화석에 대해서는 거대한 도마뱀이라는 뜻의 '공룡'이라고 명명하였다. 지질 시대를 구분하는 공룡의 움직임을 모사한 동작이나 소리에 대해 토의하고, 모션 캡처 기술을 이용한 애니메이션 및 시각효과(VFX) 방법에 대해 탐구해 보자.

관련 학과 만화애니메이션학과, 모델과, 무용학과, 뮤지컬학과, 미술학과, 시각디자인학과, 연극영화학과

《3D 입체영상의 이해와 제작》, 이은복 외 2명, 진샘미디어(2014)

[10통과2-01-03] ●●●

자연과 인류의 역사에 큰 변화를 가져온 광합성, 화석연료 사용, 철의 제련 등에서 공통점을 찾아 산화와 환원을 이해하고, 생활 주변의 다양한 변화를 산화와 환원의 특징과 규칙성으로 분석할 수 있다.

➡ 조명, 색상, 그림을 활용하여 광합성의 원리와 과정을 시각적·음악적·예술적으로 표현하는 방법을 탐구할 수 있다. 예를 들어 조명의 밝기와 색상 변화와 같은 무대 조명 기술을 활용한 연출 방법 연구나 식물의 광합성 관련 원리를 활용한 색상, 패턴을 의상에 담아내는 의상 디자인 탐구를 통해 자신만의 독특한 미적 감각을 묘사할 수 있다. 체육 관련 계열은 에너지 전환과 관련하여 근육, 심장 및 호흡계 관련 신체 시스템 활동에 대한 탐구주제를 설정하여 연구해 보자.

관련 학과 경호학과, 공예학과, 만화애니메이션학과, 미술학과, 뷰티디자인학과, 사진학과, 사회체육학과, 스포츠과학과, 스포츠의학과, 시각디자인학과, 체육학과, 패션디자인학과

《미술, 과학을 탐하다》, 박우찬, 소울(2011)

> **[10통과2-01-04]**   ● ● ●
>
> 대표적인 산·염기 물질의 특징을 알고, 산과 염기를 혼합할 때 나타나는 중화 반응을 생활 속에서 이용할 수 있다.

➡ 운동을 하면 대사율이 증가해 인체 내 에너지 소비가 증가하는데, 이에 따른 열 생산으로 체온이 높아지게 된다. 운동 강도에 따라 열 생산량과 혈액 산도에 영향을 미치게 되며 이는 근육 내부 pH값 감소와 근육 피로를 발생시킬 수 있다. 산과 염기 반응을 이용하여 운동 후 근육 피로를 예방하거나 치료하는 방안에 대해 탐구해 보자.

`관련 학과`   경호학과, 사회체육학과, 스포츠과학과, 스포츠레저학과, 스포츠의학과, 체육학과

《운동상해의 기초—근육손상 회복 및 재활》, Peter M. Tidus, 이주형 외 7명 역, 라이프사이언스(2015)

공통 과목	수능	**과학탐구실험1**	절대평가	상대평가
	X		5단계	X

단원명 | 과학의 본성과 역사 속의 과학 탐구

| 🔍 | 과학사, 패러다임 전환, 결정적 실험, 과학의 발전, 과학사의 사례, 과학의 본성, 설명과 추론

[10과탐1-01-01] •••

과학사에서 패러다임의 전환을 가져온 결정적 실험을 따라 해 보고, 과학의 발전 과정에 관해 설명할 수 있다.

➡ 과학사에서 패러다임의 변화를 가져온 결정적 실험으로는 마이켈슨-몰리 실험이 있다. 마이켈슨과 몰리는 빛의 속도를 측정하기 위해 회전하는 원판을 사용한 실험을 진행했다. 이 실험을 통해 에테르라는 매체가 존재하는지 밝히려 했으나, 빛의 속도는 원판의 회전과 관계없이 일정했다. 이 실험 결과는 에테르의 존재를 부정하며 물리학 이론을 변화시키는 데 큰 역할을 했고, 빛의 속도가 모든 관점에서 일정하다는 아인슈타인의 특별 상대성 이론을 견고히 하는 계기가 되었다. 이처럼 과학적 발견이 예체능 분야에 적용되는 사례를 조사하여 탐구할 수 있다. 빛의 속성과 물체의 운동에 대한 이해가 스포츠에서 반응 시간 연구나 무대 조명 설계, 무용 동작 분석 등에 어떻게 활용될 수 있는지 조사하고, 이를 바탕으로 과학적 발견이 예체능 분야에 어떤 영향을 미치는지에 대해 토론해 보자.

관련 학과 예체능계열 전체
《빛이 매혹이 될 때─빛의 물리학은 어떻게 예술과 우리의 세계를 확장시켰나》, 서민아, 인플루엔셜(2022)

단원명 | 과학 탐구의 과정과 절차

| 🔍 | 관찰, 탐구, 수행, 실험, 가설 설정, 귀납적 탐구, 연역적 탐구, 정성적·정량적 데이터, 협동 연구

[10과탐1-02-03] •••

탐구 수행에서 얻은 정성적 혹은 정량적 데이터를 분석하고 그 결과를 다양하게 표상하고 소통할 수 있다.

➡ 탐구 수행을 위한 데이터 분석은 다양한 형태로 진행될 수 있다. 정성적 데이터의 경우, 주로 주제에 따라 발견한 패턴, 현상 또는 관찰된 특징을 설명하고 정리할 수 있고, 정량적 데이터는 통계적 분석을 통해 정보를 유도하고 가설을 확인할 수 있다. 정성적 데이터 분석은 일반적으로 텍스트, 이미지, 표 또는 도표의 통찰을 요구하고, 텍스트에 대한 텍스트마이닝, 이미지에 대한 특정 패턴 또는 특징의 탐지, 표 및 도표에 대한 관련성 분석 등을 통해 데이터의 산출물이나 관계성을 파악할 수 있다. 정량적 데이터의 경우, 통계 분석과 수치적 기법을 사용해 가설 검정, 상관 분석, 회귀 분석, 평균값 비교, 시간순서 분석 등을 수행할 수 있다. 탐구 수행에서 얻은

데이터를 분석한 후 그 결과를 시각적으로 표현하고 소통하는 방법을 조사하여 발표해 보자.

관련 학과 공예학과, 만화애니메이션학과, 미술학과, 방송연예과, 뷰티디자인학과, 사진학과, 산업디자인학과, 서양화과, 시각
디자인학과, 연극영화학과, 조소과, 패션디자인학과

데이터 시각화 디자인

나가타 유카리, 김연수 역,
위키북스(2021)

책 소개

데이터를 시각화하기 위해 대시보드를 만들거나 엑셀을 이용해 표에서 그래프를 그릴 때 어떤 그래프를 이용하는 것이 가장 좋은지 고민하는 학생을 위한 책이다. 저자가 오랜 기간에 걸쳐 쌓아 온 데이터 시각화의 노하우, 모범 사례, 안티 패턴 등을 정리, 분류했다. 구체적인 사례와 함께 최대한 세세하게 설명하고 있으며, 산업 현장에서 자주 받는 질문에 대한 답변들도 소개하고 있다.

세특 예시

교과연계 도서발표 활동에서 '데이터 시각화 디자인(나가타 유카리)'을 읽고 탐구 수행에서 얻은 데이터를 분석하고 그 결과를 시각적으로 다양하게 표현하는 방법을 조사함. 데이터를 시각화하기 위해 대시보드를 만들거나 스프레드시트 프로그램을 사용하여 어떤 그래프를 이용하는 것이 적합한지 분석하여 보고서를 제출함. 데이터를 시각화하고 디자인을 활용하여 소통하는 방법을 잘 파악함.

국어 교과군

영어 교과군

수학 교과군

도덕 교과군

사회 교과군

과학 교과군

공통 과목	수능	과학탐구실험2	절대평가	상대평가
	X		5단계	X

단원명 | 생활 속의 과학 탐구

| 🔍 | 과학 원리, 생활 속 과학, 놀이 속 과학, 과학 탐구활동, 과학 개념, 실생활 문제

[10과탐2-01-01] ● ● ●

영화, 건축, 요리, 스포츠, 미디어 등 생활 속의 과학 원리를 실험 등을 통해 탐구하고, 과학 원리를 활용한 놀이 체험을 통해 과학의 즐거움과 유용성을 느낄 수 있다.

➡ 진로 희망 분야에 따른 예체능 계열의 생활 속 과학 원리를 조사하여 발표해 보자. 예를 들어 영화 속 음악이 인간에게 전달되는 방식, 그것이 인간의 감정이나 뇌에 미치는 영향을 탐구해 보자. 음악 청취 시 뇌파, 심박수, 호흡 등의 생리적 반응을 조사하고 음악이 감정 표현 및 정서 조절에 어떤 영향을 미치는지 분석해 보자.

관련 학과 관현악과, 뮤지컬학과, 성악과, 실용음악학과, 음악학과, 작곡과

《과학으로 풀어보는 음악의 비밀》, 존 파웰, 장호연 역, 뮤진트리(2022)

[10과탐2-01-03] ● ● ●

과학 개념을 적용하여 실생활 문제의 해결 방안을 창의적으로 고안하고, 필요한 도구를 설계·제작할 수 있다.

➡ 운동 중 스마트 기기에 내장된 센서와 앱(가속도계, 자이로스코프, 심박수 센서)을 활용하여 운동량을 측정하고 데이터를 분석할 수 있다. 예를 들어 가속도계로 사용자의 움직임과 진동을 감지하고, 광학 센서를 통해 혈액 순환 패턴의 변화를 측정하는 심박수 모니터링이 가능하다. 또한 GPS 기능을 활용해 거리와 속도를 측정하며 운동에 따른 심박수, 혈압, 체온 등의 데이터를 수집하여 다양한 체력 관련 데이터를 분석할 수 있다. 운동에 따른 데이터의 분석과 활용 방안에 대해 탐구하여 발표해 보자.

관련 학과 경호학과, 사회체육학과, 스포츠과학과, 스포츠레저학과, 스포츠의학과, 체육학과

《운동학습과 제어─개념과 적용》, Richard A. Magill 외 1명, 박상범 외 1명 역, 한미의학(2015)

단원명 | 미래 사회와 첨단 과학 탐구

| 🔍 | 첨단 과학기술, 과학 원리, 연구 윤리, 과학 윤리, 안전 사항

[10과탐2-02-02] ● ● ●

과학 원리가 적용된 첨단 과학기술 및 탐구 산출물을 발표하고 공유하며, 이를 확산할 수 있다.

➜ 몸에 센서를 부착하거나 적외선을 이용하는 방법으로 인체의 움직임을 디지털 형태로 기록하는 모션 캡처 기술이 적용된 애니메이션 및 시각효과(VFX) 제작에 대해 탐구해 보자. 배우나 아티스트의 동작을 실시간으로 캡처하여 3D 캐릭터에 반영하거나 특수효과와 액션 장면에 활용하고 더 현실적이며 자연스러운 움직임을 구현하는 과정에 대해 분석하여 발표해 보자.

관련 학과 만화애니메이션학과, 모델과, 무용학과, 뮤지컬학과, 미술학과, 시각디자인학과, 연극영화학과

《**3D 입체영상의 이해와 제작**》, 이은복 외 2명, 진샘미디어(2014)

[10과탐2-02-03]   ● ● ●

탐구활동 과정에서 지켜야 할 생명 존중, 연구 진실성, 지식 재산권 존중 등과 같은 연구 윤리와 함께, 과학기술 이용과 관련된 과학 윤리 및 안전 사항을 준수할 수 있다.

➜ 체육학에서는 운동선수들이 최고의 성적을 거두도록 다양한 과학기술을 운동 능력 향상에 활용한다. 운동 능력 향상을 위한 방법으로 불법 약물을 사용하는 것은 심각한 윤리적 문제이다. 과학기술을 활용해 도덕적 원칙과 규정을 준수하고 합법적인 방법으로 신체의 운동 능력을 향상시켜야 한다. 과학기술의 활용과 윤리적 문제, 안전 사항에 대해 탐구하여 발표해 보자.

관련 학과 사회체육학과, 스포츠과학과, 스포츠레저학과, 스포츠의학과, 체육학과

《**우리가 꼭 알아야 할 스포츠 윤리**》, 로버트 L. 사이먼, 김태훈 역, 글로벌콘텐츠(2021)

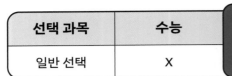

단원명 | 힘과 에너지

| 🔍 | 알짜힘, 돌림힘, 안정성, 뉴턴 운동 법칙, 작용과 반작용, 운동량 보존 법칙, 일과 운동 에너지, 위치 에너지, 역학적 에너지 보존 법칙, 총 에너지, 열과 역학적 에너지, 영구 기관 |

[12물리01-01] • • •

물체에 작용하는 알짜힘과 돌림힘이 0일 때 평형을 이룸을 알고, 다양한 구조물의 안정성을 분석할 수 있다.

➡ 운동선수의 움직임과 몸의 힘을 분석하는 트레이너들은 주로 인체 역학, 생체 역학, 운동 생리학 등의 분야에 기반하여 다양한 운동을 분석한다. 운동 중에 발생하는 힘과 움직임을 이해하고, 이를 통해 선수의 기술과 성능을 향상시키는 데 중점을 둔다. 이를 위해 움직임 분석, 근육 균형, 부상 예방, 효율적인 운동 방법 등을 고려하여 훈련 및 프로그램을 설계하고, 선수의 퍼포먼스를 최적화하는 역할을 한다. 스포츠 트레이너와 관련된 서적을 읽고, 스포츠 트레이너들의 커리어패스를 통해 그들이 현재의 직업을 갖기까지 어떤 일들을 거쳐 왔는지 발표해 보자.

관련 학과 경호학과, 무용학과, 뮤지컬학과, 방송연예과, 사회체육학과, 스포츠과학과, 스포츠레저학과, 스포츠의학과, 체육학과

《스포츠 트레이너 어떻게 되었을까?》, 이가은, 캠퍼스멘토(2020)

[12물리01-02] • • •

뉴턴 운동 법칙으로 등가속도 운동을 설명하고, 교통안전 사고 예방에 적용할 수 있다.

➡ 스피드건은 스포츠 및 운동 분야에서 속도 측정에 사용되는 장비로, 다양한 운동에서 중요한 역할을 한다. 이 장비는 보통 레이더 또는 레이저 기술을 사용하여 물체의 속도를 정확하게 측정한다. 육상의 달리기 종목을 관전할 때 가장 중요한 사항은 시간 기록이지만, 선수들의 훈련 과정에서는 시간 외에 구간별 속도나 각 동작별 속도 등도 중요한 요소이다. 따라서 훈련 과정에서는 다양한 종류의 속도 측정기가 사용된다. 육상 선수의 달리기 속도를 측정하는 장치를 조사하고 작동 방식과 과학적 원리를 조사하여 발표해 보자.

관련 학과 경호학과, 사회체육학과, 스포츠과학과, 스포츠레저학과, 스포츠의학과, 체육학과

《뛰고 보니 과학이네?》, 김형진, 다른(2019)

[12물리01-03] • • •

작용과 반작용 관계와 운동량 보존 법칙을 알고, 스포츠, 교통수단, 발사체 등에 적용할 수 있다.

➡ 운동량과 충격량은 스포츠 과학에서 중요한 개념으로, 선수의 퍼포먼스를 최적화하고 부상을 예방하는 데 큰

역할을 한다. 운동량과 충격량을 측정하고 분석함으로써 선수의 기술을 개선하고 스포츠 경기에서 최상의 결과를 얻도록 지원할 수 있다. 특히 축구나 럭비처럼 신체 충돌이 많은 스포츠에서는 충격량과 운동량을 면밀히 관찰하여 부상을 예방하고 선수의 기량을 개선할 수 있다. 충돌이나 타격 시 발생하는 충격량을 분석하면 머리, 몸, 다리 등 각 신체 부위에 가해지는 힘을 이해할 수 있어서, 머리의 충격을 방지하거나 근육 손상을 최소화하는 데 유용하다. 스포츠 과학에서 훈련, 기량 분석, 부상 예방 및 선수의 퍼포먼스를 평가하고 개선하기 위해 다양한 운동 종목을 분석할 때 운동량과 충격량이 사용되는 예시를 조사하여 탐구 보고서를 작성해 보자.

관련 학과 경호학과, 모델과, 무용학과, 뮤지컬학과, 방송연예과, 사회체육학과, **스포츠과학과**, 스포츠레저학과, 스포츠의학과, 연극영화학과, 체육학과

《뉴튼이 본 테니스 물리학》, 허권 외 1명, 르네싸이(2023)

[12물리01-04] ● ● ●

일과 운동 에너지의 관계를 이해하고, 위치 에너지와 역학적 에너지 보존 법칙을 설명할 수 있다.

➡ 위치 에너지와 역학적 에너지 보존 법칙은 물리학에서 중요한 원리 중 하나이다. 위치 에너지는 높이와 관련이 있으며, 운동 에너지는 물체의 운동 상태와 관련이 있다. 육상 경기에서 멀리 뛰거나 높이 뛰는 선수는 시작할 때 위치 에너지를 가지며, 이것이 운동 에너지로 변환된다. 선수가 멀리 뛴 후에 이동하면서 위치 에너지가 감소하고 운동 에너지로 변환된다. 체육 분야에서 과학적 분석을 사용하거나 에너지 보존 법칙을 활용한 사례를 조사해 인포그래픽으로 제작하여 전시해 보자.

관련 학과 경호학과, 모델과, 무용학과, 뮤지컬학과, 방송연예과, 사회체육학과, **스포츠과학과**, 스포츠레저학과, 스포츠의학과, 연극영화학과, 체육학과

《선동열 야구학》, 선동열, 생각의힘(2021)

단원명 | 전기와 자기

| 🔍 | 전하, 입자, 전기장, 자기장, 전위차, 전기 회로, 저항, 소비 전력, 전기 기구, 축전기, 전기 에너지, 센서, 신호 입력 장치, 자성체, 산업 기술, 전류의 자기 작용, 에너지 전환, 전자기 유도 현상

[12물리02-06] ● ● ●

전자기 유도 현상이 센서, 무선통신, 무선충전 등 에너지 전달 기술에 적용되어 현대 문명에 미친 영향을 인식할 수 있다.

➡ 유선통신과 무선통신은 정보 전달 방식과 특성에서 차이가 있다. 유선통신은 케이블 또는 전선을 사용하여 정보를 전송한다. 이러한 물리적 연결은 안정성과 신뢰성을 제공하지만, 설치와 유지 보수 비용이 상대적으로 높을 수 있다. 무선통신은 케이블 없이 무선 기술을 사용하여 정보를 전송하며, 기기에 이동성을 제공하고 어디서든 통신할 수 있게 한다. 무선통신은 이동 통신, 무선 인터넷, 스마트폰 등과 같이 이동성이 중요한 응용 분야에 주로 사용된다. 예술이나 체육 분야에서 무선통신 기기가 사용되는 사례를 조사하여 발표해 보자.

관련 학과 예체능계열 전체

《전자기 쫌 아는 10대》, 고재현 , 풀빛(2020)

단원명 | 빛과 물질

[12물리03-01]

빛의 중첩과 간섭을 통해 빛의 파동성을 알고, 이를 이용한 기술과 현상을 예를 들어 설명할 수 있다.

➡️ 빛은 파동의 성질을 가지고 있으며, 빛의 파동성은 중첩과 간섭 현상을 통해 설명된다. 중첩은 두 빛의 파동이 합쳐지는 현상을 말하며, 같은 주파수와 위상을 가질 때 파동의 진폭이 합쳐져 증폭되거나 약화한다. 간섭은 파동이 만나서 상승 또는 상쇄되는 현상이다. 파동의 크기와 방향이 서로 영향을 미치며 파동의 겹침에 따라 간섭무늬가 생성될 수 있다. 빛이 상호작용하고 복잡한 패턴을 만들어내기 때문에 이러한 파동 현상은 다양한 분야에 활용될 수 있다. 빛의 파동성을 활용한 기계와 제품, 사물 등을 조사하고 작동 원리를 분석하여 보고서를 작성해 보자. 조사한 제품 중 하나를 선정하여 제품 설명 포스터를 제작하여 전시해 보자.

> **관련 학과** 공예학과, 만화애니메이션학과, 미술학과, 방송연예과, 뷰티디자인학과, 사진학과, 산업디자인학과, 서양화과, 시각디자인학과, 연극영화학과, 조소과, 패션디자인학과

세상을 바꾼 사물의 과학 2
최원석, 궁리(2023)

책 소개

이 책은 시계나 전등, 냉장고와 같이 주변에서 흔히 볼 수 있는 물건에서부터 망원경이나 현미경처럼 과학 연구에 사용되는 물건까지 다루고 있다. 진공이나 전기, 정보 등 새로운 사물을 탄생시킨 것들에 대해 살펴보고, 스테인드글라스와 판유리, 강화유리와 스마트 글라스까지 다양한 소재를 소개한다. 별을 볼 수 있는 다양한 망원경을 소개하고, 미시 세계를 관찰할 수 있는 현미경의 세계를 안내한다.

세특 예시

교과연계 도서발표 활동에서 '세상을 바꾼 사물의 과학 2(최원석)'를 읽고 빛의 파동성을 활용한 기계와 제품, 사물을 조사함. 파동성을 활용한 망원경이나 현미경 등 과학 연구에 사용되는 기기를 분석하고, 스테인드글라스에서 스마트 글라스까지 다양한 소재를 비교하고 분석하여 보고서를 작성함. 연구 기기 중 스마트 글라스의 사용 설명서를 분석하여 제품 설명 포스터를 제작하여 전시함.

[12물리03-02]

빛의 굴절을 이용하여 볼록렌즈에서 상이 맺히는 과정을 설명하고, 반도체와 디스플레이 제작 공정에서 중요하게 활용됨을 인식할 수 있다.

➡️ 빛이 렌즈를 통과하면 굴절 현상이 일어난다. 볼록렌즈는 중심 부분이 두드러진 렌즈이고 빛을 모아 초점을 만든다. 렌즈를 통과하는 빛은 렌즈 내부에서 굴절되고, 굴절은 렌즈의 곡률과 빛의 파장에 따라 결정된다. 볼록렌즈의 경우 렌즈 중앙을 통과하는 빛이 렌즈에 수직으로 입사하면 초점에 수렴하고, 빛이 렌즈의 곡면 두 개

에서 각기 다른 방향으로 굴절된다. 볼록렌즈에 들어갈 때 렌즈의 중심에 수직으로 투사된 빛은 렌즈의 각 면에서 다른 각도로 굴절된다. 사진작가는 이러한 빛의 굴절과 렌즈에서 형성되는 이미지를 이해하여 사진 촬영에 활용한다. 볼록렌즈를 통과한 빛은 초점을 만들어 렌즈의 전면이나 후면에 이미지를 형성하고, 사진작가는 이러한 현상을 이해하고 활용하여 렌즈를 조절하거나 렌즈의 특성을 고려하여 원하는 사진을 찍을 수 있다. 렌즈의 초점, 굴절 및 이미지 형성에 대한 이해를 바탕으로 원하는 시각적 효과를 만들어낸다. 사진작가와 관련된 서적을 읽고, 사진작가들의 커리어패스를 통해 그들이 현재의 직업을 갖기까지 어떤 일들을 거쳐 왔는지 발표해 보자.

관련 학과 공예학과, 만화애니메이션학과, 미술학과, 방송연예과, 뷰티디자인학과, 사진학과, 산업디자인학과, 서양화과, 시각디자인학과, 연극영화학과, 조소과, 패션디자인학과

《사진작가 어떻게 되었을까?》, 구자현, 캠퍼스멘토(2020)

국어 교과군

영어 교과군

수학 교과군

도덕 교과군

사회 교과군

과학 교과군

선택 과목	수능	화학	절대평가	상대평가
일반 선택	X		5단계	5등급

단원명 | 화학의 언어

| 🔍 | 화학, 과학, 기술, 사회, 단위, 몰, 물질의 양, 화학 반응식, 양적 관계, 실험, 화학 결합

[12화학01-01] ● ● ●

화학이 현대 과학·기술·사회의 발전에 기여한 사례를 조사·발표하며 화학에 흥미와 호기심을 가질 수 있다.

➡️ 화학은 현대 예술과 스포츠 분야에서도 중요한 역할을 한다. 예를 들어 화학적 지식을 바탕으로 개발한 다양한 안료와 색소는 예술에서 더 풍부한 색채 표현을 가능하게 하며 회화나 디자인의 표현 범위를 넓혀 주었다. 또한 무대 예술에서는 화학적 원리를 활용한 조명과 특수 효과가 공연의 몰입감을 높이는 데 기여하고 있다. 스포츠 분야에서도 화학은 큰 역할을 한다. 운동선수의 피로 회복을 돕는 영양 보충제나 에너지 음료가 화학 연구를 통해 개발되어 경기력을 향상하는 데 도움을 주고 있다. 화학과 관련된 이론이나 기술을 선정하여 예체능 분야에서의 활용 사례를 조사하고, 화학이 예술과 스포츠에 기여한 구체적인 사례에 대해 보고서를 작성해 보자.

관련 학과 예체능계열 전체

《화학 연대기》, 장홍제, EBS BOOKS(2021)

단원명 | 물질의 구조와 성질

| 🔍 | 실험, 화학 결합, 전기적 성질, 전기 음성도, 주기적 변화, 쌍극자 모멘트, 결합의 극성, 원자, 분자, 루이스 전자점식, 전자쌍 반발 이론, 물리적 성질, 화학적 성질, 분자의 구조

[12화학02-03] ● ● ●

원자와 분자를 루이스 전자점식으로 표현하고, 전자쌍 반발 이론을 근거로 분자의 구조를 추론하여 모형으로 나타낼 수 있다.

➡️ 루이스 전자점식은 분자의 구조를 설명하는 데 사용되는 중요한 모델 중 하나이다. 이 모델은 원자들의 공유 전자쌍을 표시함으로써 분자 구조를 나타내며, 주로 공유 결합을 예측하고 분자의 전자 구조를 표현하는 데 사용된다. 관심 있는 원자나 분자를 선정하여 루이스 전자점식으로 표현하여 인포그래픽으로 작성한 후 교실에 전시해 보자.

관련 학과 공예학과, 만화애니메이션학과, 미술학과, 방송연예과, 뷰티디자인학과, 사진학과, 산업디자인학과, 서양화과, 시각디자인학과, 연극영화학과, 조소과, 패션디자인학과

《신소재 이야기》, 김영근·안진호, 자유아카데미(2021)

단원명 | 화학 평형

🔍 가역 반응, 화학 평형 상태, 반응물, 생성물, 농도, 평형 상수, 반응 지수, 진행 방향, 농도, 온도 변화, 압력, 화학 평형의 이동, 화학의 유용함

[12화학03-01] •••

가역 반응에서 나타나는 화학 평형 상태의 특징을 설명할 수 있다.

➡️ 에너지는 형태가 다양하다. 예를 들어 열 에너지로 만든 증기는 배나 기관차를 움직이는 일을 한다. 분자, 물질, 화학 반응, 즉 열과 일은 우리의 주변을 둘러싸고 있다. 화학은 물질 자체와 물질의 변화를 다루는 데서 벗어나 엔트로피, 열역학이라는 무수한 에너지와 그 변수를 물리적·수학적으로 분석하고 해석하며 본질을 따지는 학문이다. 다양한 화학 반응을 조사하고 토론한 후 가역 반응과 비가역 반응으로 분류하여 인포그래픽으로 작성하여 전시해 보자.

관련 학과 예체능계열 전체

《하루 한 권, 화학 열역학》, 사이토 가쓰히로, 정혜원 역, 드루(2023)

단원명 | 역동적인 화학 반응

🔍 물, 자동 이온화, 이온화 상수, 수소 이온 농도, pH, 용액, 중화 반응, 양적 관계, 중화 적정 실험, 미지 시료의 농도

[12화학04-01] •••

물의 자동 이온화와 물의 이온화 상수를 이해하고, 수소 이온의 농도를 pH로 표현할 수 있다.

➡️ 산과 염기의 반응처럼 이온화 반응에서 평형 상수를 이온화 상수라고 한다. 수용액 속의 물은 대부분 용매로 작용하여 변화가 없고, 극히 일부만 이온화 반응에 참여한다. 물의 전체 농도는 거의 변하지 않기 때문에, 이온화 상수식에 물의 농도를 포함하지 않는다. 이러한 화학적 원리는 예체능 분야에도 응용될 수 있다. 예를 들어 예술 작품의 보존을 위한 중성화 작업이나 스포츠 음료의 pH 조절 과정에서 산과 염기 반응 및 이온화 상수의 개념이 사용된다. 이온화 상수와 관련된 화학적 지식이 예체능 분야에서 어떻게 활용되고 있는지 조사하고, 예체능 활동에서의 화학의 기여를 이미지 자료로 제작하여 발표해 보자.

관련 학과 예체능계열 전체

《화학의 눈으로 보면 녹색지구가 펼쳐진다》, 원정현, 지상의책(2023)

선택 과목	수능	**생명과학**	절대평가	상대평가
일반 선택	X		5단계	5등급

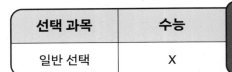

단원명 | 생명 시스템의 구성

🔍 생명과학, 생명 시스템, 물질대사, 에너지 전환, 소화, 순환, 호흡, 배설, 대사성 질환, 생태계 구조, 개체군, 군집

[12생과01-01] •••

생물 및 생명과학의 특성을 이해하고 생명과학의 성과를 협력적으로 소통할 수 있다.

➡️ 생물 및 생명과학을 이해하고 생물과 연계된 소재나 재료를 예술 분야에 활용할 수 있다. 이는 식물 추출물을 사용한 천연 염색약에 대한 연구와 해조류를 활용한 세라믹 작품 제작 등 창의적인 디자인 작품으로 표현될 수 있다. 예술 작품이나 디자인에 생명과학을 반영하여 사회적 관심을 끌 수 있는데, 이와 같은 예술과 관련한 생명과학의 성과에 대해 토의하여 발표해 보자.

관련 학과 공예학과, 미술학과, 뷰티디자인학과, 서양화과, 시각디자인학과, 조소과, 패션디자인학과

《**바이오 아트: 생명의 예술**》, 신승철, 미진사(2016)

[12생과01-02] •••

세포에서부터 생태계까지 생명 시스템의 구성 단계의 특징을 바탕으로 체계적인 설명 자료를 만들 수 있다.

➡️ 운동과 관련된 생물학적 기능이나 기관의 상호작용에 대한 설명 자료를 제작하여 발표해 보자. 인체 근육 조직의 수축과 이완, 호흡과 에너지 공급 등 생명 시스템과 관련하여 생명 현상, 운동 능력 향상을 위한 조직이나 기관의 상호작용에 대해 탐구해 보자.

관련 학과 사회체육학과, 스포츠과학과, 스포츠레저학과, 스포츠의학과, 체육학과

《**근력 운동의 과학**》, 오스틴 커런트, 권기호 역, 사이언스북스(2021)

[12생과01-03] •••

물질대사 과정에서의 에너지 전환 과정을 바탕으로 다양한 생명 활동에서의 에너지 사용을 추론할 수 있다.

➡️ 생명 활동에서의 에너지 사용과 관련하여 기후변화와 계절에 따른 의복의 필요성에 대해 조사해 보자. 또한 의복이 생명 활동에 미치는 영향에 관한 토의를 통해 기온 변화에 따른 패션 및 의상 디자인이나 소재에 대해 탐구하여 발표해 보자.

관련 학과 모델과, 미술학과, 뷰티디자인학과, 산업디자인학과, 시각디자인학과, 패션디자인학과

《**과학 엔터테이너 최원석의 패션 사이언스**》, 최원석, 살림Friends(2010)

국어 교과군

영어 교과군

수학 교과군

도덕 교과군

사회 교과군

과학 교과군

[12생과01-04]　　　　●●●

소화, 순환, 호흡, 배설 과정이 기관계의 통합적 작용으로 나타남을 신체의 생리적 변화와 연관 지어 추론할 수 있다.

➡ 운동 중 수분 섭취와 인체의 수분 균형 조절 메커니즘에 관심을 갖고 탐구해 보자. 또한 인체의 소화 및 배설 과정을 고려하여 영양소의 흡수와 배설 등의 대사 과정을 분석하고, 식단을 최적화하는 방안에 대해 탐구해 보자.

　관련 학과　모델과, 무용학과, 뮤지컬학과, 방송연예과, 사회체육학과, 스포츠과학과, 스포츠레저학과, 스포츠의학과, 체육학과
《**인체에서 물의 역할 이해**》, 연구회, 스타크북스(2023)

[12생과01-05]　　　　●●●

물질대사 관련 질병 조사를 위한 방법을 고안하여 수행하고 대사성 질환을 예방하기 위한 올바른 생활 습관에 대해 토의하며 협력적으로 소통할 수 있다.

➡ 대사성 질환 예방과 건강 증진에 도움이 되는 운동 프로그램에 대해 탐구해 보자. 신체 활동과 스포츠 분야에 대한 전문적인 지식 및 기술과 대사성 질환 예방을 위한 규칙적인 운동을 연계한 교육 프로그램에 대해 토의해 보자. 유산소 운동의 중요성과 심혈관 질환 예방을 위한 생활 습관에 대해 살펴보자. 또한 건강한 삶과 대사성 질환 예방에 기여하는 사회 구성원으로서의 역할에 대해 발표해 보자.

　관련 학과　사회체육학과, 스포츠과학과, 스포츠레저학과, 스포츠의학과, 체육학과
《**운동과 건강**》, 박승한 외 2명, Pegasus(2017)

단원명 | **항상성과 몸의 조절**

| 🔍 | 신경 세포, 시냅스, 신경계, 내분비계, 면역, 항원 항체 반응, 혈액의 응집 반응, 백신

[12생과02-01]　　　　●●●

신경 세포의 구조와 기능을 이해하고, 신경 세포에서의 전도 과정을 모식도로 표현할 수 있다.

➡ 교과서 내용을 토대로 신경 세포의 구조와 기능에 대한 글을 읽고, 신경 세포에서의 전도 과정에 대해 모둠별로 모식도로 표현해 보자. 모둠별로 표현한 모식도를 서로 비교하며 신경 세포의 구조와 기능이 제대로 표현되었는지 토의해 보자. 또한 문자 해석과 그림 해석의 차이와 장단점에 대해 발표해 보자.

　관련 학과　만화애니메이션학과, 미술학과, 뷰티디자인학과, 산업디자인학과, 서양화과, 시각디자인학과, 조소과, 패션디자인학과

문자와 예술

안 마리 크리스탱 외 11명,
한국문화사(2020)

이 책은 문자적인 것과 이미지적인 것, 동양의 서예와 그림, 서양의 예술과 문자문화, 세 부분으로 구성되어 있고, 인문학연구원의 문자 연구와 해외 교류의 흔적을 담고 있다. 지난 10여 년간 해외 협력기관 및 국내외 학자들과 지속적으로 진행해 온 오랜 연구 교류의 결과물이기도 하다. 문자가 음성 기호로서의 성격을 넘어 예술적 변용, 예술에서의 활용, 예술에 대한 기록 및 (재)해석, 예술에서의 텍스트 표현 등 여러 방식으로 맺어 온 '문자와 이미지'의 관계에 대한 내용이 담겨 있다.

세특 예시

수업을 통해 획득한 신경 세포의 구조와 기능에 대해 문자와 이미지를 이용한 모식도를 제작하고자 '문자와 예술(안 마리 크리스탱 외11명)'을 읽고 예술에서 문자의 활용과 문자의 예술적 변용에 대해 탐구활동을 진행함. 문화적 매체로서의 문자 연구를 통해 전통적인 기호학적·언어학적 개념을 넘어 문자와 예술의 관계를 파악하고자 함. 특히 서양의 예술 작품에 나타나는 문자 텍스트와 예술 작품의 관계를 역사적 접근과 문화적 분석을 통해 해석한 탐구내용을 발표함.

[12생과02-02]

시냅스를 통한 신경 신호의 전달 과정을 이해하고, 약물이 시냅스 전달에 영향을 미치는 사례를 조사하여 발표할 수 있다.

➡ 음악은 감정, 기분, 집중력 등에 영향을 줄 수 있다. 음악이 시냅스를 통한 신경 신호의 전달 과정에 어떤 영향을 미치는지 탐구해 보자. 음악 청취 시 뇌파 변화나 신경전달물질의 분비 변화 등을 조사하여 음악이 어떻게 신경 시스템에 작용하는지 알아보자. 또한 음악의 리듬이나 장르 또는 악기의 종류에 따라 시냅스 전달에 어떤 영향을 미치는지 추후 조사하여 인간의 감정과 연계해 탐구해 보자.

관련 학과 관현악과, 뮤지컬학과, 방송연예과, 성악과, 실용음악학과, 연극영화학과, 음악학과, 작곡과

《음악 인류—우리 뇌 속에 음악이 들어오면 벌어지는 일들》, 대니얼 J. 레비틴, 이진선 역, 와이즈베리(2022)

[12생과02-03]

사람 신경계의 구조와 기능을 이해하고 중추 신경계와 말초 신경계의 특징을 설명할 수 있다.

➡ 날카로운 물체에 손을 찔리면 무의식적으로 손을 움츠리지만 혈액형 검사 시 손가락 끝을 채혈침으로 찌를 때는 손을 움츠리지 않는 이유에 대해 토의해 보자. 찔림에 대한 반사적인 움츠림은 중추 신경계 내에서 일어나는 반사 신경 회로에 의해 제어된다. 반면에 혈액형 검사 시 채혈침으로 손가락을 찌르는 동작은 의식적으로 예상되고 의도된 자극이므로 무의식적인 움츠림 반응이 억제되거나 감소한다. 이러한 인지적 차이, 자각과 집중, 훈련과 경험 등 다양한 요소에 의해 다르게 나타나는 행동에 대해 토의하고, 집중력을 요하는 예체능계열에 필요한 훈련에 대해 발표해 보자.

관련 학과 예체능계열 전체

《신경 이야기-인생을 좌우하는 신경계》, 아르민 그라우, 배명자 역, 생각의집(2023)

국어 교과군

영어 교과군

수학 교과군

도덕 교과군

사회 교과군

과학 교과군

[12생과02-04]

내분비계와 신경계 작용 원리와 상호작용의 이해를 바탕으로 우리 몸의 항상성이 유지되는 과정을 추론할 수 있다.

➡ 춤이나 음악 그리고 체육 활동은 심박수, 호흡, 혈액순환 등 생체 기능에 영향을 줄 수 있다. 운동이나 리듬에 맞춰 몸을 움직이거나 음악을 듣는 것은 체내 호르몬 분비를 조절하고 신경전달물질의 활동 조절에 영향을 준다. 예를 들어 춤과 운동으로 내분비계에서 기능하는 호르몬인 엔도르핀 분비를 증가시킬 수 있으며, 이는 기분 개선과 스트레스 감소 등 긍정적인 생리적 효과를 가져온다. 이처럼 춤이나 음악, 운동이 몸의 항상성 유지와 어떤 관련성이 있는지 탐구하여 발표해 보자.

관련 학과 관현악과, 무용학과, 뮤지컬학과, 방송연예과, 사회체육학과, 성악과, 스포츠과학과, 스포츠레저학과, 스포츠의학과, 실용음악학과, 연극영화학과, 음악학과, 작곡과, 체육학과

《스트레스와 운동》, 충북대학교 평생체육연구소, 충북대학교출판부(2023)

[12생과02-05]

병원체의 종류와 특징을 이해하고 우리 몸의 방어 작용을 선천적 면역과 후천적 면역으로 구분하여 설명할 수 있다.

➡ 질병의 종류에 따라 스포츠 경기 결과에 어떤 영향을 미치는지 조사해 보자. 또한 선천적 면역과 후천적 면역에 관련된 인간의 심리적 스트레스와 우울감이 스포츠 결과나 신체적 행동에 미치는 영향에 대해 탐구해 보자. 계절에 따른 질병의 종류와 질병에 노출되지 않기 위한 방법에 대해 토의하여 발표해 보자.

관련 학과 사회체육학과, 스포츠과학과, 스포츠레저학과, 스포츠의학과, 체육학과

《생활 건강과 운동》, 김수연, 한국학술정보(2023)

[12생과02-06]

항원 항체 반응의 특이성을 이해하고, 혈액의 응집 반응 원리를 이용하여 혈액형을 판정할 수 있다.

➡ 신체접촉이 많은 운동을 하면서 발생할 수 있는 부상으로 근골격계 부상이나 출혈 등 다양한 부상이 있다. 부상이 발생하면 출혈이 나타나며 출혈 부위의 소독이나 지혈 등의 응급처치가 필요하다. 스포츠 경기나 운동 중에 발생할 수 있는 출혈 부위와 특징에 대해 조사하고 응급처치 방법에 대해 탐구해 보자.

관련 학과 사회체육학과, 스포츠과학과, 스포츠레저학과, 스포츠의학과, 체육학과

《응급처치 마스터》, 보건교사회, 대한의학서적(2020)

단원명 | 생명의 연속성과 다양성

🔍 | 염색체 구조, DNA, 유전자, 생식세포, 체세포, 생물 진화, 생물 분류 체계, 생물의 유연관계

[12생과03-01]

염색체의 구조를 이해하고, DNA, 유전자의 관계를 설명할 수 있다.

➡ 네덜란드 화가 토로프가 그린 〈3대〉와 프랑스 화가 샤세리오가 그린 〈자매〉에서 각각 부모와 자녀, 자매 사이의 유전 현상을 볼 수 있다. 그림 〈3대〉와 〈자매〉에 나타난 유전 현상을 찾아보고, 자신이 화가라면 유전 현상을 볼 수 있는 그림을 어떻게 구상하여 디자인할 것인지 생각해서 그려 보고 발표해 보자.

관련학과 만화애니메이션학과, 미술학과, 사진학과, 산업디자인학과, 서양화과, 시각디자인학과, 조소과, 패션디자인학과

《유전자는 우리를 어디까지 결정할 수 있나》, 스티븐 하이네, 이가영 역, 시그마북스(2018)

[12생과03-03] ●●●

생물 진화의 원리를 이해하고, 생물 진화 연구의 다양한 사례를 조사하여 협력적으로 소통할 수 있다.

➡ 미국인 2명 중 1명은 오랜 세월 동안 지속적으로 스포츠를 즐기는 유전적 특성을 보유하고 있다는 연구 결과가 국내 연구진에게서 나왔다. 서울대학교 체육교육학과 이충근 교수 연구팀은 '도파민 수용체 유전자가 청소년기부터 성인기까지의 스포츠 참여 행동에 미치는 영향'이라는 논문에서 특정 유전자가 지속적인 스포츠 참여를 유도한다는 사실을 규명했다. 연구진은 미국 연구기관 청소년건강연구(Add Health)에 청소년기부터 13년간 유전자 정보를 제공한 미국인 1만 4,208명의 데이터를 연구한 결과, 특정 도파민 수용체 유전자(DRD2 A1 allele)가 있는 사람이 장기적으로 운동에 참여하는 경향이 있음을 발견했다. 스포츠인의 가족이 동일 스포츠의 프로 선수로 활동하는 사례에 대해 조사하고, 연구 사례와 연관 지어 유전학적 근거에 대해 토의해 보자.

관련학과 사회체육학과, 스포츠과학과, 스포츠레저학과, 스포츠의학과, 체육학과

《스포츠 유전자》, 데이비드 엡스타인, 이한음 역, 열린책들(2015)

국어 교과군

영어 교과군

수학 교과군

도덕 교과군

사회 교과군

과학 교과군

선택 과목	수능	지구과학		절대평가	상대평가
일반 선택	X			5단계	5등급

단원명 | 대기와 해양의 상호작용

| 🔎 | 해수의 성질, 염분, 용존 산소량, 심층 순환, 표층 순환, 태풍, 악기상, 용승, 침강, 엘니뇨, 남방진동

[12지구01-01]   ● ● ●

해수의 물리적·화학적 성질을 이해하고, 실측 자료를 활용하여 해수의 온도, 염분, 밀도, 용존 산소량 등의 분포를 분석·해석할 수 있다.

➡ 해양 스포츠 활동에서 해수의 온도에 따른 신체 반응에 대해 분석해 보자. 예를 들어 해수의 온도에 따른 심박수, 체온 등의 신체 반응과 변화를 측정하고, 해수의 온도가 해양 스포츠 활동을 하는 인간에게 미치는 생리적 영향에 대해 탐구해 보자.

관련 학과 사회체육학과, 스포츠과학과, 스포츠레저학과, 스포츠의학과, 체육학과
《십대를 위한 기후변화 이야기》, 반기성, 메이트북스(2021)

[12지구01-02]   ● ● ●

심층 순환의 발생 원리와 분포를 알고, 표층 순환 및 기후변화의 관련성을 추론할 수 있다.

➡ 해수의 수온 변화가 해양 스포츠 산업에 어떤 영향을 미치는지 알아보자. 해수의 순환과 수온은 파도의 형성과 크기에 영향을 미친다. 예를 들어 높은 파도와 따뜻한 수온은 서핑에 적합하며, 수중 다이빙에서 해수의 흐름과 수온은 편의와 안전에 중요한 역할을 한다. 또한 요트와 보트의 경우는 표층 순환에 따른 해류의 변화에 영향을 받는다. 해양 스포츠를 안전하고 즐겁게 즐기기 위해 기후와 환경적 요소에 대해 분석하는 탐구활동을 해 보자.

관련 학과 사회체육학과, 스포츠과학과, 스포츠레저학과, 체육학과
《해양관광론》, 김성귀, 보문각(2023)

[12지구01-03]   ● ● ●

중위도 저기압과 고기압이 통과할 때 날씨의 변화를 일기도, 위성 영상, 레이더 영상을 종합하여 예측할 수 있다.

➡ 스포츠 활동을 할 때 날씨와 기온에 따라 관절과 주변 근육, 인대 등에 부상이 발생할 수 있다. 계절이나 시기, 날씨와 기온에 따른 부상 부위의 종류와 빈도수에 관한 통계자료를 조사해 보자. 그리고 부상이 발생하는 이유에 대해 살펴보고 부상을 줄이는 방법에 관해 토의하여 발표해 보자.

관련 학과 사회체육학과, 스포츠과학과, 스포츠레저학과, 스포츠의학과, 체육학과
《스포츠 부상》, Michael Peters, 스포츠 안전 재단 역, 대한미디어(2013)

태풍의 발생, 이동, 소멸 과정 및 태풍 영향권에서 날씨를 예측하고, 뇌우, 집중호우, 폭설, 강풍, 황사 등 주요 악기상의 생성 메커니즘과 대처 방안을 제시할 수 있다.

➡️ 맑은 날씨는 야외 활동과 스포츠를 즐기기에 좋은 조건이 될 수 있다. 하지만 태풍이나 집중호우, 폭설, 강풍, 황사 등은 스포츠 산업 분야에 부정적인 영향을 미칠 수 있다. 태풍이나 집중호우, 폭설 등과 같은 자연재해나 미세 먼지와 부유 물질을 포함하고 있는 황사는 실외 스포츠에 피해를 준다. 자연재해에 대비하고 스포츠 활동에 피해를 최소화하기 위한 방법에 대해 토의하고 발표해 보자.

관련 학과 사회체육학과, 스포츠과학과, 스포츠레저학과, 스포츠의학과, 체육학과

《야외활동과 건강생활》, 백남섭 외 4명, 토담출판사(2024)

단원명 | 지구의 역사와 한반도의 암석

🔍 지층, 상대 연령, 절대 연령, 지질 시대, 화석, 변동대, 변성 작용, 지질 구조, 지질 단면도

지층 형성의 선후 관계를 결정짓는 법칙들을 활용하여 상대 연령을 비교하고, 방사성 동위 원소를 이용한 광물의 절대 연령 자료로 암석의 절대 연령을 구할 수 있다.

➡️ 고대 시대의 유적이나 유물이 남아 있는 선사 유적지는 역사와 고고학 연구에 중요한 자료를 제공한다. 고서의 연대는 문서의 내용, 언어, 문체, 역사적 배경을 통해 알 수 있으며, 방사성탄소연대측정법을 통해서도 파악할 수 있다. 방사성탄소연대측정법과 같은 연대 측정 방법을 통해 고서의 제작 연대를 짐작할 수 있다. 과거의 예술 작품에 나타난 과거 문화와의 연관성에 대해 관련 문헌을 조사해 보고, 예술 작품의 중요성과 가치에 대해 토의하여 발표해 보자.

관련 학과 공예학과, 미술학과, 조소과

《고전자료의 이해와 조직》, 권용인, 글로벌콘텐츠(2023)

변동대에서 마그마가 생성되고, 그 조성에 따라 다양한 화성암이 생성됨을 설명할 수 있다.

➡️ 세계 최대인 하와이 활화산이 38년 만에 분화했다는 사실을 2022년 매체 자료를 통해 확인할 수 있다. 하와이는 마우나로아 화산 분화에 대한 경보와 화산재 주의보 발령, 대피소 설치 및 대비책 점검을 통해 주민의 안전을 확보할 수 있었다. 이에 따라 100년 주기로 크고 작은 분출이 일어나는 백두산 폭발이 재조명되었으며, 영화로도 제작되어 상영되었다. 화산 폭발 관련 영화를 시청하고, 긴박한 상황을 나타내는 음악의 표현 방법, 폭발이 임박했을 때의 곡조 등을 분석하여 발표해 보자.

관련 학과 관현악과, 실용음악학과, 연극영화학과, 음악학과, 작곡과

《이재신의 영화음악론》, 이재신, 해드림출판사(2016)

국어 교과군

영어 교과군

수학 교과군

도덕 교과군

사회 교과군

과학 교과군

> **[12지구02-05]** ● ● ●
>
> 우리나라의 대표적인 지질공원의 지질학적 형성 과정을 추론하고, 지역사회와 함께하는 지질공원의 지속가 능한 발전 방안을 제안할 수 있다.

➡️ 스포츠는 현대인의 중요한 여가 활동 중 하나이다. 최근에는 서핑, 요트처럼 다소 낯설던 스포츠도 대중 사이에 자리 잡기 시작했다. 축구, 서핑, 암벽 등반, 패러글라이딩 등의 스포츠를 매개로 하여 우리나라의 지리적 분포에 대해 조사해 보자. 우리나라를 포함해 세계 곳곳의 지형적 특징과 기후적 특징을 살펴 활성화된 레저 스포츠를 파악하고, 지리가 스포츠의 활성화와 어떤 관련성이 있는지 탐구해 보자.

`관련 학과` 사회체육학과, 스포츠과학과, 스포츠레저학과, 스포츠의학과, 체육학과

《**스포츠로 만나는 지리**》, 최재희, 휴머니스트(2021)

단원명 | 태양계 천체와 별과 우주의 진화

🔍 식 현상, 겉보기 운동, 분광형, 흑체복사, H-R도, 허블의 은하 분류 체계, 외부 은하, 우주의 진화

> **[12지구03-02]** ● ● ●
>
> 별의 분광형 결정 및 별의 분류 과정을 이해하고, 흑체복사 법칙을 이용하여 별의 물리량을 추론할 수 있다.

➡️ 〈천상열차분야지도〉는 조선 태조 4년(1395년)에 만든 천문도로, 우리나라 온 하늘에서 볼 수 있는 1,467개의 별이 돌에 새겨져 있다. 중국의 천문도와 달리 별의 밝기에 따라 크기를 다르게 새겨 놓았는데, 별의 크기를 달리 표현한 방법은 청동기 시대 별 그림에서 시작하여 고구려 무덤 벽화를 거쳐 전해 내려온 우리나라의 전통적인 별 그림 표현 방법이다. 이것은 당시 다른 나라의 별 그림에서는 찾아보기 힘들었던 과학적 표현 방식이다. 〈천상열차분야지도〉의 역사적, 예술적 가치에 대해 토론하고 발표해 보자.

`관련 학과` 공예학과, 미술학과, 사진학과, 산업디자인학과, 서양화과, 시각디자인학과

《**천상열차분야지도, 그 비밀을 밝히다**》, 윤상철, 대유학당(2020)

> **[12지구03-04]** ● ● ●
>
> 허블의 은하 분류 체계에 따른 은하의 특징을 비교하고 외부 은하의 자료를 이용하여 특이 은하의 관측적 특징을 추론할 수 있다.

➡️ 우주를 배경으로 한 영화는 쉽게 접하지 못하는 상황에 놓인 스토리를 다루기 때문에 더욱 손에 땀을 쥐게 한다. 우주는 인류에게 신비하고 호기심 가득한 공간으로 그려지기도 하지만, 인간의 도전을 무너뜨리고 두려움에 떨게 하는 어둠의 공간으로 그려지기도 한다. 여기에 음악적 요소와 그래픽 요소가 더해져 우주의 신비로움과 아름다움을 더하게 된다. 우주를 배경으로 한 영화에 어울리는 음악과 그래픽 요소에 대해 토의하여 발표해 보자.

`관련 학과` 관현악과, 미술학과, 사진학과, 시각디자인학과, 연극영화학과, 음악학과, 작곡과

《**그림 속 천문학**》, 김선지, 아날로그(2020)

[12지구03-05]

허블-르메트르 법칙으로 우주의 팽창을 이해하고 우주의 진화에 대한 다양한 설명 체계의 의의를 현대 우주론의 관점에서 비교할 수 있다.

➡️ 반 고흐는 작품 〈별이 빛나는 밤〉을 통해 밤하늘의 별빛과 우주적인 감성을 담아냈으며, 우주 일러스트레이터 로버트 맥커로이는 NASA와 협업하여 우주 비행 및 탐사에 관한 아름다운 작품을 많이 그렸다. 이처럼 많은 작가들이 우주를 다양한 시각적 이미지로 표현했다. 우주와 관련된 미지의 세계를 표현하기 위한 작품의 소재나 작가가 작품을 통해 전달하려는 메시지를 탐구해 보자.

관련 학과 미술학과, 사진학과, 산업디자인학과, 시각디자인학과

《COSMOS 우주에 깃든 예술》, 로베르타 J. M. 올슨 외 1명, 곽영직 역, 북스힐(2021)

선택 과목	수능	**역학과 에너지**	절대평가	상대평가
진로 선택	X		5단계	5등급

단원명 | 시공간과 운동

> |🔍| 물체, 힘, 합력, 운동, 정량적 예측, 뉴턴 운동 법칙, 포물선 운동, 역학적 에너지, 힘의 방향, 운동 방향, 원 운동, 케플러 법칙, 중력, 인공위성, 행성의 운동, 역학적 에너지 보존, 탈출 속도, 운동량 보존, 우주선의 궤도, 일반 상대성 이론, 등가 원리, 시공간, 블랙홀, 중력 시간 지연

[12역학01-02] ●●●

뉴턴 운동 법칙을 이용하여 물체의 포물선 운동을 정량적으로 설명하고, 포물선 운동에서의 역학적 에너지를 구할 수 있다.

➡ 피겨 스케이팅 선수의 점프와 스핀, 스파이럴 같은 환상적인 연기에 빠져들거나 체조 선수가 도마를 앞으로 짚고 세 바퀴 비트는 동작을 보면서 스포츠가 물리학으로 이루어져 있다는 것을 알 수 있다. 풋볼과 사이클, 피겨 스케이팅, 축구, 다이빙, 멀리뛰기, 원반던지기, 스모 등 여러 스포츠 종목에 물리학 개념을 적용할 수 있다. 풋볼 선수 더그 플루티가 던진 기적 같은 헤일 메리 패스, 랜스 암스트롱의 자전거가 알프뒤에즈를 달려 올라갈 때의 놀라운 힘과 속도, 데이비드 베컴의 발끝으로부터 휘어져 들어가는 프리킥 등을 통해 물리학 법칙을 엿볼 수 있다. 다양한 스포츠에 포물선 운동이 적용된 사례를 조사하고, 물리학을 어떻게 활용할 수 있는지 토론해 보자.

관련 학과 경호학과, 모델과, 무용학과, 뮤지컬학과, 방송연예과, 사회체육학과, **스포츠과학과**, **스포츠레저학과**, **스포츠의학과**, 연극영화학과, 체육학과

《**금메달 물리학**》, 존 에릭 고프, 진선미 역, 양문(2015)

[12역학01-03] ●●●

물체에 작용하는 힘의 방향에 따라 물체의 운동 방향이 변할 수 있음을 원운동 등 다양한 예를 들어 설명할 수 있다.

➡ 운동선수들이 사용하는 운동 기구에는 과학적인 원리가 숨어 있다. 스키 선수들이 사용하는 플레이트는 종목마다 약간 다른 모양으로 만들어진다. 종목별 플레이트의 다양한 형태는 선수들이 각각의 종목에 적합한 조작성과 안정성 그리고 특정 기능을 확보할 수 있게 한다. 종목의 특성과 요구 사항에 맞게 플레이트를 조정함으로써 선수들이 그들의 선호와 스타일에 맞는 최적의 기량을 발휘할 수 있게 된다. 다른 스포츠 종목 선수들이 사용하는 운동 기구에서 이와 비슷한 예를 조사한 후, 운동 기구의 작동 원리를 분석하여 보고서를 작성해 보자.

관련 학과 경호학과, 모델과, 무용학과, 뮤지컬학과, 방송연예과, 사회체육학과, **스포츠과학과**, **스포츠레저학과**, **스포츠의학과**, 연극영화학과, 체육학과

《**기구학**》, 김태정, 지코사이언스(2021)

단원명 | 열과 에너지

| 🔍 | 건축, 열 에너지, 단열, 열 팽창, 과학의 유용성, 상태 변화, 이상 기체, 온도, 압력, 부피, 계에 가해진 열, 계의 내부 에너지, 외부에 한 일, 열 기관, 순환 과정, 열 효율, 열의 이동, 기체의 확산, 가역 현상, 비가역 현상, 엔트로피

[12역학02-01] ● ● ●

건축을 포함한 다양한 열 에너지 관련 기술에 단열, 열 팽창 등이 활용된 예를 조사함으로써 과학의 유용성에 대한 가치를 인식할 수 있다.

➡️ 단열은 열이 외부로 방출되지 않고 시스템 내부에 유지되는 상태를 의미한다. 단열은 절연체로 둘러싸인 공간에서 나타나며, 온도 변화에 민감한 환경을 조성하거나 유지하는 데 사용된다. 단열의 개념은 예체능 분야에도 다양하게 활용된다. 예를 들어 운동선수의 체온을 유지해 주는 단열 재질의 스포츠 의류, 악기를 보관할 때 온도와 습도를 일정하게 유지해 주는 단열 케이스 등이 단열 원리를 활용한 사례다. 단열과 관련된 과학적 원리가 예체능 분야에서 어떻게 활용되고 있는지 조사하고 보고서를 작성해 보자.

관련 학과 예체능계열 전체

《그림으로 배우는 열·에너지 공학》, 김동진 외 2명, 북스힐(2023)

단원명 | 탄성파와 소리

| 🔍 | 용수철 진자, 단진동, 가속도, 변위, 탄성파, 투과, 반사, 도플러 효과, 속도 측정, 음향 장치, 소음 제어, 악기의 소리, 정상파

[12역학03-05] ● ● ●

현악기, 관악기 등에서 소리를 내는 원리를 정상파를 이용하여 설명할 수 있다.

➡️ 정상파는 시간에 따른 파동의 진폭이 일정하게 반복되는 파동이다. 정상파는 음악, 라디오, 빛, 무선통신 등 다양한 분야에서 사용된다. 음악에서는 악기의 소리가 정상파의 원리에 따라 생성되며, 라디오나 무선통신에서는 정보가 정상파 형태로 전파된다. 정상파는 파동의 간단하면서도 중요한 형태로, 다른 복잡한 파동들의 합성이나 분석에 사용된다. 현악기나 관악기 등에서 정상파가 발생하는 순서를 그림으로 표현하여 설명해 보자.

관련 학과 관현악과, 만화애니메이션학과, 무용학과, 뮤지컬학과, 방송연예과, 성악과, 실용음악학과, 연극영화학과, 음악학과, 작곡과

과학으로 풀어보는 음악의 비밀

존 파웰, 장호연 역,
뮤진트리(2022)

책 소개

물리학자이자 음악가인 저자는 아름다운 소리에는 어떤 비밀이 숨어 있는지 쉽고 재미있게 소개한다. 귀를 잡아채는 팝송의 매력, 모차르트의 조성에 얽힌 비밀, 작곡에서 화성이 하는 역할, 왜 어떤 음들은 서로 충돌하고 어떤 음들은 조화롭게 들리는지 자세히 설명한다. 음악의 과학과 심리학에 관련된 문제들을 재치 있고 유쾌하게 풀어준다. 악보를 읽을 줄 모르는 일반인들은 물론 전문 연주자에게도 추천하는 책이다.

세특 예시

교과연계 도서발표 활동에서 '과학으로 풀어보는 음악의 비밀(존 파웰)'을 읽고 현악기나 관악기 등에서 발생하는 정상파에 대해 조사함. 정상파는 시간에 따른 파동의 진폭이 일정하게 반복되는 파동이고 음악, 라디오, 무선통신 등 다양한 분야에서 활용된다는 것을 파악함. 조사한 자료를 중심으로 현악기나 관악기 등에서 정상파가 발생하는 순서를 그림으로 표현하여 설명함.

선택 과목	수능	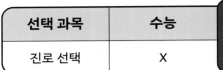	절대평가	상대평가
진로 선택	X	전자기와 양자	5단계	5등급

단원명 | 전자기적 상호작용

|🔍| 전하, 전기장, 전기력선, 등전위면, 전기장의 세기와 방향, 정전기 유도, 유전분극, 자기력선, 도선 주위의 자기장, 로런츠 힘, 자기력선, 전자기 유도, 변압기, 인덕터, 저항, 축전기, 다이오드, 트랜지스터, 반도체, 전자회로

[12전자01-01] ●●●

전하 주위의 전기장을 정량적으로 구하고, 전기력선과 등전위면으로부터 전기장의 세기와 방향을 추리할 수 있다.

➡️ 전하 주위의 전기장은 전기적인 물체가 주변에 미치는 영향을 설명하기 위한 개념이다. 전기장은 어떤 단위 전하가 다른 전하에 가하는 힘을 나타낸다. 전기장은 전기와 전자기학의 중요한 개념으로, 전기기기의 설계와 전기적 상호작용 이해에 필수적이다. 이론적으로 이해된 전기장의 개념은 전기장 감지기 및 전자장치 개발 등 다양한 기술 및 응용 분야에서 활용된다. 전기장과 자기장의 공통점과 차이점을 비교하여 인포그래픽으로 제작하여 과학실에 전시해 보자.

`관련 학과` 공예학과, 만화애니메이션학과, 미술학과, 방송연예과, 뷰티디자인학과, 사진학과, 산업디자인학과, 서양화과, 시각디자인학과, 연극영화학과, 조소과, 패션디자인학과

《**처음 만나는 전자기학**》, 곽동주, 한빛아카데미(2016)

단원명 | 빛과 정보 통신

|🔍| 빛, 간섭, 회절, 홀로그램, 정밀 기술, 렌즈, 거울, 광학 기기, 수차, 편광, 디지털 정보, 광전효과, 빛과 물질, 영상 정보, 광센서, 태양전지, 레이저, 빛의 증폭, 광통신

[12전자02-05] ●●●

레이저의 특징과 빛이 증폭되는 원리를 알고, 레이저가 디지털 광통신 등 여러 영역에서 활용됨을 조사하여 현대 문명에서 레이저의 중요성을 인식할 수 있다.

➡️ 매우 좁은 주파수대 내에서 빛을 방출하는 광학적 증폭기인 레이저는 통신, 자동차 제작, 환경공학 등 다양한 분야에서 사용된다. 의료 분야에서 레이저는 정밀한 절개 및 조직 제거에 사용되고, 치과나 안과에서도 활용된다. 엔터테인먼트 분야에서도 레이저 쇼와 조명 효과에 사용되고 있다. 예술 분야에서 빛이 어떻게 활용되는지 조사한 후 보고서를 작성해 보자.

관련 학과 공예학과, 만화애니메이션학과, 미술학과, 방송연예과, 뷰티디자인학과, 사진학과, 산업디자인학과, 서양화과, 시각
디자인학과, 연극영화학과, 조소과, 패션디자인학과

《예술을 위한 빛》, Christopher Cuttle, 김동진 역, 씨아이알(2014)

단원명 | 양자와 미시 세계

| 🔎 | 양자, 이중 슬릿, 입자, 파동, 이중성, 확률 파동의 간섭, 중첩, 측정, 상태 변화, 양자 컴퓨터, 양자암호
통신, 터널 효과, 원자 모형, 불확정성 원리, 보어, 별, 핵 융합, 스펙트럼

[12전자03-01]   • • •

단일 양자 수준의 이중 슬릿 실험을 통해서 입자-파동 이중성을 확인하고, 단일 양자의 분포에 대한 실험 결
과를 확률 파동의 간섭을 토대로 해석할 수 있다.

➲ 양자역학은 입자가 입자성과 파동성을 동시에 가질 수 있다고 말한다. 이것은 입자가 때때로 파동처럼 행동하
고 때때로 입자처럼 행동할 수 있다는 것을 의미한다. 이러한 입자의 파동성은 현대 물리학의 핵심 개념 중 하
나로, 양자역학에서 실험적으로 검증되었으며 원자나 분자의 동작, 레이저, 전자 및 입자가속기와 같은 다양한
기술 및 현상의 이해에 중요한 역할을 한다. 입자의 파동성을 확인할 수 있는 이중 슬릿 실험 과정을 조사하고
실험 과정을 그림으로 제작해 보자.

관련 학과 공예학과, 만화애니메이션학과, 미술학과, 방송연예과, 뷰티디자인학과, 사진학과, 산업디자인학과, 서양화과, 시각
디자인학과, 연극영화학과, 조소과, 패션디자인학과

《양자역학 쫌 아는 10대》, 고재현, 풀빛(2023)

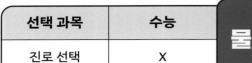

선택 과목	수능	물질과 에너지	절대평가	상대평가
진로 선택	X		5단계	5등급

단원명 | 물질의 세 가지 상태

> | 🔍 | 기체, 온도, 압력, 부피, 몰수, 이상 기체 방정식, 혼합 기체, 부분 압력, 몰 분율, 액체, 분자 간 상호작용, 끓는점, 고체, 결정, 비결정, 화학 결합

[12물에01-04]

고체를 결정과 비결정으로 구분하고, 결정성 고체를 화학 결합의 종류에 따라 분류할 수 있다.

⮕ 고체는 내부의 원자 또는 분자 배열에 따라 결정과 비결정으로 분류된다. 결정성 고체는 규칙적인 원자 배열을 가지며 고온에서 녹아 다시 결정 상태로 변할 수 있고, 비결정성 고체는 무질서한 배열을 가지며 유동성을 잃고 비결정 상태에서 긴장이나 녹는 과정을 거쳐 고체에서 액체로 변한다. 물질의 상태인 고체, 액체, 기체 중 고체를 중심으로 결정성 고체와 비결정성 고체로 분류하고, 고체의 특징과 관련 물질의 예를 조사하여 인포그래픽으로 제작해 보자.

관련 학과 공예학과, 만화애니메이션학과, 미술학과, 방송연예과, 뷰티디자인학과, 사진학과, 산업디자인학과, 서양화과, 시각디자인학과, 연극영화학과, 조소과, 패션디자인학과

《세상을 만드는 분자》, 시어도어 그레이, 꿈꾸는과학 역, 다른(2015)

단원명 | 용액의 성질

> | 🔍 | 액체, 물의 성질, 수소 결합, 실험 데이터, 용액, 농도, 증기압, 끓는점, 어는점, 삼투현상

[12물에02-02]

실험 데이터를 이용하여 용액의 농도에 따른 증기압, 끓는점, 어는점의 변화를 비교하고, 일상생활에서 나타나는 사례와 연관 지어 설명할 수 있다.

⮕ 물에 소금을 녹이면 농도가 증가한다. 이때 소금물의 증기압이 순수한 물보다 낮아지며 끓는점이 높아진다. 일반적으로 요리를 할 때 물에 소금을 넣으면 빨리 끓게 된다. 이러한 현상은 물질 간의 상호작용으로 인해 일어나며, 용액의 농도 변화가 물리적 성질에 영향을 미친 것이다. 우리가 매일 먹는 음식을 요리할 때 적용되는 화학의 원리를 조사하여 발표 영상을 제작해 보자.

관련 학과 공예학과, 만화애니메이션학과, 미술학과, 방송연예과, 뷰티디자인학과, 사진학과, 산업디자인학과, 서양화과, 시각디자인학과, 연극영화학과, 조소과, 패션디자인학과

《곽재식의 먹는 화학 이야기》, 곽재식, 북바이북(2022)

국어 교과군

영어 교과군

수학 교과군

도덕 교과군

사회 교과군

과학 교과군

선택 과목	수능	**화학반응의 세계**	절대평가	상대평가
진로 선택	X		5단계	5등급

단원명 | 산 염기 평형

| 🔍 | 브뢴스테드, 라우리, 산, 염기, 이온화 상수, 상대적인 세기, 약산, 약염기, 수용액의 pH, 중화 적정 실험, 실험 데이터, 이온화 상수, 염의 가수 분해, 화학 평형, 완충 작용

[12반응01-01]   •••

브뢴스테드-라우리 산과 염기의 정의를 이해하고, 이에 따라 산과 염기를 구별할 수 있다.

➡ 덴마크의 화학자 요하네스 니콜라우스 브뢴스테드와 영국의 화학자 토머스 마틴 라우리는 산은 양성자를 주는 물질이고 염기는 양성자를 받는 물질이라는 이론을 발표했다. 스웨덴의 화학자 스반테 아레니우스의 산과 염기의 정의로부터 확장된 개념이다. 브뢴스테드-라우리 산과 염기에 대한 정의가 나오기 전 과학자들이 사용했던 산과 염기를 조사한 뒤, 연도별로 정리해 인포그래픽으로 작성하여 발표해 보자.

(관련 학과) 공예학과, 만화애니메이션학과, 미술학과, 방송연예과, 뷰티디자인학과, 사진학과, 산업디자인학과, 서양화과, 시각디자인학과, 연극영화학과, 조소과, 패션디자인학과

《**태어난 김에 화학 공부**》, 알리 세제르, 고호관 역, 윌북(2024)

단원명 | 산화·환원 반응

| 🔍 | 전자의 이동, 산화수 변화, 산화, 환원, 반쪽 반응식, 화학 전지, 실용 전지, 표준 환원 전위, 전위차, 전기 분해, 생명 현상, 물질의 역할

[12반응02-01]   •••

전자의 이동과 산화수 변화로 산화·환원 반응을 이해하고, 반쪽 반응식을 활용하여 산화·환원 반응식을 완성할 수 있다.

➡ 산화수란 일반적으로 이온이 되었을 때의 전하량이고, 산화·환원 반응이 일어날 때 산화수의 변화가 일어난다. 물질 간의 전자 이동으로 산화와 환원 반응이 동시에 일어난다. 전자를 잃은 쪽은 산화수가 증가하여 산화되며, 전자를 얻은 쪽은 산화수가 줄어들고 환원된다. 물질의 종류에 따라 산화·환원 반응이 일어날 때 산화수가 어떻게 변화하는지 분석하여 발표해 보자.

(관련 학과) 예체능계열 전체

《**한 번 읽으면 절대 잊을 수 없는 화학 교과서**》, 사마키 다케오, 곽범신 역, 시그마북스(2023)

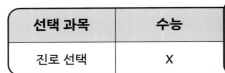

선택 과목	수능	세포와 물질대사	절대평가	상대평가
진로 선택	X		5단계	5등급

단원명 | 세포

🔍 탄수화물, 지질, 핵산, 단백질, 세포 소기관, 원핵세포, 진핵세포, 세포막, 물질 수송 과정, 삼투 현상

[12세포01-01] •••

탄수화물과 지질의 종류와 주요 기능을 이해하고 생물체에 들어 있는 탄수화물과 지질을 관찰할 수 있다.

➡ 운동 시 탄수화물과 지질의 역할과 섭취량에 대해 파악하자. 운동 능력 향상을 위한 탄수화물과 지질의 영향, 올바른 섭취 방법과 타이밍, 운동 종류와 목표에 따른 최적의 탄수화물과 지질 섭취량 등을 조사하고, 운동 식으로서의 탄수화물과 지질 섭취의 중요성과 효과를 탐구해 보자. 추후 활동으로 체지방 및 근육 내 탄수화물과 지질의 역할에 대해 탐구해 보자. 체지방 및 근육 내에서의 탄수화물과 지질의 저장, 분해, 활용 등의 과정을 조사하고, 탄수화물과 지질이 체지방 및 근육의 건강과 기능에 어떤 영향을 미치는지 탐구해 보자.

관련 학과 사회체육학과, 스포츠과학과, 스포츠레저학과, 스포츠의학과, 체육학과

《**최신 운동영양학**》, 한국운동영양학회 외 8명, 한미의학(2018)

[12세포01-02] •••

핵산과 단백질의 기본 구조와 세포에서의 주요 기능을 조사하여 설명할 수 있다.

➡ 신체 운동을 할 때 신체 내에서 발생하는 신호 전달과 핵산, 단백질의 상호작용에 대해 탐구해 보자. 신경전달물질과 호르몬, 세포 신호 등 운동 신호 전달과 관련된 분자들의 작용과 핵산, 단백질 간의 상호작용을 조사하자. 또한 후속 활동으로 운동 시 단백질 합성과 운동 성과 사이의 관계에 대해서도 탐구활동을 진행해 보자. 운동 후 단백질 합성의 증가와 단백질 분해의 감소, 운동 종류와 강도에 따른 단백질 합성의 변화 등을 파악하여 단백질 합성과 운동 능력 향상을 위한 최적의 전략에 대해 탐구해 보자.

관련 학과 사회체육학과, 스포츠과학과, 스포츠레저학과, 스포츠의학과, 체육학과

《**그림으로 읽는 잠 못들 정도로 재미있는 이야기: 단백질**》, 후지타 사토시, 김정아 역, 성안당(2020)

[12세포01-03] •••

동물세포와 식물세포를 구성하는 세포 소기관의 구조와 기능을 이해하고, 세포 소기관들의 유기적 관계를 추론하여 협력적으로 소통할 수 있다.

➡ 노화가 진행되면서 근육의 양과 힘이 감소하는데, 이를 노인성 근감소증이라고 한다. 원인은 만성 염증, 호르몬 불균형, 영양 결핍, 줄기세포 감소, 미토콘드리아의 기능 저하 등으로 알려져 있다. 한국생명공학연구원의 노화제어 전문 연구팀은 근육세포의 막유동성 감소가 노인성 근감소증의 원인이라는 새로운 학설을 제시하였

다. 노인성 근감소증을 늦추거나 근육량과 힘을 키워 주는 운동 또는 방법에 대해 탐구하여 발표해 보자.

관련 학과 **사회체육학과, 스포츠과학과, 스포츠레저학과, 스포츠의학과, 체육학과**

《**근육혁명**》, 하정구 외 4명, 국일미디어(2023)

단원명 ┃ 물질대사와 에너지

| 🔎 | 물질대사, 에너지 대사, 광합성, 세포호흡, ATP 역할, 효소, 효소 작용

[12세포02-01] ● ● ●

물질대사는 생명체에서 생명을 유지하기 위해 일어나는 화학 반응임을 이해하고 에너지의 출입이 동반됨을 추론할 수 있다.

➡ 일반적으로 대사성 질환은 잘못된 생활 습관이나 과도한 영양 섭취, 에너지 소모량의 부족, 비만 등으로 발생한다. 현대인은 서구화된 식습관과 다양한 환경적 요인으로 성인병을 많이 앓으며, 복부 비만형과 하체 비만형에게 대사성 질환이 발생할 가능성이 크다. 현대사회의 생활 환경 중 대사성 질환의 원인이 될 수 있는 것들에 대해 조사하고, 대사성 질환을 예방하기 위한 운동 방법에 대해 탐구하여 발표해 보자.

관련 학과 **사회체육학과, 스포츠과학과, 스포츠레저학과, 스포츠의학과, 체육학과**

《**안전한 수명 연장의 법칙 비만 대사증후군 치료**》, 윤경준, 부크크(2024)

[12세포02-02] ● ● ●

생명 활동에 필요한 에너지를 공급하는 과정에서 광합성과 세포호흡 그리고 ATP의 역할을 설명할 수 있다.

➡ 고슴도치나 박쥐, 다람쥐처럼 체온을 유지하기 위해 많은 에너지가 필요하고 먹이가 부족한 한겨울에 겨울잠을 자는 포유류가 있다. 겨울잠을 잘 때는 체내 에너지 소모를 줄여 생존율을 높이게 된다. 겨울잠을 자는 동물은 5일~10일을 주기로 한 번씩 깨어나 체온을 올리고 근육을 보호하는 단백질을 섭취하여 근육과 뼈를 보호한다. 운동할 때 필요한 영양소에 대한 관련 도서를 선정하여 읽어 보자. 또한 단백질이 체내에 소화, 흡수되어 뼈와 근육을 형성하는 과정에 대해 조사하고, 운동하는 사람에게 필요한 단백질에 대해 탐구하여 발표해 보자.

관련 학과 **사회체육학과, 스포츠과학과, 스포츠레저학과, 스포츠의학과, 체육학과**

《**단백질이 없으면 생명도 없다**》, 다케무라 마사하루, 배영진 역, 전나무숲(2018)

[12세포02-04] ● ● ●

효소의 작용 기작을 이해하고, 생명체 내에서 일어나는 효소 작용의 중요성에 대해 다양한 매체를 활용하여 협력적으로 소통할 수 있다.

➡ 효소 작용의 중요성을 다루는 TV 프로그램을 기획해 보자. 기획한 프로그램을 통해 효소 작용의 원리와 응용 사례를 흥미진진한 방식으로 소개하고, 전문가 인터뷰나 실험 시연, 실제 현장 촬영 등을 통해 시청자들이 쉽게 이해하고 공감할 수 있도록 구성해 보자. 독특한 콘텐츠와 엔터테인먼트 요소를 결합하는 등, 대중이 효소 작용에 대한 올바른 인식과 관심을 가질 수 있는 방안(음악 및 디자인 요소 등)에 대해 탐구해 보자.

관련 학과 **방송연예과, 사진학과, 시각디자인학과, 실용음악학과, 연극영화학과, 음악학과**

《**방송기획과 제작의 이해**》, 김혁조, 한올(2015)

단원명 | 세포호흡과 광합성

| 🔍 | 미토콘드리아, 세포호흡, 인산화 과정, 발효, 엽록체 구조, 광합성, 전자 전달계

[12세포03-02] ●●●

세포호흡 과정의 단계별 특징을 다양한 매체를 활용하여 협력적으로 소통할 수 있다.

➡️ 인디언들은 자작나무를 '서 있는 키 큰 형제들'이라고 비유한다. 나무가 태양 에너지를 흡수하고 산소를 공급하는 데 중요한 역할을 한다고 인식하여 나무와 사람이 서로 형제 관계에 있다고 생각한다. 햇빛은 수면과 연관된 멜라토닌 호르몬의 생성을 돕고 신경전달물질의 분비에 관여하며, 부족하면 우울증이 유발되기도 한다. 비타민 D를 생성하여 뼈를 건강하게 하고 신진대사를 촉진하기도 하는 반면, 피부 노화와 피부암을 유발하기도 한다. 야외 스포츠를 안전하게 즐기기 위한 방법에 대해 조사하여 발표해 보자.

관련 학과 사회체육학과, 스포츠과학과, 스포츠레저학과, 스포츠의학과, 체육학과

《**야외활동과 건강생활**》, 백남섭 외 4명, 토담출판사(2024)

[12세포03-04] ●●●

산소호흡과 발효의 공통점과 차이점을 이해하고, 실생활에서 발효를 이용한 사례 조사 계획을 세워 조사할 수 있다.

➡️ 돼지고기는 단백질과 지방이 풍부하고 비타민 B1이 많은 것으로 알려져 있는 반면, 소화가 되지 않는 경우 위에 부담을 줄 수 있어 새우젓과 함께 먹는다. 체질적으로 지방분해 효소가 부족해 돼지고기를 먹고 설사를 하는 사람은 새우젓과 함께 먹으면 설사를 예방할 수 있다. 새우젓은 발효 과정에서 지방분해 효소인 리파아제를 만들어내고, 리파아제가 기름진 돼지고기의 소화를 돕는다. 스포츠의 종류에 따라 근육량을 키워야 하는 경우와 유연성이 좋아야 하는 경우가 있다. 이처럼 스포츠의 종류나 사람의 체질에 따라 필요한 음식이나 영양소에 대해 탐구해 보자.

관련 학과 사회체육학과, 스포츠과학과, 스포츠레저학과, 스포츠의학과, 체육학과

《**발효 음식의 과학**》, 크리스틴 바움가르투버, 정혜윤 역, 문학동네(2023)

[12세포03-07] ●●●

광합성과 세포호흡의 전자 전달계를 비교하여 공통점과 차이점을 다양한 매체를 활용하여 설명할 수 있다.

➡️ 광합성과 세포호흡의 공통점과 차이점을 다루는 과학 교양 방송 프로그램의 스토리를 구성해 보자. 관련 연구원과 함께하는 토크쇼 형식의 프로그램을 기획하거나 실험 시연, 연구 현장 촬영 영상 등을 활용한 자신만의 동영상을 제작하여 발표해 보자. 동영상 제작 시 적절한 음악과 디자인 요소가 포함되도록 제작해 보자. 또한 과학 관련 콘텐츠와 방송 요소를 결합하여 대중의 이해를 돕고 호기심을 해결하는 방안에 대해 탐구해 보자.

관련 학과 방송연예과, 사진학과, 시각디자인학과, 실용음악학과, 연극영화학과, 음악학과

《**방송기획과 제작의 이해**》, 김혁조, 한올(2015)

[12세포03-08]

● ● ●

광합성 관련 과학사적 연구 결과를 조사하여 시각화 자료를 창의적으로 제작하여 협력적으로 소통할 수 있다.

➔ 인상주의 화가인 모네는 이사를 다닐 때마다 집의 마당에 작게나마 정원을 꾸미고 소중히 가꾸어 그 모습을 화폭에 담는 것을 즐겼다. 나무와 꽃을 심어 가꾸고, 아침과 저녁, 또는 계절마다 변화하는 빛과 자연을 관찰하면서 화가로서 활동했다. 빛에 따라 시시각각 변화하는 자연의 경이로움을 보여 주는 모네의 그림과 식물의 광합성에 대해 토의하여 발표해 보자.

관련 학과 미술학과, 서양화과, 시각디자인학과

《모네의 정원에서》, 카티예 페르메이레, 이지원 역, 풀빛(2021)l

선택 과목	수능	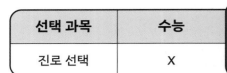	절대평가	상대평가
진로 선택	X	생물의 유전	5단계	5등급

단원명 | 유전자와 유전물질

| 🔍 | 유전 형질, 유전 현상 분석, 다유전자 유전, 유전병, DNA 구조, 원핵세포, 진핵세포, DNA 복제

[12유전01-02] •••

사람 유전 연구 방법의 어려움을 이해하고, 사람의 유전 현상 분석을 근거로 유전 형질의 유전적 특성을 추론할 수 있다.

➡️ 특정 유전 형질에 따라 체형이나 그에 따른 의류의 핏이 달라진다. 특정 유전 형질이 유전적 체형 특성과 선호하는 의류 선택 및 착용에 어떤 영향을 미치는지 분석해 보자. 특정 유전 형질과 피부색, 의류 구매 선호도 및 소비 성향, 브랜드 선호 등을 조사하여 유전 형질이 패션 소비 행동과 구매 결정에 어떤 영향을 미치는지 탐구해 보자.

관련 학과 | 모델과, 방송연예과, 뷰티디자인학과, 패션디자인학과

《**유전자 오디세이**》, 에블린 에예르, 김희경 역, 사람in(2023)

[12유전01-03] •••

사람의 다유전자 유전에 대해 이해하고, 유전 현상의 다양성 사례를 조사하여 과학적 근거를 활용하여 협력적으로 소통할 수 있다.

➡️ 유전자 검사 회사가 9만 명에 가까운 사람들의 유전자 정보를 분석해서 내린 결론으로 '아침형 인간, 올빼미족은 유전자가 결정'이라는 기사가 있다. 관련된 연구팀은 인간의 주요 활동 시간과 유전자의 상관관계를 밝히기 위해 유전자 정보가 등록된 의뢰인들을 대상으로 아침형과 저녁형 관련 질문을 하고 답을 통해 분석을 했다. 이러한 결과에 대해 영국 레스터 대학의 에란 타우버 교수는 "9만 명에 달하는 표본수는 물론이고 생체리듬에 관여하는 유전자를 특정화했다는 점에서 유의미한 연구성과"라고 평가했다. 하지만 시간 유형에는 유전적 요인뿐만 아니라 사회적·문화적 환경도 영향을 미치는데 연구팀이 과다한 일반화의 오류를 범했다는 평가도 있다. 직장을 다니는 직장인, 학교를 다니는 학생의 경우는 아침 또는 저녁에 운동을 하게 된다. 아침형 인간과 저녁형 인간에 적합한 운동 종류나 운동 방법에 대해 탐구하여 발표해 보자.

관련 학과 | 사회체육학과, 스포츠과학과, 스포츠레저학과, 스포츠의학과, 체육학과

《**내 몸을 읽고 쓰는 힘 몸해력**》, 디아, 더퀘스트(2024)

[12유전01-05] •••

DNA의 구조와 유전물질 규명 관련 과학사적 연구 결과를 설명하기 위한 발표 자료를 창의적으로 제작할 수 있다.

➡ 우울증은 유전적 소인, 내분비 이상, 스트레스, 성격적 특성, 대인관계 문제 등과 아울러 체내 신경전달물질의 불균형과 관련이 있다. 우울증에 영향을 미치는 주된 신경전달물질은 세로토닌, 노르아드레날린, 도파민이다. 신경전달물질은 신경의 끝에서 분비되어 연결된 다른 신경에 정보를 전달하는 미세한 물질로, 신경전달물질의 신호가 감소하거나 혼란이 일어나 우울증이 생긴다. 우울증 치료 초기에는 환자의 기분과 일치하는 분위기의 음악을 듣는 것으로 시작해 점차 밝은 분위기의 음악으로 유도하는 것이 바람직하다고 한다. 음악의 변화로 환자의 심리상태를 이끌어내는 것이다. 우울증 치료에 도움이 되는 음악에 대해 분석하는 탐구활동을 해 보자.

관련 학과 　관현악과, 성악과, 실용음악학과, 연극영화학과, 음악학과, 작곡과

《음악치료의 실제》, Mary Priestley, 김경숙 외 9명 역, 학지사(2023)

단원명 | **유전자의 발현**

🔍 전사와 번역 과정, 유전자 발현 과정, 유전 정보, 세포 분화, 단백질 합성

[12유전02-01]　　　　　　　　　　　　　　　　　　　　●●●

전사와 번역 과정을 거쳐 유전자가 발현되는 중심원리를 이해하고, 모형을 이용하여 유전자 발현 과정을 설명할 수 있다.

➡ 특정 유전자의 발현과 창작 능력, 운동 능력, 예술적 표현력 등의 관련성을 고려하여 유전자에 의해 특정 운동 선수나 예술가로 지정하는 것에 대한 논의를 해 보자. 개인의 유전적 특성을 고려하여 맞춤형 체육이나 예술 교육 프로그램을 개발하고 유전 정보를 활용한 운동 능력이나 예술적 능력을 효율적으로 최대화하는 것이 사회적으로 정당한지 찬반 토론을 해 보자. 또한 특정 유전자의 발현과 인간의 정체성 및 예술성, 운동 능력 등에 어떤 연관이 있는지 토론해 보자.

관련 학과 　예체능계열 전체

《유전자 스위치》, 장연규, 히포크라테스(2023)

[12유전02-02]　　　　　　　　　　　　　　　　　　　　●●●

유전 부호를 이해하고, 유전 부호 표를 사용하여 유전 정보를 해독할 수 있다.

➡ 요즘 건강에 관심이 많아지면서 체내에 지방 조직이 과다한 상태인 비만에서 벗어나고자 다이어트 열풍이 불고 있다. 비만은 유전적 요인, 환경적 요인, 생활 양식 요인 등이 복합적으로 영향을 미치는 복합성 질환이다. 비만의 원인으로 정확히 지적할 수 있는 단일 비만 유전자는 존재하지 않지만 비만에 영향을 미치는 유전자는 존재한다. 개인의 유전정보를 분석하여 유전적 특성과 대사능력을 파악할 수 있다. 이를 통한 식욕 조절 관련 유전자, 탄수화물 대사와 관련된 유전자 등을 분석하여 실시할 수 있는 개인 맞춤형 다이어트 프로그램에 대해 조사해 보자. 또한 개인의 대사 유형에 따른 개인 맞춤형 다이어트 계획과 개인에게 최적화된 식단 및 운동 프로그램 구성에 대해 토의해 보자.

관련 학과 　모델과, 사회체육학과, 스포츠과학과, 스포츠레저학과, 스포츠의학과, 체육학과

《비만백서》, 앤서니 워너, 이주만 역, 브론스테인(2021)

[12유전02-03] ● ● ●

원핵생물과 진핵생물의 유전자 발현 조절 과정을 비교하기 위한 설명 자료를 다양한 매체를 활용하여 제작할 수 있다.

➲ 유전자 발현 조절 과정을 비교하는 설명 자료를 그래픽 디자인 요소를 활용하여 복잡한 과정을 이해하기 쉽게 시각적으로 제작해 보자. 먼저 설명 대상을 선정하고, 애니메이션이나 동영상 플랫폼에 관심이 많은 대상층을 위한 설명자료를 제작하는 경우 동적 움직임과 음성 설명을 더한 영상 자료를 만들어 보자. 영상·그래픽·포스터 등을 활용하여 시각적 설명 자료를 제작하고, 소셜 미디어 플랫폼 등의 매체를 활용한 콘텐츠에 적합한 음악과 디자인 요소에 대해 토의해 보자.

(관련 학과) 관현악과, 만화애니메이션학과, 미술학과, 방송연예과, 뷰티디자인학과, 사진학과, 산업디자인학과, 시각디자인학과, 실용음악학과, 연극영화학과, 음악학과, 작곡과, 패션디자인학과

《**맛있는 디자인 프리미어 프로 CC 2024**》, 심수진 외 2명, 한빛미디어(2024)

단원명 | 생명공학기술

| 🔍 생명공학 기술, 단일클론항체, 줄기세포, 유전자 편집 기술, 난치병 치료, 유전자 변형 생물체(LMO), 생명 윤리

[12유전03-01] ● ● ●

생명공학 기술 발달 과정에서의 주요 사건을 조사하고 다양한 매체를 활용하여 발표할 수 있다.

➲ 시합을 통해 정정당당하게 실력을 겨루는 스포츠에서는 선수들의 실력도 중요하지만 어떤 장비를 사용하느냐에 따라 승패나 기록에 영향을 줄 수 있다. 이에 따라 상어 비늘이 몸의 표면에 생기는 물의 저항을 줄여주는 원리를 적용한 전신 수영복이 개발되었다. 2000년 시드니 올림픽 수영 경기 결과를 보면, 33개의 금메달 중 전신 수영복을 입고 경기한 선수들이 25개를 획득했을 정도로 기록 향상에 큰 도움이 되었다. 전신 수영복을 입으면 근육을 압착하여 물의 저항을 줄이고 피로 유발 물질인 젖산의 축적을 막아 향상된 기록을 낼 수 있었다. 국제수영연맹(FINA)은 2010년부터 선수들의 첨단 수영복 착용을 제한하는 규정을 만들었다. 이처럼 스포츠 기록을 단축하기 위해 생물의 특징을 활용한 제품이나 장비에 대해 조사하고 신소재나 과학적 원리에 대해 탐구해 보자.

(관련 학과) 사회체육학과, 스포츠과학과, 스포츠레저학과, 스포츠의학과, 체육학과

《**스포츠의 과학적 원리**》, 윤신중, 헤민북스(2018)

[12유전03-03] ● ● ●

생명공학 기술 관련 학문 분야를 이해하고 우리 생활과 산업에 활용 사례를 조사하여 창의적으로 설명 자료를 제작할 수 있다.

➲ 공기나 물의 저항을 줄여주는 생명공학 기술이 적용된 스포츠 의류를 통해 육상과 수영 종목의 기록이 단축되고 있다. 전문 운동선수가 아닌 일반인도 기능성 스포츠 의류를 착용하며, 다양한 소재와 기능, 디자인을 강조한 스포츠 의류도 넘쳐나고 있다. 땀을 흡수하고 발산하는 기능성 스포츠 의류나 보온성이 좋은 소재, 신축성

이 좋은 소재를 사용한 의류 등을 조사하고, 그것에 적용된 과학적 원리를 탐구해 보자.

관련 학과 미술학과, 뷰티디자인학과, 산업디자인학과, 스포츠과학과, 스포츠레저학과, 스포츠의학과, 시각디자인학과, 패션디자인학과

《스포츠의 과학적 원리》, 윤신중, 혜민북스(2018)

[12유전03-05] • • •

생명공학 기술의 활용 과정에서 나타나는 문제점과 이에 대한 사회적 책임을 인식하고 생명윤리 쟁점에 대해 의사결정할 수 있다.

➡ 농촌진흥청 연구팀은 생명공학 기술을 활용하여 형질 전환 돼지를 생산해 장기가 손상된 사람에게 장기를 이식해주기 위한 연구를 진행했다. 형질 전환 돼지의 장기를 인간에게 이식해도 면역 거부 반응이 일어나지 않는다. 장기 이식용 복제 돼지가 생산되면서 인간의 몸에 형질 전환 돼지의 장기를 이식하는 의료 행위가 현실화될 가능성이 커졌다. 이식 전후에 환자들이 겪는 신체적 변화로는 운동 부족, 식습관의 불균형으로 인한 근육량 감소, 골밀도 감소, 근력 감소가 있다. 그러니 이식 수술 전부터 지속적인 운동을 통해 대비해야 한다. 정상적인 운동과 생활을 영위하기 위한 운동요법에 대해 탐구해 보자.

관련 학과 사회체육학과, 스포츠과학과, 스포츠레저학과, 스포츠의학과, 체육학과

《운동 재활을 위한 Manual 테크닉》, 김병곤 외 2명, 바이오사이언스(2023)

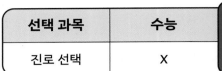

선택 과목	수능	지구시스템 과학	절대평가	상대평가
진로 선택	X		5단계	5등급

단원명 | 지구 탄생과 생동하는 지구

🔍 지구시스템, 탄소의 순환 과정, 판구조론, 플룸 구조 운동, 암석의 순환 과정, 화산 활동, 지진파

[12지시01-01] ● ● ●

지구의 탄생 이후 지구 대기, 원시 바다, 생명체 탄생 등의 과정을 통한 지구시스템 각 권역의 형성 과정을 추론할 수 있다.

➡ 원시 지구가 성장해 행성의 초기 모습을 갖추는 과정에서 행성의 각 권역은 상호작용을 통해 진화했다. 광합성을 하는 생물이 출현한 이후로 지구에 산소가 본격적으로 생성되었다. 산소의 생성은 광합성 생물 출현의 근거가 될 수 있다. 우렁차게 울리는 트럼펫과 호른 소리로 시작하는 슈만의 교향곡 1번 〈봄〉은 약동하는 봄의 분위기가 아름답다. 이처럼 지구의 탄생과 같은 경이로움에 알맞은 악기를 선정하는 토의를 해 보자. 또는 각각의 악기를 이용하여 지구의 탄생에 대한 음악적 감성을 표현해 보자.

관련 학과 관현악과, 성악과, 실용음악학과, 음악학과, 작곡과
《음악은 어떻게 우리의 감정을 자극하는가》, 박진우, 인물과사상사(2023)

[12지시01-02] ● ● ●

지구시스템이 진화해 온 역사에서 물, 탄소, 산소의 순환 과정을 통해 지권, 수권, 기권이 변화해 왔음을 추적할 수 있다.

➡ 지질 시대 동안 지구에서는 생물의 대량 멸종이 여러 번 있었던 것으로 분석된다. 과학자들은 생물 대량 멸종의 원인으로 초대륙의 형성과 분리, 대규모의 화산 분출, 소행성의 충돌 등을 논의한다. 또한 과학자들은 앞으로 인류 문명을 멈출 수 있는 최악의 재앙을 언급하고 있다. 예를 들어 혜성과의 충돌, 감마선 폭발, 초대형 화산 폭발 등을 지구에 큰 재앙을 가져올 수 있는 사건으로 분류한다. 지구의 대재앙과 관련한 패치를 디자인하고, 패치에 담긴 의미에 대해 발표해 보자.

관련 학과 공예학과, 만화애니메이션학과, 미술학과, 산업디자인학과, 서양화과, 시각디자인학과, 패션디자인학과
《도널드 노먼의 디자인과 인간 심리》, 도널드 A. 노먼, 박창호 역, 학지사(2016)

[12지시01-04] ● ● ●

암석의 순환 과정에서 화산 활동의 역할과 화산 활동으로 생성되는 암석의 특성을 추론할 수 있다.

➡ 아름다운 한반도를 배경으로 한 조상들의 산수화 작품이나 사진을 감상하고 작품 속의 지형과 암석에 대해 화성암, 변성암, 퇴적암의 특징을 살펴 분류해 보자. 그리고 모둠별로 화산 활동으로 인해 분출되는 물질이나 성

분에 따라 나타나는 지형과 암석의 사진을 찾아 분류해 보자. 모둠원에 따라 사진 분류에 다른 결과가 나타나는 경우, 결과가 다른 이유에 대해서도 토의해 보자.

`관련 학과` 미술학과, 사진학과, 산업디자인학과, 서양화과, 시각디자인학과

《**한국의 지형**》, 권동희, 한울아카데미(2020)

단원명 Ⅰ 해수의 운동

🔍 에크만 수송, 지형류, 해파, 천해파, 심해파, 해일, 조석

[12지시02-01] •••

에크만 수송과 관련지어 지형류의 발생 원리를 설명할 수 있다.

➡ 북태평양에 서식하는 알바트로스는 새끼들의 먹이를 찾아 몇 백km, 때로는 몇 천km를 날아다닌다. 먹잇감은 오징어나 수면 위로 반짝이며 떠돌아다니는 물고기 알이지만, 최근 바다 위에 반짝거리며 떠 있는 플라스틱을 먹잇감으로 착각해서 새끼들에게 먹인 결과, 알바트로스 새끼들이 위장에 플라스틱을 가득 채운 채로 죽어간다. 또한 매년 전 세계에서 100만 마리의 해양 조류와 10만 마리의 해양 포유류 및 바다거북들이 플라스틱을 먹고 죽어가는 것으로 추정된다. 인간이 버린 쓰레기로부터 해양 생물들의 목숨을 보존하기 위한 디자인 패치, 영상 등의 자료를 제작하여 사회문제를 인식하고 개선을 요하는 캠페인을 진행해 보자.

`관련 학과` 만화애니메이션학과, 방송연예과, 뷰티디자인학과, 산업디자인학과, 시각디자인학과, 연극영화학과, 음악학과, 패션디자인학과

《**누구나 쉽게 캔바Canva로 끝내는 콘텐츠 디자인**》, 김민아, 제이펍(2024)

[12지시02-02] •••

해파의 발생 과정을 이해하고, 천해파와 심해파의 차이점을 비교·설명할 수 있다.

➡ 노래 〈바위섬〉은 가수 김원중이 작사, 작곡하여 1984년에 발표한 곡으로, 첫 소절의 가사는 "파도가 부서지는 바위섬 (…)"이다. 해변의 파도 소리를 배경으로 한 명상이나 수면 유도 음악이 집중력을 높이고 스트레스를 줄여준다고 한다. 바다와 파도를 주제로 한 음악을 찾아보거나 파도가 해변에 부딪혀서 발생하는 파도 소리가 사람들에게 주는 감정에 대해 토의해 보자.

`관련 학과` 관현악과, 성악과, 실용음악학과, 음악학과, 작곡과

《**사운드 디자인—상상 속의 소리를 현실로**》, 채진욱, 씨아이알(2018)

[12지시02-03] •••

해일이 발생하는 여러 가지 원인을 이해하고, 피해 사례와 대처 방안을 제안할 수 있다.

➡ 해저의 지각 변동이나 해상의 기상 변화에 의해 바닷물이 육지로 넘쳐 들어오는 해일로 인해 피해를 입고 고통받는 사람들이 많다. 이러한 자연재해에 의해 입은 상처와 외상으로 발생하는 정신질환(스트레스와 불안 등)에 대해 파악하고 심리적 안정을 줄 수 있는 음악 치료 방법을 탐구해 보자. 음악이 인간행동에 미치는 영향에 대한 조사를 통해 음악 치료의 원리를 분석하여 발표해 보자.

관련 학과 관현악과, 연극영화학과, 음악학과, 작곡과
《신경재활음악치료》, 김수지, 학지사(2022)

[12지시02-04]

조석의 발생 과정을 이해하고 자료 해석을 통해 각 지역에서의 조석 양상을 설명할 수 있다.

➔ 전남 해남군 화원반도와 진도 사이에 있는 진도대교 아래에는 명량대첩으로 유명한 울돌목이 있다. 빠른 조류가 암초에 부딪혀 나는 소리가 매우 크고 마치 바위가 우는 것 같다는 의미에서 붙여진 명칭이다. 지명을 살펴보면 조선 후기에 편찬된 〈여지도서〉에는 명양(鳴洋)이라고 기록되어 있으며 명량(鳴梁)과 혼용되었다. 조선 후기 이후의 자료에서는 명량(鳴梁)으로 통일되어 사용하고 있다. 울돌목에서 나는 소리와 가장 비슷한 소리를 내는 악기나 소리를 만들어 발표하자. 또한 관련 소리가 나는 원리에 대해 발표해 보자.

관련 학과 관현악과, 성악과, 실용음악학과, 음악학과, 작곡과
《사운드 디자인—상상 속의 소리를 현실로》, 채진욱, 씨아이알(2018)

단원명 | 강수 과정과 대기의 운동

|🔍| 선택적 흡수체, 지구 생명체 존재 조건, 지구 평균 열수지, 대기의 안정도, 정역학적 균형, 바람의 발생 원리, 행성파, 편서풍 파동

[12지시03-03]

기온의 연직 분포와 대기의 안정도의 관계를 이해하고, 단열변화를 통해 안개나 구름이 생성되는 과정 및 강수 과정을 분석할 수 있다.

➔ 맑은 날보다 비 내리는 날에 소리가 더 크게 느껴진 경우가 있었을 것이다. 이것은 소리를 전달하는 매질의 특성 때문이다. 맑은 날과 비 오는 날은 대기 중의 온도와 습도가 다르며, 소리를 전달하는 매질에 따라 소리의 진동과 속도가 달라지기 때문이다. 맑은 날과 흐린 날, 비 오는 날에 듣고 싶은 음악이 달라지는 이유를 분석하여 발표해 보자.

관련 학과 관현악과, 성악과, 실용음악학과, 음악학과, 작곡과
《날씨의 음악》, 이우진, 한겨레출판(2023)

[12지시03-04]

기압의 연직 분포로 정역학적 균형을 이해하고, 대기 중 연직 운동의 발생 원인을 추론할 수 있다.

➔ 지구상의 공기 대부분은 지표면에 집중되어 있다. 공기의 99%는 고도 30km 내에, 약 50%는 고도 5km 이하 존재한다. 따라서 기압은 고도가 높아질수록 감소한다. 우리나라를 비롯하여 많은 나라에 100층이 넘는 초고층 건물들이 많은데, 고층 빌딩이나 높은 산에 가면 또는 비행기를 타면 귀가 막힌 듯 먹먹해지는 경우가 있다. 이는 대기압이 변하면서 고막 안의 압력과 차이가 나서 나타나는 현상이다. 고막은 외부의 소리를 감지하고 중이로 전달하는 역할을 하는데, 운동을 하다가 또는 외상에 의해 고막이 찢어지는 경우가 있다. 건강한 고막을 유지하기 위한 방법 그리고 고막이 손상되거나 찢어졌을 때의 대처 방법에 대해 탐구해 보자.

국어 교과군

영어 교과군

수학 교과군

도덕 교과군

사회 교과군

과학 교과군

관련 학과 관현악과, 뮤지컬학과, 사회체육학과, 성악과, 스포츠과학과, 스포츠레저학과, 스포츠의학과, 실용음악학과, 음악학과, 체육학과

《당신께 귀 이야기를 들려 드릴게요》, 문경래, 델피노(2022)

[12지시03-05] •••

지균풍, 경도풍, 지상풍의 발생 원리와 관련된 힘의 작용을 설명할 수 있다.

➡ 바람을 활용한 체육 활동이나 운동 프로그램 개발에 대해 탐색해 보자. 바람 조건에 적합한 운동이나 바람이 부는 환경에서의 안전성에 대한 조사를 통해 바람의 힘을 이용한 레저 스포츠에 관심을 갖고 탐구해 보자. 또한 바람이 불 때 골프나 테니스, 축구와 야구, 육상 경기 등의 스포츠 기술에 어떤 영향을 미치는지 알아보고, 바람과 스포츠 경기 기록의 관계에 대한 통계를 분석해 보자.

관련 학과 사회체육학과, 스포츠과학과, 스포츠레저학과, 스포츠의학과, 체육학과

《스포츠 의·과학 통계분석》, 남상석, 한나래아카데미(2015)

선택 과목	수능	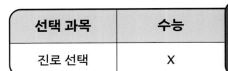	절대평가	상대평가
진로 선택	X		5단계	5등급

단원명 | 우주 탐사와 행성계

| 🔍 | 태양계, 우주 탐사, 태양 활동 감시 시스템, 케플러 법칙, 소천체, 외계 행성계

[12행우01-01] • • •

태양계 탐사선의 활동을 통해 알아낸 성과를 이해하고, 인공위성을 활용한 우주 탐사의 필요성을 토론할 수 있다.

➡ 밤하늘의 천체를 주제로 하는 혹성춤의 의미에 대해 탐구해 보자. 혹성춤은 태양과 달 그리고 별들이 운행하는 적절한 형태와 동작을 표현함으로써 생명과 성장이 보장된다는 것으로, 태양춤·달춤·별자리춤으로 나뉜다. 태양춤은 일정한 모양과 궤도를 갖고 있으며, 태양계의 운동 방향과 같은 시계 방향의 동작이 있다. 달춤은 달의 위상이 변하기 때문에 대륙과 종족에 따라 달에 대한 의식이 다양하며 내용도 생산적이다. 별자리춤은 의식적인 의미와 세계관을 담고 있다. 밤하늘 천체의 의미를 담아 독특하고 창의적인 춤으로 표현해 보자.

관련 학과 무용학과, 뮤지컬학과, 연극영화학과

《세상의 모든 것이 춤이 될 때》, 팝핀현준, 시공사(2023)

[12행우01-02] • • •

태양 활동 감시 시스템과 지구 접근 천체를 비롯한 지구를 위협하는 우주 위험 감시 기술의 중요성을 우주 재난 측면에서 인식할 수 있다.

➡ 우주라는 환경의 가장 큰 특성 중 하나는 무중력이다. 무중력 상태에서 나타나는 인체의 변화에 대해 조사해 보자. 지구의 지표면에서 우리 몸은 중력의 영향을 받아 혈액을 비롯한 체액이 아래로 쏠리며, 뼈와 근육의 기능이 발달한다. 우주 환경에서는 중력이 없어서 체액이 방향성 없이 온몸으로 퍼져 얼굴이 붓고 안압이 높아진다. 또한 뼈를 이루는 칼슘의 감소로 골밀도와 신장, 비뇨기에 영향을 받는다. 이와 같이 무중력 환경에서 나타나는 증상을 개선하기 위한 운동 방법에 대해 탐구하여 발표해 보자.

관련 학과 사회체육학과, 스포츠과학과, 스포츠레저학과, 스포츠의학과, 체육학과

《우주에서 살기, 일하기, 생존하기》, 톰 존스, 승영조 역, 북트리거(2017)

[12행우01-03] • • •

태양계를 지배하는 힘이 태양의 중력임을 이해하고, 케플러의 세 가지 법칙을 이용하여 태양계 구성 천체들의 운동을 설명할 수 있다.

➡ 천문과 예술의 만남에 대한 예술적 표현 방법에 관해 탐구해 보자. 클라드니 패턴을 통해 '청각의 시각화'를 창

의적으로 표현할 수 있다. 클라드니 패턴은 입력된 소리가 정상파일 때 진동판에 나타나는 무늬로, 진동에 따라 모래의 튐이 일어나 만들어진다. 예를 들어 태양계 행성들의 공전궤도 반지름에 비례하게 진동수를 설정하고 각 행성의 소리를 시각화하여 태양으로부터 멀어질수록 복잡한 무늬로 표현할 수 있다. 또한 색 모래를 이용해 행성의 색을 표현할 수도 있다. 행성의 신비로움과 우주의 복잡한 모습을 표현한 작품을 만들어 발표해 보자.

관련 학과 공예학과, 만화애니메이션학과, 미술학과, 산업디자인학과, 서양화과, 시각디자인학과, 패션디자인학과

《**NASA, 지구와 우주를 기록하다**》, 빌 나이 외 2명, 박성래 역, 영진닷컴(2019)

[12행우01-04]

행성과 소천체의 정의를 구분하여 이해하고, 소천체 탐사 자료를 통해 이들의 특징을 추론할 수 있다.

➡️ 관현악 모음곡 〈행성〉은 영국 작곡가 구스타브 홀스트가 작곡한 것으로, 작가 겸 언론인이었던 클리포드 박스가 점성술에 관한 지식을 알려준 것이 작곡의 동기였다고 한다. 천문학상의 태양계 행성 배열이 아니라, 지구가 빠진 점성술 상의 행성 순서인 '화성-금성-수성-목성-토성-천왕성-해왕성' 순으로 배열되어 있다. 작곡 당시에는 연주하기 어려운 곡으로 악명이 높았으며, 우주나 천문 관련 방송, 영화의 BGM으로 삽입되는 경우가 많다. 예를 들어 1980년대까지 〈MBC 뉴스데스크〉의 시작 BGM으로 〈목성〉의 초반부가 쓰인 바 있다. 각 행성의 곡을 듣고 곡의 느낌에 대해 발표해 보자.

관련 학과 관현악과, 성악과, 실용음악학과, 음악학과, 작곡과

《**과학으로 풀어보는 음악의 비밀**》, 존 파웰, 장호연 역, 뮤진트리(2022)

[12행우01-05]

외계 행성계 탐사의 원리를 이해하고, 외계 행성에 생명체가 존재할 수 있는 조건과 외계 생명체의 존재 가능성에 대해 논증할 수 있다.

➡️ 각국이 우주개발 경쟁에 뛰어들면서 지구의 중력에서 벗어나 다른 행성을 탐사하고 태양계보다 먼 우주로 나아가는 탐사선도 발사하였다. NASA에서는 우주 미션의 성공적 수행을 기원하고 팀워크를 높이기 위해 미션 패치를 제작하여 사용했다. 기존의 미션패치들에 대해 조사해 그것이 어떤 의미들을 지니고 있는지 알아보고, 미션패치에 숨은 지금까지의 우주개발 역사와 가치에 대해 탐구해 보자. 우주개발의 가치와 의미를 담은 미션 패치를 디자인하고, 그것에 담긴 의미에 대해 발표해 보자.

관련 학과 공예학과, 만화애니메이션학과, 미술학과, 산업디자인학과, 서양화과, 시각디자인학과, 패션디자인학과

《**도널드 노먼의 디자인과 인간 심리**》, 도널드 A. 노먼, 박창호 역, 학지사(2016)

단원명 | **태양과 별의 관측**

🔍 광구, 흑점, 태양의 자전주기, 시차, 시선 속도, 접선 속도, 질량-광도 관계, 맥동 변광성, 폭발 변광성

[12행우02-02]

별의 시차와 밝기를 이용하여 거리를 측정하는 다양한 방법을 비교·평가할 수 있다.

➡️ 밤하늘의 별과 관련된 예술 작품의 천문학적 의미와 시대적 배경에 대해 조사해 보자. 예를 들어 조토의 〈동방

박사의 경배〉(핼리혜성), 고흐의 〈별이 빛나는 밤에〉, 신윤복의 〈월하정인〉 등 다양한 예술 작품에 나타난 별의 시대적 의미와 동서양의 철학, 그리고 작가의 감정 및 심리를 탐구해 보자. 이어서 자신이 생각하는 별의 의미를 담아 예술 작품으로 표현하고 발표해 보자.

관련 학과 만화애니메이션학과, 미술학과, 시각디자인학과, 패션디자인학과

《COSMOS 우주에 깃든 예술》, 로베르타 J. M. 올슨 외 1명, 곽영직 역, 북스힐(2021)

[12행우02-03] •••

별의 시선 속도와 접선 속도의 합으로 공간 운동이 나타남을 이해하고, 별자리를 구성하는 별들의 장시간에 걸친 형태 변화를 추론할 수 있다.

➡️ 도플러 효과는 움직이는 물체의 소리나 빛의 주파수와 파장이 상대적인 속도에 의해 변화하는 현상이다. 도플러 효과를 이용한 3D 음향효과에 대해 탐구해 보자. 음향이 청자에게 다가오고 멀어질 때 발생하는 도플러 효과를 충분히 반영한 3차원 입체 증감 음향에 대해 탐구하고, 3차원 실감 음향을 제공하기 위한 방법에 대해 발표해 보자.

관련 학과 관현악과, 성악과, 실용음악학과, 연극영화학과, 음악학과

《사운드 디자인─상상 속의 소리를 현실로》, 채진욱, 씨아이알(2018)

[12행우02-05] •••

광도곡선의 특징을 비교하여 맥동 변광성과 폭발 변광성을 구분하고, 폭발 변광성 중 초신성 관측 자료를 통해 알 수 있는 과학적 사실을 추론할 수 있다.

➡️ 별 내부의 불안정한 핵융합 반응으로 별 자체의 밝기가 변하는 변광성에서 영감을 얻어, 인간의 삶을 리듬으로 표현할 수 있는 기법이나 악기에 대해 조사해 보자. 우주 공간에서 일어나는 신비한 현상을 음악으로 표현한 사례를 찾아보고, 우주의 신비로움을 음악으로 표현하는 데 적합한 악기를 예시로 들어 그 이유에 대해 설명해 보자.

관련 학과 성악과, 실용음악학과, 음악학과, 작곡과

《모든 별들은 음악소리를 낸다》, 윤후명, 은행나무(2016)

단원명 | 은하와 우주

🔍 성단, 맥동 변광성, 성간 소광, 은하 회전 속도, 적색 편이, 분광 관측, 현대 우주론, 은하 장성, 보이드

[12행우03-01] •••

성단의 C-M도를 이용하여 성단의 나이와 거리를 비교하고, 맥동 변광성의 주기-광도 관계를 이용하여 우리 은하의 구조와 규모를 추론할 수 있다.

➡️ 별의 크기와 표면온도에 따라 밝기가 변하는 변광성처럼, 다양한 조명 장비와 기법이 방송이나 뮤지컬 등에 어떻게 활용되고 있는지 조사해 보자. 음악 공연이나 TV 프로그램 등에서 원하는 분위기나 감정을 표현하는 방법에 대해 탐구해 보자. 또한 조명과 메이크업의 시각적 효과와 강조, 방송 산업에서 빛의 효과와 활용에 대해

알아보는 탐구활동을 해 보자.

관련 학과 뮤지컬학과, 방송연예과, 뷰티디자인학과, 사진학과, 연극영화학과

《**방송기획과 제작의 이해**》, 김혁조, 한올(2015)

[12행우03-04] ● ● ●

대규모로 이루어진 외부 은하의 적색 편이 탐사의 성과를 이해하고, 은하의 공간 분포를 파악함에 있어서 분광 관측 자료의 중요성을 인식할 수 있다.

➡ 도플러 효과는 음향 효과에서 중요한 요소로 작용한다. 주파수나 파장의 변화를 통해 다양한 음향 효과를 이끌어낼 수 있다. 그리하여 음악이나 영화에서 음향이 소리의 방향과 속도에 따라 다르게 들리며 청중에게 더 큰 몰입감을 준다. 소리 파동이 청자에게 다가오거나 멀어질 때 도플러 효과로 인한 3D 입체 증감 음향에 대해 분석해 보자. 또한 매체의 종류에 따른 효과적인 음향에 대해 조사하고, 그 음향 효과의 적용과 청중의 몰입감에 대해서도 탐구해 보자.

관련 학과 관현악과, 뮤지컬학과, 방송연예과, 연극영화학과, 음악학과, 작곡과

《**소리에 설레는 음향효과감독**》, 안익수, 토크쇼(2017)

[12행우03-05] ● ● ●

은하의 공간 분포 자료를 통해 은하의 집단을 이해하고, 은하 장성, 보이드 등 우주의 거시적인 구조를 현대 우주론과 관련지어 설명할 수 있다.

➡ 우리나라의 여러 축제 중에는 별 축제나 천문 우주 페스티벌 등 많은 천체와 우주 관련 축제가 있다. 예를 들어 전남 고흥군에 위치한 나로우주센터 우주과학관 일원에서 고흥 우주항공축제가 열리며, 우주과학 관련 200여 개의 프로그램을 즐길 수 있다. 스페이스 뮤지엄에서 1인승 우주선 조종, 달 중력 등을 체험하고, 우주과학관 광장에서 진행되는 별별 과학체험 코너에서는 인공지능, 자율주행 달 탐사 등을 체험할 수 있다. 우주 관련 축제나 과학관 등의 체험 활동과 과학 교육에 대한 디자인 패치나 4컷 만화 또는 관련 홍보 영상을 제작하여 발표해 보자.

관련 학과 만화애니메이션학과, 미술학과, 방송연예과, 사진학과, 산업디자인학과, 시각디자인학과, 연극영화학과

《**AI 영상 제작**》, 민지영 외 3명, 길벗(2024)

단원명 | 과학과 문명의 탄생과 통합

| 🔍 | 인류 문명, 지혜, 그리스, 철학자, 중세 시대, 유럽, 중동 지역, 종교, 문화, 과학, 르네상스, 과학혁명, 사회문화적 배경, 예술, 신념, 세계관

[12과사01-01]

인류 문명의 탄생 과정에서 인류의 지혜가 담긴 과학적 사례를 발견하고, 이를 통해 과학이 인류 문명의 형성 과정에 기여하였음을 이해할 수 있다.

➡️ 빅 히스토리는 인류 역사 전체를 아우르는 넓은 시간적·공간적·학문적 범위를 다루는 학문 분야이다. 인류의 역사뿐만 아니라 지구의 형성부터 현재에 이르기까지의 모든 사건과 과정을 포괄하는 통합적 접근을 지향한다. 빅 히스토리는 일반적으로 큰 시간적 범위인 천문학, 지질학, 생물학, 인류학, 문화학, 그리고 사회과학과 같은 다양한 학문 분야를 종합하여 연구한다. 우주의 탄생부터 별의 형성, 지구의 생성, 생명의 발전, 그리고 인류 문명의 형성까지 포함하고 있다. 인류의 역사를 개별적인 사건이나 단편적인 시대로만 바라보는 것이 아니라 큰 맥락에서 탐구한다. 빅 히스토리를 통한 지구의 역사를 탐구하고, 과학이 인류 문명의 형성 과정에 이바지한 사례를 중심으로 인포그래픽을 작성해 보자.

관련 학과 공예학과, 만화애니메이션학과, 미술학과, 방송연예과, 뷰티디자인학과, 사진학과, 산업디자인학과, 서양화과, 시각디자인학과, 연극영화학과, 조소과, 패션디자인학과

《박문호 박사의 빅히스토리 공부》, 박문호, 김영사(2022)

단원명 | 변화하는 과학과 세계

| 🔍 | 상대성 이론, 현대 과학, 사회문화, 사회적 가치, 현대 과학, 과학자, 논쟁, 토론, 의사소통, 예술 작품, 건축물, 과학적 원리, 문화, 감염병, 교통수단, 산업혁명

[12과사02-03]

현대 예술 작품이나 건축물에 과학적 원리가 적용된 사례를 조사하고, 과학과 문화의 관련성을 추론할 수 있다.

➡️ 과학적 원리나 물리적 개념이 예술과 건축에 적용된 사례를 많이 발견할 수 있다. 건축에서는 구조적 안정성을 높이기 위해 공학적 원리가 적용되는 경우가 있고, 현대 예술에서는 광학·음향·공간 등 과학적 개념이 표현된 작품들이 있다. 빛과 색채, 그리고 입체적인 시각 효과를 연구하는 미술과 관련된 분야에는 물리적 원리가 적용되기도 한다. 건축에서는 수학적 원리가 공간과 비례에 적용되어 건축물을 설계하는 데 활용된다. 과학적 원

국어 교과군

영어 교과군

수학 교과군

도덕 교과군

사회 교과군

과학 교과군

리의 응용은 현대 예술과 건축에서 혁신적인 작품들을 탄생시키고 새로운 시각을 제시하는 데 큰 역할을 한다. 현대 예술 작품이나 건축물에 과학적 원리가 적용된 사례를 조사하고, 과학과 문화의 관련성을 분석하여 보고서를 작성해 보자.

관련 학과 공예학과, 만화애니메이션학과, 미술학과, 방송연예과, 뷰티디자인학과, 사진학과, 산업디자인학과, 서양화과, 시각디자인학과, 연극영화학과, 조소과, 패션디자인학과

《문명—예술 과학 철학, 그리고 인간》, 케네스 클라크, 이연식 역, 소요서가(2024)

[12과사02-05]

과학기술이 교통수단의 발달에 미친 영향을 인식하고, 교통수단의 발전이 가져올 미래 사회의 변화를 예측할 수 있다.

➡ 과학기술은 교통수단의 발달에 상당한 영향을 끼쳐 왔다. 산업화 이전에는 말이나 도보가 유일한 이동 수단이 었지만, 증기 기관의 발명과 기계의 발전으로 철도가 생겨났다. 훨씬 더 빠르고 효율적인 운송 방법이 등장하면서 교통 및 물류 시스템이 개발되었다. 이후 자동차, 항공기, 선박 등의 발전으로 거리의 제약이 사라지고 이동 수단이 더욱 안전하고 빠르게 발전함에 따라 물류, 상업 및 여행 등의 산업도 크게 변화하게 되었다. 그러한 발전으로 인해 교통 네트워크가 확장되고 물품 및 정보의 이동이 효율적으로 이루어지게 되었다. 이처럼 과학기술이 교통수단의 발달에 미친 영향을 인식하고 교통수단의 발전이 가져올 미래 사회의 변화를 예측한 후 '20년 후의 미래 사회'를 주제로 포스터를 제작해 보자.

관련 학과 공예학과, 만화애니메이션학과, 미술학과, 방송연예과, 뷰티디자인학과, 사진학과, 산업디자인학과, 서양화과, 시각디자인학과, 연극영화학과, 조소과, 패션디자인학과

《스마트 모빌리티 지금 올라타라》, 모빌리티 강국 보고서 팀, 매일경제신문사(2021)

단원명 | 과학과 인류의 미래

🔍 과학기술, 문화적 변화, 예술 작품, 콘텐츠, 미디어, 과학 용어, 음악, 인공지능, 로봇, 심미적 가치, 인간과 기계, 사물, 기술 발전, 가상현실, 증강현실, 의사결정

[12과사03-01]

과학기술의 발전을 통해 새롭게 나타난 문화적 변화를 찾아보고, 과학을 주제로 하는 예술 작품이나 콘텐츠를 제작하여 발표할 수 있다.

➡ 과학기술의 발전은 새로운 문화를 형성하고 예술 작품에 영향을 주었다. 디지털 기술의 발달로 인터넷과 모바일 통신이 보편화되면서 정보에 대한 접근이 쉬워졌고, 미디어 콘텐츠의 생산과 공유가 늘어났다. 디지털 기술이 시각예술과 음악에서도 큰 역할을 하면서 창의성과 표현의 다양성이 넓어졌다. 가상현실과 증강현실을 포함한 새로운 형태의 예술과 엔터테인먼트가 등장하면서 과학기술은 문화에 대한 이해와 교육을 촉진했다. 기술 발전은 새로운 문화적 관점을 형성하고 사람들의 삶과 사고방식에 영향을 주었다. 과학기술의 발전을 통해 새롭게 나타난 문화적 변화를 찾아보고, 과학을 주제로 하는 영상 작품을 제작하여 동영상 공유 사이트에 올려 보자.

관련 학과 공예학과, 만화애니메이션학과, 미술학과, 방송연예과, 뷰티디자인학과, 사진학과, 산업디자인학과, 서양화과, 시각디자인학과, 연극영화학과, 조소과, 패션디자인학과

《미술관에 간 화학자 1》, 전창림, 어바웃어북(2013)

과학기술의 발전이 음악에 영향을 끼친 사례를 탐색하고 인공지능으로 음악을 창작하거나 로봇을 활용한 연주를 통해 과학의 심미적 가치를 느낄 수 있다.

➡ 과학기술의 발전은 음악 분야에 지속적인 영향을 주었고, 음악 산업에서 디지털 녹음, 편집, 음악 재생 장비의 혁신은 음악의 제작과 소비를 혁신적으로 변화시켰다. 음악 제작과 음악의 접근성에 혁신적인 방법을 제공하고, 다른 사람들과 쉽게 음악을 공유하게 되었다. 음악 분석을 위한 알고리즘, 음향 기술, 음악의 디지털화, 음악의 데이터베이스 구축 등도 과학기술의 발전과 연결되어 있다. 또한 가상현실, 증강현실과 같은 기술이 공연이나 음악 제작에 새로운 시각을 제공하며 예술가와 청중 사이의 상호작용을 일으키고 있다. 이러한 기술적 혁신들은 음악 산업을 발전시키고 새로운 창조적 영역을 개척하는 데 중요한 역할을 하고 있다. 인공지능 기술을 활용하여 창작한 음악이나 로봇을 활용한 연주를 통해 과학과 예술의 아름다움을 느낄 수 있는 사례를 조사하여 발표해 보자.

관련 학과 관현악과, 만화애니메이션학과, 무용학과, 뮤지컬학과, 방송연예과, 성악과, 실용음악학과, 연극영화학과, 음악학과, 작곡과

예술과 인공지능

이재박, MiD(2021)

책 소개

이 책은 인공지능이 기계가 대체할 수 없는 창의적인 일의 영역에까지 걸음을 내딛고 있음을 이야기한다. 인공지능 시대에 예술가들이 살아남을 방법은 과학과 기술에 대한 인식을 전환하는 것이라고 말한다. 예술가가 인공지능을 활용한다면 인공지능만이 가진 기계적 창의성과 인간이 따라갈 수 없는 학습 능력을 활용해 더 나은 예술을 할 수 있다고 설명한다.

세특 예시

교과연계 도서발표 활동에서 '예술과 인공지능(이재박)'을 읽고, 인공지능 기술을 활용하여 음악을 창작하거나 로봇을 활용하여 연주를 실행한 사례를 조사해 보고서를 작성함. 예술가들이 과학과 기술에 대한 인식을 전환하는 것이 중요함을 파악하고, 이러한 기술적 혁신을 통해 과학과 예술의 아름다움을 함께 느낄 수 있고 음악 산업을 더욱더 발전시킬 수 있을 거라고 발표함.

➡ 작곡가들은 음악을 작곡하고 창작하는 데 인공지능 기술을 활용한다. 음악 생성을 위해 인공지능이 사용되고, 기존의 음악 데이터베이스를 통해 학습된 인공지능 알고리즘은 작곡을 자동으로 생성하거나 작곡을 도와준다. 이를 통해 새로운 멜로디, 악기 배치, 화성 및 구조를 제안하며, 작곡가는 이를 기반으로 창작하거나 변형하여 새로운 음악을 만들 수 있다. 작곡가가 제시한 음악이나 악기 배열을 바탕으로 인공지능이 다양한 변형이나 보완을 제안하여 창작 과정을 지원하기도 한다. 작곡가의 창의성을 확장하고 새로운 음악적 방향으로 이끌어 준다. 또한 인공지능은 음악 작품을 생성하고 난 후 이를 분석하여 음악적 구조, 화성, 악기 사용 등에 대한 피드백을 제공해, 작곡가가 자신의 작품을 평가하고 발전시키는 데 도움을 준다. 이러한 방식으로 작곡가의 창의적인 음악 작업을 지원하며, 새로운 음악을 탐구하고 발전시키는 데 도움을 준다. 작곡가와 관련된 도서를 읽고, 작곡가들의 커리어패스를 통해 그들이 현재의 직업을 갖기까지 어떤 일들을 거쳐 왔는지 발표해 보자.

관련 학과 관현악과, 만화애니메이션학과, 무용학과, 뮤지컬학과, 방송연예과, 성악과, 실용음악학과, 연극영화학과, 음악학과, 작곡과

《작곡가 어떻게 되었을까?》, 전다솔, 캠퍼스멘토(2020)

선택 과목	수능	기후변화와 환경생태	절대평가	상대평가
융합 선택	X		5단계	X

단원명 | 기후와 환경생태의 특성

| 🔍 | 날씨, 기후, 기후 시스템, 되먹임 과정, 생태지도

[12기환01-01]

날씨와 기후의 특성을 이해하고, 이를 비교하여 설명할 수 있다.

➡️ 겸재 정선의 〈인왕제색도〉는 조선 시대의 대표적인 산수화로, 한국 미술사에서 중요한 위치를 차지한다. 〈인왕제색도〉는 자연을 사실적으로 묘사하면서도 한국적인 정서를 담고 있어서 조선 시대의 미적 가치와 철학을 반영하는 동시에 전통 산수화의 특징을 잘 보여준다. 《승정원일기》에 따르면 1751년 음력 5월 하순에 장맛비가 내렸으며, 〈인왕제색도〉는 이 시기 비가 온 뒤의 인왕산의 모습을 그린 것이다. 〈인왕제색도〉에서 느껴지는 한국적 산수화의 특징과 비가 온 뒤의 모습을 표현하기 위한 붓의 터치법에 대해 토의해 보자. 그런 다음 비가 온 뒤의 자연 풍경을 사진으로 찍거나 그림으로 그리기 위한 기술과 시각적 효과를 더하는 방법에 대해 탐구해 보자.

관련 학과 미술학과, 사진학과, 서양화과, 시각디자인학과

《노론의 화가, 겸재 정선》, 이성현, 들녘(2020)

[12기환01-03]

기후변화가 생태계와 우리의 생활환경에 영향을 미친 사례를 조사하여 발표할 수 있다.

➡️ 최근 동해에 출몰하는 해파리 떼로 어장이 황폐해지고 때로는 사람도 위협받고 있다. 해파리의 대량 발생 주기는 50년 정도였으나, 최근 2~3년으로 짧아지고 출몰하는 기간도 길어지고 있다. 대량의 해파리 떼가 동물성 플랑크톤을 포식하면서 어획량이 급감하는 피해가 발생하고, 원자력 발전소의 냉각수 취수로 망에 해파리가 달라붙어 원전 가동이 중단되는 사태가 일어나기도 한다. 해파리가 한반도 연근해에 급증하여 심각한 피해가 발생하는 상황에서 경각심을 줄 수 있는 패치를 디자인하거나 4컷 만화 또는 관련 영상을 제작하여 발표해 보자.

관련 학과 공예학과, 만화애니메이션학과, 미술학과, 산업디자인학과, 시각디자인학과, 패션디자인학과

《누구나 쉽게 캔바Canva로 끝내는 콘텐츠 디자인》, 김민아, 제이펍(2024)

단원명 | 기후위기와 환경생태 변화

| 🔍 | 기후위기, 융해와 열 팽창, 극한 기상 현상, 미래 생태계 변화 예측 보고서, 꽃의 개화 시기, 기후변화, 물꽃 현상, 생물 다양성, 곤충 매개 감염병

[12기환02-01] • • •

기후위기가 일어나는 주요 원인을 이해하고, 기후위기의 심각성을 인식할 수 있다.

➡ 15세기~19세기에 빙하기는 아니지만 전 세계적으로 비교적 한랭한 기후가 나타났는데, 이 시기를 소빙하기라고 한다. 화가와 작가들은 이 시기의 한랭한 기후를 그림과 기록으로 남겼다. 그 예로 네덜란드 화가인 피터르 브뤼헐의 1565년 작품인 〈겨울 풍경〉이 있다. 빙하기와 같은 기후변화와 관련된 작품을 조사하여 작품에 나타난 기법에 대해 발표해 보자.

관련 학과 미술학과, 사진학과, 시각디자인학과

《**환경디자인 세미나**》, 송인호 외 11명, 이담북스(2018)

[12기환02-02] • • •

빙상의 융해와 열 팽창으로 인한 해수면 상승을 기후변화와 연계하여 설명할 수 있다.

➡ 지구 온난화의 영향으로 북극해의 얼음 면적이 점차 감소하는 추세이다. 국립기상과학원의 북극 해빙 감시 시스템에 의하면, 2015년 9월의 북극해 얼음 면적은 2010년 9월보다 약 7.7% 감소한 것으로 나타났다. 지구 온난화의 진행으로 북극 지방의 빙하가 녹으면서 삶의 터전을 잃고 작은 빙하 조각을 타고 표류하는 북극곰의 애처로운 모습에서 지구의 위기를 느낄 수 있다. 또한 남태평양의 작은 섬나라 투발루는 해수면이 높아지면서 바닷물에 잠기고 있다고 한다. 지구촌 곳곳에서 나타나는 이상기후에 대해 디자인 요소를 더한 패치나 의미를 담은 의상 또는 영상 등을 제작해 보자.

관련 학과 만화애니메이션학과, 미술학과, 산업디자인학과, 시각디자인학과, 패션디자인학과

《**패션 디자인**》, 염혜정 외 4명, 교문사(2022)

[12기환02-03] • • •

극한 기상 현상의 종류와 원인을 이해하고 극한 기상 현상이 환경생태에 미친 영향을 사례를 들어 설명할 수 있다.

➡ 극한 기상 현상이 예측되거나 발생하면 많은 사람들이 불안감 속에서 자신과 가족의 안전을 걱정하며 긴장 상태에 놓일 수 있다. 때로는 생명과 안전에 위협을 경험하면서 두려움과 공포를 느낄 수 있으며, 극한 기상 현상에 의해 정신 건강 문제가 발생할 수 있다. 또한 장기간 지속되는 고통과 어려움이 발생해 정서적 충격과 부정적인 심리적 영향을 받아 자살 위기에 직면하는 경우도 있다. 스포츠 심리학은 스포츠 상황에 적용되며 운동선수의 운동 수행과 관련된 다양한 심리 변인의 영향 관계를 연구하는 학문이다. 위기 상황에 놓인 인간이 겪는 심리와 스포츠 상황에 놓인 운동선수의 심리를 비교, 분석해 보자.

관련 학과 사회체육학과, 스포츠과학과, 스포츠레저학과, 스포츠의학과, 체육학과

《**스포츠심리학원론**》, 권성호, 레인보우북스(2024)

[12기환02-04] ● ● ●

기후변화 시나리오에 따른 미래 생태계 변화 예측 보고서를 찾아보고, 미래의 기후와 생태계의 변화 양상을 추론할 수 있다.

⬇ 기후변화 시나리오는 미래에 기후변화로 인한 영향을 평가하고 피해를 최소화하는 데 활용할 수 있는 선제적 정보로 활용된다. 기후변화 협의체(IPSS)의 6차 평가보고서는 기후변화 시나리오를 인구통계, 경제 발달, 복지, 생태계 요소, 자원, 제도, 기술 발달, 사회적 인자, 정책을 고려하여 5개의 시나리오로 나타냈다. 2100년 기준 복사강제력 강도(기존의 RCP 개념)와 함께 미래 사회경제 변화를 기준으로 미래의 기후변화 완화와 적응 노력에 따라 구분된다. 기후변화에 따른 계절 스포츠의 변화 양상과 대중의 인기 스포츠 변화 양상을 탐구하여 발표해 보자.

관련 학과 사회체육학과, 스포츠과학과, 스포츠레저학과, 스포츠의학과, 체육학과

《**현대사회와 스포츠**》, 문개성, 박영사(2023)

[12기환02-05] ● ● ●

꽃의 개화 시기 변화 자료를 조사하고, 꽃의 개화 시기 변화가 우리 생활에 끼치는 영향을 추론할 수 있다.

⬇ 꽃은 다양한 문화에서 특별한 의미와 상징성을 지니고 있으며, 우리나라 각 지역에서는 꽃의 개화 시기에 따라 축제나 전통적인 행사가 진행되고 있다. 동백, 수선화, 매화, 벚꽃, 튤립, 철쭉, 유채꽃, 백합, 부겐빌레아, 장미, 능소화, 라벤더, 수국, 샐비어, 연꽃, 해바라기, 무궁화, 꽃무릇, 코스모스, 핑크뮬리, 국화 등 우리나라의 꽃 개화 시기에 맞춘 월별 꽃 축제는 다양하다. 지역의 특성과 계절이나 꽃의 특징을 살린 패치를 디자인하여 발표해 보자. 또한 이를 이용한 지역 경제 활성화 방안에 대해 토의하고 탐구보고서를 작성해 보자.

관련 학과 만화애니메이션학과, 미술학과, 산업디자인학과, 시각디자인학과, 패션디자인학과

《**한국 축제와 지역문화 콘텐츠**》, 류정아, 커뮤니케이션북스(2012)

[12기환02-06] ● ● ●

꿀벌을 비롯한 곤충의 개체 수 감소 원인을 기후변화와 연계하여 설명할 수 있다.

⬇ 캐나다의 사이먼 프레이저 대학교 연구팀은 지구 온난화가 꿀벌 개체수에 부정적인 영향을 준다는 연구결과를 발표했다. 꿀벌은 전 세계 식량 재배에 핵심적인 역할을 하는 매개체로, 식물의 꽃가루를 옮기며 과일 및 채소의 생산에 직접적으로 관여하고, 이를 사료로 삼는 유제품과 육류의 생산에도 간접적으로 영향을 미친다. 꿀벌이 사라져 꽃가루를 전달하는 역할을 하지 못하면 식물이 열매를 맺지 못하여 식량 고갈과 사막화 현상이 발생해 인간의 생존이 위협당한다. 새들의 울음소리, 물 흐르는 소리, 바람의 속삭임은 수세기 동안 작곡가들에게 많은 영감을 주었다. 특히 꿀벌은 독특한 의사소통 방식과 사회적 행동으로 매혹적인 음악적 영향도 미쳤다. 꿀벌 음악에 나타난 자연의 리듬과 멜로디에 대한 음악적 탐구를 진행하고 발표해 보자.

관련 학과 관현악과, 실용음악학과, 음악학과, 작곡과

《**생명 교향곡**》, 권오길, 사이언스북스(2013)

[12기환02-08] ● ● ●

모기나 파리와 같은 곤충 매개 감염병이 새롭게 출현하거나 급격히 확산되는 현상을 기후변화와 연계하여 설명할 수 있다.

○ 기후변화와 곤충 매개 감염병에 대한 환경 교육과 환경에 대한 인식을 높이기 위한 캠페인을 계획해 보자. 그래픽 디자인과 일러스트를 이용한 포스터 제작 등 시각적으로 효과적이면서 인상적인 디자인을 통해 접근해 보자. 또한 기후변화와 관련한 곤충 매개 감염병의 정보를 전달하기 위한 동영상 콘텐츠를 제작해 보자. 스토리보드를 작성하고 촬영 및 편집 요소에 시각적·음악적 요소를 활용하여 기후환경 변화에 대한 메시지를 전달하도록 구성해 보자.

`관련 학과` 미술학과, 사진학과, 시각디자인학과, 실용음악학과, 연극영화학과, 음악학과, 작곡과

《**스토리보드 제작 노하우**》, 데이비드 할랜드 루소 외 1명, 안영진 역, 비즈앤비즈(2019)

단원명 l 기후위기에 대응하는 우리의 노력

| 🔍 | 백화 현상, 해양 생태계, 바다 사막화, 탄소중립 사회, 탄소 저감 과학기술

[12기환03-02] ● ● ●

기후변화에 따라 가속화되는 사막화, 대형 산불, 지역적 가뭄과 홍수 등을 이해하고, 이를 극복하기 위한 인류의 노력에 대해 토의할 수 있다.

○ 기후변화에 의해 나타나는 사막화, 대형 산불, 가뭄과 홍수를 극복하기 위한 공익 포스터를 제작하여 발표해 보자. 재해 관련 포스터 제작 시 고려해야 할 사항에 대해 분석하여 메시지를 효과적으로 전달할 수 있는 포스터 디자인을 구상해 보자.(고려할 요소: 시각적 효과를 통해 사람들의 시선을 사로잡을 수 있는 디자인, 자연재해의 위험성과 대응 방법에 대한 정보를 제공하는 명확하고 간결한 메시지, 강조된 문구나 그래픽 요소를 통해 심각성과 위험성을 인식시켜 경각심을 유발, 자연재해에 대한 예방 및 대응 방법 안내와 비상 연락처 제공, 사람들이 공감할 수 있는 다양한 언어와 문화 요소를 반영한 디자인 등)

`관련 학과` 미술학과, 산업디자인학과, 시각디자인학과

《**광고, 광고디자인**》, 안상락 외 1명, 비즈앤비즈(2010)

[12기환03-04] ● ● ●

기후위기와 환경생태 변화에 대응하기 위한 국제 사회의 노력을 알아보고, 민주시민으로서 참여 방안을 제안할 수 있다.

○ 해변가에서 숨진 세 살배기 난민 소년의 사진으로 전 세계가 슬픔과 충격에 빠졌으며, 이 일은 난민에 대한 국제 사회의 인식이 바뀌는 계기가 되었다. 이와 같이 작가의 사진이나 그림을 통해 사회의 인식이 변화할 수 있다. 기후위기와 환경생태 관련 사진을 찾아보고, 작가가 사진을 통해 전달하고자 하는 메시지와 의도에 대해 토의하여 발표해 보자. 또한 메시지와 의도를 정확하게 전달하기 위한 사진 촬영 기법이나 디자인 요소에 대해서도 탐구해 보자.

`관련 학과` 미술학과, 뷰티디자인학과, 사진학과, 산업디자인학과, 서양화과, 시각디자인학과, 패션디자인학과

《**마인드풀 포토그래퍼, 인생을 위한 사진**》, 소피 하워스, 강경이 역, 에이치비프레스(2024)

선택 과목	수능		절대평가	상대평가
융합 선택	X	**융합과학 탐구**	5단계	X

단원명 | 융합과학 탐구의 이해

국어 교과군 / 영어 교과군 / 수학 교과군 / 도덕 교과군 / 사회 교과군 / 과학 교과군

> 🔍 | 인류 사회, 문제 해결, 융합적 탐구, 예술 창작, 탐구 과정, 데이터의 종류와 가치, 지식의 창출

[12융탐01-02] •••

예술에서의 창작이나 사회과학적 탐구 과정을 이해하고, 과학적 탐구 과정과의 공통점과 차이점을 비교할 수 있다.

➡️ 과학적 탐구는 주로 자연과학 및 공학 분야에서 이루어진다. 이것은 자연 현상 및 기술적 문제에 대한 탐구이며 실험과 데이터 수집, 분석을 통해 현상을 이해하고 문제를 해결한다. 창작은 주로 예술 분야에서 이루어지며 주로 감각적·감정적·미적 표현에 초점을 맞춘다. 그림, 음악 작곡, 무용 등이 여기에 해당한다. 사회과학적 탐구는 사회 및 문화와 관련된 주제를 탐구하며, 문제 해결 및 인간 행동 이해에 중점을 두고 조사, 설문조사, 분석을 한다. 예술에서의 창작과 사회과학의 탐구 과정을 비교한 후 공통점과 차이점을 분석하여 발표해 보자.

`관련 학과` 예체능계열 전체

《**과학을 보다**》, 김범준 외 3명, 알파미디어(2023)

단원명 | 융합과학 탐구의 과정

> 🔍 | 관찰, 경험, 데이터, 탐구 문제, 모형, 고안, 문제 해결, 탐구 도구, 데이터 수집, 타당성, 신뢰성, 평균, 시각 자료, 표준편차, 가설, 분석 결과, 결론 도출, 발표, 토론

[12융탐02-01] •••

실생활에서 관찰이나 경험을 통해 직접 얻은 데이터나 공개된 데이터를 가공하여 융합적 탐구 문제를 스스로 발견할 수 있다.

➡️ 과학 분야에서 자신만의 융합적 탐구 문제를 발견하는 방법 중 하나는 일상생활에서 발견한 궁금증이나 현상을 조사하는 것이다. 예를 들어 동네 가게에서 파는 전구의 성능과 에너지 효율에 관심이 있다면 직접 실험을 통해 각 전구의 밝기, 전력 소비량 등을 측정하고 비교할 수 있다. 또한 정부가 공개한 데이터베이스에서 전국의 폐기물 처리 시설에 대한 정보를 찾아서 그 지역의 재활용 비율과 환경 영향을 연구하는 등의 탐구활동도 할 수 있다. 예술 및 체육 분야에서 관찰이나 경험을 통해 직접 얻은 데이터나 공개된 데이터를 가공하여 융합적 탐구 문제를 설정하고 보고서를 작성한 후 발표해 보자.

`관련 학과` 예체능계열 전체

《**데이터 과학자의 일**》, 박준석 외 10명, 휴머니스트(2021)

다양한 표현 방법을 활용하여 융합적 탐구 문제, 과정, 결과, 결론 등을 효과적으로 발표하고 토론할 수 있다.

➔ 도시와 관련된 융합적 탐구 문제를 해결하기 위해 '도시의 지속 가능한 발전을 위한 스마트 도시 프로젝트의 영향 평가'를 주제로 탐구 문제, 탐구 과정, 탐구 결과, 결론 등을 설명할 수 있다. 탐구 과정에서 교통 데이터, 에너지 사용량, 폐기물 처리 정보, 대기오염 데이터, 경제 활동과 인구 증가 등의 데이터를 수집하고 분석한 후 시각 자료를 제작하여 결론을 도출할 수 있다. 데이터 분석 결과를 토대로 스마트 도시 프로젝트의 도입이 에너지 효율, 교통 체증, 대기오염, 경제 활동 등에 미치는 영향을 분석하여 지속 가능한 발전 목표를 달성하는 데 긍정적인 영향을 미치는 것으로 결론 지을 수 있다. 지속 가능 발전을 중심으로 탐구주제를 선정하여 연구 활동을 실시한 후 다양한 영상 및 시각 자료, 강조 텍스트 및 키워드, 명확하고 간결한 언어 사용 등 다양한 표현 방법을 활용하여 탐구 결과를 발표해 보자.

관련 학과 공예학과, 만화애니메이션학과, 미술학과, 방송연예과, 뷰티디자인학과, 사진학과, 산업디자인학과, 서양화과, 시각디자인학과, 연극영화학과, 조소과, 패션디자인학과

《하루 한 권, 생활 속 열 과학》, 가지카와 다케노부, 김현정 역, 드루(2023)

단원명 | 융합과학 탐구의 전망

🔍 과학기술, 미래 사회, 융합과학 기술, 인류의 난제, 탐구 윤리, 윤리적 쟁점, 사회문제 해결

융합과학기술을 활용하여 사회문제를 해결하는 과정에서 시민 참여가 문제 해결에 도움을 준 사례를 제시할 수 있다.

➔ 융합과학 기술을 활용해 예술 및 스포츠 분야의 사회 문제를 시각화하려면 데이터를 수집하고 효과적으로 전달하는 과정이 필요하다. 시민들의 다양한 의견과 데이터를 모아 정리하고 분석함으로써 문제의 규모와 특성을 파악할 수 있다. 예를 들어 스포츠 활동 접근성 데이터를 수집해 문제를 분석하고 시각화하는 작업이 가능하다. 지도 시각화는 예술 활동이나 스포츠 시설이 부족한 지역을 보여주고, 그래프와 차트는 참여도와 변화를 쉽게 파악하도록 도와준다. 시각적 스토리텔링은 복잡한 정보를 시민들이 이해하기 쉽게 전달하며, 소셜 미디어를 통해 시각화 자료를 공유하고 의견을 교환하는 기회를 제공한다. 이런 과정을 통해 시민들이 예술 및 스포츠 분야의 문제를 더 깊이 이해하고 해결 방안을 모색할 수 있다. 예체능과 관련된 문제를 선정하여 해결 방안을 분석하고 시각화한 후, 인터넷 플랫폼에 결과물을 공유하고 토론해 보자.

관련 학과 예체능계열 전체

《차트 제작 & 인포그래픽 데이터 시각화》, 이혜진, 성안당(2021)

memo

memo

교과세특 탐구주제 바이블 _예체능계열(2022 개정 교육과정 적용)

1판 1쇄 찍음　2025년 2월 3일

출판	(주)캠토
저자	고재현·은동현·강서희·한승배·김강석·서수환·유홍규·안병선·안준범·이남설·김래홍·허정욱·전소영

총괄기획	이사라 (lsr@camtor.co.kr)
디자인	Gem
R&D	오승훈·민하늘·박민아·최미화·강덕우·송지원·국희진·양채림·윤혜원·송나래·황건주
미디어사업	이동준
교육사업	문태준·박흥수·정훈모·송정민·변민혜
브랜드사업	윤영재·박선경·이경태·신숙진·이동훈·김지수·조용근·김연정
경영지원	김동욱·지재우·임철규·최영혜·이석기·노경희
발행인	안광배

주소	서울시 서초구 강남대로 557(잠원동, 성한빌딩) 9F
출판등록	제 2012-000207
구입문의	(02) 333-5966
팩스	(02) 3785-0901
홈페이지	www.campusmentor.co.kr (교구몰)

ISBN 978-11-92382-47-0
ISBN 978-11-92382-41-8 (세트)